昭和天皇実録

第一

刊行の辞

昭和天皇は、明治三十四年四月二十九日、明治天皇の皇太子である嘉仁親王（のちの大正天皇）の第一男子として御誕生になり、大正十年十一月二十五日摂政に就任され、大正十五年（昭和元年）十二月二十五日皇位を継がれました。それより御在位は六十有余年の長きにわたりましたが、御在世中、天皇は激動の時代を国民と共に歩まれ、そのお姿は今もなお多くの人々の記憶に強く残っているものと思われます。

天皇崩御の後、天皇の御事蹟を編修して後世に伝えるため、宮内庁では平成二年四月より書陵部編修課において昭和天皇実録の編修事業を開始し、それより内外各方面の御協力を仰ぎつつ四半世紀にわたる編修作業を行い、平成二十六年八月に至り本文六十巻を完成し、同月二十一日天皇皇后両陛下に奉呈いたしました。

本書の収載するところは明治三十四年四月御誕生より昭和六十四年一月崩御に至る八十九年に及び、そこには天皇の御一身に関する事柄とともに、皇室全般あるいは政治・社会・文化・外交等についても、天皇の御動静に関わる事柄が記述されています。

本書については、編修中の早い段階より公刊を望む声が多く寄せられていましたことから、宮内庁においては実録の完成とほぼ時を同じくして公刊の準備に着手し、実録全文を新たに十八冊にまとめ、これに索引一冊を添えて五箇年で公刊することといたしました。

今ここに原本の巻一より巻六まで、すなわち明治三十四年から大正九年までを収めた第一冊及び第二冊を公刊して多くの人々の要望に応える運びとなりましたことは、大きな喜びとするところであります。

本書により、今後、昭和天皇の御事蹟についての理解が一層深まるとともに、本書が昭和天皇の御事蹟に関心を有する人々の期待に応えることを願っております。

なお最後になりましたが、昭和天皇実録の編修及び公刊に御協力いただいた諸機関・関係者の方々に、改めて厚く御礼申し上げます。

平成二十七年三月

宮内庁長官　風岡典之

例　言

一、昭和天皇実録の原本全六十一巻（目次・凡例一巻、本文六十巻）のうち、目次を除き全部を公刊する。
一、刊本は全体を十八冊にまとめ、新たに索引一冊を作成して附録とする。
一、刊本の体裁は、先に公刊された明治天皇紀に合わせ、頁は漢数字で記載し、依拠資料名は双行割書とした。
一、新たに欄外に標目を註し、本文記事の内容を適宜標出した。
一、公刊に際し、原本の本文を依拠資料と照合し、補正を必要とするものについては修訂に努めた。
一、上記のほかは、記事の体裁・内容共におおむね原本を踏襲した。

平成二十七年三月

宮内庁書陵部

昭和天皇実録 第一

目次

巻三

巻四

昭和天皇実録

凡例

一、本実録は、昭和天皇の明治三十四年御誕生より昭和六十四年崩御に至る八十九年間の記録であり、本文は全六十巻から成る。
二、本実録は天皇の御公務を始め御一身に関する事項をありのまま叙述する。また、皇室全般あるいは政治・社会・文化及び外交等についても、天皇との関わりを中心に、適宜これを記述する。
三、本実録は、原則昭和天皇を主語とし、編年体によって記述する。ただし、一事の顚末を一所に叙述する紀事本末体を便宜併用し、これを適当なる日に掲げる。また、同日に複数の記載事項がある場合には、時系列順に記述することを原則とするが、事の軽重及び彼此関係の有無等によって前後することもある。
四、天皇・皇后・皇太后の御動静には敬語を用いる。また外国の国王・王妃等に対しても同様とする。
五、旬祭御拝、御研究、御乗馬、賜謁、御進講、皇族・御親族等との御会食などのうち、定例のものについては、毎年の初見の条に合叙したものもある。

六、恒例の祭儀・典礼等は、その初見の条に詳述し、特段のことがない場合には次年よりこれを略述もしくは省略する。

七、日常の御政務、側近奉仕者への賜謁・拝謁等については、特段のことがない場合、これを省略したものもある。

八、故人へ祭資もしくは祭粢料等を賜う場合については、勅使御差遣があるときのみ記述する。ただし、特に天皇との関わりが深い人物、あるいは特記を要する人物等については、勅使御差遣がなくとも記す場合がある。

九、外国の国祭日や国王等の誕生日に際しての祝電御発送は、新旧両憲法体制下それぞれの初出年次に合叙し、それ以降はいずれも省略する。ただし変更等があればその内容を記す。

十、天皇が皇族・王公族とお会いになる場合には御対面・御対顔等と表記し、元皇族・元王公族その他の場合には賜謁・拝謁・御会釈・奉拝と記す。ただし昭和天皇の皇女については、皇籍を離れた後も御対面を用いる。なお、賜謁・拝謁・御会釈・奉拝の別は、その時点での宮内省・宮内府・宮内庁の例規及び公文書等の表記に従う。

十一、外国元首及びそれに準じる者とお会いになる場合は御会見とし、その他外国要人等とお会いになる場合は謁見・御引見を用いる。

十二、役職名・肩書、組織・団体名、地名・国名などはその時点での正式名称あるいは通称を用いる。一部の名称については現在不適切とされる表現もあるが、本実録では同時代的視点よりの叙述を旨とすることから、資料表記のまま使用したところもある。

十三、各年次の冒頭に掲げた御年齢は、その年の御誕生日の満年齢を示す。

十四、詔書・勅語・お言葉並びに御製ほか、原文資料を引用する場合は、最も拠るべき依拠資料の表記に基づき、原則として常用漢字を用いる。また場合によって、適宜補訂または校訂を加える。

十五、天皇・皇族・元皇族の御名前は、特に理由のない限り、原則として正字を用いる。天皇・皇族・元皇族以外の人名については原則として常用漢字を用いる。また組織・団体名等についても原則として常用漢字を用いる。

十六、人名表記に際して、実名と通称を併記する場合には、原則として実名の下に通称を注記する。ただし、通称の下に実名を注記する場合もある。

十七、外国の国名は、フランス国・イタリア国などと表記することを例とする。しかし、イギリスは英国と表記することを基本とするほか、便宜、仏国・伊国などと略記する場合もある。また外国元首等の呼称については、官報・公文書等の表記に拠る。

十八、説明を要する人名・地名・事項等には、適宜割注を付す。
十九、親王・内親王・王・女王の命名時における名には傍訓（ルビ）を付す。
二十、本文各条の末尾に主要な依拠資料名を列記する。依拠資料名は原則として資料収集時の名称を用いる。また編修の際、資料名を新たに付したものもある。

昭和天皇実録　第一

昭和天皇実録　巻一

明治三十四年（西暦一九〇一年）

四月

御誕生

二十九日　月曜日　東京市赤坂区青山の東宮御所内御産所において皇太子嘉仁親王大正天皇の第一男子として御誕生になる。この日皇太子妃節子貞明皇后には午前より御出産の徴候あり、午後三時四十分侍医相磯慥の拝診をお受けになり、七時頃御産所に入られる。この間、東宮拝診御用橋本綱常・侍医局長岡玄卿始め東宮附侍医局員が相次ぎ参殿する。午後十時十分御降誕、御身長一尺六寸八分約五十一センチメートル、御体重八百匁約三千グラム。御産所御次ノ間において御産湯を受けられる。なお、宮内大臣田中光顕は御産所に伺候のため急ぎ参殿するも、御安産につき御出産には間に合わず。○迪宮御誕生録、侍医局日誌、拝診録、東宮職日

誌、明治天皇紀、昭憲皇太后実録、大正天皇実録、貞明皇后実録、官報、威仁親王御日記、中田直慈在職日誌、桑野鋭日記、斎藤桃太郎日記、聖上御盛徳録

御誕生後、東宮大夫中山孝麿は急ぎ参内し、天皇・皇后に親王御誕生を奏上する。皇后は直ちに典侍高倉寿子を東宮御所へ差し遣わされる。皇太子は神奈川県下葉山御用邸御滞在中にて、事前の伺い定めに従い電報により御誕生の報を受けられ、即夜、東宮御内儀監督万里小路幸子を遣わされ守刀を賜う。東宮輔導威仁親王ほか諸皇族・諸大臣その他へも報知される。○迪宮御誕生録、東宮職日誌、行啓録、重要雑録、侍従職日録、内事課日録、内廷録、明治天皇紀、昭憲皇太后実録、大正天皇実録、貞明皇后実録、官報、威仁親王御日記、徳大寺実則日記、斎藤桃太郎日記、土方久元日記、侯爵中山孝麿未亡人三千代刀自談話筆記

皇太子より守刀を賜わる

威仁親王を始め宮内大臣田中光顕・宮内次官川口武定・皇后宮大夫香川敬三・公爵九条道孝 皇太子妃節子父 ・同子息道実 皇太子妃兄 ・富美宮泰宮御養育主任林友幸らの参殿者は、新誕の親王に拝謁する。○迪宮御誕生録、東宮職日誌、皇后宮職日記、御直宮御養育掛日記、昭憲皇太后実録、貞明皇后実録、中田直慈在職日誌

御産調度

御誕生に先立ち、耕作図屏風六曲一双・松鶴図小屏風六曲一双・御風呂先屏風二双・日之出に松鶴之図一幅・剃刀二挺・毛受一個・守刀一口・御守袋一個・蒔絵硯箱一個・桐簞笥二棹・桐長持二棹・爪取鋏二挺・御紋附銀匙二個・火鉢一個・春慶塗網張戸棚一個・蚊帳一張・御枕蚊帳一張・小御枕蚊帳一張・格子あかり一個・丸行灯一個・犬張子一個・御衣桁一個・天鵞毨一枚ほかの御道具が準備される。なお、守刀は式部職刀工宮本包則の作にして、錦袋・桐箱に納められ台の上に置かれ

る。〇迪宮御誕生録

〔附載〕

御父母

御父大正天皇は御名を嘉仁親王と申し上げ、明治天皇第三皇子として明治十二年八月三十一日御誕生、同二十二年十一月三日詔をもって皇太子に立てられる。御母貞明皇后は御名を節子と申し上げ、明治十七年六月二十五日公爵九条道孝第四女子として御誕生になる。明治三十三年五月十日、皇太子嘉仁親王と九条節子は結婚の礼を挙げられる。〇大正天皇実録、貞明皇后実録

皇太子妃御懐妊

明治三十三年十二月十日　月曜日　東宮拝診御用橋本綱常始め侍医局員より、皇太子妃御懐妊確定の旨が上申される。これにより内着帯の日取り及び産婆二名の雇い入れが決定される。〇迪宮御誕生録、侍医局日誌、拝診録、東宮職日誌、貞明皇后実録、桑野鋭日記、中田直慈在職日誌

内着帯の儀

十五日　土曜日　壬戌の日、午前十時より東宮御所御格子間において権典侍柳原愛子大正天皇の生母の奉仕により内着帯の儀が行われ、皇太子妃が帯をお着けになる。これに先立ち午前九時、帯親の公爵鷹司熙通皇太子妃叔父が使をもって着帯帯絹を進める。十一時、皇太子・同妃は表御座所にお出ましになり、東宮職高等官一同及び東宮拝診御用橋本綱常・侍医局長岡玄卿・侍医鈴木愛之

助・同相磯慥・九条道実・公爵鷹司煕通・同夫人順子・菊麿王妃範子皇太子妃姉・中山栄子中山忠能女、旧明宮出仕・中山慶子中山忠能女、明治天皇生母等の拝賀を受けられる。ついで一同に酒饌を賜い、男子には表謁見所において、皇太子が威仁親王と共に御臨席になり立食を賜い、女子には御内儀において、皇太子妃が菊麿王妃と御会食になり、御陪食を仰せ付けられる。内着帯を祝して天皇・皇后より皇太子・同妃に五種交魚一折ずつが下賜され、また天皇と皇后は互いに三種交魚一折を御贈進になり、皇太子と同妃は互いに三種交魚一折を御贈進になる。さらに皇太子・同妃は威仁親王及び御直宮昌子内親王・房子内親王・允子内親王・聰子内親王・御親昵・奉仕者等より贈品をお受けになる。これに対し、皇太子・同妃は天皇及び皇后に五種交魚一折ずつを御献上になり、また威仁親王及び御直宮・御親昵・奉仕者等にも交魚等を贈られる。○迪宮御誕生録、東宮職日誌、侍医局日誌、拝診録、供御日録、饗宴賜饌日録、明治天皇御紀資料稿本、昭憲皇太后実録、貞明皇后実録、迪宮記、中田直慈在職日誌、桑野鋭日記、山階宮三代

着帯の儀

明治三十四年三月九日　土曜日　丙戌の日、着帯の儀が行われる。制定準備中の誕育令草案においては、皇太子妃御産における帯親を、皇后御産に准じ親王とする旨が記されるが、この度は天皇の御沙汰により、内着帯の時と同じく公爵鷹司煕通が務める。煕通は午前十時に御帯を奉じて東宮御所に参殿し、内謁見所御次ノ間において東宮大夫中山孝麿に御帯を手渡し、東宮

大夫はさらに皇太子妃に奉る。御帯は生平絹、長さ一丈二尺、これを幅半より折り三重に畳み、白の鳥子二重表一重には金泥にて松鶴を描くにて包み、蒔絵の御衣筥に納められる。十一時、皇太子は東宮女官の先導により皇太子妃御座所にお出ましになり、皇太子妃と共に椅子に着かれ、着帯の儀を行われる。権典侍柳原愛子が奉仕する。儀を終え、皇太子は御手ずから皇太子妃に末広及び白縮緬・袖入文鎮・人形等を贈られる。十一時三十分、皇太子・同妃は内謁見所にお出ましになり、威仁親王・同妃慰子その他御親昵及び東宮職高等官ほか関係諸員の祝賀を受けられ、正午より威仁親王と共に表謁見所に御臨席になり、御親昵及び東宮職高等官ほか関係諸員に立食を賜う。着帯につき、天皇及び皇后より皇太子・同妃へ鮮魚が贈られ、皇太子・同妃は天皇・皇后にそれぞれ鮮鯛代料と小戴代料を御献上になる。皇太子・同妃はまた互いに三種交魚料及び小戴を御贈進になる。御直宮・九条公爵その他御親昵・奉仕者等より皇太子・同妃へ贈進・献上があり、また皇太子・同妃からも交魚代料等の贈賜あり。○迪宮御誕生録、東宮職日誌、皇后宮職日記、供御日録、儀式録、重要雑録、饗宴賜饌日録、御直宮御養育掛日記、明治天皇御紀資料稿本、大正天皇実録、大正天皇実録資料稿本、昭憲皇太后実録、貞明皇后実録、迪宮記、威仁親王御日記、斎藤桃太郎日記、徳大寺実則日記、中田直慈在職日誌、桑野鋭日記、明治天皇紀、山階宮三代

なお着帯の儀に先立ち、午前十時より賢所・皇霊殿・神殿において御着帯奉告の祭典が行われ、東宮侍従多久乾一郎が皇太子の御代拝を、東宮女官吉見光子が皇太子妃の御代拝を奉仕する。○迪

宮御誕生録、祭祀録、儀式録、貞明皇后実録、徳大寺実則日記

十一日　月曜日　御着帯の祝賀として、皇太子は芝離宮において威仁親王・菊麿王と午餐御会食の御予定のところ、前夜よりの御不例により行啓をお見合わせになる。よって威仁親王を御名代として菊麿王と会食せしめ、宮内大臣田中光顕・侍従長徳大寺実則以下二十六名に御陪食を仰せ付けられる。○東宮職日誌、行啓録、布設録、明治天皇御紀資料稿本、大正天皇実録、大正天皇実録資料稿本、威仁親王御日記、斎藤桃太郎日記、中田直慈在職日誌、桑野鋭日記、土方久元日記、山階宮三代

四月一日　月曜日　この日より産婆二名が御殿内に隔日交替にて宿直し、下女は詰切り勤務となる。○迪宮御誕生録、侍医局日誌、拝診録、東宮職日誌、桑野鋭日記

五日　金曜日　東宮拝診御用橋本綱常より、皇孫御誕生後六十日の間は、御養育は東宮御所において行われるべきことが、天皇に奏上される。○徳大寺実則日記、明治天皇紀

六日　土曜日　この日より侍医相磯慥・同鈴木愛之助の二名は、隔日交替にて宿直を務める。十五日よりは産婆二名も加え毎日宿直となり、また臨時雇として元権命婦岩崎艶子が雇用される。二十日からは臨時雇二名が増員される。○迪宮御誕生録、侍医局日誌、拝診録、威仁親王御日記、中田直慈在職日誌、桑野鋭日記

九日　火曜日　皇太子妃御出産を控え、本日より御誕生七日後まで、東宮職に贈賜掛・供給掛・

雑務掛・接待掛の四掛が設置される。○迪宮御誕生録、桑野鋭日記

十九日　金曜日　御降誕時における侍医局医員の分担等が定まる。○侍医局日誌、拝診録

二十日　土曜日　侍医局にて御産室のホルマリンガス消毒を行う。途中、消毒灯より発火のこと起こるも大事には至らず。○侍医局日誌、東宮職日誌、内賜録、威仁親王御日記、斎藤桃太郎日記、中田直慈在職日誌、桑野鋭日記

日本赤十字社より派遣の看護婦三名、この日より御殿内詰切り勤務に就く。○迪宮御誕生録、侍医局日誌、拝診録、東宮職日誌、桑野鋭日記

皇后による御安産祈願

二十三日　火曜日　皇后は皇太子妃の御安産を祈願され、この日より賢所へ御鈴を上げ参らせられる。○昭憲皇太后実録

三十日　火曜日　葉山御用邸御滞在中の皇太子は、参邸の東宮主事心得兼東宮職御用掛錦小路在明より親王御誕生の様子をお聞きになる。また東宮侍従丸尾錦作を皇太子御使として葉山より東宮御所御産所に差し遣わされる。丸尾は親王に拝謁する。○東宮職日誌、昭憲皇太后実録、迪宮記、中田直慈在職日誌、桑野鋭日記

親王御誕生につき、皇后より皇太子にお悦びの電報を御発送になる。皇太子は礼電を御発送になる。○行啓録、皇后宮職日記、重要雑録

親王御誕生を祝し、皇太子及び同妃よりそれぞれ天皇・皇后へ五種交魚を各一折ずつ献上され、天皇・皇后よりそれぞれ、皇太子へ五種交魚一折料、皇太子妃へ五種交魚一折を賜う。また、皇后は賢所へ御礼の御鈴を上げ参らせられる。このほか威仁親王より皇太子・同妃に五種交魚一折の贈進があり、皇太子・同妃から威仁親王へ五種交魚一折を贈られる。また公爵九条道孝より皇太子妃へ御尋として五種交魚一折が献上され、御返礼として五種交魚一折を下賜される。○迪宮御誕生録、東宮職日誌、皇后宮職日記、供御日録、饗宴賜饌日録、昭憲皇太后実録、迪宮記、斎藤桃太郎日記、中田直慈在職日誌、桑野鋭日記

諸臣参賀

皇太子妃御出産・親王御誕生につき、大勲位・親任官・公爵・従一位・勲一等・麝香間祗候・錦鶏間祗候・各庁長官・警視総監・東京府知事・貴族院議長・衆議院議長・宮内省高等官その他による宮城及び東宮御所への参賀が、本日より五月二日まで行われる。○迪宮御誕生録、東宮職日誌、侍従武官日誌、主殿寮日録、御直宮御養育掛日記、桑野鋭日記、大山巖日誌、原敬日記、土方久元日記

葉山御用邸御滞在中の皇太子は、参邸の権典侍柳原愛子よりお悦びの言上を受けられ、供奉高等官一同よりも祝詞を受けられる。○行啓録

五月

二日　木曜日　皇太子妃御出産・親王御誕生を祝し、ベルギー国皇帝レオポルド・韓国皇帝李㷩・ドイツ国皇帝ウィルヘルムより天皇へ祝電が寄せられる。これに対し、翌三日、天皇より答礼の親電を発せられる。この後も、チリ国・オーストリア国・清国等の君主・元首等より公使を通じて天皇又は皇太子へ祝意が寄せられる。○迪宮御誕生録、外交慶弔録

皇太子御滞在中の葉山御用邸において祝賀の内宴が催され、また東宮御所においては、御直宮より東宮職職員へ料理が振る舞われる。○行啓録、御直宮御養育掛日記、迪宮記

皇太子に御拝顔

三日　金曜日　午前七時二十分、皇太子は葉山御用邸を御出門、九時五十分新橋停車場に御着車、直ちに御参内になり、天皇・皇后に御拝顔になる。十一時東宮御所に還啓され、親王に初めて御対面になる。ついで枢密顧問官伯爵川村純義・東宮大夫中山孝麿・東宮武官長村木雅美・東宮主事中田直慈・東宮主事心得兼東宮職御用掛錦小路在明の五名に午餐の御陪食を仰せ付けられる。午後二時、皇后は東宮御所に行啓され、皇太子の御奉迎を受けられた後、新宮御殿において初めて親王に御対面になり、午後三時四十分還啓される。この日皇太子は天皇に象牙細工鳳凰置物及び鯉三尾を、

皇后に銀製七宝香炉及び鯉三尾をそれぞれ御献上になり、皇后は皇太子に五種交魚一折・赤葡萄酒一打その他を、皇太子妃に紅白縮緬三疋・鯉二尾を、親王に絹三疋をそれぞれ賜う。皇太子は四時三十五分新橋停車場を御発車、再び葉山御用邸に行啓される。○東宮職日誌、皇后宮職日記、行啓録、贈賜録、供御日録、侍従職日録、内事課日録、主殿寮日録、侍医局日誌、官報、大正天皇実録、昭憲皇太后実録、貞明皇后実録、迪宮記、御内儀日記摘要、御用心覚、威仁親王御日記、高辻修長日記、斎藤桃太郎日記、中田直慈在職日誌、桑野鋭日記、土方久元日記

御名を裕仁御称号を迪宮と賜わる

五日　日曜日　御誕生第七日につき、御命名式が執り行われ、天皇より御名を裕仁《ひろひと》、御称号を迪宮《みちのみや》と賜わり、宮内大臣名をもって官報に告示される。御名及び御称号は、天皇が親王御誕生の翌三十日に侍従長徳大寺実則を介し文事秘書官長細川潤次郎に撰申を御下命になる。五月一日、文事秘書官股野琢より、御名の候補として裕仁・雍仁・穆仁の三号と、御称号の候補として迪宮・謙宮の二号の勘申がなされ、徳大寺侍従長の上奏により御選定になる。裕は易経に「益徳之裕也」、詩経に「此令兄弟綽々有裕」、書経に「好問則裕自用則小」、礼記に「寛裕者仁之作也」と見え、迪は書経に「允迪厥徳謨明弼諧」「恵迪吉従逆凶」と見える。なお、親王のお印は皇太子妃の御選定により「若竹」と定められる。○迪宮御誕生録、迪宮記、官報、貞明皇后実録、聖徳余馨雑纂、徳大寺実則日記、中田直慈在職日誌

午前九時三十分より賢所・皇霊殿・神殿において御命名の祭典が行われる。天皇御代拝を侍従日根野要吉郎、皇后御代拝を権掌侍小池道子、皇太子御代拝を東宮侍従大迫貞武、皇太子妃御代拝を東

宮主事中田直慈が奉仕し、それぞれ玉串を奉る。○迪宮御誕生録、祭祀録、東宮職日誌、侍従職日録、皇后宮職日記、官報、貞明皇后実録、中田直慈在職日誌、桑野鋭日記

御名御称号書は宸筆にてそれぞれ大高檀紙に記され三つ折りにされて柳筥に納められる。午前十時、侍従長徳大寺実則は勅使としてこれを奉じ東宮御所に参上する。これより先、葉山御用邸御滞在中の皇太子は、午前六時三十分逗子停車場を御発車、八時新橋停車場に御着車になり、同三十分東宮御所に還啓される。徳大寺侍従長は内謁見所において皇太子に御名御称号書を御覧に入れた後、親王の居間に進み親王に奉呈する。東宮大夫中山孝麿はこれを受け、案上に奉る。十時三十分、皇太子・同妃及び親王は御命名の御礼のため、中山東宮大夫を御使として宮城に遣わし、天皇・皇后へ鮮鯛一尾ずつを、また別に御台肴一台を御献上になる。東宮御所においては、皇太子は内謁見所において御親昵及び東宮職高等官等の祝賀を受けられ、ついで東宮大夫を通じ判任官以下の祝賀を受けられる。正午、宮城豊明殿において、天皇・皇后より、参賀の皇族・大臣・親任官以下宮内高等官以上へ酒饌を賜う。皇太子は午後二時御出門になり御参内、御恩を謝され、三時四十分、東宮御所に還啓される。

宮中酺宴

なお、伝えられるところによれば、豊明殿における賜饌の際、富美宮泰宮御養育主任林友幸の音頭により一同は万歳を唱え、これが宮中の御宴において万歳が唱えられた初例という。また、林が音

頭をとったのは、宮中女官の間に、本年一月一日最初の東宮御所への参賀者が男子であれば親王御誕生と噂されていたところ、第一着の参賀者が林であり、実際親王が誕生したことから、林はこれを自らの喜びとして宴酣の際に得意談を続けていたため、宮内大臣により勧められたからという。○迪宮御誕生録、東宮職日誌、侍従職日録、侍従武官日誌、皇后宮職日記、御直宮御養育掛日記、主殿寮日録、内事課日録、供御日録、饗宴賜饌日録、内賜録、行啓録、明治天皇御紀資料稿本、大正天皇実録資料稿本、昭憲皇太后実録、貞明皇后実録、迪宮記、威仁親王行実資料、彰仁親王年譜資料、官報、徳大寺実則日記、斎藤桃太郎日記、中田直慈在職日誌、桑野鋭日記、御用心覚、土方久元日記、原敬日記、山階宮三代、東京日日新聞

御胞衣埋納

この日早朝、東宮主事心得兼東宮職御用掛錦小路在明及び東宮属岡本所保らにより親王の御胞衣が青山東宮御所内梅の御茶屋西後の丘に埋納され、丘上に松三株が植えられる。○迪宮御誕生録、東宮職日誌、中田直慈在職日誌、桑野鋭日記

賢所初御参拝初御参内

二十八日　火曜日　御誕生第三十日につき、皇子女誕生の先例を参考に、賢所・皇霊殿・神殿への初御参拝及び初御参内が行われる。藻塩にてお清めの後、午前九時三十分御重ねを召され東宮御所を御出門、賢所に向かわれ、御着後掌典長岩倉具綱の先導にて、東宮大夫中山孝麿に抱かれ、十時賢所を御参拝になる。皇霊殿・神殿には東宮大夫が御代拝を奉仕する。ついで御参内になり天皇・皇后に御拝顔になる。この時、臨時雇元権命婦岩崎艶子が奉抱し、東宮御内儀監督万里小路幸子が守刀を奉持する。

宮中午宴

皇太子は午前九時に東宮御所内謁見所にて御親昵及び東宮職高等官等の祝賀を受けられる。また、翌二十九日には御参内になり、天皇・皇后に親王初参内の御礼を言上される。

正午、宮殿千種ノ間において天皇・皇后は皇太子及び載仁親王・同妃智恵子・菊麿王を招き御祝の午宴を催され、公爵九条道孝従一位・宮内大臣田中光顕・内大臣兼侍従長徳大寺実則・伯爵川村純義・侍従職幹事岩倉具定・皇后宮大夫香川敬三等に御陪食を仰せ付けられる。

初御参内を祝し、親王は天皇及び皇后よりそれぞれ鮮鯛一尾・御台人形一箱ずつ、皇太子より鮮鯛一折及び上下人形一体、皇太子妃より鮮鯛一折及び御稚児人形一体を賜わる。親王からは天皇・皇后に鮮鯛一折ずつ、皇太子に鮮鯛一折・柳樽一荷・昆布三連、皇太子妃に鮮鯛一折を御献上になる。

午後五時より東宮御所表謁見所において、皇太子・同妃より内祝として、御親昵及び宮内大臣以下東宮職高等官等に立食を賜う。中山慶子以下の女官には日本料理を、判任官以下には祝酒料を賜う。○迪宮御誕生録、東宮職日誌、侍従職日録、侍従武官日誌、皇后宮職日記、御直宮御養育掛日記、侍医局日誌、拝診録、内事課日録、主殿寮日録、祭祀録、行啓録、皇親録、儀式録、供御日録、饗宴賜饌日録、迪宮御降誕書類、明治天皇御紀資料稿本、大正天皇実録資料稿本、昭憲皇太后実録、貞明皇后実録、迪宮記、威仁親王御日記、官報、徳大寺実則日記、斎藤桃太郎日記、中田直慈在職日誌、桑野鋭日記、御用心覚、原敬日記、山階宮三代

親王御降誕以前よりの勤労の廉をもって、この日、皇太子妃より万里小路幸子以下の東宮女官に白羽二重・金員等を、東宮職庶務課長桑野鋭・東宮主事中田直慈等に金員をそれぞれ賜う。翌二十九

日、女嬬以下にも金員を賜う。○内賜録、東宮職日誌、中田直慈在職日誌、桑野鋭日記

二十九日　水曜日　参殿の東宮輔導顧問侯爵大山巖の拝謁を受けられる。○大山巖日誌

六月

六日　木曜日　本日より好天の日には御庭に出られることとなる。○拝診録

十七日　月曜日　侍医局医員木内叔三郎は、侍医局勤務を仰せ付けられ、迪宮附となる。○東宮職日誌、侍医局日誌、上奏録、桑野鋭日記

初節句

二十日　木曜日　旧暦五月五日につき、親王の初節句御祝として皇太子・同妃より幟三基及び檜兜、皇后より鯉二尾及び檜兜一頭・幟一基・長刀一振りを賜わる。○東宮職日誌、皇后宮職日記、供御日録、昭憲皇太后実録、貞明皇后実録、迪宮記、桑野鋭日記

乳人の採用

二十九日　土曜日　親王お預かり予定の川村家においては、牛乳を主として御養育を奉仕する予定であったが、皇太子妃の御乳による御哺育経過が良好であることをうけ、母乳を主とすることに変更する。川村純義に推薦された小林シゲが、親王の同家御移転に先立ち、この日より乳人として奉仕する。○迪宮御誕生録、拝診録、東宮職日誌、迪宮記、中田直慈在職日誌、桑野鋭日記、聖上御盛徳録

七月

初めて叔母宮に御対顔

一日　月曜日　皇太子・同妃より午餐に招かれ参殿の昌子内親王・房子内親王・允子内親王・聰子内親王と初めて御対顔になる。各内親王より白羽二重各一疋の贈進をお受けになる。○東宮職日誌、典式録、贈賜録、御直宮御養育掛日記、貞明皇后実録、威仁親王御日記、中田直慈在職日誌、桑野鋭日記

二日　火曜日　皇太子・同妃より午餐に招かれ参殿の威仁親王、貞愛親王、菊麿王、邦彦王・同妃、守正王、彰仁親王・同妃、依仁親王妃、載仁親王・同妃と御対顔になる。○東宮職日誌、典式録、供御日録、貞明皇后実録、威仁親王御日記、彰仁親王年譜資料、中田直慈在職日誌、桑野鋭日記、山階宮三代

天皇皇后東宮御所に行幸啓

六日　土曜日　天皇・皇后は、午前十時三十分宮城を御出門、東宮御所に行幸啓になり、旧御産所において皇太子御成婚祝賀献品を御覧の後、東宮御所内の御座所において親王に御対面になる。その後、天皇・皇后は表謁見所において、皇太子・同妃、彰仁親王・同妃、威仁親王と午餐を御会食になり、公爵九条道孝、侍従長徳大寺実則、侯爵伊藤博文、侯爵大山巖、宮内大臣田中光顕・同夫人、伯爵土方久元、伯爵川村純義・同夫人、侍従職幹事岩倉具定、侍従武官長岡沢精、皇后宮大夫香川敬三、典侍高倉寿子、権典侍柳原愛子、東宮女官吉見光子、掌侍姉小路良子、東宮大夫中山孝

麿、東宮侍従長高辻修長、東宮武官長村木雅美に御陪食を仰せ付けられる。この日、親王は天皇・皇后より銀製雌雄鶏置物及び万那料を賜わる。○東宮職日誌、侍医局日誌、行啓録、侍従職日録、侍従武官日誌、皇后宮職日記、内事課日録、主殿寮日録、典式録、幸啓録、布設録、供御日録、饗宴賜饌日録、明治天皇御紀資料稿本、大正天皇実録資料稿本、昭憲皇太后実録、貞明皇后実録、迪宮記、威仁親王御日記、彰仁親王年譜資料、官報、中田直慈在職日誌、桑野鋭日記、徳大寺実則日記、大山巖日誌、御用心覚、高松宮文書、土方久元日記、天皇・運命の誕生

川村純義邸に御移転

七日　日曜日　午前七時三十分、東宮御所正殿において皇太子・同妃に御拝顔の後、九時馬車にて御出門、市民奉迎のなか麻布区飯倉狸穴町の枢密顧問官伯爵川村純義邸に御移転になる。これに先立ち、川村純義・同夫人春子及び川村花子（純義二女）らは奉迎のため東宮御所に参殿し、東宮大夫中山孝麿・東宮御内儀監督万里小路幸子・東宮拝診御用橋本綱常・侍医加藤照麿・侍医局勤務木内叔三郎らと共に御移転に供奉する。川村伯爵邸においては侯爵西郷従道・同夫人清子、侯爵大山巖、伯爵松方正義・同夫人満左子、樺山愛輔・同夫人常子（川村純義長女）、陸軍中将大久保春野（川村純義長男鉄太郎舅）・同夫人美智子らの奉迎を受けられ、西郷清子の奉抱にて御座所に入られる。皇太子・同妃は川村夫妻に万那料・紅白縮緬各一疋等を賜い、また天皇・皇后も川村伯爵に万那料を賜与される。○迪宮御誕生録、侍医局日誌、拝診録、東宮職日誌、侍従職日録、皇后宮職日記、内事課日録、恩賜録、大正天皇実録、昭憲皇太后実録、貞明皇后実録、迪宮記、威仁親王御日記、中田直慈在職日誌、桑野鋭日記、官報、徳大寺実則日記、大山巖日誌、東京日日新聞、国民新聞

川村純義に御養育委嘱の経緯

親王の御養育については御誕生以前より東宮輔導顧問会議において議論され、当初、親王御誕生の

場合は適任者に御養育を委嘱し、内親王の場合には皇太子・同妃が御自ら御養育なさるべしとの案が出される。御養育担当者の候補として、男爵楫取素彦・侯爵西郷従道などの名も挙がるも、本年三月二十二日の会議においては、伯爵川村純義を親王御誕生の際の御養育の最適任者とし、翌二十三日、東宮輔導威仁親王は天皇に拝謁し、その旨を言上する。その際威仁親王は、内親王御誕生の場合であっても、皇太子妃にとっては初めての御養育となり、東宮御内儀においては御養育の経験を持つ者がいないため、今回は御養育担当者に委ねるべしとの意見を申し添える。天皇はこれを御嘉納になり、親王・内親王に拘わらず御養育を委嘱すべしとの御沙汰を下される。なお、川村が適任者とされたことには、伯爵松方正義の推挙及び宮内大臣田中光顕の推薦があったとされる。四月四日、威仁親王は東宮大夫中山孝麿と相談の上、改めて川村を御養育主任に推挙することを決定し、皇太子に拝謁して伺いをなし、皇太子はこれを可とされる。よって五日、威仁親王は右の旨を天皇に奏上し、御允許を受ける。六日、皇太子は葉山御用邸における御昼餐に威仁親王と共に川村伯爵を召し、内々に御沙汰を下される。川村は夫人等に相談の上、九日に受諾の旨を言上し、五月八日、正式に川村伯爵へ御養育が委嘱される。川村の御養育についての所信は、正式受諾を前にした五月五日付『国民新聞』に掲載された以下の文が知られる。

川村純義の所信

予固より才なく而して既に老ひぬ。重任堪ゆる所にあらざれども殿下の御直命黙止し難く御受けを致したり。而して降誕あらせられたるは男皇子なりしかば慶賀禁ずる能はざると共に我が責任の更に重きを感ずること切なり。

予や聖恩に浴すること多年、せめては老後の一身を皇孫の御養育に委ねこれを最後の御奉公として鞠躬尽瘁の至誠を捧げまつらむのみ。

皇長孫御養育の重任に膺るものは、殿下が後日帝国に君臨して陛下と仰がれ給ふべきを理想として養育し奉るの覚悟なかるべからず。而して第一に祈念すべきは心身共に健全なる発育を遂げさせ給はんことなり。

人君たるものは御親子の愛情御兄弟の友情皆臣民の模範たらざるべからず。されば御父たる皇太子殿下御母たる妃殿下が常に皇孫の御養育を監視し給ひ、御養育の任に当るものも常に両殿下の御側近くにて養育しまつるを勉めば御親子の愛情愈々濃かなるべく、而して今後降誕あるべき皇孫は御幾人あるとも同じ御殿に於て養育し奉り、御遊戯にも御食事にも御勉学にも机を同じくし卓を同じくし庭を同じくせらるゝあらば、皇子女の御友情も敦く心身の御発達健全にして行く〳〵臣民の模範となり給ふべし。

畏多きことながら封建時代に於ける大名教育の如き弊はゆめ〳〵あるべからず。槖駝師が植木を曲げて天然に反する発育をなさしむるは大名教育の著しき弊害なりき。

御養育の任に当るものは物を恐れず人を尊むの性情を御幼時より啓発し奉り、又た難事に耐ゆる習慣を養成し奉るの覚悟をなし、天稟の徳器に気儘我儘の瑕を一点にても留めまつるが如きこと決してあるべからず。幼児の養育は此を以て肝要とす。尊貴の方々に於て特に然りとす。

日本も既に世界の列に入りて国際社会の一員たる以上は子女の教養も世界的ならざるべからず。特に後日此の一国に君臨し給ふべき皇孫の御教養に関しては深く此点を心掛けざるべからず。皇孫の成長し給へる頃に至りて彼我皇室間及び国際の交際愈々密接すべきことを予測すれば、御幼時より英仏其他重要なる外国語の御修得御練習を特に祈望せざるべからず。

川村伯爵への御養育委嘱は皇太子が直々に嘱命されたものであり、正式な職名はなく、辞令も授けられなかった。なお川村は、正式受諾後、今後誕生するであろう弟宮も御一緒に御養育申し上げるべきであるとの考えを天皇及び皇太子に言上する。

親王は、この後明治三十七年十一月九日まで川村家における御養育を受けられる。○東宮職日誌、皇后宮職日記、行啓録、例規録、御直宮御養育掛日記、大正天皇実録、昭憲皇太后実録、迪宮記、御内儀日記摘要、威仁親王行実資料、威仁親王御日記、徳大寺実則日記、佐佐木高行日記、桑野鋭日記、土方久元日記、松方家文書、柳原花子談話、国民新聞、東京日日新聞、川村

伯爵と雲照律師

この日、御誕生以前より勤務の看護婦三名は免じられる。○迪宮御誕生録

律師雲照による御健康祈願

十日　水曜日　伯爵川村純義の依頼により、真言宗律師雲照が川村伯爵邸に参向し、親王の御健康祈願の加持を行う。以後、三十七年十月に至るまで、雲照は毎月加持を行い親王の御安穏祈願をなす。○侍医局日誌、雲照大和上伝、川村伯爵と雲照律師

十四日　日曜日　天皇・皇后より中元として鯉二尾を賜わる。○供御日録

十八日　木曜日　午後、皇太子・同妃の行啓を受けられ、御拝顔になる。○東宮職日誌、行啓録、拝診録、貞明皇后実録、迪宮記、威仁親王御日記、中田直慈在職日誌、桑野鋭日記

二十八日　日曜日　威仁親王、御機嫌伺いのため川村伯爵邸を訪問する。○威仁親王御日記

弘田長の拝診

三十日　火曜日　東京帝国大学医科大学教授弘田長の拝診を初めて受けられる。弘田は日本における小児科学創設期の泰斗であり、この後、しばしば拝診を受けられる。○侍医局日誌、拝診録、進退録、威仁親王御日記、弘田先生遺影

八月

六日　火曜日　午前、陸軍中将乃木希典が参邸伺候する。○乃木希典日記

日光に御避暑

八日　木曜日　御避暑のため日光御用邸にお成りになる。午前六時馬車にて川村伯爵邸を御出門、七時発臨時列車にて上野停車場を御発車になり、十一時二十分、日光停車場に御着車になる。それより駕籠にて、午後零時三十分、日光御用邸朝陽館にお入りになる。なお上野停車場には皇后の御使として皇后宮属吉見永建が、日光停車場には皇太子御使として東宮大夫中山孝麿が、朝陽館には同じく皇太子御使として東宮御内儀監督万里小路幸子がそれぞれ差し遣わされる。また日光停車場においては、東宮侍従長高辻修長及び輪王寺門主代法門院僧正林覚潤等の奉迎を、神橋側において輪王寺一山一同の奉迎をお受けになる。親王は、九月三日まで日光に御滞在になる。御滞在中、伯爵川村純義・同夫人春子・樺山愛輔等川村家親族、東宮拝診御用橋本綱常・東京帝国大学医科大学教授弘田長・侍医加藤照麿ほか、侍医局員・看護婦・乳人等が供奉する。日光御用邸は昌子内親王・房子内親王のための御用邸なるも、皇太子と東宮輔導威仁親王とが相諮り、天皇のお許しを得て本年は親王の御避暑のために用いられることとなる。なお御滞在中、輪王寺の打鐘は停止される。○拝診録、東宮職日誌、行啓録、侍医局日誌、重要雑録、侍従職日録、皇后宮職日記、御直宮御養育掛日記、大正天皇実録資料稿本、貞明皇后実録、迪宮記、威仁親王御日記、中田直慈在職日誌、桑野鋭日記、官報、佐佐木高行日記、輪王寺日記

九日　金曜日　午前、日光田母沢御用邸御滞在中の皇太子・同妃が御来邸になり、親王に御対面になる。この後、しばしば皇太子・同妃の御来邸あり。○侍医局日誌、拝診録、行啓録、貞明皇后実録、中田直慈在職日誌、官報

十四日　水曜日　午前、日光田母沢御用邸を御訪問になり、皇太子・同妃に御拝顔になる。○拝診録、行啓録、侍医局日誌、貞明皇后実録

十五日　木曜日　陸軍中将乃木希典伺候につき、謁を賜う。○乃木希典日記

二十一日　水曜日　律師雲照より、親王の御守りとして虚空蔵菩薩が樺山伯爵邸に届けられる。○雲照大和上伝

二荒山神社に御参詣

三十日　金曜日　午前、国幣中社二荒山神社に参詣される。御帰路、別格官幣社東照宮にお立ち寄りになる。○侍医局日誌、拝診録

三十一日　土曜日　午前、皇太子御誕辰の奉祝及び御暇乞のため、日光田母沢御用邸に御参邸になり、皇太子・同妃に御拝顔になる。皇太子に鯣三連代料を御献上になり、皇太子からは三種交魚一折代料及び小戴一蓋代料を賜わる。○迪宮記、侍医局日誌、拝診録、行啓録、貞明皇后実録

九月

輪王寺にお成り

一日　日曜日　午前、輪王寺にお成りになる。翌日午前にも輪王寺境内及び同寺御霊殿等にお成りになる。○侍医局日誌、輪王寺日記

御帰京

三日　火曜日　この日東京にお戻りになる。日光御用邸より駕籠に召され、午前十時四十五分日光停車場を御発車になり、午後三時上野停車場に御着車、それより馬車にて川村伯爵邸に御帰着になる。なお、皇太子・同妃より御使として東宮御内儀監督万里小路幸子が日光御用邸に、東宮大夫中山孝麿が日光停車場に差し遣わされる。また日光停車場においては輪王寺門主代法門院僧正林覚潤等の奉送を、上野停車場においては皇后宮亮山内勝明・宮内大臣田中光顕その他の奉迎を受けられる。○侍医局日誌、拝診録、東宮職日誌、行啓録、侍従職日録、皇后宮職日記、官報、迪宮記、威仁親王御日記、斎藤桃太郎日記、中田直慈在職日誌、桑野鋭日記、輪王寺日記、東京日日新聞、国民新聞

四日　水曜日　昨日御帰京につき、伯爵川村純義は午前中に参内し、天皇・皇后に親王の御様子を言上する。また、皇后は親王の御様子を侍医局に御下問になるとともに、命婦西西子を川村伯爵邸に遣わされる。侍医局よりは、御異常なき旨の奉答を受けられる。○侍医局日誌、国民新聞、東京日日新聞

ベルツの拝診

十六日　月曜日　夕刻、東京帝国大学医科大学教授ドイツ人勲一等エルヴィン・フォン・ベルツの拝診を受けられる。○侍医局日誌、拝診録、ベルツの日記

二十日　金曜日　午後、御乗馬にて御来邸の皇太子に御拝顔になる。○侍医局日誌、東宮職日誌、行啓録、明治天皇御紀資料稿本、威仁親王御日記

二十五日　水曜日　午後、御乗馬にて御来邸の皇太子に御拝顔になる。この日、皇太子妃も御同行の御予定であったが、親王が昨日より発熱されたためお見合わせになる。翌二十六日、親王御回復

につき、御来邸の皇太子妃に御拝顔になる。○侍医局日誌、拝診録、東宮職日誌、行啓録、貞明皇后実録、迪宮記、中田直慈在職日誌、桑野鋭日記

この日威仁親王は午餐を催し、宮内大臣田中光顕・伯爵川村純義・東宮大夫中山孝麿を招く。その折、親王の御養育方針につき相談する。○威仁親王御日記、斎藤桃太郎日記

三十日　月曜日　昌子内親王誕辰の御祝として鯣三連一折を贈られる。○東宮職日誌

この日より増田タマが乳人として奉仕する。○侍医局日誌、拝診録、迪宮記

十月

一日　火曜日　伯爵川村純義は、親王の御写真を携え東宮御所に参殿する。○中田直慈在職日誌

箸初

五日　土曜日　川村伯爵邸にて箸初の御祝が行われる。午前、参邸の侍従長徳大寺実則、皇后宮大夫香川敬三、東宮大夫中山孝麿、宮内次官川口武定、宮中顧問官橋本綱常、侍医局長岡玄卿、内蔵頭渡辺千秋、調度局長長崎省吾、東京帝国大学医科大学教授ドイツ人エルヴィン・フォン・ベルツ等にそれぞれ謁を賜う。正午、川村伯爵より小豆粥・金頭・青石を盛った三方が供せられ、ついで鱠・煮物・汁物・御飯等を載せた御祝御膳が供される。皇太子・同妃より御祝御膳及び御台人形二箱・五種交魚一折を、天皇・皇后よりそれぞれ鮮鯛一折及び御人形一箱ずつを賜わる。また御直宮

よりも三種交魚の贈進あり。親王からは賢所並びに天皇・皇后・皇太子・同妃・各御直宮にそれぞれ鮮鯛一折ずつを御献上又は御贈進になり、公爵九条道孝・従一位中山慶子・権典侍柳原愛子へそれぞれ三種交魚一折を賜う。

なお、箸初の御祝は御誕生後百二十日目の八月二十六日に行うべきところ、日光に避暑中のため御延引となり、本日行われる。

翌六日、伯爵川村純義は午餐を催し、東宮輔導威仁親王・公爵九条道孝・侍従長徳大寺実則・侍従職幹事岩倉具定・皇后宮大夫香川敬三・宮内次官川口武定・東宮大夫中山孝麿・内蔵頭渡辺千秋・内匠頭堤正誼・宮中顧問官橋本綱常・侍医局長岡玄卿・調度局長長崎省吾・東京帝国大学医科大学教授弘田長・侍医加藤照麿・東宮武官長村木雅美・有栖川宮別当斎藤桃太郎等を招く。午餐前、親王は参会者の拝謁を受けられる。○迪宮御誕生録、侍医局日誌、拝診録、東宮職日誌、皇后宮職日記、御直宮御養育掛日記、供御日録、饗宴賜饌日録、昭憲皇太后実録、貞明皇后実録、迪宮記、御内儀日記摘要、威仁親王御日記、威仁親王行実資料、中田直慈在職日誌、桑野鋭日記、国民新聞、東京日日新聞

御参内

日光よりの御帰還及び二十三日より大磯へ御転地の御挨拶のため、午後、伯爵川村純義夫妻等の供奉にて御参内になり、天皇・皇后に御拝顔になる。ついで東宮御所へ御参殿になり、皇太子・同妃に御拝顔になる。その際、皇后より馬の玩具を、皇太子妃より西洋製玩具等を賜わる。○迪宮御誕生録、侍医局日誌、拝

診録、行啓録、東宮職日誌、内禁録、昭憲皇太后実録、貞明皇后実録、迪宮記、中田直慈在職日誌、桑野鋭日記、官報

七日　月曜日　允子内親王の誕辰御祝として、鯣三連一折を御贈進になる。内親王からは小戴百重を贈られる。なお内親王の誕生日は八月七日であるが、内親王旅行中のため延引し、本日の御祝となる。〇御直宮御養育掛日記、桑野鋭日記

二十一日　月曜日　明後二十三日より親王は神奈川県大磯御転地につき、午後、御来邸の皇太子妃に御拝顔になる。〇侍医局日誌、拝診録、東宮職日誌、行啓録、饗宴賜饌日録、貞明皇后実録、威仁親王御日記

大磯の鍋島別邸御滞在

二十三日　水曜日　午後零時二十分、新橋停車場を御発車になり、神奈川県大磯の侯爵鍋島直大別邸へお成りになる。伯爵川村純義・同夫人春子・川村鉄太郎純義嗣子・川村花子・児玉千代子春子姪・侍医加藤照麿・侍医局勤務木内叔三郎・看護婦西野ノブ・同西方テツ・乳人小林シゲ等が供奉する。新橋停車場においては、皇后御使の皇后宮大夫香川敬三、皇太子妃御使の東宮主事心得錦小路在明、富美宮泰宮御養育主任林友幸等の奉送を受けられる。途中御通過の大船停車場においては、葉山御滞在中の皇太子の御使として東宮侍従大迫貞武の奉迎送を受けられる。鍋島侯爵別邸には、翌明治三十五年三月十三日まで御滞在になり、御滞在中はしばしば海岸等近辺にお出ましになる。

なお、この度の御移転先については、当初、静岡県駿東郡楊原村の伯爵川村純義別邸が候補とされ

たが、同別邸の増築に関し川村家と宮内省との間の調整が進まなかったことにより、鍋島侯爵別邸を借用することとなる。○侍医局日誌、拝診録、東宮職日誌、侍従職日録、皇后宮職日記、内事課日録、行啓録、皇親録、御直宮御養育掛日記、官報、迪宮記、威仁親王御日記、威仁親王行実資料、斎藤桃太郎日記、中田直慈在職日誌、桑野鋭日記、佐佐木高行日記、徳大寺実則日記

二十四日 木曜日 この日より、海水と真水を一対三の割合で混ぜた湯による御入浴を試みられる。○侍医局日誌、拝診録

十一月

天長節

三日 日曜日 天長節につき、天皇に三種交魚一折を御献上になる。天皇より五種交魚料・べたべた餅料・酒饌料を賜わる。○供御日録、儀式録、迪宮記

五日 火曜日 午後、葉山より行啓の皇太子に御拝顔になる。○侍医局日誌、拝診録、行啓録、迪宮記、威仁親王御日記、中田直慈在職日誌

菊麿王妃範子薨去

十日 日曜日 菊麿王妃範子皇太子妃姉違例につき、御見舞の御使を差し遣わされる。翌十一日範子薨去につき、伯爵川村純義夫人春子を喪中御機嫌伺いの御使として皇太子妃の許に差し遣わされる。○東宮職日誌、官報、山階宮三代

満七歳まで諸祭祀への参列猶予

十五日 金曜日 皇太子の例に準じ、親王満七歳に至るまで諸祭祀の御拝・御代拝等に与らざる旨

が決定される。○桑野鋭日記

十七日　日曜日　午後、国府村国府本郷のサフラン園添田辰五郎経営にお成りになる。○侍医局日誌、拝診録

十八日　月曜日　午後、大磯町内高麗山下の侯爵徳川茂承山荘にお成りになる。○侍医局日誌、拝診録

二十二日　金曜日　韓国皇太子李坧より御贈進のことあり。○東宮職日誌

二十八日　木曜日　本日より乳人小林ヱイが奉仕する。○侍医局日誌、拝診録、迪宮記

十二月

三日　火曜日　乳人小林シゲが免じられる。○東宮職日誌、内賜録、桑野鋭日記

初めての種痘接種

十四日　土曜日　夕刻、初めて種痘の接種を受けられる。侍医加藤照麿が奉仕する。また近侍者にもこのことあり。二十七日には皇后より種痘を済まされた御祝として金員を賜わる。○侍医局日誌、拝診録、皇后宮職日記、迪宮殿下御容体上申書録

十六日　月曜日　皇太子より御機嫌伺いのために差し遣わされた東宮御内儀監督万里小路幸子に謁を賜う。○東宮職日誌、侍医局日誌、迪宮記、桑野鋭日記

十八日　水曜日　皇后の御使として平井翠が親王の許に差し遣わされる。○皇后宮職日記

二十八日　土曜日　御歳暮として真鴨二番ずつを天皇・皇后及び皇太子・同妃に御献上、威仁親王に御贈進になる。〇迪宮記

二十九日　日曜日　今月十五日より乳人として試用の石黒ヌイが正式に採用される。〇侍医局日誌、拝診録、迪宮記

三十日　月曜日　歳末につき、天皇・皇后より鮮鯛代料を賜わる。〇桑野鋭日記

明治三十五年（西暦一九〇二年）　一歳

一月

新年拝賀

一日　水曜日　神奈川県大磯町の侯爵鍋島直大別邸において新年をお迎えになる。午前、供奉員の拝賀をお受けになる。○侍医局日誌

新年につき、天皇・皇后より鮮鯛料を賜わる。皇太子・同妃、新年の御使として東宮主事桂潜太郎を大磯へ遣わされ、親王へ鮮鯛一折・白絹二疋、伯爵川村純義・同夫人春子へ白縮緬一反ずつを賜う。親王より皇太子・同妃へ鮮鯛一折を献上される。また、昌子内親王・房子内親王より親王へ鮮鯛料を進められ、親王より両内親王へ鮮鯛一折を贈られる。允子内親王・聰子内親王よりも親王へ鮮鯛料を進められ、親王より両内親王へ鮮鯛一折を贈られる。○進退録、行啓録、贈賜録、東宮職日誌、供御日録、御直宮御養育掛日記、桑野鋭日記、大正天皇実録

この日より純牛乳が供進される。以後、供進の御食品の種類は漸次増加し、この年には肉汁羹・粥・鶏卵・蔬菜・魚肉・パン・果物・オムレット等が供される。○侍医局日誌、拝診録

十三日　月曜日　午後、大磯停車場にお成りになり、小田原御用邸へ旅行途次の昌子内親王・房子内親王と御対顔になる。○拝診録、官報

皇太子妃内着帯

十五日　水曜日　この日、皇太子妃の内着帯が行われる。皇太子・同妃は親王へ万那料を賜い、親王よりも皇太子・同妃へ万那料を献上される。○行啓録、淳宮御誕生録、東宮職日誌、斎藤桃太郎日記、迪宮記

二十六日　日曜日　午後、大磯停車場にお成りになり、沼津御用邸へ行啓途中の皇太子に御拝顔になる。皇太子は本日より三十日まで沼津御用邸に御滞在になる。○侍医局日誌、拝診録、行啓録、官報

二月

乳歯発生

一日　土曜日　左上内切歯の発生が確認される。以後、順調に乳歯が発生する。○侍医局日誌、拝診録、行啓録、東宮職日誌

御違例

四日　火曜日　午後、御違例にて体温は三十八度となる。翌五日には大量の御吐乳があり、その後も微熱はお続きになるも、十日には御回復になる。○侍医局日誌、拝診録、貞明皇后実録

十一日　火曜日　正午頃、威仁親王が御機嫌伺いのため参邸し、親王と対顔する。二十日には同妃

慰子が参邸し、親王と対顔する。〇侍医局日誌、威仁親王御日記、威仁親王行実

紀元節につき、天皇より酒饌料を賜わる。〇供御日録

二十一日　金曜日　本日未明、俄に呼吸御困難となられ、声がれ・咳・咽喉の喘鳴等の御症状が見られる。医師による診察の結果、急性喉頭カタル症と診断される。翌二十二日、ジフテリア予防のためベーリング血清注射を受けられる。二十六日、諸症状は一旦御快方に向かわれるも、翌二十七日未明から体温が三十八度七分まで上昇され、さらに三月二日には蕁麻疹様の紅斑を発せられる。四日以降、順調に回復され、十日には御全快になる。

皇太子妃賢所に親王の御病気平癒を御祈願

この間、二月二十三日皇后は皇后宮亮山内勝明を、同日皇太子・同妃は侍医片山芳林をそれぞれ御見舞として大磯へ遣わされる。二十五日には、皇太子が東宮主事桂潜太郎を遣わして御病状を御下問になる。三月一日、皇太子妃は東宮御内儀監督万里小路幸子を遣わして病状を御下問になり、親王へ御召御綿入二枚・小提灯三張を贈られる。また、皇太子妃は二月二十三日より七日間、さらに三月二日より七日間、賢所に親王の御病気平癒の祈願をされ初穂料をお供えになり、九日には御病気平癒の御礼として、賢所に初穂料をお供えになる。〇侍医局日誌、拝診録、東宮職日誌、皇后宮職日記、進退録、贈賜録、行啓録、重要雑録、迪宮記、貞明皇后実録、威仁親王御日記

三月

茅ヶ崎の土方久元別邸に御移転

十三日　木曜日　昨日大磯に麻疹患者発生のため、侯爵鍋島直大別邸より茅ヶ崎の伯爵土方久元別邸へ御移転になる。午後四時四十五分大磯停車場を汽車にて御発車になり、五時五分御着になる。伯爵川村純義以下が供奉する。なお、十七日には御滞在の記念として鍋島侯爵へ銀製花瓶一対・白縮緬二疋を賜う。○侍医局日誌、拝診録、皇親録、侍従職日録、行啓録、東宮職日誌、御直宮御養育掛日記、官報、佐佐木高行日記、土方久元日記、迪宮記

十四日　金曜日　皇太子妃は東宮属岡本所保を茅ヶ崎へ遣わされ、御移転後の親王の御模様を伺われる。○東宮職日誌、桑野鋭日記

三十日　日曜日　午後、葉山より行啓の皇太子に御拝顔になる。○行啓録、東宮職日誌、東宮記、侍医局日誌、拝診録、威仁親王御日記、佐佐木高行日記、大正天皇実録資料稿本

四月

御帰京

八日　火曜日　午後零時四十分伯爵土方久元別邸を御出門、茅ヶ崎停車場より汽車にて御帰京の途に就かれる。四時十五分、麻布区飯倉狸穴町の伯爵川村純義邸に御到着になる。御帰京には川村伯

爵・同夫人春子・川村花子・侍医加藤照麿等が供奉し、新橋停車場には皇太子同妃御使東宮主事心得錦小路在明・宮中顧問官中山孝麿前東宮大夫・侯爵鍋島直大等が奉迎する。錦小路東宮主事心得は、その後川村伯爵邸へも参向する。なお十四日には御滞在の記念として、土方伯爵へ銀製花瓶一個・白縮緬一疋を賜う。〇東宮職日誌、侍従職日録、行啓録、贈賜録、御直宮御養育掛日記、侍医局日誌、拝診録、官報、威仁親王御日記、土方久元日記、桑野鋭日記、迪宮記

九日　水曜日　午後、帰京の御挨拶として東宮御所へ御参殿、皇太子・同妃に御拝顔になる。皇太子・同妃より玩具並びに反物を賜わり、親王は三種交魚一折を御献上になる。〇贈賜録、東宮職日誌、侍医局日誌、拝診録、官報、桑野鋭日記

十日　木曜日　皇太子・同妃より、フランスより取り寄せられた乳母車一輛を賜わる。〇東宮職日誌、桑野鋭日記

十八日　金曜日　去る十五日、富美宮泰宮御養育主任林友幸の八十歳賀につき、同人より紅白鶴ノ子餅一重・鯣一連の献上を受けられる。よってこの日、林主任へ万那料及び白縮緬一疋を賜う。〇御直宮御養育掛日記、迪宮記、昭憲皇太后実録、貞明皇后実録

英国皇帝エドワード七世戴冠式に参列の彰仁親王に随行する宮中顧問官中山孝麿に万那料を賜う。〇迪宮記、官報

御風気

二十四日　木曜日　感冒の症状を発せられ、五月中旬まで発熱等を繰り返される。〇侍医局日誌、拝診録

五月

初御誕辰の祝宴

五日　月曜日　午後三時、伯爵川村純義邸において初御誕辰の祝宴が催され、威仁親王・同妃慰子、公爵九条道孝ほかの御親昵、東宮職高等官その他が参集する。祝宴は宮内省式部職の楽師による洋楽が奏でられるなか、イギリス式園遊会の形式で行われ、参会者には親王が丑年のお生まれであることに因む記念品及び御写真が下賜される。また六時三十分より、東宮御所においても祝宴が催され、皇太子と威仁親王が御会食になり、公爵九条道孝・同嫡男道実・伯爵川村純義・宮中顧問官橋本綱常・東宮大夫斎藤桃太郎・宮中顧問官高辻修長・東宮侍従長木戸孝正・東京帝国大学医科大学教授弘田長・侍医加藤照麿・式部官鍋島精次郎に御陪食を仰せ付けられる。また皇太子妃は、皇后の御使として参邸の典侍柳原愛子に御陪食を仰せ付けられる。

なお、親王の初御誕辰は四月二十九日であるが、スペイン皇帝アルフォンソ十三世の祖父フランシスコ崩御により、四月二十四日から十日間の宮中喪が仰せ出されたため、祝宴は延引し本日となる。初御誕辰につき、賢所へ御鈴料、天皇へ鮮鯛一折・小戴百枚一蓋・御銚子一対、皇后へ鮮鯛一折・小戴百枚一蓋、皇太子へ鮮鯛一折・小戴百枚一蓋・御銚子一対、皇太子妃へ鮮鯛一折・小戴百枚一盞をそれぞれ献ぜられ、昌子内親王・房子内親王・允子内親王・聰子内親王へ小戴百枚一盞ずつ、威仁親王へ小戴百枚一盞を進められる。また、天皇・皇后より御台人形二函・鮮鯛二折、皇太子・同妃より御人形二函・鮮鯛二折を賜わり、昌子内親王・房子内親王より鯣二折、允子内親王・聰子内親王より鯣二折、威仁親王より万那料を進められる。従一位中山慶子・典侍柳原愛子・公爵九条道孝・公爵鷹司熙通等よりも献上があり、親王よりそれぞれへ万那料を賜う。○東宮職日誌、皇后宮職日記、典式録、重要雑録、御直宮御養育掛日記、供御日録、侍医局日誌、大正天皇実録、昭憲皇太后実録、貞明皇后実録、官報、威仁親王御日記、徳大寺実則日記、佐佐木高行日記、木戸孝正日記、斎藤桃太郎日記、土方久元日記、迪宮記

この日、東宮侍従長高辻修長が宮中顧問官に、式部官木戸孝正が東宮侍従長兼式部官に任じられる。○進退録、官報、木戸孝正日記

八日　木曜日　房子内親王の誕辰御祝につき、鯣二連を御贈進になる。内親王は親王へ小戴百重を進められる。内親王の誕辰は一月二十八日であるが、都合により本日御祝を行われる。○迪宮記

十一日　日曜日　聰子内親王の誕辰御祝につき、鯣料を御贈進になる。内親王は親王へ小戴百重を進められる。○迪宮記、御直宮御養育掛日記

皇太子妃御着帯

十五日　木曜日　皇太子妃御着帯につき、皇太子・同妃へ交魚料を献上される。皇太子・同妃よりは交魚料を賜わる。○淳宮御誕生録、東宮職日誌、迪宮記

午後、皇太子御来邸につき、御拝顔になる。○行啓録、東宮職日誌、侍医局日誌、威仁親王御日記、木戸孝正日記、迪宮記

二十一日　水曜日　宮中顧問官中山孝麿夫人勝子去る十七日に死去につき、金員を下賜される。○迪宮記

二十八日　水曜日　皇后御誕辰につき、鮮鯛一折を献ぜられ、皇后より三種交魚一折・小戴一蓋・酒饌料を賜わる。○供御日録、迪宮記、昭憲皇太后実録

二十九日　木曜日　皇室誕生令並びに同附式が制定される。明治三十三年十二月六日、帝室制度調査局総裁心得土方久元より皇室誕育令の名称で草案が上奏されて以来、長期にわたる審議の末、本月に至り枢密顧問への諮詢を経て、この日公布される。○内大臣府文書、官報、皇室誕生令同附式、徳大寺実則日記、土方久元日記、斎藤桃太郎日記、中田直慈在職日誌、明治天皇紀、枢密院会議筆記

皇室誕生令制定

六月

二日　月曜日　午後、東宮御所に御参殿になり、皇太子妃に御拝顔になる。皇太子妃より紋羽二重御紋附袷・西洋人形・鶏の玩具等を賜わる。○東宮職日誌、侍医局日誌、拝診録、贈賜録、貞明皇后実録、官報、桑野鋭日記

三日　火曜日　午後、浜離宮にお成りになる。行啓中の皇后に御拝顔になり、木馬を賜わる。○侍医局日誌、拝診録、布設録、官報、昭憲皇太后実録

二十一日　土曜日　侍医局勤務木内叔三郎が迪宮附を免ぜられ、その後任として長田重雄が侍医局勤務を仰せ付けられ、迪宮附となる。○東宮職日誌、侍医局日誌、進退録、迪宮記

二十四日　火曜日　東宮大夫斎藤桃太郎参邸につき、謁を賜う。○斎藤桃太郎日記

雍仁親王の誕生

二十五日　水曜日　午前七時三十分、皇太子妃は御分娩、第二男子を御出産になる。七月一日、誕生後七日目につき東宮御所において御命名式が行われ、天皇より名を雍仁《やすひと》、称号を淳宮《あつのみや》と賜わる。裕仁親王は御命名を祝し、皇太子妃へ三種交魚一折を贈進され、雍仁親王へ鮮鯛一折を贈られる。皇太子・同妃より裕仁親王へ交魚料を、雍仁親王より裕仁親王へ同じく交魚料を贈られる。○東宮職日誌、行啓録、淳宮御誕生録、祭祀録、官報、雍仁親王実紀

七月

雍仁親王に初めて御対顔

二日　水曜日　午前、東宮御所に御参殿になり、皇太子妃に御拝顔になり、雍仁親王に初めて御対顔になる。○東宮職日誌、侍医局日誌、拝診録、官報、桑野鋭日記、皇儲紀略、雍仁親王実紀

沼津の川村別邸に御移転

五日　土曜日　御保養のため、静岡県駿東郡楊原村の伯爵川村純義沼津別邸沼津御用邸の北西に位置するへ御移転になる。川村伯爵・東京帝国大学医科大学教授弘田長・侍医局勤務長田重雄等が供奉する。午前五

時五十分川村伯爵邸を御出門、六時二十分新橋停車場を御発になり、十時十七分沼津停車場に御着。十一時川村伯爵別邸に御到着になる。皇太子は御使として新橋停車場へ東宮主事桂潜太郎、大船停車場へ東宮侍従大迫貞武をそれぞれ遣わされる。今回の御移転は、昨冬の大磯御滞在中には御栄養並びに御体重の順調な御増進が見られたものの、四月の御帰京以後は十分な御増進が見られなくなったため、侍医等から海浜への御転地の必要が川村伯爵へ上申されたことによる。また、最近東京府下に赤痢とコレラの流行の兆しが見られることもその理由となる。六月三十日、川村伯爵は侍従長徳大寺実則にこの御移転につき天皇への奏上を依頼し、翌日、七月四日御出発の御沙汰を賜わる。しかるに四日は暴風雨のため、御出発がこの日に順延される。○東宮職日誌、侍医局日誌、拝診録、沼津御用邸日誌、皇親録、行啓録、官報、威仁親王御日記、迪宮記、皇儲紀略

皇太子妃御誕辰御祝につき、皇太子妃へ鯣三連一折を献上され、皇太子妃より三種交魚一折・小戴百枚一蓋の代料を賜わる。なお皇太子妃の御誕辰は六月二十五日であるが、御出産のために御祝が延引され本日となる。○東宮職日誌、典式録、斎藤桃太郎日記、迪宮記

七日　月曜日　午前、牛臥の三島館へお成りになる。以後、八月二十六日までの沼津御滞在中、好天の日には川村伯爵別邸の近傍へしばしばお成りになる。○侍医局日誌、拝診録

八日　火曜日　静岡県知事山田春三が御機嫌伺いのため参邸する。以後、沼津御滞在中は、侯爵大山巖・同夫人捨松、九条道実、静岡県警察部長有川貞寿、駿東郡長河野鎗次郎等が御機嫌伺いのため参邸する。〇侍医局日誌

十四日　月曜日　中元につき、天皇・皇后より鯉料として金一封を、皇太子・同妃より御提灯・鯉料を賜わる。〇東宮職日誌、供御日録、桑野鋭日記

三十一日　木曜日　本日初めて匐行をされ、八月五日には摑まり立ちをされる。以後、沼津御滞在中、御匐行は次第に速やかになり、摑まり立ちも頻繁にされるようになる。その後、十一月十三日には初めて御自身でお立ちになり、二十四日には、御起立の際に初めて一、二歩歩まれる。〇侍医局日誌、拝診録

八月

五日　火曜日　東京帝国大学医科大学教授弘田長は宮内省御用掛となり、弘田及び侍医加藤照麿は迪宮淳宮拝診御用を仰せ付けられる。〇侍医局日誌、進退録、迪宮記

十三日　水曜日　本日雍仁親王の賢所初参拝及び初参内につき、皇太子・同妃へ交魚料を献上され、雍仁親王へも交魚料を贈られ、皇太子・同妃より三種交魚料を、皇太子妃より鳥ノ子二十枚を賜わり、

雍仁親王より三種交魚料を贈られる。〇東宮職日誌、淳宮御誕生録、官報

箱根御滞在

二十六日　火曜日　御避暑のため神奈川県箱根へ御転地になる。伯爵川村純義・宮内省御用掛弘田長・侍医加藤照麿等が供奉する。午前四時川村伯爵別邸を御出門、四時五十五分沼津停車場発の汽車に御乗車になり、国府津停車場にて電車にお乗り換えになる。湯本停車場において御下車の後、駕籠にて箱根宮ノ下へ向かわれ、十時四十分御旅館富士屋ホテル別館に御到着になる。宮ノ下御用邸に滞在中の允子内親王・聰子内親王は供奉員と共に宮ノ下入口にて親王をお出迎えになり、富士屋ホテル門前まで同行する。〇東宮職日誌、侍医局日誌、拝診録、沼津御用邸日誌、皇親録、行啓録、御直宮御養育掛日記、官報、迪宮記

二十九日　金曜日　午前、宮ノ下御用邸にお成りになり、允子内親王・聰子内親王と御対顔になる。翌三十日午前には、両内親王が御旅館にお成りにつき、御対顔になる。〇侍医局日誌、拝診録、御直宮御養育掛日記

三十一日　日曜日　皇太子御誕辰につき、鯣料を献上され、皇太子より三種交魚一折・小戴百枚一蓋の代料を賜わる。〇行啓録、典式録、迪宮記

午後、木賀にお成りになる。以後、宮ノ下御滞在中、好天の日にはしばしば大平台など御旅館の近傍にお成りになる。〇侍医局日誌、拝診録

九月

四日　木曜日　午後、宮内省御用掛弘田長は伯爵川村純義夫人春子・川村花子と共に葉山御用邸に参邸し、皇太子妃に親王の御近況を言上する。○行啓録、官報

十一日　木曜日　伯爵土方久元参邸につき、謁を賜う。○土方久元日記

箱根より御帰京

二十五日　木曜日　箱根宮ノ下より御帰京になる。伯爵川村純義・同夫人春子・侍医局勤務小原頼之等が供奉する。午前八時富士屋ホテル別館を駕籠にて御出門、允子内親王・聰子内親王の見送りを受けられ、湯本へ下られる。九時四十五分電車にて湯本停車場をお発ちになり、国府津停車場において汽車に乗り換えられ、午後一時五十分新橋停車場に御着になる。宮中顧問官中山孝麿・式部官九条道実・侍医局長岡玄卿等が奉迎する。新橋停車場より馬車に召され、二時二十分、麻布区飯倉狸穴町の川村伯爵邸にお着きになる。この間、皇太子は東宮属を葉山より大船停車場へ遣わされ、親王の御様子を伺われる。○侍医局日誌、拝診録、皇親録、行啓録、御直宮御養育掛日記、官報、桑野鋭日記、迪宮記

二十七日　土曜日　午後、皇太子御来邸につき、御拝顔になる。○東宮職日誌、侍医局日誌、拝診録、行啓録、斎藤桃太郎日記

川村家沼津別邸増築費下賜

三十日　火曜日　親王御養育のため静岡県駿東郡楊原村の別邸を増築したしとの伯爵川村純義より

のかねてよりの申し出に対し、去る二十五日、裕仁親王・雍仁親王御座所及び医師看護婦詰所等の増築を認める旨が決定される。この日、東宮大夫斎藤桃太郎は東宮職において川村伯爵に面会し、増築費の下賜を伝達する。○恩賜録、威仁親王御日記、徳大寺実則日記、斎藤桃太郎日記

十月

三日　金曜日　午後、東宮御所に御参殿になり、皇太子・同妃に御拝顔、雍仁親王に御対顔になる。○東宮職日誌、侍医局日誌、拝診録、贈賜録、官報、斎藤桃太郎日記、桑野鋭日記

雍仁親王と御同居

十六日　木曜日　雍仁親王は本日より裕仁親王と同居のため午前十時東宮御所を出門、同十五分に麻布区飯倉狸穴町の伯爵川村純義邸へ到着する。お迎えとして伯爵川村純義・同夫人春子・川村花子が東宮御所へ参向し、移転には東宮大夫斎藤桃太郎・侍医加藤照麿等が供奉する。御同居について、川村伯爵は昨年五月より皇孫の御養育は兄弟御一緒が望ましいとの考えを威仁親王に申し出ており、本年一月二十八日に開催された東宮輔導顧問会議において、出席の威仁親王・元帥大山巖・伯爵土方久元・宮内大臣田中光顕・東宮大夫斎藤桃太郎等は、六月御誕生になる皇孫は親王・内親王にかかわらず川村伯爵へお預けとすることを議決し、天皇のお許しを得ていた。○東宮職日誌、侍医局日誌、皇親録、淳

宮御誕生録、重要雑録、官報、威仁親王御日記、徳大寺実則日記、斎藤桃太郎日記、桑野鋭日記、威仁親王行実

二十八日　火曜日　薬丁斎藤祐は侍医局勤務を命じられ、裕仁親王・雍仁親王の御調薬御用として伯爵川村純義邸詰となる。○侍医局日誌、進退録、迪宮記

十一月

三日　月曜日　天長節につき、天皇へ鮮鯛一折を献上される。天皇より五種交魚一折・べたべた餅三十一個及び酒饌料を賜わる。○供御日録、迪宮記、昭憲皇太后実録

六日　木曜日　明後八日沼津へ御移転につき、午後、御暇乞として雍仁親王と共に東宮御所へ御参殿になり、皇太子妃に御拝顔になる。○東宮職日誌、侍医局日誌、拝診録、贈賜録、官報、皇儲紀略

七日　金曜日　明日沼津へ御移転につき、午後、御暇乞として雍仁親王と共に御参内になる。○皇后宮職日記、侍医局日誌、拝診録、官報

川村家沼津別邸に御移転

八日　土曜日　御保養のため雍仁親王と共に静岡県駿東郡楊原村伯爵川村純義別邸へ御移転になる。伯爵川村純義代理の樺山愛輔を始めとして宮内省御用掛弘田長・侍医加藤照麿・侍医局勤務長田重雄等が供奉する。この日、川村伯爵は感冒療養中のため供奉せず、全快後の十八日に参着する。午

前九時三十分川村伯爵邸を御出門、十時十分新橋停車場を汽車にて御発になる。皇太子妃は新橋停車場へ東宮主事桂潜太郎を遣わされ、また新橋停車場では宮内次官花房義質・富美宮泰宮御養育主任林友幸・侯爵鍋島直大・式部官九条道実・宮中顧問官三浦安等が奉送する。途中、皇太子は大船停車場へ東宮侍従原恒太郎を遣わされ、親王の御様子を伺われる。午後三時沼津停車場に御着、同二十分川村伯爵別邸に御到着になる。○東宮職日誌、皇后宮職日記、侍医局日誌、拝診録、皇親録、行啓録、御直宮御養育掛日記、皇儲紀略、官報、桑野鋭日記、国民新聞

十九日　水曜日　午前、雍仁親王と共に沼津停車場にお成りになり、熊本県下における陸軍特別大演習の御統監より還幸途次の天皇に車中において御拝顔になる。○侍医局日誌、拝診録、幸啓録、官報

二十二日　土曜日　午後、雍仁親王と共に牛臥にお成りになる。○侍医局日誌、拝診録

二十三日　日曜日　午前、牛臥方面にお成りになる。午後、雍仁親王と共に沼津御用邸へお成りになり、邸内で御運動になる。○侍医局日誌

二十四日　月曜日　午前、雍仁親王と共に香貫山麓まで御運動になる。午後は静浦の保養館まで御運動になる。○侍医局日誌、淳宮記

二十五日　火曜日　午前、雍仁親王と共に香貫山山腹まで御運動になる。午後、雍仁親王と共に牛臥の松原まで御運動になる。○侍医局日誌、拝診録

二十六日　水曜日　午後、雍仁親王と共に鳥屋まで御運動になる。○侍医局日誌、拝診録

二十七日　木曜日　午前、沼津御用邸近傍を御運動になる。○侍医局日誌、拝診録

三十日　日曜日　午前、沼津御用邸にお成りになり、邸内で御運動になる。午後、雍仁親王と共に香貫山まで御運動になる。○侍医局日誌、拝診録

十二月

二日　火曜日　午後、雍仁親王と共に鳥屋まで御運動になる。○侍医局日誌、拝診録

四日　木曜日　午前、沼津御用邸付近まで御運動になる。午後、鳥屋まで御運動になる。○侍医局日誌、拝診録

五日　金曜日　午後、鳥屋まで御運動になる。○侍医局日誌、拝診録

七日　日曜日　允子内親王の誕辰御祝につき、恒例の御贈答が行われる。なお内親王は誕辰の八月七日には箱根宮ノ下に避暑中につき、本日御祝が行われる。○御直宮御養育掛日記

御風気

八日　月曜日　この日より御風気につき、二十七日まで邸外での御運動を見合わせられる。○侍医局日誌、拝診録

二十六日　金曜日　歳末につき、皇太子・同妃より甘鯛五尾・鯛一尾を賜わる。東宮主事桂潜太郎が沼津への御使を奉仕する。○東宮職日誌、行啓録

二十八日　日曜日　歳末につき、親王より天皇・皇后へ真鴨二番を献上され、天皇・皇后より鮮鯛料を賜わる。皇太子・同妃へ真鴨料を献ぜられ、皇太子・同妃より白羽二重一疋を賜わる。威仁親王へは真鴨料を贈られ、威仁親王より御肴一折を贈られる。○行啓録、贈賜録、供御日録、迪宮記

明治三十六年（西暦一九〇三年）　二歳

一月

一日　木曜日　川村伯爵沼津別邸において、雍仁親王と共に新年を迎えられる。天皇・皇后、皇太子・同妃及び昌子内親王・房子内親王・允子内親王・聰子内親王との間で御祝を交わされる。○東宮職日誌、供御日録、御直宮御養育掛日記、贈賜録、迪宮記

午後、沼津町立沼津女子尋常高等小学校附属幼稚園園児七十八名による「君が代」等の唱歌奉唱をお聴きになり、ついで親王・雍仁親王への万歳三唱を受けられる。○侍医局日誌、迪宮記

五日　月曜日　宮中において新年宴会につき、天皇より酒饌料を賜わる。○供御日録、迪宮記

七日　水曜日　この日より噴嚏・咳嗽など感冒の御症状が見られる。その後、御発熱もあり、御違例は凡そ一箇月にわたる。翌二月八日に至り御全快になる。○侍医局日誌、拝診録

御違例

十五日　木曜日　この日、皇太子は沼津御用邸に行啓、御滞在になるも、親王は御違例のため御奉迎・御拝顔はされず、奉迎のため伯爵川村純義・侍医加藤照麿を御用邸へ遣わされ、併せて御病状を言上せしめられる。○侍医局日誌、侍従職日録、行啓録、斎藤桃太郎日記、桑野鋭日記、官報

十七日　土曜日　皇太子より御見舞として東宮侍従丸尾錦作が遣わされる。○侍医局日誌、斎藤桃太郎日記

十八日　日曜日　御違例につき、この日沼津御用邸に御到着の皇太子妃との御拝顔をお見合わせになる。○侍医局日誌、侍従職日録、行啓録、皇親録、貞明皇后実録、官報、斎藤桃太郎日記、桑野鋭日記

十九日　月曜日　沼津御用邸に参候の東宮輔導威仁親王が御尋として参邸する。○斎藤桃太郎日記

二十五日　日曜日　沼津御用邸御滞在中の皇太子・同妃は、侍医より親王の御快復状況につき上申を受けられる。これにより皇太子・同妃は伯爵川村純義以下に親王の看病の慰労として、酒肴料を下賜される。○侍医局日誌、行啓録、贈賜録

二十八日　水曜日　房子内親王誕辰につき恒例の御祝を交わされる。○迪宮記

二月

十日　火曜日　午後、御散策の帰途お立ち寄りの皇太子に御拝顔になる。○行啓録、拝診録

十一日　水曜日　午後、雍仁親王と共に沼津御用邸に御参邸になり、皇太子・同妃に御拝顔になる。〇拝診録、行啓録、貞明皇后実録、斎藤桃太郎日記
皇太子・同妃の沼津御滞在中には、以後もしばしば御用邸に御参邸になる。

紀元節につき、天皇より酒饌料を賜わる。〇供御日録

西洋小児服を御着用

十八日　水曜日　初めて西洋小児服を御着用になる。〇侍医局日誌、拝診録

二十三日　月曜日　午後、雍仁親王と共に海岸を御運動の際、皇太子・同妃に御拝顔になる。〇侍医局日誌、拝診録

三月

五日　木曜日　午後、皇太子妃御来邸につき、御拝顔になる。〇侍医局日誌、拝診録、行啓録、貞明皇后実録

十日　火曜日　皇太子妃東京へ還啓につき、午前、雍仁親王と共に沼津御用邸に御参邸になり、皇太子妃に御拝顔の上、御奉送になる。〇侍医局日誌、拝診録、侍従職日録、行啓録、皇親録、貞明皇后実録、官報、斎藤桃太郎日記

二十日　金曜日　従一位中山慶子が参邸伺候する。中山は本月二十七日、四月一日にも伺候する。〇侍医局日誌、佐佐木高行日記

二十二日　日曜日　明二十三日皇太子葉山御用邸へ行啓につき、午前、御暇乞のため雍仁親王と共

に沼津御用邸に御参邸になり、皇太子に御拝顔になる。翌二十三日午前にも雍仁親王と共に沼津御用邸に御参邸になり、御門前にて皇太子を御奉送になる。○侍医局日誌、拝診録、行啓録、官報、斎藤桃太郎日記

二十三日　月曜日　午後、従一位中山慶子滞在の旅館にお成りになる。○侍医局日誌、拝診録

四月

天皇の行幸を御奉送

七日　火曜日　午前、雍仁親王と共に沼津停車場にお成りになり、京都府・大阪府及び兵庫県下へ行幸途次の天皇に車中において御拝顔になり、御奉送になる。○侍医局日誌、拝診録、明治天皇紀

十日　金曜日　午前、雍仁親王と共に西郷侯爵別邸においてお遊びになる。○侍医局日誌、拝診録

皇后の行啓を御奉送

十二日　日曜日　正午前、雍仁親王と共に沼津停車場にお成りになり、京都行啓途次の皇后に御拝顔になり、御奉送になる。○侍医局日誌、拝診録、東宮職日誌

御帰京

二十八日　火曜日　午前七時、雍仁親王と共に伯爵川村純義別邸を御出門、沼津停車場を御発車になり、帰京の途に就かれる。午後零時五十六分新橋停車場に御着車になり、同所において皇太子同妃御使東宮主事桂潜太郎・東宮大夫斎藤桃太郎等の奉迎をお受けになる。それより馬車にて、一時二十分、伯爵川村純義邸に御到着になる。○侍医局日誌、拝診録、皇后宮職日記、東宮職日誌、御直宮御養育掛日記、皇親録、贈賜録、重要雑録、官報、斎藤桃太郎日記、桑野鋭日記

二十九日　水曜日　御誕辰なるも、御都合により御祝は延引となる。午後、雍仁親王と共に東宮御所へ御参殿になる。○侍医局日誌、拝診録、東宮職日誌、贈賜録、典式録、官報、斎藤桃太郎日記、桑野鋭日記

五月

七日　木曜日　御誕辰御祝として、午後三時伯爵川村純義邸において、威仁親王・同妃、典侍柳原愛子、東宮大夫斎藤桃太郎、東宮侍従長木戸孝正等をお招きになり、立食を催される。参邸の威仁親王と御対顔になり、その他の招待者へも謁を賜う。六時三十分、皇太子は東宮御所において内宴を催され、威仁親王と西洋料理を御会食になり、伯爵川村純義・侯爵中山孝麿・東宮大夫斎藤桃太郎・式部官九条道実・東宮侍従長木戸孝正・宮内省御用掛弘田長・東宮武官長村木雅美・侍医加藤照麿に御陪食を仰せ付けられる。皇太子妃は御内儀において典侍柳原愛子をお召しになり、和食の御陪食を仰せ付けられる。なお、これより先、御誕辰の内宴については威仁親王の意見により、裕仁親王に限り毎年の催しとし、雍仁親王以下の皇子は初誕辰のみとすることが定められる。○東宮職日誌、侍医局日誌、拝診録、皇后宮職日記、御直宮御養育掛日記、典式録、重要雑録、貞明皇后実録、迪宮記、威仁親王御日記、斎藤桃太郎日記、木戸孝正日記

御誕辰御祝につき、賢所へ御鈴料をお供えになり、天皇へ鮮鯛料・小戴料・御銚子料を、皇后へ鮮

鯛料・小戴料を御献上になる。天皇・皇后より鮮鯛を賜わる。また皇太子・同妃始め諸皇族と御祝を交わされる。〇東宮職日誌、供御日録、典式録、貞明皇后実録、迪宮記

御違例

九日　土曜日　朝より噴嚔など感冒の御症状を示される。御違例は十五日まで続く。〇侍医局日誌、拝診録

午後四時頃、皇太子御来邸につき、雍仁親王と共に御拝顔になる。〇侍医局日誌、拝診録、東宮職日誌、威仁親王御日記、斎藤桃太郎日記

十一日　月曜日　聰子内親王誕辰につき、恒例の御祝を交わされる。〇御直宮御養育掛日記、迪宮記

二十四日　日曜日　午後三時頃、皇太子妃お成りにつき、雍仁親王と共に御拝顔になる。同妃より、両親王の御身長についてお尋ねがある。これにつき、裕仁親王については、本年四月には二尺三寸五分となられた旨を侍医より奉答する。〇侍医局日誌、拝診録、貞明皇后実録

二十八日　木曜日　皇后御誕辰につき、恒例の御祝を交わされる。〇供御日録、迪宮記

この月　この頃より、片言にて御言葉を発せられる。〇拝診録

六月

御参内

四日　木曜日　午後、雍仁親王と共に宮城に参内され、皇后に御拝顔になる。〇拝診録、皇后宮職日記、官報

六日　土曜日　午前、雍仁親王と共に新宿植物御苑にお成りになる。〇侍医局日誌、拝診録、官報、迪宮記

十一日　木曜日　午前一時頃、急性喉頭カタルの発作を起こされ、御違例は数日に及ぶ。十七日、皇太子は、東宮御所詰の侍医西郷吉義を通じて親王の御容体をお尋ねになる。これに対し侍医加藤照麿は、ほぼ御全癒なるも東宮御所へのお成りは二十日以降が望ましい旨を奉答する。○侍医局日誌、拝診録

二十一日　日曜日　午前、雍仁親王と共に東宮御所に御参殿になり、皇太子・同妃に御拝顔になる。○侍医局日誌、拝診録、東宮職日誌、官報、斎藤桃太郎日記

島津公爵邸にお成り

二十三日　火曜日　午前、雍仁親王と共に東京府荏原郡大崎村の公爵島津忠重邸にお成りになる。○侍医局日誌、拝診録、官報

二十五日　木曜日　皇太子妃御誕辰につき、恒例の御祝を交わされる。また、雍仁親王の初誕辰御祝として鯣三連一折を御贈進になる。雍仁親王よりは小戴百重が贈られる。○侍医局日誌、東宮職日誌、典式録、重要雑録、迪宮記、斎藤桃太郎日記

二十六日　金曜日　午前、雍仁親王と共に東宮御所に御参殿になり、皇太子・同妃に御拝顔になる。○侍医局日誌、拝診録、東宮職日誌、官報、斎藤桃太郎日記、桑野鋭日記

三十日　火曜日　午前、雍仁親王と共に新宿植物御苑にお成りになる。○侍医局日誌、拝診録、官報、迪宮記

七月

三日　金曜日　午前、雍仁親王と共に新宿植物御苑にお成りになる。○侍医局日誌、拝診録、官報、迪宮記

七日　火曜日　東宮大夫斎藤桃太郎は、川村春子・同鉄太郎を訪い、親王による平日午前の東宮御所への御参殿は、皇太子の御日課に差し支えある旨を申し伝える。○斎藤桃太郎日記

十一日　土曜日　午前、雍仁親王と共に新宿植物御苑にお成りになる。○侍医局日誌、拝診録

十四日　火曜日　中元につき、天皇・皇后及び皇太子・同妃より恒例の御下賜あり。○東宮職日誌、贈賜録、供御日録、迪宮記、桑野鋭日記

二十四日　金曜日　迪宮附看護婦西方テツ退任につき、同人に代わり、二十七日より看護婦高木ムメが雇用される。○侍医局日誌、拝診録、東宮職日誌、迪宮記、桑野鋭日記

二十七日　月曜日　午前、来る三十日より箱根へ御転地につき、雍仁親王と共に東宮御所へ御参殿になり、皇太子・同妃に御拝顔になる。○侍医局日誌、拝診録、東宮職日誌、官報、斎藤桃太郎日記、桑野鋭日記

箱根に御避暑

三十日　木曜日　午前五時三十分、雍仁親王と共に伯爵川村純義邸を御出門、御避暑のため箱根宮ノ下に向かわれる。皇太子御使の東宮主事心得錦小路在明等の奉送のなか、六時、新橋停車場を御

発車になり、途中国府津にて電車に乗り換えられ、湯本よりは人力車にて、十一時五分に御旅館富士屋ホテル別館に御到着になる。なお、箱根宮ノ下御用邸付近において、同邸滞在中の允子内親王・聰子内親王のお迎えをお受けになる。同地には九月二十日まで御滞在になり、庭園や近傍への御運動等を御日課として過ごされる。○侍医局日誌、拝診録、侍従職日録、東宮職日誌、御直宮御養育掛日記、重要雑録、行啓録、皇親録、官報、迪宮記、桑野鋭日記

八月

一日 土曜日 午前、允子内親王・聰子内親王お成りにつき、御対顔になる。○御直宮御養育掛日記

五日 水曜日 午前、雍仁親王と共に宮ノ下御用邸にお成りになり、允子内親王・聰子内親王に御対顔になる。○拝診録、御直宮御養育掛日記

七日 金曜日 允子内親王誕辰につき、御祝を交わされる。○御直宮御養育掛日記、迪宮記

十三日 木曜日 午前、木賀方面に御運動になる。○拝診録

二十八日 金曜日 天皇・皇后より御服及び人形を賜わる。○皇后宮職日記、迪宮記

三十一日 月曜日 皇太子御誕辰につき恒例の御祝を交わされる。○東宮職日誌、行啓録、典式録、迪宮記

九月

十七日　木曜日　午前、雍仁親王と共に宮ノ下御用邸にお成りになり、允子内親王・聰子内親王に御対顔になる。○拝診録、御直宮御養育掛日記

御帰京

二十日　日曜日　午前九時、雍仁親王と共に御旅館を御出門になり、御帰京の途に就かれる。午後二時四十分伯爵川村純義邸へ御到着になる。途中、新橋停車場において皇太子御使東宮主事心得錦小路在明等の奉迎をお受けになる。なお、昨十九日に御帰京の御予定であったが、雷雨のためこの日に順延される。○侍医局日誌、拝診録、侍従職日録、皇后宮職日記、東宮職日誌、御直宮御養育掛日記、皇親録、贈賜録、官報、迪宮記、桑野鋭日記

二十二日　火曜日　午後、雍仁親王と共に東宮御所に御参殿になり、皇太子・同妃に御拝顔になり、箱根よりお持ち帰りの卓子・文庫・硯箱等を御贈進になる。○侍医局日誌、拝診録、東宮職日誌、官報、斎藤桃太郎日記、桑野鋭日記

英国人記者より御伽叢書献上

二十三日　水曜日　英国雑誌レビュー・オブ・レビューズ記者アルフレッド・ステッドより英国御伽叢書八十五冊が献上され、この日、川村伯爵邸に届けられる。○東宮職日誌、桑野鋭日記

十月

三日　土曜日　午後、雍仁親王と共に東宮御所に御参殿になり、皇太子・同妃に御拝顔になる。○拝診録、東宮職日誌、官報、桑野鋭日記

十日　土曜日　午前、雍仁親王と共に東宮御所に御参殿になり、皇太子妃に御拝顔になる。また、皇太子妃御覧のもとで御昼餐を召される。○侍医局日誌、拝診録、東宮職日誌、官報、桑野鋭日記

この日、九月三十日より延引の昌子内親王誕辰祝催しにつき、恒例の御祝を交わされる。○迪宮記

十五日　木曜日　午後、雍仁親王と共に御参内になる。○拝診録、皇后宮職日記、官報、迪宮記

十八日　日曜日　看護婦高木ムメが免じられ、阿部ツルが雇用される。○侍医局日誌、拝診録

沼津御滞在

二十日　火曜日　午前八時、雍仁親王と共に川村伯爵邸を御出門、新橋停車場を御発車になり、御保養のため沼津に向かわれる。午後二時、伯爵川村純義沼津別邸に御到着になる。同邸御滞在中はしばしば雍仁親王と共に邸内、もしくは近辺の海岸・田圃等において御運動になる。○侍医局日誌、拝診録、東宮職日誌、皇親録、重要雑録、官報、桑野鋭日記

二十四日　土曜日　午前、雍仁親王と共に沼津御用邸に御参邸になり、皇太子に御拝顔になる。昨

日、皇太子は和歌山・香川・愛媛・岡山四県下行啓よりの御帰途、同御用邸へお立ち寄りになる。○拝診録、行啓録、侍従職日録、大正天皇実録、官報、木戸孝正日記

二十八日　水曜日　午後、皇太子お成りにつき、御拝顔になる。○拝診録、行啓録

二十九日　木曜日　明三十日皇太子東京へ還啓につき、御暇乞のため雍仁親王と共に沼津御用邸に御参邸になり、皇太子に御拝顔になる。○拝診録、行啓録、官報

十一月

三日　火曜日　天長節につき、恒例の御祝を交わされる。○供御日録、皇后宮職日記、迪宮記

十一日　水曜日　夕刻、皇太子沼津行啓につき沼津御用邸において御奉迎になり、御拝顔になる。皇太子は、翌十二日に還啓の御予定を変更され、御静養のため三十日まで沼津に御滞在になる。○侍医局日誌、拝診録、東宮職日誌、行啓録、皇親録、官報、大正天皇実録

十四日　土曜日　午後、皇太子お成りにつき、御拝顔になる。○侍医局日誌、拝診録、行啓録、斎藤桃太郎日記、木戸孝正日記

十五日　日曜日　午前、雍仁親王と共に沼津御用邸へ御参邸になり、昨十四日より同邸に御滞在中の皇太子妃に御拝顔になる。以後、皇太子・同妃の沼津御滞在中、しばしば御用邸において皇太子・

同妃に御拝顔になる。○侍医局日誌、拝診録、東宮職日誌、行啓録、皇親録、迪宮記、官報、斎藤桃太郎日記、木戸孝正日記

この日、かねて療養中の伯爵川村純義母由嘉子が死去し、川村家は定式の喪を服す。○贈賜録、東宮職日誌、行啓録、桑野鋭日記、斎藤桃太郎日記

三十日　月曜日　皇太子・同妃東京へ還啓につき、午前、雍仁親王と共に沼津御用邸に御参邸になり、皇太子・同妃に御拝顔、御車寄において御奉送になる。○侍医局日誌、拝診録、東宮職日誌、皇親録、官報、貞明皇后実録、木戸孝正日記

十二月

川村純義の病気

十日　木曜日　伯爵川村純義病気療養のため帰京中につき、皇太子は親王・雍仁親王の御近状を伺うため、東宮侍従長木戸孝正を沼津に遣わされる。木戸は川村伯爵別邸に参邸し、夕刻まで両親王の御相手を勤める。翌十一日午前も両親王に伺候し、同日帰京後、直ちに東宮御所に参殿して皇太子・同妃に両親王の御近状につき言上する。木戸は本月十九日から二十一日、及び二十八日から二十九日にも同様の御使をなす。なお十一月二十九日、純義嗣子鉄太郎は東宮大夫斎藤桃太郎を訪い、純義の病につき不治のものと覚悟した旨を告げる。○東宮職日誌、進退録、木戸孝正日記、斎藤桃太郎日記、桑野鋭日記

二十九日　火曜日　沼津町立沼津女子尋常高等小学校附属幼稚園園児作製の繭玉の献上を受けられ

る。○迪宮記、静岡新報

この月　歳末につき、恒例の御贈答を交わされる。○東宮職日誌、贈賜録、供御日録、迪宮記、桑野鋭日記

明治三十七年（西暦一九〇四年）　三歳

一月

一日　金曜日　雍仁親王と共に伯爵川村純義沼津別邸において新年をお迎えになる。天皇・皇后、皇太子・同妃及び昌子内親王・房子内親王・允子内親王・聰子内親王と新年恒例の御祝を交わされる。また雍仁親王と共に新年の御使として伯爵川村純義の嗣子鉄太郎を東宮御所へ遣わされる。○侍医局日誌、拝診録、東宮職日誌、御直宮御養育掛日記、贈賜録、昭憲皇太后実録、貞明皇后実録、迪宮記、斎藤桃太郎日記

雍仁親王と共に御庭前にて沼津町立沼津女子尋常高等小学校附属幼稚園園児百数十名による「君が代」及び年始の祝歌奉唱をお聴きになり、綱引き等の競技及び遊戯を御覧になる。○迪宮記、雍仁親王実紀、静岡新報

四日　月曜日　午後、皇太子の御使として東宮侍従長木戸孝正が参邸、伺候する。木戸は翌五日帰京し、東宮御所にて皇太子・同妃に裕仁親王・雍仁親王の御近況を言上する。この後、両親王の沼

津御滞在中、しばしば木戸は皇太子御使として参候する。○東宮職日誌、侍医局日誌、進退録、迪宮記、木戸孝正日記、桑野鋭日記

六日　水曜日　伯爵川村純義嗣子鉄太郎は東宮侍従長木戸孝正を訪い、裕仁親王・雍仁親王の将来の御養育について相談する。また、十九日には宮内大臣田中光顕が東宮大夫斎藤桃太郎を訪い、純義死去後の裕仁親王・雍仁親王の御養育方針につき相談をなす。○木戸孝正日記、斎藤桃太郎日記

将来の御養育方針

二十五日　月曜日　朝方より感冒の御症状が見られる。二月四日に御全快になる。○侍医局日誌、拝診録、迪宮記

二十八日　木曜日　房子内親王誕辰につき、雍仁親王と共に恒例の御祝を交わされる。○迪宮記

二十九日　金曜日　午後、皇太子沼津御用邸行啓につき、奉迎のため川村鉄太郎を沼津停車場に遣わされる。皇太子の行啓は今月七日の御予定のところ、皇太子妃感冒のため、本日まで御延引になる。皇太子妃は三十一日に床払いされ、二月三日に沼津御用邸に行啓される。○東宮職日誌、行啓録、官報

三十日　土曜日　東宮大夫斎藤桃太郎が参邸し、裕仁親王・雍仁親王の御機嫌を伺う。○斎藤桃太郎日記

二月

二日　火曜日　葉山御用邸に御避寒中の皇后の許へ、裕仁親王・雍仁親王の御使として川村鉄太郎を遣わされる。○行啓録

対露開戦

四日 木曜日 午前、雍仁親王と共に沼津御用邸に御参邸になり、皇太子・同妃に御拝顔になる。以降、皇太子・同妃の沼津御滞在中には、しばしば御参邸、御拝顔になる。○拝診録、行啓録、貞明皇后実録、迪宮記

十一日 木曜日 紀元節につき、天皇より酒饌料を賜わる。○供御日録、皇后宮職日記、贈賜録、迪宮記

十二日 金曜日 皇后より友禅染及び手遊び品を賜わる。○行啓録、迪宮記、雍仁親王実紀

十三日 土曜日 去る六日、露国に対し国交断絶を通告し、十日対露宣戦の詔が発せられる。九日、仁川沖及び旅順口海戦があり、我が艦隊の捷報が伝えられる。よって伯爵川村純義を通じ、電報をもって祝詞を天皇及び皇后へお伝えになる。○迪宮記、明治天皇紀

この日、天皇より反物及び毛植犬玩具を賜わる。○皇后宮職日記、迪宮記

二十三日 火曜日 皇太子より小鳥を賜わる。○迪宮記

三月

六日 日曜日 侍従武官長岡沢精参邸につき、謁を賜う。○木戸孝正日記

九日 水曜日 午前、皇太子・同妃東京へ還啓につき、沼津御用邸に参邸され、御暇乞の上、御奉送になる。なお雍仁親王は数日来の御違例のため参邸を見合わせる。○侍医局日誌、拝診録、行啓録、貞明皇后実録、木戸孝正日記

十六日　水曜日　午後、保養館にお成りになる。〇拝診録

二十三日　水曜日　午後、従一位中山慶子の御泊所沼津御用邸附属建物にお成りになる。〇拝診録、沼津御用邸附属邸日誌、迪宮記

二十七日　日曜日　午後、従一位中山慶子参邸につき、謁を賜う。〇侍医局日誌

二十九日　火曜日　午前、香貫山方面まで御運動になる。〇拝診録

四月

二日　土曜日　午前、西郷侯爵別邸庭内にて御運動になる。〇拝診録

八日　金曜日　午前、毘沙門山方面へ御運動になる。午後は瀬戸方面に御運動になる。〇拝診録

十一日　月曜日　午前、侯爵大山巖別邸方面へ御運動になる。午後は牛臥方面に御運動になる。〇拝診録

十二日　火曜日　午前、西郷侯爵別邸庭内において御運動になる。〇拝診録

十四日　木曜日　午前、毘沙門山及び沼津御用邸付近にて御運動になる。〇拝診録

十八日　月曜日　午前、林別荘にお成りになる。〇拝診録、迪宮記

二十一日　木曜日　午前、西郷侯爵別邸にお成りになる。〇拝診録

二十四日　日曜日　午前、世古及び大山侯爵別邸方面へ御運動になる。〇拝診録

御誕辰祝賀

二十九日　金曜日　満三歳の御誕辰につき御祝が催される。本年の御祝は御避寒先であることに加え、露国との戦争中であることが配慮され、川村伯爵別邸において内輪にて行われる。皇太子は東宮侍従長木戸孝正を遣わされ、鮮鯛料やゴム製馬、白紋羽二重を親王に賜い、親王からは皇太子・同妃に鮮鯛各一折、小戴各百枚等を献上される。その他、天皇・皇后及び威仁親王、四内親王とも恒例の御祝を交わされる。

この日皇太子は裕仁親王御誕辰につき、皇太子妃との御昼餐の際には、従一位中山慶子に御陪食を仰せ付けられる。晩餐は威仁親王と御会食になり、正四位九条道実・宮内省御用掛弘田長・侍医加藤照麿・東宮大夫斎藤桃太郎・東宮武官長村木雅美・東宮武官田内三吉・東宮侍従丸尾錦作・東宮主事心得錦小路在明に御陪食を仰せ付けられる。○侍医局日誌、拝診録、東宮職日誌、御直宮御養育掛日記、典式録、供御日録、贈賜録、重要雑録、内禁録、貞明皇后実録、迪宮記、木戸孝正日記、斎藤桃太郎日記、桑野鋭日記

五月

四日　水曜日　午前、西郷侯爵別邸方面へ御運動になる。○拝診録

六日　金曜日　午前、西郷侯爵別邸方面へ御運動になる。○拝診録

八日　日曜日　昼頃、学校生徒の遊戯等を御覧になる。○拝診録

十一日　水曜日　午前、楊原神社方面へ御運動になる。○拝診録

聴子内親王誕辰につき恒例の御祝を交わされる。○御直宮御養育掛日記、迪宮記

三島神社に御参詣

二十一日　土曜日　雍仁親王と共に田方郡三島町の官幣大社三島神社に御参詣になり、社前の鳩や池の鯉などを御覧になる。御帰途、小松宮三島別邸において御昼食を召される。○拝診録、迪宮記、木戸孝正日記

沼津中学校にお成り

二十二日　日曜日　午後、雍仁親王と共に静岡県立沼津中学校にお成りになり、運動会を御覧になる。○拝診録、迪宮記

二十八日　土曜日　皇后御誕辰につき恒例の御祝を交わされる。○供御日録、昭憲皇太后実録、迪宮記

御帰京

二十九日　日曜日　午前十一時三十分、雍仁親王と共に川村伯爵別邸を御出門、午後零時十三分沼津停車場を御発車になり、御帰京の途に就かれる。伯爵川村純義夫人春子・川村鉄太郎・川村花子・児玉浅子川村春子妹・児玉千代子川村春子姪・宮内省御用掛弘田長等が供奉する。六時十五分、新橋停車場に御着車になり、皇太子御使東宮主事心得錦小路在明ほかの奉迎をお受けになり、それより狸穴の川村伯爵邸に御帰還になる。○侍医局日誌、拝診録、東宮職日誌、内事課日録、贈賜録、皇親録、沼津御用邸附属邸日誌、官報、迪宮記、木戸孝正日記、桑野鋭日記

三十日　月曜日　午後、雍仁親王と共に東宮御所に御参殿になり、皇太子・同妃に御拝顔になる。○侍

医局日誌、拝診録、東宮職日誌、官報、迪宮記、斎藤桃太郎日記、桑野鋭日記

六月

六日　月曜日　午前、東宮侍従長木戸孝正が川村伯爵邸に参邸し、裕仁親王・雍仁親王に伺候する。木戸は退出後、直ちに東宮御所に参殿し、皇太子・同妃に両親王の御近状を言上する。○木戸孝正日記

八日　水曜日　午後、雍仁親王と共に東宮御所内庭に御参になり、ついで内苑馬場において皇太子の御乗馬の様子を御覧になる。その後、東宮御所において皇太子妃に御拝顔になる。○侍医局日誌、拝診録、東宮職日誌、木戸孝正日記、斎藤桃太郎日記、桑野鋭日記

練兵御覧

九日　木曜日　午前、雍仁親王と共に青山練兵場において練兵の様子を御覧の後、青山御所内苑を御覧になる。以降、青山練兵場及び青山御所内苑にしばしばお成りになる。○侍医局日誌、拝診録、東宮職日誌、桑野鋭日記、雍仁親王実紀

十一日　土曜日　午前、雍仁親王と共に新宿植物御苑にお成りになる。○侍医局日誌、拝診録

十九日　日曜日　午前、雍仁親王と共に東宮御所に御参殿になる。○侍医局日誌、拝診録、東宮職日誌、斎藤桃太郎日記、桑野鋭日記

二十二日　水曜日　午後、雍仁親王と共に御参内になり、皇后に御拝顔になる。○侍医局日誌、拝診録、皇后宮職日記、官報、迪宮記

二十五日　土曜日　皇太子妃及び雍仁親王の御誕辰につき、恒例の御祝が交わされる。裕仁親王・雍仁親王の御使として伯爵川村純義夫人春子を東宮御所に遣わされる。○東宮職日誌、典式録、迪宮記

二十六日　日曜日　午前、雍仁親王と共に東宮御所に御参殿になり、皇太子・同妃に御拝顔になる。七月二日午後にも御参殿になり、皇太子・同妃に御拝顔になる。○侍医局日誌、拝診録、東宮職日誌、官報、木戸孝正日記、斎藤桃太郎日記、桑野鋭日記

七月

六日　水曜日　来る八日より箱根宮ノ下へお成りにつき、御暇乞として夕刻、雍仁親王と共に東宮御所に御参殿になり、皇太子・同妃に御拝顔になる。御夕食の後、御帰邸になる。○侍医局日誌、拝診録、東宮職日誌、官報、貞明皇后実録、木戸孝正日記、斎藤桃太郎日記、桑野鋭日記

箱根宮ノ下に御滞在

八日　金曜日　御避暑のため、雍仁親王と共に箱根宮ノ下へお成りになる。午前八時四十五分、東宮御使東宮主事桂潜太郎等の奉送のなか新橋停車場を御発車になる。途中、小田原停車場より電車に乗り換えられ、午後三時富士屋ホテル別館に御到着になる。伯爵川村純義は病勢進行のため供奉し得ず、夫人春子・川村鉄太郎・川村花子、児玉浅子・児玉千代子、侍医加藤照麿・宮内省御用掛

御召電車逆走の椿事

弘田長等が供奉する。なお途中、湯本・宮ノ下間にて電車が故障し逆走するも、大事には至らず。両親王は九月十六日まで箱根に御滞在になり、好天の日は主にホテル庭内や宮ノ下御用邸庭内等にて運動され、時には木賀・底倉付近まで御散歩になる。○拝診録、東宮職日誌、御直宮御養育掛日記、皇親録、官報、迪宮記、木戸孝正日記、斎藤桃太郎日記、桑野鋭日記、聖上御盛徳録、雍仁親王実紀

十四日 木曜日 中元につき、天皇・皇后、皇太子・同妃より恒例の御贈進品を賜わる。○贈賜録、迪宮記

十五日 金曜日 午後、皇太子御使として東宮侍従長木戸孝正が伺候する。木戸は中元の御使を兼ね十三日に参向の予定であったが、花水川増水により平塚・大磯間の鉄道不通のため延引していた。なお、この後、宮ノ下御滞在中、しばしば木戸の伺候あり。○東宮職日誌、迪宮記、木戸孝正日記、桑野鋭日記、斎藤桃太郎日記、東京日日新聞

十八日 月曜日 午後、雍仁親王と共に常泉寺まで御運動になる。同寺には宮ノ下御滞在中、たびたびお成りになり、境内の石刻牛像にお登りになる。○侍医局日誌、拝診録、神奈川県出張報告書、我が皇室と箱根、回顧六十年

三十一日 日曜日 午前、雍仁親王と共に宮ノ下御用邸にお成りになり、避暑中の允子内親王・聰子内親王に御対顔になる。○拝診録、御直宮御養育掛日記、迪宮記

八月

二日　火曜日　午前、宮ノ下御用邸より允子内親王・聰子内親王が参邸する。○御直宮御養育掛日記

四日　木曜日　神奈川県知事周布公平より、日露戦争錦絵が献上される。○迪宮記

九日　火曜日　允子内親王誕辰御祝として、恒例の贈答を交わされる。内親王の誕辰は七日であったが、スペイン国皇祖母イサベル崩御による宮中喪のため、この日まで御祝が延引される。○御直宮御養育掛日記、官報、迪宮記

川村純義死去

十二日　金曜日　枢密顧問官海軍中将正二位勲一等伯爵川村純義が麻布区飯倉狸穴町の自邸にて死去する。川村は明治十年西南戦争の際に功があり、また海軍においては創設以来力を尽くし、その後三十四年七月より裕仁親王、ついで雍仁親王の御養育の任に当たっていたが、昨三十六年十月より慢性腎臓炎のため体調を崩し、今月十一日には危篤に陥り、この日永眠する。発喪に先立ち、その軍功及び御養育の勤労の廉をもって、特旨により位一級を進められ従一位に陞叙し、海軍大将に任じられる。また、今次明治三十七年事件の功により、金三千円を賜わる。翌十三日には天皇より川村家へ御沙汰書に添えて祭資金五千円が下賜され、皇后よりも祭資として金千円が下賜される。

御沙汰書は左のとおり。

十年西南ノ役総督ヲ輔翼シテ遂ニ平定ノ功ヲ奏シ久シク海軍ノ重任ヲ担ヒ大ニ更張ノ基ヲ立ツ又迪宮淳宮ヲ保育シテ善ク其誠ヲ竭セリ今ヤ溘亡ヲ聞ク曷ソ軫悼ニ勝ヘン因テ特ニ祭資ヲ賜ヒ弔慰スヘキ旨御沙汰アラセラル

ついで十四日、天皇は勅使侍従東園基愛を故川村伯爵邸に差し遣わされ、白紅絹各二疋・真綿十屯・鰹節十連・神饌七台を賜い、皇后は弔問の御使として典侍高倉寿子を遣わされる。また皇太子・同妃は東宮主事心得錦小路在明を御使として祭資金三千円を賜い、皇太子妃は御代拝として東宮女官吉見光子を棺前に遣わされ、玉串を供えられる。十五日には葬儀が営まれ、皇太子は御代拝として東宮侍従丸尾錦作を斎場に遣わされ、玉串を供えられる。葬儀当日、裕仁親王・雍仁親王は門外での御運動をお見合わせになる。○東宮職日誌、侍医局日誌、侍従職日録、皇后宮職日記、御直宮御養育掛日記、行啓録、饗宴賜饌日録、供御日録、主殿寮日録、恩賜録、贈賜録、華族諸届録、官報、明治天皇紀、大正天皇実録、昭憲皇太后実録、貞明皇后実録、華族履歴、明治天皇御沙汰書、木戸孝正日記、斎藤桃太郎日記、徳大寺実則日記、ベルツの日記、雲照大和上伝

東宮侍従長木戸孝正の伺候

川村純義死去により川村家家人は至急帰京したため、夕刻、東宮侍従長木戸孝正が東京より箱根宮ノ下の両親王の許に参向し、二十六日まで伺候する。○東宮職日誌、行啓録、木戸孝正日記、桑野鋭日記

皇太子妃内着帯

二十日　土曜日　雍仁親王と共に皇太子妃へ内着帯の祝電を発せられ、皇太子・同妃と万那料の御

贈答あり。○行啓録、貞明皇后実録、迪宮記、光宮御誕生録、斎藤桃太郎日記、木戸孝正日記

三十一日　水曜日　皇太子の御誕辰につき、恒例の御祝を交わされる。○行啓録、典式録、迪宮記

九月

七日　水曜日　午前、允子内親王・聰子内親王お成りにつき、御対顔になる。○御直宮御養育掛日記

八日　木曜日　川村鉄太郎帰京の要あるにつき、本日午後より東宮侍従長木戸孝正が裕仁親王・雍仁親王に伺候する。○侍医局日誌、東宮職日誌、木戸孝正日記

十日　土曜日　午前、雍仁親王と共に宮ノ下御用邸にお成りになり、允子内親王・聰子内親王に御対顔になる。○侍医局日誌、拝診録、御直宮御養育掛日記、迪宮記、木戸孝正日記

十三日　火曜日　昼前、允子内親王・聰子内親王の帰京に際し、富士屋ホテルの前において雍仁親王と共に両内親王に御対顔になり、お見送りをされる。○拝診録、御直宮御養育掛日記、木戸孝正日記

箱根より御帰京

十六日　金曜日　午前十一時五十分、雍仁親王と共に富士屋ホテル別館を御出門、午後六時二十分東京の川村伯爵邸に御帰還になる。東宮侍従長木戸孝正、川村春子・同花子、宮内省御用掛弘田長、侍医加藤照麿等が供奉する。新橋停車場にては皇太子同妃御使東宮主事桂潜太郎等の奉迎をお受け

になる。木戸東宮侍従長は停車場より直ちに宮城に参内して両親王御安着の旨を言上し、ついで東宮御所に参殿して皇太子・同妃に拝謁、子細を言上する。○侍医局日誌、拝診録、侍従職日録、皇后宮職日記、内事課日録、皇親録、贈賜録、官報、迪宮記、斎藤桃太郎日記、木戸孝正日記

水兵服御着用

十八日　日曜日　午前、雍仁親王と共に海軍水兵の御服装にて東宮御所に御参殿になり、皇太子・同妃に御拝顔になる。栗拾いなどをされた後、御帰還になる。○侍医局日誌、拝診録、東宮職日誌、贈賜録、官報、貞明皇后実録、木戸孝正日記、斎藤桃太郎日記、桑野鋭日記

二十三日　金曜日　午後、雍仁親王と共に東宮御所に御参殿になり、皇太子・同妃に御拝顔になり、従一位中山慶子等に謁を賜う。栗拾いなどをされた後、御帰還になる。○拝診録、東宮職日誌、木戸孝正日記、斎藤桃太郎日記

三十日　金曜日　昌子内親王誕辰につき、恒例の御祝を交わされる。○迪宮記

十月

一日　土曜日　午後、雍仁親王と共に東宮御所に御参殿になり、皇太子・同妃に御拝顔になり、典侍柳原愛子等に謁を賜う。ついで、外庭広芝周辺を御運動になる。○侍医局日誌、拝診録、東宮職日誌、貞明皇后実録、迪宮記、木戸孝正日記、斎藤桃太郎日記、桑野鋭日記

御参内

八日　土曜日　午前、雍仁親王と共に御参内になり、同じく御参内の皇太子と共に表御座所において天皇に御拝顔になる。ついで御内儀に入られ、皇后の御前にて遊戯をされ、御昼食を召される。○拝診録、侍従職日録、主殿寮日録、皇后宮職日記、官報、迪宮記、木戸孝正日記、斎藤桃太郎日記、桑野鋭日記

九日　日曜日　午前、雍仁親王と共に東宮御所に御参殿になり、皇太子・同妃に御拝顔になる。また、東宮医務顧問エルヴィン・フォン・ベルツ、陸軍軍医総監橋本綱常、侍医局長岡玄卿に謁を賜う。○拝診録、東宮職日誌、木戸孝正日記、斎藤桃太郎日記、桑野鋭日記、ベルツの日記

雲照より虚空蔵菩薩を献上

十三日　木曜日　真言宗律師雲照が川村伯爵邸を訪れ、裕仁親王・雍仁親王のために最後の加持を行う。後日、両親王の東宮御所御帰還の際、それまで祀っていた虚空蔵菩薩を肌守として献上する。雲照はこれまで毎月参邸して両親王の御安穏を祈願していた。○雲照大和上伝

十六日　日曜日　午前、雍仁親王と共に新宿植物御苑にお成りになる。○侍医局日誌、拝診録、木戸孝正日記

十九日　水曜日　午後、雍仁親王と共に浜離宮にお成りになる。○侍医局日誌、拝診録、主殿寮日録

二十三日　日曜日　午後、雍仁親王と共に有栖川宮邸にお成りになる。皇太子も同邸に行啓される。○侍医局日誌、拝診録、東宮職日誌、行啓録、有栖川宮日記、木戸孝正日記、斎藤桃太郎日記、桑野鋭日記

東宮御所御帰還の決定

二十四日　月曜日　午後、皇太子の御使として東宮大夫斎藤桃太郎が川村伯爵邸に来邸し、裕仁親

王・雍仁親王は来月九日をもって川村伯爵邸を退去し、東宮御所へ帰参することが治定した旨の御沙汰を伝達する。○侍医局日誌、斎藤桃太郎日記、木戸孝正日記

二十六日　水曜日　午後、雍仁親王と共に主馬寮分厩にお成りになり、皇太子に御拝顔の後、皇太子の御乗馬の様子等を御覧になる。○侍医局日誌、拝診録、東宮職日誌、迪宮記、木戸孝正日記、斎藤桃太郎日記、桑野鋭日記、雍仁親王実紀

二十九日　土曜日　午後、雍仁親王と共に東宮御所に御参殿になり、皇太子・同妃に御拝顔の後、内庭等を御散歩になる。○侍医局日誌、拝診録、東宮職日誌、木戸孝正日記、斎藤桃太郎日記、桑野鋭日記

十一月

三日　木曜日　天長節につき、恒例の御祝を交わされる。○供御日録、迪宮記

五日　土曜日　午後、雍仁親王と共に東宮御所に御参殿になり、皇太子・同妃に御拝顔になり、ついで内庭を御散歩になる。従一位中山慶子及び典侍柳原愛子も同時参殿し、伺候する。○拝診録、東宮職日誌、貞明皇后実録、木戸孝正日記、斎藤桃太郎日記

川村家御養育関係者への恩賜

今般、裕仁親王・雍仁親王の東宮御所御帰参御治定につき、これまでの川村家一同による皇孫御養育奉仕に対する慰労として、天皇・皇后より伯爵川村鉄太郎へ御紋附金杯及び金一万五千円を賜い、

皇太子・同妃よりも川村鉄太郎・故川村純義夫人春子・川村花子・児玉浅子・児玉千代子を始め、医師・看護婦等に至るまで賜金・賜物あり。またこの日、伯爵川村鉄太郎は勲五等に叙され瑞宝章を授けられる。○恩賜録、大正天皇実録、昭憲皇太后実録、貞明皇后実録、明治天皇紀、官報、斎藤桃太郎日記、徳大寺実則日記

八日　火曜日　午前、明日より沼津御避寒につき、御暇乞として、雍仁親王と共に東宮御所に御参殿になり、皇太子・同妃に御拝顔になる。○侍医局日誌、拝診録、東宮職日誌、木戸孝正日記、斎藤桃太郎日記

この日、裕仁親王・雍仁親王の御帰還御祝として、伯爵川村鉄太郎は威仁親王・枢密院議長伊藤博文・内閣総理大臣桂太郎・伯爵井上馨・宮内大臣田中光顕・伯爵土方久元・伯爵樺山資紀その他関係者を招き、午餐を催す。○迪宮記、木戸孝正日記、斎藤桃太郎日記、土方久元日記

川村家御退去

九日　水曜日　東宮御所に御帰還のため、午前九時三十分、雍仁親王と共に川村伯爵邸を引き払われる。ただし、東宮御所にはお入りにならず、直ちに御避寒のため新橋停車場より沼津御用邸に向かわれる。東宮侍従長木戸孝正・宮内省御用掛弘田長・侍医加藤照麿・岩崎艶子らが供奉し、伯爵川村鉄太郎・川村花子・児玉千代子が沼津まで奉送する。また皇太子より東宮侍従丸尾錦作、皇太子妃より東宮女官吉見光子が沼津まで供奉を命じられ、新橋停車場では皇后御使皇后宮亮山内勝明等の奉送を受けられる。午後二時三十分沼津停車場御着車、三時三分御用邸に御到着になる。この後、

沼津御用邸御着

沼津御用邸には十二月二日まで御滞在になる。御滞在中は御用邸内や海岸、静浦近辺等を御運動になる。○侍医局日誌、拝診録、東宮職日誌、皇后宮職日記、内事課日録、進退録、重要雑録、官報、貞明皇后実録、木戸孝正日記、斎藤桃太郎日記、木戸孝正文書、両宮御供中日記

川村純義死去後の御養育方針決定経緯

これより先、伯爵川村純義の病状悪化に伴い、純義死去後の裕仁親王・雍仁親王の御養育方法が検討課題となった。純義死去後には、東宮輔導威仁親王及び東宮輔導顧問等が天皇の御内意も承けながら本格的な審議を開始し、新たなる御養育担当者を選任し従前の如く御養育を委任する案、東宮御所に御帰参になり新たな御養育組織を設置する案等、種々の案が検討されたが、適当なる案が見出せず難航した。結局、十月十六日の東宮輔導顧問会議の結果を承けて、同日威仁親王より皇太子・同妃に以下の二案が言上された。すなわち、第一案は、両親王が東宮御所へ御帰還になられた上、東宮侍従長木戸孝正に御養育を一任し、東宮女官生源寺政子が補佐するもの、第二案は、明年三月まで川村伯爵家にて御養育し、その間に適任者を選定するものであった。十八日に威仁親王が参内して天皇に奏上したが、第一案は生源寺の補佐について御内儀の承諾が得られず、第二案については純義死去後の川村伯爵家に御養育を一任し難き事情もあり、結局、両親王は一旦東宮御所へ御帰参とした上で、明年三月を期限として川村伯爵家にお預けになり、その間、東宮侍従長が御養育に当たるとする折衷案がまとまり、十九日の東宮輔導顧問会議において議決された。この結果は趣意

書として、二十日午後、東宮大夫斎藤桃太郎より伯爵川村鉄太郎に伝達された。これに対し、川村は即答を控え、二十一日、親族会議を開催した上で、伯爵松方正義を通じ、両親王御養育を拝辞する旨、及び両親王の東宮御所への御帰還は御避寒御転地の時機とされたきことを返答した。二十二日東宮輔導顧問会議において、川村よりの返答が報告され、当分の間、木戸が御養育の任に当たることを議決し、威仁親王より皇太子・同妃へ言上の上で議決どおりの御治定となり、ついで親王は天皇へその旨を奏上した。また同日、皇太子より木戸に対し、当分の間、皇孫御養育を一任する旨の御沙汰が下された。翌二十三日、十一月九日をもって両親王は川村伯爵家より東宮御所へ御帰還、直ちに御転地になることが決定された。本月四日、これまで東宮職属として庶務課長の任にあった桑野鋭が東宮職御用掛に任じられ、斎藤東宮大夫より両親王の御用を取り扱う旨が口達された。○侍医局日誌、東宮職日誌、侍従職日録、進退録、官報、貞明皇后実録、威仁親王御日記、有栖川宮日記、木戸孝正日記、斎藤桃太郎日記、桑野鋭日記、土方久元日記、斎藤家文書、高松宮文書、木戸孝正文書、明治天皇紀、ベルツの日記

東宮侍従長木戸孝正に皇孫御養育を一任

桑野鋭及び岩崎艶子の御養育奉仕

沼津における両親王の御養育には、東宮侍従長木戸孝正・東宮職御用掛桑野鋭のほか、本月六日付をもって女官格高等官扱として元権命婦岩崎艶子が奉仕に加わる。岩崎はかつて皇后に奉仕し、また親王御誕生時にも臨時雇として奉仕しており、幼児養育の経験もあることより選定された。○侍医局日誌、迪宮記、斎藤桃太郎日記、両宮御供中日記、天皇・運命の誕生

十日　木曜日　川村花子・児玉千代子が参邸伺候する。両名は翌十一日帰京する。○両宮御供中日記、木戸孝正日記、木戸孝正文書

十二日　土曜日　午後、雍仁親王と共に沼津御用邸前海岸より漁船にお乗りになり、雀島より獅子浜沖を巡られる。○拝診録、両宮御供中日記、木戸孝正日記、木戸孝正文書

十八日　金曜日　午前、雍仁親王と共に海岸にて凧揚げ・石拾い・擬戦等にて過ごされ、午後は人力車にて江ノ浦へお成りになる。○侍医局日誌、拝診録、木戸孝正日記

十九日　土曜日　本日より風邪に罹られる。十二月二日に床払いされる。○侍医局日誌、拝診録、斎藤桃太郎日記、木戸孝正日記

二十三日　水曜日　正午前、御機嫌奉伺のため参邸の宮内省御用掛弘田長・侍医局勤務長田重雄に謁を賜い、拝診を受けられる。○両宮御供中日記、侍医局日誌、木戸孝正日記

午後、御機嫌奉伺のため参邸の川村春子及び川村花子、児玉浅子・同千代子らに雍仁親王と共に謁を賜う。春子らは翌二十四日も伺候する。○両宮御供中日記、木戸孝正日記

二十七日　日曜日　参邸の伯爵川村鉄太郎より、シーソー・ラッパ・西洋軍人人形の献上あり。また、東宮侍従長木戸孝正夫人寿栄子及び同女治子・八重子が御機嫌奉伺のため参邸する。○両宮御供中日記、静岡民友新聞

十二月

一日　木曜日　伯爵川村鉄太郎・同母春子参邸につき、謁を賜う。○両宮御供中日記

沼津川村別邸に御移転

二日　金曜日　明後四日より皇太子が御避寒として沼津御用邸に御滞在になるため、本日午前、雍仁親王と共に御用邸西隣の川村伯爵別邸に移転される。同邸には翌三十八年四月十四日まで御滞在になる。御滞在中は邸内の庭や海岸及び香貫近辺において御運動になる。○侍医局日誌、拝診録、行啓録、沼津御用邸附属邸日誌、迪宮記、両宮御供中日記、木戸孝正日記

四日　日曜日　皇太子沼津行啓につき、午後二時過ぎ、沼津御用邸御車寄において皇太子を御奉迎になる。皇太子は翌三十八年一月十九日まで御用邸に御滞在になる。○拝診録、行啓録、官報、迪宮記、両宮御供中日記、大正天皇実録、木戸孝正日記

この日、男爵金子堅太郎が裕仁親王・雍仁親王に博多人形二箱を献上する。○両宮御供中日記、斎藤桃太郎日記

五日　月曜日　午前、海岸において皇太子に御拝顔になる。お別れ後、松露を御採取になり、皇太子に御献上になる。この後、皇太子の沼津御滞在中は海岸及び沼津御用邸内等において、しばしば皇太子に御拝顔のことあり。○拝診録、行啓録、侍医局日誌、両宮御供中日記、木戸孝正日記、斎藤桃太郎日記

皇太子妃着帯の儀

十七日　土曜日　夕刻、侯爵伊藤博文参邸につき、謁を賜う。○両宮御供中日記、木戸孝正日記

十八日　日曜日　東宮御所において皇太子妃着帯の儀挙行につき、午前、雍仁親王と共に沼津御用邸に御参邸になり、皇太子に祝詞を言上される。皇太子・同妃と万那料を取り交わされ、皇太子より日露戦争画帖・騎馬将校土人形を賜わる。○侍医局日誌、拝診録、行啓録、光宮御誕生録、東宮職日誌、貞明皇后実録、両宮御供中日記、木戸孝正日記、明治天皇紀

二十日　火曜日　川村花子参邸につき、謁を賜う。○迪宮記、両宮御供中日記

二十四日　土曜日　午後、皇太子御来邸につき、雍仁親王と共に御拝顔になる。○行啓録、迪宮記、両宮御供中日記、木戸孝正日記

二十五日　日曜日　宮内大臣田中光顕・伯爵川村鉄太郎参邸につき、それぞれ謁を賜う。川村より西洋挿絵本等の献上あり。○迪宮記、両宮御供中日記

二十七日　火曜日　午後、雍仁親王と共に従一位中山慶子の御泊所にお成りになる。○侍医局日誌、拝診録、沼津御用邸附属邸日誌、両宮御供中日記、木戸孝正日記
昨日避寒のため来沼した従一位中山慶子が御挨拶として参邸する。○侍医局日誌、両宮御供中日記

二十八日　水曜日　沼津女子尋常高等小学校附属幼稚園園児製作の繭玉が献上される。○両宮御供中日記、木戸孝正日記

三十日　金曜日　午前、歳末祝詞言上のため雍仁親王と共に沼津御用邸に御参邸になり、皇太子に

御拝顔になる。○侍医局日誌、拝診録、行啓録、両宮御供中日記、斎藤桃太郎日記、木戸孝正日記

三十一日　土曜日　伯爵川村鉄太郎参邸につき、謁を賜う。○両宮御供中日記、木戸孝正日記

明治三十八年（西暦一九〇五年）　四歳

一月

御朝拝の御日課

一日　日曜日　雍仁親王と共に、静岡県駿東郡楊原村の川村伯爵沼津別邸において新年をお迎えになる。午前七時、御床に懸けられた天皇皇后御真影と皇太子同妃御真影の各一幅及び威仁親王染筆による伊勢皇大神宮の一幅に、初めて御朝拝になる。この御朝拝は東宮侍従長木戸孝正より両親王へお勧めし、以後御日課となる。八時、供奉員の拝賀を受けられた後、九時三十分雍仁親王と共に御出門になり、沼津御用邸へ御参邸になる。皇太子に御年賀を言上され、ついで皇太子と共に高等官の拝賀を受けられた後、御帰還になる。また、天皇・皇后、皇太子・同妃及び四内親王と新年恒例の御祝を交わされる。○侍医局日誌、拝診録、行啓録、東宮職日誌、御直宮御養育掛日記、木戸孝正日記、斎藤桃太郎日記、両宮御供中日記、迪宮記、雍仁親王実紀

二日　月曜日　午前、沼津女子尋常高等小学校附属幼稚園園児七十七名が町長及び校長・職員に引

率され参邸、唱歌奉唱についで遊戯実演につき、雍仁親王と共に御庭前において御覧になる。○拝診録、両宮御供中日記、木戸孝正日記、迪宮記

午後、皇太子並びに従一位中山慶子御来邸につき、御拝顔になる。皇太子は二月三日、十七日にも御来邸になる。○侍医局日誌、拝診録、行啓録、両宮御供中日記、木戸孝正日記、迪宮記

旅順陥落

三日 火曜日 旅順陥落につき、この日沼津地方の官民による祝捷会が催され、駿東郡長河野鎗次郎以下総代四十余名が祝詞言上のため参邸する。○迪宮記

皇太子妃男子御分娩

午後七時二十八分、東宮御所御産所において、皇太子妃は第三男子を御分娩になる。これにつき、東宮侍従長の電報をもって祝意を伝えられる。○行啓録、東宮職日誌、光宮御誕生録、官報、両宮御供中日記、木戸孝正日記

四日 水曜日 午前、雍仁親王と共に沼津御用邸へ御参邸になり、皇太子に親王御誕生の祝詞を言上される。また、皇太子の沼津御滞在中、しばしば沼津御用邸へお成りになる。○侍医局日誌、拝診録、行啓録、両宮御供中日記、木戸孝正日記、迪宮記

午後、皇后宮亮山内勝明、天皇・皇后の御使として参邸し、裕仁親王・雍仁親王への賜物の自転車玩具等を伝達する。○木戸孝正日記、迪宮記

故伯爵川村純義夫人春子参邸につき、謁を賜う。○迪宮記

六日　金曜日　午前、雍仁親王と共に近傍の田圃へお出かけの途中、皇太子とお会いになる。○拝診録、木戸孝正日記、迪宮記

宣仁親王と命名

九日　月曜日　皇太子第三男子の御命名式が行われる。天皇は勅使として侍従長徳大寺実則を沼津御用邸の皇太子の許へ遣わされ、名を宣仁《のぶひと》、称号を光宮《てるのみや》と賜う。裕仁親王は午前九時三十分、雍仁親王と共に沼津御用邸に御参邸になり、皇太子に御命名の祝詞を言上され、ついで供奉員一同の拝賀をお受けになる。御命名式終了後、皇太子と御一緒に勅使徳大寺実則等に謁を賜う。○拝診録、行啓録、光宮御誕生録、両宮御供中日記、木戸孝正日記、官報、迪宮記、大正天皇実録

宮内省雇フランソワ・サラザン皇太子のフランス語教師よりフランス製菓子の献上を受けられる。以後もサラザンより洋菓子等献上のことあり。○両宮御供中日記、迪宮記

井上馨参邸

十日　火曜日　伯爵井上馨参邸につき、謁を賜う。井上は国旗・祝勝提灯等を献上する。○両宮御供中日記

聯合艦隊司令長官東郷平八郎以下に賜謁

十一日　水曜日　午後、今般出征の第一艦隊司令長官兼聯合艦隊司令長官東郷平八郎・第二艦隊司令長官上村彦之丞・第三戦隊司令官出羽重遠及び幕僚九名参邸につき、謁を賜う。これに先立ち、東郷以下は沼津御用邸に参邸し、皇太子より立食を賜わり、東郷・上村・出羽の三名は裕仁親王・雍仁親王の御写真を賜わる。以後、皇太子はしばしば賜謁者等に両親王の御写真を賜う。○侍医局日誌、行啓録、斎藤

桃太郎日記、両宮御供中日記、大正天皇実録

十三日　金曜日　伯爵川村鉄太郎参邸につき、謁を賜う。○両宮御供中日記、迪宮記

十六日　月曜日　東宮侍従長木戸孝正、皇后と皇太子妃から裕仁親王・雍仁親王へ賜う提灯行列人形等の玩具を持参し、東京より沼津に帰着する。○両宮御供中日記、木戸孝正日記、迪宮記

二十日　金曜日　午前、雍仁親王と共に沼津御用邸にお成りになり、東京へ還啓の皇太子を御奉送になる。○侍医局日誌、拝診録、行啓録、官報、木戸孝正日記、斎藤桃太郎日記、両宮御供中日記

二十二日　日曜日　午後、皇太子沼津へ再び行啓につき、御奉迎のため、雍仁親王と共に沼津御用邸にお成りになる。皇太子は三月十七日に再び東京へ一時還啓されるが、二十日には沼津に戻られ、四月二十三日に葉山御用邸へ移られるまで当地に滞在される。○拝診録、行啓録、官報、両宮御供中日記、木戸孝正日記、迪宮記

新任東宮大夫中山孝麿に賜謁

二十六日　木曜日　午後、新任の東宮大夫中山孝麿参邸につき、謁を賜う。○官報、両宮御供中日記、木戸孝正日記

二十八日　土曜日　房子内親王誕辰につき、祝電を発せられる。また、御使として東宮主事錦小路在明を高輪御殿へ遣わされる。○行啓録、両宮御供中日記

三十日　月曜日　前東宮大夫斎藤桃太郎参邸につき、雍仁親王と共に謁を賜う。その際、御手ずから御物料目録を賜う。○官報、木戸孝正日記、斎藤桃太郎日記、両宮御供中日記

二月

八日　水曜日　午前、雍仁親王と共に従一位中山慶子の御泊所にお成りになる。○侍医局日誌、拝診録、沼津御用邸附属邸日誌、木戸孝正日記、迪宮記

紀元節

十一日　土曜日　紀元節につき、天皇・皇后、昌子内親王・房子内親王、允子内親王・聰子内親王へ祝電を発せられる。また、天皇・皇后より酒饌料を賜わる。○東宮職日誌、両宮御供中日記、迪宮記　午前、雍仁親王と共に沼津御用邸へ御参邸になり、皇太子に紀元節の祝詞を言上される。皇太子より興津鯛を賜わる。○侍医局日誌、拝診録、行啓録、沼津御用邸日誌、両宮御供中日記、迪宮記

十二日　日曜日　午前、雍仁親王と共に沼津御用邸に御参邸になり、皇太子に御拝顔になる。○侍医局日誌、拝診録、行啓録、沼津御用邸日誌、両宮御供中日記、迪宮記

十三日　月曜日　宮内省雇フランソワ・サラザン参邸につき、謁を賜う。○両宮御供中日記

十四日　火曜日　水雷術練習所長中村静嘉元東宮武官参邸につき、謁を賜う。○両宮御供中日記

十五日　水曜日　午後、東宮侍従長木戸孝正東京より帰参につき、謁を賜う。○両宮御供中日記、木戸孝正日記、迪宮記

逓信大臣大浦兼武より、戦役紀念郵便絵葉書帖及び同絵葉書が献上される。○迪宮記

第三艦隊司令長官片岡七郎に賜謁

十七日　金曜日　伯爵土方久元参邸につき、雍仁親王と共に謁を賜う。○行啓録、土方久元日記、迪宮記

二十一日　火曜日　午後、第三艦隊司令長官片岡七郎及び幕僚七名参邸につき、雍仁親王と共に謁を賜う。○行啓録、両宮御供中日記、木戸孝正日記

宮内省雇フランソワ・サラザン参邸につき、謁を賜う。○両宮御供中日記

二十三日　木曜日　午後、雍仁親王と共に徳倉山付近にお成りになり、ツクシ・タンポポ等をお摘みになる。同所において皇太子に御拝顔になり、皇太子へ摘草を御献上になる。○侍医局日誌、拝診録、行啓録、両宮御供中日記、木戸孝正日記、迪宮記

三月

四日　土曜日　午後、御機嫌伺いのため参邸の従一位中山慶子より、兵隊人形・戦争ポンチ絵・喇叭が献上される。またこの日、松浦厚伯爵松浦詮嗣子より旅順陥落記念の陶製水雷艇型文鎮が献上される。○両宮御供中日記、迪宮記

五日　日曜日　午後、雍仁親王と共にお八つ御持参にて香貫山麓にお成りになり、ツクシ・タンポポ等をお摘みになる。○拝診録、両宮御供中日記

奉天会戦の捷報

六日　月曜日　午前、昨日葉山より沼津へ来着の典侍柳原愛子が参邸する。愛子より、軍艦・乗馬軍人の玩具が献上される。○両宮御供中日記

去る三日宮内大臣田中光顕夫人伊与子死去につき、裕仁親王・雍仁親王より喪中御尋として菓子一折を賜う。○東宮職日誌、迪宮記

七日　火曜日　午後、雍仁親王と共に下香貫の妙蓮寺付近へお成りになる。○行啓録、拝診録、迪宮記

九日　木曜日　午後、皇太子御来邸につき御拝顔になり、木馬を賜わる。○行啓録、両宮御供中日記、木戸孝正日記、迪宮記

十一日　土曜日　午前、奉天付近における会戦大勝利の報に接せられ、天皇・皇后へ祝電を発せられる。ついで雍仁親王と共に沼津御用邸に御参邸になり、皇太子へ祝詞を言上される。○行啓録、拝診録、両宮御供中日記、木戸孝正日記、迪宮記

十四日　火曜日　宮内省雇フランソワ・サラザンに謁を賜う。○両宮御供中日記

十五日　水曜日　川村春子・同花子参邸につき、謁を賜う。○両宮御供中日記、迪宮記

十七日　金曜日　午前、雍仁親王と共に沼津御用邸に御参邸になり、皇太子の還啓を御奉送になる。○侍医局日誌、拝診録、官報、両宮御供中日記、木戸孝正日記

十八日　土曜日　宣仁親王の賢所初参拝及び初参内につき、裕仁親王・雍仁親王より皇太子・同妃

へそれぞれ交魚料を献上され、宣仁親王へ交魚料を御贈進になり、皇太子・同妃より交魚料を、皇太子妃より鳥ノ子を賜わり、宣仁親王より交魚料を贈られる。○光宮御誕生録、官報、両宮御供中日記、迪宮記

十九日　日曜日　午前、雍仁親王と共に従一位中山慶子の御泊所にお成りになる。○侍医局日誌、拝診録、沼津御用邸附属邸日誌、両宮御供中日記

二十日　月曜日　午後、雍仁親王と共に沼津御用邸にお成りになり、皇太子の行啓を奉迎される。○侍医局日誌、拝診録、行啓録、官報、両宮御供中日記、迪宮記

宣仁親王に初めて御対面

二十二日　水曜日　皇太子妃、宣仁親王御同伴にて沼津へ行啓につき、午後、雍仁親王と共に沼津御用邸にお成りになり、奉迎される。ついで宣仁親王に初めて御対面になる。○侍医局日誌、拝診録、行啓録、官報、両宮御供中日記、木戸孝正日記

二十五日　土曜日　午前、雍仁親王と共に馬車にて江ノ浦へお出かけになる。○侍医局日誌、拝診録、両宮御供中日記、木戸孝正日記

二十六日　日曜日　午後、雍仁親王と共に川村伯爵別邸裏の海岸にお出ましになる。同所において沼津町民祝捷会の行列を御覧になり、町民の万歳にお応えになる。○拝診録、両宮御供中日記、木戸孝正日記

青山離宮内御産所を皇孫仮御殿と改称

二十七日　月曜日　この日、宮内大臣達により青山離宮内御産所を皇孫仮御殿と改称し、裕仁親王・

雍仁親王の御帰京後の御住居とすることが定められる。〇例規録

二十八日　火曜日　従一位中山慶子参邸につき、謁を賜う。〇両宮御供中日記、迪宮記

木戸孝正の御養育奉仕期限の延長

二十九日　水曜日　この日、東宮侍従長木戸孝正は、裕仁親王・雍仁親王の御養育奉仕を八月までとすることにつき、皇太子よりお許しを得る。これに先立ち木戸は、沼津滞在中の東宮大夫中山孝麿に面会し、御養育の一切を一任願いたき旨の意見書を示す。木戸は、昨年十月に御養育奉仕を引き受ける際、その期間として一両月を希望していたが、後継者の選定が進まないことから、今月に入り奉仕の継続を侯爵伊藤博文より、ついで前東宮大夫斎藤桃太郎より勧告され、十三日には皇太子より直接勧められた。さらに二十七日、東宮主事桂潜太郎より、威仁親王が欧洲より帰朝する八月まで引き続き奉仕すべしとの同親王の意向を承り、受諾の意を決していた。〇木戸孝正日記、木戸孝正文書

三十一日　金曜日　皇太子の御沙汰により参邸の宮中顧問官東宮拝診御用橋本綱常、東宮医務顧問エルヴィン・フォン・ベルツに謁を賜う。〇両宮御供中日記、ベルツの日記

午後、御庭の土堤上より往来を隔てて、皇太子妃と御対顔になる。〇両宮御供中日記

四月

二日　日曜日　午前、雍仁親王と共に従一位中山慶子の御泊所にお成りになる。○侍医局日誌、拝診録、沼津御用邸附属邸日誌、両宮御供中日記

四日　火曜日　侍医局長岡玄卿参邸につき、謁を賜う。○侍医局日誌、両宮御供中日記、迪宮記

五日　水曜日　午後、宣仁親王お成りにつき、御対顔になる。○行啓録、侍医局日誌

六日　木曜日　午前、雍仁親王と共に沼津御用邸に御参邸になり、宣仁親王と御対顔になる。○侍医局日誌、拝診録、行啓録、木戸孝正日記、迪宮記

七日　金曜日　午後、雍仁親王と共に海岸へお出ましになり、同所を御散歩中の皇太子妃とお過ごしになる。○行啓録、木戸孝正日記

十日　月曜日　裕仁親王附の侍医局勤務小原頼之は侍医補に任じられ、引き続き裕仁親王附を務める。○進退録、迪宮記

十一日　火曜日　御庭にて御運動中のところ、宣仁親王海岸よりお成りにつき、御対顔になる。○迪宮記

歩兵第十五旅団長岡崎生三元東宮武官参邸につき、雍仁親王と共に謁を賜う。○木戸孝正日記

十二日　水曜日　午前、雍仁親王と共に沼津御用邸に御参邸になり、皇太子・同妃に御拝顔になり、宣仁親王と御対顔になる。また、参邸中の従一位中山慶子に謁を賜う。○行啓録、拝診録、両宮御供中日記、木戸孝正日記、迪宮記

御帰京

十三日　木曜日　午前、雍仁親王と共に沼津御用邸に御参邸になり、皇太子・同妃に明日帰京の御挨拶を言上される。○拝診録、木戸孝正日記、迪宮記

皇孫仮御殿に御入居

十四日　金曜日　沼津より御帰京のため、午前九時三十分、雍仁親王と共に川村伯爵別邸を御出門になる。東宮侍従長木戸孝正以下が供奉する。十時沼津停車場を御発車になり、午後二時三十分、新橋停車場に御着車、三時、青山離宮内の皇孫仮御殿へお入りになる。○侍医局日誌、拝診録、行啓録、東宮職日誌、沼津御用邸日誌、沼津御用邸附属邸日誌、両宮御供中日記、木戸孝正日記、迪宮記

十五日　土曜日　午前、富美宮泰宮御養育主任林友幸参殿につき、謁を賜う。○両宮御供中日記、木戸孝正日記

典侍柳原愛子は天皇・皇后の御使として参殿し、裕仁親王・雍仁親王の御昼食の模様を拝見する。○皇后宮職日記、両宮御供中日記、木戸孝正日記

十六日　日曜日　宮内大臣田中光顕参殿につき、謁を賜う。○木戸孝正日記

二十一日　金曜日　午後、伯爵土方久元参殿につき、謁を賜う。○土方久元日記、両宮御供中日記

青山練兵場の調練御覧

二十二日　土曜日　午前、雍仁親王と共に馬車にて青山練兵場にお成りになり、諸兵の調練を御覧

になる。○拝診録、両宮御供中日記、木戸孝正日記

二十五日　火曜日　海軍少佐平賀徳太郎元東宮武官参殿につき、謁を賜う。○両宮御供中日記

二十八日　金曜日　午前、雍仁親王と共に馬車にて御出門になり、芝公園を経て日比谷公園にお成りになる。○拝診録、両宮御供中日記、木戸孝正日記

二十九日　土曜日　本日は御誕辰なるも、天皇の御不例及び皇太子・同妃が葉山御用邸御滞在中のため、御祝は御延引となる。よってこの日は花見の御宴として、雍仁親王と共に赤坂御苑にお成りになり、庭内の御池にて鮒釣り等を試みられた後、僊錦閣において御昼餐をお召しになる。○侍医局日誌、拝診録、行啓録、両宮御供中日記、木戸孝正日記

五月

二日　火曜日　天皇・皇后への御機嫌伺いとして、東宮侍従長木戸孝正を宮城へ差し遣わされる。○両宮御供中日記、木戸孝正日記

四日　木曜日　午前、東宮侍従長木戸孝正夫人寿栄子及び同伴の子供四名に謁を賜い、端午の御幟人形の拝見を許され、人形二台を賜う。○両宮御供中日記、木戸孝正日記

夕刻、新橋停車場にお成りになり、葉山御用邸より還啓の皇太子・同妃を奉迎される。停車場より皇太子・同妃と御同車にて東宮御所に御参殿になり、それより御帰還になる。翌五日、皇太子・同妃は再び葉山御用邸へ行啓される。○行啓録、東宮職日誌、拝診録、官報、両宮御供中日記、木戸孝正日記、迪宮記

五日 金曜日 夜、幻灯を御覧になる。以後しばしば幻灯を御覧になる。○両宮御供中日記、桑野鋭日記

幻灯御覧

十日 水曜日 夕刻、皇太子葉山より還啓につき、東宮職御用掛桑野鋭を御使として新橋停車場へ差し遣わされる。親王は東宮御所にお成りになり、御玄関において皇太子を奉迎される。○拝診録、官報、両宮御供中日記、木戸孝正日記

十二日 金曜日 裕仁親王附の侍医局医員原田貞夫・同勤務長田重雄の両名は侍医補に任じられる。また本日付をもって、裕仁親王附として勤務してきた侍医補小原頼之及び看護婦西野ノブが退任する。二十一日、免官御礼のため参殿の小原に謁を賜う。○東宮職日誌、進退録、侍医局日誌、木戸孝正日記、桑野鋭日記、迪宮記

十三日 土曜日 午後、東宮御所に御参殿になり、御庭において皇太子と御一緒にお過ごしになる。皇孫仮御殿へ御帰還の際、皇太子も御殿へお立ち寄りになる。○東宮職日誌、拝診録、木戸孝正日記、桑野鋭日記

十四日 日曜日 午前、雍仁親王と共に馬車にて御出門になり、赤坂離宮前堀端通、市ヶ谷を経て御茶ノ水橋を渡り、駿河台より九段経由で御帰還になる。○拝診録、木戸孝正日記、桑野鋭日記

足立タカ採用

十八日　木曜日　新任の雇足立タカ元東京府女子師範学校訓導に謁を賜う。足立は今月十三日裕仁親王・雍仁親王の保母として雇を申し付けられ、本日より参殿する。保母の採用は、東宮侍従長木戸孝正を中心に人選が進められ、木戸から委嘱を受けた学習院長菊池大麓の周旋により足立と決定した。足立の待遇は東宮職限りの奏任扱とされる。○侍医局日誌、皇后宮職日記、両宮御供中日記、木戸孝正日記、桑野鋭日記、天皇・運命の誕生

御側日誌の作成

十九日　金曜日　午後、九条道実参殿につき、雍仁親王と共に謁を賜う。○木戸孝正日記、桑野鋭日記

足立タカは、東宮侍従長木戸孝正の命により「迪宮淳宮両殿下御側日誌」を本日より記す。○迪宮淳宮両殿下御側日誌、木戸孝正日記

二十日　土曜日　午前、雍仁親王と共に馬車にて御出門になり、青山・渋谷方面へお成りになる。○迪宮淳宮両殿下御側日誌、拝診録、木戸孝正日記、桑野鋭日記

夕刻、皇太子妃並びに宣仁親王葉山より御帰京につき、奉迎のため東宮侍従長木戸孝正を新橋停車場へ遣わされる。親王は雍仁親王と共に東宮御所において御奉迎になる。○行啓録、東宮職日誌、侍医局日誌、拝診録、官報、木戸孝正日記、桑野鋭日記

二十一日　日曜日　午後、皇太子御参殿につき、雍仁親王と共に御拝顔になり、御一緒に蓄音器にて音楽をお聴きになる。○迪宮淳宮両殿下御側日誌、拝診録、木戸孝正日記、桑野鋭日記

二十二日　月曜日　午後、雍仁親王と共に主馬寮分厩にお成りになり、同所へお出ましの皇太子と御一緒に、満洲軍総司令官大山巖及び満洲軍総参謀長児玉源太郎より両親王へ献上された驢馬二頭を御覧になる。驢馬二頭は、七月二十五日に帝室博物館附属動物園（上野動物園）へお預けになる。○迪宮淳宮両殿下御側日誌、拝診録、木戸孝正日記、桑野鋭日記、迪宮記

御仮床

二十三日　火曜日　午前、雍仁親王と共に東宮御所御庭の花畑にお成りになり、宣仁親王と御対顔になる。○迪宮淳宮両殿下御側日誌、拝診録、桑野鋭日記

午後、遽に御体温が上昇し、御仮床に就かれる。翌日以降も御熱は下がらず、二十八日、侍医加藤照磨及び宮内省御用掛弘田長の拝診を受けられ、未熟性麻疹との診断を受けられる。さらに、六月三日、医学博士土肥慶蔵より蕁麻疹性苔疹との診断を受けられるが、八日には回復される。○迪宮淳宮両殿下御側日誌、東宮職日誌、侍医局日誌、拝診録、木戸孝正日記、桑野鋭日記

二十八日　日曜日　皇后御誕辰につき、恒例の御祝あり。○迪宮淳宮両殿下御側日誌、東宮職日誌、供御日録、桑野鋭日記

日本海海戦

二十九日　月曜日　午後、二十七・二十八両日に対馬沖において行われたロシア艦隊との海戦の捷報を東宮職御用掛桑野鋭よりお聞きになる。夜、海戦の戦況につき、侍医補原田貞夫よりお聞きになる。○迪宮淳宮両殿下御側日誌

三十日　火曜日　昼、日本海海戦の大勝利を祝し、御附職員一同へ料理を賜う。○迪宮淳宮両殿下御側日誌、桑野鋭日記

三十一日　水曜日　東宮職御用掛桑野鋭よりこの日献上された硯を御使用になり、絵をお描きになる。硯の御使用はこれをもって嚆矢とする。○迪宮淳宮両殿下御側日誌、桑野鋭日記、雍仁親王実紀

六月

一日　木曜日　天皇は四月二十二日以来御違例のため御仮床のところ、この日御離床につき、東宮女官吉見光子へ御祝の御口上を託される。○内禁録、拝診録、桑野鋭日記、明治天皇紀

内海しげ採用

この日、内海しげを裕仁親王・雍仁親王附の雇扱判任として皇孫仮御殿雇に採用する。○侍医局日誌、桑野鋭日記

九日　金曜日　宣仁親王御箸初につき、宣仁親王より裕仁親王・雍仁親王へ酒饌料を進められ、裕仁親王・雍仁親王より宣仁親王へ万那料を御贈進になる。○東宮職日誌、光宮御誕生録、桑野鋭日記

十日　土曜日　午後、雍仁親王と共に東宮御所へ御参殿になり、皇太子・同妃に御拝顔、宣仁親王と御対顔になる。○迪宮淳宮両殿下御側日誌、行啓録、東宮職日誌、拝診録、木戸孝正日記、桑野鋭日記

十一日　日曜日　午後、宣仁親王御同伴にて御参殿の皇太子に御拝顔になる。○迪宮淳宮両殿下御側日誌、拝診録、木戸孝正日記、桑野鋭日記

御誕辰御祝

十二日　月曜日　かねて御延引の御誕辰の御祝を行われる。午前、御羽織・御袴を召されお出ましになり、御附の高等官、ついで判任官の拝賀を受けられる。それより御洋服に召し換えられ、雍仁親王と共に馬車にて東宮御所へ御参殿になり、皇太子・同妃に御拝顔になる。引き続き御参内になり、天皇に御拝顔になる。ついで皇后に御拝顔になり、皇后の御覧のもと御昼食を召され、正午御帰還になる。なお、正午、皇太子・同妃は東宮御所において東宮職高等官ほか宮内官及び御親昵の祝賀を受けられ、祝賀の者へ立食を賜う。

御袴着用

午後、参賀のため皇孫仮御殿へ参殿の宮中顧問官東宮拝診御用橋本綱常・侍医局長岡玄卿・宮内次官花房義質に謁を賜う。その後、御参殿の皇太子・同妃、さらに雍仁親王もお揃いにて、御誕辰の余興として松井源水による曲独楽を御覧になる。なお、この年は数え年で五歳につき、この日初めて御袴を御着用になる。御袴は、先月二日皇太子妃より、紋羽二重御振袖・黒御羽織などと共に贈られた。○迪宮淳宮両殿下御側日誌、侍従職日録、皇后宮職日記、東宮職日誌、御直宮御養育掛日記、侍医局日誌、拝診録、木戸孝正日記、桑野鋭日記、迪宮記、貞明皇后実録

十三日　火曜日　午前、学習院長菊池大麓・東宮大夫中山孝麿にそれぞれに謁を賜う。○迪宮淳宮両殿下御側日誌、木戸孝正日記、桑野鋭日記

十四日　水曜日　中山愛子従一位中山慶子母八十八の賀寿及び従一位中山慶子七十の賀寿につき、それぞれ紅

白餅等の献上を受けられる。○迪宮淳宮両殿下御側日誌、東宮職日誌、木戸孝正日記、桑野鋭日記、迪宮記

十五日　木曜日　午前、主馬頭藤波言忠に謁を賜い、昨月二十二日に主馬寮分厩で御覧になった驢馬のことなどをお尋ねになる。○迪宮淳宮両殿下御側日誌、桑野鋭日記

戦利品御覧

十七日　土曜日　午後、雍仁親王と共に東宮御所に参殿され、皇太子・同妃に御拝顔になり、昌子内親王・房子内親王と御対顔になる。また、御所の廊下に並べられた日露戦争の戦利品を御覧になる。○迪宮淳宮両殿下御側日誌、東宮職日誌、拝診録、木戸孝正日記、桑野鋭日記、迪宮記

十八日　日曜日　午後、諸陵頭足立正聲、続いて川村春子・花子参殿につき、それぞれに謁を賜う。○迪宮淳宮両殿下御側日誌、桑野鋭日記

二十日　火曜日　海軍少佐佐佐木高志、実父高行（常宮周宮御養育主任）の病中御尋の御礼のため参殿につき、謁を賜う。○迪宮淳宮両殿下御側日誌、桑野鋭日記

二十一日　水曜日　午後、皇太子・同妃、允子内親王・聰子内親王を伴い御参殿につき、雍仁親王と共に御拝顔になる。○迪宮淳宮両殿下御側日誌、東宮職日誌、御直宮御養育掛日記、木戸孝正日記、桑野鋭日記

二十二日　木曜日　午後、典侍柳原愛子参殿につき、謁を賜う。○迪宮淳宮両殿下御側日誌、皇后宮職日記、桑野鋭日記

皇太子妃御誕辰及び雍仁親王誕辰

二十五日　日曜日　皇太子妃及び雍仁親王の御誕辰につき、午前、東宮御所において雍仁親王と共

に皇太子・同妃に御拝顔になり、皇太子妃に祝詞を言上される。引き続き御参内になり、天皇に御拝顔になる。午後、皇孫仮御殿御庭において、雍仁親王誕辰御祝の余興が催され、丸一の太神楽を御覧になる。従一位中山慶子・九条道実・同夫人恵子・川村春子等が陪覧する。○迪宮淳宮両殿下御側日誌、侍従職日録、皇后宮職日記、東宮職日誌、侍医局日誌、拝診録、木戸孝正日記、桑野鋭日記、迪宮記

二十六日　月曜日　午前、富美宮泰宮御養育主任林友幸参殿につき、謁を賜う。○迪宮淳宮両殿下御側日誌、桑野鋭日記

二十七日　火曜日　午後、雍仁親王と共に高輪御殿へお成りになり、昌子内親王・房子内親王と御対顔になる。○迪宮淳宮両殿下御側日誌、侍医局日誌、拝診録、木戸孝正日記、迪宮記

二十八日　水曜日　午後、川村春子参殿につき、謁を賜う。○迪宮淳宮両殿下御側日誌、木戸孝正日記

三十日　金曜日　午前、東宮大夫中山孝麿が参殿し、裕仁親王・雍仁親王の御昼食の模様を拝見する。○迪宮淳宮両殿下御側日誌

七月

渥美千代採用

一日　土曜日　昨日雇を命じられた渥美千代元京都府第一高等女学校教諭参殿につき、雍仁親王と共に謁を賜う。渥美の採用は、足立タカの場合と同様に、東宮侍従長木戸孝正を中心として保母の人選が進められた。

渥美の待遇は、東宮職限りの高等官奏任扱となる。○迪宮淳宮両殿下御側日誌、侍医局日誌、木戸孝正日記、桑野鋭日記

二日　日曜日　午前、宣仁親王が参殿し、続いて皇太子が御参殿になる。皇太子は裕仁親王・雍仁親王の御昼餐の様子を御覧になる。宣仁親王退出後、両親王は皇太子と御一緒に東宮御所に御参殿になり、皇太子妃に御拝顔になる。○迪宮淳宮両殿下御側日誌、東宮職日誌、侍医局日誌、拝診録、木戸孝正日記、桑野鋭日記

御写真撮影

三日　月曜日　午前、写真師小川一真が参殿し、裕仁親王・雍仁親王の御写真を拝写する。○迪宮淳宮両殿下御側日誌、侍医局日誌、木戸孝正日記、桑野鋭日記

五日　水曜日　午後、雍仁親王と共に東宮御所に参殿され、皇太子・同妃に御拝顔になり、宣仁親王と御対顔になる。ついで従一位中山慶子・中山栄子に謁を賜う。○迪宮淳宮両殿下御側日誌、東宮職日誌、拝診録、木戸孝正日記、桑野鋭日記、迪宮記

日本昆虫図説献上

六日　木曜日　名和昆虫研究所長名和靖より『日本昆虫図説』二冊、揚羽蝶ほか二十種入標本二十四箱、八角形箱入蝶二箱が献上される。○東宮職日誌、名和靖日記、迪宮記

七日　金曜日　午後、結婚の御挨拶のため参殿の伯爵柳原義光・同夫人花子故伯爵川村純義次女に謁を賜う。○迪宮淳宮両殿下御側日誌、華族諸願録、桑野鋭日記

十三日　木曜日　午前、雍仁親王と共に麻布御用邸にお成りになり、允子内親王・聰子内親王と御

対顔になる。〇迪宮淳宮両殿下御側日誌、御直宮御養育掛日記、拝診録、木戸孝正日記、桑野鋭日記

十四日　金曜日　午後、雍仁親王と共に東宮御所に参殿され、皇太子・同妃に御拝顔になり、従一位中山慶子に謁を賜う。折から参殿の華族女学校学監下田歌子に皇太子・同妃と御一緒に謁を賜う。〇迪宮淳宮両殿下御側日誌、東宮職日誌、拝診録、木戸孝正日記、桑野鋭日記

下田歌子に賜謁

十五日　土曜日　午後、公爵九条道孝、子息良叙を伴い参殿につき、謁を賜う。良叙は先般男爵水谷川忠起の養子となり、来る二十日奈良へ赴くため、暇乞として参殿する。〇迪宮淳宮両殿下御側日誌、華族諸願録、桑野鋭日記

十六日　日曜日　今朝皇太子より、新宿植物御苑への行啓に裕仁親王・雍仁親王を同伴させたき旨の御希望あり。よって午前十時、雍仁親王と共に馬車にて御出門、新宿植物御苑にお成りになり、皇太子に御拝顔になる。皇太子の御前にて御昼餐の後、御帰還になる。〇迪宮淳宮両殿下御側日誌、行啓録、東宮職日誌、侍医局日誌、拝診録、木戸孝正日記、桑野鋭日記

十八日　火曜日　明後二十日より日光田母沢御用邸において御避暑につき、午後、雍仁親王と共に御暇乞のため東宮御所に御参殿になり、皇太子・同妃に御拝顔になる。また、翌十九日には皇太子・同妃が皇孫仮御殿にお成りになる。〇迪宮淳宮両殿下御側日誌、拝診録、木戸孝正日記、迪宮記

日光に御避暑

二十日　木曜日　午前八時、雍仁親王と共に皇孫仮御殿を御出門、九時上野停車場を御発車になり、

日光へ向かわれる。東宮侍従長木戸孝正・侍医補原田貞夫・岩崎艶子・渥美千代・足立タカ等が供奉する。午後一時五十分日光停車場に御着車、二時三十分日光田母沢御用邸に御到着になる。栃木県知事白仁武以下奉迎の地方高等官・僧侶・神職等に謁を賜う。以後東京へ御帰還の九月五日まで、かねてより同御用邸に滞在中の宣仁親王と御三方にてお過ごしになる。○迪宮淳宮両殿下御側日誌、侍従職日録、皇后宮職日記、東宮職日誌、御直宮御養育掛日記、拝診録、官報、木戸孝正日記、桑野鋭日記、迪宮記

二十二日　土曜日　午前、雍仁親王と共に日光御用邸朝陽館まで御散歩になる。以後、日光御滞在中、好天の日にはしばしば雍仁親王と共に御用邸近傍を御散歩になる。○迪宮淳宮両殿下御側日誌、拝診録、木戸孝正日記、桑野鋭日記

二十三日　日曜日　午前、雍仁親王と共に含満淵付近まで御運動になる。○迪宮淳宮両殿下御側日誌、拝診録、木戸孝正日記、桑野鋭日記

二十四日　月曜日　午前、雍仁親王と共に東照宮付近まで御運動になる。○迪宮淳宮両殿下御側日誌、拝診録、木戸孝正日記、桑野鋭日記

川村別邸を買い上げ沼津御用邸西附属邸とする

二十七日　木曜日　静岡県駿東郡楊原村大字善太夫字桃郷林所在の伯爵川村鉄太郎別邸を皇孫御用邸として買収し、沼津御用邸西附属邸とする。これより先、一月二十六日に川村伯爵から宮内省へ沼津別邸の献上願書が提出されたが、お買い上げとなる。○経済会議録、土地建物録、斎藤桃太郎日記、明治天皇御紀資料稿本

二十八日　金曜日　午前、雍仁親王と共に別格官幣社東照宮にお成りになり、御参拝になる。両親王より初穂料をお供えになり、宮司中山信徴に謁を賜う。○迪宮淳宮両殿下御側日誌、拝診録、木戸孝正日記、桑野鋭日記、迪宮記

二十九日　土曜日　午後、東宮侍従長木戸孝正夫人寿栄子、子供五名を引き連れ参邸につき、謁を賜う。○迪宮淳宮両殿下御側日誌、桑野鋭日記

三十日　日曜日　午前、雍仁親王と共に大日堂までお成りになる。○迪宮淳宮両殿下御側日誌、侍医局日誌、拝診録、桑野鋭日記

八月

一日　火曜日　午前、雍仁親王と共に日光公園にお成りになる。○迪宮淳宮両殿下御側日誌、侍医局日誌、拝診録、木戸孝正日記、桑野鋭日記

三日　木曜日　午前、雍仁親王と共に国幣中社二荒山神社にお成りになり、御参拝になる。両親王より初穂料をお供えになり、宮司立木兼善に謁を賜う。○迪宮淳宮両殿下御側日誌、侍医局日誌、拝診録、木戸孝正日記、桑野鋭日記

五日　土曜日　午前、雍仁親王と共に朝陽館にお成りになり、一昨日より滞在の昌子内親王・房子内親王と御対顔になる。○迪宮淳宮両殿下御側日誌、拝診録、官報、木戸孝正日記、桑野鋭日記、迪宮記

六日　日曜日　午前、雍仁親王と共に主馬寮出張所並びに輪王寺釈迦堂境内の殉死の墓にお成りになる。○迪宮淳宮両殿下御側日誌、拝診録、木戸孝正日記、桑野鋭日記

七日　月曜日　午前、雍仁親王と共に裏見の滝にお成りになる。○迪宮淳宮両殿下御側日誌、拝診録、木戸孝正日記、桑野鋭日記、迪宮記

御夕食後、この日御庭に完成のブランコにお乗りになる。○迪宮淳宮両殿下御側日誌、雍仁親王実紀

八日　火曜日　午前、昌子内親王・房子内親王参邸につき、御対顔になる。○迪宮淳宮両殿下御側日誌、拝診録、木戸孝正日記、桑野鋭日記

九日　水曜日　午前、侯爵鍋島直大別邸に滞在中の守正王妃伊都子参邸につき、御対顔になる。○迪宮淳宮両殿下御側日誌、梨本伊都子日記、木戸孝正日記、迪宮記

十日　木曜日　夕刻、伯爵川村鉄太郎参邸につき、謁を賜う。○迪宮淳宮両殿下御側日誌

十一日　金曜日　午前、雍仁親王と共に小倉山梅林へ向かわれ、途中、昌子内親王・房子内親王とお会いになる。梅林においてお遊びのところ、守正王妃伊都子、方子女王を伴い参苑につき、御一緒に過ごされる。○迪宮淳宮両殿下御側日誌、拝診録、梨本伊都子日記、木戸孝正日記、桑野鋭日記

十二日　土曜日　午前、雍仁親王と共に白糸滝にお成りになる。○迪宮淳宮両殿下御側日誌、拝診録、木戸孝正日記、桑野鋭日記

川村純義一周年祭

故伯爵川村純義一周年祭につき、裕仁親王・雍仁親王より玉串料を賜う。○行啓録、桑野鋭日記

十三日　日曜日　午前、常宮周宮御養育主任佐佐木高行参邸につき、謁を賜う。○迪宮淳宮両殿下御側日誌

雍仁親王と共に日光公園にお成りになる。途中、守正王妃伊都子・方子女王とお会いになる。○迪宮淳宮両殿下御側日誌、拝診録、梨本伊都子日記、木戸孝正日記、桑野鋭日記

十四日　月曜日　調度局長長崎省吾参邸につき、謁を賜う。○迪宮淳宮両殿下御側日誌

十六日　水曜日　午前、雍仁親王と共に朝陽館にお成りになり、昌子内親王・房子内親王と御対顔になる。○迪宮淳宮両殿下御側日誌、拝診録

十八日　金曜日　午前、雍仁親王と共に侯爵鍋島直大別邸にお成りになり、守正王妃伊都子・方子女王と御対顔になる。○迪宮淳宮両殿下御側日誌、拝診録、梨本伊都子日記、木戸孝正日記、桑野鋭日記

十九日　土曜日　午前、雍仁親王と共に含満淵付近まで御運動になる。○迪宮淳宮両殿下御側日誌、拝診録、木戸孝正日記、桑野鋭日記

二十一日　月曜日　午前、昌子内親王・房子内親王参邸につき、御対顔になる。○迪宮淳宮両殿下御側日誌、桑野鋭日記、迪宮記

二十三日　水曜日　午前、雍仁親王と共に御用邸近傍を御運動になり、付近の小児等が紙の軍旗を立て、ラッパを吹き鳴らして戦争遊びをする様子を御覧になる。○迪宮淳宮両殿下御側日誌、拝診録、木戸孝正日記、桑野鋭日記

午後、明日帰京の暇乞として参邸の守正王妃伊都子に御対顔になる。○迪宮淳宮両殿下御側日誌、官報、梨本伊都子日記、木戸孝正日記、桑野鋭日記

二十四日　木曜日　午前、雍仁親王と共に日光山輪王寺大猷院（江戸幕府三代将軍徳川家光霊廟）にお成りになる。両親王より大猷院へ金一封を寄付される。ついで同寺滞在中の恒久王を御訪問の御予定のところ、降雨につきお見合わせになり、御使として東宮侍従長木戸孝正を恒久王の許へ遣わされる。○迪宮淳宮両殿下御側日誌、拝診録、木戸孝正日記、桑野鋭日記

二十六日　土曜日　威仁親王・同妃慰子、ドイツ国皇太子結婚式参列より帰朝につき、雍仁親王と共に電報を発せられ祝意を伝えられる。○官報、桑野鋭日記

三十一日　木曜日　皇太子御誕辰につき、東宮職御用掛桑野鋭を御使として塩原御用邸へ遣わされ、皇太子へ祝詞を伝えられる。○迪宮淳宮両殿下御側日誌、行啓録、木戸孝正日記、桑野鋭日記

九月

三日　日曜日　午前、雍仁親王と共に輪王寺にお成りになり、同寺門跡彦坂諶照の案内にて、同寺が所蔵する国宝の絵巻等の寺宝を御覧になる。帰途、朝陽館へお立ち寄りになり、昌子内親王・房子内親王へ明後日御帰京の御暇乞をされる。○迪宮淳宮両殿下御側日誌、拝診録、木戸孝正日記、桑野鋭日記

天皇より大砲・魚釣人形等の玩具を賜わる。○迪宮淳宮両殿下御側日誌、木戸孝正日記、桑野鋭日記

御帰京

五日　火曜日　午前八時二十五分、雍仁親王と共に日光田母沢御用邸を御出門、同五十四分日光停車場を御発車になり、帰京の途に就かれる。午後二時三十分上野停車場に御着車、それより馬車にて三時二十分皇孫仮御殿へ御帰還になる。御帰京につき、皇太子・同妃の御使として東宮御内儀監督万里小路幸子が参殿する。○迪宮淳宮両殿下御側日誌、侍従職日録、皇后宮職日記、東宮職日誌、御直宮御養育掛日記、侍医局日誌、拝診録、官報、木戸孝正日記、斎藤桃太郎日記、桑野鋭日記、迪宮記

日比谷焼打事件

この日、東京市内において、日露講和条約ポーツマス条約に不満を持つ群衆の騒擾が起こり、遂に暴動と化す日比谷焼打事件。この警備のため、兵士十二名が皇孫仮御殿に詰める。○木戸孝正日記、桑野鋭日記

六日　水曜日　午前、雍仁親王と共に東宮御所に御参殿になり、皇太子・同妃に御拝顔になる。手帳・絵葉書・汽車玩具等を拝領し、御昼餐前に御帰殿になる。○迪宮淳宮両殿下御側日誌、東宮職日誌、拝診録、木戸孝正日記、桑野鋭日記、迪宮記

午後、皇太子並びに威仁親王御参殿につき、雍仁親王と共に御拝顔になる。威仁親王は両親王のお遊びの御相手をなす。○迪宮淳宮両殿下御側日誌、東宮職日誌、桑野鋭日記

八日　金曜日　午前、皇太子の命により参殿の東宮拝診御用橋本綱常の拝診を受けられる。○桑野鋭日記

東宮大夫中山孝麿参殿につき、雍仁親王と共に謁を賜う。中山は両親王の御昼食の模様を拝見して退出する。○迪宮淳宮両殿下御側日誌、桑野鋭日記

ロシア軍艦よりの鹵獲品献上

十日　日曜日　午前、雍仁親王と共に東宮御所に御参殿になり、皇太子・同妃に御拝顔になる。また、皇太子・雍仁親王と御一緒に、参殿の陸軍次官石本新六に謁を賜う。石本次官は日本海海戦の際にロシア軍艦より鹵獲したロシア海軍士官の短剣三振を裕仁親王・雍仁親王・宣仁親王へそれぞれ献上のため皇孫仮御殿に参殿するも、親王御不在のため東宮御所に参り来る。○迪宮淳宮両殿下御側日誌、東宮職日誌、拝診録、木戸孝正日記、桑野鋭日記、迪宮記

十一日　月曜日　午後、宣仁親王日光より帰京につき、奉迎のため東宮職御用掛桑野鋭を東宮御所へ遣わされる。○官報、桑野鋭日記

十二日　火曜日　夕刻、皇太子・同妃御参殿につき、雍仁親王と共に御拝顔になる。○迪宮淳宮両殿下御側日誌、東宮職日誌、拝診録、桑野鋭日記

十四日　木曜日　夕刻、宮内次官花房義質参殿につき、謁を賜う。○迪宮淳宮両殿下御側日誌、桑野鋭日記

十五日　金曜日　午後、雍仁親王と共に東宮御所に御参殿になり、皇太子・同妃に御拝顔になり、宣仁親王と御対顔になる。○迪宮淳宮両殿下御側日誌、東宮職日誌、拝診録、木戸孝正日記、桑野鋭日記、迪宮記

十六日　土曜日　午前、富美宮泰宮御養育主任林友幸参殿につき、謁を賜う。続いて守正王妃伊都子参殿につき、御対顔になる。○迪宮淳宮両殿下御側日誌、梨本伊都子日記、桑野鋭日記

十九日　火曜日　午前、海軍少将武富邦鼎元東宮武官参殿につき、謁を賜う。○迪宮淳宮両殿下御側日誌、桑野鋭日記

二十二日　金曜日　夕刻、皇太子御参殿につき、雍仁親王と共に御拝顔になる。○迪宮淳宮両殿下御側日誌、拝診録、桑野鋭日記

二十四日　日曜日　午前、川村春子・児玉千代子川村春子姪参殿につき、謁を賜う。○迪宮淳宮両殿下御側日誌、桑野鋭日記

丸尾錦作皇孫御養育掛長に任じられる

二十六日　火曜日　午後、東宮大夫中山孝麿及びこの日裕仁親王・雍仁親王附を免じられた東宮侍従長木戸孝正、新任の皇孫御養育掛長宮中顧問官丸尾錦作に謁を賜い、それぞれ言上を受けられる。

これより先、中山東宮大夫は、木戸東宮侍従長の御養育に代えて、皇孫御養育掛を設置し、東宮侍従の丸尾を掛長に任ずることを威仁親王に上申していた。一方、木戸は威仁親王の帰朝までを期限として御養育を引き受けた経緯もあり、本月九日、自身の体調不良等を理由に、両親王附と東宮侍従長の辞表を中山東宮大夫へ提出し、この日両親王附の辞職のみ認められた。木戸の昨年十一月以降の両親王への供奉を労い、天皇・皇后より金二千円、皇太子・同妃より御紋附三つ組銀杯一組及び金千円を賜う。丸尾は明治二十二年以来皇太子の側近に侍して御教育の任に当たり、明治二十八年よりは東宮侍従として仕え、皇太子の信任を得る。○迪宮淳宮両殿下御側日誌、進退録、恩賜録、贈賜録、東宮職日誌、侍医局日誌、官報、木戸孝正日記、桑野鋭日記、高松宮文書、丸尾家資料、貞明皇后実録

二十七日　水曜日　午後、雍仁親王と共に、東宮侍従長木戸孝正に謁を賜い、両親王附退任の挨拶をお受けになる。○木戸孝正日記、桑野鋭日記

式部長戸田氏共夫人極子参殿につき、謁を賜う。○迪宮淳宮両殿下御側日誌、桑野鋭日記

岩崎艶子退任

岩崎艶子この日退任につき、手当金を賜う。また足立タカの奏任取扱を免じ、判任取扱となす。○迪宮淳宮両殿下御側日誌、贈賜録、木戸孝正日記、桑野鋭日記

二十八日　木曜日　午後、雍仁親王と共に東宮御所へ御参殿になり、皇太子・同妃に御拝顔にな

る。○迪宮淳宮両殿下御側日誌、東宮職日誌、拝診録、桑野鋭日記

二十九日　金曜日　午後、柳原花子参殿につき、謁を賜う。○迪宮淳宮両殿下御側日誌、桑野鋭日記

三十日　土曜日　午前、雍仁親王と共に上野の帝室博物館附属動物園にお成りになる。○迪宮淳宮両殿下御側日誌、侍医局日誌、拝診録、桑野鋭日記

皇孫御養育掛分課内規

この日、皇孫御養育掛分課内規が制定され、東宮大夫中山孝麿より皇孫御養育掛長丸尾錦作へ内達される。その内容は以下のとおり。

皇孫御養育掛分課内規

一、御養育掛長ハ東宮大夫ノ監督ヲ受ケ皇孫御養育ノ責ニ任シ皇孫ニ関スル一切ノ事ヲ総理シ掛員ヲ監督ス

一、御用掛ハ東宮大夫ノ監督ヲ受ケ皇孫ニ関スル会計ヲ管理ス　御養育ニ関スル庶務ニ付テハ御養育掛長ノ指揮ヲ受クヘシ

一、御相手ハ皇孫御遊戯等ノ御合手ヲ為ス

一、事務員ハ庶務会計ニ従事ス

一、殿丁ハ雑役ニ従事ス

一、使夫

○

一、侍女取締ハ御養育掛長ノ指揮ヲ受ケ御養育ノ事ニ任シ兼テ侍女以下ヲ監督ス
一、侍女ハ御養育掛長御用掛及侍女取締ノ指揮ヲ受ケ常侍奉仕兼テ供御御服御用度品取扱ヲ分掌ス
一、雑仕ハ雑役ニ従事ス
一、下女
一、看護婦ハ御養育掛長侍医御用掛及侍女取締ノ指揮ヲ受ケ主任ノ事務ニ従事ス

備考

一、庶務会計ヲ管理スル御用掛ハ東宮主事ノ中ヲ以テ之ニ充ツ
一、御養育ノ事ニ任スル侍女取締ハ三十歳以上ノ女子ニシテ相当ノ教育アルモノヲ選ヒ之ニ充ツ
一、御相手ハ華族及宮内高等官ノ子弟ニシテ皇孫ト御同年齢ノ者

渥美千代を侍女取締に任ず

なお、この内規に規定された侍女取締には、翌月丸尾皇孫御養育掛長の口達により渥美千代が任じられる。○迪宮記、例規録、侍医局日誌

十月

一日　日曜日　午前、東宮侍従長木戸孝正参殿につき、謁を賜う。○迪宮淳宮両殿下御側日誌、木戸孝正日記、桑野鋭日記

夕刻、皇太子御参殿につき、雍仁親王と共に御拝顔になる。○迪宮淳宮両殿下御側日誌、桑野鋭日記

三日　火曜日　午前、雍仁親王と共に東宮御所御車寄にお成りになり、鎌倉の毛利公爵別邸へお成りの宣仁親王をお見送りになる。また、奉送のため皇孫御養育掛長丸尾錦作を新橋停車場へ遣わされる。○迪宮淳宮両殿下御側日誌、侍医局日誌、拝診録、官報、桑野鋭日記

午後、雍仁親王と共に新宿植物御苑にお成りになり、鳥類等を御覧の後、栗拾いをされる。○迪宮淳宮両殿下御側日誌、侍医局日誌、拝診録、桑野鋭日記

四日　水曜日　満洲軍総司令官大山巖より、奉天付近において入手のオルゴールが献上される。○迪宮淳宮両殿下御側日誌、桑野鋭日記、迪宮記

五日　木曜日　午後、雍仁親王と共に東宮御所に御参殿になり、皇太子・同妃に御拝顔になる。○迪宮淳宮両殿下御側日誌、拝診録、桑野鋭日記、迪宮記

華族女学校幼稚園にお成り

七日　土曜日　午前、雍仁親王と共に麹町区永田町の華族女学校幼稚園にお成りになる。校長細川

潤次郎・学監下田歌子の先導にて、園児の唱歌奉唱をお聴きの後、遊戯を御覧になり、ついで園児と御一緒に砂遊び・粘土細工等を行われる。○迪宮淳宮両殿下御側日誌、拝診録、桑野鋭日記

水兵形御服姿の御写真

これより先七月三日、雍仁親王と共に水兵形御服を召され、御帯剣の御姿をそれぞれ御撮影になる。この日、皇太子の御沙汰により、両親王の御写真各一葉を皇孫御養育掛長丸尾錦作に賜う。○桑野鋭日記、迪宮記

八日 日曜日 午前、皇太子御参殿につき、雍仁親王と共に御拝顔になる。○迪宮淳宮両殿下御側日誌、東宮職日誌、桑野鋭日記

午後、雍仁親王と共に馬車にて浜離宮にお成りになり、ハゼ釣りをされる。○迪宮淳宮両殿下御側日誌、侍医局日誌、拝診録、桑野鋭日記、迪宮記

九日 月曜日 午前、雍仁親王と共に東宮御所にお成りになり、御車寄において、皇后の御機嫌伺いのため葉山御用邸へ行啓の皇太子を御奉送になる。○迪宮淳宮両殿下御側日誌、行啓録、東宮職日誌、拝診録、官報、桑野鋭日記

十日 火曜日 午前、雍仁親王と共に馬車にて御出門、青山練兵場内を通過して新宿植物御苑にお成りになり、鷹匠及び鳥類等を御覧の後、栗拾いをされる。○迪宮淳宮両殿下御側日誌、侍医局日誌、拝診録、桑野鋭日記

午後、雍仁親王と共に東宮御所に御参殿になり、皇太子・同妃へ新宿植物御苑にてお拾いの栗を献上される。皇太子より幻灯器一台・香水二瓶、皇太子妃より鯛二尾を賜わる。また、皇后より両親王への賜物として石製金魚四尾・貝入文庫二個・友禅縮緬一疋の披露を受けられる。その際、公爵

九条道孝参殿につき、皇太子・同妃・雍仁親王と共に謁を賜う。従一位中山慶子も参殿し、両親王へ玩具十二点を献上する。○迪宮淳宮両殿下御側日誌、東宮職日誌、侍医局日誌、拝診録、桑野鋭日記、迪宮記

桑野鋭東宮主事心得を仰せ付けられる

十一日　水曜日　この日、東宮職官制が改正され、東宮職奏任待遇の有給御用掛が廃され、東宮主事が二人から三人に増員される。増員された東宮主事は皇孫に関わる庶務会計を掌理する。よって東宮職御用掛桑野鋭が改めて東宮職奏任待遇の無給御用掛に任じられ、東宮主事心得を仰せ付けられる。○省達録、進退録、侍医局日誌、官報、桑野鋭日記

靖国神社にお成り

十二日　木曜日　午前、雍仁親王と共に馬車にて別格官幣社靖国神社にお成りになり、社前において御会釈になる。その際、同社は死せる軍人を祀ることの説明をお聞きになり、この中に広瀬中佐もいるかとのお尋ねあり。それより境内を巡覧され、遊就館の陳列品を御覧になる。○迪宮淳宮両殿下御側日誌、拝診録、桑野鋭日記

御相手の選定

十三日　金曜日　午後、裕仁親王・雍仁親王の御相手として参殿の華族女学校幼稚園児久松定謙 伯爵久松定謨子息・稲葉直通 子爵稲葉順通子息・千田貞清 男爵千田貞暁孫・山岡重幸 陸軍砲兵中佐山岡熊治子息 の四名及び付き添いの学監下田歌子・助教野口ゆかに謁を賜い、御庭にて御相手と御一緒にお遊びになる。御相手選定のことは、同月五日に東宮職御用掛桑野鋭から華族女学校校長細川潤次郎へ依頼し、下田学監・野口助教が選定

を行った。以後、御相手は原則として日曜を除く毎日午後に参殿する。〇迪宮淳宮両殿下御側日誌、侍医局日誌、拝診録、木戸孝正日記、桑野鋭日記

裕仁親王・雍仁親王御処分品拝領の御礼として東宮侍従長木戸孝正参殿につき、謁を賜う。〇木戸孝正日記、桑野鋭日記

十四日　土曜日　午前、雍仁親王と共に御徒歩にて青山練兵場にお成りになり、練兵の模様を御覧になる。〇迪宮淳宮両殿下御側日誌、拝診録

箸を御使用

これまで御食事には銀匙を御使用のところ、この日の御昼食より箸を御使用になる。また、今月十八日の昼からは、椅子・卓にて御食事を召される。〇迪宮淳宮両殿下御側日誌、桑野鋭日記

十五日　日曜日　午前、皇太子並びに威仁親王自動車にて御参殿につき、雍仁親王と共に御拝顔になる。自動車に興味を示され、自動車の遊びをされる。〇迪宮淳宮両殿下御側日誌、桑野鋭日記

十八日　水曜日　御昼食後、京都華族総代子爵清岡長言が平和克復祝の御機嫌伺いのため参殿につき、謁を賜う。〇迪宮淳宮両殿下御側日誌、桑野鋭日記

二十一日　土曜日　午前、雍仁親王と共に馬車にて日比谷公園にお成りになる。〇迪宮淳宮両殿下御側日誌、拝診録、桑野鋭日記

午後、雍仁親王と共に、御相手を伴い東宮御所に御参殿になり、皇太子・皇太子妃へ御相手を御紹

介になる。東宮侍従長木戸孝正の供奉にて皇孫仮御殿に御帰還になり、しばらく御相手とお過ごしになる。○迪宮淳宮両殿下御側日誌、東宮職日誌、拝診録、木戸孝正日記、桑野鋭日記

二十二日　日曜日　午前、雍仁親王と共に馬車にて上野の帝室博物館附属動物園にお成りになる。○迪宮淳宮両殿下御側日誌、拝診録、桑野鋭日記、迪宮記

二十三日　月曜日　午前、皇太子妃御参殿につき、雍仁親王と共に御拝顔になる。○迪宮淳宮両殿下御側日誌、桑野鋭日記、迪宮記

凱旋門・花電車等を御覧

二十四日　火曜日　午前、雍仁親王と共に華族女学校幼稚園にお成りになり、園児と共に遊戯を行われる。幼稚園では芳麿王・恭子女王と御対顔になる。御帰途、戦捷祝賀の凱旋門、花電車、銀座界隈の装飾等を御覧になる。○迪宮淳宮両殿下御側日誌、拝診録、桑野鋭日記

午後、御相手とお遊びの途中、皇太子が親王の様子を御覧のため御参殿につき、御拝顔になる。○迪宮淳宮両殿下御側日誌、拝診録、桑野鋭日記

御夕食後、皇孫仮御殿御門前にお出ましになり、赤坂区青山各町の協力で赤坂区役所前に設けられた凱旋門の電飾を御覧になる。○迪宮淳宮両殿下御側日誌、桑野鋭日記

二十六日　木曜日　午前、雍仁親王と共に馬車にて愛宕山を経て芝公園にお成りになる。○迪宮淳宮両殿下御側日誌、拝

診録、桑野鋭日記

午後、雍仁親王と共に御相手を伴い東宮御所にお成りになり、皇太子・同妃に御拝顔になる。折から参殿の従一位中山慶子に謁を賜う。○迪宮淳宮両殿下御側日誌、拝診録、桑野鋭日記

二十七日　金曜日　午前、雍仁親王と共に華族女学校幼稚園へお成りになり、園児と共にお過ごしになる。○迪宮淳宮両殿下御側日誌、拝診録、桑野鋭日記

二十八日　土曜日　午前、雍仁親王と共に馬車にて東京帝国大学理科大学附属植物園小石川植物園へお成りになる。○迪宮淳宮両殿下御側日誌、拝診録、桑野鋭日記

午後、芳麿王並びに御相手の久松定謙・稲葉直通と御一緒に、外庭において芋掘りをされる。○迪宮淳宮両殿下御側日誌、拝診録、桑野鋭日記

華族女学校運動会を御覧

三十日　月曜日　午前、雍仁親王と共に華族女学校へお成りになり、秋季生徒運動会を御覧になる。親王と雍仁親王は皇太子妃の両脇にお座りになり、芳麿王・久松定謙・稲葉直通等と共に競技を御覧になる。○迪宮淳宮両殿下御側日誌、拝診録、官報、桑野鋭日記、貞明皇后実録

十一月

二日　木曜日　午前、東宮侍従長木戸孝正、柳原花子にそれぞれ謁を賜う。○迪宮淳宮両殿下御側日誌、木戸孝正日記、桑野鋭日記

伊藤博文に賜謁

午後、雍仁親王と共に御相手を伴い東宮御所に御参殿になり、皇太子・同妃に御拝顔、宣仁親王と御対顔になり、参殿中の従一位中山慶子に謁を賜う。また、同じく参殿の枢密院議長伊藤博文に謁を賜う。○迪宮淳宮両殿下御側日誌、東宮職日誌、拝診録、木戸孝正日記、桑野鋭日記、迪宮記

三日　金曜日　天長節につき、恒例の御祝を交わされる。○東宮職日誌、供御日録、桑野鋭日記

四日　土曜日　午後、皇太子御参殿につき、雍仁親王と共に御拝顔になる。○迪宮淳宮両殿下御側日誌、東宮職日誌、桑野鋭日記

陸軍中将中村覚元東宮武官参殿につき、謁を賜う。○桑野鋭日記

五日　日曜日　午前、雍仁親王と共に新宿植物御苑にお成りになり、動物園付近を御散歩になる。○迪宮淳宮両殿下御側日誌、拝診録、桑野鋭日記

清水シゲ採用

午後、新たに東宮職雇に採用の清水シゲ参殿につき、雍仁親王と共に謁を賜う。清水は内海しげと同名のため、呼び名を「花子」と命じられる。○迪宮淳宮両殿下御側日誌、桑野鋭日記

六日　月曜日　昨日より御熱を発せられ、感冒と診断される。その後も御体温は上昇するも、八日

以後次第に快復され、十一日御床払となる。○迪宮淳宮両殿下御側日誌、侍医局日誌、拝診録

十日　金曜日　午前、東宮侍従長木戸孝正が御見舞として参殿につき、雍仁親王と共に謁を賜う。○木戸孝正日記、桑野鋭日記

午後、御相手の千田貞清・稲葉直通、華族女学校助教野口ゆかに伴われ参殿につき、雍仁親王と共にお遊びになる。○迪宮淳宮両殿下御側日誌、拝診録、桑野鋭日記

十一日　土曜日　午前、旧奉仕者岩崎艶子参殿につき、謁を賜う。○迪宮淳宮両殿下御側日誌、桑野鋭日記

宣仁親王と御同居

十二日　日曜日　宣仁親王は、この日より皇孫仮御殿において裕仁親王・雍仁親王と同居のため、午前十時、東宮御所を出門する。宣仁親王到着後、三親王は御附職員一同に謁を賜う。午後、三親王の様子を拝見のため、東宮御内儀監督万里小路幸子が参殿する。宣仁親王移転につき、皇太子・同妃より裕仁親王・雍仁親王へ三種交魚一折を賜う。○迪宮淳宮両殿下御側日誌、贈賜録、東宮職日誌、侍医局日誌、拝診録、桑野鋭日記、大正天皇実録、貞明皇后実録

十三日　月曜日　午前、雍仁親王と共に帝室博物館附属動物園にお成りになる。○迪宮淳宮両殿下御側日誌、拝診録、桑野鋭日記

午後、雍仁親王・宣仁親王と共に御相手を伴い東宮御所に御参殿になる。○迪宮淳宮両殿下御側日誌、東宮職日誌、拝診録、桑野鋭日記

十四日　火曜日　午前、雍仁親王・宣仁親王と共に東宮御所御車寄にお成りになり、天皇の神宮行幸を御奉送のため新橋停車場へ行啓の皇太子をお見送りになる。○迪宮淳宮両殿下御側日誌、拝診録、官報、桑野鋭日記

幼稚園課業の開始

十五日　水曜日　今朝より御朝食後に幼稚園課業をお始めになり、雍仁親王と共に幼稚園の遊戯を学ばれる。以後日曜日を除きこれを御日課とされ、画方・工作・唱歌等を学ばれる。〇迪宮淳宮両殿下御側日誌

十六日　木曜日　午前、海軍中尉西郷従義皇太子御学友参殿につき、謁を賜う。西郷は日本海海戦において捕獲したロシア軍艦アブラキシンの将校より贈られた蓄音器譜五枚・幻灯種板九十九枚を裕仁親王・雍仁親王・宣仁親王へ献上する。〇迪宮淳宮両殿下御側日誌、迪宮記

午後、雍仁親王と共に東宮御所に御参殿になる。〇迪宮淳宮両殿下御側日誌、東宮職日誌、拝診録、迪宮記

二十日　月曜日　鼻カタルとの診断にて終日御床に就かれる。二十二日には御床払をされ、二十九日御全快になる。〇迪宮淳宮両殿下御側日誌、侍医局日誌、拝診録、桑野鋭日記

二十一日　火曜日　午前、陸軍中将中村覚参殿につき、謁を賜う。中村より観艦式及び気球の写真の献上を受けられる。〇迪宮淳宮両殿下御側日誌、桑野鋭日記

二十二日　水曜日　午前、東宮侍講三島毅参殿につき、謁を賜う。〇迪宮淳宮両殿下御側日誌

午後、皇后御使として典侍柳原愛子参殿につき、謁を賜う。〇迪宮淳宮両殿下御側日誌、桑野鋭日記

二十三日　木曜日　明日より沼津に御避寒につき、午前、雍仁親王と共に御暇乞のため東宮御所に御参殿になる。両親王の御帰還の際、皇太子・同妃も皇孫仮御殿にお成りになり、両親王の御昼食

沼津御用邸御滞在

の様子を御覧になる。○迪宮淳宮両殿下御側日誌、東宮職日誌、拝診録、木戸孝正日記、桑野鋭日記、迪宮記

二十四日　金曜日　午前八時三十分、雍仁親王・宣仁親王と共に御出門、九時、新橋停車場を御発車になり、沼津へ向かわれる。皇孫御養育掛長丸尾錦作・東宮職御用掛桑野鋭・渥美千代・足立タカ・清水シゲ・侍医加藤照麿・侍医局勤務長田重雄等が供奉する。午後二時五分沼津停車場に御着車。停車場より沼津御用邸までの沿道において、近衛兵及び小学校生徒等の奉迎あり。同三十五分、沼津御用邸本邸に御到着になる。○迪宮淳宮両殿下御側日誌、侍従職日録、皇后宮職日記、東宮職日誌、重要雑録、御直宮御養育掛日記、侍医局日誌、拝診録、沼津御用邸日誌、沼津御用邸附属邸日誌、沼津御用邸西附属邸日誌、官報、木戸孝正日記、桑野鋭日記

二十五日　土曜日　午前、御用邸近くの海岸を御散歩になる。沼津御滞在中、好天の日にはしばしば雍仁親王・宣仁親王と共に御用邸近傍の下香貫・七面山・静浦等まで御散歩に出かけられる。○迪宮淳宮両殿下御側日誌

神宮御参拝につき三重県に行啓の皇太子を御奉送のため、皇孫御養育掛長丸尾錦作を沼津停車場へ遣わされる。○迪宮淳宮両殿下御側日誌、行啓録、桑野鋭日記

二十八日　火曜日　午前、雍仁親王・宣仁親王と共に西附属邸にお成りになる。午後は雍仁親王と共に牛臥・世古方面に御運動になる。○迪宮淳宮両殿下御側日誌、拝診録

三十日　木曜日　午後、雍仁親王・宣仁親王と共に沼津停車場にお成りになり、神宮より還啓途次の皇太子に御拝顔になる。○迪宮淳宮両殿下御側日誌、侍医局日誌、拝診録、行啓録、沼津御用邸日誌、官報、木戸孝正日記

十二月

一日　金曜日　午後、雍仁親王・宣仁親王と共に牛舎にお成りになる。○迪宮淳宮両殿下御側日誌、拝診録

二日　土曜日　午後、雍仁親王・宣仁親王と共に静浦まで御運動になる。○迪宮淳宮両殿下御側日誌、拝診録、桑野鋭日記、雍仁親王実紀

米国人より毛熊玩具献上

米国ニューヨーク市在住の某富豪より献上、男爵金子堅太郎伝献の大型毛熊玩具が、この日沼津御用邸に届けられる。以後、連日の如くこの毛熊玩具にて遊ばれる。○迪宮淳宮両殿下御側日誌、迪宮記、天皇・運命の誕生

三日　日曜日　午後、雍仁親王・宣仁親王と共に楊原神社にお成りになる。○迪宮淳宮両殿下御側日誌、拝診録、桑野鋭日記

四日　月曜日　午前、雍仁親王と共に西附属邸にお成りになり、供奉の足立タカ・清水シゲに邸内を案内される。○迪宮淳宮両殿下御側日誌、沼津御用邸西附属邸日誌、桑野鋭日記

午後、雍仁親王・宣仁親王と共に我入道方面へ向かわれる。途中、宣仁親王は牛臥の大朝神社付近にて引き返し、親王・雍仁親王は狩野川河口の八幡神社までお成りになる。○迪宮淳宮両殿下御側日誌、拝診録、桑野鋭日記

五日　火曜日　午後、雍仁親王と共に七面山にお登りになり、七面天女の社を御覧になる。○迪宮淳宮両殿下御側

日誌、拝診録、桑野鋭日記

凱旋の兵士より敬礼を受けられる

六日　水曜日　午後、雍仁親王・宣仁親王と共に牛臥街道方面へ御運動になる。途中、当地住民の凱旋兵歓迎に遭遇、凱旋兵より直立敬礼を受けられ、これに御答礼になる。○迪宮淳宮両殿下御側日誌、拝診録、桑野鋭日記

八日　金曜日　午前、雍仁親王と共に瓜島の先まで舟行され、獅子浜において御上陸。付近の静浦小学校までお成りになり、運動場での生徒の遊戯の様子などを御覧になる。○迪宮淳宮両殿下御側日誌、侍医局日誌、拝診録、桑野鋭日記

午後、雍仁親王・宣仁親王と共に楊原神社手前の牛舎までお成りになる。○迪宮淳宮両殿下御側日誌、拝診録、桑野鋭日記

九日　土曜日　午後、雍仁親王と共に瓦山神社にお成りになり、石段を拝殿まで登られ、駿河湾の景色を眺望される。○迪宮淳宮両殿下御側日誌、拝診録、桑野鋭日記

十日　日曜日　午後、雍仁親王・宣仁親王と共に楊原神社にお成りになる。○迪宮淳宮両殿下御側日誌、拝診録、桑野鋭日記

十二日　火曜日　午前、伯爵川村鉄太郎参邸につき、雍仁親王と共に謁を賜う。○迪宮淳宮両殿下御側日誌、桑野鋭日記

午後、雍仁親王・宣仁親王と共に静浦方面へ御運動になる。強風のため宣仁親王は途中にて引き返す。○迪宮淳宮両殿下御側日誌、拝診録、桑野鋭日記

御夕餐後、東宮侍従長木戸孝正、皇太子妃の御使として参邸につき、雍仁親王と共に謁を賜い、皇

太子妃より御下賜の玩具等の披露を受けられる。翌日午前にも木戸に謁を賜う。○迪宮淳宮両殿下御側日誌、木戸孝正日記、桑野鋭日記、迪宮記

十五日　金曜日　午後、雍仁親王と共に静浦の西郷侯爵別邸にお成りになる。○迪宮淳宮両殿下御側日誌、拝診録、桑野鋭日記

十六日　土曜日　午後、雍仁親王と共に牛舎まで御運動になる。○迪宮淳宮両殿下御側日誌、拝診録、桑野鋭日記

坂野鈴の採用

二十日　水曜日　御昼餐後、東宮職限りの雇として採用の元石川県立高等女学校教諭坂野鈴参邸につき、雍仁親王・宣仁親王と共に謁を賜う。○迪宮淳宮両殿下御側日誌、桑野鋭日記

午後、雍仁親王・宣仁親王と共に八幡神社方面へお成りになる。○迪宮淳宮両殿下御側日誌、拝診録

二十一日　木曜日　午前、雍仁親王と共に沼津御用邸の玄関先において、消防組の消防練習・梯子乗りを御覧になる。○迪宮淳宮両殿下御側日誌、雍仁親王実紀

午後、雍仁親王と共に七面山にお登りになる。○迪宮淳宮両殿下御側日誌、拝診録

二十二日　金曜日　午後、今月十四日付にて宮城県知事へ転任の前静岡県知事亀井英三郎参邸につき、謁を賜う。○迪宮淳宮両殿下御側日誌、官報、桑野鋭日記

沼津御用邸西附属邸へ御移転

二十六日　火曜日　明年一月上旬より皇后が沼津御用邸に御滞在の御予定につき、この日午前、雍仁親王・宣仁親王と共に沼津御用邸本邸より西附属邸へ御移転になる。○迪宮淳宮両殿下御側日誌、侍医局日誌、拝診録、沼津御用邸日誌、

沼津御用邸附属邸日誌、沼津御用邸西附属邸日誌、官報、桑野鋭日記

二十七日　水曜日　広島より還啓途次の皇太子を奉迎送のため、東宮職御用掛桑野鋭を沼津停車場に遣わされる。○迪宮淳宮両殿下御側日誌、行啓録、桑野鋭日記

二十八日　木曜日　午後、雍仁親王・宣仁親王と共に静浦方面へお成りになる。○迪宮淳宮両殿下御側日誌、拝診録、桑野鋭日記

二十九日　金曜日　午前、新任の静岡県知事李家隆介以下参邸につき、謁を賜う。○迪宮淳宮両殿下御側日誌、沼津御用邸西附属邸日誌、官報、桑野鋭日記、迪宮記、静岡民友新聞

参邸の沼津町長・沼津女子尋常高等小学校長より、同校附属幼稚園園児製作の繭玉の献上を受けられる。○迪宮淳宮両殿下御側日誌、桑野鋭日記

三十日　土曜日　午後、宣仁親王と共に東附属邸御用邸附属邸建物をこの頃より非公式に称すにお成りになる。○迪宮淳宮両殿下御側日誌、拝診録、沼津御用邸西附属邸日誌、桑野鋭日記

明治三十九年（西暦一九〇六年）　五歳

一月

新年拝賀

一日　月曜日　沼津御用邸西附属邸において新年を迎えられる。御朝拝・御朝餐の後、午前八時四十五分、雍仁親王・宣仁親王と共に、皇孫御養育掛長丸尾錦作以下御附高等官の拝賀をお受けになる。またこの日、参邸の静岡県知事李家隆介・駿東郡長辻芳太郎その他より拝賀を受けられる。○迪宮淳宮両殿下御側日誌、桑野鋭日記

天皇・皇后、皇太子・同妃及び昌子内親王・房子内親王・允子内親王・聰子内親王へ祝詞を進められる。○桑野鋭日記、御直宮御養育掛日記

三日　水曜日　宣仁親王初誕辰につき、雍仁親王・宣仁親王と共に皇孫御養育掛長丸尾錦作以下の拝賀をお受けになる。皇太子・同妃の御使として参邸の東宮主事桂潜太郎に謁を賜う。○迪宮淳宮両殿下御側日誌、東

宮職日誌、典式録、進退録、桑野鋭日記

午後、雍仁親王・宣仁親王及び御相手久松定謙と共に、沼津女子尋常高等小学校附属幼稚園園児の遊戯を御覧になる。沼津町会議員及び同園園児より、新年賀辞の言上をお受けになる。○迪宮淳宮両殿下御側日誌、静岡民友新聞

九条道孝死去

従一位大勲位公爵九条道孝外祖父危篤につき、電報をもって皇太子妃の御機嫌をお伺いになる。この日道孝は死去する。五日、皇孫御養育掛長丸尾錦作を皇太子妃及び九条邸へ差し遣わされる。十日の葬儀に際し、東宮主事心得桑野鋭を九条邸へ差し遣わされ、十二日の埋葬の儀に際しては、主殿寮京都出張所長主殿助中川忠純を御代拝として京都東福寺へ遣わされる。○東宮職日誌、重要雑録、行啓録、進退録、皇孫仮御殿事務所日記、明治天皇紀、官報、桑野鋭日記

五日　金曜日　午前、御相手稲葉直通・同母鑑子子爵稲葉順通夫人参邸につき、雍仁親王・宣仁親王と共に謁を賜う。○迪宮淳宮両殿下御側日誌

午後、雍仁親王・宣仁親王及び御相手久松定謙・稲葉直通と共に桃中軒付近まで御運動になる。○迪宮淳宮両殿下御側日誌、桑野鋭日記

七日　日曜日　午前、元帥陸軍大将大山巖参邸につき、雍仁親王と共に謁を賜う。○迪宮淳宮両殿下御側日誌、桑野鋭日記

御相手久松定謙・稲葉直通が出仕する。両名は本日帰京につき、暇乞を言上して退出する。○迪宮淳宮両殿下御側

日誌、桑野鋭日記

皇后の沼津行啓を御奉迎

八日　月曜日　午後、雍仁親王・宣仁親王と共に、皇后の沼津行啓を御用邸御門前において御奉迎になる。○迪宮淳宮両殿下御側日誌、桑野鋭日記、行啓録、沼津御用邸西附属邸日誌、官報

九日　火曜日　午前、雍仁親王・宣仁親王と共に本邸に御参邸になり、皇后に御拝顔になる。○迪宮淳宮両殿下御側日誌、桑野鋭日記、行啓録、沼津御用邸日誌、沼津御用邸西附属邸日誌、静岡民友新聞

午後、雍仁親王・宣仁親王と共に七面山にお成りになる。○迪宮淳宮両殿下御側日誌、沼津御用邸西附属邸日誌

十日　水曜日　午後、関東総督大島義昌参邸につき、謁を賜う。○迪宮淳宮両殿下御側日誌、沼津御用邸西附属邸日誌

十一日　木曜日　午後、雍仁親王・宣仁親王と共に保養館付近まで御運動になる。○迪宮淳宮両殿下御側日誌

十二日　金曜日　幼稚園の課業を再開される。○迪宮淳宮両殿下御側日誌、雍仁親王実紀

午後、雍仁親王・宣仁親王と共に桃郷付近まで御運動になる。○迪宮淳宮両殿下御側日誌、沼津御用邸西附属邸日誌

十四日　日曜日　午後、雍仁親王・宣仁親王と共に馬車にて原町の千本松原方面へ御運動になる。○迪宮淳宮両殿下御側日誌、沼津御用邸西附属邸日誌、桑野鋭日記

凱旋の守正王に御対顔

十五日　月曜日　午後、陸軍歩兵少佐守正王参邸につき、御対顔になる。ついで、同時に参邸の軍事参議官奥保鞏元第二軍司令官等に謁を賜う。守正王は第二軍司令部附として満洲へ出征し、今般凱旋につ

き、皇后の御機嫌奉伺のため沼津御用邸に参邸、続いて西附属邸へ参邸する。○迪宮淳宮両殿下御側日誌、沼津御用邸西附属邸日誌、桑野鋭日記、行啓録

十六日　火曜日　午後、宣仁親王と共に桃郷付近まで御運動になる。○迪宮淳宮両殿下御側日誌

東宮侍従長木戸孝正、皇太子の御使として御機嫌伺いのため参邸につき、謁を賜う。○迪宮淳宮両殿下御側日誌、沼津御用邸西附属邸日誌、桑野鋭日記、木戸孝正日記

十七日　水曜日　午後、典侍柳原愛子、皇后より御下賜の玩具等を持参し参邸につき、雍仁親王・宣仁親王と共に謁を賜う。○迪宮淳宮両殿下御側日誌、行啓録、沼津御用邸西附属邸日誌、桑野鋭日記

宣仁親王と共に桃郷付近まで御運動になる。○迪宮淳宮両殿下御側日誌、桑野鋭日記

十八日　木曜日　午後、宣仁親王と共に世古付近まで御運動になる。○迪宮淳宮両殿下御側日誌、桑野鋭日記

十九日　金曜日　午後、宣仁親王と共に保養館付近まで御運動になる。○迪宮淳宮両殿下御側日誌、桑野鋭日記

二十日　土曜日　侯爵西郷従徳参邸につき、謁を賜う。翌二十一日午前には、西郷は家族と共に参邸につき、再び謁を賜う。○迪宮淳宮両殿下御側日誌、沼津御用邸西附属邸日誌、桑野鋭日記

二十一日　日曜日　午後、宣仁親王と共に楊原神社方面へ御運動になり、東宮侍従大迫貞武の別邸にお立ち寄りになる。○迪宮淳宮両殿下御側日誌、桑野鋭日記

雪達磨作り

二十二日　月曜日　午後、宣仁親王と共に西郷侯爵別邸付近まで御運動になる。○迪宮淳宮両殿下御側日誌、桑野鋭日記

二十三日　火曜日　午後、宣仁親王と共に馬車にて御出門、黄瀬川を渡り清水村字伏見付近へお成りになる。○迪宮淳宮両殿下御側日誌、沼津御用邸西附属邸日誌、桑野鋭日記

二十四日　水曜日　終日大雪につき、雪達磨をお作りになる。翌二十五日にも雪遊びをされる。○迪宮淳宮両殿下御側日誌、拝診録

二十六日　金曜日　午後、宣仁親王と共に楊原神社付近まで御運動になる。途中、牛舎にお立ち寄りになり、乳牛を御覧になる。○迪宮淳宮両殿下御側日誌、桑野鋭日記

二十七日　土曜日　午後、宣仁親王と共に西郷侯爵別邸付近まで御運動になる。○迪宮淳宮両殿下御側日誌、桑野鋭日記

二十八日　日曜日　房子内親王誕辰につき、内親王の御使として参邸の御用掛加賀美光賢に謁を賜う。併せて同時参邸の帝室博物館総長股野琢に謁を賜う。○沼津御用邸西附属邸日誌、皇孫仮御殿事務所日記、桑野鋭日記

午後、宣仁親王と共に世古にお成りになり、立岩付近にてお遊びになる。我入道を経て御帰邸になる。○桑野鋭日記

二十九日　月曜日　午後、雍仁親王・宣仁親王と共に馬車にて御出門、黄瀬川方面へお成りになり、清水村八幡の対面石富士川の合戦の際、奥州より参陣の源義経が兄頼朝と対面したとされる伝承の場所を御覧になる。○沼津御用邸西附属邸日誌、拝診録、桑野鋭日記、雍仁親王実紀、静岡県

駿東郡誌

皇后に幼稚園課業を御披露

三十日　火曜日　午後、皇后のお招きにより、雍仁親王・宣仁親王と共に本邸に御参邸になり、皇后に御拝顔になる。御前において唱歌「雀」「鳩」などをお歌いになり、聯隊旗の画、先頃覚えられた「大日本」の文字をお書きになる。○迪宮淳宮両殿下御側日誌、行啓録、沼津御用邸日誌、沼津御用邸西附属邸日誌、桑野鋭日記

中山愛子死去

三十一日　水曜日　午後、雍仁親王・宣仁親王と共に西郷侯爵別邸付近まで御運動になる。○桑野鋭日記

去る二十七日、中山愛子 故従一位大勲位中山忠能夫人 死去につき、この日、従一位中山慶子 忠能次女 及び侯爵中山孝麿 忠能孫 に喪中御尋として電報を御発信になる。また、二月三日には喪中御尋として菓子料を賜う。○皇孫仮御殿事務所日記、桑野鋭日記

二月

沼津御用邸西附属邸の新御殿竣工

一日　木曜日　昨年十一月三十日に開始した沼津御用邸西附属邸新御殿として賢所御仮殿附属建物を移築する工事は去る一月三十日竣工につき、この日雍仁親王と共に新御殿の御座所 賢所御仮殿の天皇便殿を移築 へお移りになる。宣仁親王はこれまでの裕仁親王・雍仁親王の御座所に移転し、従前の宣仁親王御座所は御学問所に充てられる。○迪宮淳宮両殿下御側日誌、桑野鋭日記、土地建物録、建物台帳異動録

三日　土曜日　午後、雍仁親王と共に牛臥の大山侯爵別邸まで御運動になる。○迪宮淳宮両殿下御側日誌、沼津御用邸西附属邸日誌

関東総督大島義昌参邸につき謁を賜う。○迪宮淳宮両殿下御側日誌、沼津御用邸西附属邸日誌

四日　日曜日　午後、桃郷付近まで御運動になる。○迪宮淳宮両殿下御側日誌

凱旋軍司令官に賜謁

凱旋につき沼津へ参候の元第四軍司令官野津道貫・元第三軍司令官乃木希典・元鴨緑江軍司令官川村景明及び副官等に謁を賜う。○迪宮淳宮両殿下御側日誌、沼津御用邸西附属邸日誌

皇后・皇太子に唱歌を御披露

五日　月曜日　午後、皇太子葉山より行啓につき、雍仁親王・宣仁親王と共に本邸御門前において奉迎され、引き続き皇太子と御同列にて本邸にお入りになり、皇后に御拝顔になる。皇后・皇太子の御前において、「今日のけいこ」などさまざまな唱歌を奉唱される。○迪宮淳宮両殿下御側日誌、沼津御用邸西附属邸日誌、行啓録、木戸孝正日記、官報、大正天皇実録

六日　火曜日　午後、皇太子西附属邸に御参邸につき、雍仁親王・宣仁親王と共にお出迎えになる。御土産の玩具の披露を受けられた後、雍仁親王と共にお絵描きの様子を皇太子にお見せになり、唱歌をお聴かせになる。○迪宮淳宮両殿下御側日誌、沼津御用邸西附属邸日誌、行啓録、木戸孝正日記、大正天皇実録

七日　水曜日　午前、雍仁親王・宣仁親王と共に東附属邸に御参邸になり、皇太子に御拝顔になる。一旦御帰邸の後、本邸御車寄において葉山御用邸へ御帰還の皇太子をお待ち受けになり、雍仁親王

と共に皇太子と馬車に御同乗、沼津停車場までお見送りになる。○迪宮淳宮両殿下御側日誌、行啓録、沼津御用邸日誌、沼津御用邸西附属邸日誌、木戸孝正日記、大正天皇実録

八日　木曜日　午後、雍仁親王・宣仁親王と共に、保養館付近まで御運動になる。○迪宮淳宮両殿下御側日誌

九日　金曜日　夜、蓄音器をお聴きになる。○迪宮淳宮両殿下御側日誌、桑野鋭日記

紀元節

十一日　日曜日　紀元節につき、午前九時、雍仁親王・宣仁親王と共に皇孫御養育掛長丸尾錦作以下の拝賀をお受けになる。午後、両親王と共に振袖・袴にて本邸に御参邸になり、皇后に御拝顔になる。○迪宮淳宮両殿下御側日誌、桑野鋭日記、行啓録、供御日録、御直宮御養育掛日記、沼津御用邸日誌、沼津御用邸西附属邸日誌

三島神社に御参拝

十四日　水曜日　午後、雍仁親王・宣仁親王と共に馬車にて官幣大社三島神社にお成りになり御拝礼、初穂料をお供えになる。それより境内の緋鯉や鳩等を御覧になり、社前にて田方郡長鈴木七二郎・三島神社宮司矢田部盛次に賜謁の後、御帰還になる。○迪宮淳宮両殿下御側日誌、桑野鋭日記、迪宮殿下御衛生報告録、沼津御用邸西附属邸日誌

主馬頭藤波言忠参邸につき、謁を賜う。○桑野鋭日記

十五日　木曜日　雍仁親王と共に、舟にて瓜島にお成りになり、御昼餐の後、魚釣りなどにてお過ごしになる。それより再び舟にて江ノ浦までお成りの後、御帰還になる。○迪宮淳宮両殿下御側日誌、桑野鋭日記、迪宮殿下御衛生報告録、沼津御用邸西附属邸日誌

陸軍歩兵少佐清水谷実英元東宮武官戦地より凱旋の途次参邸につき、謁を賜う。○桑野鋭日記
十六日　金曜日　午前、皇后行啓につき、雍仁親王・宣仁親王と共に御庭へお出ましになり、御座所階段下にて御奉迎になる。御座所にて御挨拶の後、皇后を玩具の部屋へ御案内になり、先刻御作製の「動物園」を御覧に入れられる。その際、皇后より乗馬軍人人形等を賜わる。ついで幼稚園の部屋において唱歌を歌われ、食堂において御昼食の様子等を御覧に入れられる。○迪宮淳宮両殿下御側日誌、桑野鋭日記、侍医局日誌、拝診録、行啓録、沼津御用邸日誌、雍仁親王実紀
十七日　土曜日　午後、雍仁親王・宣仁親王と共に楊原神社方面へ御運動になる。○迪宮淳宮両殿下御側日誌
十八日　日曜日　午前、近衛歩兵第一聯隊大隊長子爵松浦靖、聯隊より献上の歴史画帖を持参し参邸につき、謁を賜う。○迪宮淳宮両殿下御側日誌
十九日　月曜日　午後、雍仁親王・宣仁親王と共に我入道付近へ御運動になる。○迪宮淳宮両殿下御側日誌
二十三日　金曜日　故九条道孝の第一期喪明につき、皇太子妃より万那料を賜わる。○迪宮淳宮両殿下御側日誌、桑野鋭日記、行啓録
二十四日　土曜日　午後、雍仁親王・宣仁親王と共に、馬車にて本邸にお成りになり、皇后に御拝顔になる。○迪宮淳宮両殿下御側日誌、桑野鋭日記、行啓録、沼津御用邸日誌

二十六日　月曜日　東宮主事桂潜太郎参邸につき謁を賜う。桂は翌二十七日も参邸につき、謁を賜う。○迪宮淳宮両殿下御側日誌、沼津御用邸西附属邸日誌、桑野鋭日記

三月

一日　木曜日　午前、雍仁親王と共に舟にて瓜島付近へお成りになる。西郷侯爵別邸にて御昼餐の後、再び御舟行、獅子浜に上陸される。この時、江ノ浦から還啓の皇后の舟が沖合を御通過につき、帽子を取られ、御挨拶になる。○迪宮淳宮両殿下御側日誌、沼津御用邸西附属邸日誌

二日　金曜日　午後、御機嫌伺いとして威仁親王・同妃慰子参邸につき、雍仁親王・宣仁親王と共に御対顔になる。○迪宮淳宮両殿下御側日誌、行啓録、沼津御用邸日誌、沼津御用邸西附属邸日誌、桑野鋭日記

三日　土曜日　午後、雍仁親王と共に舟にて瓜島付近へお成りになり、魚釣りをされる。ついで江ノ浦にお成りになる。○迪宮淳宮両殿下御側日誌、沼津御用邸西附属邸日誌、桑野鋭日記

御機嫌伺いのため参邸の依仁親王・同妃周子に御対顔になる。○迪宮淳宮両殿下御側日誌、沼津御用邸日誌、沼津御用邸西附属邸日誌、桑野鋭日記

夕刻、典侍柳原愛子参邸につき謁を賜い、天皇より親王へ御下賜の飾人形の披露を受けられる。○迪宮淳宮両殿下御側日誌、桑野鋭日記

皇太子同妃葉山より行啓

四日　日曜日　午後、公爵九条道実に謁を賜う。道実は、故九条道孝の忌明につき御機嫌奉伺のため参邸する。○迪宮淳宮両殿下御側日誌、桑野鋭日記

五日　月曜日　午後、雍仁親王・宣仁親王と共に本邸御門前にお成りになり、皇太子・同妃の葉山よりの行啓を御奉迎になる。ついで東附属邸において皇太子・同妃に御拝顔の後、皇太子・同妃と御一緒に本邸にお成りになり、皇后に御拝顔になる。○迪宮淳宮両殿下御側日誌、桑野鋭日記、行啓録、沼津御用邸日誌、沼津御用邸附属邸日誌、沼津御用邸西附属邸日誌、官報、大正天皇実録、貞明皇后実録

六日　火曜日　午後、皇太子・同妃御参邸につき、御車寄にて御奉迎になる。それより雍仁親王と共に皇太子・同妃の手を取られ、御座所に御案内になり、御挨拶の後、唱歌・遊戯等を披露される。○迪宮淳宮両殿下御側日誌、桑野鋭日記、行啓録、沼津御用邸西附属邸日誌、大正天皇実録、貞明皇后実録

七日　水曜日　午前、雍仁親王・宣仁親王と共に東附属邸に御参邸になり、皇太子・同妃に御拝顔になる。ついで皇太子・同妃の本邸御参邸に際し、本邸御車寄まで馬車に同乗され、それより西附属邸へ御帰邸になる。午後、再び両親王と共に東附属邸に御参邸になり、葉山へ還啓の皇太子妃と御同乗にて沼津停車場にお成りになり、御奉送になる。○迪宮淳宮両殿下御側日誌、桑野鋭日記、行啓録、東宮職日誌、沼津御用邸日誌、沼津御用邸附属邸日誌、沼津

御用邸西附属邸日誌、大正天皇実録、貞明皇后実録、官報、静岡新報

八日　木曜日　午後、雍仁親王と共に舟に召され、瓜島を経て獅子浜より御上陸になり、西郷侯爵別邸まで御運動になる。○迪宮淳宮両殿下御側日誌、沼津御用邸西附属邸日誌、桑野鋭日記

九日　金曜日　午前、雍仁親王と共に海岸を御散歩中、同じく御散歩中の皇后とお会いになる。ついで皇太子御参邸の報により、直ちに西附属邸に御帰邸になる。皇太子は三親王の御昼餐の様子を御覧の後、御帰還になる。それより雍仁親王・宣仁親王と共に東附属邸に御参邸になり、葉山に還啓の皇太子へ御暇乞を言上される。雍仁親王と共に皇太子と馬車に御同乗になり、沼津停車場において御奉送になる。○迪宮淳宮両殿下御側日誌、桑野鋭日記、沼津御用邸附属邸日誌、沼津御用邸西附属邸日誌、行啓録、官報、大正天皇実録、雍仁親王実紀

夕刻、皇太子御参邸につき、御拝顔になる。○迪宮淳宮両殿下御側日誌、桑野鋭日記、行啓録、大正天皇実録

十日　土曜日　午後、雍仁親王・宣仁親王と共に徳倉山方面へ御運動になる。途中、メダカ掬いやツクシ摘み等をされる。○迪宮淳宮両殿下御側日誌、桑野鋭日記

十一日　日曜日　午後、邦彦王・同妃俔子参邸につき、御対顔になる。○沼津御用邸西附属邸日誌、桑野鋭日記

十二日　月曜日　午前、皇后のお招きにより、雍仁親王・宣仁親王と共に志下浜にお成りになり、地曳網を御陪覧になる。○迪宮淳宮両殿下御側日誌、桑野鋭日記、沼津御用邸日誌、行啓録、雍仁親王実紀

皇后に招かれ地曳網を御陪覧

午後、伯爵土方久元参邸につき、謁を賜う。○迪宮淳宮両殿下御側日誌、行啓録、桑野鋭日記、土方久元日記

お摘みになったセリ・ツクシ・タンポポ等をお摘みになる。

（本文）徳倉山方面へ御運動になる。途中、セリ・ツクシ・タンポポ等をお摘みになる。お摘みになったセリ等は、地曳網御陪覧の御礼を兼ね、東宮主事心得桑野鋭を御使として皇后に御献上になる。○迪宮淳宮両殿下御側日誌、桑野鋭日記

十四日　水曜日　午前、御機嫌伺いのため参邸の宮内大臣田中光顕に謁を賜う。田中に幼稚園御成績品を賜う。○迪宮淳宮両殿下御側日誌、桑野鋭日記

午後、雍仁親王・宣仁親王と共に、七面山付近まで御運動になる。○迪宮淳宮両殿下御側日誌、沼津御用邸西附属邸日誌、桑野鋭日記

三島神社の鳩をお持ち帰り

十六日　金曜日　午後、雍仁親王・宣仁親王と共に、馬車にて官幣大社三島神社へお成りになり、境内において鳩・鶏・鯉等を御覧になる。この日、神社より献上の鳩三羽をお持ち帰りになり、しばらく御飼育の後、二十六日に放生される。○迪宮淳宮両殿下御側日誌、沼津御用邸西附属邸日誌、桑野鋭日記、静岡民友新聞

十七日　土曜日　午前、雍仁親王と共に舟にて瓜島付近にお成りになり、同所において弁当を召される。午後は波風が高まったため、徒歩にて御帰邸になる。○迪宮淳宮両殿下御側日誌、沼津御用邸西附属邸日誌

十九日　月曜日　午後、雍仁親王・宣仁親王と共に馬車にて原町の千本松原にお成りになる。○迪宮淳宮両殿下御側日誌、沼津御用邸西附属邸日誌、桑野鋭日記、拝診録

陸軍大将小川又次参邸につき、謁を賜う。〇迪宮淳宮両殿下御側日誌、桑野鋭日記

今般学術視察のため欧米に出張の宮内省御用掛弘田長、暇乞のため参邸につき、白羽二重等を下賜される。〇桑野鋭日記、侍医局日誌、官報

二十日　火曜日　午後、雍仁親王・宣仁親王と共に本邸に御参邸になり、皇后に御拝顔になる。〇迪宮淳宮両殿下御側日誌、桑野鋭日記、行啓録、沼津御用邸日誌、沼津御用邸西附属邸日誌

二十一日　水曜日　午後、雍仁親王・宣仁親王と共に天神山方面へ御運動になり、スミレ摘みや、苔類の御探索などを行われる。〇迪宮淳宮両殿下御側日誌、桑野鋭日記

二十二日　木曜日　午後、雍仁親王・宣仁親王と共に西郷侯爵別邸まで御運動になる。〇迪宮淳宮両殿下御側日誌、桑野鋭日記

二十三日　金曜日　午後、雍仁親王・宣仁親王と共に大山侯爵別邸まで御運動になる。〇迪宮淳宮両殿下御側日誌、桑野鋭日記

二十四日　土曜日　昨日午後の御運動後より雍仁親王仮床につき、御座所を御学問所に移される。

二十九日、雍仁親王全快につき、元の御座所に復される。〇迪宮淳宮両殿下御側日誌

二十五日　日曜日　午後、宣仁親王と共に桃中軒付近まで御運動になる。〇迪宮淳宮両殿下御側日誌、桑野鋭日記

上村横須賀鎮守府司令長官に賜謁

二十六日　月曜日　午後、宣仁親王と共に楊原神社付近まで御運動になる。○迪宮淳宮両殿下御側日誌、桑野鋭日記

横須賀鎮守府司令長官上村彦之丞・同参謀宇佐川知義参邸につき、宣仁親王と共に謁を賜う。○迪宮淳宮両殿下御側日誌、沼津御用邸西附属邸日誌、桑野鋭日記

この頃より全身の処々に皮疹を発せられる。御症状はしばらく続き、四月中旬頃に至り御全癒となる。○迪宮淳宮両殿下御側日誌、迪宮殿下御衛生報告録、原敬関係文書

二十八日　水曜日　正午前、海岸へお成りになり、折から同所にお出ましの皇后に御拝顔になる。○迪宮淳宮両殿下御側日誌、沼津御用邸西附属邸日誌、桑野鋭日記

午後、宣仁親王と共に七面山方面へ御運動になり、ツクシやレンゲソウ等をお摘みになる。○迪宮淳宮両殿下御側日誌、桑野鋭日記

二十九日　木曜日　午後、宣仁親王と共に桃郷を経て松原を御運動になる。○迪宮淳宮両殿下御側日誌、桑野鋭日記

三十一日　土曜日　午後、雍仁親王・宣仁親王と共に大山侯爵別邸へ御運動になる。同所海岸の姥ヶ懐と称する洞門付近においてイソギンチャクをお探しになる。○迪宮淳宮両殿下御側日誌、桑野鋭日記

四月

一日　日曜日　午後、雍仁親王・宣仁親王と共に、馬車にて三島町の小松宮別邸にお成りになる。○迪宮淳宮両殿下御側日誌、沼津御用邸西附属邸日誌、桑野鋭日記

皇孫御養育掛長丸尾錦作を沼津停車場へ遣わされ、呉軍港へ行啓のため同停車場御通過の皇太子を御奉送になる。○東宮職日誌、桑野鋭日記、行啓録

二日　月曜日　午後、雍仁親王・宣仁親王と共に沼津街道より牛臥付近まで御運動になる。途上にてスミレやレンゲソウをお摘みになり、ドジョウ掬いなどをされる。○迪宮淳宮両殿下御側日誌、桑野鋭日記

三日　火曜日　午前、雍仁親王と共に舟にて淡島にお成りになる。帰途は強風のため途中獅子浜にて上陸され、それより徒歩にて御帰邸になる。○迪宮淳宮両殿下御側日誌、沼津御用邸西附属邸日誌、桑野鋭日記

皇孫御養育掛長丸尾錦作は事務繁忙につき、皇孫仮御殿近傍の東宮大夫官舎に移転する。○桑野鋭日記

皇后より縮緬細工の軍艦を御拝領

四日　水曜日　午後、雍仁親王・宣仁親王と共に本邸にお成りになり、皇后に御拝顔になる。このとき皇后より縮緬細工の軍艦を賜わり、艦名を「敷島」と御命名になる。折から参邸の海軍中佐公爵一条実輝より軍艦の説明をお聞きになる。ついでフランス国駐箚特命全権大使栗野慎一郎に謁を

賜う。○迪宮淳宮両殿下御側日誌、桑野鋭日記、沼津御用邸日誌、沼津御用邸西附属邸日誌

五日 木曜日 午後、雍仁親王・宣仁親王と共に牛舎までお成りになり、乳牛を御覧になる。○迪宮淳宮両殿下御側日誌、桑野鋭日記

六日 金曜日 来る八日に御帰京につき、この日より幼稚園を御休業とされる。○迪宮淳宮両殿下御側日誌 午前、第二回の種痘をお受けになる。○迪宮淳宮両殿下御側日誌 午後、雍仁親王・宣仁親王と共に牛臥の世古にお成りになり、養魚場においてホウボウ・タイ・イワシ等を御覧になる。○迪宮淳宮両殿下御側日誌、桑野鋭日記

七日 土曜日 午後、雍仁親王・宣仁親王と共に本邸にお成りになり、皇后に明日御帰京の御暇乞を言上される。○迪宮淳宮両殿下御側日誌、桑野鋭日記、沼津御用邸日誌、沼津御用邸西附属邸日誌、行啓録 御夕餐後、海岸にて地曳網を御覧になる。○迪宮淳宮両殿下御側日誌

八日 日曜日 東京へ御帰還につき、皇后宮大夫香川敬三・典侍柳原愛子・静岡県知事李家隆介等に謁を賜い、午前九時雍仁親王・宣仁親王と共に馬車にて御出門になる。同三十分沼津停車場を御発車、午後一時十分新橋停車場に御着車になり、二時皇孫仮御殿に御帰殿になる。御帰殿後、皇太子同妃御使の東宮御内儀監督万里小路幸子、従一位中山慶子に謁を賜う。○迪宮淳宮両殿下御側日誌、皇孫仮御殿事務所日記、東宮職日

誌、桑野鋭日記、行啓録、重要雑録、贈賜録、官報、静岡民友新聞、静岡新報

九日　月曜日　午前、伯爵川村鉄太郎参殿につき、謁を賜う。○迪宮淳宮両殿下御側日誌、皇孫仮御殿事務所日記、桑野鋭日記
御相手の出仕が再開され、この日千田貞清・久松定謙の両名が参殿する。○迪宮淳宮両殿下御側日誌、皇孫仮御殿事務所日記

十日　火曜日　東宮侍講本居豊穎参殿につき、謁を賜う。○皇孫仮御殿事務所日記、桑野鋭日記

十一日　水曜日　幼稚園の御稽古を御再開になる。○迪宮淳宮両殿下御側日誌
夕刻、東宮御所に御参殿になり、葉山より還啓の皇太子妃を御車寄にて御奉迎になる。○迪宮淳宮両殿下御側日誌、桑野鋭日記

十二日　木曜日　午前、侍医局長岡玄卿参殿につき、謁を賜う。○迪宮淳宮両殿下御側日誌、桑野鋭日記
午後、雍仁親王・宣仁親王と共に東宮御所に御参殿になり、皇太子妃に御拝顔になる。○迪宮淳宮両殿下御側日誌、皇孫仮御殿事務所日記、桑野鋭日記
夕刻、宮内大臣田中光顕参殿につき、謁を賜う。○迪宮淳宮両殿下御側日誌、桑野鋭日記

十三日　金曜日　午後、雍仁親王・宣仁親王と共に東宮御所へ御参殿になる。皇太子妃に御拝顔の後、御車寄において、呉より還啓の皇太子を御奉迎になる。○迪宮淳宮両殿下御側日誌、皇孫仮御殿事務所日記、桑野鋭日記

十四日　土曜日　午前、旧奉仕者岩崎艶子御機嫌伺いのため参殿につき、謁を賜う。ついで岩崎を

伴い外庭へ御運動になる。折から青山練兵場において近衛師団臨時招魂祭を挙行中にて、御物見までお成りになり、同所にお出まし中の皇太子妃と御一緒に、暫く御覧になる。御帰途、花畑周辺の芝生にてタンポポをお探しになり、岩崎に賜う。○迪宮淳宮両殿下御側日誌、皇孫仮御殿事務所日記、桑野鋭日記、雍仁親王実紀

近衛師団臨時招魂祭を御覧

午後、雍仁親王・宣仁親王と共に帝室博物館附属動物園にお成りになる。○迪宮淳宮両殿下御側日誌、皇孫仮御殿事務所日記、桑野鋭日記

夕刻、皇太子・同妃御参殿につき、御拝顔になる。○迪宮淳宮両殿下御側日誌、皇孫仮御殿事務所日記、東宮職日誌、桑野鋭日記

十五日　日曜日　午前、富美宮泰宮御養育主任林友幸参殿につき、謁を賜う。○迪宮淳宮両殿下御側日誌、皇孫仮御殿事務所日記

午後、雍仁親王・宣仁親王と共に外庭を御運動中、折から同所にお成りの皇太子妃に御拝顔になる。○迪宮淳宮両殿下御側日誌、桑野鋭日記

伯爵土方久元参殿につき、謁を賜う。○迪宮淳宮両殿下御側日誌、皇孫仮御殿事務所日記、土方久元日記

土肥慶蔵の拝診

先月来の皮疹につき、医学博士土肥慶蔵の拝診を受けられる。二十二日再び拝診を受けられる。○迪宮淳宮両殿下御側日誌、皇孫仮御殿事務所日記、桑野鋭日記、侍医局日誌、迪宮殿下御衛生報告録

十六日　月曜日　午前、東宮侍従長木戸孝正参殿につき、謁を賜う。○皇孫仮御殿事務所日記、桑野鋭日記、木戸孝正日記

十七日　火曜日　皇太子より呉行啓の御土産として、軍艦模型・提灯等を賜わる。○東宮職日誌、桑野鋭日記、行啓録

午後、雍仁親王及び御相手と共に馬車にて浜離宮へ向かわれる。途中より降雨があり、御着の際に

は雷雨となったため、直ちに御帰邸になる。○迪宮淳宮両殿下御側日誌、皇孫仮御殿事務所日記、桑野鋭日記

十八日　水曜日　午後、沼津より還啓の皇后を御奉迎のため、皇孫御養育掛長丸尾錦作を新橋停車場に遣わされる。○皇孫仮御殿事務所日記、桑野鋭日記、皇后宮職日記、官報

十九日　木曜日　午前、雍仁親王と共に学習院女学部幼稚園永田町にお成りになる。○迪宮淳宮両殿下御側日誌、皇孫仮御殿事務所日記、桑野鋭日記、雍仁親王実紀

午後、雍仁親王・宣仁親王と共に東宮御所に御参殿になり、皇太子・同妃に御拝顔になる。折から参殿中の昌子内親王・房子内親王とも御対顔になる。○迪宮淳宮両殿下御側日誌、皇孫仮御殿事務所日記、桑野鋭日記

二十一日　土曜日　午前、雍仁親王・宣仁親王と共に御出門になり、御参内になる。同じく御参内の皇太子に御拝顔になる。正午、天皇に御拝顔、ついで皇后に御拝顔になる。○迪宮淳宮両殿下御側日誌、皇孫仮御殿事務所日記、桑野鋭日記、供御日録、皇后宮職日記

宮内省雇フランソワ・サラザン参殿につき、謁を賜う。○迪宮淳宮両殿下御側日誌、皇孫仮御殿事務所日記、桑野鋭日記

二十三日　月曜日　一昨日夕方頃より軽度の感冒により、幼稚園を御休業とされる。○迪宮淳宮両殿下御側日誌、迪宮殿下御衛生報告録

新御相手候補の参殿

午後、学習院教授兼女学部長下田歌子及び学習院女学部教授野口ゆかは新しい御相手候補として学

習院女学部幼稚園園児加藤鋭五・久松定孝・伊達宗起を同伴して参殿する。野口はさらに、翌二十四日渡辺昭・松平四郎・川田資雄・三宅三郎を、二十五日川田資雄・渡辺昭・樺山丑二・三宅三郎・松平四郎を同伴して参殿する。○迪宮淳宮両殿下御側日誌、桑野鋭日記

二十四日　火曜日　幼稚園を御再開になるも、御咳のため唱歌は翌二十五日までお休みになる。○迪宮淳宮両殿下御側日誌

午後、皇太子・同妃は皇孫仮御殿にお成りになり、親王と御相手とのお遊びの様子を御覧になる。○迪宮淳宮両殿下御側日誌、皇孫仮御殿事務所日記、東宮職日誌、桑野鋭日記

二十七日　金曜日　午後、新任の侍医吉松駒造参殿につき、謁を賜う。○迪宮淳宮両殿下御側日誌、進退録、桑野鋭日記

凱旋観兵式予行演習を御覧

二十八日　土曜日　午前、雍仁親王と共に青山練兵場にお成りになり、明治三十七八年戦役陸軍凱旋観兵式の予行演習を御覧になる。同所において陸軍大将貞愛親王に御挨拶になる。○迪宮淳宮両殿下御側日誌、桑野鋭日記

午後、皇太子御参殿につき、御拝顔になる。○迪宮淳宮両殿下御側日誌、皇孫仮御殿事務所日記、東宮職日誌、桑野鋭日記、大正天皇実録

神奈川県知事周布公平参殿につき、謁を賜う。○桑野鋭日記

御誕辰祝賀

二十九日　日曜日　満五歳の御誕辰につき午前八時三十分、皇孫御養育掛長丸尾錦作以下御附高等

官の拝賀を、続いて御附判任官の参賀をお受けになる。九時御出門、東宮御所に御参殿になり、皇太子・同妃にそれぞれ御拝顔になり、御礼を言上される。九時四十分、皇太子と御同車にて御参内、天皇・皇后に御拝顔になり、玩具を御拝領の上御帰還になる。御昼食後、御相手千田貞清・久松定謙・稲葉直通より祝賀を受けられる。午後三時十分、雍仁親王・宣仁親王と共に東宮御所に御参殿になり、皇太子に御拝顔になり、折から参殿の侯爵伊藤博文に謁を賜う。ついで皇太子妃に御拝顔になり、従一位中山慶子に謁を賜う。○迪宮淳宮両殿下御側日誌、皇孫仮御殿事務所日記、東宮職日誌、典式録、桑野鋭日記、皇后宮職日記、貞明皇后実録、木戸孝正日記

陸軍凱旋観兵式御覧

三十日　月曜日　青山練兵場において明治三十七八年戦役陸軍凱旋観兵式挙行につき、午前九時三十分頃、御門前において天皇の行幸を奉送される。続いて東宮御所内の旧御養蚕所にお成りになり、皇太子妃並びに雍仁親王と御同列にて観兵式を御覧になる。正午、還幸の天皇を再び御門前において御奉送になり、続いて帰隊する軍隊の行進を御覧になる。午後二時四十分頃、一旦御殿にお入りになる。三時三十分、皇太子・同妃御参殿につき、御一緒に御門前において、なお引き続く行軍を約一時間にわたり御覧になる。夜、御門前より凱旋門のイルミネーションを御覧になる。○迪宮淳宮両殿下御側日誌、東宮職日誌、貞明皇后実録、桑野鋭日記、雍仁親王実紀

侍医補秋月昱蔵は本日の宿直をもって皇孫御殿詰を免じられ、本局勤務となる。○東宮職日誌、桑野鋭日記、贈賜録

五月

二日　水曜日　午前、雍仁親王と共に馬車にて日比谷公園にお成りになり、噴水付近を御散歩になる。それより再び馬車にて、車中より二重橋付近に陳列の戦利兵器を御覧になりつつ九段方面にお成りになり、番町を経て御帰還になる。○迪宮淳宮両殿下御側日誌、皇孫仮御殿事務所日記、桑野鋭日記、雍仁親王実紀

戦利兵器御覧

四日　金曜日　この日より雍仁親王と共に、規則を立てての幼稚園課業をお始めになる。御相手は、従前の千田貞清・久松定謙・稲葉直通のほか、本月より新たに加藤鋭五・松平四郎・三宅三郎・川田資雄・渡辺昭を加え、合計八名となり、今春より学習院通学の千田貞清を除く七名を二組に分け、隔日に午前から出仕することとする。また芳麿王もしばしば御相手とのお遊びに加わる。この日は久松・加藤・三宅・川田の四名が午前九時より出仕し、礼の作法から始まり、唱歌、輪投げ等の遊戯、積木を行われる。ただし親王は咳のため唱歌は歌われず。○迪宮淳宮両殿下御側日誌、桑野鋭日記、雍仁親王実紀、迪宮淳宮両殿下御模様、重要雑録

幼稚園課業を本格的に開始

午前、京都より上京の旧女官平松好子、東宮御内儀監督万里小路幸子に伴われ参殿につき、謁を賜う。○迪宮淳宮両殿下御側日誌、皇孫仮御殿事務所日記、迪宮淳宮両殿下御模様、桑野鋭日記

午後、雍仁親王・宣仁親王と共に、初めて東京帝室博物館にお成りになり、動物の剝製などを御覧

東京帝室博物館にお成り

になる。その際、去る三日より帝室の貴賓として滞京中の暹羅国皇族陸軍中将ナコーンチャイシーと出会われる。○迪宮淳宮両殿下御側日誌、皇孫仮御殿事務所日記、桑野鋭日記、明治天皇紀

端午の節句

五日　土曜日　正午、皇太子妃がお成りになり、端午の節句の人形飾り、幼稚園の御模様を御覧になる。皇太子妃より鯉料・粽を賜わる。○迪宮淳宮両殿下御側日誌、皇孫仮御殿事務所日記、桑野鋭日記、貞明皇后実録、迪宮淳宮両殿下御模様

御夕餐後、先日来御所望の蓄音器をお聴きになる。この日は機器の組立ての模様も御覧になる。以後、しばしば幻灯や蓄音器を楽しまれる。○迪宮淳宮両殿下御側日誌

六日　日曜日　午後、雍仁親王と共に東宮御所に御参殿になり、皇太子妃に御拝顔になる。○迪宮淳宮両殿下御側日誌、皇孫仮御殿事務所日記、桑野鋭日記

八日　火曜日　午前、関東総督大島義昌参殿につき、謁を賜う。○迪宮淳宮両殿下御側日誌、迪宮淳宮両殿下御模様、桑野鋭日記

午後、雍仁親王及び御相手と共に芝公園にお成りになる。○迪宮淳宮両殿下御側日誌、皇孫仮御殿事務所日記、桑野鋭日記

皇太子・同妃御参殿につき御拝顔になり、支那風俗人形を賜わる。○迪宮淳宮両殿下御側日誌、皇孫仮御殿事務所日記、東宮職日誌、桑野鋭日記、迪宮淳宮両殿下御模様

靖国神社遊就館を御見学

十一日　金曜日　午後、雍仁親王・宣仁親王と共に靖国神社にお成りになる。庭園を御散歩の後、遊就館に陳列の日清・日露両戦役記念品等を御覧になる。○迪宮淳宮両殿下御側日誌、皇孫仮御殿事務所日記、桑野鋭日記、靖国神社社務日誌

十二日　土曜日　午前、今般医学研究のためドイツへ留学の侍医西郷吉義に謁を賜う。○皇孫仮御殿事務所日記、東宮職日誌、桑野鋭日記、官報

午後、雍仁親王と共に、御相手を伴い亀戸神社にお成りになり、藤花を御覧になりつつ境内を御散歩になる。○迪宮淳宮両殿下御側日誌、皇孫仮御殿事務所日記、桑野鋭日記、雍仁親王実紀

十三日　日曜日　午前、雍仁親王・宣仁親王と共に東宮御所に御参殿になり、皇太子・同妃に御拝顔になる。○迪宮淳宮両殿下御側日誌、皇孫仮御殿事務所日記、東宮職日誌、桑野鋭日記

十四日　月曜日　午前、御機嫌奉伺のため参殿の東宮侍講三島毅中洲に謁を賜う。○迪宮淳宮両殿下御側日誌、迪宮淳宮両殿下御模様、桑野鋭日記

午後、雍仁親王・宣仁親王及び御相手と共に浜離宮へお成りになる。○迪宮淳宮両殿下御側日誌、皇孫仮御殿事務所日記、桑野鋭日記

御食事量の制限を廃す

十五日　火曜日　この日の御昼餐より御食事量の制限を廃し、御随意に召し上がることとなる。よって侍医加藤照麿より、御無理をなさらず御膳と御菜を交互に召し上がるべき旨の言上を受けられる。○迪宮淳宮両殿下御側日誌、桑野鋭日記、侍医局日誌、雍仁親王実紀

午後、皇太子・同妃御参殿につき、雍仁親王と共に御拝顔になり、御一緒に鬼事などの遊びをされる。皇太子は写真機を持参され、三親王及び御相手の写真を御撮影になる。○迪宮淳宮両殿下御側日誌、迪宮淳宮両殿下御模様、皇孫仮御殿事務所

日記、東宮職日誌、桑野鋭日記、雍仁親王実紀

十六日　水曜日　午後、雍仁親王・宣仁親王と共に東京帝室博物館にお成りになり、人形・調度・絵画等を御巡覧になる。帝室博物館総長股野琢は、同館の絵葉書、説明書、動物の絵画十数葉を献上する。○迪宮淳宮両殿下御側日誌、皇孫仮御殿事務所日記、桑野鋭日記

十七日　木曜日　午前、宮中顧問官楫取素彦参殿につき、謁を賜う。○迪宮淳宮両殿下御側日誌、皇孫仮御殿事務所日記、桑野鋭日記

十八日　金曜日　午後、雍仁親王・宣仁親王と共に新宿植物御苑にお成りになり、種々の動植物を御覧になる。○迪宮淳宮両殿下御側日誌、皇孫仮御殿事務所日記、桑野鋭日記、雍仁親王実紀

十九日　土曜日　午前、御庭にてお遊びの折、東宮大夫中山孝麿に謁を賜う。○迪宮淳宮両殿下御側日誌　夕刻、侯爵前田利為夫人渼子・前田朗子故侯爵前田利嗣夫人御機嫌奉伺のため参殿につき、謁を賜う。○迪宮淳宮両殿下御側日誌、皇孫仮御殿事務所日記、迪宮淳宮両殿下御模様、桑野鋭日記

高輪御殿にお成り

二十日　日曜日　午後、雍仁親王・宣仁親王と共に高輪御殿にお成りになり、昌子内親王・房子内親王と御対顔になる。○迪宮淳宮両殿下御側日誌、皇孫仮御殿事務所日記、桑野鋭日記

二十一日　月曜日　午後、雍仁親王・宣仁親王と共に御相手を伴い東宮御所に御参殿になる。折から参殿の伯爵松浦詮に謁を賜う。○迪宮淳宮両殿下御側日誌、皇孫仮御殿事務所日記、東宮職日誌、桑野鋭日記

二十二日　火曜日　午後、雍仁親王及び御相手と共に、馬車にて代々木御料地にお成りになる。○迪宮淳宮両殿下御側日誌、皇孫仮御殿事務所日記、桑野鋭日記

二十三日　水曜日　午後、雍仁親王・宣仁親王及び御相手と共に外庭を御運動になる。広芝において皇太子に御拝顔になり、皇太子の御乗馬の様子を御覧になる。○迪宮淳宮両殿下御側日誌、東宮職日誌、桑野鋭日記

二十四日　木曜日　午後、雍仁親王・宣仁親王及び御相手と共に小石川後楽園にお成りになる。同所において東京砲兵工廠提理西村精一に謁を賜い、同人の案内にて園内を御覧になる。○迪宮淳宮両殿下御側日誌、皇孫仮御殿事務所日記、桑野鋭日記、雍仁親王実紀

二十五日　金曜日　午前、雍仁親王と共に学習院女学部幼稚園にお成りになる。園児一同の唱歌をお聴きの後、御相手その他の園児と共に砂場遊びなどをされる。○迪宮淳宮両殿下御側日誌、桑野鋭日記

二十六日　土曜日　午後、雍仁親王・宣仁親王と共に新宿植物御苑にお成りになる。折から学習院女学部学生及び同幼稚園園児が参苑中にて、女学部学生による綱引きを御覧になる。終わって御相手を伴い動物園を御巡覧になる。○迪宮淳宮両殿下御側日誌、皇孫仮御殿事務所日記、新宿植物御苑内苑局出張所日誌、桑野鋭日記

皇太子・同妃御参殿につき、雍仁親王・宣仁親王と共に御拝顔になり、花瓶・玩具等を拝領される。皇太子・同妃は三親王の御夕餐の様子を御覧の後、御帰還になる。○迪宮淳宮両殿下御側日誌、皇孫仮御殿事務所日記、迪宮淳宮両殿下御模様、桑

野鋭日記

二十八日　月曜日　東宮御用掛名和長憲、東宮拝診御用宮中顧問官橋本綱常にそれぞれ謁を賜う。○迪宮淳宮両殿下御側日誌、迪宮淳宮両殿下御模様、皇孫仮御殿事務所日記、桑野鋭日記

午後、雍仁親王・宣仁親王と共に東宮御所に御参殿になり、皇太子・同妃に御拝顔になる。○迪宮淳宮両殿下御側日誌、皇孫仮御殿事務所日記、東宮職日誌、桑野鋭日記

二十九日　火曜日　午前、雍仁親王及び御相手と共に高輪南町御用邸にお成りになる。○迪宮淳宮両殿下御側日誌、皇孫仮御殿事務所日記、桑野鋭日記

芝離宮にお成り

三十一日　木曜日　午後、雍仁親王・宣仁親王と共に、初めて芝離宮にお成りになる。○迪宮淳宮両殿下御側日誌、皇孫仮御殿事務所日記、桑野鋭日記、雍仁親王実紀

六月

御朝拝用の神宮御写真献上

一日　金曜日　去月神宮司庁より献上の御朝拝用神宮御写真の表装がこの度完成につき、これまで御使用の威仁親王揮毫になる掛軸とお取り替えになり、以後御朝拝になる。○皇孫仮御殿事務所日記、桑野鋭日記、雍仁親王実紀

祐天寺・目黒不動にお成り

二日　土曜日　午後、雍仁親王及び御相手と共に、馬車にて目黒方面へお成りになり、祐天寺及び

目黒不動瀧泉寺にて暫時お過ごしになる。折から参詣の兵士の相撲を御覧になる。○迪宮淳宮両殿下御側日誌、皇孫仮御殿事務所日記、桑野鋭日記、雍仁親王実紀

三日　日曜日　午前、雍仁親王・宣仁親王と共に東宮御所に御参殿になり、皇太子・同妃に沼津においで御採集の菊目石を御手ずから御献上になる。なお、折から参殿中の守正王にも御対顔になり、元東宮武官岡崎生三へ謁を賜う。○迪宮淳宮両殿下御側日誌、皇孫仮御殿事務所日記、桑野鋭日記

午後、雍仁親王と共に華族会館にお成りになり、皇太子と御一緒に打毬・弓術等を御覧になる。○迪宮淳宮両殿下御側日誌、皇孫仮御殿事務所日記、東宮職日誌、桑野鋭日記

皇太子同妃に幼稚園課業御披露

五日　火曜日　午後、皇太子・同妃御参殿につき、雍仁親王と共に皇孫仮御殿内の幼稚園へ御案内になり、積木・唱歌等の様子を披露される。○迪宮淳宮両殿下御側日誌、皇孫仮御殿事務所日記、東宮職日誌、桑野鋭日記

公爵九条道実及び男爵橋本綱常参殿につき、謁を賜う。○皇孫仮御殿事務所日記、桑野鋭日記

六日　水曜日　午前、雍仁親王・宣仁親王と共に東宮御所に御参殿になり、御写真場において写真師丸木利陽の奉仕により御写真を撮影される。○迪宮淳宮両殿下御側日誌、皇孫仮御殿事務所日記、東宮職日誌、桑野鋭日記

午後、雍仁親王・宣仁親王と共に代々木御料地にお成りになる。○迪宮淳宮両殿下御側日誌、桑野鋭日記

八日　金曜日　午後、雍仁親王及び御相手と共に浜離宮にお成りになり、小蒸気船・短艇等を御覧

になる。○迪宮淳宮両殿下御側日誌、皇孫仮御殿事務所日記、桑野鋭日記

九日 土曜日 午前、雍仁親王及び御相手と共に帝室博物館附属動物園にお成りになる。○迪宮淳宮両殿下御側日誌、皇孫仮御殿事務所日記、桑野鋭日記

十日 日曜日 午前、雍仁親王・宣仁親王と共に東宮御所に御参殿になり、皇太子妃に御拝顔になる。○迪宮淳宮両殿下御側日誌、皇孫仮御殿事務所日記、東宮職日誌、桑野鋭日記

午後、雍仁親王・宣仁親王と共に麻布御用邸にお成りになり、允子内親王・聰子内親王と御対顔になる。○迪宮淳宮両殿下御側日誌、御直宮御養育掛日記、桑野鋭日記

十二日 火曜日 午後、雍仁親王及び御相手と共に徒歩にて青山練兵場にお成りになり、兵士の喇叭・小分列・射撃などの教練を御覧になる。○迪宮淳宮両殿下御側日誌、皇孫仮御殿事務所日記、桑野鋭日記

十四日 木曜日 頃日、御相手の用いる「此やつ」「ヤイ」「ウン」等の言葉を御使用につき、皇孫御養育掛長丸尾錦作より、御使用を慎むべき旨の言上を受けられる。○迪宮淳宮両殿下御側日誌

丸尾掛長より御注意言上

十五日 金曜日 午前、御相手を伴い学習院女学部幼稚園にお成りになり、砂遊びなどをされる。○迪宮淳宮両殿下御側日誌、皇孫仮御殿事務所日記、桑野鋭日記

十七日 日曜日 午後、雍仁親王・宣仁親王と共に東宮御所に御参殿になる。○迪宮淳宮両殿下御側日誌、東皇孫仮御殿事務所日記、

皇太子同妃及び柳原愛子御参殿

宮職日誌、桑野鋭日記、雍仁親王実紀

十九日　火曜日　午後、皇太子・同妃、典侍柳原愛子等を伴い御参殿につき、雍仁親王及び御相手とのお遊びの様子を披露される。鬼事の際には、皇太子・同妃も招き入れられ、御一緒にお遊びになる。ついで柳原典侍を幼稚園へ御案内になり、麦藁通しの御製作などを試みられる。その後、皇太子・同妃は、御入浴の様子を御覧の後、御帰還になる。なお、御製作の麦藁通しは、柳原典侍に託して皇后へ御献上になる。○迪宮淳宮両殿下御側日誌、皇孫仮御殿事務所日記、東宮職日誌、桑野鋭日記、貞明皇后実録

御仮床

二十日　水曜日　未明より御呼吸に喘鳴を発せられ、喉頭部の御疼痛などの症状を訴えられ、御仮床になる。午後、急性喉頭カタルと診断される。御違例は約一週間にわたり、二十六日午後、御床払をされる。○迪宮淳宮両殿下御側日誌、侍医局日誌、拝診録、桑野鋭日記、迪宮殿下御衛生報告録

二十四日　日曜日　午前、皇太子・同妃御参殿につき、雍仁親王と共に御拝顔になる。○迪宮淳宮両殿下御側日誌、皇孫仮御殿事務所日記、東宮職日誌、桑野鋭日記、侍医局日誌

二十五日　月曜日　雍仁親王誕辰なるも、御違例中につき、御附高等官の拝賀にはお出ましにならず、雍仁親王・宣仁親王のみ拝賀を受けられる。○迪宮淳宮両殿下御側日誌、東宮職日誌、桑野鋭日記、迪宮淳宮両殿下御模様

皇太子妃は、御父故九条道孝の服喪中につき、御誕辰の御祝事をお慎みになる。○東宮職日誌、典式録、桑野鋭日記

二十七日　水曜日　宣仁親王猩紅熱に罹患につき、御夕食後、雍仁親王と共に高輪南町御用邸に御移転になり、宣仁親王と御起居を異にされる。このため、幼稚園はしばらく御休業になる。○迪宮淳宮両殿下御側日誌、皇孫仮御殿事務所日記、東宮職日誌、重要雑録、桑野鋭日記、皇后宮職日記、雍仁親王実紀、貞明皇后実録

宣仁親王猩紅熱罹患

七月

三日　火曜日　午後、久々の御外出にて八ツ山付近を御散歩になり、途中品川停車場脇では列車の到着の様子を御覧になる。○迪宮淳宮両殿下御側日誌、桑野鋭日記

四日　水曜日　午後、大崎村を経て御殿山方面へ御散歩になる。○迪宮淳宮両殿下御側日誌、桑野鋭日記

五日　木曜日　午後、皇太子御参邸につき、御拝顔になる。○迪宮淳宮両殿下御側日誌、東宮職日誌、桑野鋭日記

八日　日曜日　明後日より葉山へ御避暑につき御暇乞のため、午後雍仁親王と共に馬車にて東宮御所に御参殿になり、皇太子・同妃に御拝顔になる。折から参殿中の従一位中山慶子・典侍柳原愛子に謁を賜う。○迪宮淳宮両殿下御側日誌、東宮職日誌、桑野鋭日記、迪宮淳宮両殿下御模様

九日　月曜日　午前、伯爵川村鉄太郎及び同母春子参邸につき、謁を賜う。○迪宮淳宮両殿下御側日誌、桑野鋭日記、迪宮淳宮両殿下御模様

葉山に御避暑

十日　火曜日　雍仁親王と共に、葉山御用邸に御避暑になる。午前八時四十五分高輪南町御用邸を御出門、徒歩にて品川停車場に向かわれる。東宮大夫中山孝麿・東宮主事心得桑野鋭等が供奉し、皇太子同妃御使東宮主事桂潜太郎、東宮侍従長木戸孝正等の奉送を受けられ、九時同停車場を御発車、途中横浜停車場において神奈川県知事周布公平以下に謁を賜い、十時四十四分逗子停車場に御着車になる。それより人力車にて葉山御用邸に向かわれ、十一時三十五分御到着になる。御違例中の宣仁親王は全快後に参邸し、皇孫御養育掛長丸尾錦作は十三日より葉山に伺候する。○迪宮淳宮両殿下御側日誌、皇孫仮御殿事務所日記、東宮職日誌、桑野鋭日記、重要雑録、皇后宮職日記、木戸孝正日記、官報

十一日　水曜日　午前、雍仁親王と共に海岸を御運動になり、貝・石・砂等を拾われる。御帰邸の後、お持ち帰りの砂等にて箱庭作りをされる。午後、南御用邸にお成りになり、蟹釣り等をされる。以降、葉山御用邸御滞在中は午前と午後の御運動及び御昼寝、海水浴等を日課とされる。○迪宮淳宮両殿下御側日誌、桑野鋭日記

午後、汐見御茶屋より海岸伝いに御散歩になり、南御用邸へお成りになる。○迪宮淳宮両殿下御側日誌、桑野鋭日記

御歌所長高崎正風参邸につき、謁を賜う。○桑野鋭日記

十二日　木曜日　午前、雍仁親王と共に大崩まで御運動になり、花摘みなどをされる。○迪宮淳宮両殿下御側日誌、桑野鋭日記

絵本への御興味

十四日　土曜日　この頃、絵本の話を好まれ、この日も「動物の富士登山」「太郎のお手がら」を幾度も繰り返し侍女に朗読を所望される。また、皇孫御養育掛長丸尾錦作を始め侍女等を椅子に着席せしめ、雍仁親王と共に交互に動物の話などをお聞かせになる。○迪宮淳宮両殿下御側日誌

十五日　日曜日　午後、雍仁親王と共に森戸神社まで御運動になる。○迪宮淳宮両殿下御側日誌

十六日　月曜日　午前、大崩まで御運動になる。○迪宮淳宮両殿下御側日誌、迪宮淳宮両殿下御模様

皇太子と初めて御会食

二十二日　日曜日　午前、御機嫌奉伺のため参邸の神奈川県知事周布公平に謁を賜う。○迪宮淳宮両殿下御側日誌

葉山御用邸へ行啓の皇太子に雍仁親王と共に御拝顔になり、御昼餐を御会食になる。皇太子との御会食はこれが最初にて、この日皇太子は西洋料理を召され、両親王は常の如く日本料理なるも、皇太子は野菜料理の一部を、御自ら箸にて両親王に賜う。御昼寝時間の後、汐見御茶屋において皇太子に再び御拝顔になり、御一緒にお八つを召され、それより海水浴をされる。夕刻、皇太子還啓につき、有栖川宮別邸門前付近までお見送りになる。○迪宮淳宮両殿下御側日誌、桑野鋭日記、官報、大正天皇実録、迪宮淳宮両殿下御模様

二十三日　月曜日　夕刻、長者園付近まで御運動になる。○迪宮淳宮両殿下御側日誌

二十四日　火曜日　午前、汐見御茶屋にてお遊びになる。折から威仁親王・栽仁王参邸につき、直ちに御帰邸になり、御座所にて御対顔になる。○迪宮淳宮両殿下御側日誌、侍医局日誌、迪宮淳宮両殿下御模様

宣仁親王葉山に到着

二十五日　水曜日　午前、宣仁親王葉山御用邸に到着につき、雍仁親王と共に御車寄にてお迎えになる。その際、供奉員に宣仁親王の病状をお尋ねになる。○迪宮淳宮両殿下御側日誌、皇孫仮御殿事務所日記、桑野鋭日記、重要雑録、官報

荒川玉の採用

二十六日　木曜日　午前、雍仁親王と共に宣仁親王を汐見御茶屋に御案内になる。○迪宮淳宮両殿下御側日誌

新たに雇（判任扱）に採用の愛知県士族荒川玉に謁を賜う。○迪宮淳宮両殿下御側日誌、迪宮淳宮両殿下御模様

二十九日　日曜日　午前、雍仁親王・宣仁親王と共に御徒歩にて有栖川宮別邸へお成りになり、威仁親王と御対顔になる。また御退出に際し、威仁親王妃慰子・栽仁王・實枝子女王と御挨拶を交わされる。○迪宮淳宮両殿下御側日誌、迪宮淳宮両殿下御模様

八月

御相手二名の出仕

一日　水曜日　この日より御相手久松定謙・同千田貞清の両名が葉山御用邸に出仕する。○迪宮淳宮両殿下御側日誌、桑野鋭日記

御夕餐後、汐見御茶屋にお成りになり、御月見をされる。○迪宮淳宮両殿下御側日誌

二日　木曜日　御夕餐後、海岸を長者ヶ崎付近まで御運動になる。○桑野鋭日記

四日　土曜日　御夕餐後、雍仁親王・宣仁親王と共に海岸を御運動になり、公爵岩倉具定に謁を賜

う。○桑野鋭日記

五日　日曜日　御夕餐後、長者園付近まで御運動になる。翌六日、八日も御夕餐後、同方面へ御運動になる。○迪宮淳宮両殿下御側日誌、桑野鋭日記

九日　木曜日　雍仁親王・宣仁親王と共に、御相手千田貞清を伴い、御徒歩にて秋谷の立石へお成りになる。○迪宮淳宮両殿下御側日誌、桑野鋭日記

御相手久松定謙は本日帰京する。○迪宮淳宮両殿下御側日誌、桑野鋭日記

貝の御分類

十日　金曜日　午前、雍仁親王・宣仁親王と共に森戸神社まで御運動になり、付近にて貝拾いをされる。なお、この頃、拾われた貝の分類を試みられる。○迪宮淳宮両殿下御側日誌、桑野鋭日記

十一日　土曜日　午前、雍仁親王・宣仁親王と共に、舟にて天神島にお成りになる。御昼食後、貝拾い等をされ、夕刻御帰還になる。○迪宮淳宮両殿下御側日誌、桑野鋭日記、雍仁親王実紀

十三日　月曜日　午前、雍仁親王・宣仁親王と共に、堀内を経て森戸付近まで御運動になる。○迪宮淳宮両殿下御側日誌、桑野鋭日記

夕刻、横須賀鎮守府参謀長寺垣猪三に謁を賜う。○迪宮淳宮両殿下御側日誌、桑野鋭日記、迪宮淳宮両殿下御模様

十五日　水曜日　午前、雍仁親王・宣仁親王と共に長者ヶ崎方面へ御運動になる。帰途、附属邸元男

爵三宮錫馬別邸に立ち寄られ、お遊びになる。なおこの頃、御用邸内及び附属邸内においては、椅子を汽車や軍艦に見立てての遊びをしばしば行われる。○迪宮淳宮両殿下御側日誌、侍医局日誌

故川村純義三年祭

故川村純義三年祭につき、御使として東宮主事心得桑野鋭を川村家へ差し遣わされ、玉串料を賜う。○皇孫仮御殿事務所日記、桑野鋭日記

十六日　木曜日　御夕餐後、長者園付近まで御運動になる。○迪宮淳宮両殿下御側日誌

十七日　金曜日　御夕餐後、雍仁親王と共に長者ヶ崎方面へ御運動になる。○迪宮淳宮両殿下御側日誌、桑野鋭日記

十八日　土曜日　午前、御機嫌奉伺のため参邸の伯爵土方久元に謁を賜う。○迪宮淳宮両殿下御側日誌、桑野鋭日記、土方久元日記

十九日　日曜日　午前、雍仁親王・宣仁親王と共に大崩まで御運動になる。帰途、附属邸にお立ち寄りになりお遊びになる。○迪宮淳宮両殿下御側日誌、桑野鋭日記

夜、田中常介より献上の英国風俗を題材とした幻灯を御覧になる。○迪宮淳宮両殿下御側日誌、桑野鋭日記

二十日　月曜日　この日より御相手として稲葉直通・加藤鋭五が出仕する。○迪宮淳宮両殿下御側日誌、桑野鋭日記

伯爵川村鉄太郎及び同母春子参邸につき、謁を賜う。○迪宮淳宮両殿下御側日誌、迪宮淳宮両殿下御模様

御夕餐後、大崩まで御運動になる。○迪宮淳宮両殿下御側日誌、桑野鋭日記

二十一日　火曜日　御相手千田貞清帰京につき、暇乞をお受けになる。○桑野鋭日記

二十二日　水曜日　御夕餐後、雍仁親王と共に森戸方面へ御運動になる。○迪宮淳宮両殿下御側日誌、迪宮淳宮両殿下御模様

乃木希典学習院教育に参与す

二十五日　土曜日　御夕餐後、雍仁親王と共に大崩付近まで御運動になる。○迪宮淳宮両殿下御側日誌、桑野鋭日記

陸軍大将乃木希典は宮内省御用掛を仰せ付けられる。天皇は乃木へ御沙汰を賜い、学習院教育のことに参与せしめられる。○進退録、明治天皇紀、官報

二十六日　日曜日　午後、雍仁親王と共に舟にて天神島にお成りになり、海水浴や貝拾い等をされる。○迪宮淳宮両殿下御側日誌、桑野鋭日記、迪宮淳宮両殿下御模様

二十七日　月曜日　午前、雍仁親王・宣仁親王と共に、森戸方面へ御運動になる。○迪宮淳宮両殿下御側日誌、桑野鋭日記

御夕餐後、雍仁親王・宣仁親王と共に、大崩まで御運動になる。○迪宮淳宮両殿下御側日誌、桑野鋭日記

二十八日　火曜日　午前、雍仁親王・宣仁親王と共に有栖川宮別邸付近まで御運動になる。○迪宮淳宮両殿下御側日誌、桑野鋭日記

御夕餐後、雍仁親王と共に大崩まで御運動になる。○迪宮淳宮両殿下御側日誌、桑野鋭日記

横須賀にお成り

軍艦香取に御乗艦

二十九日　水曜日　午前七時五十分、雍仁親王と共に御出門になり、逗子停車場より列車にて横須賀にお成りになる。横須賀停車場において横須賀鎮守府司令長官上村彦之丞、横須賀海軍工廠長伊東義五郎・同夫人等の奉迎をお受けになる。ついで逸見波止場より小蒸気船に召され、軍艦香取に

御乗艦になる。香取艦長坂本一の奉迎をお受けになる。それより上村長官・坂本艦長の案内にて艦内を御巡覧になり、司令塔より探照灯を、上甲板にては軍艦扶桑との手旗信号などを御覧になる。小蒸気船に移られ、軍艦厳島の周囲を巡られ、ついでドック及び工場を御見学になり、再び小蒸気船にて横須賀軍港内を御覧になる。十一時二十分横須賀停車場を御発車になり、御帰邸になる。○迪宮淳宮両殿下御側日誌、桑野鋭日記、雍仁親王実紀

御夕餐後、雍仁親王と共に長者園付近まで御運動になる。○迪宮淳宮両殿下御側日誌、桑野鋭日記

三十日　木曜日　御夕餐後、雍仁親王・宣仁親王と共に大崩付近まで御運動になる。○迪宮淳宮両殿下御側日誌、桑野鋭日記

三十一日　金曜日　皇太子御誕辰につき、御使として皇孫御養育掛長丸尾錦作を皇太子御滞在の日光田母沢御用邸へ遣わされる。○迪宮淳宮両殿下御側日誌、桑野鋭日記、侍医局日誌

御夕餐後、有栖川宮別邸付近まで御運動になる。○迪宮淳宮両殿下御側日誌、桑野鋭日記

九月

二日　日曜日　午前、大磯より帰京途次の御相手稲葉直通が参邸し、お遊びに伺候する。○迪宮淳宮両殿下御側日誌、桑

野鋭日記、迪宮淳宮両殿下御模様

御夕餐後、北白川宮別邸方面へ御散歩の途次、陸軍大将桂太郎及び同夫人に謁を賜う。〇迪宮淳宮両殿下御側日誌、迪宮淳宮両殿下御模様、桑野鋭日記

三日　月曜日　午前、雍仁親王・宣仁親王と共に、堀内を経て森戸方面まで御運動になる。〇迪宮淳宮両殿下御側日誌、桑野鋭日記

昌子内親王房子内親王参邸

四日　火曜日　午前、昌子内親王・房子内親王鎌倉御用邸より参邸につき、雍仁親王・宣仁親王と共に御対顔になる。ついで両内親王を案内され、海岸を南御用邸より大崩方面へ御運動になる。午後は、雍仁親王と共に汐見御茶屋へ両内親王を御案内になる。〇迪宮淳宮両殿下御側日誌、桑野鋭日記

御夕餐後、雍仁親王・宣仁親王と共に汐見御茶屋にお成りになり、水雷艇による探照灯照射を御覧になる。これは、去月十三日、横須賀鎮守府参謀長寺垣猪三参邸の折、水雷艇の派遣を約したことによる。〇迪宮淳宮両殿下御側日誌、桑野鋭日記、雍仁親王実紀

軍人遺族児童の唱歌奉唱

五日　水曜日　午前、雍仁親王と共に横須賀街道を新善光寺まで御運動になる。御帰還の際、御用邸門前において時事新報社主催軍人遺族慰安旅行男子部の児童による唱歌奉唱をお聴きになる。その折、遺族についての説明をお聞きになり、何か物を賜いたしとの御言葉を皇孫御養育掛長丸尾錦

作に漏らされる。よって一同に菓子料を下賜され、御用邸の一部拝観をお許しになる。〇迪宮淳宮両殿下御側日誌、桑野鋭日記、迪宮淳宮両殿下御模様

森山神社祭礼につき、御用邸前において山車を御覧になる。〇桑野鋭日記

病気療養中の看護婦中根キクに対し、思召しにより菓子料を賜う。〇桑野鋭日記

六日 木曜日 御朝餐後、雍仁親王・宣仁親王と共に森戸神社まで御運動になる。〇迪宮淳宮両殿下御側日誌、桑野鋭日記

鎌倉にお成り

七日 金曜日 鎌倉方面へお成りにつき、午前七時雍仁親王と共に人力車にて御出門、官幣中社鎌倉宮及び国幣中社鶴岡八幡宮に御参拝になり、宝物等を御覧になる。両社へそれぞれ初穂料をお供えになる。それより鎌倉御用邸をお訪ねになり、昌子内親王・房子内親王と御対顔になる。両内親王より、去る四日撮影の写真を頂き、御昼餐としてサンドイッチを召される。午後は長谷の大仏・観音等を見物の御予定のところ、雨天のため中止され、鎌倉御用邸内でお遊びの後、午後三時四十分御帰還になる。〇迪宮淳宮両殿下御側日誌、桑野鋭日記、迪宮淳宮両殿下御模様

八日 土曜日 午前、雍仁親王・宣仁親王と共に大崩付近まで御運動になる。また御夕餐後にも大崩付近まで御運動になる。〇迪宮淳宮両殿下御側日誌、桑野鋭日記

故能久親王妃富子参邸

九日 日曜日 午後、御機嫌伺いのため故能久親王妃富子参邸につき、雍仁親王・宣仁親王と共に

御対顔になる。○迪宮淳宮両殿下御側日誌、桑野鋭日記、迪宮淳宮両殿下御模様

神奈川県小学校奨学資金下賜

初めての葉山御滞在につき、神奈川県小学校奨学資金として金百円を同県知事に下賜される。○桑野鋭日記

十日　月曜日　夕刻、横須賀鎮守府司令長官上村彦之丞・参謀長寺垣猪三・参謀宇佐川知義参邸につき謁を賜い、去月二十九日の軍艦香取御見学の御礼を受けられる。○迪宮淳宮両殿下御側日誌、桑野鋭日記、迪宮淳宮両殿下御模様

御帰京

十三日　木曜日　葉山より御帰京になる。午前八時二十分、雍仁親王・宣仁親王と共に葉山御用邸を御出門、逗子停車場において神奈川県警務長湯浅倉平等に謁を賜い、九時十二分発の汽車に御乗車になる。途中鎌倉停車場において官幣中社鎌倉宮宮司笠原昌吉等に、また横浜停車場において神奈川県知事周布公平等に謁を賜う。十一時五分新橋停車場に御着車、皇太子同妃御使の東宮主事錦小路在明、宮内大臣田中光顕、東宮大夫中山孝麿、東宮侍従長木戸孝正等の奉迎をお受けになり、皇孫仮御殿へ御帰殿になる。○迪宮淳宮両殿下御側日誌、皇孫仮御殿事務所日記、東宮職日誌、桑野鋭日記、重要雑録、贈賜録、皇后宮職日記、木戸孝正日記、官報

宮内次官花房義質参殿につき、謁を賜う。○桑野鋭日記、皇孫仮御殿事務所日記

十四日　金曜日　午後、雍仁親王・宣仁親王と共に、御徒歩にて東宮御所に御参殿になる。皇太子・同妃に御拝顔になり、葉山より御帰京の御挨拶を言上される。御土産として、かねて御採集の貝類を御贈進になる。○迪宮淳宮両殿下御側日誌、皇孫仮御殿事務所日記、東宮職日誌、桑野鋭日記、木戸孝正日記

東宮侍講三島毅参殿につき、謁を賜う。○桑野鋭日記

十五日　土曜日　午後、皇太子・同妃御参殿につき、御拝顔になる。○迪宮淳宮両殿下御側日誌、東宮職日誌、桑野鋭日記

新宿御苑にお成り

十六日　日曜日　午後、雍仁親王・宣仁親王と共に御出門、新宿御苑にお成りになる。折から同所に行啓中の皇太子と御一緒に苑内を御遊覧になる。○迪宮淳宮両殿下御側日誌、皇孫仮御殿事務所日記、東宮職日誌、桑野鋭日記、木戸孝正日記、新宿植物御苑内苑局出張所日誌、迪宮淳宮両殿下御模様

十七日　月曜日　午後、御相手稲葉直通・加藤鋭五・川田資雄・松平四郎・千田貞清が出仕する。○迪宮淳宮両殿下御側日誌、桑野鋭日記

幼稚園課業の再開

十八日　火曜日　幼稚園を御再開になる。この日は課業として唱歌君が代、桃太郎、雀、電車唱歌・自由御遊鬼事・談話夏休み中の事につきて・手技円板ならべをされた後、みうち遊びとして汽車遊び・鬼事・シーソーなどをされる。午後も鬼事・汽車遊びのほか、郵便遊び、綱引きなどをされる。○迪宮淳宮両殿下御側日誌、桑野鋭日記、雍仁親王実紀、迪宮淳宮両殿下御模様

十九日　水曜日　午後、宣仁親王及び御相手と共に、馬車にて日比谷公園にお成りになる。○迪宮淳宮両殿下御側日誌、皇孫仮御殿事務所日記、桑野鋭日記

東宮侍従長木戸孝正参殿につき、謁を賜う。○迪宮淳宮両殿下御側日誌、木戸孝正日記

二十日　木曜日　午前、軍艦香取艦長坂本一参殿につき、謁を賜う。○迪宮淳宮両殿下御側日誌、桑野鋭日記、迪宮淳宮両殿下御模様

雍仁親王と共に外庭にお出ましになり、ザクロ・カリンなどの実を採られる。それより花畑の方に移られ、青山練兵場における練兵を御覧になる。その際、兵士の一団が御前近くに整列し、両親王に対し喇叭の吹奏と共に捧銃の敬礼を行う。両親王は、左腕にカリンを抱えたまま、右手を挙げて答礼される。○迪宮淳宮両殿下御側日誌

兵士の敬礼に対し挙手の御答礼

午後、雍仁親王・宣仁親王と共に東宮御所に御参殿になり、皇太子・同妃に御拝顔になる。その折、いつも頂くばかりとの思召しにて、御自身の玩具を御持参になり、皇太子・同妃へ御献上になる。○迪宮淳宮両殿下御側日誌、皇孫仮御殿事務所日記、東宮職日誌、桑野鋭日記、迪宮淳宮両殿下御模様

御参内

二十二日　土曜日　午前、雍仁親王・宣仁親王と共に参内され、御先着の皇太子と御一緒に天皇に御拝顔になる。ついで御内儀において皇后に御拝顔になり、御前にて電車唱歌を歌われ、先般の鎌倉御訪問のこと、昨年箱根において電車が衝突せんとした折のことなど種々お話し申し上げる。○迪宮淳宮両殿下御側日誌、皇孫仮御殿事務所日記、東宮職日誌、桑野鋭日記、皇后宮職日記

二十三日　日曜日　午後、伯爵土方久元参殿につき、謁を賜う。○迪宮淳宮両殿下御側日誌、皇孫仮御殿事務所日記、桑野鋭日記、土方久元日記

二十四日　月曜日　午後、皇太子・同妃、昌子内親王・房子内親王及び従一位中山慶子を伴い御参殿につき、雍仁親王と共に御拝顔になり、お遊びの様子、あるいは粘土細工・唱歌など幼稚園の様

子を披露される。○迪宮淳宮両殿下御側日誌、皇孫仮御殿事務所日記、東宮職日誌、桑野鋭日記、迪宮淳宮両殿下御模様

二十五日　火曜日　午前、雍仁親王・宣仁親王と共に、御相手を伴い帝室博物館附属動物園にお成りになり、ペリカン・ワニ・シロクマ等を御覧になる。○迪宮淳宮両殿下御側日誌、皇孫仮御殿事務所日記、桑野鋭日記、雍仁親王実紀

小山登美の採用

この度雇判任扱拝命の鹿児島県士族小山登美に謁を賜う。小山は翌二十六日より出仕する。○迪宮淳宮両殿下御側日誌、皇孫仮御殿事務所日記、桑野鋭日記

二十六日　水曜日　午後、雍仁親王・宣仁親王と共に、御相手を伴い東宮御所に御参殿になる。皇太子妃へアサガオの押し花をお贈りになる。○迪宮淳宮両殿下御側日誌、皇孫仮御殿事務所日記、東宮職日誌、桑野鋭日記、迪宮淳宮両殿下御模様

御夕餐後、蓄音器をお聴きになる。以後もしばしばこのことあり。○迪宮淳宮両殿下御側日誌、桑野鋭日記、迪宮淳宮両殿下御模様

二十八日　金曜日　午後、雍仁親王・宣仁親王と共に御徒歩にて、従一位中山慶子邸にお成りになる。御挨拶の後、献上の玩具、動植物の絵本などを御覧になり、それより御庭においてお遊びになる。○迪宮淳宮両殿下御側日誌、皇孫仮御殿事務所日記、桑野鋭日記、迪宮淳宮両殿下御模様

御相手久松定謙病気につき、御尋として菓子一折を賜う。○皇孫仮御殿事務所日記、桑野鋭日記

花屋敷にお成り

二十九日　土曜日　午前八時三十分、雍仁親王と共に馬車にて御出門、かねてより御希望の浅草公園花屋敷にお成りになり、サル・クマ・ペリカン・ワニ・カワセミ・ヒヒなど種々動物又はその剝

製の展示、山雀の芸、操り人形等を御覧になる。ついで浅草寺観音堂・五重塔・仲見世を巡られる。この日、花屋敷は休業のところ、特別に演芸を催したため、主人大滝勝三郎に金一封を賜う。○迪宮淳宮両殿下御側日誌、皇孫仮御殿事務所日記、桑野鋭日記、雍仁親王実紀、迪宮淳宮両殿下御模様

十月

三日　水曜日　午後、雍仁親王・宣仁親王と共に東宮御所に御参殿になる。○迪宮淳宮両殿下御側日誌、皇孫仮御殿事務所日記、東宮職日誌、桑野鋭日記、迪宮淳宮両殿下御模様

御帰殿後、御機嫌伺いのため参殿の宮内省雇フランソワ・サラザンに謁を賜う。○迪宮淳宮両殿下御側日誌、皇孫仮御殿事務所日記、桑野鋭日記、迪宮淳宮両殿下御模様

四日　木曜日　午後、皇太子・同妃御参殿につき、雍仁親王と共に御拝顔になる。それより御相手・側近も打ち交じり、盛んに鬼事を行われる。○迪宮淳宮両殿下御側日誌、皇孫仮御殿事務所日記、東宮職日誌、桑野鋭日記、雍仁親王実紀

六日　土曜日　午後、雍仁親王・宣仁親王と共に、御相手を伴い東宮御所に御参殿になり、皇太子妃に御拝顔になる。○迪宮淳宮両殿下御側日誌、皇孫仮御殿事務所日記、東宮職日誌、桑野鋭日記、迪宮淳宮両殿下御模様

学習院初等学科運動会御覧

七日　日曜日　午後、雍仁親王・宣仁親王と共に、学習院初等学科運動会にお成りになる。恭子女

王・博忠王・芳麿王・安子女王等と御対顔になり、仕度競争・騎兵競争など十数番の競技を御覧になる。○迪宮淳宮両殿下御側日誌、皇孫仮御殿事務所日記、桑野鋭日記、雍仁親王実紀、迪宮淳宮両殿下御模様

八日　月曜日　午前、雍仁親王・宣仁親王及び御相手と共に浜離宮にお成りになり、釣魚・投網等をされる。漁獲のボラは直ちに御昼餐にて召され、一部を皇太子・同妃へ御献上になる。午後は、苑内において御散歩、お遊びの後御帰還になる。御夕餐にもこの日漁獲のクロダイを召される。○迪宮淳宮両殿下御側日誌、皇孫仮御殿事務所日記、桑野鋭日記、雍仁親王実紀、迪宮淳宮両殿下御模様

九日　火曜日　午後、雍仁親王・宣仁親王及び御相手と共に新宿御苑にお成りになる。内苑頭福羽逸人の案内にて栗拾いをされ、ついで畑にて御手ずから人参を収穫される。○迪宮淳宮両殿下御側日誌、皇孫仮御殿事務所日記、桑野鋭日記、迪宮淳宮両殿下御模様

十一日　木曜日　午後、雍仁親王・宣仁親王と共に東宮御所に御参殿になり、去る九日に新宿御苑よりお持ち帰りの栗を御献上になる。○迪宮淳宮両殿下御側日誌、皇孫仮御殿事務所日記、東宮職日誌、桑野鋭日記、迪宮淳宮両殿下御模様

側近奉仕者に御写真下賜

皇孫御養育掛長丸尾錦作・東宮主事心得桑野鋭以下、侍医・侍女等の側近奉仕者へ、裕仁親王・雍仁親王・宣仁親王の御写真を賜う。○桑野鋭日記

十二日　金曜日　午前、東宮主事心得桑野鋭を高輪御殿並びに麻布御用邸へ遣わされ、裕仁親王・

雍仁親王・宣仁親王の御写真を昌子内親王・房子内親王・允子内親王・聰子内親王へお贈りになる。○桑野鋭日記、御直宮御養育掛日記

午後、雍仁親王及び御相手と共に別格官幣社靖国神社にお成りになり、遊就館を御覧になる。○迪宮淳宮両殿下御側日誌、皇孫仮御殿事務所日記、桑野鋭日記、迪宮淳宮両殿下御模様

夕刻、皇太子・同妃は三親王の御夕餐の様子を御覧のため御参殿になる。親王は雍仁親王と共に羽織・袴のお姿にて、昨日新調のランドセルを背に御到着を奉迎され、絵本などを御覧に入れ説明された後、宣仁親王も交え賑やかに御夕餐を召される。○迪宮淳宮両殿下御側日誌、皇孫仮御殿事務所日記、東宮職日誌、桑野鋭日記

十三日　土曜日　午後、雍仁親王・宣仁親王及び御相手と共に芝公園にお成りになる。○迪宮淳宮両殿下御側日誌、皇孫仮御殿事務所日記、桑野鋭日記、迪宮淳宮両殿下御模様

十四日　日曜日　皇太子愛知県下行啓につき、御朝食後直ちに雍仁親王・宣仁親王と共に東宮御所にお成りになり、皇太子・同妃に御拝顔の後、御車寄において皇太子の御出発を御奉送になる。○迪宮淳宮両殿下御側日誌、東宮職日誌、桑野鋭日記、迪宮淳宮両殿下御模様

午後、雍仁親王・宣仁親王と共に高輪南町御用邸にお成りになり、邸内においてお遊びになる。○迪宮淳宮両殿下御側日誌、皇孫仮御殿事務所日記、桑野鋭日記

青山練兵場にお成り

十五日　月曜日　午前、雍仁親王及び御相手と共に青山練兵場にお成りになり、練兵の模様を御覧になる。軍隊が一進一退すべて号令に従う有様に目を離されず、号令と共に進みゆく兵士の後を知らず知らず追って進まれる。○迪宮淳宮両殿下御側日誌、桑野鋭日記、雍仁親王実紀、迪宮淳宮両殿下御模様

代々木御料地にお成り

御夕餐後、幻灯を御覧になる。○迪宮淳宮両殿下御側日誌、桑野鋭日記

十六日　火曜日　午後、雍仁親王・宣仁親王及び御相手と共に代々木御料地にお成りになる。栗拾い、柿採りなどを行われ、ついでブルドッグを始め各種の犬を御覧になる。○迪宮淳宮両殿下御側日誌、皇孫仮御殿事務所日記、桑野鋭日記、迪宮淳宮両殿下御模様

十七日　水曜日　午後、雍仁親王・宣仁親王と共に東宮御所に御参殿になる。皇太子行啓中につき、御内儀にてお遊びになる。○迪宮淳宮両殿下御側日誌、皇孫仮御殿事務所日記、桑野鋭日記

五二共進会において玩具お買い上げ

十九日　金曜日　午前、雍仁親王と共に凱旋紀念五二共進会にお成りになり、宣仁親王に御贈進の分も含め、玩具百余種をお求めになる。○迪宮淳宮両殿下御側日誌、皇孫仮御殿事務所日記、桑野鋭日記、雍仁親王実紀

二十日　土曜日　午後、雍仁親王・宣仁親王と共に、御相手を伴い東宮御所に御参殿になる。皇太子妃に御拝顔になり、昨日五二共進会でお買い上げの絵葉書・赤茄子形蓋物・蜘蛛玩具等をお贈りになる。○迪宮淳宮両殿下御側日誌、皇孫仮御殿事務所日記、東宮職日誌、桑野鋭日記

学習院秋季陸上運動会御覧

二十一日　日曜日　午前、雍仁親王・宣仁親王と共に学習院本院における秋季陸上運動会にお成りになり、弾丸投げ・障害物競走等の競技を御覧になる。○迪宮淳宮両殿下御側日誌、皇孫仮御殿事務所日記、桑野鋭日記、輔仁会雑誌、雍仁親王実紀
午後、愛知県下より還啓の皇太子を東宮御所にて御奉迎の御予定のところ、降雨のためお見合せになり、御使として新橋停車場へ皇孫御養育掛長丸尾錦作を、東宮御所へ東宮主事心得桑野鋭を差し遣わされる。○皇孫仮御殿事務所日記、桑野鋭日記

二十二日　月曜日　午後、雍仁親王・宣仁親王と共に、御機嫌奉伺のため東宮御所に御参殿になり、皇太子に御拝顔になる。ついで参殿中の参謀総長奥保鞏・愛知県知事深野一三等に謁を賜う。皇太子より行啓地の御土産を賜わる。○迪宮淳宮両殿下御側日誌、皇孫仮御殿事務所日記、桑野鋭日記、行啓録、迪宮淳宮両殿下御模様

二十三日　火曜日　御相手に対し、五二共進会においてお買い上げの玩具を賜う。○桑野鋭日記

二十五日　木曜日　午後、雍仁親王・宣仁親王と共に小石川の東京帝国大学理科大学附属植物園にお成りになり、温室の熱帯植物等を御覧になる。○迪宮淳宮両殿下御側日誌、皇孫仮御殿事務所日記、桑野鋭日記、雍仁親王実紀

御仮床

二十六日　金曜日　喉頭カタルのため、御仮床になる。御症状は次第に軽快し、三十一日に御床払となる。○迪宮淳宮両殿下御側日誌、皇孫仮御殿事務所日記、桑野鋭日記、侍医局日誌、拝診録、迪宮殿下御衛生報告録

二十九日　月曜日　午後、皇太子・同妃が御参殿になり、親王を御見舞になる。○迪宮淳宮両殿下御側日誌、皇孫仮御殿事務所日

記、東宮職日誌、桑野鋭日記

菅千代の採用

三十日　火曜日　この日、菅千代山口県士族菅恒男妹が判任扱の雇として侍女に採用される。○皇孫仮御殿事務所日記、桑野鋭日記

三十一日　水曜日　午後、学習院女学部長下田歌子に謁を賜う。下田は昨日の雍仁親王・宣仁親王学習院女学部運動会お成りの御礼のため参殿する。○迪宮淳宮両殿下御側日誌、皇孫仮御殿事務所日記、桑野鋭日記

十一月

一日　木曜日　男爵長基連の祖母寛へ謁を賜う。○桑野鋭日記

天長節観兵式

三日　土曜日　午前九時、天長節観兵式のため青山練兵場へ行幸の天皇鹵簿に対し、皇孫仮御殿御門前より敬礼される。終わって、雍仁親王・宣仁親王と共に、侍医・侍女等の拝賀をお受けになり、十一時には再び御門前より、還幸の鹵簿を拝観される。○迪宮淳宮両殿下御側日誌、皇孫仮御殿事務所日記、桑野鋭日記、供御日録、迪宮淳宮両殿下御模様

午後、雍仁親王・宣仁親王と共に東宮御所に御参殿になり、皇太子・同妃に御拝顔になる。○迪宮淳宮両殿下御側日誌、東宮職日誌、桑野鋭日記

四日　日曜日　午前、故川村純義夫人春子・川村安子川村鉄太郎夫人・柳原花子参殿につき、謁を賜う。○迪宮淳宮両殿下御側日誌、皇孫仮御殿事務所日記、桑野鋭日記、迪宮淳宮両殿下御模様

御機嫌伺いのため参殿の横須賀鎮守府司令長官上村彦之丞・参謀宇佐川知義等に謁を賜う。その際、上村長官に水兵について種々お尋ねになる。○迪宮淳宮両殿下御側日誌、桑野鋭日記、迪宮淳宮両殿下御模様

日枝神社に御参拝

五日　月曜日　午後、雍仁親王及び御相手と共に山王台付近まで御運動になる。途次、官幣中社日枝神社に御参拝になる。御拝の際、同社宮司久保悳鄰に対し、拝殿内の木彫りの猿について御下問になる。両親王より同神社へ初穂料をお供えになる。○迪宮淳宮両殿下御側日誌、皇孫仮御殿事務所日記、桑野鋭日記、雍仁親王実紀

皇太子同妃に学生服姿を御披露

六日　火曜日　午後、雍仁親王と共に、御相手を伴い東宮御所に御参殿になり、皇太子・同妃に御拝顔になる。その際、昨日より新たにお召しの学習院生徒服様の御洋服を着用され、御姿を披露される。○迪宮淳宮両殿下御側日誌、皇孫仮御殿事務所日記、東宮職日誌、桑野鋭日記、雍仁親王実紀

七日　水曜日　午後、雍仁親王及び御相手と共に新宿御苑にお成りになる。○迪宮淳宮両殿下御側日誌、皇孫仮御殿事務所日記、桑野鋭日記、新宿植物御苑内苑局出張所日誌

活動パノラマ御覧

八日　木曜日　午後、雍仁親王・宣仁親王及び御相手と共に日比谷公園にお成りになり、活動パノラマ「観戦鉄道」を御覧になる。○迪宮淳宮両殿下御側日誌、皇孫仮御殿事務所日記、桑野鋭日記、雍仁親王実紀

九日　金曜日　午後、雍仁親王・宣仁親王と共に、御相手を伴い東宮御所に御参殿になる。○迪宮淳宮両殿下御側日誌、皇孫仮御殿事務所日記、桑野鋭日記

上村横須賀鎮守府司令長官より水兵用具雛形を献上

十一日　日曜日　午前、皇孫御養育掛長丸尾錦作の母・夫人並びに娘参殿につき、雍仁親王・宣仁親王と共に謁を賜う。〇迪宮淳宮両殿下御側日誌、皇孫仮御殿事務所日記、迪宮淳宮両殿下御模様、桑野鋭日記

皇太子・同妃御参殿につき、御拝顔になる。〇迪宮淳宮両殿下御側日誌、皇孫仮御殿事務所日記、迪宮淳宮両殿下御模様、東宮職日誌、桑野鋭日記

午後、雍仁親王と共に御徒歩にて麻布竜土町の歩兵第三聯隊付近まで御運動になる。〇迪宮淳宮両殿下御側日誌、皇孫仮御殿事務所日記、迪宮淳宮両殿下御模様、桑野鋭日記

十二日　月曜日　午前、今般韓国へ渡航の暇乞として参殿の旧奉仕者岩崎艶子に謁を賜う。〇迪宮淳宮両殿下御側日誌、桑野鋭日記、迪宮淳宮両殿下御模様

十四日　水曜日　午後、雍仁親王・宣仁親王と共に、御相手を伴い東宮御所へ御参殿になる。〇迪宮淳宮両殿下御側日誌、皇孫仮御殿事務所日記、桑野鋭日記

十五日　木曜日　午後、芳麿王参殿につき、雍仁親王及び御相手を交えてお遊びになる。〇迪宮淳宮両殿下御側日誌、皇孫仮御殿事務所日記、桑野鋭日記、迪宮淳宮両殿下御模様

十六日　金曜日　午後、皇太子御参殿につき、雍仁親王と共に御拝顔になる。その際、皇太子は横須賀鎮守府司令長官上村彦之丞より両親王へ献上のハンモック・信号旗の雛形を御持参になる。これらは、先般参殿した上村司令長官に対し、水兵に関しお尋ねになったことへの奉答として献上さ

れた品にて、東宮武官黒水公三郎より説明をお聞きになる。また、両親王より皇太子へ幼稚園成績品を献上される。○迪宮淳宮両殿下御側日誌、皇孫仮御殿事務所日記、桑野鋭日記、迪宮淳宮両殿下御模様

飛鳥山にお成り

十七日　土曜日　午後、雍仁親王・宣仁親王及び御相手と共に、馬車にて飛鳥山にお成りになる。○迪宮淳宮両殿下御側日誌、皇孫仮御殿事務所日記、桑野鋭日記、雍仁親王実紀

十八日　日曜日　午後、雍仁親王・宣仁親王と共に外庭にて菊花や紅葉を御観賞の後、東宮御所に御参殿になる。皇太子・同妃より白狐毛皮を賜わる。また折から参殿の野戦砲兵第一旅団長宮本照明元東宮武官に謁を賜う。○迪宮淳宮両殿下御側日誌、皇孫仮御殿事務所日記、桑野鋭日記、迪宮淳宮両殿下御模様

十九日　月曜日　午前、御機嫌伺いのため参殿の伯爵川村鉄太郎に謁を賜う。○迪宮淳宮両殿下御側日誌、皇孫仮御殿事務所日記、桑野鋭日記、迪宮淳宮両殿下御模様

午後、典侍柳原愛子参殿につき謁を賜い、皇后より御下賜の玩具等を御受領になる。○迪宮淳宮両殿下御側日誌、皇孫仮御殿事務所日記、桑野鋭日記、迪宮淳宮両殿下御模様

御相手久松定謙・加藤鋭五・松平四郎より、年内最後の出仕につき暇乞をお受けになる。翌二十日には、稲葉直通・川田資雄・渡辺昭・三宅三郎より暇乞をお受けになる。○迪宮淳宮両殿下御側日誌

二十日　火曜日　午前、東宮侍従長木戸孝正参殿につき、謁を賜う。○迪宮淳宮両殿下御側日誌、桑野鋭日記、木戸孝正日記

修善寺御滞在

午後、雍仁親王・宣仁親王と共に東宮御所に御参殿になり、明日修善寺へ御出発の御暇乞を言上される。○迪宮淳宮両殿下御側日誌、東宮職日誌、桑野鋭日記

二十一日　水曜日　雍仁親王・宣仁親王と共に、御避寒のため静岡県田方郡修善寺村に御転地になる。午前八時御出門、新橋停車場において皇太子同妃御使の東宮主事錦小路在明、公爵九条道実、東宮大夫侯爵中山孝麿、御相手等の奉送をお受けになる。八時三十分発の臨時汽車に御乗車、途中国府津停車場にて神奈川県知事周布公平等の奉送を受けられる。三島停車場にて豆相鉄道にお乗り換えになり、大仁停車場に御着車、それより人力車にて修善寺村へ向かわれ、午後一時四十分御宿泊所となる旅館菊屋別邸に御到着になる。○迪宮淳宮両殿下御側日誌、皇孫仮御殿事務所日記、東宮職日誌、桑野鋭日記、重要雑録、贈賜録、皇后宮職日記、皇親録、官報、静岡民友新聞、雍仁親王実紀

菊屋別邸

二十二日　木曜日　午後、御運動として修禅寺の境内を御巡覧になり、ついで独鈷の湯を御覧になる。○迪宮淳宮両殿下御側日誌、桑野鋭日記、迪宮淳宮両殿下御模様

二十三日　金曜日　午前、雍仁親王と共に見晴山にお登りになる。○迪宮淳宮両殿下御側日誌、桑野鋭日記

二十四日　土曜日　午前、雍仁親王・宣仁親王と共に大仁街道へ御運動になる。午後、雍仁親王と共に源頼家墓所にお成りになり、ついで見晴山にお登りになる。○迪宮淳宮両殿下御側日誌、桑野鋭日記

二十五日　日曜日　午前、雍仁親王と共に拈笑園にお成りになる。午後、雍仁親王・宣仁親王と共に嵐山付近へ御運動になる。○迪宮淳宮両殿下御側日誌、桑野鋭日記

二十六日　月曜日　午前、雍仁親王と共に見晴山にお成りになり、続いて富士見台にお登りになる。○迪宮淳宮両殿下御側日誌、桑野鋭日記

修善寺村尋常小学校生徒運動会御覧

二十七日　火曜日　午前、雍仁親王と共に大仁街道を嵐山方面へ御運動になる。○迪宮淳宮両殿下御側日誌、桑野鋭日記

午後、雍仁親王と共に修禅寺にお成りになり、修善寺村民有志による尋常小学校生徒の運動会を御覧になる。生徒一同に菓子料を賜う。○迪宮淳宮両殿下御側日誌、桑野鋭日記、迪宮淳宮両殿下御模様、静岡民友新聞

二十八日　水曜日　午前、雍仁親王と共に、大仁街道を八幡神社付近まで御運動になる。○迪宮淳宮両殿下御側日誌、桑野鋭日記

二十九日　木曜日　午前、雍仁親王と共に修禅寺奥之院道を源範頼墓所方面へ御運動になる。午後、見晴山にお登りになる。○迪宮淳宮両殿下御側日誌、桑野鋭日記

三十日　金曜日　午前、雍仁親王と共に大仁街道より嵐山の麓、下田街道付近まで御運動になる。○迪宮淳宮両殿下御側日誌、桑野鋭日記

十二月

一日　土曜日　午前、雍仁親王と共に日枝神社の裏山より修禅寺を経て、拈笑園付近まで御運動になる。午後、見晴山より富士見台にお登りになる。○迪宮淳宮両殿下御側日誌、桑野鋭日記

二日　日曜日　午後、雍仁親王と共に嵐山の麓付近を御運動になる。○迪宮淳宮両殿下御側日誌、桑野鋭日記

三日　月曜日　午前、雍仁親王と共に嵐山の麓より狩野川付近まで御運動になる。午後、雍仁親王と共に日枝神社を経て見晴山にお成りになる。○迪宮淳宮両殿下御側日誌、桑野鋭日記

四日　火曜日　午前、雍仁親王と共に見晴山にお成りになる。午後、雍仁親王と共に大仁街道を八幡神社方面へ御運動になる。○迪宮淳宮両殿下御側日誌、桑野鋭日記

午後、三親王の御近状奉伺のため皇太子・同妃の御使として東宮主事錦小路在明が伺候する。○迪宮淳宮両殿下御側日誌、東宮職日誌、桑野鋭日記

五日　水曜日　午前、雍仁親王・宣仁親王と共に修禅寺より拈笑園を経て見晴山にお成りになる。東宮主事錦小路在明にも供奉を仰せ付けられる。○迪宮淳宮両殿下御側日誌、桑野鋭日記

御機嫌伺いのため参邸の男爵西徳二郎へ謁を賜う。○桑野鋭日記

六日　木曜日　午前、雍仁親王と共に修禅寺奥之院道より見晴山方面へ御運動になる。午後、雍仁親王と共に嵐山の麓より八幡神社方面へ御運動になる。○迪宮淳宮両殿下御側日誌、桑野鋭日記

日清戦役忠魂碑に敬礼

七日　金曜日　午前、雍仁親王・宣仁親王と共に日枝神社においてお遊びになる。その際、日清戦役の忠魂碑に目を留められ、供奉の侍女にいかなるものかお尋ねになり、説明をお聞きの後、碑に対して挙手の敬礼をされるとともに、供奉の一同にも敬礼することを命じられる。それより修禅寺前付近を御散策になる。○迪宮淳宮両殿下御側日誌、桑野鋭日記

八日　土曜日　午前、雍仁親王・宣仁親王と共に、修禅寺を経て拈笑園にお成りになる。午後、源頼家墓所を経て桜ヶ岡にお成りになる。○迪宮淳宮両殿下御側日誌

修善寺村高等小学校生徒運動会御覧

十日　月曜日　この日より、午前の御運動の前に幼稚園課業を行われる。この日は手技・唱歌をされ、終わって八幡神社方面に御運動になる。○迪宮淳宮両殿下御側日誌、迪宮淳宮両殿下御模様

午後、雍仁親王・宣仁親王と共に修禅寺にお成りになり、境内において修善寺村の高等小学校生徒の運動会を御覧になる。最後の相撲は殊の外お気に入りの御様子にて、身じろぎもせず御覧になり、御帰還後は相撲のまねなどしてお遊びになる。なお、同校へ金一封を下賜される。○迪宮淳宮両殿下御側日誌、迪宮淳宮両殿下御模様、桑野鋭日記、静岡民友新聞

十一日　火曜日　午前、雍仁親王と共に拈笑園にお成りになる。午後、見晴山の麓より川沿いの道を御散歩になる。○迪宮淳宮両殿下御側日誌

十二日　水曜日　午前、雍仁親王・宣仁親王と共に、嵐山の麓より下田街道方面へ御運動になる。午後、雍仁親王と共に、見晴山より桜ヶ岡にお成りになる。○迪宮淳宮両殿下御側日誌

十三日　木曜日　午後、雍仁親王と共に、大仁街道を月見ヶ岡付近まで御運動になる。○迪宮淳宮両殿下御側日誌、桑野鋭日記

夕刻、東京より帰参の東宮主事心得桑野鋭に謁を賜い、韓国特使李址鎔夫人李鈺卿より三親王へ献上の刺繍巾着の披露を受けられる。○迪宮淳宮両殿下御側日誌、東宮職日誌、桑野鋭日記

十四日　金曜日　午後、雍仁親王と共に、拈笑園裏手の山道を御運動になる。○迪宮淳宮両殿下御側日誌、桑野鋭日記

十五日　土曜日　午前、雍仁親王と共に見晴山にお成りになる。○迪宮淳宮両殿下御側日誌、桑野鋭日記

修禅寺の宝物御覧

午後、雍仁親王と共に修禅寺にお成りになり、唐より弘法大師が将来したと伝えられる青磁香炉、源範頼・頼家の鞍鐙など伝来の宝物を御覧になる。○迪宮淳宮両殿下御側日誌、雍仁親王実紀

十六日　日曜日　午前、雍仁親王と共に桜ヶ岡より源頼家墓所までお成りになる。○迪宮淳宮両殿下御側日誌、迪宮淳宮両殿下御模様、桑野鋭日記

午後、静岡県知事李家隆介・同事務官東園基光・田方郡長鈴木七二郎に謁を賜う。○迪宮淳宮両殿下御側日誌、桑野鋭日記、迪宮淳宮両殿下御模様

雍仁親王と共に見晴山にお成りになる。○迪宮淳宮両殿下御側日誌、迪宮淳宮両殿下御模様、桑野鋭日記

十八日　火曜日　午後、雍仁親王と共に大仁街道を御散歩になる。○迪宮淳宮両殿下御側日誌、桑野鋭日記

二十日　木曜日　午前、雍仁親王と共に見晴山にお成りになる。午後、雍仁親王・宣仁親王と共に嵐山の麓まで御運動になり、ついで雍仁親王と共に嵐山の八合目付近までお登りになる。○迪宮淳宮両殿下御側日誌、桑野鋭日記

東宮主事心得桑野鋭が東宮主事に任じられる。○進退録、桑野鋭日記

二十四日　月曜日　午前、雍仁親王・宣仁親王と共に修禅寺にお成りになり、雍仁親王と共に本堂前両側に高野槇を一本ずつお手植えになる。親王のお手植えは、記録においてこれを最初とする。○桑野鋭日記、雍仁親王実紀

初めての御手植

午後、雍仁親王と共に旭滝まで御運動になる。○迪宮淳宮両殿下御側日誌、桑野鋭日記

裕仁親王・雍仁親王・宣仁親王の御写真を、宮内大臣田中光顕・公爵九条道実・侍従長徳大寺実則・皇后宮大夫香川敬三・東宮侍従長木戸孝正・東宮武官長村木雅美・東宮侍講本居豊穎・同三島毅・

沼津へ御移転

同三田守真及び東宮侍従・東宮武官・東宮女官等に賜う。○桑野鋭日記

二十五日 火曜日　雍仁親王・宣仁親王と共に沼津へ御移転になる。御出門に臨み、静岡県知事李家隆介以下に謁を賜う。李家知事は沼津御用邸まで供奉する。午前九時馬車にて旅館菊屋別邸を御出門になり、同四十分大仁停車場を御発車、三島停車場を経て沼津停車場へ向かわれ、十一時十分沼津御用邸西附属邸に御到着になる。○迪宮淳宮両殿下御側日誌、東宮職日誌、桑野鋭日記、沼津御用邸日誌、沼津御用邸附属邸日誌、沼津御用邸西附属邸日誌、重要雑録、官報、雍仁親王実紀

二十六日 水曜日　午前、静岡地方裁判所検事正黒川穣参邸につき、謁を賜う。○迪宮淳宮両殿下御側日誌、沼津御用邸西附属邸日誌、桑野鋭日記

二十七日 木曜日　午前、御機嫌奉伺のため参邸の従一位中山慶子に謁を賜う。○迪宮淳宮両殿下御側日誌、桑野鋭日記

午後、牛臥方面へ御運動になる。○迪宮淳宮両殿下御側日誌、桑野鋭日記

二十八日 金曜日　午後、桃郷付近へ御運動になる。○迪宮淳宮両殿下御側日誌、桑野鋭日記

二十九日 土曜日　沼津女子尋常高等小学校附属幼稚園園児製作の繭玉が献上される。○桑野鋭日記、静岡新報

三十日 日曜日　この日、皇太子は明治三十七八年戦役の功により功三級金鵄勲章を授けられる。親王は、雍仁親王・宣仁親王と共に電報をもって皇太子へ祝詞を進められる。○迪宮淳宮両殿下御側日誌、桑野鋭日記、大正天皇実録

御機嫌伺いのため参邸の伯爵川村鉄太郎に謁を賜う。○迪宮淳宮両殿下御側日誌、沼津御用邸西附属邸日誌、桑野鋭日記

将来の御進学希望

三十一日　月曜日　午前、皇孫御養育掛長丸尾錦作以下より歳末の祝詞をお受けになる。なお、この日、丸尾より将来進学希望の学校につき質問を受けられ、高等師範学校とお答えになる。また雍仁親王は、高等師範学校に入り、その後陸軍の学校に行くと答えられる。○迪宮淳宮両殿下御側日誌

昭和天皇実録　巻二

明治四十年（西暦一九〇七年）　六歳

一月

一日　火曜日　雍仁親王・宣仁親王と共に沼津御用邸西附属邸において新年を迎えられる。午前八時四十分より供奉高等官等の拝賀を受けられる。またこの日、静岡県知事李家隆介以下同県事務官、御料局理事伊藤重介静岡支庁長、駿東郡長辻芳太郎等の拝賀をお受けになる。天皇・皇后、皇太子・同妃、昌子内親王・房子内親王・允子内親王・聰子内親王と新年の御祝を交わされる。○迪宮淳宮両殿下御側日誌、沼津御用邸西附属邸日誌、典式録、贈賜録、重要雑録、御直宮御養育掛日記、昭憲皇太后実録、迪宮記、桑野鋭日記

宣仁親王誕辰

三日　木曜日　宣仁親王誕辰につき、午前、供奉員の拝賀をお受けになる。皇太子同妃御使として

東宮主事桂潜太郎が参邸する。○迪宮淳宮両殿下御側日誌、東宮職日誌、典式録、進退録、迪宮記、桑野鋭日記

午後、沼津女子尋常高等小学校附属幼稚園園児による「君が代」の奉唱をお聴きになり、遊戯を御覧になる。○迪宮淳宮両殿下御側日誌、桑野鋭日記、迪宮記、静岡民友新聞

四日　金曜日　午前、雍仁親王・宣仁親王と共に海岸において貝拾いやクラゲ捕りをされ、ついで雍仁親王と共に世古の養魚場まで御運動になる。○迪宮淳宮両殿下御側日誌、沼津御用邸西附属邸日誌、桑野鋭日記

中山慶子参邸

午後、新年の御挨拶として沼津御用邸東附属邸滞在中の従一位中山慶子参邸につき、雍仁親王・宣仁親王と共に謁を賜う。献上の玩具にて遊ばれた後、慶子を引き入れられ御一緒に汽車遊び、世界漫遊遊びをされる。○迪宮淳宮両殿下御側日誌、沼津御用邸西附属邸日誌、桑野鋭日記

五日　土曜日　午前、雍仁親王・宣仁親王と共に御用邸前海岸において地曳網漁を御覧になり、白魚やクラゲ等を拾われる。翌六日にもこのことあり。○迪宮淳宮両殿下御側日誌、桑野鋭日記、雍仁親王実紀

午後、雍仁親王と共に沼津御用邸本邸にお成りになり、松露採りなどをされる。○迪宮淳宮両殿下御側日誌、沼津御用邸西附属邸日誌、沼津御用邸日誌、桑野鋭日記

七日　月曜日　午前、雍仁親王と共に七面山まで御運動になる。○迪宮淳宮両殿下御側日誌、桑野鋭日記

午後、雍仁親王と共に海岸にて凧揚げを試みられる。○迪宮淳宮両殿下御側日誌、沼津御用邸西附属邸日誌、桑野鋭日記、雍仁親王実紀

八日　火曜日　午前、雍仁親王・宣仁親王と共に、東附属邸に滞在中の従一位中山慶子を御訪問になる。○迪宮淳宮両殿下御側日誌、沼津御用邸西附属邸日誌、沼津御用邸附属邸日誌、桑野鋭日記、迪宮記

午後、雍仁親王と共に桃郷まで御運動になる。その後、西附属邸庭内において凧揚げをされる。○迪宮淳宮両殿下御側日誌、沼津御用邸西附属邸日誌、桑野鋭日記

皇太子御違例

皇太子感冒につき、この日皇孫御養育掛長丸尾錦作は東宮大夫中山孝麿に宛て、三親王よりの御容態御伺いの電報を発送する。皇太子は十八日に床払いされる。○東宮職日誌、重要雑録、行啓録、大正天皇実録、桑野鋭日記

九日　水曜日　午後、雍仁親王と共に桃郷周辺を御運動になる。○迪宮淳宮両殿下御側日誌、沼津御用邸西附属邸日誌、桑野鋭日記

幼稚園課業再開

十日　木曜日　本日より平日午前中の幼稚園課業を再開される。この日は御遊戯としてまり投げをされた後、手技・画方として、一日より十日までの晴雨表の記入をされる。なお、課業開始に当たり供奉員より日常の御心得として、左の趣旨の言上を雍仁親王と共にお聞きになる。

日常の御心得

一、丸尾はじめ臣下の何事か言上仕る折には暫く御こらへ遊ばして御聞きいれ遊ばしたまふ御事

二、お稽古の時は御一心に遊ばす事

三、近日御相手出仕いたすにより之れらのものとよく御共同に御遊びあそばす御事

四、お六つとお七つの御えらき宮様に在らせらるれば、之れよりはあまり御涙をいださせたまはぬ様に遊ばす事

○迪宮淳宮両殿下御側日誌、迪宮淳宮両殿下幼稚園御日誌、桑野鋭日記

幼稚園課業終了後、雍仁親王・宣仁親王と共に桃郷周辺まで御運動になる。○迪宮淳宮両殿下御側日誌、沼津御用邸西附属邸日誌、桑野鋭日記

午後、雍仁親王と共に香貫の牛舎豊牧舎より楊原神社付近まで御散歩になる。○迪宮淳宮両殿下御側日誌、沼津御用邸西附属邸日誌、桑野鋭日記

この日皇孫御養育掛長丸尾錦作は、三親王より皇后の感冒の御容態を伺う旨の電報を皇后宮大夫香川敬三へ発送する。皇后は十五日に床払いされる。○重要雑録、皇后宮職日記、昭憲皇太后実録、桑野鋭日記

十一日　金曜日　午後、雍仁親王と共に牛臥より我入道を経て二瀬川まで御運動になる。○迪宮淳宮両殿下御側日誌、沼津御用邸西附属邸日誌、桑野鋭日記

御相手の出仕

十二日　土曜日　本日より御相手の久松定謙・三宅三郎が出仕する。十七日からは渡辺昭が加わる。○迪宮淳宮両殿下御側日誌、桑野鋭日記

午前、海軍機関大佐三宅甲造御相手三宅三郎の父参邸につき、謁を賜う。○迪宮淳宮両殿下御側日誌、桑野鋭日記

午後、雍仁親王及び御相手と共に毘沙門山まで御運動になる。○迪宮淳宮両殿下御側日誌、桑野鋭日記

十五日　火曜日　午後、雍仁親王・宣仁親王及び御相手と共に江ノ浦方面へ舟遊びをされる。○迪宮淳宮両殿下御側日誌、沼津御用邸西附属邸日誌、桑野鋭日記、雍仁親王実紀

十六日　水曜日　午後、雍仁親王及び御相手と共に香貫山八合目付近まで御登山になる。○迪宮淳宮両殿下御側日誌、沼津御用邸西附属邸日誌、桑野鋭日記、雍仁親王実紀

十七日　木曜日　午後、雍仁親王及び御相手と共に塩満寺方面へ御運動になる。○迪宮淳宮両殿下御側日誌、桑野鋭日記

二十日　日曜日　午後、雍仁親王と共に御用邸本邸において松露採りなどにて過ごされる。○迪宮淳宮両殿下御側日誌、沼津御用邸西附属邸日誌、沼津御用邸日誌、桑野鋭日記

二十二日　火曜日　午前、雍仁親王・宣仁親王と共に御用邸本邸にて松露採りなどをされ、ついで海岸にて貝や石を御採集になる。○迪宮淳宮両殿下御側日誌、沼津御用邸日誌、桑野鋭日記

午後、雍仁親王及び御相手と共に松原より世古を経て我入道まで御運動になる。○迪宮淳宮両殿下御側日誌、桑野鋭日記

三島町にお成り

二十三日　水曜日　午前九時三十分、雍仁親王・宣仁親王及び御相手と共に御出門、沼津より駿豆電車にて三島にお成りになり、官幣大社三島神社に御参拝、初穂料をお供えになる。御拝後は境内の鳩に餌をお与えになり、消防夫の梯子乗りを御覧になる。小松宮三島別邸において御昼食の後、

同邸内にてお遊びになる。門外において消防組のポンプ放水競争を御覧の後、帰路に就かれる。黄瀬川を通過して間もなく御乗車の電車が脱線するも、程なく復旧し、午後四時御帰邸になる。○迪宮淳宮両殿下御側日誌、沼津御用邸西附属邸日誌、侍医局日誌、桑野鋭日記、静岡民友新聞

二十四日　木曜日　本日帰京のため参邸の御相手久松定謙・同三宅三郎に、昨月滞在された修善寺土産の寄木細工箱・絵葉書等を下賜される。翌二十五日には御相手稲葉直通が沼津に参着し、二十六日より出仕する。○迪宮淳宮両殿下御側日誌、桑野鋭日記

二十五日　金曜日　午後、雍仁親王及び御相手と共に毘沙門山まで御運動になる。○迪宮淳宮両殿下御側日誌、桑野鋭日記

二十六日　土曜日　午前、静岡県知事李家隆介夫人フジ御機嫌奉伺として参邸につき、謁を賜う。○迪宮淳宮両殿下御側日誌、沼津御用邸西附属邸日誌、桑野鋭日記

沼津御来着の皇后を御奉迎

午後、雍仁親王・宣仁親王と共に沼津御用邸本邸御門前において皇后の行啓を御奉迎になる。御帰邸後、皇太子同妃御使を兼ね皇后に供奉して参邸の東宮主事桂潜太郎に謁を賜う。なお、皇后は御避寒のため、四月十九日まで本邸に御滞在になる。○迪宮淳宮両殿下御側日誌、東宮職日誌、皇后宮職日記、行啓録、布設録、進退録、供御日録、官報、迪宮記、昭憲皇太后実録、桑野鋭日記

二十七日　日曜日　朝来、咽喉カタルの症状を発せられる。この日、折しも参邸の侍医局長岡玄卿

に謁を賜い、終わって診察をお受けになる。なお、本邸御訪問をお取り止めとされたため、午後には典侍柳原愛子が皇后の御使として西附属邸に参邸する。御症状は数日にして止む。○迪宮淳宮両殿下御側日誌、沼津御用邸西附属邸日誌、侍医局日誌、拝診録、迪宮記、桑野鋭日記

午前、皇后宮大夫香川敬三参邸につき、謁を賜う。○迪宮淳宮両殿下御側日誌、沼津御用邸西附属邸日誌、桑野鋭日記

夜、昌子内親王・房子内親王の御使として常宮周宮御用掛加賀美繁子参邸につき、謁を賜う。両内親王からピアノ玩具等を贈られる。○迪宮淳宮両殿下御側日誌、桑野鋭日記

二月

一日　金曜日　午後、雍仁親王・宣仁親王と共に本邸に御参邸になり、皇后の御前にて種々お遊びになる。従一位中山慶子も参邸する。○迪宮淳宮両殿下御側日誌、沼津御用邸西附属邸日誌、沼津御用邸日誌、行啓録、布設録、桑野鋭日記

威仁親王同妃に御対顔

二日　土曜日　正午前、威仁親王・同妃慰子参邸につき御対顔になり、飾り馬の贈進を受けられる。ついで親王に供奉して参邸の帝室会計審査局長斎藤桃太郎・御附武官海軍中佐布目満造に謁を賜う。威仁親王・同妃は天皇・皇后の御名代として英照皇太后十年式年御陵祭及び孝明天皇四十年式年御陵祭に参拝し、この日午前、帰京の途次に沼津御用邸本邸に参邸し、皇后へ復命する。○迪宮淳宮両殿下御側日誌、沼

津御用邸西附属邸日誌、沼津御用邸日誌、行啓録、布設録、桑野鋭日記、斎藤桃太郎日記、明治天皇紀、威仁親王行実

この日、右頸部に疼痛を訴えられ、夕刻より御仮床に就かれる。八日に至り御全快になり、この間、幼稚園課業はお休みになる。○迪宮淳宮両殿下御側日誌、侍医局日誌、迪宮淳宮両殿下幼稚園御日誌、拝診録、桑野鋭日記、迪宮殿下御衛生報告録

六日　水曜日　御相手稲葉直通及び同渡辺昭帰京につき、修善寺土産の寄木細工箱・絵葉書を賜う。○沼津御用邸西附属邸日誌、桑野鋭日記

八日　金曜日　午後、本邸において雍仁親王・宣仁親王と共に皇后に御拝顔になる。折しも参邸の従一位中山慶子に謁を賜う。○迪宮淳宮両殿下御側日誌、沼津御用邸西附属邸日誌、沼津御用邸日誌、行啓録、布設録、桑野鋭日記

原町にお成り

九日　土曜日　午後、雍仁親王及び御相手と共に馬車にて原町方面へお成りになり、海岸等においてお過ごしになる。○迪宮淳宮両殿下御側日誌、沼津御用邸西附属邸日誌、桑野鋭日記

皇太子・同妃の御使として東宮主事錦小路在明参邸につき、謁を賜う。○行啓録、桑野鋭日記

本日より御相手加藤鋭五・松平四郎が出仕する。○迪宮淳宮両殿下御側日誌、桑野鋭日記

十日　日曜日　午後、侍医加藤照麿夫人常子及び子息二名御機嫌奉伺として参邸につき、謁を賜う。○迪宮淳宮両殿下御側日誌

紀元節

十一日　月曜日　午前、紀元節につき、供奉員の拝賀を受けられる。ついで幼稚園室において、御

相手・供奉員等と共に「君が代」及び先月末より御練習の「紀元節」の唱歌を歌われる。○迪宮淳宮両殿下御側日誌、沼津御用邸西附属邸日誌、行啓録、桑野鋭日記

十二日　火曜日　一昨夜来の降雪が止み、晴天となる。午前中、庭内において雍仁親王と共に、御相手等を交えて雪遊びをされる。午後は楊原神社付近まで御散歩になり、途中、供奉員も交えて雪合戦をされる。○迪宮淳宮両殿下御側日誌、沼津御用邸西附属邸日誌、桑野鋭日記、雍仁親王実紀

十三日　水曜日　午後、雍仁親王及び御相手と共に桃郷八幡宮まで御散歩になる。○迪宮淳宮両殿下御側日誌、沼津御用邸西附属邸日誌

本日より御相手川田資雄が出仕する。○迪宮淳宮両殿下御側日誌、桑野鋭日記

十四日　木曜日　正午前、雍仁親王及び御相手と共に牛臥の侯爵大山巖別邸にお成りになり、御昼餐後、牛臥山にお登りになる。○迪宮淳宮両殿下御側日誌、沼津御用邸西附属邸日誌、桑野鋭日記

十五日　金曜日　午後、雍仁親王・宣仁親王と共に馬車にて黒瀬橋周辺及び日枝神社にお成りになる。○迪宮淳宮両殿下御側日誌、沼津御用邸西附属邸日誌、桑野鋭日記

去る七日付にて富士艦長へ転任の元侍従武官海軍大佐大城源三郎参邸につき謁を賜い、暇乞を受けられる。○官報、桑野鋭日記

雪合戦

十六日　土曜日　午後、雍仁親王及び御相手と共に瓦山神社・毘沙門山まで御運動になる。○迪宮淳宮両殿下御側日誌、沼津御用邸西附属邸日誌、桑野鋭日記

十九日　火曜日　午後、雍仁親王及び御相手と共に沼津町付近まで御運動になる。○迪宮淳宮両殿下御側日誌、沼津御用邸西附属邸日誌、桑野鋭日記

二十日　水曜日　幼稚園課業終了後、雍仁親王及び御相手と共に松原方面へお成りになり、途中、牛を御覧になる。○迪宮淳宮両殿下御側日誌、沼津御用邸西附属邸日誌

午後、雍仁親王・宣仁親王及び御相手と共に東附属邸に従一位中山慶子を御訪問になる。御帰邸後、再び御出門になり、土筆山方面に御運動になる。○迪宮淳宮両殿下御側日誌、沼津御用邸西附属邸日誌、沼津御用邸附属邸日誌、桑野鋭日記

二十一日　木曜日　雍仁親王及び御相手と共に舟遊びをされる。午前、瓜島にて貝の採集をされ、午後は獅子浜に向かわれ、それより静浦村の男爵岩崎久弥別邸旧西郷侯爵別邸にお成りになる。○迪宮淳宮両殿下御側日誌、沼津御用邸西附属邸日誌、桑野鋭日記

この日、御製作の鳩の巣を附属邸内遊戯場の軒にお設えになり、御飼養の白鳩一番を放飼される。○桑野鋭日記、雍仁親王実紀

御相手加藤鋭五・松平四郎暇乞につき、修善寺土産の寄木細工箱・絵葉書等を下賜される。○桑野鋭日記

侍女より粗暴な御行為につき諫言を受けられる

二十二日　金曜日　昨日邸内の鳩が猫に掠われた話をお聞きになり、雍仁親王と共に鳩の敵を取るとて、邸内にて猫探しを行われる。翌日も行われる。また、この頃は何にても直ちに壊すことをお好みの御様子にて、この日も皇后より御頂戴の大根細工の象の鼻を折り、四肢を切断されたため、側近の侍女より、動物虐待の悪しきこと、玩具の動物にても醜く壊すことはよろしからずとの申入れを受けられ、以後はなさざる旨を述べられる。○迪宮淳宮両殿下御側日誌

午後、雍仁親王・宣仁親王及び御相手と共に馬車にて千本松原にお成りになり、松林にてお過ごしになる。○迪宮淳宮両殿下御側日誌、沼津御用邸西附属邸日誌、桑野鋭日記

二十四日　日曜日　午後、雍仁親王及び御相手と共に、松原より牛臥山・大山侯爵別邸まで御運動になる。○迪宮淳宮両殿下御側日誌、沼津御用邸西附属邸日誌、桑野鋭日記

三島町にお成り

二十五日　月曜日　午前、雍仁親王・宣仁親王と共に馬車にて御出門、三島町の小松宮別邸にお成りになる。邸内にて汽車遊び・軍艦遊びなどをされ、御昼食の後、官幣大社三島神社にお成りになる。境内において鳩等を御覧になり、鳩三羽をお持ち帰りになる。御帰還の途次、皇太子・同妃の御使として葉山より参着の東宮侍従有馬純文に謁を賜う。○迪宮淳宮両殿下御側日誌、迪宮淳宮両殿下幼稚園御日誌、沼津御用邸西附属邸日誌、行啓録、桑野鋭日記、雍仁親王実紀

二十六日　火曜日　午後、雍仁親王及び御相手と共に七面山より香貫山方面を御運動になる。○迪宮淳宮両

殿下御側日誌、沼津御用邸西附属邸日誌、桑野鋭日記

侍医局長岡玄卿御機嫌奉伺として参邸につき、謁を賜う。○迪宮淳宮両殿下御側日誌、沼津御用邸西附属邸日誌、侍医局日誌、行啓録、桑野鋭日記

二十七日　水曜日　午後、雍仁親王・宣仁親王と共に岩崎別邸においてお遊びになる。○迪宮淳宮両殿下御側日誌、沼津御用邸西附属邸日誌、桑野鋭日記

二十八日　木曜日　午後、雍仁親王と共に桃郷方面へ御運動になる。○迪宮淳宮両殿下御側日誌、桑野鋭日記

三月

一日　金曜日　午後、雍仁親王・宣仁親王と共に本邸にお成りになり、皇后の御機嫌を伺われる。皇后より、兵隊人形等の玩具を拝領される。なお皇后は先月来の御不例平癒につき、本日床払いをされる。○迪宮淳宮両殿下御側日誌、沼津御用邸西附属邸日誌、沼津御用邸日誌、行啓録、布設録、桑野鋭日記

皇后より兵隊人形を賜わる

御相手川田資雄暇乞のため参邸する。○迪宮淳宮両殿下御側日誌、沼津御用邸西附属邸日誌、桑野鋭日記

二日　土曜日　午後、雍仁親王と共に、桃郷より七面山・土筆山方面へ御運動になる。○迪宮淳宮両殿下御側日誌、沼津御用邸西附属邸日誌、桑野鋭日記

三日　日曜日　午前、雍仁親王・宣仁親王と共に海岸を御散歩になり、伯爵大木遠吉別邸の先まで

お成りになる。○迪宮淳宮両殿下御側日誌、桑野鋭日記

午後、雍仁親王と共に楊原神社及び牛臥方面へ御運動になる。○迪宮淳宮両殿下御側日誌、桑野鋭日記

四日　月曜日　午後、雍仁親王と共に桃郷方面へ御運動になる。途中、「アリス」という名の御料乳牛を御覧になる。また、仕立屋において、ミシンにてシャツを仕立てる様子に御興味を示され、その工程についてお尋ねになる。○迪宮淳宮両殿下御側日誌、沼津御用邸西附属邸日誌、桑野鋭日記

五日　火曜日　午後、雍仁親王・宣仁親王と共に本邸にお成りになり、皇后に御拝顔、小田原御用邸より参邸の昌子内親王・房子内親王に御対顔になる。皇后及び両内親王の御前にて、日の丸の旗の縫い取りを披露される。○迪宮淳宮両殿下御側日誌、迪宮淳宮両殿下幼稚園御日誌、沼津御用邸西附属邸日誌、沼津御用邸日誌、行啓録、布設録、桑野鋭日記

帝室会計審査局長斎藤桃太郎参邸につき、謁を賜う。○桑野鋭日記、斎藤桃太郎日記

六日　水曜日　午後、雍仁親王と共に毘沙門山方面へ御散歩になる。○迪宮淳宮両殿下御側日誌、沼津御用邸西附属邸日誌、桑野鋭日記

宮内大臣田中光顕・伯爵土方久元・宮内書記官栗原広太参邸につき、謁を賜う。田中及び土方を新御殿に召し、玩具等をお見せになる。○迪宮淳宮両殿下御側日誌、沼津御用邸西附属邸日誌、桑野鋭日記、土方久元日記

関東都督大島義昌・同副官中島虎喜等参邸につき、謁を賜う。○迪宮淳宮両殿下御側日誌、沼津御用邸西附属邸日誌、桑野鋭日記

七日　木曜日　午後、雍仁親王・宣仁親王と共に牛舎へ、ついで楊原神社まで御運動になる。○迪宮淳宮両

殿下御側日誌、沼津御用邸西附属邸日誌、桑野鋭日記

天皇の御沙汰により小田原御用邸滞在中の昌子内親王・房子内親王の帰京延期につき、本月十五日に予定されていた三親王の沼津御用邸より小田原御用邸への御移転はお取り止めとなる。○行啓録、桑野鋭日記

皇后御来邸

八日　金曜日　従一位中山慶子の参邸、続いて皇后の御来邸を、雍仁親王・宣仁親王と共に和服振袖にてお出迎えになり、御昼食の様子や幼稚園課業の成績品等を御覧に入れられ、また御前にて唱歌を歌われる。○迪宮淳宮両殿下御側日誌、沼津御用邸西附属邸日誌、行啓録、布設録、供御日録、昭憲皇太后実録、迪宮記、桑野鋭日記、雍仁親王実紀

九日　土曜日　午後、雍仁親王と共に香貫山麓の土筆原まで御運動になる。○迪宮淳宮両殿下御側日誌、沼津御用邸西附属邸日誌、桑野鋭日記

久邇宮四方に御対顔

十日　日曜日　午前、雍仁親王・宣仁親王と共に海岸を御散歩になり、大木伯爵別邸付近までお成りになる。○迪宮淳宮両殿下御側日誌、桑野鋭日記

午後、邦彦王・同妃俔子並びに多嘉王・同妃静子本邸より参邸につき、御対顔になる。多嘉王・同妃は昨九日結婚の御挨拶として、また邦彦王は来月初旬欧洲見学に出発の暇乞として、この日沼津へ参着し皇后に拝謁する。○迪宮淳宮両殿下御側日誌、沼津御用邸西附属邸日誌、行啓録、桑野鋭日記、邦彦王行実

雍仁親王と共に香貫山方面にお成りになり、ツクシ摘みなどをされる。○迪宮淳宮両殿下御側日誌、沼津御用邸西附属邸日誌、桑野鋭日記

夕方、学習院女学部長下田歌子参邸につき、謁を賜う。下田より西洋絵本の献上を受けられる。〇沼津御用邸西附属邸日誌、桑野鋭日記

十一日　月曜日　午後、松原より御幸橋をお渡りになり、牛舎まで御散歩になる。途中、松原にて我入道方面よりお帰りの皇后に御出会になり、また帝室博物館総長股野琢に謁を賜う。〇迪宮淳宮両殿下御側日誌、沼津御用邸西附属邸日誌、桑野鋭日記

十二日　火曜日　昼前より岩崎別邸にお成りになり、お遊びになる。同邸内にて石をお拾いになり、仮床中の雍仁親王並びに宣仁親王へのお土産とされる。〇迪宮淳宮両殿下御側日誌、沼津御用邸西附属邸日誌、桑野鋭日記

十三日　水曜日　午後、雍仁親王と共に楊原神社付近まで御散歩になる。途中、允子内親王・聰子内親王の御使として沼津へ参着の富美宮泰宮御養育主任林友幸に謁を賜う。〇迪宮淳宮両殿下御側日誌、沼津御用邸西附属邸日誌、御直宮御養育掛日記、桑野鋭日記

十四日　木曜日　午前より雍仁親王と共に舟遊びをされる。瓜島にて御昼餐の後、岩崎別邸にお成りになる。〇迪宮淳宮両殿下御側日誌、桑野鋭日記

静岡県知事李家隆介・静岡市長長島弘裕参邸につき、謁を賜う。〇沼津御用邸西附属邸日誌、桑野鋭日記

第一艦隊沼津御用邸沖に来航

十五日　金曜日　午後、駿河湾において演習中の第一艦隊軍艦朝日・八雲・高雄以下艦艇二十二隻

が皇后及び皇孫三親王の御機嫌奉伺として御用邸沖に来航につき、水兵服に召し換えられ、西附属邸土堤上より艦隊を御覧になる。それより雍仁親王・宣仁親王と共に本邸にお成りになり、内庭堤防において皇后に陪し、艦隊の君が代吹奏、皇礼砲発射の様子を御覧になる。翌十六日、御礼として横須賀鎮守府司令長官上村彦之丞・同機関長下条於菟丸・同参謀副官宇佐川知義参邸につき、謁を賜う。○迪宮淳宮両殿下御側日誌、沼津御用邸西附属邸日誌、行啓録、布設録、昭憲皇太后実録、桑野鋭日記、雍仁親王実紀

十七日　日曜日　昼前より雍仁親王・宣仁親王と共に大山侯爵別邸周辺にてお遊びになる。○迪宮淳宮両殿下御側日誌、沼津御用邸西附属邸日誌、桑野鋭日記

皇太子同妃を御奉迎

十八日　月曜日　皇太子・同妃葉山より行啓につき、午後零時五十分、本邸門前において御奉迎になる。御馬車の御前通過の際には、車上の皇太子妃とは御拝顔が叶うも、皇太子は反対側のため見上げることができず、二、三歩前に進み出られ、「おもう様、おもう様、おもう様」と声を限りに呼びかけられる。それより皇太子に御拝顔のため直ちに本邸にお入りになることを希望されるも、側近に諫められ、一旦御帰邸の後、改めて馬車にて雍仁親王・宣仁親王と共に本邸に参邸され、皇后並びに皇太子・同妃に御拝顔になる。暫時にして皇太子妃と御同乗にて西附属邸に御帰邸になり、皇太子は御徒歩にて同邸に参邸される。よって雍仁親王と共に皇太子・同妃をおもてなしになり、

新御殿に案内されて種々の玩具の御披露、修善寺絵葉書の御説明などをされた後、幼稚園において唱歌を披露される。四時十分、皇太子・同妃還啓につき、御奉送になる。○迪宮淳宮両殿下御側日誌、沼津御用邸附属邸日誌、東宮職日誌、行啓録、布設録、大正天皇実録、昭憲皇太后実録、貞明皇后実録、桑野鋭日記、木戸孝正日記

唱歌御披露

十九日　火曜日　午後、雍仁親王と共に七面山にお登りになり、ついで土筆山の麓においてツクシ摘みをされる。○迪宮淳宮両殿下御側日誌、沼津御用邸西附属邸日誌、桑野鋭日記

二十日　水曜日　雍仁親王・宣仁親王と共に上香貫の市川彦三別荘にお成りになり、御昼餐後、庭続きの物見山と称する展望所より駿河湾一円を眺望される。○迪宮淳宮両殿下御側日誌、沼津御用邸西附属邸日誌、桑野鋭日記

二十一日　木曜日　午後、雍仁親王と共に毘沙門山方面へ御運動になる。○迪宮淳宮両殿下御側日誌、桑野鋭日記

二十三日　土曜日　午後、雍仁親王・宣仁親王と共に本邸にお成りになり、内庭堤防にて皇后に陪し、御用邸前海浜における儀仗衛兵の空砲発火演習を御覧になる。○迪宮淳宮両殿下御側日誌、沼津御用邸西附属邸日誌、行啓録、布設録、昭憲皇太后実録、桑野鋭日記、雍仁親王実紀

儀仗衛兵の演習御覧

二十四日　日曜日　雍仁親王・宣仁親王と共に岩崎男爵別邸にて御昼餐の後、獅子浜方面へお成りになる。それより再び岩崎男爵別邸に戻られ、邸内及びその周辺にてお遊びになる。○迪宮淳宮両殿下御側日誌、沼津御用邸西附属邸日誌、桑野鋭日記

二十五日　月曜日　午後、公爵九条道実御機嫌奉伺として参邸につき、雍仁親王と共に謁を賜い、絵本などをお見せになる。○迪宮淳宮両殿下御側日誌、桑野鋭日記

二十六日　火曜日　雍仁親王・宣仁親王と共に市川彦三別荘にお成りになり、御昼餐後、ツクシ摘みなどをされる。お成りの途次、公爵岩倉具定・主猟官岡崎国良・同藪篤麿に謁を賜う。○迪宮淳宮両殿下御側日誌、沼津御用邸西附属邸日誌、桑野鋭日記

二十七日　水曜日　午後、雍仁親王・宣仁親王と共に本邸において皇后に御拝顔になる。皇后より興津農芸園献上の作り花壇等を賜わる。○迪宮淳宮両殿下御側日誌、侍医局日誌、行啓録、布設録、沼津御用邸西附属邸日誌、桑野鋭日記

二十八日　木曜日　午後、雍仁親王と共に松原方面を御散歩になる。○迪宮淳宮両殿下御側日誌、桑野鋭日記

弘田長の定例拝診を廃止

今般欧米より帰朝の宮内省御用掛弘田長は、宮内省御用掛・皇孫拝診御用の辞退を申し出る。よってこの日、従前月一回行われていた弘田の定例拝診は廃止することが決定される。ただし、侍医が必要と判断した際には弘田に臨時拝診を仰せ付けられるため、弘田の宮内省御用掛・皇孫拝診御用は従前のとおりとされる。○侍医局日誌、桑野鋭日記

二十九日　金曜日　明後日御帰京につき、午後、御告別の御挨拶のため雍仁親王・宣仁親王と共に東附属邸に従一位中山慶子をお訪ねになる。○迪宮淳宮両殿下御側日誌、沼津御用邸西附属邸日誌、桑野鋭日記

沼津より御帰京

三十日　土曜日　明日御帰京につき、この日より幼稚園課業を休止される。○迪宮淳宮両殿下御側日誌、迪宮淳宮両殿下幼稚園御日誌

正午過ぎ従一位中山慶子参邸し、三親王の御昼食の様子を拝見する。それより慶子は本邸に参邸し、親王の御参邸を待つ。午後二時、親王は雍仁親王・宣仁親王と共に本邸にお成りになり、明日御帰京の御暇乞として皇后に御拝顔になる。○迪宮淳宮両殿下御側日誌、沼津御用邸西附属邸日誌、行啓録、布設録、桑野鋭日記

この日、楊原村奨学資金として金百円を下賜される。○桑野鋭日記

三十一日　日曜日　雍仁親王・宣仁親王と共に御帰京になる。午前八時二十五分沼津停車場を御発車になり、午後零時十五分新橋停車場御着、同四十五分皇孫仮御殿にお着きになる。○迪宮淳宮両殿下御側日誌、沼津御用邸西附属邸日誌、東宮職日誌、皇后宮職日記、沼津御用邸附属邸日誌、行啓録、布設録、皇親録、官報、桑野鋭日記

四月

一日　月曜日　午前、宮内次官花房義質、東宮侍従長木戸孝正、東宮侍従原恒太郎相次いで参殿につき、それぞれに謁を賜う。木戸には暇をお許しにならず、雍仁親王と共に一時間以上にわたりお引き留めになる。○迪宮淳宮両殿下御側日誌、桑野鋭日記、木戸孝正日記

二日　火曜日　京都在住華族総代子爵西洞院信意御機嫌奉伺として参殿につき、謁を賜う。○迪宮淳宮両殿下御側

日誌、桑野鋭日記

四日　木曜日　本日より幼稚園課業を御再開になり、この日は例の如く唱歌、積木などをされる。○迪宮淳宮両殿下御側日誌

乃木希典に賜謁

東宮大夫中山孝麿、東宮侍講三島毅、学習院長乃木希典参殿につき、雍仁親王と共にそれぞれ謁を賜う。乃木より、今日の様に寒い時や雪などが降って手のこごえる時などでも、運動をすればあたたかくなりますが、殿下はいかがでございますかと尋ねられ、ええ運動しますとお答えになる。○迪宮淳宮両殿下御側日誌、桑野鋭日記、雍仁親王実紀

学習院端艇競漕大会御覧

五日　金曜日　午後、雍仁親王と共に隅田川上流にお成りになり、学習院第十三回端艇競漕大会を御覧になる。○迪宮淳宮両殿下御側日誌、桑野鋭日記、輔仁会雑誌

欧米より帰朝の宮内省御用掛弘田長御機嫌奉伺として参殿につき、謁を賜う。また東宮侍講本居豊穎参殿につき、謁を賜う。○桑野鋭日記

皇孫御養育掛長丸尾錦作夫人鍵子は本日付にて伺候を仰せ付けられ、この日より出仕する。○迪宮両殿下御側日誌、桑野鋭日記

七日　日曜日　午後、雍仁親王・宣仁親王及び御相手と共に新宿御苑にお成りになり、相撲や駆け

競べをされ、苑内の動物園を御巡覧になる。○迪宮淳宮両殿下御側日誌、新宿御苑出張所日誌、桑野鋭日記

八日　月曜日　午後、雍仁親王・宣仁親王と共に上野の帝室博物館附属動物園にお成りになる。帝室博物館主事久保田鼎・技手黒川義太郎の案内にて、キリンを御覧になる。日本に渡来した最初のキリンにて、本月三日より公開される。○迪宮淳宮両殿下御側日誌、桑野鋭日記、上野動物園百年史、読売新聞

九日　火曜日　午後、雍仁親王・宣仁親王及び御相手と共に吹上御苑にお成りになり、スミレ摘みなどをされ、寒香亭周辺を御運動になる。○迪宮淳宮両殿下御側日誌、桑野鋭日記

十日　水曜日　式部官土屋正直参殿につき、謁を賜う。○桑野鋭日記

十三日　土曜日　午後、雍仁親王・宣仁親王及び御相手と共に浜離宮にお成りになる。○迪宮淳宮両殿下御側日誌、主殿寮日録、桑野鋭日記

十五日　月曜日　東宮御内儀監督万里小路幸子が伺候する。○迪宮淳宮両殿下御側日誌、桑野鋭日記

午後、雍仁親王・宣仁親王と共に代々木御料地にお成りになり、スミレ摘み、鬼事などをされる。○迪宮淳宮両殿下御側日誌、新宿御苑出張所日誌、桑野鋭日記

十六日　火曜日　午後、東宮主事桂潜太郎参殿につき、謁を賜う。○迪宮淳宮両殿下御側日誌、桑野鋭日記

十七日　水曜日　午後、雍仁親王・宣仁親王と共に芝離宮にお成りになる。○迪宮淳宮両殿下御側日誌、侍医局日誌、主殿寮日録、桑

野鋭日記

十八日　木曜日　午後三時三十分、雍仁親王・宣仁親王と共に御出門、東宮御所にお成りになり、御車寄において葉山より還啓の皇太子・同妃を御奉迎になる。暫時の後、御帰殿になる。○迪宮淳宮両殿下御側日誌、東宮職日誌、行啓録、官報、大正天皇実録、貞明皇后実録、桑野鋭日記

宮内大臣田中光顕参殿につき、謁を賜う。○桑野鋭日記

十九日　金曜日　午後、雍仁親王と共に東宮御所にお成りになり、皇太子・同妃に御拝顔になる。○迪宮淳宮両殿下御側日誌、東宮職日誌、桑野鋭日記

沼津より還啓の皇后を御奉迎のため、皇孫御養育掛長丸尾錦作を御使として新橋停車場に差し遣わされる。○皇后宮職日記、桑野鋭日記

御附看護婦の廃止

二十日　土曜日　本月をもって看護婦による御附は廃止につき、この日、田中信・児山澄の両人が退下する。○迪宮淳宮両殿下御側日誌、侍医局日誌、迪宮記、桑野鋭日記

二十一日　日曜日　午後、皇太子・同妃御参殿につき、御前において雍仁親王・宣仁親王と共に、御頂戴の玩具などにてお遊びになる。鬼事の際には皇太子・同妃も参加される。○迪宮淳宮両殿下御側日誌、東宮職日誌、大正天皇実録、桑野鋭日記

皇后宮大夫香川敬三参殿につき、謁を賜う。○桑野鋭日記

二十三日　火曜日　数日来の軽微な感冒により、本日より幼稚園課業を休止される。咳嗽の御症状が長引き、五月十二日に御全快、十四日より課業を御再開になる。○迪宮淳宮両殿下御側日誌、迪宮淳宮両殿下幼稚園御日誌、侍医局日誌、拝診録、迪宮殿下御衛生報告録

二十四日　水曜日　この度フランスより帰朝の海軍中佐公爵一条実輝より、外国製動物自動玩具熊・兎の音楽家、犬の羽子つき、はねる馬等が献上される。○迪宮淳宮両殿下御側日誌、東宮職日誌、貞明皇后実録、迪宮記、桑野鋭日記

御誕辰

二十九日　月曜日　御誕辰につき、午前八時十分、水兵服にてお出ましになり、皇孫御養育掛長丸尾錦作以下御附高等官一同の拝賀をお受けになる。九時、雍仁親王・宣仁親王と共に東宮御所に御参殿になり、皇太子・同妃に御拝顔になる。ついで皇太子及び雍仁親王・宣仁親王と共に参内され、天皇・皇后に御拝顔になる。なお、皇孫御誕辰の際の参内は、これまで御誕辰の親王のみ皇太子に伴われ参内することを例としたが、この日は天皇の御沙汰により雍仁親王・宣仁親王も参内する。

御参内

午後、皇孫仮御殿において余興として催された柳川一蝶斎の手品を御覧になる。皇太子・同妃も御観覧になり、従一位中山慶子その他が陪覧する。○迪宮淳宮両殿下御側日誌、東宮職日誌、侍従職日録、皇后宮職日記、主殿寮日録、典式録、行啓録、貞明皇后実録、迪宮記、桑野鋭日記、徳大寺実則日記、木戸孝正日記、土方久元日記、思い出の記

三十日　火曜日　午後、公爵鷹司煕通参殿につき、謁を賜う。○迪宮淳宮両殿下御側日誌、桑野鋭日記

五月

一日　水曜日　伯爵久松定謨夫人貞子御相手久松定謙母参殿につき、謁を賜う。○桑野鋭日記

絵画への御興味

二日　木曜日　この頃、絵画への御興味が顕著にて、絵本などを熱心に御覧になるのみならず、塗り絵なども好まれ、盛んに行われる。○迪宮淳宮両殿下御側日誌

三日　金曜日　伯爵川村鉄太郎より、故伯爵川村純義の油彩肖像画が献上される。○迪宮記、桑野鋭日記

四日　土曜日　午後、雍仁親王・宣仁親王と共に東宮御所に参殿され、皇太子・同妃に御拝顔になる。また、参殿中の陸軍歩兵少佐清水谷実英元東宮武官に謁を賜う。○迪宮淳宮両殿下御側日誌、東宮職日誌、桑野鋭日記

五日　日曜日　午前、端午の節句につき檜兜拝見のため参殿の皇孫御養育掛長丸尾錦作の母時子及び掛長の娘二名に謁を賜う。○迪宮淳宮両殿下御側日誌、桑野鋭日記

午後、学習院女学部教授野口ゆか参殿につき、謁を賜う。○迪宮淳宮両殿下御側日誌、桑野鋭日記

六日　月曜日　午後、皇太子・同妃御参殿につき、端午の節句に設えたお飾りの人形を御覧に入れられる。ついで葉書の幻灯、手品など御自身にてなされ、御覧に入れられる。○迪宮淳宮両殿下御側日誌、東宮職日誌、桑野鋭日記

東京勧業博覧会御見学

九日　木曜日　午後、皇太子・同妃御参殿につき、御拝顔になる。なお、翌十日皇太子は山陰道行啓に出発される。ただし、親王は今月初めより御風邪気味のため奉送されず、東宮主事桑野鋭を東宮御所へ、皇孫御養育掛長丸尾錦作を新橋停車場へ遣わされる。○迪宮淳宮両殿下御側日誌、東宮職日誌、桑野鋭日記

十五日　水曜日　雍仁親王・宣仁親王と共に外庭にお出ましになり、僊錦閣にて御昼食の後、東宮御所において皇太子妃に御拝顔になる。○迪宮淳宮両殿下御側日誌、東宮職日誌、桑野鋭日記

十六日　木曜日　午後、雍仁親王・宣仁親王と共に新宿御苑にお成りになり、草花や動物等を御覧になる。○迪宮淳宮両殿下御側日誌、新宿御苑出張所日誌、桑野鋭日記

東宮主事桑野鋭は迪宮記編纂に着手する。○桑野鋭日記

十七日　金曜日　午後、雍仁親王及び御相手と共に、上野公園において開催中の東京勧業博覧会にお成りになる。会頭東京府知事千家尊福等の先導により、第一会場の諸物品展示を巡覧され、途中、貴賓館にて御休憩、千家府知事等に謁を賜う。展示物のうち、特に観覧車や大砲、孔雀玩具模型などを熱心に御覧になる。二十一日午後には雍仁親王・宣仁親王とお揃いにて再び同博覧会にお成りになり、第三会場の体育館において日本体育会会長加納久宜等に謁を賜い、それより同館において運動機械を御巡覧になる。ついで不忍池畔の第二会場をお訪ねになり、台湾館・水族館・瓦斯館・

外国館・三菱館・機械館を巡覧され、水族館の魚類やアシカ、饂飩製造機械、石鹸製造機械、ウォーターシュート等を熱心に御覧になる。さらに六月二日夜にも三親王お揃いにて同博覧会場にお成りになり、第一会場のイルミネーション、第二会場の花火、会場全体の夜景等を御観覧になる。○迪宮淳宮両殿下御側日誌、迪宮御日誌、迪宮淳宮両殿下御言行録、迪宮淳宮両殿下月報、桑野鋭日記、思い出の記

十九日　日曜日　雍仁親王・宣仁親王及び御相手と共に浜離宮にお成りになる。午前はボラの投網漁、釣りなどをされ、御昼餐後には、木登り、椅子取りなどにてお遊びになる。○迪宮淳宮両殿下御側日誌、桑野鋭日記

二十日　月曜日　午後、雍仁親王・宣仁親王と共に東宮御所にお成りになり、皇太子妃に御拝顔になる。また、参殿の従一位中山慶子に謁を賜う。○迪宮淳宮両殿下御側日誌、東宮職日誌、桑野鋭日記

二十二日　水曜日　午後、雍仁親王・宣仁親王と共に芝公園及び日比谷公園にお成りになる。○迪宮淳宮両殿下御側日誌、桑野鋭日記

東宮御所造営状況を御覧

二十四日　金曜日　午後、雍仁親王・宣仁親王及び御相手と共に東宮御所に御参殿になるも、皇太子妃は東宮御所造営現場御覧につき御不在のため、同現場までお成りになり、お揃いにて造営状況を御覧になる。○迪宮淳宮両殿下御側日誌、東宮職日誌、貞明皇后実録、桑野鋭日記

二十五日　土曜日　午前、海軍機関大佐三宅甲造参殿につき、謁を賜う。○迪宮淳宮両殿下御側日誌、桑野鋭日記

午後、雍仁親王・宣仁親王及び御相手と共に代々木御料地にお成りになる。○迪宮淳宮両殿下御側日誌、桑野鋭日記

二十六日 日曜日 午後、雍仁親王・宣仁親王と共に、淀橋浄水場を御見学になる。○迪宮淳宮両殿下御側日誌、桑野鋭日記

二十七日 月曜日 雍仁親王・宣仁親王及び御相手と共に東宮御所に参殿され、皇太子妃の御前において御昼餐を召される。○迪宮淳宮両殿下御側日誌、東宮職日誌、桑野鋭日記

二十八日 火曜日 皇后御誕辰につき、皇孫御養育掛長丸尾錦作を御使として宮城へ遣わされる。○昭憲皇太后実録、桑野鋭日記

皇后御誕辰

三十一日 金曜日 午後、雍仁親王・宣仁親王と共に東宮御所に参殿され、皇太子妃に御拝顔になる。○迪宮淳宮両殿下御側日誌、東宮職日誌、桑野鋭日記

六月

一日 土曜日 午後、雍仁親王・宣仁親王及び御相手と共に新宿御苑にお成りになる。○迪宮御日誌、主殿寮日録、新宿御苑出張所日誌、桑野鋭日記

御夕餐後、皇孫仮御殿門前において東京勧業博覧会祝賀の花電車を御覧になる。八日及び十二日に

も御覧になる。○迪宮御日誌、桑野鋭日記

二日　日曜日　午後、皇太子妃、従一位中山慶子等を伴い御参殿につき、御拝顔になる。芳麿王の参殿もあり、御一緒に尻尾取り、鬼事などの遊びをされる。○迪宮御日誌、東宮職日誌、迪宮記、桑野鋭日記、菊麿王日記

この日、陸軍砲兵大佐倉橋豊家（侍女小山登美の父）参殿につき、謁を賜う。○桑野鋭日記

四日　火曜日　朝、雍仁親王・宣仁親王と共に東宮御所にお成りになり、京都へ行啓の皇太子妃を御車寄前において御奉送になる。また、新橋停車場には皇孫御養育掛長丸尾錦作を遣わされる。○迪宮御日誌、東宮職日誌、行啓録、貞明皇后実録、桑野鋭日記

午後、雍仁親王・宣仁親王及び御相手と共に芝離宮にお成りになり、尻尾取りなどの遊びをされる。○迪宮御日誌、桑野鋭日記

八日　土曜日　午後、従一位中山慶子が参殿し、伺候する。また、皇太子・同妃御留守中の御見舞として天皇・皇后より遣わされた権命婦生源寺伊佐雄が参殿する。○迪宮御日誌、皇后宮職日記、桑野鋭日記

九日　日曜日　午後七時、雍仁親王・宣仁親王と共に御出門になり、京都より還啓の皇太子・同妃を東宮御所御車寄前において御奉迎になる。これより先、皇孫御養育掛長丸尾錦作を御奉迎のため新橋停車場に遣わされる。○迪宮御日誌、東宮職日誌、大正天皇実録、貞明皇后実録、桑野鋭日記

十日　月曜日　午後、雍仁親王・宣仁親王と共に東宮御所に御参殿、皇太子・同妃に御拝顔になり、折から参殿の依仁親王に御対顔になる。皇太子より御土産として清水焼人形等を賜わる。また、参殿中の伯爵土方久元に謁を賜う。○迪宮御日誌、東宮職日誌、桑野鋭日記、土方久元日記

十二日　水曜日　午後、皇太子御参殿につき、尻尾取り、相撲等の遊びの様子を御覧に入れられる。○迪宮御日誌、東宮職日誌、桑野鋭日記

十四日　金曜日　午後、雍仁親王・宣仁親王と共に代々木御料地にお成りになる。飼養の犬及び捕獲された狸などを御覧になり、池にて舟に召され、蓴菜取りをされる。○迪宮御日誌、桑野鋭日記、今上陛下の聖徳、雍仁親王実紀、聖上御盛徳録

戦事のお遊び

十五日　土曜日　かねてより雍仁親王及び御相手と共に、戦事のお遊びをしばしばされる。この日は初めてランドセルを背負われ、鉄砲玩具をお持ちにて僊錦閣前までお出ましになり、御自身で御工夫の戦事をされる。○迪宮御日誌

御両親と初めての御会食

十六日　日曜日　東宮御所にお成りになり、皇太子・同妃、雍仁親王・宣仁親王と共に御昼餐を御会食になる。御両親とお揃いの御会食は、これをもって嚆矢となす。午後、東宮御所に参殿の芳麿王も交え、御一緒にお遊びになる。○迪宮御日誌、迪宮淳宮両殿下月報、東宮職日誌、貞明皇后実録、迪宮記、桑野鋭日記、山階芳麿の生涯、思い出の記、雍仁親王御事蹟資料

十七日　月曜日　午後、雍仁親王・宣仁親王と共に靖国神社の遊就館にお成りになる。○迪宮御日誌、桑野鋭日記

二十日　木曜日　午前、宮内省御用掛弘田長に謁を賜う。○迪宮御日誌、桑野鋭日記
午後、雍仁親王・宣仁親王と共に日比谷公園を経て二重橋前にお成りになり、楠公銅像付近にてお遊びになる。○迪宮御日誌、桑野鋭日記
公爵九条道実参殿につき、謁を賜う。○迪宮御日誌
雍仁親王・宣仁親王と共に東宮御所に参殿され、皇太子・同妃に御拝顔になり、参殿中の昌子内親王・房子内親王と御対顔になる。○迪宮御日誌、東宮職日誌、貞明皇后実録、桑野鋭日記

二十一日　金曜日　午後、雍仁親王・宣仁親王と共に代々木御料地にお成りになり、飼養の犬を御覧になる。○迪宮御日誌、主殿寮日録、桑野鋭日記

二十二日　土曜日　午前、典侍柳原愛子参殿伺候につき、謁を賜う。○迪宮御日誌、桑野鋭日記

二十三日　日曜日　午後、皇太子・同妃がお成りになる。皇太子は御乗馬にて来着され、親王と雍仁親王とを代わる代わる御料馬の背にお乗せになる。○迪宮御日誌、東宮職日誌、迪宮淳宮両殿下月報、桑野鋭日記、雍仁親王実紀

二十四日　月曜日　午後、雍仁親王・宣仁親王と共に渋谷御料地乳牛場にお成りになり、牛を御覧になる。○迪宮御日誌、桑野鋭日記

皇太子妃御誕辰雍仁親王誕辰

二十五日　火曜日　皇太子妃及び雍仁親王の御誕辰につき、午前、雍仁親王・宣仁親王と共に東宮御所に御参殿になり、皇太子・同妃に御拝顔になる。午後、皇孫仮御殿において、皇太子・同妃と御一緒に余興の新粉細工等を御覧になる。なおこの日、天皇・皇后より地球儀等を賜わる。○迪宮御日誌、東宮職日誌、貞明皇后実録、迪宮記、桑野鋭日記、木戸孝正日記

二十八日　金曜日　午後、雍仁親王・宣仁親王と共に東宮御所に御参殿になり、皇太子・同妃に御拝顔になり、允子内親王・聰子内親王に御対顔になる。○迪宮御日誌、東宮職日誌、貞明皇后実録、桑野鋭日記、木戸孝正日記

三十日　日曜日　午後、皇太子妃お成りにつき、動物園遊びの様子などを御覧に入れられる。○迪宮御日誌、東宮職日誌、迪宮記、桑野鋭日記

七月

一日　月曜日　雍仁親王・宣仁親王と共に浜離宮にお成りになり、魚釣り・木登り等をされる。御昼食後、芳麿王も交えられ、椅子取りなどの遊びをされる。○迪宮御日誌、迪宮淳宮両殿下御言行録、桑野鋭日記

二日　火曜日　午後、皇太子御参殿につき、お遊びの様子を御覧に入れられる。○迪宮御日誌、迪宮淳宮両殿下御言行録、東宮職日誌、桑野鋭日記

三日　水曜日　元御附看護婦の田中信・児山澄御機嫌奉伺として参殿し、伺候する。七日には田中・児山及び同じく元御附看護婦の加藤和・池田知愛が伺候する。○迪宮御日誌、迪宮淳宮両殿下御言行録、桑野鋭日記

四日　木曜日　午後、雍仁親王・宣仁親王と共に新宿御苑にお成りになり、動物園のサルや池の魚類等を御覧になる。○迪宮御日誌、主殿寮日録、新宿御苑出張所日誌、桑野鋭日記

五日　金曜日　午後、雍仁親王・宣仁親王と共に東宮御所に御参殿になり、東宮御用掛陸軍騎兵中佐名和長憲及び典侍柳原愛子に謁を賜う。○迪宮御日誌、迪宮淳宮両殿下御言行録、東宮職日誌、迪宮記、桑野鋭日記

九日　火曜日　雍仁親王・宣仁親王と共に東宮御所に御参殿になる。東宮職御用掛幸田延に謁を賜い、ついで従一位中山慶子に謁を賜う。○迪宮御日誌、東宮職日誌、桑野鋭日記

十日　水曜日　午後、皇太子・同妃御参殿につき、おとぎ話「太郎の世界漫遊」を実演した遊びや、人取り・鬼事等の様子を御覧に入れられる。○迪宮御日誌、東宮職日誌、桑野鋭日記

十二日　金曜日　午後、芝離宮にお成りになり、雍仁親王・宣仁親王と共にカニ採りなどをされる。○迪宮御日誌、主殿寮日録、桑野鋭日記、雍仁親王実紀

十四日　日曜日　午後、中元御祝儀のため、雍仁親王・宣仁親王及び御相手と共に東宮御所にお成りになり、皇太子・同妃に御拝顔の上、提灯・団扇などを拝領される。夕刻、皇太子・同妃の御訪

問を受けられる。〇迪宮御日誌、迪宮淳宮両殿下御言行録、東宮職日誌、贈賜録、迪宮記、桑野鋭日記

夏季休業

十七日　水曜日　本日にて幼稚園課業は終業となり、明日より夏季休暇となる。〇迪宮御日誌、迪宮淳宮両殿下幼稚園御日誌

十八日　木曜日　午後、前宮内大臣土方久元御機嫌奉伺として参殿につき、謁を賜う。〇迪宮御日誌、桑野鋭日記、土方久元日記

御夕食後、皇太子・同妃御参殿につき、お遊びの様子を御覧に入れられる。皇太子・同妃は三親王の御就寝の模様を御覧の上、御帰殿になる。〇迪宮御日誌、迪宮淳宮両殿下御言行録、東宮職日誌、迪宮記、桑野鋭日記、雍仁親王実紀

十九日　金曜日　来る二十一日より日光に御避暑のため、御暇乞として雍仁親王・宣仁親王と共に東宮御所に御参殿になり、皇太子・同妃に御拝顔、御昼餐を御会食になる。また、参殿の従一位中山慶子に謁を賜う。〇迪宮御日誌、迪宮淳宮両殿下御言行録、東宮職日誌、貞明皇后実録、迪宮記、桑野鋭日記

森永洋菓子工場の火災

午後、公爵九条道実・同一条実輝参殿につき謁を賜い、昨夜の近火御見舞に対する御礼の言上を受けられる。昨夜、午後九時半過ぎ、赤坂田町五丁目の森永洋菓子工場より出火し、近隣を延焼する。九条・一条両公爵邸に近接するため、皇孫仮御殿においても一時大騒ぎとなる。親王・雍仁親王は御格子後なるも、御床より離れて出火の方向を御覧になる。〇迪宮御日誌、東宮職日誌、迪宮記、桑野鋭日記、読売新聞

二十日　土曜日　宮内大臣田中光顕及び東宮侍従長木戸孝正参殿につき、それぞれ謁を賜う。〇迪宮御日誌、木

日光に御避暑

二十一日　日曜日　午前七時四十分、雍仁親王・宣仁親王と共に皇孫仮御殿を御出門、御避暑のため日光へ向かわれる。皇孫御養育掛長丸尾錦作・東宮主事桑野鋭・侍医補長田重雄等が供奉する。八時三十五分上野停車場を御発車になり、午後一時十五分日光停車場に御到着、それより人力車にて日光田母沢御用邸にお入りになる。本年の御避暑は、当初葉山の御予定であったが、神奈川県橘樹郡保土ヶ谷町周辺においてペスト発生のため、日光に御変更になる。御滞在中、午前中は御用邸周辺をしばしば御運動になり、午後は概ね御昼寝の後、屋内・庭内にてお過ごしになる。また、夜には時に花火を御覧になり、また蓄音器をお聴きになる。○迪宮御日誌、迪宮淳宮両殿下御言行録、迪宮殿下御衛生報告録、重要雑録、進退録、官報、桑野鋭日記、木戸孝正日記

二十三日　火曜日　午前、雍仁親王と共に大日堂まで御運動になる。○迪宮御日誌、桑野鋭日記

二十四日　水曜日　午前、雍仁親王・宣仁親王と共に日光公園付近まで御運動になる。○迪宮御日誌、桑野鋭日記

栃木県知事中山巳代蔵参邸につき、謁を賜う。○迪宮御日誌、桑野鋭日記

東照宮御参拝

二十六日　金曜日　本日より御相手稲葉直通・久松定謙が毎日出仕する。○迪宮御日誌、桑野鋭日記

午前、雍仁親王・宣仁親王と共に別格官幣社東照宮にお成りになる。陽明門、本殿内陣を通過され、

ついで石段を登って奥院に進まれ、それより本地堂を御覧の上、仮殿にて御参拝になる。なお三親王より初穂料をお供えになる。○迪宮御日誌、迪宮淳宮両殿下御言行録、桑野鋭日記

二十七日　土曜日　午前、雍仁親王・宣仁親王と共に大谷川に沿って梅林まで御散歩になる。○迪宮御日誌、桑野鋭日記

輪王寺宝物御覧

二十八日　日曜日　午前、雍仁親王・宣仁親王と共に国幣中社二荒山神社に御参拝になる。ついで朝陽館日光御用邸にて御休憩の後、輪王寺にお成りになり、宝物などを御覧になる。ついで朝陽館において、御機嫌奉伺として参上の栃木県事務官植松金章警務長・同阿部亀彦に謁を賜う。○迪宮御日誌、迪宮淳宮両殿下御言行録、桑野鋭日記

二十九日　月曜日　午前、雍仁親王・宣仁親王と共に、東京帝国大学理科大学附属植物園日光分園にお成りになる。○迪宮御日誌、迪宮淳宮両殿下御言行録、桑野鋭日記

三十日　火曜日　午前、雍仁親王・宣仁親王と共に徳川三代廟にお成りになる。○迪宮御日誌、迪宮淳宮両殿下御言行録、桑野鋭日記

三十一日　水曜日　午前、雍仁親王・宣仁親王と共に裏見の滝にお成りになる。○迪宮御日誌、迪宮淳宮両殿下御言行録、桑野鋭日記、雍仁親王実紀

八月

一日　木曜日　午前、雍仁親王・宣仁親王と共に滝尾神社にお成りになる。○迪宮御日誌、桑野鋭日記

午後、皇太子・同妃の御使として東宮侍従原恒太郎が参邸、伺候する。皇太子・同妃より電気仕掛けの鉄道玩具や麦藁帽子等を賜わる。○迪宮御日誌、東宮職日誌、重要雑録、進退録、桑野鋭日記

二日　金曜日　午前、雍仁親王・宣仁親王と共に小倉山御料地にお成りになる。東宮侍従原恒太郎も供奉し、御昼餐の様子を拝見の後、帰京する。○迪宮御日誌、迪宮淳宮両殿下御言行録、桑野鋭日記

三日　土曜日　午前、雍仁親王・宣仁親王と共に含満淵及び化地蔵まで御運動になる。○迪宮御日誌、桑野鋭日記

五日　月曜日　午前、雍仁親王・宣仁親王と共に輪王寺にお成りになり、慈眼堂・護王殿・天海大僧正墓所等を御覧になる。ついで頌徳館にお成りになり、関ヶ原合戦のパノラマを御覧になる。○迪宮御日誌、迪宮記、桑野鋭日記

六日　火曜日　この日、皇太子・同妃塩原へ行啓につき、皇孫御養育掛長丸尾錦作を宇都宮停車場へ遣わされる。○貞明皇后実録、桑野鋭日記

八日　木曜日　午前、雍仁親王・宣仁親王と共に裏門よりお出ましになり、清滝まで御運動にな

る。〇迪宮御日誌、桑野鋭日記

九日　金曜日　午前、雍仁親王・宣仁親王と共に殉死の墓輪王寺釈迦堂境内西にお成りになり、それより御用邸近辺を御散歩になる。〇迪宮御日誌、桑野鋭日記

午後、日光滞在中の威仁親王・栽仁王参邸につき、御対顔になる。〇迪宮御日誌、迪宮淳宮両殿下御言行録、桑野鋭日記

十日　土曜日　午前、雍仁親王と共に東京帝国大学理科大学附属植物園日光分園にお成りになり、高山植物の押し花をお持ち帰りになる。〇迪宮御日誌、桑野鋭日記

十一日　日曜日　午前、栃木県知事中山巳代蔵御機嫌奉伺として参邸につき、謁を賜う。〇迪宮御日誌、桑野鋭日記

十二日　月曜日　午前、雍仁親王・宣仁親王と共に神橋・本宮祠・四本竜寺・金剛山三重塔周辺を御運動になり、ついで朝陽館にて戦事のお遊びをされる。御帰途、日光滞在中の實枝子女王に御対顔になる。〇迪宮御日誌、桑野鋭日記

十三日　火曜日　午前、雍仁親王・宣仁親王と共に銭沢不動にお成りになる。〇迪宮御日誌、迪宮淳宮両殿下御言行録、桑野鋭日記

侯爵前田利為・同夫人渼子参邸につき、謁を賜う。〇桑野鋭日記

御相手稲葉直通・久松定謙は、暇乞の後帰京する。〇迪宮御日誌、桑野鋭日記

十四日　水曜日　午前、雍仁親王・宣仁親王と共に鉢石町・松原町方面を御散歩になり、家ごとに

出された旧暦七夕飾りの竹笹を御覧になる。〇迪宮御日誌、桑野鋭日記、雍仁親王実紀

昼前、皇孫御養育掛長丸尾錦作母時子、錦作の子息を伴い参邸につき、謁を賜う。〇迪宮御日誌、桑野鋭日記

十五日 木曜日 本日より御相手の千田貞清・加藤鋭五が出仕する。貞清の祖母並びに鋭五の母侍医加藤照麿夫人常子付き添いとして参邸につき、謁を賜う。〇迪宮御日誌、迪宮淳宮両殿下御言行録、桑野鋭日記

十七日 土曜日 午前、雍仁親王・宣仁親王と共に日光公園においてお遊びになる。〇迪宮御日誌、桑野鋭日記

皇太子塩原より御来邸

午後一時、塩原に御避暑中の皇太子御来邸につき、御車寄において御奉迎になる。御座所において御挨拶の後、お遊びの様子等を御覧に入れられる。皇太子は日光田母沢御用邸に二十日まで御滞在になり、親王・雍仁親王・宣仁親王と共に過ごされる。〇迪宮御日誌、迪宮淳宮両殿下御言行録、東宮職日誌、行啓録、桑野鋭日記、木戸孝正日記

十八日 日曜日 午前、雍仁親王・宣仁親王と共に滝尾神社にお成りになる。白糸の滝近辺において皇太子に御出会になり、それより御一緒に帰邸される。〇迪宮御日誌、行啓録、桑野鋭日記、木戸孝正日記

十九日 月曜日 午前、雍仁親王・宣仁親王と共に朝陽館にお成りになり、戦事などにてお遊びになる。〇迪宮御日誌、桑野鋭日記

二十日 火曜日 午前、雍仁親王・宣仁親王と共に梅林にお成りになる。途中、神橋付近において御運動中の皇太子に御出会になり、御一緒に帰邸される。〇迪宮御日誌、迪宮淳宮両殿下御言行録、桑野鋭日記

午後、皇太子塩原へ還啓につき、皇孫御養育掛長丸尾錦作を御使として日光停車場へ差し遣わされる。○桑野鋭日記

二十一日 水曜日 午前、雍仁親王・宣仁親王と共に日光美術館にお成りになる。○迪宮御日誌、桑野鋭日記、雍仁親王実紀

二十四日 土曜日 昨夜来の暴風雨につき、皇孫御養育掛長丸尾錦作よりの電報をもって、塩原に御滞在中の皇太子・同妃の御機嫌を伺われる。暴風雨は二十六日まで続き、二十六日には同じく電報をもって天皇・皇后の御機嫌を伺われる。○皇后宮職日記、重要雑録、行啓録、桑野鋭日記

二十七日 火曜日 午前、雍仁親王・宣仁親王と共に含満淵付近まで御運動になり、数日来の降雨による激流奔溢の様子を御覧になる。○迪宮御日誌、桑野鋭日記

二十八日 水曜日 午前、雍仁親王・宣仁親王と共にお出ましになり、大谷川・稲荷川の出水の模様を御覧になる。それより朝陽館において水遊び、戦事などの遊びをされる。○迪宮御日誌、迪宮淳宮両殿下御言行録、桑野鋭日記

二十九日 木曜日 午前、雍仁親王・宣仁親王と共に裏見の滝道まで御運動になり、途中にてオミナエシやワレモコウなどをお摘み採りになる。○迪宮御日誌、桑野鋭日記

三十日 金曜日 午前、雍仁親王・宣仁親王と共に御出門になり、板挽町・安川町を通り、水車を御覧になり、さらに日光ホテル・徳川三代廟・二荒山神社方面より植物園手前までお成りになる。○迪

宮御日誌、桑野鋭日記

三十一日　土曜日　午前、雍仁親王・宣仁親王と共に大日堂・含満淵まで御運動になる。○迪宮御日誌、桑野鋭日記

皇太子御誕辰

皇太子御誕辰につき、皇孫御養育掛長丸尾錦作を御使として皇太子御滞在中の塩原御用邸に差し遣わされる。○行啓録、桑野鋭日記

九月

一日　日曜日　午前、雍仁親王・宣仁親王と共に梅林にお成りになる。御帰途、朝陽館にお立ち寄りになる。○迪宮御日誌、桑野鋭日記

二日　月曜日　午前、雍仁親王・宣仁親王と共に徳川三代廟・日光公園等を御運動になる。○迪宮御日誌、桑野鋭日記

御相手千田貞清・同加藤鋭五が帰京する。○桑野鋭日記

三日　火曜日　雍仁親王・宣仁親王と共に霧降の滝にお成りになり、小倉山御料地において御昼食、お遊びの後、御帰邸になる。○迪宮御日誌、桑野鋭日記

日光より御帰京

四日　水曜日　午前、雍仁親王・宣仁親王と共に大日堂にお成りになる。〇迪宮御日誌、桑野鋭日記

五日　木曜日　午前、雍仁親王・宣仁親王と共に大谷川沿いを御運動になる。さらに神橋付近より長坂を経て朝陽館にお成りになり、戦事などにてお遊びになる。〇迪宮御日誌、桑野鋭日記

六日　金曜日　午前、雍仁親王・宣仁親王と共に東京帝国大学理科大学附属植物園日光分園にお成りになる。〇迪宮御日誌、桑野鋭日記

七日　土曜日　午前、雍仁親王・宣仁親王と共に裏見の滝道まで御運動になり、秋草をお摘み採りになる。途中驟雨となる。〇迪宮御日誌、桑野鋭日記

八日　日曜日　明日の御帰京を前に、別格官幣社東照宮宮司中山信徴・国幣中社二荒山神社宮司立木兼善・輪王寺門跡彦坂諶照・正五位西山真平日光美術館経営参邸につき、それぞれに謁を賜う。〇桑野鋭日記

九日　月曜日　午前八時十分、雍仁親王・宣仁親王と共に日光田母沢御用邸を御出門、御帰京の途に就かれる。御出門前、栃木県知事中山巳代蔵・同警務長植松金章等に謁を賜う。同三十五分日光停車場を御発車になり、宇都宮・小山を経て、午後零時三十分、上野停車場に御着車になる。皇太子御使東宮主事桂潜太郎、昌子内親王・房子内親王の御使宮内省御用掛園基資、宮内大臣田中光顕等に謁を賜い、それより馬車にて、一時十五分皇孫仮御殿に御帰還になる。なお、上野停車場より、

皇孫御養育掛長丸尾錦作を宮城及び東宮御所に遣わされる。○迪宮御日誌、東宮職日誌、行啓録、重要雑録、主殿寮日録、桑野鋭日記

午後、元皇孫御殿詰の侍医補秋月昱蔵参殿につき、謁を賜う。○迪宮御日誌

十日　火曜日　午前、宮内大臣田中光顕参殿につき、謁を賜う。午後、宮内次官花房義質・東宮侍従長木戸孝正参殿につき、それぞれに謁を賜う。○迪宮御日誌、桑野鋭日記、木戸孝正日記

午後、雍仁親王・宣仁親王と共に御帰京の御挨拶として東宮御所に御参殿になり、皇太子・同妃に御拝顔になる。○迪宮御日誌、東宮職日誌、桑野鋭日記

十一日　水曜日　午後、芳麿王参殿につき、御一緒に旗合せ、クロックノール、砂場遊びなどをされる。○迪宮御日誌、桑野鋭日記

十二日　木曜日　午後、雍仁親王・宣仁親王と共に新宿御苑にお成りになり、草花や動物を御覧になる。○迪宮御日誌、主殿寮日録、新宿御苑出張所日誌、桑野鋭日記

伊藤博文献上の朝鮮馬に御試乗

十四日　土曜日　午後二時半皇太子が、四時よりは皇太子妃が御参殿につき、御一緒に過ごされる。韓国統監伊藤博文より皇太子に献上の朝鮮馬三頭が、皇太子の御沙汰により前庭に牽き入れられ、親王・雍仁親王共に二回ずつ御試乗になる。○迪宮御日誌、迪宮淳宮両殿下御言行録、東宮職日誌、厩事日記、桑野鋭日記

十五日　日曜日　雍仁親王・宣仁親王及び御相手と共に上野の帝室博物館附属動物園にお成りにな

り、ペリカン・ゾウ・キリン等を御覧になる。ついで東京帝室博物館において御昼食の後、動物剝製等を御覧になる。なお、先に静岡県片桐仁八より掌典園池実康を経て献上された蓑亀一匹を動物園にお預けになる。○迪宮御日誌、迪宮淳宮両殿下御言行録、桑野鋭日記

十六日　月曜日　幼稚園課業が再開され、この日は唱歌・談話・遊戯・積木などをされる。○迪宮御日誌、迪宮淳宮両殿下幼稚園御日誌

午後、雍仁親王・宣仁親王と共に馬車にて道玄坂を経て駒沢方面をお巡りになる。○迪宮御日誌、桑野鋭日記

新御相手候補の参殿

十七日　火曜日　午後、学習院女学部教授野口ゆか、新しい御相手候補者として学習院女学部幼稚園園児の松平直国・樋口孝康・堤経長を伴い参殿する。同じく御相手候補の久松定孝は別に参殿する。○迪宮御日誌、桑野鋭日記

十八日　水曜日　午後、雍仁親王・宣仁親王と共に東宮御所に御参殿になる。○迪宮御日誌、迪宮淳宮両殿下御言行録、東宮職日誌、桑野鋭日記

十九日　木曜日　午後、雍仁親王・宣仁親王と共に代々木御料地にお成りになる。同地にて飼養の犬を御覧になり、栗拾いなどをされる。○迪宮御日誌、桑野鋭日記

二十日　金曜日　午後、雍仁親王・宣仁親王と共に外庭を経て主馬寮赤坂分厩へお成りになり、朝

鮮馬を御覧になる。ついで東宮御所に御参殿になる。○迪宮御日誌、迪宮淳宮両殿下御言行録、東宮職日誌、桑野鋭日記

御参内

二十一日　土曜日　午前、雍仁親王・宣仁親王と共に御参内になる。人形ノ間において皇太子に御拝顔になり、爵記親授式のため参内の公爵伊藤博文・同山県有朋・同大山巖・侯爵松方正義・同井上馨・同桂太郎等に謁を賜う。それより皇太子と御一緒に天皇・皇后にそれぞれ御拝顔になる。○迪宮御日誌、迪宮淳宮両殿下御言行録、東宮職日誌、侍従職日録、皇后宮職日記、桑野鋭日記、明治天皇紀、官報、天皇・運命の誕生

二十二日　日曜日　午後、皇太子・同妃御参殿につき、尻尾取り、人取り、鬼事、旗合せ等のお遊びの様子を御覧に入れられる。○迪宮御日誌、東宮職日誌、桑野鋭日記

二十三日　月曜日　午後、雍仁親王・宣仁親王と共に浜離宮にお成りになり、昆虫採集などをされる。○迪宮御日誌、迪宮淳宮両殿下御言行録、桑野鋭日記

この日、東宮武官長村木雅美、男爵授爵の御礼として参殿につき、謁を賜う。○官報、桑野鋭日記

二十五日　水曜日　午後、雍仁親王・宣仁親王と共に東宮御所に御参殿になる。○迪宮御日誌、東宮職日誌、桑野鋭日記

妙法寺にお成り

二十六日　木曜日　午後、雍仁親王・宣仁親王と共に馬車に召され、豊多摩郡和田堀内村の妙法寺にお成りになり、境内などにてお遊びになる。○迪宮御日誌、桑野鋭日記

二十七日　金曜日　午後、雍仁親王・宣仁親王と共に東宮御所にお成りになる。それより皇太子と

御同列にて有栖川宮邸にお成りになり、威仁親王等に御対顔になる。邸内を御覧の後、邸内の庭園においてお遊びになる。○迪宮御日誌、迪宮淳宮両殿下御言行録、東宮職日誌、行啓録、桑野鋭日記

御写真撮影

二十八日　土曜日　午前、雍仁親王・宣仁親王と共に東宮御所に御参殿になり、表謁見所前庭において御写真を撮影される。写真師丸木利陽が奉仕する。ついで皇太子妃に御拝顔になり、お遊びの様子を御覧に入れられる。○迪宮御日誌、迪宮淳宮両殿下御言行録、迪宮記、桑野鋭日記、高松宮宣仁親王

午後、皇太子・同妃、允子内親王・聰子内親王同伴にて御参殿につき、鬼事等のお遊びの様子を御覧に入れられる。また芳麿王の参殿もあり、御一緒にお遊びになる。○迪宮御日誌、迪宮淳宮両殿下御言行録、東宮職日誌、貞明皇后実録、桑野鋭日記

十月

百人一首歌留多のお遊び

一日　火曜日　午前、幼稚園課業の後、百人一首歌留多にてお遊びになる。午後も再び百人一首にてお遊びになり、翌日以後もしばらく毎日の如くお遊びになる。○迪宮御日誌

夕刻、雍仁親王・宣仁親王と共に馬車にて東宮御所に御参殿になり、皇太子・同妃と御夕餐を御会食になる。○迪宮御日誌、東宮職日誌、貞明皇后実録、桑野鋭日記

二日　水曜日　本日より新たな御相手として久松定孝が出仕する。○迪宮御日誌、桑野鋭日記

三日　木曜日　午後、皇太子・同妃、元東宮職出仕皇太子御学友の北小路清・甘露寺受長・土屋正直を伴い御参殿につき、雍仁親王・宣仁親王も交え、御一緒に人取り・鬼事などにてお遊びになる。○迪宮御日誌、迪宮淳宮両殿下御言行録、桑野鋭日記

五日　土曜日　午後、雍仁親王・宣仁親王及び御相手と共に東宮御所に御参殿になる。折から参殿の菊麿王・同妃常子並びに載仁親王・同妃智恵子に御対顔になる。○迪宮御日誌、東宮職日誌、桑野鋭日記

中山慶子死去

従一位中山慶子明治天皇生母、先月末より肺炎にて療養中のところ、今暁四時五十分死去につき、皇孫御養育掛長丸尾錦作をその邸に遣わされる。また昨四日には慶子重態の報に接せられ、病気御尋として三種交魚等を賜う。十四日の葬送に際しては東宮主事桑野鋭をもって真榊一対等を霊前に供えられ、丸尾を御使として遣わされる。また皇太子妃及び雍仁親王・宣仁親王と共に、皇孫仮御殿西車寄より葬列をお見送りになる。○迪宮御日誌、迪宮淳宮両殿下御言行録、東宮職日誌、重要雑録、桑野鋭日記

六日　日曜日　午後、芳麿王参殿につき、御一緒に百人一首、フットボール、木馬飛び、輪投げ等にてお遊びになる。○迪宮御日誌、桑野鋭日記

八日　火曜日　午後、雍仁親王・宣仁親王及び御相手と共に代々木御料地にお成りになり、栗拾い

をされる。○迪宮御日誌、桑野鋭日記

九日　水曜日　午後、雍仁親王・宣仁親王及び御相手と共に東宮御所に御参殿になる。皇太子・同妃に御拝顔の際、昨日お拾いの栗を御献上になる。また、折から参殿の威仁親王に御対面になり、海軍大将東郷平八郎及び典侍柳原愛子に謁を賜う。○迪宮御日誌、迪宮淳宮両殿下御言行録、東宮職日誌、桑野鋭日記

十日　木曜日　この日、皇太子が韓国並びに九州・四国地方行啓に御出発につき、雍仁親王・宣仁親王と共に東宮御所に御参殿になり、皇太子・同妃に御拝顔になる。それより皇太子妃及び雍仁親王と共に新橋停車場までお成りになり、皇太子の御出発を御奉送になる。○迪宮御日誌、迪宮淳宮両殿下御言行録、東宮職日誌、行啓録、大正天皇実録、貞明皇后実録、桑野鋭日記

十一日　金曜日　午後、雍仁親王・宣仁親王及び御相手と共に吹上御苑にお成りになる。○迪宮御日誌、皇后宮職日記、主殿寮日録、桑野鋭日記

十二日　土曜日　午後、皇太子妃御参殿につき御拝顔になる。また、京都在住の旧女官総代として中山慶子葬儀に参列の鴨脚八十は、皇太子妃に供奉して参殿する。○迪宮御日誌、桑野鋭日記

十五日　火曜日　午後、雍仁親王・宣仁親王及び御相手を伴い新宿御苑にお成りになり、温室御覧の後、芋掘り等をされる。○迪宮御日誌、迪宮淳宮両殿下御言行録、主殿寮日録、新宿御苑出張所日誌、桑野鋭日記

学習院輔仁会秋季陸上運動会を御覧

十六日　水曜日　午後、雍仁親王・宣仁親王と共に学習院本院において開催の輔仁会秋季陸上運動会にお成りになり、各種競技を御覧になる。○迪宮御日誌、迪宮淳宮両殿下御言行録、桑野鋭日記、輔仁会雑誌

十七日　木曜日　午後、雍仁親王・宣仁親王及び御相手と共に東宮御所に御参殿になり、お遊びになる。○迪宮御日誌、迪宮記、桑野鋭日記

十八日　金曜日　午後、雍仁親王・宣仁親王及び御相手と共に日比谷公園・愛宕山・芝公園をお巡りの上、御帰殿になる。○迪宮御日誌、桑野鋭日記

御乗馬の嚆矢

二十日　日曜日　午後、芳麿王参殿につき、ボール遊びなどをされる。さらに雍仁親王・宣仁親王及び芳麿王と共に主馬寮赤坂分厩にお成りになり、朝鮮馬を御覧になる。親王と雍仁親王は新たに完成した鞍を使用され、隠岐島号にお乗りになる。これをもって親王の御乗馬の嚆矢とする。○迪宮御日誌、迪宮淳宮両殿下御言行録、裕仁親王殿下御乗馬録、桑野鋭日記、今上陛下御乗馬誌

二十一日　月曜日　午前、皇太子妃御参殿につき、唱歌や貼り紙など幼稚園課業の様子を御覧に入れられる。○迪宮御日誌、迪宮淳宮両殿下御言行録、東宮職日誌、桑野鋭日記

二十二日　火曜日　午後、御相手の模様伺のため伯爵久松定謨夫人貞子御相手久松定孝母参殿につき、謁を賜う。○迪宮御日誌、桑野鋭日記

靖国神社御参拝

二十三日　水曜日　午後、雍仁親王・宣仁親王及び御相手と共に東宮御所に御参殿になり、皇太子妃に御拝顔になる。○迪宮御日誌、東宮職日誌、桑野鋭日記

二十四日　木曜日　午後、雍仁親王・宣仁親王と共に御出門、別格官幣社靖国神社を御参拝の後、遊就館を御覧になる。○迪宮御日誌、桑野鋭日記

二十五日　金曜日　午後、雍仁親王・宣仁親王と共に東宮御所に御参殿になり、皇太子妃に御拝顔になる。○迪宮御日誌、東宮職日誌、迪宮記、桑野鋭日記

東京高等師範学校運動会

二十六日　土曜日　午後、雍仁親王・宣仁親王及び御相手と共に小石川区大塚窪町の東京高等師範学校運動会にお成りになり、闘牛や兵式体操等の競技を御覧になる。○迪宮御日誌、迪宮淳宮両殿下御言行録、桑野鋭日記

二十七日　日曜日　午後、皇太子妃御参殿につき、お遊びの様子を御覧に入れられる。○迪宮御日誌、迪宮記、桑野鋭日記

学習院女学部運動会

二十八日　月曜日　午後、雍仁親王・宣仁親王と共に学習院女学部運動会にお成りになる。休憩室において皇后・皇太子妃に御拝顔になり、それより会場に臨まれ、学生の競技を御覧になる。昌子内親王・房子内親王・允子内親王・聰子内親王にも御対顔になる。○迪宮御日誌、迪宮淳宮両殿下御言行録、東宮職日誌、皇后宮職日記、御直宮御養育掛日記、行啓録、布設録、昭憲皇太后実録、貞明皇后実録、桑野鋭日記、女子学習院五十年史

二十九日　火曜日　午後、雍仁親王・宣仁親王と共に東宮御所に御参殿になる。○迪宮御日誌、東宮職日誌、桑野鋭日記

東京帝国大学農科大学にお成り

三十一日　木曜日　午後、雍仁親王・宣仁親王及び御相手と共に駒場の東京帝国大学農科大学にお成りになる。まず屋内において標本を御覧になり、ついで温室・農園・牧場等を御巡覧になる。○迪宮御日誌、桑野鋭日記

十一月

一日　金曜日　午後、雍仁親王・宣仁親王及び御相手と共に東宮御所に御参殿になる。皇太子妃に御拝顔の際、先般撮影された御写真を御贈進になる。○迪宮御日誌、東宮職日誌、桑野鋭日記

二日　土曜日　午前、雍仁親王・宣仁親王と共に本郷区の団子坂にお成りになり、菊人形を御覧になる。○迪宮御日誌、迪宮記、桑野鋭日記

天長節

三日　日曜日　午前、雍仁親王・宣仁親王と共に皇孫仮御殿御車寄にお出ましになり、天長節観兵式へ臨まれる天皇の鹵簿を御拝観になり、ついで御殿内において皇孫御養育掛長丸尾錦作以下御附一同より天長節の拝賀をお受けになる。その後、幼稚園室において「天長節」及び「君が代」の唱歌を合唱される。○迪宮御日誌、迪宮淳宮両殿下御言行録、迪宮淳宮両殿下幼稚園御日誌、桑野鋭日記

四日　月曜日　午後、雍仁親王・宣仁親王と共に東宮御所に御参殿になる。○迪宮御日誌、東宮職日誌、桑野鋭日記

五日　火曜日　午後、皇太子妃御参殿につき、お遊びの様子を御覧に入れられる。○迪宮御日誌、東宮職日誌、迪宮記、桑野鋭日記

皇太子妃よりピアノ御拝領

六日　水曜日　皇太子妃よりピアノを賜わる。この日より幼稚園課業における唱歌はピアノの伴奏にて歌われる。○迪宮御日誌、迪宮淳宮両殿下御言行録

第一回文展御覧

八日　金曜日　午前より雍仁親王・宣仁親王及び御相手と共に上野の帝室博物館附属動物園にお成りになる。サルやキリンに餌を与えられ、先月御寄託の蓑亀などを御覧になる。午後は、東京帝室博物館を巡覧され、ついで上野公園内の元東京勧業博覧会美術館にお成りになり、第一回文部省美術展覧会を御覧になる。○迪宮御日誌、迪宮淳宮両殿下御言行録、桑野鋭日記

九日　土曜日　午後、雍仁親王・宣仁親王と共に外庭にお出ましになり、僊錦閣・周芳亭付近にて菊花を御覧になり、それより東宮御所に御参殿になる。○迪宮御日誌、東宮職日誌、桑野鋭日記

十日　日曜日　雍仁親王・宣仁親王と共に東宮御所にお成りになり、皇太子妃と御昼餐を御会食になる。その際、典侍柳原愛子・皇孫御養育掛長丸尾錦作に御陪食を仰せ付けられる。御両親との御会食に際しての臣下の御陪食は、これを初めとする。○迪宮御日誌、迪宮淳宮両殿下御言行録、東宮職日誌、貞明皇后実録、桑野鋭日記

木戸孝正・三島毅に揮毫を命ず

十一日　月曜日　午前、東宮侍従長木戸孝正・東宮侍講三島毅にそれぞれ謁を賜う。木戸には絵を描かせ、三島には文字を書くよう命じられる。○迪宮御日誌、桑野鋭日記、木戸孝正日記

十二日　火曜日　本日より新たな御相手として松平直国が出仕する。○迪宮御日誌、桑野鋭日記

十三日　水曜日　午後、昨日より感冒の雍仁親王・宣仁親王の御見舞のため皇太子妃御参殿につき、お遊びの様子を御覧に入れられる。○迪宮御日誌、貞明皇后実録、桑野鋭日記

十四日　木曜日　皇太子韓国及び九州・四国地方行啓より還啓につき、御奉迎のため皇孫御養育掛長丸尾錦作を新橋停車場へ遣わされる。引き続き、特別大演習御統裁のため茨城県下へ行幸の天皇を御奉送のため、丸尾を上野停車場へ遣わされる。皇太子も新橋停車場より上野停車場へお成りになり、天皇を奉送される。親王は雍仁親王と共に正午御出門、東宮御所に御参殿になり、御車寄において皇太子の還啓を御奉迎になる。○迪宮御日誌、迪宮淳宮両殿下御言行録、東宮職日誌、行啓録、貞明皇后実録、迪宮記、官報、桑野鋭日記

十五日　金曜日　午後、雍仁親王と共に東宮御所に御参殿になり、皇太子・同妃に御拝顔になる。ついで折から参殿の依仁親王に御対顔になる。○迪宮御日誌、東宮職日誌、大正天皇実録、桑野鋭日記

十六日　土曜日　午後、皇太子・同妃御参殿につき、お遊びの様子を御覧に入れられる。○迪宮御日誌、東宮職日誌、桑野鋭日記

御参内

十八日 月曜日 雍仁親王・宣仁親王と共に御参内になり、皇后及び昌子内親王・房子内親王・允子内親王・聰子内親王と御昼餐を御会食になる。終わってお遊びの様子を御覧に入れられる。○迪宮御日誌、迪宮淳宮両殿下御言行録、皇后宮職日記、迪宮記、桑野鋭日記

二十日 水曜日 午前、伯爵川村鉄太郎参殿につき、謁を賜う。○迪宮御日誌、桑野鋭日記

午後、雍仁親王・宣仁親王及び御相手と共に東宮御所に御参殿になる。○迪宮御日誌、桑野鋭日記

天皇特別大演習より還幸につき、奉迎のため皇孫御養育掛長丸尾錦作を上野停車場へ遣わされる。○桑野鋭日記

二十一日 木曜日 午後、雍仁親王・宣仁親王と共に高輪御殿にお成りになり、昌子内親王・房子内親王に御対顔になる。○迪宮御日誌、迪宮淳宮両殿下御言行録、迪宮記、桑野鋭日記

二十二日 金曜日 午前二時過ぎ、東京北部を震源とする地震発生につき、雍仁親王・宣仁親王と共に一時庭に避難される。○迪宮御日誌、桑野鋭日記、秩父宮雍仁親王

二十三日 土曜日 午後、雍仁親王・宣仁親王と共に東宮御所に御参殿になる。○迪宮御日誌、東宮職日誌、迪宮記、桑野鋭日記

御違例

二十四日 日曜日 数日来御風邪気味のところ、この日感冒・咽頭カタルと診断され、御仮床に就かれる。十二月四日に全快と診断されるも、雍仁親王・宣仁親王も感冒にて仮床中のため、六日御

一緒に床払いされる。この間、皇太子・同妃より御見舞の御使が度々遣わされ、十二月二日には皇后からも御使が差し遣わされる。○迪宮御日誌、迪宮淳宮両殿下御言行録、侍医局日誌、拝診録、迪宮殿下御衛生報告録、東宮職日誌、皇后宮職日記、重要雑録、迪宮淳宮両殿下幼稚園御日誌、大正天皇実録、貞明皇后実録、迪宮記、桑野鋭日記

十二月

皇太子同妃の御違例

二日　月曜日　昨一日より皇太子・同妃が感冒のため御仮床にお就きになる。よってこの日、皇孫御養育掛長丸尾錦作を東宮御所へ遣わされ、御機嫌をお伺いになる。五日にもこのことあり。○東宮職日誌、大正天皇実録、貞明皇后実録、桑野鋭日記

四日　水曜日　午前、東宮侍従長木戸孝正参殿につき、謁を賜う。○迪宮御日誌、桑野鋭日記、木戸孝正日記

六日　金曜日　午前、新任の東宮武官陸軍歩兵少佐本城幹太郎並びに前任の陸軍歩兵中佐尾藤知勝参殿につき、謁を賜う。○迪宮御日誌、桑野鋭日記

東宮大夫の異動

十一日　水曜日　東宮大夫中山孝麿は宮中顧問官に任じられ、東宮武官長村木雅美が東宮大夫兼任となる。○進退録、桑野鋭日記、官報

十六日　月曜日　夕方、皇太子・同妃の御使として東宮侍従本多正復が参殿し、伺候する。○迪宮御日誌、桑野鋭

日記

皇孫仮御殿役員分課仮内規

この日、皇孫仮御殿役員分課仮内規が定められる。

一、御養育掛長ハ東宮大夫ノ監督ヲ承ケ皇孫御養育ノ責ニ任シ、皇孫ニ関スル一切ノ事務ヲ総理シ掛員ヲ監督ス

一、東宮主事ハ御養育掛長ノ指揮ヲ承ケ庶務会計ヲ掌理シ、兼テ事務員以下ヲ監督ス

一、勤務ハ御養育掛長ノ指揮ヲ承ケ常侍奉仕シ、兼テ御通学ノ供奉ヲナス

一、御相手（御学友）ハ御修学ノ伴侶又ハ御遊戯ノ御相手ヲナス、但御相手（御学友）ハ学習院ノ小学部及幼稚園ノ児童ヲ選ミ之ニ充ツ

一、事務員ハ庶務会計ニ従事ス

一、殿丁ハ雑役ニ従事ス

一、庖丁ハ供御ノ調理ニ従事ス

一、使夫

一、侍女取締ハ侍女中高級故参ノ者ヨリ兼務シ、御養育掛長ノ指揮ヲ承ケ侍女以下ヲ監督ス

一、侍女ハ御養育掛長及侍女取締ノ指揮ヲ承ケ常侍奉仕シ御養育ニ従事シ、兼テ供御御服御用

度品取扱ヲ分掌ス

一、侍女補ハ侍女ノ職務ヲ補助ス

一、雑仕ハ雑役ニ従事ス

一、侍医、侍医補、薬剤師、薬丁

職掌ハ本寮ノ規定ニ同シ

○桑野鋭参照書類

十八日　水曜日　皇太子・同妃よりクリスマスの靴下に入った玩具を賜わる。○迪宮御日誌、桑野鋭日記

二十日　金曜日　午後、雍仁親王と共に東宮御所において皇太子・同妃に御拝顔になる。なお、皇太子は感冒御全快により、この日床払いされ、皇太子妃は去る十七日に床払いされる。○迪宮御日誌、東宮職日誌、大正天皇実録、貞明皇后実録、桑野鋭日記

二十一日　土曜日　去る十一日東宮大夫退任の侯爵中山孝麿、在職中の御礼言上のため参殿につき、謁を賜う。○迪宮御日誌、桑野鋭日記

韓国皇太子に御対顔

午後、雍仁親王と共に東宮御所に御参殿になり、皇太子・同妃に御拝顔の後、留学のため来日中の韓国皇太子英親王李垠に御対顔になる。親王は李垠に日本についての感想、動物園見学の有無、朝

鮮における虎の呼称などにつき御質問になる。〇迪宮御日誌、迪宮淳宮両殿下御言行録、東宮職日誌、貞明皇后実録、桑野鋭日記

御相手久松定謙等の解任

この日、久松定謙・稲葉直通・加藤鋭五・千田貞清・三宅三郎・川田資雄の御相手の任を解かれる。〇桑野鋭日記、雍仁親王実紀

二十二日　日曜日　午前、今般転任の御礼言上のため参殿の元東宮武官黒水公三郎に謁を賜う。〇迪宮御日誌、官報、桑野鋭日記

正午前、皇太子が御参殿になる。午後は雍仁親王・宣仁親王と共に東宮御所にお成りになり、活動写真を御覧になる。〇迪宮御日誌、東宮職日誌、桑野鋭日記

二十三日　月曜日　午後、雍仁親王・宣仁親王と共に東宮御所に御参殿になる。〇迪宮御日誌、東宮職日誌、桑野鋭日記

東宮大夫村木雅美歳末賜物の御礼言上として参殿につき、謁を賜う。〇桑野鋭日記

皇太子同妃と御会食

二十四日　火曜日　明日より沼津へ御避寒につき、御暇乞のため、雍仁親王・宣仁親王と共に東宮御所に御参殿になり、皇太子・同妃と御昼餐を御会食になる。典侍柳原愛子が陪食する。また、折から参殿の故能久親王妃富子に御対顔になる。〇迪宮御日誌、東宮職日誌、貞明皇后実録、迪宮記、桑野鋭日記

柳原花子御機嫌奉伺として参殿につき、謁を賜う。〇桑野鋭日記

沼津に御避寒

二十五日　水曜日　午前九時二十分、雍仁親王・宣仁親王と共に御出門、御避寒のため沼津へ向か

われる。皇孫御養育掛長丸尾錦作・同夫人鍵子・東宮主事桑野鋭・侍医加藤照麿・侍医補原田貞夫、侍女取締渥美千代、侍女坂野鈴・足立タカ・荒川玉・岡富代・曽根ナツ・菅千代等が供奉する。同五十分、新橋停車場を御発車になり、午後一時五十五分沼津停車場に御着車、それより沼津御用邸西附属邸に入られる。本冬の御避寒は当初今月五日より小田原御用邸にお成りの御予定であったが、親王の感冒や宣仁親王の違例などにより度々変更となり、本日に至る。御避寒中は、午前中に幼稚園課業を、午後には御用邸周辺の御運動を日課とされ、しばしば海岸にて過ごされる。特に貝拾いに関心をお持ちになり、収集後には貝を洗い、貝箱に整理して保存される。○迪宮御日誌、沼津御用邸西附属邸日誌、沼津御用邸附属邸日誌、東宮職日誌、皇后宮職日記、皇親録、重要雑録、進退録、官報、桑野鋭日記、木戸孝正日記、斎藤桃太郎日記、雍仁親王実紀

貝の御整理

二十六日　木曜日　午後、雍仁親王・宣仁親王と共に伯爵大木遠吉別邸付近まで御散歩になる。○迪宮御日誌

二十七日　金曜日　午後、雍仁親王・宣仁親王と共に桃郷村を御散歩になる。途中より宣仁親王とお別れになり、八幡神社まで御運動になる。○迪宮御日誌、桑野鋭日記

二十八日　土曜日　正午過ぎ、静岡県知事李家隆介・同県事務官東園基光御機嫌奉伺として参邸につき、謁を賜う。○迪宮御日誌、沼津御用邸西附属邸日誌、桑野鋭日記

午後、雍仁親王・宣仁親王と共に八幡神社まで御散歩になる。〇迪宮御日誌、桑野鋭日記

三十日　月曜日　午前、恒例の沼津女子尋常高等小学校附属幼稚園園児の製作になる繭玉の献上をお受けになり、御用邸御面謁所にお飾りになる。〇迪宮御日誌、迪宮淳宮両殿下御言行録、桑野鋭日記

三十一日　火曜日　午後、病気療養のため沼津に転地中の侯爵中山孝麿、歳末御機嫌奉伺として参邸につき、謁を賜う。〇迪宮御日誌、迪宮淳宮両殿下御言行録、桑野鋭日記

式部官正五位子爵土屋正直、明年一月一日付にて皇孫御用掛を拝命につき、この日参邸する。よって拝謁を仰せ付けられる。〇桑野鋭日記

明治四十一年（西暦一九〇八年）　七歳

一月

一日　水曜日　雍仁親王・宣仁親王と共に沼津御用邸西附属邸において新年を迎えられる。午前には供奉員の拝賀をお受けになり、唱歌「一月一日」「君が代」を一同と共に歌われる。この日、静岡県知事李家隆介以下同県事務官、駿東郡長辻芳太郎、帝室林野管理局静岡支庁長伊藤重介等の拝賀をお受けになる。また新年の御使として東宮主事桑野鋭を宮城及び東宮御所に差し遣わされる。○迪宮御日誌、迪宮御言行録、沼津御用邸西附属邸日誌、東宮職日誌、沼津御用邸日誌、桑野鋭日記、丸尾家資料

土屋正直皇孫御用掛拝命

式部官土屋正直が皇孫御用掛を仰せ付けられる。土屋は今月十六日沼津に着し、同日より親王に供奉する。○迪宮御日誌、東宮職日誌、進退録、迪宮殿下御模様、官報、桑野鋭日記

二日　木曜日　午前、西附属邸に参賀の桃郷消防組による出初式の梯子乗りを御覧になる。○迪宮御日誌、桑

野鋭日記

三日　金曜日　午前、宣仁親王の誕辰につき、供奉員の拝賀をお受けになる。皇太子・同妃御使の東宮主事桂潜太郎及び元東宮大夫中山孝麿が参邸、伺候する。○迪宮御日誌、沼津御用邸西附属邸日誌、東宮職日誌、重要雑録、進退録、桑野鋭日記、丸尾家資料

宣仁親王誕辰

午後、沼津女子尋常高等小学校附属幼稚園園児百余名による遊戯等を御覧になる。○迪宮御日誌、桑野鋭日記、静岡民友新聞

四日　土曜日　雍仁親王・宣仁親王と共に士筆山付近まで御運動になる。○迪宮御日誌、桑野鋭日記

九日　木曜日　本日より幼稚園課業を再開され、この日は午前中に一時間半ほど、談話・唱歌・手技などをされる。○迪宮御日誌、迪宮御言行録、迪宮淳宮両殿下幼稚園御日誌、迪宮殿下御模様、桑野鋭日記

幼稚園課業の再開

午前、海岸より世古方面へ御運動になり、途中、貝拾いなどをされる。この後も沼津御滞在中にはしばしば海岸にて貝拾いを行われる。○迪宮御日誌、迪宮殿下御模様

午後、雍仁親王・宣仁親王と共に我入道より沼津町方面へ御運動になる。○迪宮御日誌、桑野鋭日記

侍女清水シゲ・同足立タカを東宮職限り奏任扱となす。○侍医寮日誌、桑野鋭日記

十日　金曜日　午前、雍仁親王・宣仁親王と共に海岸を御運動になり、漁夫による地曳網を御覧になる。○迪宮御日誌、迪宮殿下御模様、桑野鋭日記

午後、静浦村の岩崎男爵別邸にお成りになる。○迪宮御日誌、桑野鋭日記

十一日　土曜日　雍仁親王・宣仁親王と共に舟にて瓜島にお成りになり、同所の岩崎男爵別邸の茶屋にて御昼餐を召される。午後は再び舟に召され、静浦に御上陸、岩崎男爵別邸においてお遊びになる。○迪宮御日誌、迪宮御言行録、沼津御用邸日誌、桑野鋭日記

御相手久松渡辺の出仕

十二日　日曜日　本日より御相手久松定孝・同渡辺昭が出仕する。両名は今月三十日まで、毎日午前九時より午後四時頃まで西附属邸に参邸し、親王の御相手を務める。○迪宮御日誌、迪宮淳宮両殿下幼稚園御日誌、迪宮殿下御模様、桑野鋭日記

午前、雍仁親王・宣仁親王と共に海岸を御運動になり、地曳網を御覧になる。○迪宮御日誌、桑野鋭日記

皇后の行啓を御奉迎

午後、皇后が御避寒のため沼津へ行啓につき、奉迎のため沼津停車場に皇孫御養育掛長丸尾錦作を差し遣わされる。親王は雍仁親王・宣仁親王と共に沼津御用邸本邸御門前において、皇后の御到着を奉迎される。○迪宮御日誌、行啓録、供御日録、布設録、官報、桑野鋭日記

皇太子同妃より貝を御拝領

東宮主事桂潜太郎、皇后に供奉して沼津へ来着参邸につき、謁を賜う。この時、皇太子・同妃よりの御土産として貝を拝領される。○迪宮御日誌、東宮職日誌、進退録、桑野鋭日記

午後、神奈川県知事周布公平・陸軍中将古川宣誉参邸につき、謁を賜う。○桑野鋭日記

十三日　月曜日　午後、雍仁親王・宣仁親王と共に本邸に参邸され、皇后に御拝顔になる。○迪宮御日誌、迪宮御言行録、沼津御用邸日誌、行啓録、布設録、桑野鋭日記

十四日　火曜日　午後、雍仁親王・宣仁親王及び御相手と共に七面山まで御運動になる。○迪宮御日誌、桑野鋭日記

十六日　木曜日　午前、雍仁親王と共に牛臥方面を御運動になる。午後は牛臥より我入道方面を巡られ、東宮侍従大迫貞武の別邸にお立ち寄りになる。○迪宮御日誌、桑野鋭日記

十七日　金曜日　午後、雍仁親王・宣仁親王及び御相手と共に毘沙門山にお登りになる。○迪宮御日誌、桑野鋭日記

皇后御使として典侍柳原愛子が参邸する。愛子より玩具の献上を受けられる。○迪宮御日誌、迪宮御言行録、桑野鋭日記

十八日　土曜日　午前、雍仁親王・宣仁親王と共に牛臥方面を御運動になる。午後は桃郷村を伯爵大木遠吉別邸手前まで御運動になる。○迪宮御日誌、桑野鋭日記

十九日　日曜日　午前、伯爵川村鉄太郎及び同母春子御機嫌奉伺として参邸につき、謁を賜う。○迪宮御日誌、迪宮御言行録、桑野鋭日記

午後、雍仁親王・宣仁親王と共に本邸に参邸され、皇后に御拝顔になる。○迪宮御日誌、沼津御用邸日誌、行啓録、布設録、桑野鋭

二十日　月曜日　午後、雍仁親王・宣仁親王と共に瓦山神社まで御運動になる。○迪宮御日誌、桑野鋭日記

二十一日　火曜日　午前、雍仁親王・宣仁親王と共に牛臥方面へ御運動になる。午後は桃郷方面へ御運動になる。○迪宮御日誌、桑野鋭日記、沼津日誌

前東宮侍従長木戸孝正に賜謁

二十二日　水曜日　午後、雍仁親王・宣仁親王と共に馬車にて静浦小学校前までお成りになり、それより徒歩にて江ノ浦付近まで御運動になる。○迪宮御日誌、桑野鋭日記、沼津日誌

宮中顧問官兼式部官木戸孝正に謁を賜う。木戸は去る二十日東宮侍従長より転任につき、御礼並びに暇乞の言上を受けられる。○迪宮御日誌、進退録、官報、木戸孝正日記、桑野鋭日記、沼津日誌

二十三日　木曜日　午後、雍仁親王・宣仁親王と共に鈴木牧場周辺まで御運動になり、牛などを御覧になる。○迪宮御日誌、桑野鋭日記、沼津日誌

御機嫌奉伺として参邸の公爵大山巖・同夫人捨松に謁を賜う。○桑野鋭日記、沼津日誌

三島町にお成り

二十四日　金曜日　午前十時御出門、馬車にて雍仁親王・宣仁親王と共に三島町の小松宮別邸にお成りになる。邸内にて鬼事・軍隊合せなどにてお遊びになり、皇孫御用掛土屋正直の写真機にて侍医加藤照麿を撮影される。午後三時御出門、同町にて開催中の静岡県水産品評会にお立ち寄りにな

り、同県知事李家隆介・同県事務官補水野富三郎・田方郡長鈴木七二郎等に謁を賜う。同会より金魚三鉢の献上を受けられ、四時三十分御帰還になる。〇迪宮御日誌、迪宮御言行録、桑野鋭日記、沼津日誌

二十五日　土曜日　午前、雍仁親王・宣仁親王と共に大木伯爵別邸方面へ御運動になる。午後は三島館へお成りになる。〇迪宮御日誌、沼津日誌、静岡民友新聞

皇后及び沼津行啓の皇太子と御会食

二十六日　日曜日　午前十時二十分御出門、雍仁親王・宣仁親王と共に御用邸本邸門前にて、修善寺村より行啓の皇太子を御奉迎になる。なお、これに先立ち沼津停車場まで皇孫御養育掛長丸尾錦作を遣わされる。それより本邸に参邸され、皇后・皇太子に御拝顔の後、お揃いにて御昼餐を御会食になる。午後一時四十分、皇太子葉山へ還啓につき、御門前において御奉送になり、沼津停車場へは丸尾御養育掛長を遣わされる。皇太子より金時計・金製鉛筆入れ等を賜わる。〇迪宮御日誌、迪宮御言行録、沼津御用邸西附属邸日誌、東宮職日誌、沼津御用邸日誌、行啓録、布設録、供御日録、大正天皇実録、昭憲皇太后実録、官報、沼津日誌

二十七日　月曜日　午後、雍仁親王・宣仁親王と共に馬車にて千本松原にお成りになり、公園を御運動になる。〇迪宮御日誌、沼津日誌

二十八日　火曜日　午前、雍仁親王と共に海岸を大木伯爵別邸付近まで御運動になる。午後は徳倉山方面へ御運動になり、二合目付近までお登りになる。これ以降、沼津御滞在中、雍仁親王と共に

徳倉山へしばしばお成りになり、中腹までお登りになる。○迪宮御日誌、沼津日誌

皇后より軍艦玩具御拝領

三十日　木曜日　午後、雍仁親王・宣仁親王と共に本邸に御参邸になり、皇后に御拝顔になる。皇后より玩具の軍艦等を賜わる。○迪宮御日誌、行啓録、布設録、沼津日誌

御相手渡辺昭・同久松定孝明日帰京につき、暇乞のため参邸する。○迪宮御日誌、迪宮殿下御模様、沼津日誌

一条順子死去

三十一日　金曜日　去る二十五日皇后の御養母一条順子死去につき、お慎み中の皇后に御伺として棹物を御献上になる。なお、二月十日にはお慎み明けとして皇后より五種交魚を賜わる。○行啓録、供御日録、昭憲皇太后実録、桑野鋭日記、沼津日誌

二月

一日　土曜日　午後、雍仁親王と共に牛臥・我入道・楊原神社方面へ御運動になる。○迪宮御日誌、沼津日誌

種痘御接種

三日　月曜日　午後、第三回目の種痘をお受けになる。○迪宮御日誌、迪宮殿下御衛生報告録、迪宮殿下御模様、拝診録、侍医寮日誌、沼津日誌

四日　火曜日　午後、雍仁親王・宣仁親王と共に本邸に御参邸になり、皇后の御前にてお遊びになる。○迪宮御日誌、沼津御用邸日誌、行啓録、布設録、沼津日誌

御機嫌奉伺として参邸の帝室博物館総長股野琢及び庵原郡長本田竜助・安倍郡長小川省治郎・静岡

市長長島弘裕に謁を賜う。〇沼津日誌
七日　金曜日　雍仁親王・宣仁親王と共に岩崎男爵別邸にお成りになる。御昼餐後、御機嫌奉伺のため同邸に参上の宮内大臣田中光顕に謁を賜う。〇迪宮御日誌、行啓録、桑野鋭日記
八日　土曜日　午後、雍仁親王・宣仁親王と共に桃郷近辺を御運動になる。〇迪宮御日誌、桑野鋭日記
九日　日曜日　午後、雍仁親王・宣仁親王と共に馬車にて原町にお成りになり、千本浜周辺を御運動になる。〇迪宮御日誌、桑野鋭日記
本日より御相手松平四郎が出仕する。〇迪宮淳宮両殿下幼稚園御日誌、桑野鋭日記
十日　月曜日　午後、雍仁親王・宣仁親王及び御相手松平四郎と共に、大平越より香貫山へお登りになる。〇迪宮御日誌、迪宮御言行録、迪宮殿下御模様、桑野鋭日記、静岡民友新聞

紀元節

十一日　火曜日　午前九時、紀元節につき供奉高等官の拝賀を受けられる。ついで幼稚園にて唱歌「紀元節」「君が代」を一同とお歌いになる。軍艦宗谷旧ロシア巡洋艦ワリヤーグ、紀元節祝賀のため清水港より沼津御用邸沖に来航につき、御庭より御覧になる。それより雍仁親王・宣仁親王と共に本邸に参邸され、皇后と御昼餐を御会食になる。ついで皇后に陪し、御用邸前の海岸にて宗谷乗組員の行う短艇競漕・水雷爆発・機関砲射撃・速射砲演習等を御覧になる。その間、宗谷艦長財部彪に種々御下問

軍艦宗谷の演習御覧

になる。夜、西附属邸の御庭より宗谷の探海灯照射・火箭等を御覧になる。○迪宮御日誌、迪宮御言行録、迪宮殿下御模様、迪宮淳宮両殿下幼稚園御日誌、沼津御用邸日誌、行啓録、布設録、供御日録、昭憲皇太后実録、桑野鋭日記、財部彪日記

十二日　水曜日　午後、雍仁親王・宣仁親王と共に御出門、徳倉山と香貫山との間道の山ノ根までお成りになる。○迪宮御日誌、桑野鋭日記

十三日　木曜日　午後、雍仁親王・宣仁親王と共に御出門、楊原神社より香貫山麓方面を大迫別邸までお成りになる。○迪宮御日誌、桑野鋭日記

十四日　金曜日　午後、雍仁親王・宣仁親王と共に本邸に参邸され、皇后に御拝顔になる。お成りの際御車寄において、清国出張の途次皇后に御機嫌奉伺として参邸の侍従武官関野謙吉に謁を賜う。また皇后の御前において、侍従日野西資博・侍従職勤務大炊御門家政に謁を賜う。○迪宮御日誌、沼津御用邸日誌、行啓録、布設録、供御日録、桑野鋭日記

十五日　土曜日　午後、雍仁親王・宣仁親王と共に牛臥方面へ御運動になり、豊牧舎にお成りになる。○迪宮御日誌、桑野鋭日記

皇孫御養育掛長丸尾錦作は帰京の途次、三親王の御使として皇太子・同妃御滞在中の葉山御用邸に参向する。○行啓録、大正天皇実録、貞明皇后実録、桑野鋭日記

御歌所長高崎正風参邸につき、謁を賜う。○桑野鋭日記

十六日　日曜日　午後、雍仁親王・宣仁親王と共に御相手松平四郎を伴い、大平越をお登りになる。途中、近辺の山にて火災発生につき直ちに御下山になり、岩崎男爵別邸にお立ち寄りの後、御帰邸になる。○迪宮御日誌、桑野鋭日記

十七日　月曜日　侯爵中山孝麿御機嫌奉伺として参邸につき、謁を賜う。○桑野鋭日記

十八日　火曜日　午後、雍仁親王・宣仁親王と共に大木伯爵別邸周辺まで御運動になる。○迪宮御日誌、桑野鋭日記

十九日　水曜日　午後、雍仁親王・宣仁親王と共に桃郷付近を御運動になり、鍛冶屋において作業の様子を御覧になる。○迪宮御日誌、迪宮御言行録、桑野鋭日記、静岡新報

二十日　木曜日　午後、内蔵頭渡辺千秋御機嫌奉伺として参邸につき、御学問所において謁を賜う。○迪宮御日誌、桑野鋭日記

三島神社に御参拝

二十一日　金曜日　午後、雍仁親王・宣仁親王と共に馬車にて三島町の官幣大社三島神社にお成りになり、御参拝になる。それより境内において、鳩や鯉に餌をお与えになる。○迪宮御日誌、桑野鋭日記

二十三日　日曜日　午後、雍仁親王・宣仁親王と共に牛臥方面へ御運動になる。○迪宮御日誌、桑野鋭日記

主馬頭藤波言忠・侍医頭岡玄卿・宮中顧問官佐藤正参邸につき、それぞれに謁を賜う。佐藤宮中顧問官には義足のこと及び明治二十七八年戦役のことなどを御下問になる。○迪宮御日誌、迪宮御言行録、桑野鋭日記

二十四日 月曜日 午後、雍仁親王・宣仁親王と共に桃郷周辺を御運動になる。○迪宮御日誌、桑野鋭日記

二十五日 火曜日 午後、雍仁親王・宣仁親王と共に牛臥・我入道方面へ御運動になる。途中、貝拾いなどをされる。○迪宮御日誌、桑野鋭日記

大分県立病院長中山政男 侍女菅千代の兄 参邸につき、謁を賜う。○迪宮御日誌、桑野鋭日記

新任の東宮侍従長一条実輝に賜謁

二十六日 水曜日 午後、皇太子同妃御使の東宮大夫村木雅美並びに東宮侍従長一条実輝参邸につき謁を賜い、皇太子・同妃より御下賜の京都名勝画帖・平安神宮写真・軍艦玩具等の披露を受けられる。また、一条より東宮侍従長就任の挨拶を受けられる。親王よりは、一昨日お認めの皇太子・同妃宛御手紙を村木東宮大夫に託される。○迪宮御日誌、迪宮御言行録、行啓録、進退録、官報、桑野鋭日記

二十七日 木曜日 午後、雍仁親王・宣仁親王と共に本邸にお成りになり、本日御床払の皇后に御拝顔になり、皇后より野菜細工を賜わる。○迪宮御日誌、行啓録、供御日録、布設録、昭憲皇太后実録、桑野鋭日記

横須賀鎮守府司令長官上村彦之丞、ついで内匠頭片山東熊・主殿頭小笠原武英御機嫌奉伺として参邸につき、それぞれに謁を賜う。○主殿寮日録、桑野鋭日記

御相手松平四郎明日帰京につき、玩具を御下賜になる。○桑野鋭日記

学習院御入学の御治定

乃木学習院長の皇族教育方針

来る四月より学習院御入学のことが御治定となる。親王の御教育については、御父嘉仁親王の先例を参考としながら、東宮職と学習院長乃木希典との間で検討が進められ、初等教育は貴賤男女の別なく必須の学科を学習するものであり、皇族も初等学科において学ぶべきとの判断から、初等学科六年間の御就学と定まった。なお、乃木院長は初等学科主任に命じ皇族の教育方針につき、以下の覚書を作成せしめた。

一、御健康を第一と心得べきこと。

二、御宜しからぬ御行状と拝し奉る時は、之を御矯正申上ぐるに御遠慮あるまじきこと。

三、御成績につきては御斟酌然るべからざること。

四、御幼少より御勤勉の御習慣をつけ奉るべきこと。

五、成るべく御質素に御育て申上ぐべきこと。

六、将来陸海の軍務につかせらるべきにつき、其の御指導に注意すること。

○御学業御報告書、行啓録、重要雑録、皇親録、明治天皇紀、桑野鋭日記、桑野鋭参照書類、徳大寺実則日記、今上陛下の聖徳、学習院史、乃木院長記念録

二十八日　金曜日　午前、雍仁親王・宣仁親王と共に舟にて淡島にお成りになる。御昼餐の後、同

島頂上にある弁財天までお登りになり、再び舟にて御帰邸になる。○迪宮御日誌、桑野鋭日記

三月

乃木学習院長に賜謁

一日　日曜日　午後、桃郷より徳倉山麓にお成りになり、ツクシをお摘みになる。○迪宮御日誌、桑野鋭日記

学習院長乃木希典・図書頭山口鋭之助・学習院女学部長松本源太郎御機嫌奉伺として参邸につき、謁を賜う。○桑野鋭日記、乃木院長記念録

二日　月曜日　午後、雍仁親王・宣仁親王と共に徳倉山まで御運動になり、中腹までお登りになる。○迪宮御日誌、桑野鋭日記

三日　火曜日　午後、近衛師団長大島久直参邸につき、謁を賜う。○迪宮御日誌、桑野鋭日記

雍仁親王・宣仁親王と共に馬車にて江ノ浦方面にお成りになり、石切場等を御遊覧になる。○迪宮御日誌、桑野鋭日記

皇太子同妃の行啓

四日　水曜日　皇太子・同妃、皇后への御機嫌奉伺のため葉山より行啓につき、奉迎のため皇孫御養育掛長丸尾錦作を沼津停車場へ遣わされる。午後三時雍仁親王・宣仁親王と共に御出門になり、本邸において皇后並びに皇太子・同妃に御拝顔になる。四時三十分皇太子・同妃と共に西附属邸に

御帰邸になり、お遊び・御夕食の様子を御覧に入れられる。皇太子・同妃は六時過ぎ本邸にお戻りになる。○迪宮御日誌、迪宮御言行録、沼津御用邸西附属邸日誌、沼津御用邸日誌、東宮職日誌、行啓録、布設録、官報、大正天皇実録、昭憲皇太后実録、貞明皇后実録、桑野鋭日記

五日　木曜日　午前、皇太子・同妃が西附属邸に御来邸につき、御座所などを御案内になる。それより松露採り、幼稚園課業の様子を御覧に入れられる。ついで和服にお着替えになり、雍仁親王・宣仁親王と共に皇太子・同妃に陪して本邸に向かわれ、皇后始め一同お揃いにて御昼餐を御会食になる。御食後は御歓談にて過ごされ、午後二時四十分本邸御車寄において皇太子・同妃の還啓を御奉送になり、西附属邸に御帰邸になる。なお皇太子・同妃を御奉送のため、皇孫御養育掛長丸尾錦作を沼津停車場へ遣わされる。○迪宮御日誌、迪宮御言行録、沼津御用邸西附属邸日誌、沼津御用邸日誌、迪宮淳宮両殿下幼稚園御日誌、行啓録、布設録、供御日録、官報、大正天皇実録、昭憲皇太后実録、貞明皇后実録、桑野鋭日記

御昼餐御会食

六日　金曜日　午後、伯爵土方久元御機嫌奉伺として参邸につき、謁を賜う。○迪宮御日誌、迪宮御言行録、桑野鋭日記、土方久元日記

八日　日曜日　午後、大迫別邸まで御運動になる。○迪宮御日誌、桑野鋭日記

雍仁親王・宣仁親王と共に牛臥方面へ御運動になる。途中、大迫別邸にお立ち寄りになる。○迪宮御日誌、桑野鋭日記

九日　月曜日　午後、雍仁親王・宣仁親王と共に香貫山付近を御運動になる。○迪宮御日誌

宮中顧問官木戸孝正・帝室会計審査局長官斎藤桃太郎御機嫌奉伺として参邸につき、謁を賜う。○迪宮御日誌、桑野鋭日記、斎藤桃太郎日記、木戸孝正日記

十日　火曜日　皇后御来邸につき、雍仁親王・宣仁親王と共に御昼食を御会食になる。終わって御遊戯・幼稚園課業の様子を御覧に入れられる。○迪宮御日誌、迪宮御言行録、迪宮淳宮両殿下幼稚園御日誌、沼津御用邸西附属邸日誌、行啓録、布設録、供御日録、昭憲皇太后実録、桑野鋭日記

皇后と御会食

十一日　水曜日　侍医補秋月昱蔵参邸につき、謁を賜う。○桑野鋭日記

十二日　木曜日　船遊びの御予定のところ強風のため中止され、雍仁親王・宣仁親王と共に岩崎男爵別邸にお成りになる。同邸にて御昼食の後、鷲頭山の中腹まで登られ、帰途、再び岩崎男爵別邸にお立ち寄りになる。○迪宮御日誌、桑野鋭日記

十三日　金曜日　午後、雍仁親王・宣仁親王と共に徳倉山を頂上までお登りになる。○迪宮御日誌、桑野鋭日記

允子内親王・聰子内親王の御使として富美宮泰宮御養育掛長野村靖参邸につき、謁を賜う。○迪宮御日誌、御直宮御養育掛日記、御直宮御養育掛御日記、桑野鋭日記

十四日　土曜日　午後、香貫山麓切り通しの山ノ根まで御運動になる。○迪宮御日誌、桑野鋭日記、静岡民友新聞

小松宮三島別邸にお成り

十五日　日曜日　雍仁親王・宣仁親王と共に馬車にて三島町の小松宮別邸にお成りになる。同所にて御昼食の後、錦田村初音ヶ原付近までお成りになり、御帰邸になる。御帰邸後、小松宮別邸内においてお摘み採りのツクシ・フキ・セリを皇后に献じられる。○迪宮御日誌、迪宮御言行録、行啓録、桑野鋭日記

十七日　火曜日　午後、雍仁親王・宣仁親王と共に本邸に御参邸になり、皇后に御拝顔になる。○迪宮御日誌、沼津御用邸日誌、行啓録、布設録、桑野鋭日記

十九日　木曜日　昼前、雍仁親王・宣仁親王と共に舟遊びをされ、瓜島にお成りになる。御昼食後、降雨となったため、直ちに対岸の岩崎男爵別邸に移られ、邸内にて軍隊合せ、旗合せなどにてお遊びになる。○迪宮御日誌、沼津御用邸日誌、桑野鋭日記

二十日　金曜日　午後、雍仁親王・宣仁親王と共に本邸に御参邸になり、皇后に唱歌や御遊戯の様子を披露される。○迪宮御日誌、行啓録、布設録、桑野鋭日記

二十一日　土曜日　午後、雍仁親王・宣仁親王と共に桃郷周辺を御運動になる。その折、鍛冶屋の作業を御覧になる。○迪宮御日誌、桑野鋭日記

皇孫御養育掛長丸尾錦作を鎌倉滞在中の允子内親王・聰子内親王の許に遣わされる。○行啓録、御直宮御養育掛日記、御直宮御養育掛御日記、桑野鋭日記

頼朝義経対面石御覧

二十二日　日曜日　午後、雍仁親王・宣仁親王と共に毘沙門山へ御運動になり、山腹においてリンドウやスミレをお摘みになる。○迪宮御日誌、桑野鋭日記

二十三日　月曜日　午後一時御出門、雍仁親王・宣仁親王と共に馬車にて清水村にお成りになり、頼朝義経対面石を御覧になる。同所付近において運動され、沼津町の日枝神社にお立ち寄りの後、御帰邸になる。○迪宮御日誌、桑野鋭日記

二十四日　火曜日　允子内親王・聰子内親王が皇后の御機嫌伺いとして沼津御用邸に参邸につき、奉迎のため東宮主事桑野鋭を沼津停車場まで遣わされる。午後、雍仁親王・宣仁親王と共に本邸にお成りになり、皇后に御拝顔、ついで両内親王に御対顔になる。夕刻、本邸門前において両内親王を御奉送の後、御帰邸になる。○迪宮御日誌、沼津御用邸日誌、御直宮御養育掛日記、御直宮御養育掛御日記、行啓録、布設録、供御日録、桑野鋭日記

二十五日　水曜日　午後、牛臥方面より大迫別邸付近まで御運動になる。御帰途、牧牛舎にお立ち寄りになり、牛に草などをお与えになる。○迪宮御日誌、桑野鋭日記

公爵九条道実・男爵九条良致・公爵岩倉具定御機嫌奉伺として参邸につき、謁を賜う。○迪宮御日誌、布設録、桑野鋭日記

二十六日　木曜日　午後、雍仁親王・宣仁親王と共に舟遊びをされる。途中より降雨につき、岩崎

男爵別邸にお入りになり、同邸内においてお遊びになる。○迪宮御日誌、桑野鋭日記

侯爵中山孝麿参邸につき、謁を賜う。○桑野鋭日記

二十七日　金曜日　午後、雍仁親王・宣仁親王と共に本邸に御参邸になり、皇后の御前において、折り紙や唱歌の様子を披露される。○迪宮御日誌、沼津御用邸日誌、行啓録、布設録、桑野鋭日記

二十八日　土曜日　午後、雍仁親王・宣仁親王と共に東附属邸の庭において松露等を御採取になる。○迪宮御日誌、沼津御用邸附属邸日誌、桑野鋭日記

二十九日　日曜日　午後、雍仁親王・宣仁親王と共に徳倉山の麓まで御運動になる。○迪宮御日誌、桑野鋭日記

三十日　月曜日　御昼餐後、侍医岩佐純御機嫌奉伺として参邸につき、謁を賜う。○迪宮御日誌、桑野鋭日記

午後、雍仁親王・宣仁親王と共に本邸に御参邸になり、皇后に明日帰京の御暇乞をされる。ついで折から参邸の一条実孝夫人経子に謁を賜う。御帰邸後、本邸より権掌侍藪嘉根子参邸につき、謁を賜う。○迪宮御日誌、沼津御用邸日誌、行啓録、布設録、供御日録、桑野鋭日記

沼津より御帰京

三十一日　火曜日　午前八時五十分御出門、九時二十分沼津停車場発の列車にて御帰京の途に就かれる。皇孫御養育掛長丸尾錦作・東宮主事桑野鋭・侍医加藤照麿・侍医補長田重雄・侍女渥美千代等が供奉する。午後一時十分新橋停車場に御着、同四十分皇孫仮御殿に御帰殿になる。その後、皇

太子同妃御使の東宮御内儀監督万里小路幸子及び宮内大臣田中光顕に謁を賜う。○迪宮御日誌、沼津御用邸西附属邸日誌、沼津御用邸日誌、沼津御用邸附属邸日誌、東宮職日誌、侍従職日記、皇后宮職日記、皇親録、行啓録、布設録、官報、桑野鋭日記、木戸孝正日記

四月

一日　水曜日　午前、宮内次官花房義質御機嫌奉伺として参殿につき、謁を賜う。○迪宮御日誌、桑野鋭日記
午後、雍仁親王・宣仁親王と共に東宮御所に御参殿になり、皇太子・同妃に御拝顔になる。折から参殿中の昌子内親王・房子内親王にも御対顔になり、また東宮医務顧問エルヴィン・フォン・ベルツ及び宮中顧問官橋本綱常・侍医頭岡玄卿に謁を賜う。○迪宮御日誌、東宮職日誌、大正天皇実録、桑野鋭日記、ベルツ日本再訪

二日　木曜日　午後、学習院長乃木希典及び同院教授石井国次参殿につき、謁を賜う。○迪宮御日誌、桑野鋭日記

諸祭典への参列猶予を成年まで延長

去る明治三十四年十一月十五日、親王は満七歳まで諸祭祀の御拝・御代拝等に与らざる旨が決定されていたが、近く満七歳の御誕辰を迎えることから、それ以後も御修学中は御拝なきことに治定されたき旨が掌典長より上申される。この日、親王が成年に至るまでは賢所・皇霊殿・神殿における諸祭典には御拝なき旨が治定される。○例規録、徳大寺実則日記、桑野鋭日記

三日　金曜日　午後、雍仁親王・宣仁親王と共に東宮御所に参殿され、皇太子・同妃に御拝顔になる。

皇太子妃と共に自転車競争、軍艦遊びなどをされる。折から参殿の依仁親王に御対顔になり、侍従長徳大寺実則に謁を賜う。○迪宮御日誌、東宮職日誌、桑野鋭日記、雍仁親王実紀

四日　土曜日　午前、皇太子山口・徳島両県行啓御出発につき、東宮御所御車寄において御奉送のところ、雨天につきお取り止めとなる。このため東宮主事桑野鋭及び皇孫御用掛土屋正直を同御所御車寄へ、皇孫御養育掛長丸尾錦作を新橋停車場へそれぞれ遣わされる。○迪宮御日誌、桑野鋭日記

五日　日曜日　元御相手稲葉直通及び加藤鋭五参殿につき、尻尾取り・人取り等のお遊びにて共にお過ごしになる。○迪宮御日誌、迪宮御言行録、桑野鋭日記

六日　月曜日　午後、雍仁親王・宣仁親王と共に東宮御所において皇太子妃に御拝顔になる。また、同所において九条公爵夫人・松園男爵令嬢に謁を賜う。○迪宮御日誌、東宮職日誌、桑野鋭日記

七日　火曜日　午後、雍仁親王・宣仁親王及び御相手松平直国と共に上野動物園にお成りになる。○迪宮御日誌、迪宮御言行録、桑野鋭日記

幼稚園終業式

九日　木曜日　午後、幼稚園終業式を行われ、本日をもって幼稚園課業を修了される。幼稚園室内は万国旗等にて装飾され、床の間には桃太郎凱旋の大画幅が掛けられ、その前に粘土製黍団子の置物が設えられる。親王及び雍仁親王・宣仁親王、御相手の松平直国・久松定孝、元御相手久松定謙、

皇孫仮御殿供奉員判任以上が参列し、君が代斉唱の後、皇孫御養育掛長丸尾錦作が祝辞を、侍女清水シゲが祝詞を言上する。成績品の捧呈に続いて親王が御挨拶になり、唱歌斉唱、再び君が代斉唱をもって式を終えられる。○迪宮御日誌、迪宮淳宮両殿下幼稚園御日誌、迪宮御言行録、桑野鋭日記

学習院初等学科始業式

十一日　土曜日　学習院御入学につき、学習院初等学科始業式に御参列になる。午前八時四十分馬車にて御出門、皇孫御養育掛長丸尾錦作・皇孫御用掛土屋正直が陪乗し、四谷の学習院に御到着になり、御休所において学習院長乃木希典・同御用掛阪本俊健・主事大束重善・同松井安三郎・教授石井国次・学生監猪谷不美男に謁を賜う。それより講堂に入られ、始業式に御参列になる。式後、教場に移られて石井教授より説明を受けられ、終わって御帰殿になる。なお本日の御入学を記念して、院長以下教員一同及び初等学科学生一同に菓子を賜う。

学習院における御教育の基本方針

これより先三月一日、親王の学習院御入学に関し、侍従長徳大寺実則より東宮大夫村木雅美へ天皇の御沙汰が伝えられる。これを受け、東宮大夫は学習院長と基本方針を協議し、天皇に以下の如く奉答した。

第一　迪宮殿下学習院御通学ノ儀ハ皇太子殿下同院ヘ御通学ノ当時ト万事ノ御模様御同様ニ被為在候事

一、教場内ハ御同級生ト御同様ニ御取扱申上ル事
二、教場外ニ於テハ職員学生一般ニ敬意ヲ表スル事
三、院内ノ衛生一層注意スル事
四、御休憩室御食堂御東厠等ハ別ニ設置スル事
五、御通学之節ハ御附トシテ皇孫御用掛一名殿丁一名随行スル事
六、御服装ハ学習院ノ制服御着用御帽子ノ徽章ハ菊花章ヲ御用ヰノ事

第二　授業ノ方法

一、初等学科ノ年間ハ貴賤男女ノ差別ナク必須ノ学科故ニ殿下モ学習院ノ教程ニ従ヒ御修学ノ事
二、御同級生ハ十五名以下トスル事
三、授業時間ハ一日ニ一回四十五分間ツヽ五回ノ事
　　但一週間授業学課及時間割ヲ添フ
四、御同級生ハ華族以上ノ子弟ニシテ品行方正且家庭ノ正シキ者ヲ選抜スル事

第三　受持教員

学習院教授石井国次ヲ以テ之ニ充ツ同人ハ高等師範学校卒業後初等中等ノ学校授業ニ従事シ学習院ニ奉職後数年間初等学科ノ教授ニ従事シテ経験ニ富ミ人質正直ナル者ニ候

但本人履歴書ヲ添フ

西組に御所属

この奉答に従い、初等学科一年級は東西二組に編成され、親王は博忠王・邦久王等合計十二名と共に西組に所属される。また、同組のうち松平直国・久松定孝・渡辺昭が御学友と定められる。受持

御学友及び教授陣

教員の学習院教授石井国次は主管に任じられ、国語・算術・訓話を教授し、その他助教授内藤栄は遊戯体操を、同小松耕輔は唱歌を、同玉置金司は図画を、同佐野正造は手工を担当する。また御入学を前に、学習院には特別教室が新築される。○迪宮御日誌、迪宮御言行録、東宮職日誌、重要雑録、御学業御報告書、桑野鋭日記、桑野鋭参照書類、学習院史資料室所蔵資料、今上陛下の聖徳、学習院史、乃木院長記念録、輔仁会雑誌、山階宮三代、聖上御盛徳録、昭和天皇と私

御入学祝

午後、雍仁親王・宣仁親王と共に東宮御所に御参殿になる。この日学習院入学につき、皇太子・同妃に三種交魚一折を御贈進になる。皇太子妃より鯉三口、硯・文鎮等文房具一式を賜わる。○迪宮御日誌、迪宮御言行録、東宮職日誌、重要雑録、貞明皇后実録、桑野鋭日記

十二日　日曜日　午前、博忠王参殿につき御対顔になる。また、宮中顧問官木戸孝正学習院御入学

祝賀言上のため参殿につき、謁を賜う。〇迪宮御日誌、桑野鋭日記、木戸孝正日記

雍仁親王と共に東宮御所に御参殿になり、皇太子妃と御昼食を御会食になる。〇迪宮御日誌、迪宮御言行録、東宮職日誌、貞明皇后実録、桑野鋭日記

栽仁王薨去

去る七日栽仁王威仁親王第一男子薨去につき、本日、威仁親王に仮服中御尋として棹物をお贈りになる。また二十八日には仮服明けにつき万那料をお贈りになる。〇有栖川宮栽仁王御葬儀録、官報、桑野鋭日記

松平四郎は御相手を免じられる。〇桑野鋭日記

御通学開始

十三日　月曜日　本日より四谷仲町の学習院初等学科に御通学になる。以後、午前七時三十分頃に馬車にて御出門になり、皇孫御用掛一名と殿丁一名がこれに随う。御着後、初めに呼吸体操を行われ、ついで八時より授業をお受けになる。平日には四時限ないし五時限、土曜日には三時限の授業を受けられ、四時限の日は正午前に、五時限の日は午後二時前に御帰殿になる。当初の時間割は次のとおり。

時間割

	第一時	第二時	第三時	第四時	第五時
月	訓話 国語	算術	唱歌 遊戯	国語	手工
火	国語	算術	遊戯 唱歌	国語	

水　訓話　算術　図画　国語　唱歌 遊戯

木　国語　算術　唱歌 遊戯　国語

金　訓話 国語　算術　国語　唱歌 遊戯　国語

土　算術　遊戯 唱歌　国語

放課後の御学友出仕

御帰殿後は御学友が交代で出仕し、復習や運動・お遊びの相手を勤める。○迪宮御日誌、迪宮御言行録、東宮職日誌、重要雑録、御学業御報告書、桑野鋭日記、桑野鋭参照書類、学習院院史資料室所蔵資料、今上陛下の聖徳、学習院史、乃木院長記念録、輔仁会雑誌、山階宮三代、聖上御盛徳録、昭和天皇と私

侍女岡富代が免じられる。○桑野鋭日記

十四日　火曜日　午後、皇太子妃が皇孫仮御殿に御参殿になり、親王の学習院よりの御帰還をお出迎えになる。御座所において親王は皇太子妃にランドセル・教科書、及び幼稚園終業式の飾り物、成績品等を御覧に入れられる。○迪宮御日誌、迪宮御言行録、東宮職日誌、桑野鋭日記

十六日　木曜日　午後、学習院より御帰殿の後、雍仁親王・宣仁親王及び雍仁親王御相手の三条実憲・西郷隆輝・小笠原長英と共に、馬車にて新宿御苑にお成りになる。西洋館周辺の芝生で溜め鬼のお遊びに興じられ、動物園にてガチョウ等を御覧になる。○迪宮御日誌、新宿御苑出張所日誌、桑野鋭日記

十七日　金曜日　午後、雍仁親王・宣仁親王と共に東宮御所に御参殿になり、皇太子妃に御拝顔に

なる。○迪宮御日誌、東宮職日誌、桑野鋭日記

十八日　土曜日　昼前より雍仁親王・宣仁親王と共に馬車にて新宿御苑にお成りになる。温室を御覧になり、またツクシやヨモギ採りなどをされる。御帰殿後、お摘みになったツクシとヨモギを一籠ずつ皇太子・同妃に御献上になる。○迪宮御日誌、迪宮御言行録、新宿御苑出張所日誌、桑野鋭日記

十九日　日曜日　午後、雍仁親王・宣仁親王と共に東宮御所御車寄にお成りになり、山口・徳島両県より還啓の皇太子を御奉迎になる。○迪宮御日誌、東宮職日誌、大正天皇実録、桑野鋭日記

二十日　月曜日　午後、雍仁親王・宣仁親王と共に東宮御所へ御参殿になり、皇太子妃、ついで皇太子に御拝顔になる。また、鎌倉より帰京の允子内親王・聰子内親王の御使として東宮御所に参殿の富美宮泰宮御養育掛長野村靖に謁を賜う。なお、親王は両内親王奉迎のため、新橋停車場に皇孫御養育掛長丸尾錦作を遣わされる。○迪宮御日誌、東宮職日誌、御直宮御養育掛御日記、桑野鋭日記

二十一日　火曜日　昌子内親王・房子内親王並びに允子内親王・聰子内親王の御機嫌伺いのため、皇孫御養育掛長丸尾錦作を高輪御殿並びに麻布御殿に遣わされる。○桑野鋭日記

二十二日　水曜日　午後、皇太子・同妃御参殿につき、お遊びの様子を御覧に入れられる。皇太子より山口・徳島行啓の御土産として木刀を賜わる。○迪宮御日誌、東宮職日誌、桑野鋭日記

二十四日　金曜日　学習院の校外授業として、教授石井国次の引率のもと、同級生と共に清水谷公園にお成りになる。○迪宮御日誌、学習院史資料室所蔵資料

午後、沼津より皇后還啓につき、御奉迎のため皇孫御養育掛長丸尾錦作を新橋停車場まで遣わされる。○迪宮御日誌、桑野鋭日記

昌子内親王の結婚

二十八日　火曜日　昌子内親王より銀製文房具一組及び万那料が贈られる。内親王は去る二十五日恒久王との結婚が勅許となり、この日暇乞として東宮御所に参殿する。当初、皇孫仮御殿にも参殿の予定であったが、諸般の事情により中止となる。翌二十九日、親王は内親王及び恒久王に三種交魚をお贈りになる。また、恒久王より牙彫棚飾り及び万那料をお受けになる。なお、恒久王と昌子内親王の婚儀は三十日に行われる。○迪宮御日誌、重要雑録、官報、貞明皇后実録、桑野鋭日記

御誕辰

二十九日　水曜日　満七歳の御誕辰を迎えられる。御誕辰祝賀のため、学習院を御欠席になる。午前八時より御附高等官以下の拝賀を受けられる。九時、雍仁親王・宣仁親王と共に東宮御所に参殿され、皇太子・同妃に御拝顔になる。東宮御所においては、この後皇太子・同妃が御親昵並びに東宮職高等官その他の拝賀を受けられ、ついで拝賀者一同に立食を賜う。親王は皇孫仮御殿に御帰還後、威仁親王に御対顔になり、公爵九条道実・宮内大臣田中光顕・侯爵中山孝麿・富美宮泰宮御養育掛

長野村靖等の参殿者に謁を賜い、御祝御膳を供される。午後には丸一の太神楽等の余興が催され、御参殿の皇太子・同妃とお揃いにて御覧になる。○迪宮御日誌、迪宮御言行録、東宮職日誌、皇后宮職日記、典式録、御学業御報告書、貞明皇后実録、桑野鋭日記、木戸孝正日記、土方久元日記、丸尾家資料、思い出の記、読売新聞

五月

二日　土曜日　午後、雍仁親王・宣仁親王と共に雍仁親王御相手を伴い、芝離宮にお成りになり、御庭において蟹捕りなどをされる。○迪宮御日誌、迪宮御言行録、桑野鋭日記

夕方、元女嬬伊丹鹿子参殿につき、謁を賜う。○迪宮御日誌、桑野鋭日記

三日　日曜日　午後、雍仁親王・宣仁親王と共に東宮御所にて皇太子・同妃に御拝顔になる。○迪宮御日誌、東宮職日誌、桑野鋭日記

菊麿王薨去

昨二日菊麿王薨去につき、この日弔問のため皇孫御養育掛長丸尾錦作を山階宮邸へ遣わされる。七日は葬送につき学習院は休業となり、終日皇孫仮御殿内にてお慎みになる。八日には武彦王に仮服中御尋として棹物をお贈りになる。○迪宮御日誌、山階宮菊麿王御葬儀録、官報、桑野鋭日記、山階宮三代

四日　月曜日　午後、皇太子・同妃御参殿につき、端午の節句の飾り人形を御覧に入れ、御前にて

お遊びをされ、また唱歌をお歌いになる。翌五日、端午の節句につき皇太子・同妃より鯉・粽を賜わる。○迪宮御日誌、迪宮御言行録、東宮職日誌、贈賜録、貞明皇后実録、桑野鋭日記

新宿御苑に遠足

五日　火曜日　学習院遠足会につき、午前八時御出門になり、馬車にて新宿御苑にお成りになる。程なく来着の雍仁親王・宣仁親王及び同級生と共に花壇・温室・動物園を御遊覧になり、相撲・バスケットボール・尻尾取り等にてお過ごしになる。午後三時頃、雍仁親王・宣仁親王と共に御帰殿になる。○迪宮御日誌、迪宮御言行録、御学業御報告書、新宿御苑出張所日誌、学習院院史資料室所蔵資料、桑野鋭日記

この日、侍女荒川玉が免じられる。○侍医寮日誌、桑野鋭日記

六日　水曜日　午後、雍仁親王・宣仁親王と共に芝公園・増上寺・日比谷公園にお成りになる。○迪宮御日誌、桑野鋭日記

八日　金曜日　学習院より博忠王と御同車にて御帰殿になる。○迪宮御日誌、桑野鋭日記

九日　土曜日　午後、朝融王・邦久王参殿につき、御一緒にお遊びになる。○迪宮御日誌、迪宮御言行録、久邇宮家日誌、桑野鋭日記

恒久王同妃昌子内親王に御対顔

十日　日曜日　午後、恒久王・同妃昌子内親王が結婚後初めて皇孫仮御殿へ参殿、ついで皇太子も御参殿につき、雍仁親王・宣仁親王も交え御団欒になる。○迪宮御日誌、迪宮御言行録、東宮職日誌、桑野鋭日記

十一日　月曜日　午前、皇太子が学習院へ行啓され、親王の御就学状況を御覧になる。○東宮職日誌、大正天皇実録、桑野鋭日記

十二日　火曜日　午後、雍仁親王・宣仁親王と共に東宮御所に御参殿になり、皇太子・同妃に御拝顔になる。○迪宮御日誌、東宮職日誌、桑野鋭日記

十三日　水曜日　午後、皇太子・同妃御参殿につき、御拝顔になる。○迪宮御日誌、東宮職日誌、桑野鋭日記

学習院女学部幼稚園運動会御覧

十四日　木曜日　午後、雍仁親王・宣仁親王とお揃いにて新宿御苑にお成りになり、学習院女学部幼稚園園児の運動会を御覧になる。○迪宮御日誌、新宿御苑出張所日誌、桑野鋭日記

十五日　金曜日　午後、雍仁親王・宣仁親王と共に東宮御所に御参殿になり、皇太子・同妃に御拝顔になる。雍仁親王御相手を交え、皇太子の御座所や御庭にてお遊びになる。○迪宮御日誌、東宮職日誌、桑野鋭日記

恒久王・同妃昌子内親王は結婚奉告として神宮並びに山陵参拝へ出発につき、奉送のため皇孫御養育掛長丸尾錦作を新橋停車場に遣わされる。○官報、桑野鋭日記

御参内

十六日　土曜日　午前十一時に授業を御早退、直ちに雍仁親王・宣仁親王と共に御参内になり、皇太子と共に天皇に御拝顔、続いて皇后に御拝顔になる。なお、この日の御参内は、去る十一日に天皇の御沙汰があったことによる。○迪宮御日誌、迪宮御言行録、御学業御報告書、侍従職日記、皇后宮職日記、桑野鋭日記

宇川千代を侍女に採用

十七日　日曜日　本日侍女として雇〈判任扱〉に採用の宇川千代参殿につき、謁を賜う。○迪宮御日誌、侍医寮日誌、桑野鋭日記、雍仁親王御事蹟資料

十八日　月曜日　午後、雍仁親王・宣仁親王と共に東宮御所に御参殿、皇太子・同妃と共に韓国皇太子英親王李垠と御対面になり、皇太子・英親王と共に御所御苑内を御散策になる。○迪宮御日誌、迪宮御言行録、東宮職日誌、大正天皇実録、貞明皇后実録、桑野鋭日記、英親王李垠伝

新東宮御所を御覧

十九日　火曜日　この度赤坂の新東宮御所造営完了につき、午後、雍仁親王・宣仁親王と共に同所へお成りになり、御巡覧になる。○迪宮御日誌、桑野鋭日記

二十一日　木曜日　午後、皇太子・同妃、房子内親王と共に御参殿につき、お遊びの様子を御覧に入れられる。○迪宮御日誌、迪宮御言行録、東宮職日誌、桑野鋭日記

皇太子同妃と御会食

二十二日　金曜日　雍仁親王・宣仁親王と共に東宮御所に御参殿になり、皇太子・同妃と御夕餐を会食され、ついで活動写真を御覧になる。○迪宮御日誌、東宮職日誌、貞明皇后実録、桑野鋭日記

二十三日　土曜日　午後、雍仁親王と共に、宮城内の済寧館において主殿寮警察部の撃剣大会を御覧になる。○迪宮御日誌、主殿寮日録

二十四日　日曜日　午前より雍仁親王・宣仁親王と共に代々木御料地にお成りになり、釣りや散策

等にてお遊びになる。午後、皇太子・同妃も同所へ行啓され、御一緒に御運動になる。○迪宮御日誌、東宮職日誌、行啓録、大正天皇実録、貞明皇后実録、桑野鋭日記

二十六日 火曜日 午後、皇太子御参殿につき、お遊びの様子を御覧に入れられる。溜め鬼には皇太子も加わられる。○迪宮御日誌、東宮職日誌、桑野鋭日記

この日より御登校の時刻を十分早められ、授業開始前に新呼吸体操を行われる。○桑野鋭日記

皇后御誕辰

二十八日 木曜日 皇后御誕辰につき、午前九時、御附高等官同取扱一同の拝賀を受けられる。三親王御使として皇孫御養育掛長丸尾錦作を皇后宮職へ遣わされる。○迪宮御日誌、迪宮御言行録、貞明皇后実録、桑野鋭日記

午後、雍仁親王・宣仁親王と共に東宮御所に御参殿になり、皇太子妃に御拝顔になる。○迪宮御日誌、東宮職日誌、桑野鋭日記

麻布御殿御訪問

三十日 土曜日 午後、雍仁親王・宣仁親王と共に、麻布御殿に允子内親王・聰子内親王を御訪問になる。折から皇太子も同所へ行啓され、御一緒に御庭を御運動になる。○迪宮御日誌、東宮職日誌、御直宮御養育掛日記、御直宮御養育掛日記、行啓録、大正天皇実録、桑野鋭日記

三十一日 日曜日 午後、皇太子妃御参殿につき御拝顔になり、御一緒にお遊びになる。○迪宮御日誌、東宮職日誌、桑野鋭日記

六月

旅順へ出発の乃木院長に賜謁

一日　月曜日　午後、学習院長乃木希典暇乞のため参殿につき、謁を賜う。乃木は、露軍戦死者弔魂碑除幕式に参列のため、明日旅順に向け出発する。○迪宮御日誌、官報、明治天皇紀、桑野鋭日記、乃木希典日記

二日　火曜日　午後、皇太子が御参殿になり、御一緒に溜め鬼などの遊びをされる。○迪宮御日誌、迪宮御言行録、東宮職日誌、桑野鋭日記

竹田宮邸御訪問

四日　木曜日　午後、雍仁親王・宣仁親王と共に高輪の竹田宮邸（元高輪南町御用邸）を御訪問、恒久王・同妃昌子内親王に御対顔になり、御庭にてお遊びになる。○迪宮御日誌、迪宮御言行録、桑野鋭日記、斎藤桃太郎日記

小運動会

六日　土曜日　午後、雍仁親王と共に学習院教授石井国次及び同級生を皇孫仮御殿の広芝にお招きになり、小運動会を催される。皇太子・同妃も御参殿になり、競技を御覧になる。○迪宮御日誌、御学業御報告書、贈賜録、貞明皇后実録、桑野鋭日記、秩父宮雍仁親王

七日　日曜日　雍仁親王・宣仁親王と共に上野動物園にお成りになり、例の如く各種動物に御手ずから餌をお与えになる。ついで東京帝室博物館において御昼餐の後、館内を巡覧され、特に動物の剝製について興味深く御覧になる。また、鉱物室へは初めてお入りになる。○迪宮御日誌、迪宮御言行録、桑野鋭日記

九日　火曜日　午後、皇太子御参殿につき、御拝顔になる。折から参殿の従五位甘露寺受長伯爵甘露寺義長嗣子、皇太子の御学友を加えられ、溜め鬼などをされる。○迪宮御日誌、東宮職日誌、桑野鋭日記

十一日　木曜日　午後、雍仁親王・宣仁親王と共に東宮御所に御参殿になり、皇太子妃に御拝顔になる。○迪宮御日誌、東宮職日誌、桑野鋭日記

高輪御殿御訪問

十三日　土曜日　午後、雍仁親王・宣仁親王と共に高輪御殿を御訪問になり、房子内親王と御対顔になる。オウム等の剝製標本類を熱心に御覧になり、進上された鳥類剝製・蝶標本等を受け取られ、御帰殿になる。○迪宮御日誌、桑野鋭日記

十四日　日曜日　午前、雍仁親王・宣仁親王と共に東宮御所に御参殿になり、皇太子・同妃に御拝顔になる。折から東宮侍従長一条実輝が子息実光を伴い参殿につき、実光と共にお遊びになる。○迪宮御日誌、東宮職日誌、桑野鋭日記

大迫寅彦が御学友に加わる

この日、御同級の大迫寅彦陸軍中将大迫尚道子息に御学友を仰せ付けられる。大迫は本日より出仕する。○桑野鋭日記

十六日　火曜日　午後、皇太子御参殿につき、溜め鬼などお遊びの様子を御覧に入れられる。○迪宮御日誌、迪宮御言行録、桑野鋭日記

鰹漁船模型を学習院に下賜

十七日　水曜日　皇太子より鹿児島行啓の御土産として拝領された鰹漁船模型一艘を学習院に賜

う。〇桑野鋭日記

十八日　木曜日　午後、雍仁親王・宣仁親王と共に東宮御所に御参殿になる。折から参殿の宮中顧問官橋本綱常に謁を賜う。〇迪宮御日誌、東宮職日誌、桑野鋭日記

十九日　金曜日　午後、学習院より御帰殿の際、御車寄において東宮大夫村木雅美に謁を賜う。〇迪宮御日誌公爵九条道実参殿につき、謁を賜う。〇迪宮御日誌

二十日　土曜日　午後、皇太子及び允子内親王・聰子内親王御参殿につき、両内親王より贈られた玩具等にてお遊びの様子を御覧に入れられる。両内親王の退出に際し、東宮御所の御門までお見送りになる。〇迪宮御日誌、東宮職日誌、御直宮御養育掛御日記、御直宮御養育掛日記、桑野鋭日記

二十一日　日曜日　午前、御殿内幼稚園の花壇において、皇孫御用掛土屋正直の奉仕により草花・野菜類を植え替えられる。午後は雍仁親王・宣仁親王と共に新宿御苑にお成りになり、西洋館において皇太子の行啓をお出迎えになる。また、菜園において種々の野菜を御覧になり、野菜数種及び草花等を幼稚園の花壇にお持ち帰りになる。〇迪宮御日誌、東宮職日誌、主殿寮日録、新宿御苑出張所日誌、桑野鋭日記

草花及び野菜の御移植

二十三日　火曜日　午後、雍仁親王・宣仁親王と共に東宮御所に御参殿になり、皇太子・同妃に御

皇太子妃御誕辰雍仁親王誕辰

拝顔になる。○迪宮御日誌、東宮職日誌、桑野鋭日記

二十五日　木曜日　皇太子妃及び雍仁親王の御誕辰なるも、通例の如く午前七時三十分御出門、御登校になる。午後一時三十分東宮御所に参殿され、皇太子・同妃に御拝顔、祝詞を言上される。御帰殿後、皇孫仮御殿において余興が催され、御参殿の皇太子・同妃及び雍仁親王・宣仁親王と御一緒に青木一座座長青木長造の玉乗り曲芸等を御覧になる。宮中顧問官木戸孝正・典侍柳原愛子・川村春子及び御学友等が陪覧する。○迪宮御日誌、迪宮御言行録、東宮職日誌、御学業御報告書、典式録、貞明皇后実録、桑野鋭日記、乃木希典日記、木戸孝正日記、丸尾家資料

学習院第一学期終業

二十六日　金曜日　本日をもって学習院は第一学期を終了し、翌二十七日より夏期休業に入る。○迪宮御日誌、御学業御報告書、桑野鋭日記

二十八日　日曜日　午前、雍仁親王・宣仁親王と共に東宮御所において皇太子・同妃に御拝顔になる。供奉の御学友渡辺昭・同大迫寅彦・元御相手千田貞清とお遊びになる。御夕食後、皇太子の御訪問を受けられる。○迪宮御日誌、東宮職日誌、桑野鋭日記

第一学期成績表の奉呈

二十九日　月曜日　学習院長乃木希典が参殿し、親王の第一学期成績表を皇孫御養育掛長丸尾錦作に提出する。親王には丸尾より七月一日に奉呈される。○御学業御報告書、桑野鋭日記、乃木希典日記

三十日　火曜日　午後、皇太子御参殿につき、御拝顔の後、皇太子より宝石の原石を賜わる。○迪宮御

日誌、東宮職日誌、桑野鋭日記

七月

皇太子同妃と御会食

二日　木曜日　明日より御避暑のため葉山へ御旅行につき、御暇乞として雍仁親王・宣仁親王と共に東宮御所に参殿され、皇太子・同妃と御昼食を御会食になる。またこの日、天皇皇后御使として典侍柳原愛子が皇孫仮御殿に参殿につき、謁を賜う。○迪宮御日誌、東宮職日誌、皇后宮職日記、大正天皇実録、貞明皇后実録

葉山に御避暑

三日　金曜日　雍仁親王・宣仁親王と共に皇孫仮御殿を御出門、午前九時二十分新橋停車場発の臨時列車にて葉山に御避暑に赴かれる。皇孫御養育掛長丸尾錦作・東宮主事桑野鋭等が供奉する。十時四十五分逗子停車場に御着になり、十一時二十五分葉山御用邸にお入りになる。御避暑中、日課として平日の午前中に四十五分ないし一時間程度御学習になり、御朝食前及び御学習後・御夕食後などに御用邸敷地内や海岸などを御散策になる。また、昆虫採集・貝採集・魚捕り・草花採集等にてお遊びになる。七月中旬からは海水浴や冷水摩擦・呼吸体操を行われる。○迪宮御日誌、迪宮御言行録、御学業御報告書、東宮職日誌、侍従職日記、皇后宮職日記、主殿寮日録、重要雑録、進退録、官報、学習院院史資料室所蔵資料、桑野鋭日記

四日　土曜日　午後、雍仁親王・宣仁親王と共に長者ヶ崎及びその周辺の海岸を御散策になり、御

用邸附属邸においてお遊びになる。○迪宮御日誌

六日　月曜日　午後、雍仁親王・宣仁親王と共に森戸神社付近まで御運動になる。途中、海岸にて貝拾いをされる。○迪宮御日誌

七日　火曜日　午前、雍仁親王・宣仁親王と共に海岸を御運動になり、森戸方面にお成りになる。○迪宮御日誌午後、雍仁親王と共に長者ヶ崎方面まで御運動になり、帰途、御用邸附属邸にお立ち寄りになる。○迪宮御日誌

八日　水曜日　午前、雍仁親王・宣仁親王と共に森山神社・玉蔵院まで御運動になる。○迪宮御日誌

九日　木曜日　午前、雍仁親王・宣仁親王と共に横須賀街道を御運動になる。○迪宮御日誌午後、汐見御茶屋において魚捕りや水遊びをされる。○迪宮御日誌

十日　金曜日　雍仁親王・宣仁親王と共に徒歩にて立石御休所にお成りになる。同所海岸において御運動になり、貝や石を採集される。○迪宮御日誌

十一日　土曜日　午前、海岸伝いに有栖川宮別邸先まで御運動になる。○迪宮御日誌午後、雍仁親王・宣仁親王と共に汐見御茶屋にお成りになり、ジャーマン・ビリヤード等にてお遊

びになる。また海岸において水遊びをされる。○迪宮御日誌

十二日　日曜日　本日より御学友松平直国・同久松定孝の両名が出仕する。○迪宮御日誌

午前、雍仁親王・宣仁親王と共に森山神社及び南御用邸にお成りになる。○迪宮御日誌

十三日　月曜日　午前、雍仁親王・宣仁親王と共に森戸方面に御運動になる。○迪宮御日誌

十四日　火曜日　御朝食前、雍仁親王と共に海岸を有栖川宮別邸先まで御運動になる。以後、御朝食前にしばしば同方面への御運動あり。○迪宮御日誌

十五日　水曜日　午前、雍仁親王・宣仁親王と共に長者ヶ崎まで御運動になる。○迪宮御日誌

十七日　金曜日　午前、雍仁親王・宣仁親王と共に森山神社及び南御用邸においてお遊びになる。○迪宮御日誌

十八日　土曜日　午前、雍仁親王・宣仁親王と共に横須賀街道を御散策になる。○迪宮御日誌

午後、松平充子 御学友松平直国母 参邸につき、謁を賜う。○迪宮御日誌

皇太子と御会食

十九日　日曜日　皇太子葉山御用邸へ行啓につき、雍仁親王・宣仁親王と共に御拝顔になり、お揃いにて南御用邸より海岸へお出ましになる。御昼食御会食後、再び海岸にお出ましになり、海水浴の様子を御覧に入れられる。皇太子は即日還啓される。○迪宮御日誌、迪宮御言行録、迪宮御模様書、東宮職日誌、行啓録、官報、大正天皇実録

二十日　月曜日　雍仁親王・宣仁親王と共に舟にて立石・天神島へお成りになり、貝拾いなどをされる。○迪宮御日誌、侍医寮日誌

二十三日　木曜日　午前、学習院長乃木希典参邸につき、謁を賜う。○迪宮御日誌、迪宮御言行録、迪宮御模様書、乃木希典日記

二十四日　金曜日　午後、元御相手の稲葉直通が参邸、伺候する。○迪宮御日誌

二十六日　日曜日　雍仁親王・宣仁親王と共に堀内の細川侯爵別邸にお成りになる。八月十一日にもお揃いにて同所へお成りになる。○迪宮御日誌

二十七日　月曜日　この日、雍仁親王の御相手西郷隆輝が参邸、伺候する。○迪宮御日誌

午後、学習院教授石井国次参邸につき、謁を賜う。翌二十八日午前にも謁を賜う。○迪宮御日誌

二十八日　火曜日　午前、雍仁親王・宣仁親王と共に山の手方面へ御運動になる。○迪宮御日誌、迪宮御模様書

午後、雍仁親王の御相手三条実憲に謁を賜う。○迪宮御日誌

二十九日　水曜日　夕刻、参邸の久松貞子御学友久松定孝母及び久松定謙に謁を賜う。○迪宮御日誌

三十一日　金曜日　午前、御学友松平直国・同久松定孝本日をもって退出につき、謁を賜う。ついで元御相手千田貞清参邸につき、夕刻まで共にお遊びになる。千田は翌八月一日と二日にも伺候する。○迪宮御日誌

八月

一日　土曜日　皇孫御養育掛長丸尾錦作を皇后への御使として、宮城へ遣わされる。○皇后宮職日記

二日　日曜日　元御相手松平四郎、御機嫌奉伺のため参邸する。○迪宮御日誌

恒久王参邸につき、クロックノールなどにてお遊びになる。○迪宮御日誌、迪宮御言行録

四日　火曜日　午前、帝室博物館総長股野琢参邸につき、謁を賜う。○迪宮御日誌

元御相手の千田貞清及び加藤鋭五が参邸、伺候する。木馬遊び、クロックノール、軍隊合せ、相撲などにてお遊びになる。午後は海水浴をされる。○迪宮御日誌

五日　水曜日　元御相手の千田貞清及び加藤鋭五が終日伺候する。○迪宮御日誌

六日　木曜日　午後、御用邸馬場にて開催の供奉員運動会を御覧になる。○迪宮御日誌、迪宮御言行録

七日　金曜日　元御相手千田貞清が参邸、伺候する。翌八日も伺候する。○迪宮御日誌

十一日　火曜日　午前、神奈川県知事周布公平・横浜税務監督局長多胡敬三郎参邸につき、謁を賜う。○迪宮御日誌

この日より御学友渡辺昭・同大迫寅彦が出仕する。○迪宮御日誌

十三日　木曜日　午前、雍仁親王及び御学友と共に海岸を長者ヶ崎まで御運動になり、御帰途には附属邸にお立ち寄りになる。○迪宮御日誌

十五日　土曜日　午前、雍仁親王・宣仁親王と共に森戸神社にお成りになり、境内及びその周辺にてお遊びになる。途中より甘露寺受長が供奉し、終日伺候する。○迪宮御日誌

十六日　日曜日　午前、雍仁親王・宣仁親王と共に森戸神社にお成りになる。それより慶応義塾学生の水泳競争を御覧になる。○迪宮御日誌

鎌倉にお成り

十七日　月曜日　雍仁親王・宣仁親王と共に人力車にて鎌倉にお成りになる。国幣中社鶴岡八幡宮に参拝され、宝物を御覧の後、境内にてお遊びになる。それより官幣中社鎌倉宮を参拝され、土牢・護良親王木像などを御覧になる。鎌倉御用邸にて御昼食の後、高徳院にお成りになり、大仏胎内を拝観される。ついで長谷寺にて本尊の十一面観音を御覧の後、御帰還になる。○迪宮御日誌、迪宮御言行録、鎌倉市史

十九日　水曜日　御夕食後、長者ヶ崎方面まで御運動になる。同所にて雍仁親王と合流され、御一緒にお戻りになる。○迪宮御日誌

二十日　木曜日　午前、博忠王・邦久王参邸につき、御一緒にお遊びになる。○迪宮御日誌

二十三日　日曜日　午前、侍医頭岡玄卿・侍医西郷吉義御機嫌奉伺として参邸につき、それぞれに

謁を賜う。〇迪宮御日誌、侍医寮日誌

二十四日 月曜日 元御相手稲葉直通が参邸伺候する。〇迪宮御日誌

二十六日 水曜日 午前、雍仁親王・宣仁親王と共に森戸神社方面を御運動になる。〇迪宮御日誌 午後、故能久親王妃富子参邸につき、御対面になる。〇迪宮御日誌

二十七日 木曜日 雍仁親王・宣仁親王と共に立石御休所にお成りになる。付近を御散策になり、貝拾いなどをされる。〇迪宮御日誌

二十八日 金曜日 午前、元御相手千田貞清が弟貞栄を同伴にて参邸し、伺候する。〇迪宮御日誌

三十日 日曜日 午前、陸軍中将大迫尚道御学友大迫寅彦父参邸につき、謁を賜う。〇迪宮御日誌

三十一日 月曜日 御学友大迫寅彦・同渡辺昭帰京につき、玩具を下賜される。〇迪宮御日誌 午前、雍仁親王・宣仁親王と共に森戸神社付近を御運動になる。〇迪宮御日誌

皇太子御誕辰

皇太子御誕辰につき、御使として皇孫御養育掛長丸尾錦作を皇太子御滞在の日光へ遣わされる。御夕餐の御祝御膳を済まされ、侍女等が演じる仮装行列をお楽しみになる。〇迪宮御日誌、迪宮御言行録、行啓録、典式録

九月

一日　火曜日　午前、雍仁親王・宣仁親王と共に下山口より秋名山まで御運動になる。同山頂において花摘みなどをされる。御帰還後、元御相手久松定謙・御学友久松定孝及び雍仁親王御相手松浦治が御機嫌奉伺として参邸し、伺候する。○迪宮御日誌

江ノ島にお成り

二日　水曜日　雍仁親王・宣仁親王と共に江ノ島へお成りになる。鎌倉の長谷まで人力車に召され、それより片瀬駅まで江之島電気鉄道に御乗車になる。龍口寺を御覧の後、江ノ島への橋を渡られ、途中、守正王妃伊都子並びに方子女王に御対面になる。江ノ島では旅館岩本楼にて御昼食を召され、午後は島内の岩屋洞窟や江島神社各社殿などを巡覧され、その途次アワビ捕りなどを御覧になる。○迪宮御日誌、迪宮御言行録、梨本伊都子日記

御帰京

五日　土曜日　葉山より御帰京になる。午前八時、雍仁親王・宣仁親王と共に人力車にて御出門、八時五十分逗子停車場を御発、十時三十五分、皇孫仮御殿に御帰還になる。皇孫御養育掛長丸尾錦作・東宮主事桑野鋭等が供奉する。○迪宮御日誌、迪宮御言行録、侍従職日記、皇后宮職日記、行啓録、贈賜録、官報、斎藤桃太郎日記

侍医補秋月昱蔵参殿につき、謁を賜う。○迪宮御日誌

允子内親王・聰子内親王箱根より帰京につき、皇孫御養育掛長丸尾錦作を御使として新橋停車場に遣わされる。○御直宮御養育掛御日記、御直宮御養育掛日記

六日　日曜日　午前、東宮侍講本居豊穎及び学習院長乃木希典参殿につき、謁を賜う。また午後には侍医岩佐純参殿につき、謁を賜う。○迪宮御日誌

七日　月曜日　午後、雍仁親王・宣仁親王と共に新宿御苑にお成りになり、花壇・動物園等を御覧になる。○迪宮御日誌、迪宮御言行録、新宿御苑出張所日誌、侍医寮日誌

八日　火曜日　午後、雍仁親王・宣仁親王と共に上野動物園にお成りになり、帝室博物館総長股野琢の案内にてライオンモンキー《ゴールデンライオンタマリン》・ラクダ・ヤク・ヤギ・オオカミ等を御覧になる。○迪宮御日誌、迪宮御言行録

九日　水曜日　午前、宮中顧問官木戸孝正参殿につき、謁を賜う。また御昼食後、参殿の富美宮泰宮御養育掛長野村靖に謁を賜う。○迪宮御日誌、木戸孝正日記

皇后の御沙汰により御参内

午後二時三十分御出門、皇后の御沙汰により雍仁親王・宣仁親王と共に御参内になる。皇后に御拝顔になり、葉山御滞在中のお話などを申し上げる。また、今朝円山にて御手ずから御採取の零余子を献上される。○迪宮御日誌、迪宮御言行録、皇后宮職日記

第二学期始業式

十一日　金曜日　午前八時御出門、北豊島郡高田村の学習院本院における第二学期の始業式に御出席になる。学習院中等学科以上は先月四谷区尾張町よりこの地に移転したため、この日初めてのお成りとなる。式後、教場・寄宿舎等を御巡覧になる。○迪宮御日誌、迪宮御言行録、御学業御報告書、学習院院史資料室所蔵資料

御学友の放課後出仕

十二日　土曜日　本日より第二学期の授業が開始される。時間割は変更されるも、課目・時間数に変更なし。なお手狭な運動場の拡張のため、新たに初等学科南の民有地を買収し、本学期より第二運動場とする。また、火・木・土曜日の放課後には、御学友が二名ずつ交代で皇孫仮御殿に出仕することとなる。○迪宮御日誌、学習院院史資料室所蔵資料

会寧に御乗馬

午後、主馬寮において御料馬会寧にお乗りになる。この日のほか、今月二十一日・十月十二日にも御乗馬になる。○迪宮御日誌、裕仁親王殿下御乗馬録、今上陛下御乗馬誌

十五日　火曜日　午後、今般医学研究のためドイツ留学に出発の侍医加藤照麿参殿につき謁を賜い、暇乞を受けられる。○迪宮御日誌、迪宮御言行録

十七日　木曜日　午後、宮内大臣田中光顕参殿につき、謁を賜う。○迪宮御日誌

十九日　土曜日　午前、雍仁親王が授業見学のため学習院初等学科に来校する。○迪宮御日誌、迪宮御言行録、雍仁親王実紀

二十二日　火曜日　午後、雍仁親王・宣仁親王と共に東宮御所に御参殿になり、日光より還啓の皇

太子妃を御奉迎になる。〇迪宮御日誌、迪宮御言行録、東宮職日誌、貞明皇后実録

二十三日　水曜日　午後、雍仁親王・宣仁親王と共に東宮御所に御参殿になり、皇太子妃に御拝顔になる。皇太子妃に葉山の御土産を献上され、同妃からは日光の御土産を賜わる。それより御庭において栗拾いなどをされる。〇迪宮御日誌、迪宮御言行録、東宮職日誌

二十六日　土曜日　午後、雍仁親王・宣仁親王と共に新宿御苑にお成りになる。御学友二名及び雍仁親王御相手が供奉し、バッタ捕り・零余子採り・黄芋掘りなどを行われる。〇迪宮御日誌、迪宮御言行録、新宿御苑出張所日誌

二十七日　日曜日　午前より雍仁親王・宣仁親王及び御学友と共に浜離宮にお成りになり、釣り遊び・コオロギ捕りなどにて過ごされる。〇迪宮御日誌、迪宮御言行録、主殿寮日録

二十八日　月曜日　午後、雍仁親王・宣仁親王と共に東宮御所に御参殿になる。折から参殿の房子内親王にも御対顔になる。〇迪宮御日誌、東宮職日誌

二十九日　火曜日　午後、威仁親王妃慰子参殿につき、御対顔になる。ついで御参殿の皇太子妃に御拝顔になる。〇迪宮御日誌、迪宮御言行録

十月

学習院初等学科運動会

三日 土曜日 午後、代々木御料地において栗拾いなどをされる。○迪宮御日誌、迪宮御言行録、新宿御苑出張所日誌

四日 日曜日 午前八時御出門、学習院初等学科運動会に御参加になる。毬廻し・旗遊び・四色旗・兎児競走・手工競走・玉取り・徒歩競走・綱引きの各競技に御出場になり、徒歩競走においては松平四郎と同着にて共に三等に入賞される。○迪宮御日誌、迪宮御言行録、御学業御報告書

五日 月曜日 午後、雍仁親王・宣仁親王と共に東宮御所に参殿され、皇太子妃に御拝顔になる。皇太子妃及び皇孫御養育掛長丸尾錦作をお相手に海軍将棋などをされる。○迪宮御日誌、東宮職日誌

六日 火曜日 午後、伯爵土方久元御機嫌奉伺として参殿につき、謁を賜う。○迪宮御日誌、土方久元日記

八日 木曜日 午後、雍仁親王・宣仁親王及び御学友等と共に徒歩にて新宿御苑にお成りになり、栗拾いをされる。○迪宮御日誌

九日 金曜日 午後、雍仁親王・宣仁親王と共に東宮御所に御参殿になり、皇太子妃に御拝顔になる。昨日御採集の栗を御献上になり、御拝領の玩具などにてお遊びになる。○迪宮御日誌、東宮職日誌

十日 土曜日 夕刻、雍仁親王・宣仁親王と共に東宮御所御車寄にお成りになり、東北地方行啓よ

り御帰還の皇太子を御奉迎になる。○迪宮御日誌、迪宮御言行録、東宮職日誌

十一日　日曜日　午前、雍仁親王・宣仁親王と共に東宮御所に御参殿になり、皇太子・同妃に拝顔され、中庭において皇太子妃と御一緒にお遊びになる。また皇太子と共に元帥公爵山県有朋に謁を賜う。○迪宮御日誌、迪宮御言行録、東宮職日誌、大正天皇実録

学習院輔仁会秋季大会

午後、雍仁親王と共に学習院本院にお成りになり、同所にて開催の輔仁会秋季大会に臨まれる。○迪宮御日誌、迪宮御言行録、御学業御報告書、木戸孝正日記、輔仁会雑誌、学習院百年史

向島百花園にお成り

十二日　月曜日　午後、雍仁親王・宣仁親王と共に向島百花園にお成りになり、菊や萩など秋の草花を御覧になる。○迪宮御日誌、迪宮御言行録

十三日　火曜日　午後、雍仁親王・宣仁親王と共に徒歩にて新宿御苑にお成りになり、栗拾いをされる。○迪宮御日誌、迪宮御言行録、新宿御苑出張所日誌

十四日　水曜日　午後、皇太子・同妃御参殿につき、お遊びや復習の様子を御覧に入れられる。○迪宮御日誌、迪宮御言行録、東宮職日誌

十七日　土曜日　午前、神嘗祭御拝礼のため賢所へ向かわれる皇太子を、皇孫仮御殿門前において御奉送になる。午後、雍仁親王・宣仁親王と共に東宮御所にお成りになり、皇太子・同妃に御拝顔

になる。また、折から参殿の房子内親王・允子内親王・聰子内親王に御対面になる。○迪宮御日誌、迪宮御言行録、御直宮御養育掛御日記、御直宮御養育掛日記

学習院輔仁会秋季陸上運動会

十八日　日曜日　午前七時御出門、学習院本院における輔仁会秋季陸上運動会にお成りになり、遅れて到着の雍仁親王と観覧され、御自身は徒競走・玉取りの競技に出場される。午後には皇太子及び韓国皇太子英親王李垠がお成りになり、お揃いにて競技を御覧になる。○迪宮御日誌、迪宮御言行録、行啓録、大正天皇実録、御学業御報告書、学習院院史資料室所蔵資料、輔仁会雑誌

陸軍騎兵実施学校

十九日　月曜日　午前、雍仁親王・宣仁親王と共に荏原郡上目黒村にある陸軍騎兵実施学校にお成りになり、馬場馬術、障碍跳越、機関銃発射、馬の曲芸等を御覧になる。○迪宮御日誌、今上陛下御乗馬誌

午後、皇太子・同妃が御参殿につき御拝顔になり、皇太子妃と御一緒にお遊びになる。○迪宮御日誌、東宮職日誌

二十一日　水曜日　午後、雍仁親王・宣仁親王と共に、馬車にて日比谷・京橋・新橋方面を御巡回になる。○迪宮御日誌

米国大西洋艦隊来航歓迎花電車

御夕食後、皇太子・同妃に伴われ、東京市街を走る米国大西洋艦隊来航歓迎の電飾花電車を御見物になる。○迪宮御日誌、迪宮御言行録

二十三日　金曜日　午後、雍仁親王・宣仁親王と共に東宮御所に御参殿になり、皇太子・同妃に御

東京高等師範学校陸上運動会

拝顔になる。〇迪宮御日誌、東宮職日誌

二十四日　土曜日　午後、宣仁親王と共に東京高等師範学校陸上運動会へお成りになる。校長嘉納治五郎等に謁を賜い、各種競技を御覧になる。〇迪宮御日誌、迪宮御言行録

二十五日　日曜日　雍仁親王・宣仁親王と共に、大井町において開催の日本体育会第十回秋季運動会にお成りになる。〇迪宮御日誌、迪宮御言行録

二十九日　木曜日　午後、雍仁親王・宣仁親王と共に東宮御所に御参殿になり、皇太子・同妃に拝顔され、戦将棋・椅子遊び・尻尾取りなどにてお遊びになる。〇迪宮御日誌、東宮職日誌

学習院女学部運動会

三十日　金曜日　午後、学習院よりの御帰途、学習院女学部運動会にお立ち寄りになる。学習院長乃木希典の案内にて場内に進まれ、御臨席の皇后・皇太子妃に御敬礼になる。それより雍仁親王・宣仁親王と御一緒に午後四時頃まで競技を御覧になる。御休所において皇后・皇太子妃に御拝顔になり、房子内親王・允子内親王・聰子内親王に御対顔になる。〇迪宮御日誌、迪宮御言行録、御直宮御養育掛御日記、行啓録、布設録、貞明皇后実録、女子学習院五十年史

十一月

臨時運動会御催し

一日　日曜日　昨日来の降雨により本日に予定されていた学習院初等学科の遠足が延期となる。このため、午前、東宮御所御苑内の外庭において運動会を催される。雍仁親王・宣仁親王及び松平直国・千田貞清、侍女八名が参加し、尻尾取り、縄飛び、工兵遊び、四色旗、旗遊び、徒歩競争、兎の子の飛び競争、フットボール、綱引き等を行われる。○迪宮御日誌、迪宮御言行録

午後、雍仁親王・宣仁親王と共に東宮御所に御参殿になり、皇太子・同妃に御拝顔になる。○迪宮御日誌、東宮職日誌

大宮氷川公園遠足

二日　月曜日　学習院初等学科の遠足につき、同院学生の御資格をもって埼玉県大宮町の氷川公園にお成りになる。なお、未入学なるも雍仁親王を同伴される。午前七時御出門、上野停車場において初等学科学生約二百名と合流され、汽車にて大宮に向かわれる。御着後、官幣大社氷川神社に参拝され、稚松をお手植えになる。ついで公園内にて茸狩りをされ、松茸・しめじ等をお採りになる。午後は大宮小学校児童の遊戯や綱引きなどを御覧になる。午後四時五十分御帰殿になる。○迪宮御日誌、迪宮御言行録、東宮職日誌、御学業御報告書、輔仁会雑誌、埼玉県史

三日　火曜日　天長節につき、午前六時四十分御出門、学習院初等学科にお成りになり、天長節祝賀式に御参列になる。御帰殿後、皇孫御養育掛長丸尾錦作以下御附一同の拝賀をお受けになる。それより天皇の天長節観兵式（青山練兵場）への行幸及び還幸を、それぞれ御門前において奉送迎される。○迪宮御日誌、迪宮御言行録、御学業御報告書、輔仁会雑誌

午後、皇太子が御参殿になる。○迪宮御日誌

五日　木曜日　午後、雍仁親王・宣仁親王と共に東宮御所に御参殿になり、皇太子・同妃に御拝顔になる。折から参殿中の韓国皇太子英親王李垠及び村雲日榮（邦家親王第十王女）に御対顔になる。○迪宮御日誌、迪宮御言行録、東宮職日誌、貞明皇后実録、英親王李垠伝

實枝子女王の結婚

六日　金曜日　午後、威仁親王・同妃慰子・故熾仁親王妃董子・實枝子女王お揃いにて参殿につき、御歓談になる。實枝子女王は明後八日、正五位徳川慶久（公爵徳川慶喜嗣子）に帰嫁する。○迪宮御日誌、官報

目黒不動にお成り

七日　土曜日　午後、雍仁親王・宣仁親王及び御学友等と共に馬車にて御出門、白金三光町付近より御徒歩にて目黒瀧泉寺（目黒不動尊）にお成りになり、独鈷の滝等を御覧の後、境内においてお遊びになる。○迪宮御日誌

東京帝国大学農科大学運動会

八日　日曜日　午後、雍仁親王・宣仁親王と共に駒場の東京帝国大学農科大学秋季運動会にお成り

になり、競技及び仮装動物行列等の余興を御覧になる。〇迪宮御日誌、迪宮御言行録

九日　月曜日　午後、皇太子御乗馬にて御参殿につき、御一緒に御庭においてお遊びになる。〇迪宮御日誌、迪宮御言行録、東宮職日誌

十日　火曜日　午後、雍仁親王・宣仁親王と共に東宮御所に御参殿になり、皇太子・同妃に御拝顔になる。ついで允子内親王・聰子内親王も参殿につき御対面になり、お遊びの様子をお見せになる。〇迪宮御日誌、迪宮御言行録、東宮職日誌、御直宮御養育掛御日記、御直宮御養育掛日記

十一日　水曜日　本日より学習院の授業開始時刻が一時間繰り下げられ、午前九時となる。よって御出門時刻を午前八時三十分とされる。〇迪宮御日誌、御学業御報告書

十二日　木曜日　午後、雍仁親王・宣仁親王及び御学友と共に東宮御所に御参殿になり、皇太子・同妃に御拝顔になる。〇迪宮御日誌、東宮職日誌

十五日　日曜日　午前九時三十分御出門、雍仁親王・宣仁親王と共に上野に向かわれ、上野動物園・東京帝室博物館をそれぞれ御巡覧になる。博物館において御昼食の後、同館の動物剝製等を御覧になる。続いて竹の台陳列館において開催中の第二回文部省美術展覧会をお訪ねになり、西洋画・日本画を御覧になる。〇迪宮御日誌、迪宮御言行録

文展御覧

御参内

十六日　月曜日　午後、雍仁親王・宣仁親王と共に御参内になる。人形ノ間において皇后に御拝顔になり、雛鳥剝製等を賜わる。○迪宮御日誌、迪宮御言行録

十八日　水曜日　午後、学習院授業終了後、直ちに東宮御所に参殿され、皇太子妃に御拝顔になる。皇太子妃より賜わりの玩具にてお遊びになり、陶製の犬に毛筆にて「裕仁」とお認めになる。○迪宮御日誌、迪宮御言行録、東宮職日誌

御徒歩通学の開始

十九日　木曜日　午前八時十分御出門、初めて御徒歩にて学習院へ通学される。午後は馬車にて御帰還になる。翌二十日からは、晴天の日は原則として往復とも御徒歩にて御通学のこととされる。○迪宮御日誌、迪宮御言行録、学習院院史資料室所蔵資料、天皇・運命の誕生

午後、皇太子妃御参殿につき、御一緒にお遊びになる。皇太子妃は御入浴・御夕食等の様子を御覧の後、御帰殿になる。○迪宮御日誌、迪宮御言行録

二十一日　土曜日　去る十四日薨去の故博經親王華頂宮妃郁子の葬送につき、午前、御同級の博忠王伏見宮博恭王第二男子、華頂宮を継承は豊島岡墓地における葬儀に参列し、同級生一同も参列する。このため学習院は臨時休業となる。この間、親王は雍仁親王・宣仁親王と共に東宮御所に御参殿になり、皇太子・同妃の御機嫌を伺われる。○迪宮御日誌、東宮職日誌

午後、侍医加藤照麿夫人常子、子息鋭五（元御相手）を伴い参殿につき、謁を賜う。○迪宮御日誌

父兄懇話会

二十二日　日曜日　午前、雍仁親王・宣仁親王と共に学習院初等学科父兄懇話会に出席され、学生の口演・唱歌・遊戯等を御覧になる。ついで別室に陳列の玩具及び参考品等を御覧になり、御帰還になる。○迪宮御日誌、迪宮御言行録、御学業御報告書、輔仁会雑誌

午後、雍仁親王・宣仁親王と共に新宿御苑において芋掘り・大根引きなどでお遊びになる。その際拾われた木の実につき、一供奉員よりカンナの実であるとの説明を受けられるも、納得されず、御帰殿後花壇にお出ましになり、御観察の末、泰山木の実であることをお確かめになる。○迪宮御日誌、迪宮御言行録、新宿御苑出張所日誌

印刷局抄紙部にお成り

二十三日　月曜日　午前九時三十分、雍仁親王・宣仁親王と共に馬車にて御出門、王子の印刷局抄紙部に向かわれる。途中飛鳥山にて下車され、御散策になる。十一時、抄紙部に御到着、各工場を御巡覧になる。その際、種々透かし入りの紙の献上を受けられる。午後一時御出発、滝野川にお成りになり、同所より石神井川沿いの紅葉を観賞されつつ飛鳥山まで御散策、それより馬車にて御帰還になる。○迪宮御日誌、迪宮御言行録

二十六日　木曜日　午後、雍仁親王・宣仁親王及び御学友と共に東宮御所に御参殿になり、皇太子・

同妃に拝顔され、公爵九条道実に謁を賜う。二十八日夕方にも御参殿になり、皇太子・同妃と御夕餐を御会食になる。○迪宮御日誌、迪宮御言行録、東宮職日誌、貞明皇后実録

東京女子高等師範学校開校記念日

二十九日　日曜日　午後、雍仁親王と共に馬車にて御茶ノ水付近をお巡りになる。途中、東京女子高等師範学校にお立ち寄りになる。この日は同校の開校記念日にて、待賓室においてしばらく御休憩の後、校長高嶺秀夫の先導にて附属小学校及び附属高等女学校の各室を御覧になり、ついで講堂において開催の如蘭会同校生徒及び職員間の懇親団体総会に臨まれ、再び待賓室で御休憩の後、御帰還になる。御休憩時、同校教授野口保興がマグネットの教育玩具にて御相手を奉仕する。○迪宮御日誌、迪宮御言行録、東京女子高等師範学校六十年史

皇孫仮御殿における電灯使用を決定

三十日　月曜日　雍仁親王学習院初等学科見学につき、御一緒に御帰還になる。○迪宮御日誌

皇孫仮御殿において、これまで夜間に使用されてきた灯燭に替え、電灯を用いることが決定される。○土地建物録

十二月

一日　火曜日　学習院よりの御帰途、東宮御所にお立ち寄りになり、皇太子・同妃に御拝顔になる。○迪宮御日誌、東宮職日誌

御違例

二日　水曜日　未明に御吐逆あり、御朝食後も御吐逆になる。しかるに授業御欠席を肯んぜられず、御登校を御懇望につき例刻登校されるも、二時限までの御学習にて御帰還になり、直ちに御仮床になる。午後、皇太子御参殿につき、御床にて御拝顔になる。翌日の午後も皇太子が御参殿になる。症状は軽微にて、四日より再び御登校になる。○迪宮御日誌、迪宮御言行録、侍医寮日誌、東宮職日誌、拝診録、御学業御報告書

五日　土曜日　この日より御登校前に五分間筋肉調節運動を行われる。○迪宮御日誌

午後、雍仁親王・宣仁親王と共に御学友等を伴い、東宮御所に御参殿になり、皇太子妃に御拝顔になる。皇孫仮御殿に御帰還後、御予定外の皇太子御参殿あり。○迪宮御日誌、迪宮御言行録、東宮職日誌

松平乗統の皇孫御用掛就任

従五位松平乗統子爵松平乗承嗣子は皇孫御用掛を仰せ付けられる。○進退録、官報

六日　日曜日　この日午前より、新任皇孫御用掛松平乗統が出仕する。また御学友大迫寅彦・久松定孝及び元御相手加藤鋭五参殿につき、御一緒にお遊びになる。○迪宮御日誌

午後、邦久王先月来の病気全快により病中御見舞御礼のため参殿につき、御対面になる。○迪宮御日誌、久邇宮家日誌

御仮床の皇太子妃を御見舞

雍仁親王・宣仁親王と共に東宮御所に御参殿になり、皇太子に御拝顔になる。ついで御風邪につき本日より御仮床の皇太子妃を御見舞になる。皇太子妃は十五日に至り全快される。○迪宮御日誌、迪宮御言行録、東宮職日

誌、貞明皇后実録

八日　火曜日　午後、皇太子御参殿につき、御復習やお遊びの様子を御覧に入れられる。○迪宮御日誌

十日　木曜日　午後、侍医頭岡玄卿参殿につき、謁を賜う。○迪宮御日誌、侍医寮日誌

竹田宮邸御訪問

十二日　土曜日　午後、雍仁親王・宣仁親王と共に高輪の竹田宮邸にお成りになり、恒久王・同妃昌子内親王並びに房子内親王に御対顔になる。それより皇太子も同所へ行啓につき、種々お遊びになる。○迪宮御日誌、迪宮御言行録、斎藤桃太郎日記

浜離宮にて初めての鴨猟

十三日　日曜日　午前八時四十分雍仁親王と共に御出門になり、東宮御所より皇太子と御馬車に同乗され、浜離宮へお成りになる。この日、初めて鴨猟を行われ、午前・午後それぞれ両度お試みになる。○迪宮御日誌、迪宮御言行録、東宮職日誌、行啓録、大正天皇実録

十四日　月曜日　午後、元東宮武官黒水公三郎御機嫌伺いとして参殿につき、謁を賜う。○迪宮御日誌

クリスマスプレゼントを賜わる

十七日　木曜日　午後、雍仁親王・宣仁親王と共に東宮御所に御参殿になり、皇太子・同妃に御拝顔になる。クリスマスプレゼントとして玩具を賜わり、御夕餐を御会食になる。○迪宮御日誌、迪宮御言行録、東宮職日誌、貞明皇后実録

十八日　金曜日　来る二十一日より沼津へ御避寒につき、天皇・皇后に御暇乞のため、午前十時学

習院を早退され、御参内になる。宮城において雍仁親王・宣仁親王と御一緒になり、皇太子に随伴して天皇に御拝顔、続いて皇后に御拝顔になる。○迪宮御日誌、迪宮御言行録、東宮職日誌、皇后宮職日記、贈賜録、御学業御報告書

御参内

午後、雍仁親王・宣仁親王と共に麻布御殿にお成りになり、允子内親王・聰子内親王に御対顔になる。○迪宮御日誌、迪宮御言行録、御直宮御養育掛御日記、御直宮御養育掛日記

麻布御殿御訪問

十九日　土曜日　第二学期の授業はこの日をもって終了する。○迪宮御日誌、迪宮御言行録、御学業御報告書

第二学期終業

午後、公爵九条道実参殿につき、謁を賜う。○迪宮御日誌

二十日　日曜日　午前、沼津御避寒の御暇乞として雍仁親王・宣仁親王と共に東宮御所にお成りになり、皇太子・同妃に御拝顔になる。また折から参殿中の侯爵木戸孝正に謁を賜う。○迪宮御日誌、東宮職日誌、木戸孝正日記

二十一日　月曜日　雍仁親王・宣仁親王と共に皇孫仮御殿を御出門、午前九時五十分新橋停車場発の列車にて沼津に赴かれる。皇孫御養育掛長丸尾錦作・同夫人鍵子・東宮主事桑野鋭・皇孫御用掛松平乗統・同土屋正直・侍医吉松駒造・侍女取締渥美千代・侍女坂野鈴・同足立タカ・同曽根ナツ等が供奉し、午後一時五十分沼津停車場に御到着になる。同所より人力車にて沼津御用邸西附属邸にお入りになる。

沼津に御避寒

御避寒中の冬期休暇の間は、午前中に三十分程度御学習になる。午後には御用邸周辺の御運動、あるいは海岸における貝拾いなどにて過ごされる。○迪宮御日誌、迪宮御言行録、沼津御用邸西附属邸日誌、沼津御用邸附属邸日誌、沼津御用邸日誌、侍従職日記、東宮職日誌、贈賜録、重要雑録、進退録、官報、木戸孝正日記、学習院院史資料室所蔵資料

二十二日　火曜日　午後、雍仁親王と共に毘沙門山まで御運動になる。弁当やお八つを持参しない御運動には、この日より侍女の供奉は廃止となる。○迪宮御日誌、迪宮御言行録

二十五日　金曜日　午後、雍仁親王・宣仁親王と共に御出門、徳倉山の麓にて宣仁親王とお別れになり、徳倉山中腹までお登りになる。○迪宮御日誌、迪宮御言行録

二十六日　土曜日　雍仁親王・宣仁親王と共に瓜島を経て江ノ浦方面へ舟遊びをされる。○迪宮御日誌、迪宮御言行録、沼津御用邸日誌

二十八日　月曜日　午前、海岸を静浦方面に進まれ、貝拾いなどをされる。保養館前の海岸にて漁船にお立ち寄りになり、鮫鱇・太刀魚などを御覧になる。○迪宮御日誌
午後、雍仁親王・宣仁親王と共に楊原神社方面へ御運動になる。御幸橋を過ぎて宣仁親王とお別れになり、豊牧舎にて子牛を御覧になる。○迪宮御日誌

二十九日　火曜日　午後、世古方面へ御運動になり、三島館にて鳥類を御覧になる。○迪宮御日誌

三十日　水曜日　午前、雍仁親王と共に世古方面へ御運動になり、三島館にて鳥類を御覧の後、牛臥山にお登りになる。○迪宮御日誌

午後、雍仁親王・宣仁親王と共に桃郷より志下方面へ御運動になる。その際、本年二月及び三月に御覧になった鍛冶屋をお探しになるも見つけられず、この日は桶職の仕事を御覧になる。○迪宮御日誌、迪宮御言行録

三十一日　木曜日　午前、歳末につき、供奉高等官及び侍女の祝賀をお受けになる。○迪宮御日誌、迪宮御言行録、侍医寮日誌

午後は昨日と同様、雍仁親王・宣仁親王と共に桃郷より志下方面へお出ましになり、御運動になる。途中、この日も鍛冶屋をお探しになるも見つけられず、御帰邸になる。○迪宮御日誌、迪宮御言行録

明治四十二年（西暦一九〇九年）　八歳

一月

一日　金曜日　雍仁親王・宣仁親王と共に沼津御用邸西附属邸において新年を迎えられる。午前八時三十分より御附高等官等の拝賀を受けられ、御学問所において「君が代」「一月一日」の唱歌を一同と歌われる。また、静岡県知事李家隆介以下地方高等官の拝賀を受けられる。○迪宮御日誌、皇孫御殿日誌、沼津御用邸西附属邸日誌、桑野鋭日記

二日　土曜日　午前、御庭前において桃郷消防組員四十八名による梯子乗り・綱引き等を御覧になる。○迪宮御日誌、桑野鋭日記

三日　日曜日　午前八時三十分、宣仁親王誕辰につき、雍仁親王・宣仁親王とお揃いにて御附高等

宣仁親王誕辰

侯爵中山孝麿・帝室博物館総長股野琢等参邸につき、謁を賜う。○沼津御用邸西附属邸日誌、桑野鋭日記

官等の拝賀を受けられる。○迪宮御日誌、皇孫御殿日誌、東宮職日誌、沼津御用邸西附属邸日誌、典式録、貞明皇后実録、桑野鋭日記

午後、御庭において沼津女子尋常高等小学校附属幼稚園園児の遊戯を御覧になる。○迪宮御日誌、皇孫御殿日誌、桑野鋭日記

五日　火曜日　関東都督府民政長官白仁武参邸につき、謁を賜う。○迪宮御日誌、桑野鋭日記

午後、雍仁親王・宣仁親王と共に香貫山、瓦山神社方面へ御運動になる。○迪宮御日誌、皇孫御殿日誌、桑野鋭日記

六日　水曜日　午後、伯爵松平直亮、子息直国同伴にて参邸につき、謁を賜う。○迪宮御日誌、桑野鋭日記

雍仁親王・御学友松平直国と共に徳倉山へお登りになる。○迪宮御日誌、皇孫御殿日誌、桑野鋭日記

七日　木曜日　雍仁親王・宣仁親王と共に桃畑、海岸、烏帽子山麓などにお成りになる。烏帽子山麓へは翌八日にもお成りになる。○迪宮御日誌、皇孫御殿日誌、桑野鋭日記

この日、雍仁親王御相手の三条実憲・西郷隆輝が供奉として参着する。○迪宮御日誌、桑野鋭日記

八日　金曜日　午前、子爵松平乗承皇孫御用掛松平乗統の父参邸につき、謁を賜う。○迪宮御日誌、桑野鋭日記

九日　土曜日　午後、雍仁親王・宣仁親王と共に御出門になり、大平越にお登りになる。○迪宮御日誌、皇孫御殿日誌、桑野鋭日記

十日　日曜日　午前、三条実憲・西郷隆輝・松平直国及び皇孫御用掛の土屋正直・松平乗統と共に、フットボール・相撲などをされる。○迪宮御日誌、皇孫御殿日誌、桑野鋭日記

午後、雍仁親王・宣仁親王と共に東附属邸にお成りになり、松露採りなどをされる。○迪宮御日誌、皇孫御殿日誌、沼津御用邸日誌、桑野鋭日記、雍仁親王実紀

第三学期始業

十一日　月曜日　本日より東附属邸に設けられた学習院教場へ御通学になる。沼津における時間割は左のとおり。午前八時に始業、十一時四十五分に終業とされ、午後は御用邸敷地内及びその周辺を御運動になる。

	第一時	第二時	第三時	第四時
月	訓話	算術	国語	唱歌
火	国語	算術	国語	唱歌
水	訓話 国語	算術	国語	手工
木	国語	算術	綴方	唱歌
金	訓話 国語	算術	国語	図画
土	国語	算術	書方	唱歌

国語・算術・訓話等の教授は石井国次が、唱歌は皇孫御用掛松平乗統が担当する。御学友は牛臥の

御学友の交代出仕

三島館に宿泊して教場に通学する。この日から二月二十一日まで渡辺昭・松平直国が出仕し、翌二

十二日より は久松定孝・大迫寅彦が交代して出仕する。○迪宮御日誌、皇孫御殿日誌、桑野鋭日記、御学業御報告書、初等科時代の今上陛下

午後、雍仁親王・宣仁親王と共に御出門、東附属邸より志下までお成りになり、徳倉山麓方面を巡られる。○迪宮御日誌、皇孫御殿日誌、桑野鋭日記

十四日　木曜日　午後、雍仁親王・宣仁親王と共に御出門、松原より曼陀ヶ原を経て我入道海岸へ御運動になり、それより楊原神社方面へ向かわれた後、御帰還になる。この間、曼陀ヶ原において擬戦戦争ごっこ、戦争遊びをされ、帰途、御料牛飼養場にて御料牛リリーを御覧になる。この頃、邸外での御運動時にはしばしば雍仁親王・宣仁親王と共に、あるいは御学友・御同級を交え、擬戦を行われる。○迪宮御日誌、皇孫御殿日誌、桑野鋭日記

この日、恒久王妃昌子内親王着帯式挙行につき、雍仁親王・宣仁親王と共に電報をもって祝詞を伝えられ、贈答を交わされる。○桑野鋭日記

十五日　金曜日　午後、雍仁親王・宣仁親王と共に志下方面へお成りになり、瓦山神社下を経て御帰邸になる。またお帰りの折、本邸正門前にて皇后の行啓を御奉迎になる。○迪宮御日誌、皇孫御殿日誌、桑野鋭日記、東宮職日誌、沼津御用邸西附属邸日誌、昭憲皇太后実録、官報

皇太子・同妃の御使として東宮主事錦小路在明参邸につき、謁を賜う。○迪宮御日誌、桑野鋭日記

十六日　土曜日　午後、雍仁親王・宣仁親王と共に本邸に御参邸になり、皇后と御談話になる。○迪宮御日誌、皇孫御殿日誌、沼津御用邸日誌、桑野鋭日記

帝室博物館総長股野琢参邸につき、謁を賜う。○桑野鋭日記

十七日　日曜日　雍仁親王・宣仁親王と共に、岩崎男爵別邸・江ノ浦等へお成りになる。学習院教授石井国次等も供奉する。○迪宮御日誌、皇孫御殿日誌、桑野鋭日記

午後、典侍柳原愛子、皇后の御使として参邸につき、謁を賜う。愛子より献上の軍艦玩具にてお遊びになり、それより愛子をお相手に将棋をされる。愛子は親王の御夕餐の模様を拝見し、退出する。○迪宮御日誌、桑野鋭日記

歴史掛図の説明御聴取

十九日　火曜日　午後、東京帝国大学総長浜尾新より献上の『歴史科教授用参考掛図』東京帝国大学文科大学史料編纂掛出版につき、皇孫御用掛松平乗統より説明をお聞きになる。○迪宮御日誌

雍仁親王・宣仁親王と共に御出門、途中豊牧舎にて牧牛を御覧になり、牛臥方面にお成りになる。○迪宮御日誌、皇孫御殿日誌、桑野鋭日記

二十日　水曜日　午後、雍仁親王・宣仁親王と共に、静浦街道を上香貫方面へ御運動になり、霊山寺では平重盛墓と伝えられる墳墓を御覧になる。○迪宮御日誌、皇孫御殿日誌、桑野鋭日記

二十一日　木曜日　典侍柳原愛子より、雨天につき皇后のお慰みのため御修学の都合が宜しければ参邸を願いたき旨、使者をもって申し来る。よって午後二時三十分、雍仁親王・宣仁親王と共に馬車にて本邸へお成りになり、皇后に御拝顔になる。○迪宮御日誌、皇孫御殿日誌、沼津御用邸日誌、桑野鋭日記

二十二日　金曜日　侍医頭岡玄卿参邸につき、謁を賜う。○桑野鋭日記

二十四日　日曜日　富美宮泰宮御養育掛長野村靖危篤につき、御尋として菓子料を賜う。ついで同人死去につき東宮主事桑野鋭を弔問の御使として遣わされ、允子内親王・聰子内親王へは御機嫌伺いの電報を発せられる。○進退録、桑野鋭日記、官報

二十七日　水曜日　午後、雍仁親王・宣仁親王と共に楊原神社にお成りになり、小学校児童数十名の整列運動を御覧になる。ついで霊山寺、物見山山頂まで御運動になる。○迪宮御日誌、皇孫御殿日誌、桑野鋭日記

二十八日　木曜日　午後、雍仁親王・宣仁親王と共に御徒歩にて本邸へ御参邸になり、皇后に御拝顔になる。○迪宮御日誌、皇孫御殿日誌、沼津御用邸日誌、桑野鋭日記

二十九日　金曜日　午後、雍仁親王・宣仁親王と共に、馬車にて江ノ浦方面へお出かけになる。○迪宮御日誌、皇孫御殿日誌、桑野鋭日記

三島の小松宮別邸にお成り

三十日　土曜日　孝明天皇祭により授業は休業につき、午前九時三十分御出門、雍仁親王・宣仁親

王と共に三島町の小松宮別邸にお成りになる。邸内にて紙鉄砲の擬戦などに興じられ、午後は庭園をお巡りになる。○迪宮御日誌、皇孫御殿日誌、桑野鋭日記

二月

一日　月曜日　午前、学習院長乃木希典に謁を賜う。これに先立ち、乃木院長は授業等の御様子を拝見する。○迪宮御日誌、皇孫御殿日誌、桑野鋭日記、御学業御報告書

午後、雍仁親王・宣仁親王と共に御出門、豊牧舎にお立ち寄りになり、暫時子牛を御覧になる。それより曼陀ヶ原にお成りになり擬戦を行われ、退却する敵を追撃しつつ御帰邸になる。○迪宮御日誌、皇孫御殿日誌、桑野鋭日記

関東都督大島義昌より『旅順昭忠碑除幕式紀念帖』一冊が献上される。○桑野鋭日記

二日　火曜日　午後、雍仁親王・宣仁親王及び御学友等と共に海岸より乗船され、江ノ浦湾へお成りになる。口野にて御上陸、江ノ浦に向け暫時御徒歩の後、再び海上より御帰還になる。○迪宮御日誌、皇孫御殿日誌、沼津御用邸日誌、桑野鋭日記

御夕餐後、皇太子・同妃の御使として参邸の東宮侍従長一条実輝、今般東宮主事より富美宮泰宮御

養育掛長に転任の桂潜太郎に謁を賜う。○迪宮御日誌、桑野鋭日記、例規録、行啓録、進退録

三日　水曜日　雨天につき皇后のお慰みのため、雍仁親王・宣仁親王と共に本邸へ御参邸になる。○迪宮御日誌、皇孫御殿日誌、沼津御用邸日誌、桑野鋭日記

四日　木曜日　旧奉仕者岩崎艶子、このほど韓国より帰朝し参邸する。よって夕刻謁を賜い、同国の話などをお聞きになる。○迪宮御日誌、桑野鋭日記

五日　金曜日　午後、雍仁親王・宣仁親王と共に御出門になり、毘沙門山へ御運動になる。瓦山神社付近より擬戦をされつつ御帰還になる。○迪宮御日誌、皇孫御殿日誌、桑野鋭日記

雨中御運動場開き

六日　土曜日　西附属邸の庭内に運動場 雨中運動場 竣工につき、午後、御運動場開きとして蜜柑撒き等を行われる。○迪宮御日誌、桑野鋭日記

七日　日曜日　終日運動場において、輪投げ・玉投げ・フットボール・玉鬼などにて過ごされる。○迪宮御日誌、桑野鋭日記

八日　月曜日　午後、雍仁親王・宣仁親王と共に、馬車にて原町にお成りになり、それより御徒歩にて千本浜にお成りになる。○迪宮御日誌、皇孫御殿日誌、桑野鋭日記

九日　火曜日　午後、雍仁親王・宣仁親王と共に、妙蓮寺を経て七面山にお登りになる。○迪宮御日誌、侍医寮日誌、皇

孫御殿日誌、桑野鋭日記

十日　水曜日　午後、雍仁親王・宣仁親王と共に御出門、松原を経て曼陀ヶ原にお成りになり、ついで我入道より船にて狩野川河口を渡り、千本松原にお成りになる。各所で擬戦を行われる。○迪宮御日誌、皇孫御殿日誌、桑野鋭日記

皇太子御違例

皇太子御風気のため御仮床につき、雍仁親王・宣仁親王と共に御機嫌伺いの電報を発せられる。皇太子は二十二日に御床払になる。○桑野鋭日記、行啓録

紀元節

十一日　木曜日　紀元節につき、午前九時より供奉高等官その他の拝賀を受けられ、御真影に御拝礼になり、「君が代」「紀元節」の唱歌を御学友等と共に合唱される。○迪宮御日誌、桑野鋭日記、初等科時代の今上陛下

雍仁親王・宣仁親王と共に本邸にお成りになり、皇后と御昼餐を御会食になる。○迪宮御日誌、皇孫御殿日誌、桑野鋭日記、昭憲皇太后実録、沼津御用邸日誌

十三日　土曜日　午後、雍仁親王・宣仁親王と共に擬戦をされつつ馬込まで御運動になり、それより瓦山神社下を経て御帰還になる。○迪宮御日誌、皇孫御殿日誌、桑野鋭日記

十四日　日曜日　午前、幼稚園宣仁親王御座所において、雍仁親王・宣仁親王及び御学友のほか侍女・侍医・主事等に、「浦島太郎」の話をお聞かせになる。○迪宮御日誌、桑野鋭日記

午後、雍仁親王・宣仁親王と共に、擬戦をされつつ牛臥・曼陀ヶ原を経て二瀬川付近までお成りになり、それより街道に出て御帰還になる。○迪宮御日誌、皇孫御殿日誌、桑野鋭日記

十五日　月曜日　富美宮泰宮御用掛西三条実義、允子内親王・聰子内親王の御使として参邸につき、謁を賜う。○迪宮御日誌、桑野鋭日記

大中寺にお成り

十六日　火曜日　午後、雍仁親王・宣仁親王と共に、馬車にて金岡村中沢田の大中寺にお成りになり、梅園や本堂の鐘鈴・香炉・木魚・太鼓等を御覧になる。○迪宮御日誌、皇孫御殿日誌、桑野鋭日記

十七日　水曜日　午後、雍仁親王・宣仁親王と共に本邸にお成りになり、皇后に御拝顔になる。皇后に「鳩と蟻」等のお話をされ、御持参の貝等を御献上になる。○迪宮御日誌、皇孫御殿日誌、沼津御用邸日誌、桑野鋭日記

十八日　木曜日　午後、雍仁親王と共に徳倉山中腹まで御登山になる。○迪宮御日誌、皇孫御殿日誌、桑野鋭日記

十九日　金曜日　皇太子・同妃の御使として東宮大夫村木雅美葉山より参邸につき、謁を賜う。○迪宮御日誌、行啓録、桑野鋭日記

二十日　土曜日　学習院主事松井安三郎御学事拝観のため参邸につき、謁を賜う。○迪宮御日誌、桑野鋭日記、雍仁親王実紀

御学友松平直国・渡辺昭明日帰京につき、両人へ硯・鉛筆等を賜う。また暇乞のため参邸の松平の母充子に謁を賜う。明二十一日朝には松平の父伯爵松平直亮に謁を賜う。○迪宮御日誌、桑野鋭日記

韮山にお成り

二十一日　日曜日　午前九時御出門、雍仁親王と共に、馬車にて田方郡韮山村にお成りになる。十時三十分、江川太郎左衛門邸に御到着、現当主江川英武及び英武女婿の法学博士山田三良夫妻等に謁を賜う。それより江川家所蔵の甲冑・文書・記録・絵画・大砲の模型などを御覧になる。午後は韮山反射炉へお成りになり、山田の説明により反射炉を見学される。○迪宮御日誌、皇孫御殿日誌、桑野鋭日記、雍仁親王実紀、山田三良回顧録

二十二日　月曜日　本日より御学友の久松定孝・大迫寅彦が出仕する。○迪宮御日誌、桑野鋭日記、御学業御報告書

二十三日　火曜日　午後、房子内親王の御使として宮内省御用掛園基資参邸につき、謁を賜う。○桑野鋭日記

午後、雍仁親王及び御学友等と共に徳倉山南腹に御登山になる。○迪宮御日誌、皇孫御殿日誌、桑野鋭日記

雍仁親王・宣仁親王及び御学友等と共に松原より牛臥・曼陀ヶ原を経て二瀬川方面へ擬戦をされつつお成りになる。○迪宮御日誌、皇孫御殿日誌、桑野鋭日記

二十五日　木曜日　午後、雍仁親王・宣仁親王と共に御学友等を交え、模擬銃を担ぎ、我入道より二瀬川方面において擬戦を行われる。○迪宮御日誌、皇孫御殿日誌、桑野鋭日記

皇太子同妃の行啓

二十六日　金曜日　三時限にて授業を終えられ御帰邸になり、それより雍仁親王・宣仁親王と共に本邸正門前において皇太子・同妃の行啓を御奉迎になる。一旦御帰邸の後、本邸にお入りになり、

皇后並びに皇太子・同妃と御昼餐を御会食になる。午後二時、皇太子・同妃と御同列にて西附属邸に御帰邸になり、皇太子と将棋などにて過ごされる。なお、皇太子とはこの後も折にふれ、将棋にてお遊びになる。皇太子・同妃は二時四十分御出門、葉山へ還啓される。○迪宮御日誌、皇孫御殿日誌、沼津御用邸日誌、桑野鋭日記、沼津御用邸西附属邸日誌、行啓録、御学業御報告書、大正天皇実録、貞明皇后実録、昭憲皇太后実録、東宮記、官報、初等科時代の今上陛下

二十七日　土曜日　午後、雍仁親王・宣仁親王と共に楊原神社方面へ御運動になる。○迪宮御日誌、皇孫御殿日誌、桑野鋭日記

二十八日　日曜日　教育総監大島久直参邸につき、謁を賜う。○桑野鋭日記

三月

一日　月曜日　午後、雍仁親王・宣仁親王と共に大平越にお登りになり、頂上より景色を御眺望になる。大平越には今月八日にも登られる。○迪宮御日誌、皇孫御殿日誌、桑野鋭日記

二日　火曜日　午後、雍仁親王・宣仁親王と共に御運動として岩崎男爵別邸にお成りになる。○迪宮御日誌、皇孫御殿日誌、桑野鋭日記

三日　水曜日　午後、雍仁親王・宣仁親王と共に馬車にて駿東郡金岡村の大中寺にお成りになる。

庭園において御運動になり、あるいは周辺を御散歩になる。〇迪宮御日誌、皇孫御殿日誌、桑野鋭日記
この日、御学問用として、銀貨・銅貨が御手許に供される。〇桑野鋭日記

四日　木曜日　定刻御通学のところ、この日教授石井国次病気のため欠勤につき、御自身にて国語・算術の復習並びに唱歌の稽古をされる。石井は十日より出勤する。その間の御通学は通常どおりにて、規定の学科の復習等をされる。〇迪宮御日誌、桑野鋭日記
午後、伯爵土方久元・皇后宮大夫香川敬三にそれぞれ謁を賜う。それより雍仁親王・宣仁親王と共に御出門、御用邸北隣の松原や曼陀ヶ原等において擬戦を行われる。〇迪宮御日誌、皇孫御殿日誌、桑野鋭日記、土方久元日記
午後二時、恒久王妃昌子内親王は王男子分娩につき、竹田宮へ電報をもって祝詞を伝えられる。天皇、皇太子・同妃、房子内親王、允子内親王・聰子内親王へも同じく電報をもって祝詞を伝えられる。翌五日には竹田宮御使として宮内省御用掛園基資参邸につき、謁を賜う。誕生の男子は、十日、恒徳《つねよし》と命名される。〇御直宮御養育掛日記、桑野鋭日記、官報

五日　金曜日　午後、雍仁親王・宣仁親王と共に御学友等を交え、楊原神社方面において擬戦を行われる。〇迪宮御日誌、皇孫御殿日誌、桑野鋭日記

六日　土曜日　雍仁親王・宣仁親王を伴い御通学になり、第一時限の国語の時間に皇孫御養育掛長

丸尾錦作より、水戸光圀を題材とした訓話をお聞きになる。○迪宮御日誌、皇孫御殿日誌、桑野鋭日記、初等科時代の今上陛下

船遊び

雍仁親王・宣仁親王及び御学友等と共に、船遊びをされる。船中で御昼餐後、淡島へ御上陸になり、磯にて海藻・貝類をお探しになる。○迪宮御日誌、皇孫御殿日誌、沼津御用邸日誌、桑野鋭日記

七日　日曜日　午後、雍仁親王・宣仁親王と共に本邸に御参邸になり、皇后に御拝顔、鎌倉よりお成りの允子内親王・聰子内親王と御対顔になる。○御直宮御養育掛日記、迪宮御日誌、皇孫御殿日誌、沼津御用邸日誌、桑野鋭日記、沼津御用邸西附属邸日誌

九日　火曜日　午後、雍仁親王・宣仁親王及び御学友等と共に御出門になり、牛臥山占領を目的とする擬戦を行われる。○迪宮御日誌、皇孫御殿日誌、桑野鋭日記

十日　水曜日　皇太子・同妃の御使として葉山より東宮侍従田内三吉参邸につき、謁を賜う。○迪宮御日誌、桑野鋭日記

陸軍大将川村景明参邸につき、謁を賜う。○桑野鋭日記

軍艦来航

十一日　木曜日　午前、駿河湾にて演習中の軍艦四隻・駆逐艦四隻・水雷艇二隻が皇后の御機嫌伺いのため御用邸沖に来航し、皇礼砲発射、君が代吹奏、万歳斉唱をなす。親王は第四時限終了後に海岸にお成りになり、皇后に陪してこの様子を御覧になる。○迪宮御日誌、皇孫御殿日誌、桑野鋭日記、御学業御報告書、昭憲皇太后実録

午後、雍仁親王・宣仁親王と共に海岸において楊原尋常高等小学校児童の運動・旗体操等を御覧に

箱庭御製作

なる。それより東附属邸にお成りになり、花壇にて箱庭（景観は海岸より見た瓜島・淡島並びに鷲頭・香貫の連山を望むもの）を御製作になる。箱庭製作は十五日にも行われる。○迪宮御日誌、皇孫御殿日誌、桑野鋭日記

皇孫御養育掛長丸尾錦作夫人鍵子はかねてより伺候辞任を願出のところ、この日聴許される。○桑野鋭日記、重要雑録

十三日　土曜日　午後、横須賀鎮守府司令長官上村彦之丞・同参謀長小泉鑅太郎参邸につき、謁を賜う。○迪宮御日誌、桑野鋭日記

恒久王参邸につき御対顔、御一緒に運動場にて「狼と山羊」「玉鬼」などの遊びをされる。恒久王附武官陸軍騎兵少佐壬生基義もお遊びに加えられる。○迪宮御日誌、沼津御用邸西附属邸日誌、皇孫御殿日誌、桑野鋭日記

皇孫仮御殿増築地鎮祭

この日午前十時より、皇孫仮御殿増築のため地鎮祭が行われる。祭典に先立ち、東宮御所より御使が御守札を持参し、地鎮場所の中央に埋納する。○東宮職日誌、桑野鋭日記、行啓録

この日午後十一時半頃、房総沖を震源とする強い地震が発生する。裕仁親王を始め三親王に御異状はなし。強震につき御機嫌伺いとして駿東郡長辻芳太郎・沼津警察署長久保田銀次郎等が参邸する。○桑野鋭日記

十四日　日曜日　午前、御学友久松定孝の兄定武・定謙参邸につき謁を賜い、運動場にて御一緒に

玉鬼の遊びをされる。○迪宮御日誌、桑野鋭日記

雍仁親王及び御学友等と共に海岸より松原を経て、曼陀ヶ原へ御運動になる。○迪宮御日誌、皇孫御殿日誌、桑野鋭日記

午後、伯爵樺山資紀・同夫人参邸につき、謁を賜う。ついで雍仁親王・宣仁親王と共に本邸にお成りになり、皇后に御拝顔になる。○迪宮御日誌、皇孫御殿日誌、沼津御用邸日誌、桑野鋭日記

鉄道院副総裁平井晴二郎参邸につき、謁を賜う。○桑野鋭日記

皇后の御授業御覧

十五日　月曜日　午前、皇后が東附属邸に行啓につき、国語・算術の授業を御覧に入れられる。皇后より蒔絵蓋付御硯・筆・墨を賜わる。○迪宮御日誌、皇孫御殿日誌、桑野鋭日記、御学業御報告書、行啓録、昭憲皇太后実録

十八日　木曜日　午後、雍仁親王・宣仁親王及び御学友等と共に御出門、松原より曼陀ヶ原へと擬戦を行われ、それより牛臥山に御登山になり、三島館にて飼養の鳥を御覧になる。○迪宮御日誌、皇孫御殿日誌、桑野鋭日記

十九日　金曜日　午後、邦彦王妃俔子欧洲へ出発に際し暇乞のため参邸につき、御対顔になる。御座所において絵本のお話などをされ、王妃に随行の久邇宮御用取扱長崎多恵子・同宮家令角田敬三郎へも謁を賜う。○迪宮御日誌、皇孫御殿日誌、桑野鋭日記、沼津御用邸西附属邸日誌

二十日　土曜日　午後、主馬頭藤波言忠参邸につき、謁を賜う。○迪宮御日誌、桑野鋭日記

三島町にお成り

二十一日　日曜日　午前、雍仁親王・宣仁親王と共に御学友等を伴われ、馬車にて三島町にお成り

になる。官幣大社三島神社に御参拝の後、小松宮別邸に入られる。邸内において軍隊合せなどにてお遊びになり、午後は庭にてツクシ・フキなどをお摘みになる。○迪宮御日誌、皇孫御殿日誌、桑野鋭日記

二十二日 月曜日 御昼餐後、公爵九条道実参邸につき、謁を賜う。○迪宮御日誌、桑野鋭日記

午後、雍仁親王・宣仁親王及び御学友等と共に馬車にて御出門、江ノ浦において暫時海岸を御散歩になり、ついで江間村においてツクシ摘みなどをされる。○迪宮御日誌、皇孫御殿日誌、桑野鋭日記

皇孫御用掛松平乗統夫人芳子本月十七日結婚参邸につき、謁を賜う。○迪宮御日誌、桑野鋭日記

二十四日 水曜日 午後、雍仁親王・宣仁親王と共に本邸に御参邸、皇后に御拝顔になる。皇后と種々御談話になり、玩具等を賜わる。○迪宮御日誌、皇孫御殿日誌、沼津御用邸日誌、桑野鋭日記

第三学期終業

二十五日 木曜日 本日をもって第三学期の授業が終了となる。終業式は行われず、三十日に至り御成績表が奉呈される。○迪宮御日誌、桑野鋭日記、御学業御報告書、皇孫御殿日誌、沼津御用邸日誌

学習院教授石井国次参邸につき謁を賜い、明日帰京の暇乞を受けられる。また御機嫌伺いのため参邸の在京都府華族総代子爵植松雅道に謁を賜う。○桑野鋭日記

皇后御来邸

二十六日 金曜日 正午、皇后御来邸につき、雍仁親王・宣仁親王と共にお出迎えになり、御昼餐を御会食になる。御食後、お揃いにて幼稚園宣仁親王御座所にお出ましになり、御学友等と共に「君が代」

ほか唱歌を合唱される。また雍仁親王による「一寸法師」の話などをお聞きになる。ついで運動場において「浦島太郎」の遊びなどを皇后にお見せになる。この遊びでは、裕仁親王が浦島太郎となられ、雍仁親王は乙姫、大迫寅彦は亀、久松定孝・松浦治・小笠原長英は魚の役を務める。午後四時、皇后の還御をお見送りになる。○迪宮御日誌、皇孫御殿日誌、沼津御用邸西附属邸日誌、桑野鋭日記、雍仁親王実紀、重要雑録、供御日録、昭憲皇太后実録

二十七日　土曜日　昨夜降雪があり、御朝食後、庭前において雪だるまを作られるなど、雪遊びをされる。○迪宮御日誌、桑野鋭日記

陸軍中将大迫尚道 御学友大迫寅彦父 ・陸軍歩兵中佐志岐守治夫人 大迫尚道義妹 に謁を賜う。○迪宮御日誌、桑野鋭日記

午後、雍仁親王と共に徳倉山へお出かけになる。○迪宮御日誌、皇孫御殿日誌、桑野鋭日記

二十八日　日曜日　午後、雍仁親王・宣仁親王と共に毘沙門山へお出かけになる。○迪宮御日誌、皇孫御殿日誌、桑野鋭日記

二十九日　月曜日　午前、伯爵副島道正及びその子息種忠参邸につき謁を賜う。それより運動場において種忠並びに御学友等をお相手に玉鬼などにてお遊びになる。○迪宮御日誌、桑野鋭日記

原町植松家にお成り

午前十時三十分御出門、雍仁親王・宣仁親王と共に馬車にて原町の植松家にお成りになる。主人植松与右衛門に賜謁の後、自動実景写真等を御覧になり、午後、庭園 帯笑園 において植木・花壇等を御覧になる。○迪宮御日誌、皇孫御殿日誌、桑野鋭日記、帯笑園来園録、静岡県駿東郡誌

三十一日　水曜日　午前、この日帰京の御学友大迫寅彦・久松定孝、雍仁親王御相手松浦治・小笠原長英より、暇乞を受けられる。○迪宮御日誌、桑野鋭日記

四月

一日　木曜日　明日御帰京につき、雍仁親王・宣仁親王と共に御暇乞のため本邸へ御参邸になり、皇后と御昼餐を御会食になる。○迪宮御日誌、皇孫御殿日誌、沼津御用邸日誌、桑野鋭日記、供御日録

沼津より御帰京

二日　金曜日　雍仁親王・宣仁親王と共に御帰京になる。午前九時二十分、沼津停車場を御発車になり、新橋停車場よりは馬車にて、午後一時三十五分皇孫仮御殿に御帰還になる。○迪宮御日誌、皇孫御殿日誌、桑野鋭日記、東宮職日誌、官報、沼津御用邸西附属邸日誌、雍仁親王実紀、皇后宮職日記、重要雑録、行啓録、初等科時代の今上陛下

沼津町奨学資金として金百円を下賜される。○桑野鋭日記

皇孫仮御殿の電灯使用開始

この日、皇孫仮御殿に初めて電灯が点される。○迪宮御日誌

三日　土曜日　午後、馬車にて雍仁親王・宣仁親王と共に東宮御所に参殿され、皇太子に御拝顔になる。皇太子と将棋などにて過ごされる。○迪宮御日誌、皇孫御殿日誌、桑野鋭日記、東宮職日誌

四日　日曜日　午前、春仁王参殿につき御対面になり、本年学習院初等学科入学の挨拶を受けられ

る。○迪宮御日誌、皇孫御殿日誌、桑野鋭日記

午後、博忠王参殿につき、将棋などにてお遊びになる。ついで学習院教授石井国次参殿につき、同じく将棋をされる。○迪宮御日誌、皇孫御殿日誌、桑野鋭日記

皇太子妃葉山より還啓につき、雍仁親王・宣仁親王と共に東宮御所の御車寄にお成りになり、御奉迎になる。○迪宮御日誌、皇孫御殿日誌、桑野鋭日記、東宮職日誌、貞明皇后実録

五日　月曜日　午前、雍仁親王・宣仁親王と共に東宮御所へ御参殿になり、威仁親王より皇太子へ贈進の海軍用羅針盤を御覧になる。翌六日の東宮御所御参殿時にも再びこの羅針盤を御覧になり、東宮武官田村丕顕の説明をお聞きになる。○迪宮御日誌、皇孫御殿日誌、桑野鋭日記

午後、雍仁親王と共に馬車にて上野公園へお出かけになる。東京帝室博物館において主事事務兼勤野村重治の案内により、キリンの剝製やマンモスの牙などを御覧になる。ついで動物園へお成りになり、帝室博物館総長股野琢並びに技手黒川義太郎の案内により、園内の動物を御巡覧になる。○迪宮御日誌、皇孫御殿日誌、桑野鋭日記、雍仁親王実紀

皇孫御養育掛長丸尾錦作夫人鍵子退下につき、三親王より白羽二重及び金員を下賜される。○桑野鋭日記

六日　火曜日　午前九時三十分御出門、雍仁親王・宣仁親王と共に東宮御所御車寄にお成りになり、

参謀演習旅行実視のため兵庫県下舞子へ行啓の皇太子を御奉送になる。○迪宮御日誌、皇孫御殿日誌、桑野鋭日記、東宮職日誌、官報
元御相手加藤鋭五・伯爵土方久元・東宮主事馬場三郎参殿につき、謁を賜う。○迪宮御日誌、桑野鋭日記、土方久元日記

七日 水曜日 午後、宮内大臣田中光顕参殿につき、謁を賜う。○迪宮御日誌、桑野鋭日記

八日 木曜日 午前、雍仁親王・宣仁親王と共に赤坂御苑内広芝の御茶屋にお成りになり、皇太子妃と御昼食を御会食になる。○迪宮御日誌、皇孫御殿日誌、桑野鋭日記、東宮職日誌、貞明皇后実録

雍仁親王幼稚園終業式

九日 金曜日 午前、雍仁親王の幼稚園終業式を御覧になる。式終了後、御座所においてお祝いとして雍仁親王・宣仁親王及び御殿詰高等官・判任官一同に籤を賜い、ついで式御覧のため御参殿の皇太子妃と御談話になる。○迪宮御日誌、皇孫御殿日誌、桑野鋭日記、貞明皇后実録

十日 土曜日 雍仁親王・宣仁親王と共に徒歩にて新宿御苑にお成りになり、午前には植物温室を、午後には動物飼養場のサル・錦鶏・カンガルーなどを御覧になる。○迪宮御日誌、皇孫御殿日誌、桑野鋭日記

十一日 日曜日 午前、宮中顧問官木戸孝正参殿につき、謁を賜う。○迪宮御日誌、桑野鋭日記、木戸孝正日記
午後、雍仁親王・宣仁親王と共に東宮御所に参殿され、皇太子妃に御拝顔になる。○迪宮御日誌、桑野鋭日記、東宮職日誌、皇孫御殿日誌、貞明皇后実録
学習院長乃木希典・同教授木村保寿雍仁親王御入学の新一年南組主管参殿につき、謁を賜う。○迪宮御日誌、桑野鋭日記、初等科時代の今上陛下

始業式

二年級より東組となる

十二日　月曜日　午前七時、雍仁親王と共に馬車にて御出門、学習院本院にお成りになり、始業式に御参列になる。二年級より組の名称が東西入れ替わり、裕仁親王は東組となる。○迪宮御日誌、皇孫御殿日誌、桑野鋭日記、御学業御報告書、雍仁親王実紀、学習院初等学科教場日誌

この日、参謀総長奥保鞏より三親王へ『明治四十一年特別大演習紀念写真帖』が献上される。○桑野鋭日記

十三日　火曜日　午前七時十五分、雍仁親王と共に御出門、徒歩にて学習院に御通学になる。この日、皇孫御養育掛長丸尾錦作・侍医吉松駒造が臨時に供奉し、参観する。二年級東組第一学期の時間割は左のとおりにて、毎朝始業前には呼吸体操を行われる。

	第一時	第二時	第三時	第四時	第五時
月	訓話	算術	国語	綴方	唱歌
火	訓話 国語	算術	唱歌 体操	書方	国語
水	国語	算術	書方	体操 唱歌	
木	訓話 国語	算術	図画	体操	国語
金	国語	算術	唱歌 体操	書方	手工
土	算術	体操 唱歌	国語		

〇迪宮御日誌、皇孫御殿日誌、桑野鋭日記、御学業御報告書、雍仁親王実紀

高輪御殿御訪問

十四日　水曜日　午後、雍仁親王・宣仁親王と共に馬車にて高輪御殿にお成りになり、房子内親王とお遊びになる。〇迪宮御日誌、皇孫御殿日誌、桑野鋭日記

十五日　木曜日　皇太子舞子より還啓につき、皇孫御養育掛長丸尾錦作を御使として新橋停車場へ遣わされる。〇桑野鋭日記

十六日　金曜日　午後、雍仁親王・宣仁親王と共に東宮御所に参殿され、皇太子・同妃に御拝顔になる。ついで皇太子妃とお遊びになる。〇迪宮御日誌、桑野鋭日記、東宮職日誌、行啓録

十七日　土曜日　午後、正五位甘露寺受長参殿につき、謁を賜う。〇迪宮御日誌、桑野鋭日記

雍仁親王・宣仁親王及び御学友等と共に新宿御苑にお成りになり、三色旗・玉取りなどの遊びをされる。甘露寺受長も特に供奉に加わる。〇迪宮御日誌、皇孫御殿日誌、桑野鋭日記

十八日　日曜日　午前、雍仁親王・宣仁親王と共に東宮御所に御参殿になる。御車寄にて有栖川宮の御料自動車を御覧になり、威仁親王と御対面になる。皇太子妃より軍艦将棋を賜わり、同妃をお相手に試みられる。〇迪宮御日誌、東宮職日誌、皇孫御殿日誌、桑野鋭日記

十九日　月曜日　伯爵川村鉄太郎・同母春子、ついで神奈川県知事周布公平参殿につき、それぞれ

に謁を賜う。川村伯爵よりペインティングブック・絵具・鉛筆等の献上を受けられる。〇迪宮御日誌、桑野鋭日記

御復習と御学友出仕等の曜日決定

この日、皇孫御養育掛長丸尾錦作以下、侍医吉松駒造・侍医補原田貞夫・皇孫御用掛土屋正直・同松平乗統、渥美千代・坂野鈴・清水シゲ・足立タカ・曽根ナツの各侍女及び東宮主事桑野鋭は、三親王の御復習、及び御学友等の参殿日等について協議し、御復習は月曜日・水曜日・金曜日、御学友出仕は火曜日・土曜日、御外出は水曜日・土曜日・日曜日、東宮御所御参殿は木曜日とし、また日曜日の御学友の出仕は臨機とすることを決定する。〇桑野鋭日記

皇太子の学習院行啓

二十二日　木曜日　皇太子が学習院初等学科に行啓し、親王の国語・算術の授業を御覧になる。〇桑野鋭日記、御学業御報告書、学習院初等学科教場日誌

午後、皇太子のお召しにより雍仁親王・宣仁親王と共に御徒歩にて東宮御所に御参殿になり、皇太子・同妃に御拝顔になる。新たに宣仁親王の御相手となった相良頼知・黒田治雄も供奉する。〇迪宮御日誌、桑野鋭日記、東宮職日誌、皇孫御殿日誌

恒徳王賢所初参拝につき、恒久王・同妃昌子内親王及び恒徳王と御祝を交わされる。〇桑野鋭日記

二十三日　金曜日　午後、恒久王妃昌子内親王参殿につき、御対顔になる。〇迪宮御日誌、皇孫御殿日誌、桑野鋭日記

雍仁親王・宣仁親王と共に馬車にて東宮御所に御参殿になり、皇太子・同妃と御夕餐を会食され

る。○迪宮御日誌、皇孫御殿日誌、桑野鋭日記、東宮職日誌、貞明皇后実録

御参内

二十四日 土曜日 午前十時三十分、雍仁親王・宣仁親王と共に学習院を馬車にて御出門、御参内になり、天皇・皇后に御拝顔になる。○迪宮御日誌、侍従職日記、皇孫御殿日誌、桑野鋭日記 午後、皇太子が御参殿につき、御拝顔になる。その際賜わった磁石にてしばらくお遊びの後、皇太子をお相手に将棋などをされる。○迪宮御日誌、皇孫御殿日誌、桑野鋭日記

二十五日 日曜日 午後、雍仁親王・宣仁親王と共に外庭にて筍掘りをされる。皇太子が芝離宮から還啓の途次にお立ち寄りにつき筍を献上され、御一緒に将棋、動物玩具遊び、電話遊びなどをされる。○迪宮御日誌、東宮職日誌、皇孫御殿日誌、桑野鋭日記

房子内親王の結婚

二十七日 火曜日 去る二十三日、房子内親王と成久王との結婚が勅許され、明後二十九日婚儀が執り行われる。この日、房子内親王より、象牙彫競馬人形棚飾・万那料の贈進を受けられる。翌二十八日、親王は婚儀の御祝として東宮主事桑野鋭を高輪御殿並びに北白川宮邸へ遣わされ、それぞれ三種交魚一折を進められ、成久王よりは銀製兜型インキ壺一個並びに万那料を贈られる。○桑野鋭日記、東宮職日誌、重要雑録、貞明皇后実録、官報

御誕辰

二十九日 木曜日 満八歳の御誕辰を迎えられる。午前九時、皇孫御養育掛長丸尾錦作以下御附職

員の拝賀を受けられる。同三十分、雍仁親王・宣仁親王と共に東宮御所に参殿され、皇太子・同妃に御拝顔になる。御帰還後、公爵九条道実・宮内大臣田中光顕・侍医頭岡玄卿等より拝賀を受けられる。午後、御参殿の皇太子と共に御誕辰の余興として鷺流の狂言四番を御覧になる。なおこの日の宮城御参内は諸般の事情により行われず、東宮主事桑野鋭を御使として宮城へ遣わされる。○迪宮御日誌、東宮職日誌、皇孫御殿日誌、御直宮御養育掛日記、桑野鋭日記、御学業御報告書、徳大寺実則日記、貞明皇后実録、典式録、皇后宮職日記

三十日　金曜日　午後、成久王・同妃房子内親王が東宮御所からの帰途参殿につき、御対顔になり、結婚の御祝儀等につき御礼の挨拶をお受けになる。○迪宮御日誌、皇孫御殿日誌、桑野鋭日記

五月

御参内

一日　土曜日　午前十時学習院を御出門、御誕辰の御挨拶のため御参内になる。皇太子と御同列にて天皇に御拝顔になり、ついで皇后に御拝顔になる。○迪宮御日誌、皇孫御殿日誌、桑野鋭日記、東宮職日誌、徳大寺実則日記、皇后宮職日記

学習院輔仁会春季大会

二日　日曜日　午後、馬車にて学習院本院にお成りになり、輔仁会春季大会に御臨場になる。学生の演説・詩吟・ピアノ独弾・唱歌・英語対話・マンドリン合奏・狂言などを御覧になり、院長乃木希典の挨拶、子爵岡部長職の来賓演説をお聞きになる。○迪宮御日誌、皇孫御殿日誌、桑野鋭日記、御学業御報告書、輔仁会雑誌

三日　月曜日　午前、雍仁親王と共に馬車にて上野へお成りになり、動物園において新規に収容された動物などを御覧になる。午後は竹の台陳列館において開催中の発明品博覧会を訪問され、各種陳列物品を御覧の後、オーケストラフォンをお聴きになる。○迪宮御日誌、皇孫御殿日誌、桑野鋭日記、雍仁親王実紀

五日　水曜日　端午の節句につき、皇太子・同妃より鯉・白粽などを賜わる。○桑野鋭日記

七日　金曜日　昨夜より少しく発熱・咳嗽の御様子のところ、この日午前五時三十分には体温が三十八度四分に達し、感冒症との診察により、御仮床になる。この後、発熱と咳の御症状が長期にわたり、途中湿疹も発症され、御撤床は五月二十八日、学習院への御登校再開は六月七日となる。なお雍仁親王も一昨五日より発熱のため仮床・静養中にて、本月二十七日に至り通学を再開する。宣仁親王もまた不例となる。○迪宮御日誌、皇孫御殿日誌、侍医寮日誌、桑野鋭日記、拝診録、迪宮殿下御衛生報告録、御学業御報告書、学習院初等学科教場日誌

八日　土曜日　午後三時、侍医頭岡玄卿・宮内省御用掛医学博士弘田長の診察をお受けになる。以後、両名は今回の御不例に際し連日の如く参殿し、拝診する。○迪宮御日誌、侍医寮日誌、桑野鋭日記

九日　日曜日　皇太子・同妃の御使として東宮御内儀監督万里小路幸子、天皇・皇后の御使として典侍柳原愛子がそれぞれ参殿する。○迪宮御日誌、桑野鋭日記、皇后宮職日記

十四日　金曜日　皇太子・同妃の御使として東宮女官正親町鍾子が参殿する。○迪宮御日誌、桑野鋭日記

十六日　日曜日　皇后御使として命婦西西子参殿につき、謁を賜う。○迪宮御日誌、侍医寮日誌、桑野鋭日記

十九日　水曜日　午後、親王の御様子をお尋ねのため、皇太子が皇孫仮御殿西門までお出ましになる。○桑野鋭日記

二十一日　金曜日　博忠王・朝融王・邦久王・春仁王が御見舞のため参殿する。○桑野鋭日記、久邇宮家日誌、皇孫御殿日誌

二十二日　土曜日　学習院教授石井国次・同木村保寿は、二年級総代南部信鎮・一年級総代近衛忠麿を伴い御見舞のため参殿する。○桑野鋭日記、雍仁親王実紀、学習院初等学科教場日誌

皇后御誕辰

二十八日　金曜日　皇后の御誕辰につき、恒例の御贈答をお交わしになる。○桑野鋭日記、供御日録

二十九日　土曜日　昨日御撤床につき、この日は雍仁親王・宣仁親王及び両親王の御学友等と動物園遊びなどをされる。○迪宮御日誌、桑野鋭日記

御養蚕所を御見学

三十一日　月曜日　午後、東宮御所に参殿され、御違例御全快につき皇太子・同妃に御挨拶になる。それより皇太子妃と共に御養蚕所にお成りになり、係員の案内にて各室を巡覧される。蚕を御手に取られ、顕微鏡にて御覧になる。○迪宮御日誌、東宮職日誌、侍医寮日誌、皇孫御殿日誌、桑野鋭日記

三親王御全快につき、天皇・皇后並びに皇太子・同妃と三種交魚の御贈答を交わされる。また御全快のお祝いと側近の慰労を兼ねて、午後六時より御殿幼稚園において御附高等官等へ西洋料理の晩

餐を賜う。○東宮職日誌、侍医寮日誌、桑野鋭日記

六月

一日　火曜日　午前、御病気後、初めて外庭において御運動になる。○迪宮御日誌、皇孫御殿日誌、桑野鋭日記

蚕解剖掛図御覧

午後、雍仁親王・宣仁親王と共に東宮御所に参殿され、皇太子・同妃に御拝顔になり、恒久王・同妃昌子内親王と御対顔になる。皇太子妃御座所において『蚕解剖掛図』等数種を御覧になり、皇太子妃と同図につきお話しになる。ついで皇太子妃御飼育の蚕を御覧になる。○迪宮御日誌、皇孫御殿日誌、桑野鋭日記、東宮職日誌、貞明皇后実録

二日　水曜日　外庭にて植物採集を行われる。侍女に『有毒植物図譜』を持たせ、種々の草花と対照される。○迪宮御日誌、皇孫御殿日誌、桑野鋭日記

造営中の東宮御所各室を御覧

三日　木曜日　午前、造営中の東宮御所の各室を御覧になる。○迪宮御日誌、皇孫御殿日誌、桑野鋭日記

午後、馬車にて雍仁親王・宣仁親王と共に新宿御苑にお成りになる。○迪宮御日誌、皇孫御殿日誌、桑野鋭日記

午後七時頃、先触れなく皇太子のお出ましあり。皇太子は一時間近く三親王の御入浴、御就寝の様子などを御覧になる。○迪宮御日誌、皇孫御殿日誌、桑野鋭日記

四日　金曜日　午前、宣仁親王と共に主馬寮分厩にお成りになる。馬場において調馬の様子を御覧になり、ついで馬車置場・厩舎を巡覧され、馬名その他につき種々お尋ねになる。○迪宮御日誌、皇孫御殿日誌、桑野鋭日記

午後、雍仁親王・宣仁親王と共に代々木御料地にお成りになる。○迪宮御日誌、皇孫御殿日誌、桑野鋭日記

五日　土曜日　午後、御学友大迫寅彦及び雍仁親王御学友小笠原長英・三条実憲・西郷隆輝が出仕する。雍仁親王と共に、御学友・御用掛等も交え、外庭において笹合戦の遊びをされる。○迪宮御日誌、皇孫御殿日誌、桑野鋭日記

六日　日曜日　午後、雍仁親王・宣仁親王と共に馬車にて東宮御所に参殿され、皇太子・同妃に御拝顔になる。皇太子妃御座所において、皇太子妃と蚕についてお話しになり、蚕・繭等を御覧になる。○迪宮御日誌、皇孫御殿日誌、桑野鋭日記、東宮職日誌

七日　月曜日　本日より学習院御通学を再開される。○迪宮御日誌、皇孫御殿日誌、桑野鋭日記、侍医寮日誌、学習院初等学科教場日誌

八日　火曜日　午後、雍仁親王・春仁王・博忠王及び出仕の御学友等と新式ブランコ・木馬等にてお遊びになり、ついで鬼事・相撲などを行われる。○迪宮御日誌、皇孫御殿日誌、桑野鋭日記

初めての大相撲御覧

九日　水曜日　午後一時、雍仁親王と共に馬車にて御出門になり、大相撲御覧のため両国の東京大相撲常設館国技館にお成りになる。正面貴賓席に御着席になり、幕内力士の土俵入り、横綱常陸山及

び同梅ヶ谷の土俵入り、幕内力士の取組などを御覧になる。ついで常設館のイルミネーションを御覧の後、五時前に東京大角力協会員・年寄等の奉送を受けて御出門、御帰還になる。裕仁親王の大相撲御観覧はこの日が初めてである。○迪宮御日誌、皇孫御殿日誌、桑野鋭日記、雍仁親王実紀

十日　木曜日　午後、雍仁親王・宣仁親王と共に東宮御所に御参殿になり、皇太子妃御座所において蚕の繭を御覧になる。○迪宮御日誌、皇孫御殿日誌、桑野鋭日記、東宮職日誌

十二日　土曜日　午後一時、雍仁親王・宣仁親王と共に御徒歩にて御出門、青山練兵場において歩兵新兵・輜重兵新兵の調練を御覧になり、ついで新宿御苑にお成りになる。御着後、苑内では御学友等を伴われて昆虫を捕獲され、あるいは動物園を御巡覧になる。○迪宮御日誌、皇孫御殿日誌、桑野鋭日記

十三日　日曜日　午前、雍仁親王・宣仁親王と共に御殿中庭にお出ましになり、丸木利陽の奉仕により御全身御起立及び御全身御起立卓子の御写真をそれぞれ御一方ずつ、また御三方お揃いの御写真を撮影される。○迪宮御日誌、桑野鋭日記

雍仁親王・宣仁親王と共に東宮御所に御参殿になる。御両親の御座所においてお遊びの後、池辺にて水棲虫類をお採りになり、皇太子妃と御散歩になる。○迪宮御日誌、東宮職日誌

十五日　火曜日　御夕食後、皇太子御参殿につき、御前にて読本を朗読され、唱歌を歌われる。ま

た皇太子の詩吟をお聴きになる。○迪宮御日誌、桑野鋭日記、雍仁親王実紀

十六日　水曜日　午後、恒久王妃昌子内親王が恒徳王を伴い参殿につき、御対顔になる。初参殿の恒徳王に玩具を賜与される。また、成久王妃房子内親王も参殿につき、同じく御対顔になる。昌子・房子両内親王より玩具数点の贈進を受けられる。○迪宮御日誌、皇孫御殿日誌、桑野鋭日記

退任の田中宮内大臣に賜謁

この日宮内大臣を退任の田中光顕参殿につき謁を賜う。翌々十八日、田中前大臣へ紅白縮緬一疋ずつを下賜される。なお、田中の後任には爵位頭公爵岩倉具定が任じられる。○迪宮御日誌、進退録、桑野鋭日記、官報

十七日　木曜日　午後、学習院よりの御帰途、東宮御所に立ち寄られ、皇太子妃に御拝顔、ついで皇太子に御拝顔になる。その際、皇太子御座所の御机上に置かれたアルコール漬けのホタルイカを御覧になる。ついで皇太子妃へ国語帳をお見せになり、内容について皇太子妃と問答される。○迪宮御日誌、皇孫御殿日誌、桑野鋭日記、東宮職日誌

日食御観察

十八日　金曜日　御登校前、御庭において日食を観察される。○迪宮御日誌、桑野鋭日記、雍仁親王実紀

午後、皇孫仮御殿における増築御殿の上棟式を室内より御覧になる。○迪宮御日誌、桑野鋭日記

公爵九条道実参殿につき、謁を賜う。○迪宮御日誌、桑野鋭日記

十九日　土曜日　午後、皇太子お立ち寄りにつき、御一緒に鬼事などにてお遊びになる。○迪宮御日誌、皇孫御

殿日誌、桑野鋭日記

二十日　日曜日　午前、元御相手千田貞清参殿につき、御一緒にお遊びになる。ついで雍仁親王及び千田・御用掛等と絵葉書を御覧になる。○迪宮御日誌、桑野鋭日記

雍仁親王・宣仁親王と共に東宮御所に御参殿になり、皇太子・同妃と御昼餐を御会食になる。典侍柳原愛子が陪食する。○迪宮御日誌、皇孫御殿日誌、桑野鋭日記、東宮職日誌、貞明皇后実録

二十二日　火曜日　午後、雍仁親王・宣仁親王と共に徒歩にて東宮御所に御参殿になる。折から参殿の韓国皇太子李垠と御対顔になる。○迪宮御日誌、皇孫御殿日誌、桑野鋭日記、東宮職日誌、雍仁親王実紀、貞明皇后実録

二十三日　水曜日　午後、雍仁親王・宣仁親王と共に代々木御料地にお成りになる。犬舎において満洲犬の芸を御覧になり、ついで菖蒲池の畔を御散歩になる。○迪宮御日誌、桑野鋭日記

皇太子妃御誕辰雍仁親王誕辰

二十五日　金曜日　この日、皇太子妃並びに雍仁親王御誕辰につき、午前七時より御附高等官等の拝賀を受けられる。雍仁親王と共に学習院を第二時限より早退され、東宮御所へ御参殿になり、拝賀のため参殿の閑院宮別当木戸孝正その他へ謁を賜う。午後、再び雍仁親王・宣仁親王と共に東宮御所に参殿され、皇太子・同妃に御拝顔になり、折から参殿の典侍柳原愛子に賜謁の後、学習院において稽古された唱歌や体操を披露される。○迪宮御日誌、皇孫御殿日誌、桑野鋭日記、東宮職日誌、典式録、学習院初等学科教場日誌、木戸孝正日記

夏期休業

北白川宮邸御訪問

二十六日　土曜日　本日より学習院は夏期休業となる。○迪宮御日誌、皇孫御殿日誌、桑野鋭日記、雍仁親王実紀、御学業御報告書

二十七日　日曜日　学習院教授石井国次、宿題を持参し参殿につき、謁を賜う。○迪宮御日誌、桑野鋭日記

二十八日　月曜日　午後一時、雍仁親王・宣仁親王と共に馬車にて御出門、北白川宮邸にお成りになり、成久王・同妃房子内親王に御対顔になる。御一緒に御庭にお出ましになり、捕蝶、ボート御乗船、魚釣りなどをされる。○迪宮御日誌、皇孫御殿日誌、桑野鋭日記

三十日　水曜日　雍仁親王・宣仁親王と共に、馬車にて上野の東京帝室博物館にお成りになる。表慶館において絵画等を御覧になり、博物館において動物の剝製を御覧になる。午後は動物園においてペリカンを始め種々の動物を御巡覧になる。○迪宮御日誌、皇孫御殿日誌、雍仁親王実紀

七月

一日　木曜日　午後、雍仁親王・宣仁親王と共に御徒歩にて東宮御所に御参殿になり、第一学期御成績表を皇太子・同妃にお見せになる。○迪宮御日誌、皇孫御殿日誌、桑野鋭日記、東宮職日誌、御学業御報告書

この日より夏期休業中の宿題として課せられた復習を始められる。○迪宮御日誌

二日　金曜日　雍仁親王・宣仁親王と共に東宮御所に御参殿になり、皇太子・同妃と御夕餐を御会

食になる。○迪宮御日誌、皇孫御殿日誌、桑野鋭日記、貞明皇后実録

三日　土曜日　午前、御機嫌伺いとして参殿の皇孫御養育掛長丸尾錦作夫人鍵子に謁を賜う。○迪宮御日誌、桑野鋭日記

世界一週唱歌

午後、皇太子御参殿につき、御学友との相撲の様子を御覧に入れられる。ついで供奉員等の歌う「世界一週唱歌」を皇太子と御一緒にお聴きになる。○迪宮御日誌、皇孫御殿日誌、桑野鋭日記

竹田宮邸及び麻布御殿御訪問

四日　日曜日　午前、御機嫌伺いとして参殿の侯爵木戸孝正に謁を賜う。○迪宮御日誌、桑野鋭日記

午後、雍仁親王・宣仁親王と共に馬車にて竹田宮邸にお成りになり、近く葉山へ御出発につき昌子内親王へ御暇乞をされる。ついで恒久王にも御対顔になる。帰途、麻布御殿へお立ち寄りになり、允子内親王・聰子内親王へも暇乞の挨拶をされる。○迪宮御日誌、皇孫御殿日誌、桑野鋭日記、御直宮御養育掛日記

五日　月曜日　午後、皇太子妃御参殿につき、去る六月十三日撮影の御写真を御献上になり、また学校成績品を御覧に入れられる。○迪宮御日誌、皇孫御殿日誌、桑野鋭日記、東宮職日誌

六日　火曜日　午前、典侍柳原愛子宮城よりの御使として参殿につき、謁を賜う。先般撮影の御写真を愛子に託され、天皇・皇后に御献上になる。○迪宮御日誌、皇后宮職日記、桑野鋭日記

明日葉山へ御出発につき、午後、雍仁親王・宣仁親王と共に東宮御所に御参殿になり、皇太子・同

妃に御暇乞の挨拶をされる。また折から参殿中の載仁親王に御対顔になる。〇迪宮御日誌、皇孫御殿日誌、桑野鋭日記、東宮職日誌
侍医頭岡玄卿、川村春子参殿につき、それぞれに謁を賜う。〇迪宮御日誌、桑野鋭日記

葉山に御避暑

七日　水曜日　御避暑のため雍仁親王・宣仁親王と共に葉山へお成りになる。御出発前、東宮侍講本居豊穎・皇孫御養育掛長夫人丸尾鍵子に、ついで御使として参殿の東宮女官正親町鍾子にそれぞれ謁を賜う。午前八時五十五分御出門、新橋停車場において皇太子・同妃の御使、允子内親王・聰子内親王御使、竹田宮御使、北白川宮御使並びに東宮大夫・宮内次官・学習院長・御学友等の奉送を受けられ、午前十一時五十分葉山御用邸に御着になる。御着後、神奈川県内務部長堀信次知事代理・警察部長橋本正治等に謁を賜う。その後、御座所において顕微鏡玩具を用い、種々御観察をされる。〇迪宮御日誌、皇孫御殿日誌、桑野鋭日記、東宮職日誌、御直宮御養育掛日記、官報、雍仁親王実紀、重要雑録、皇后宮職日記

八日　木曜日　午前並びに御夕食後、雍仁親王・宣仁親王と共に長者ヶ崎まで海岸を御運動になる。以後、好天の日には朝・夕の御食事の前後に海岸を御運動になる。雨天の日には御学友等と共に、御用邸内において遊戯をされる。〇迪宮御日誌、皇孫御殿日誌、桑野鋭日記

九日　金曜日　午前、神奈川県知事周布公平御機嫌伺いとして参邸につき、謁を賜う。〇迪宮御日誌、桑野鋭日記

十日　土曜日　午前、海軍中尉原民次郎侍女曽根ナツ弟参邸につき、謁を賜う。〇迪宮御日誌、桑野鋭日記

午後、雍仁親王・宣仁親王と共に森戸神社まで御運動になる。○迪宮御日誌、皇孫御殿日誌、桑野鋭日記

十一日　日曜日　雍仁親王・宣仁親王と共に徒歩にて立石へお成りになり、小石や貝等をお拾いになる。○迪宮御日誌、皇孫御殿日誌、桑野鋭日記

十二日　月曜日　従五位相良頼綱、子息頼知宣仁親王御相手を伴い参邸につき、謁を賜う。○桑野鋭日記

一時御帰京

十三日　火曜日　明日、新築校舎並びに学生勉学状況御覧のため天皇学習院に行幸につき、午後二時七分逗子停車場発の普通列車にて、雍仁親王と共に御帰京になる。皇孫仮御殿に御帰還の後、東宮御所に御参殿になり、皇太子・同妃と御夕餐を御会食になる。○迪宮御日誌、皇孫御殿日誌、桑野鋭日記、東宮職日誌、雍仁親王実紀、皇后宮職日記、貞明皇后実録

天皇学習院に行幸

十四日　水曜日　午前八時十五分、皇太子お出ましにつき、御拜顔になる。○迪宮御日誌、皇孫御殿日誌

午前九時十分、雍仁親王と共に馬車にて御出門、学習院本院にお成りになる。在学中の各皇族と共に玄関において天皇の御到着を奉迎され、便殿において天皇に御拜顔の後、正堂における選抜学生の御前講義を職員・学生等と共にお聞きになる。午後、天皇は特別教室において各級学生の成績品等を御覧の後、構内練兵場において、学生の武課教練・体操・剣道・柔道等を御覧になる。親王は一般学生と共に呼吸体操を御覧に入れられる。天皇の還幸に続いて御出門になり、皇孫仮御殿にお

再び葉山にお成り

立ち寄りの後、午後四時四十分新橋停車場発の普通列車にて、再び葉山御用邸へお成りになる。○迪宮御日誌、皇孫御殿日誌、桑野鋭日記、東宮職日誌、侍従職日記、御学業御報告書、供御日録、重要雑録、明治天皇紀、雍仁親王実紀、初等科時代の今上陛下、学習院史

十五日　木曜日　午後、雍仁親王と共に海水浴をされる。以後、葉山御滞在中、好天の日には海水浴をしばしば行われる。○迪宮御日誌、皇孫御殿日誌、桑野鋭日記

江川英武江川太郎左衛門英龍五男より韮山反射炉写真並びに江川太郎左衛門英龍肖像画の献上を受けられる。○桑野鋭日記

十六日　金曜日　御夕餐後、皇孫御養育掛長丸尾錦作より、掛長など年長者の言には御従順にあるべきとの申入れをお聞きになる。○迪宮御日誌

十七日　土曜日　午前、御機嫌伺いのため参邸の御同級黒田忠雄に謁を賜う。本日より御学友渡辺昭・大迫寅彦が出仕し、黒田は明日より出仕する。御用邸には御学友のほか、雍仁親王御学友・宣仁親王御相手も出仕する。○迪宮御日誌、桑野鋭日記

御歌所長高崎正風参邸につき、謁を賜う。午後には侍女渥美千代の子息樟雄が参邸につき、謁を賜う。○迪宮御日誌、桑野鋭日記

十八日　日曜日　雍仁親王・宣仁親王及び御学友等と共に南御用邸にお成りになり、ついで隣接す

軍艦御用邸

る附属邸（元三宮男爵別邸）においてお遊びになる。附属邸は洋館を中心とする建物の外形、室内の構造が軍艦を想起させることから、親王・御学友等は「軍艦の御茶屋」又は「軍艦御用邸」と呼び習わし、葉山御滞在中しばしばお成りになる。○迪宮御日誌、皇孫御殿日誌、桑野鋭日記

十九日　月曜日　本日より月曜日・水曜日・金曜日に唱歌を御稽古になる。○迪宮御日誌

周布公平別邸にお成り

二十一日　水曜日　午前、雍仁親王・宣仁親王及び御学友等と共に、逗子の男爵周布公平（神奈川県知事）の別邸にお成りになる。周布男爵夫妻・子息等に謁を賜い、同邸前の海岸において催された曳網を御覧になる。○迪宮御日誌、皇孫御殿日誌、桑野鋭日記

二十二日　木曜日　午前、元御相手千田貞清参邸につき、謁を賜う。また宣仁親王御相手黒田治雄の母文子参邸につき、謁を賜う。○迪宮御日誌、桑野鋭日記

皇太子の行啓

二十五日　日曜日　皇太子葉山行啓につき、午前十一時過ぎ、雍仁親王・宣仁親王と共に御車寄にて御奉迎になり、御座所において御拝顔になる。御昼餐を御会食の後、御一緒に海岸へお出ましになる。皇太子は親王・雍仁親王の海水浴の様子を御覧になる。海上にはヨット「初加勢」が艦飾を施し碇泊する。午後三時四十分、皇太子還啓につき御奉送になる。○迪宮御日誌、皇孫御殿日誌、桑野鋭日記、行啓録、官報、大正天皇実録、雍仁親王実紀

二十六日　月曜日　午前、子爵松平乗承参邸につき、謁を賜う。○迪宮御日誌、桑野鋭日記

二十七日　火曜日　暑気厳しきため、本日よりしばらく御復習はお見合せとなり、八月二日より時間を短縮して再開される。○迪宮御日誌、桑野鋭日記

二十八日　水曜日　午前、雍仁親王・宣仁親王と共に南御用邸・附属邸にお成りになる。○迪宮御日誌、皇孫御殿日誌、桑野鋭日記

二十九日　木曜日　海軍大将山本権兵衛参邸につき、謁を賜う。○迪宮御日誌、桑野鋭日記、雍仁親王実紀

雍仁親王・宣仁親王及び御学友等と共に、船にて天神島へお成りになる。海水浴、貝拾いをされつつ島巡りをされる。○迪宮御日誌、皇孫御殿日誌、桑野鋭日記

三十日　金曜日　午前、学習院長乃木希典が、午後、学習院教授石井国次がそれぞれ参邸につき、謁を賜う。○迪宮御日誌、桑野鋭日記

八月

一日　日曜日　午前、元御相手三宅三郎参邸につき謁を賜い、引き続き三宅と共にお過ごしになる。○迪宮御日誌、桑野鋭日記

伯爵土方久元参邸につき、謁を賜う。○迪宮御日誌、桑野鋭日記、土方久元日記

四日　水曜日　午前、恒久王・成久王・輝久王参邸につき、御対顔になる。○迪宮御日誌、皇孫御殿日誌、桑野鋭日記

五日　木曜日　午前、元御相手千田貞清と相撲をお取りになる。侍女坂野鈴の子菊子・秀雄が参邸につき謁を賜い、御手許より玩具数点を下賜される。○迪宮御日誌、桑野鋭日記

御夕餐後、御学友等と共に活動写真を御覧になる。○迪宮御日誌、皇孫御殿日誌、桑野鋭日記

六日　金曜日　午前、伯爵松平直亮、子息直国を伴い参邸につき、謁を賜う。○迪宮御日誌、桑野鋭日記

御夕餐後、長者ヶ崎にお成りになる。途中、御学友渡辺昭・大迫寅彦・松平直国及び雍仁親王御学友三条実憲・松浦治の五名と出会われ、お揃いにて涼台にお登りになる。○迪宮御日誌、皇孫御殿日誌、桑野鋭日記

七日　土曜日　午前、威仁親王妃慰子参邸につき、御対顔になる。○迪宮御日誌、皇孫御殿日誌、桑野鋭日記

この日允子内親王誕辰につき、恒例の如く祝詞、御祝品の贈答を交わされる。○御直宮御養育掛日記、桑野鋭日記

八日　日曜日　午前、雍仁親王・宣仁親王と共に、下山口八幡神社を経て沼田又蔵宅にお立ち寄りになり、同家にて飼育の山羊・子牛等を御覧になる。その後、附属邸にお成りになり、御学友・侍臣等と共に「世界万国」「桃太郎」などの唱歌を歌われる。○迪宮御日誌、皇孫御殿日誌、桑野鋭日記

九日　月曜日　午前六時四十五分御出門、雍仁親王・宣仁親王と共に、森戸の細川侯爵別邸にお成りになる。同所において学習院長乃木希典に謁を賜い、学習院学生の葉山・片瀬間遠泳を御覧になる。

御昼餐後には海水浴をされ、午後四時過ぎに帰還される。○迪宮御日誌、皇孫御殿日誌、桑野鋭日記、雍仁親王実紀、初等科時代の今上陛下

この日、御学友の大迫寅彦・渡辺昭、雍仁親王御学友の三条実憲・松浦治は帰京する。○迪宮御日誌、桑野鋭日記

丸尾掛長の訓辞

十日　火曜日　午前、皇孫御養育掛長丸尾錦作より、時間を大切にすべきことなどの訓辞を雍仁親王・宣仁親王と共にお聞きになる。○迪宮御日誌

御学友久松定孝、雍仁親王御学友小笠原長英が参着する。○迪宮御日誌、桑野鋭日記

十一日　水曜日　威仁親王妃慰子より贈進された絵葉書数百枚の披露を受けられる。また、欧洲より帰国挨拶のため参邸の守正王・同妃伊都子と御対顔になり、御土産として軍艦模型等の贈進を受けられる。○迪宮御日誌、皇孫御殿日誌、桑野鋭日記、梨本伊都子日記

十二日　木曜日　御内庭の池において雍仁親王・宣仁親王及び御学友等と共に、事務員・殿丁等の簀叩き、投網による魚捕りを御覧になる。ついで捕獲された魚が籠にて運ばれ、南御用邸の池に放たれたことから、同所にて魚捕り遊びをされる。○迪宮御日誌、皇孫御殿日誌、桑野鋭日記

十三日　金曜日　午前、南御用邸の池において軍艦模型にてお遊びになり、魚捕り遊びをされる。○迪宮御日誌、皇孫御殿日誌、桑野鋭日記

十四日　土曜日　午前、成久王参邸につき御対顔になる。その後、陸軍歩兵中佐黒田善治宣仁親王御相手黒田治

雄《ゆう》の父《ちち》御機嫌伺いのため参邸につき、謁を賜う。〇迪宮御日誌、皇孫御殿日誌、桑野鋭日記

十五日　日曜日　午前、雍仁親王と共に御学友等も交え、海岸において貝・虫等を採取されつつ、森戸方面にお出かけになる。〇迪宮御日誌、皇孫御殿日誌、桑野鋭日記

十七日　火曜日　貴族院議員松岡康毅参邸につき、謁を賜う。〇桑野鋭日記

鎌倉にお成り

二十日　金曜日　午前九時御出門、雍仁親王・宣仁親王及び御学友等と共に御用邸下一色海岸より御乗船になり、海路鎌倉へ向かわれる。御料船は六挺櫓二艘に曳かれ海上を進み、十時四十分由比ヶ浜の滑川河口に御着、それより御上陸になり、直ちに鎌倉御用邸にお入りになる。同邸において御昼餐の後、東宮主事桑野鋭より種々相撲の話をお聞きになり、それより雍仁親王・御学友等と盛んに相撲をお取りになる。帰路は海上強風のため、人力車にて御帰還になる。〇迪宮御日誌、桑野鋭日記、雍仁親王実紀

二十一日　土曜日　御夕餐後、雍仁親王・宣仁親王と共に海岸より街道にお出ましになり、北白川宮別邸前まで御運動になる。途中、来合わせた森山神社祭礼の山車を御覧になる。御帰還の途次も、郵便局前にて山車に出会われ、御覧になる。〇迪宮御日誌、皇孫御殿日誌、桑野鋭日記

神武寺にお成り

二十二日　日曜日　雍仁親王・宣仁親王と共に神武寺にお成りになる。午前九時御出門、山麓までは人力車にて進まれ、それより御徒歩にて約七丁の山道を登られ、神武寺に御着になる。本堂に御

会釈の後、植物採集器を携え鐘楼付近より山中を御散策になる。御昼餐後、苔類の御採取などを行われ、ついで再び山中を御散策になり、頂上より望遠鏡にて金沢・長浦・横須賀等の景色を御眺望になる。午後三時三十分御下山、帰途に就かれる。○迪宮御日誌、皇孫御殿日誌、桑野鋭日記、雍仁親王実紀

二十三日　月曜日　午前、雍仁親王及び御学友等と共に南御用邸にお成りになり、虫捕りなどをされる。○迪宮御日誌、皇孫御殿日誌

二十六日　木曜日　右耳痛のため、この日は御仮床になる。二十九日の全癒までの間、海水浴はお取り止めになる。○迪宮御日誌、侍医寮日誌、桑野鋭日記、拝診録、迪宮殿下御衛生報告録

二十八日　土曜日　午前、御機嫌伺いとして参邸の横須賀鎮守府司令長官上村彦之丞・同参謀長小泉鑅太郎・同参謀水谷耕喜に謁を賜う。○迪宮御日誌、桑野鋭日記　南御用邸を経て農家沼田又蔵宅にお出かけになり、山羊・子牛等を御覧になる。その後、附属邸においてお遊びになる。○迪宮御日誌、皇孫御殿日誌、桑野鋭日記

二十九日　日曜日　雍仁親王・宣仁親王及び御学友等と共に細川侯爵別邸にお成りになり、相撲、海水浴などをされる。○迪宮御日誌、皇孫御殿日誌、桑野鋭日記

皇太子御誕辰

三十一日　火曜日　皇太子御誕辰につき、御使として皇孫御養育掛長丸尾錦作を御滞在中の日光へ

差し遣わされる。○迪宮御日誌、桑野鋭日記、東宮職日誌

午前九時より、御学友・侍臣等と共に「君が代」を二回合唱される。ついで皇孫御用掛松平乗統のバイオリン演奏及び蓄音器による洋楽をお聴きになる。○迪宮御日誌、桑野鋭日記

神奈川県知事周布公平御機嫌伺いとして参邸につき、謁を賜う。○桑野鋭日記

九月

一日　水曜日　午前、雍仁親王及び御学友等と共に長者ヶ崎方面へ御運動になり、ついで秋名山頂にお登りになる。途中、植物採集・虫捕りなどをされる。○迪宮御日誌、皇孫御殿日誌、桑野鋭日記

横須賀鎮守府にお成り

二日　木曜日　午前八時五十分、雍仁親王・宣仁親王と共に御出門になり、逗子停車場より列車にて横須賀に向かわれる。横須賀停車場において横須賀鎮守府司令長官上村彦之丞・同参謀長小泉鑅太郎・予備艦隊司令官八代六郎等の奉迎を受けられる。逸見埠頭より小汽艇にお乗りになり、港内に停泊中の軍艦相模に御乗艦になる。艦長上村翁輔の案内により艦内の要部を巡覧された後、乗組員による操砲術・消防法・無線電信・銃剣試合・短艇競漕等を御覧になる。再び小汽艇に移られ港内御巡覧の後、水ヶ浦桟橋より御上陸になる。横須賀鎮守府において幕僚一同に謁を賜い、鉄細工

の花籠、軍艦河内の碇模型等、献上品の披露を受けられる。午後、横須賀海軍工廠にお成りになり、工廠長和田賢助の案内により廠内各工場を御通覧、建造中の軍艦河内では艦体へ御自ら釘をお打ちになる。続いて船渠内の軍艦八雲に御乗艦になり、日露戦役の記念品を御覧の後、艦長中野直枝の案内により艦長室等を御覧になる。それより再び鎮守府へお立ち寄りになり、午後三時四十五分御出門、水ヶ浦桟橋より小汽艇にお乗りになり逸見埠頭に御上陸、四時十五分横須賀停車場御発車の列車にて御帰邸になる。○迪宮御日誌、皇孫御殿日誌、桑野鋭日記、雍仁親王実紀

三日　金曜日　午前、御学友久松定孝及び兄定武・定謙が暇乞のため参邸につき、謁を賜う。○迪宮御日誌、桑野鋭日記

御夕餐後、森山神社方面を御散歩になる。御帰邸後は御庭にて花火を御覧になる。五日にも同じく花火を御覧になる。○迪宮御日誌、皇孫御殿日誌、桑野鋭日記

五日　日曜日　侍女渥美千代の子息樟雄参邸につき、謁を賜う。○迪宮御日誌、桑野鋭日記

葉山より御帰京

六日　月曜日　午前九時、雍仁親王・宣仁親王と共に葉山御用邸を御出門、逗子停車場九時五十分発の列車にて御帰京になる。○迪宮御日誌、皇孫御殿日誌、桑野鋭日記、東宮職日誌、官報、徳大寺実則日記、雍仁親王実紀、侍従職日記、重要雑録、皇后宮職日記、行啓録、木戸孝正日記

午後二時より御徒歩にて東宮御所に御参殿になり、皇太子・同妃に御拝顔になる。守正王・同妃伊

都子にも御対顔になる。○迪宮御日誌、皇孫御殿日誌、桑野鋭日記、東宮職日誌、大正天皇実録、梨本伊都子日記

八日　水曜日　午前、宮内大臣岩倉具定参殿につき、謁を賜う。○迪宮御日誌、桑野鋭日記

幸田延の演奏

午後、雍仁親王・宣仁親王と共に東宮御所に参殿され、皇太子・同妃に御拝顔になる。依仁親王・同妃周子にも御対顔になり、宮中顧問官高辻修長に謁を賜う。ついで皇太子妃御座所において、東宮職御用掛幸田延東京音楽学校教授の演奏するバイオリン、ピアノをお聴きになる。○迪宮御日誌、皇孫御殿日誌、桑野鋭日記、東宮職日誌

九日　木曜日　午前、雍仁親王・宣仁親王と共に馬車にて上野動物園にお成りになる。帝室博物館総長股野琢・同主事事務兼勤野村重治らの案内にて、インコ・ゾウ・サル・ガラガラヘビ・ホッキョクグマ・ライオン等を御覧になる。○迪宮御日誌、皇孫御殿日誌、桑野鋭日記、雍仁親王実紀

午後、皇太子・同妃御参殿につき、掛図や仏国軍艦模型等を御覧に入れられる。○迪宮御日誌、皇孫御殿日誌、桑野鋭日記

十日　金曜日　午前、学習院教授石井国次参殿につき、謁を賜う。○迪宮御日誌、桑野鋭日記、初等科時代の今上陛下

十一日　土曜日　午前七時御出門、雍仁親王と共に学習院本院にお成りになり、始業式に御参列になる。○迪宮御日誌、皇孫御殿日誌、桑野鋭日記、御学業御報告書

御参内

午前十時御出門、雍仁親王・宣仁親王と共に参内され、皇太子・同妃と御一緒に天皇に御拝顔になり、続いて皇后に御拝顔になる。昌子内親王にも御対顔になり、御帰還の際には、皇太子妃の馬車に御

同乗になる。○迪宮御日誌、皇孫御殿日誌、桑野鋭日記、侍従職日記、徳大寺実則日記、皇后宮職日記

元東宮武官秋沢芳馬参殿につき、謁を賜う。○迪宮御日誌、桑野鋭日記

皇太子同妃と御会食

雍仁親王・宣仁親王と共に東宮御所に参殿され、皇太子・同妃と御夕餐を御会食になる。○迪宮御日誌、皇孫御殿日誌、桑野鋭日記、東宮職日誌、貞明皇后実録

ドイツ留学から帰朝の侍医加藤照麿より世界風景画が献上され、御覧になる。○迪宮御日誌、桑野鋭日記

成久王妃房子内親王内着帯につき、三親王より鯣料を贈られ、内親王より万那料を受けられる。○桑野鋭日記、皇后宮職日記

動物園遊び

十二日　日曜日　午前、昨日東宮御所にて拝領の毛皮を用い、雍仁親王・宣仁親王と共にライオン等の動物の真似事をされる。ついでそれぞれお持ちの動物の玩具をことごとくお取り出しになり、御座所全部を動物園に擬してお遊びになる。折しも宮中顧問官木戸孝正御機嫌伺いとして参殿につき、謁を賜う。○迪宮御日誌、桑野鋭日記、木戸孝正日記

午後、雍仁親王・宣仁親王と共に馬車にて新宿御苑にお成りになる。トンボ捕り、バッタ捕りなどをされ、植物温室を御覧の後、西洋館において軍艦遊びをされる。○迪宮御日誌、皇孫御殿日誌、桑野鋭日記

御学友出仕割

今学期の御学友の出仕割が以下のように定められる。

裕仁親王御学友

火曜日　久松定孝　渡辺　昭　　木曜日　松平直国　大迫寅彦

雍仁親王御学友

火曜日　西郷隆輝　三条実憲　　木曜日　小笠原長英　松浦　治

土曜日　総出仕

○桑野鋭日記、雍仁親王実紀

第二学期始業

十三日　月曜日　第二学期始業となる。時間割は第一学期に同じ。○迪宮御日誌、桑野鋭日記、御学業御報告書、初等科時代の今上陛下

十四日　火曜日　午後、雍仁親王・宣仁親王と共に東宮御所に参殿され、皇太子・同妃に御拝顔になる。皇太子と将棋などにて過ごされる。また韓国皇太子李垠と御対顔になる。○迪宮御日誌、皇孫御殿日誌、桑野鋭日記、東宮職日誌、雍仁親王実紀、貞明皇后実録

十五日　水曜日　午前七時、雍仁親王・宣仁親王と共に東宮御所に参殿され、御車寄において皇太子の北陸行啓への御出発を皇太子妃と共に御奉送になる。それより御徒歩にて学習院へ御通学になる。○迪宮御日誌、皇孫御殿日誌、桑野鋭日記、東宮職日誌、貞明皇后実録

午後、雍仁親王・宣仁親王と共に外庭にて御運動になる。軍艦遊びをされつつ主馬寮にお成りになり、

厩舎並びに車庫等を御覧になる。○迪宮御日誌、皇孫御殿日誌、桑野鋭日記

十七日　金曜日　午後、雍仁親王・宣仁親王と共に東宮御所に参殿され、皇太子妃に御拝顔になる。折から参殿の男爵九条良致・同夫人武子に謁を賜う。○迪宮御日誌、皇孫御殿日誌、桑野鋭日記、東宮職日誌

十九日　日曜日　午後三時、雍仁親王・宣仁親王と共に東宮御所に参殿され、皇太子妃に御拝顔になる。その折、親王御幼少時の写真を御拝領になる。○迪宮御日誌、皇孫御殿日誌、桑野鋭日記、東宮職日誌

二十日　月曜日　侍医加藤照麿より洋行談をお聞きになる。○迪宮御日誌

冷水摩擦の開始

二十二日　水曜日　今朝より御起床後、冷水摩擦を行われる。○迪宮御日誌、桑野鋭日記、雍仁親王実紀

学習院よりの帰途、雍仁親王と共に東宮御所にお立ち寄りになる。宣仁親王も参殿し、皇太子妃と御一緒に御昼餐を御会食になる。○迪宮御日誌、皇孫御殿日誌、桑野鋭日記、東宮職日誌、貞明皇后実録

二十四日　金曜日　午前、横須賀鎮守府司令長官上村彦之丞参殿につき、謁を賜う。○迪宮御日誌、桑野鋭日記

二十五日　土曜日　午後、雍仁親王・宣仁親王及び御学友等と共に、徒歩にて新宿御苑にお成りになる。西洋館前の芝生において相撲を取られ、畑にて芋掘りをされる。○迪宮御日誌、皇孫御殿日誌、桑野鋭日記

二十六日　日曜日　天皇・皇后の御使として典侍柳原愛子参殿につき、謁を賜う。○迪宮御日誌、桑野鋭日記

午後、雍仁親王・宣仁親王と共に外庭を御運動になり、主馬寮厩舎を御覧の後、広芝において軍艦

遊びをされる。○迪宮御日誌、皇孫御殿日誌、桑野鋭日記

二十八日　火曜日　雍仁親王・宣仁親王と共に東宮御所に参殿される。皇太子妃に御拝顔、ついで折から参殿の昌子内親王と御対顔になり、御一緒に御談話になる。○迪宮御日誌、皇孫御殿日誌、桑野鋭日記、東宮職日誌

二十九日　水曜日　午後、皇太子妃が御参殿につき、種々お話をされる。皇太子妃は、御入浴・御夕餐等の様子を御覧の後、御帰殿になる。○迪宮御日誌、皇孫御殿日誌、桑野鋭日記

三十日　木曜日　午後、允子内親王・聰子内親王参殿につき、御対面になる。○迪宮御日誌、皇孫御殿日誌、桑野鋭日記、御直宮御養育掛日記

十月

一日　金曜日　午後、雍仁親王・宣仁親王と共に東宮御所に御参殿になる。皇太子妃の御座所にて種々お遊びになり、皇太子妃のピアノ演奏をお聴きになる。○迪宮御日誌、皇孫御殿日誌、桑野鋭日記、東宮職日誌

二日　土曜日　午後、雍仁親王・宣仁親王と共に主馬寮分厩にお成りになる。会寧・恵山鎮の二頭にお乗りになり、馬場をお廻りになる。それより広芝に移られ、御学友等と相撲・人取りなどをされる。○迪宮御日誌、皇孫御殿日誌、桑野鋭日記、雍仁親王実紀、今上陛下御乗馬誌

父兄懇話会

三日　日曜日　学習院初等学科父兄懇話会につき、午前七時三十分雍仁親王・宣仁親王と共に御出門、学習院初等学科にお成りになる。学習院長乃木希典・教授石井国次・同木村保寿等の案内により学生成績品並びに夏期休暇中収集品等の展示を御覧になる。○迪宮御日誌、皇孫御殿日誌、桑野鋭日記、御学業御報告書、雍仁親王実紀、学習院初等学科教場日誌

午後、雍仁親王・宣仁親王と共に上野動物園にお成りになる。帝室博物館技手黒川義太郎・同主事事務兼勤野村重治の先導にて、ワニ・トカゲ・テングザル・ヤマアラシ等を御巡覧になる。○迪宮御日誌、皇孫御殿日誌、桑野鋭日記、雍仁親王実紀

四日　月曜日　雍仁親王・宣仁親王と共に馬車にて浜離宮にお成りになる。キリギリス・コオロギ等の虫捕りをされ、皇孫御養育掛長丸尾錦作より名和昆虫研究所 明治二十九年岐阜市に創立 の様子をお聞きになる。ついで軍艦遊び、汽車遊び、鬼事などをされる。○迪宮御日誌、皇孫御殿日誌、桑野鋭日記、雍仁親王実紀

石井国次の書方指導

五日　火曜日　この日、書方の授業においてお認めの清書をお持ち帰りになり、臣下に示される。これより先、書方の御上達のため、専任教官による指導に代えて、主管たる学習院教授石井国次より直接指導を受けられることとなる。○迪宮御日誌、学習院初等学科教場日誌

午後、皇孫御養育掛長丸尾錦作夫人鍵子・同子息正彦、御機嫌伺いのため参殿につき、謁を賜う。○迪宮御日誌、桑野鋭日記

六日　水曜日　皇太子北陸より還啓につき、皇孫御養育掛長丸尾錦作を御使として新橋停車場へ遣わされる。午後、雍仁親王・宣仁親王と共に東宮御所に御参殿になり、皇太子・同妃に御拝顔になる。○迪宮御日誌、皇孫御殿日誌、桑野鋭日記、東宮職日誌、貞明皇后実録

中村直吉のアマゾン川探検談

七日　木曜日　午後、雍仁親王と共に馬車にて華族会館にお成りになり、中村直吉のアマゾン川探検談をお聞きになり、続いて南洋諸島の風景・風俗の幻灯を御覧になる。○迪宮御日誌、皇孫御殿日誌、桑野鋭日記

八日　金曜日　午後、雍仁親王・宣仁親王と共に徒歩にて東宮御所に参殿され、皇太子・同妃に御拝顔になる。○迪宮御日誌、皇孫御殿日誌、桑野鋭日記、東宮職日誌

九日　土曜日　午後、皇太子御参殿につき、雍仁親王並びに御学友との相撲の様子を御覧に入れられる。それより皇太子・雍仁親王と御同列にて、御学友を伴われ主馬寮分厩にお成りになり、会寧に御乗馬の御姿を皇太子に御覧に入れられる。○迪宮御日誌、皇孫御殿日誌、桑野鋭日記、東宮職日誌、雍仁親王実紀、今上陛下御乗馬誌

十日　日曜日　学習院輔仁会秋季陸上運動会につき、午前七時四十五分雍仁親王と共に御出門、学習院本院にお成りのところ、雨天のため運動会は延引となる。よって柔剣道場において撃剣・柔道を御覧になり、ついで図書館において海軍軍楽隊の奏楽並びに寮歌をお聴きになる。○迪宮御日誌、皇孫御殿日誌、桑野鋭日記

十一日　月曜日　午後、伯爵土方久元参殿につき、謁を賜う。○迪宮御日誌、桑野鋭日記

学習院輔仁会運動会

十二日　火曜日　午前七時過ぎ御出門、雍仁親王・宣仁親王と共に馬車にて学習院本院における輔仁会秋季陸上運動会にお成りになる。初等学科学生の御資格にて百メートル競走及び団体遊戯の「汽車」に御参加になる。午後は皇太子・韓国皇太子がそれぞれ行啓につき、御奉迎になる。○迪宮御日誌、皇孫御殿日誌、桑野鋭日記、御学業御報告書、雍仁親王実紀、輔仁会雑誌

十三日　水曜日　雍仁親王・宣仁親王と共に徒歩にて東宮御所に参殿され、皇太子・同妃と御昼餐を御会食になる。午後、参殿の昌子内親王と御対顔になる。○迪宮御日誌、皇孫御殿日誌、桑野鋭日記、東宮職日誌、貞明皇后実録

十五日　金曜日　午後、皇太子のお誘いを受けられ、雍仁親王と共に主馬寮分厩にお成りになり、覆馬場にて会寧に御乗馬になる。○迪宮御日誌、皇孫御殿日誌、桑野鋭日記、今上陛下御乗馬誌

竹田宮邸御訪問

十六日　土曜日　午後、雍仁親王・宣仁親王と共に馬車にて竹田宮邸にお成りになる。恒久王の出迎えを受けられ、御座所において昌子内親王に御対顔になり、恒徳王に玩具を賜う。それより皇太子御来邸、ついで房子内親王参邸につき、一同にて茶菓を召される。その後、御庭にて皇太子の御乗馬を御覧になる。○迪宮御日誌、皇孫御殿日誌、桑野鋭日記

十七日　日曜日　午前九時三十分御出門、雍仁親王・宣仁親王並びに博忠王・邦久王・春仁王及び

御学友等と共に新宿御苑にお成りになる。虫捕りなどにて苑内を運動され、動物園にて飼育の動物を御覧になる。御昼餐後は、西洋館前の芝生において風車製作や栗拾い等をされる。○迪宮御日誌、皇孫御殿日誌、桑野鋭日記、久邇宮家日誌

十八日　月曜日　午前七時過ぎ御出門、雍仁親王と共に馬車にて学習院本院にお成りになり、開院紀念日祝賀式に御参列になる。○迪宮御日誌、皇孫御殿日誌、桑野鋭日記、御学業御報告書

午後、皇孫仮御殿御庭において皇太子に御拝顔になる。○迪宮御日誌、桑野鋭日記

二十日　水曜日　午後、雍仁親王・宣仁親王と共に徒歩にて東宮御所に参殿され、皇太子・同妃に御拝顔になる。○迪宮御日誌、皇孫御殿日誌、桑野鋭日記、東宮職日誌

二十二日　金曜日　午後、雍仁親王・宣仁親王と共に東宮御所に参殿され、皇太子・同妃に御拝顔になる。折から参殿の昌子内親王並びに恒徳王に御対顔になる。○迪宮御日誌、皇孫御殿日誌、桑野鋭日記、東宮職日誌

二十三日　土曜日　午後、宣仁親王の御相手候補伊達彰・五島盛輝及び同伴の学習院教授野口ゆかに謁を賜う。○迪宮御日誌

二十四日　日曜日　雍仁親王・宣仁親王と共に東京帝室博物館にお成りになり、動物園においてペリカン・インコ・ホッキョクグマ等を御覧になる。表慶館において御昼食後、博物館に移られ動物

文展御覧

の剝製を御覧になる。それより文部省主催第三回美術展覧会をお訪ねになり、「動物園の猿」「竜虎の争」「与市宗高図」などの絵画を熟覧され、彫刻の部を御通覧になる。○迪宮御日誌、皇孫御殿日誌、桑野鋭日記、官報、雍仁親王実紀

二十五日　月曜日　午後、関東都督大島義昌参殿につき、謁を賜う。○桑野鋭日記

世界一週唱歌

雍仁親王・宣仁親王と共に東宮御所に参殿され、皇太子・同妃と御夕餐を御会食になる。御食後、皇太子等と御一緒に「世界一週唱歌」を合唱される。○迪宮御日誌、皇孫御殿日誌、桑野鋭日記、東宮職日誌、貞明皇后実録

二十六日　火曜日　午後、学習院よりの帰途、雍仁親王と共に東宮御所にお立ち寄りになり、皇太子・同妃に拝顔され、御車寄において皇太子妃の葉山行啓を御奉送になる。○迪宮御日誌、皇孫御殿日誌、桑野鋭日記、東宮職日誌、貞明皇后実録

近衛歩兵第三聯隊軍旗祭

二十七日　水曜日　午後、雍仁親王・宣仁親王と共に近衛歩兵第三聯隊にお成りになり、軍旗祭を御覧になる。近衛師団長上田有沢・聯隊長柴勝三郎の案内により仮装行列・相撲・手品・剣舞等を順次御覧の後、兵舎に移られて階上の装飾・人形等を御覧になり、兵卒の寝具・食器等につき説明をお聞きになる。○迪宮御日誌、皇孫御殿日誌、桑野鋭日記、雍仁親王実紀

二十八日　木曜日　午後、皇太子御参殿につき、御拝顔になる。種々学校でのお話をされ、ランドセルより教材等を取り出しお見せになる。ついで御一緒に鬼事のお遊びをされる。○迪宮御日誌、皇孫御殿日誌、桑野鋭日

記、東宮職日誌

学習院初等学科運動会

三十一日　日曜日　午前七時四十五分、雍仁親王と共に御徒歩にて御出門になり、学習院初等学科運動会にお成りになる。片足擬戦・源平毬送り・手工競走など御同級の競技・遊戯にすべて御参加になり、八十五メートル徒競走では入賞される。午後、皇太子が行啓され、競技を御覧になる。○迪宮御日誌、皇孫御殿日誌、桑野鋭日記、東宮職日誌、御学業御報告書、大正天皇実録、学習院初等学科教場日誌、雍仁親王実紀、旧奉仕者会会誌

十一月

一日　月曜日　午前、雍仁親王・宣仁親王と共に東宮御所に御参殿になり、皇太子に御拝顔の後、軍艦遊びなどにて種々お遊びになる。○迪宮御日誌、皇孫御殿日誌、桑野鋭日記

天長節

三日　水曜日　午前七時十五分、雍仁親王と共に御出門、学習院初等学科における天長節祝賀式に御参列になる。御帰殿後、皇孫御養育掛長丸尾錦作以下御附一同の拝賀をお受けになり、門内において、天長節観兵式行幸の鹵簿を拝観される。○迪宮御日誌、皇孫御殿日誌、桑野鋭日記、御学業御報告書、雍仁親王実紀、初等科時代の今上陛下

午後、雍仁親王・宣仁親王と共に東宮御所に参殿され、皇太子に御拝顔になり、天長節並びに皇太子の陸軍中将・海軍中将御陞任につき、祝詞を言上される。○迪宮御日誌、皇孫御殿日誌、桑野鋭日記、東宮職日誌、官報、皇后宮職日記

伊藤博文国葬

四日　木曜日　去る十月二十六日、枢密院議長大勲位公爵伊藤博文は哈爾賓駅頭において韓国人安重根に狙撃され死去する。この日故伊藤公爵の国葬挙行につき学習院は臨時休業となり、親王は終日外出されることなくお過ごしになる。○迪宮御日誌、皇孫御殿日誌、桑野鋭日記、御学業御報告書、官報

五日　金曜日　東宮主事桑野鋭の孫明参殿につき謁を賜い、同人とお遊びになる。○迪宮御日誌

特別大演習統監のため天皇が栃木県下へ行幸につき、学習院学生一同は二重橋にて奉送する。この間親王は御帰殿になり、皇孫御養育掛長丸尾錦作を御使として上野停車場へ差し遣わされる。○迪宮御日誌、桑野鋭日記

六日　土曜日　午前、雍仁親王・宣仁親王と共に外庭を御運動の後、主馬寮分厩において会寧に御乗馬になる。○迪宮御日誌、皇孫御殿日誌、桑野鋭日記、今上陛下御乗馬誌

午後、雍仁親王・宣仁親王及び御学友等と共に東宮御所に参殿され、皇太子に御拝顔になる。三親王及び御学友等一同にて「運動会唱歌」を合唱され、皇太子はこれに応えて侍医と共に「世界一週唱歌」を歌われる。○迪宮御日誌、皇孫御殿日誌、桑野鋭日記、東宮職日誌

上州太田金山に遠足

七日　日曜日　学習院初等学科遠足として、群馬県新田郡太田町の金山へお成りになる。午前六時十五分雍仁親王と共に御出門、両国橋停車場より東武鉄道の列車に乗車され、途中、館林・足利等

の各停車場において小中学校の児童・生徒、郡長等の奉迎を受けられ、十時五分太田停車場に御着になる。群馬県知事神山閏次以下に謁を賜い、それより高山神社にお成りになる。同社の宝物を御覧の後、金山の山頂まで登られ、新田神社に御会釈になる。御昼食後は、県知事・太田町よりの献上品の披露を受けられ、ついで望遠鏡にて四方の景色を御眺望になる。それより下山され、途中、大田山金龍寺において新田義貞の木像を御覧になる。太田停車場を御発車になり、午後五時五分、御帰殿になる。○迪宮御日誌、皇孫御殿日誌、桑野鋭日記、御学業御報告書、学習院初等学科教場日誌、輔仁会雑誌

御参内

十日　水曜日　午前十一時三十分、雍仁親王・宣仁親王と共に馬車にて学習院を御出門、御参内になり、皇后と御昼餐を御会食になる。それより皇后と種々御談話になり、御前にて読本を朗読され、呼吸体操などを御覧に入れられる。○迪宮御日誌、皇孫御殿日誌、桑野鋭日記、皇后宮職日記、供御日録、学習院初等学科教場日誌

十一日　木曜日　本日より学習院の始業は一時間繰り下げられ、午前九時となる。○迪宮御日誌、皇孫御殿日誌、桑野鋭日記、御学業御報告書

運動会御催し

十三日　土曜日　午後、雍仁親王・宣仁親王と共に御同級の博忠王・邦久王及び学習院初等学科一、二年級学生をお召しになり、広芝において運動会を催される。雍仁親王と共に競技・遊戯に御参加になり、電報遊び、猫ねずみ、片足擬戦、玉廻し、人取りなどを行われる。○迪宮御日誌、皇孫御殿日誌、桑野鋭日記、御学業御

報告書、久邇宮家日誌、雍仁親王実紀、学習院初等学科教場日誌

十四日　日曜日　皇太子妃よりの御手紙に対し、御返事を認められる。○迪宮御日誌

十五日　月曜日　午後、久邇宮家令角田敬三郎参殿につき謁を賜い、先頃欧洲より帰朝の邦彦王・同妃俔子より御土産として贈進の金属製籠入鳥玩具をお受けになる。○迪宮御日誌、桑野鋭日記

十六日　火曜日　午後、元侍医補秋月昱蔵参殿につき謁を賜い、写真の献上を受けられる。○迪宮御日誌

十七日　水曜日　午後、雍仁親王・宣仁親王と共に馬車にて新宿御苑にお成りになる。畑において赤大根・蕪・芋・零余子等をお採りになり、西洋館において舟遊びなどをされる。○迪宮御日誌、皇孫御殿日誌、桑野鋭日記

十八日　木曜日　午後三時より雍仁親王・宣仁親王と共に東宮御所に参殿され、皇太子に御拝顔になり、今般挙行された陸軍特別大演習の絵葉書を拝領される。○迪宮御日誌、皇孫御殿日誌、桑野鋭日記、東宮職日誌、雍仁親王実紀

十九日　金曜日　午後、学習院正門前にお出ましになり、観菊会のため赤坂離宮へ行幸啓の天皇・皇后を学生一同と共に御奉迎になる。○桑野鋭日記、学習院初等学科教場日誌

二十日　土曜日　午後、皇太子御参殿につき、御拝顔になる。○迪宮御日誌、皇孫御殿日誌、桑野鋭日記

葉山御用邸にお成り

二十一日　日曜日　午前六時二十分、雍仁親王・宣仁親王と共に御出門、新橋停車場を汽車にて御発になり、葉山御用邸に御滞在中の皇太子妃の御機嫌伺いをされる。午後には御一緒に海岸を御散

策になり、有栖川宮別邸前の浜において地曳網を御覧になる。午後三時十七分逗子停車場発の汽車にて御帰還になる。○迪宮御日誌、皇孫御殿日誌、桑野鋭日記、貞明皇后実録、東宮職日誌、行啓録、雍仁親王実紀

日本美術協会美術展覧会

二十三日　火曜日　正午、雍仁親王・宣仁親王と共に馬車にて御出門、上野へ向かわれる。まず上野動物園にお成りになり、帝室博物館主事事務兼勤野村重治・同技手黒川義太郎の案内にて、園内を巡覧される。次に日本美術協会主催の美術展覧会をお訪ねになる。協会役員塩田真の先導にて会場を巡覧され、銅製の獅子置物をお買い上げになる。帰路、東宮御所にお立ち寄りになり、昨日の葉山御訪問の模様などを皇太子へお話しになる。また翌二十四日葉山へ行啓される皇太子に、皇太子妃への御手紙を託される。○迪宮御日誌、皇孫御殿日誌、桑野鋭日記、雍仁親王実紀

二十六日　金曜日　午後、葉山より還啓の皇太子御参殿につき御拝顔になり、皇太子妃よりの御手紙を受け取られ、御覧になる。ついで皇太子と将棋などにて過ごされる。○迪宮御日誌、皇孫御殿日誌、桑野鋭日記

閑院宮邸御訪問

二十七日　土曜日　午後、雍仁親王・宣仁親王と共に馬車にて閑院宮邸にお成りになる。載仁親王・同妃智恵子及び春仁王、各女王の奉迎をお受けになり、春仁王の案内にて御庭・運動場等に出られ、先着の雍仁親王御学友も交え、鬼事などにてお遊びになる。○迪宮御日誌、皇孫御殿日誌、桑野鋭日記、閑院宮日記抜抄、木戸孝正日記

打毬御覧

二十八日　日曜日　午後、雍仁親王・宣仁親王と共に馬車にて華族会館にお成りになり、皇太子・

恒久王と御一緒に打毬を御覧になる。○迪宮御日誌、皇孫御殿日誌、桑野鋭日記、雍仁親王実紀

三十日　火曜日　午後、皇太子が御参殿になり、親王の御散髪や御入浴の模様を御覧の後、御帰還になる。○迪宮御日誌、皇孫御殿日誌、桑野鋭日記

十二月

一日　水曜日　雍仁親王・宣仁親王と共に東宮御所に御参殿になり、皇太子と御夕餐を御会食になる。○迪宮御日誌、皇孫御殿日誌、桑野鋭日記、東宮職日誌

北白川宮邸御訪問

四日　土曜日　午後、雍仁親王・宣仁親王と共に北白川宮邸を訪問され、故能久親王妃富子・成久王妃房子内親王及び武子女王・擴子女王に御対顔になる。ガチョウ・仔犬などを御覧になり、ネットボールにてお遊びになる。○迪宮御日誌、皇孫御殿日誌、桑野鋭日記

中山侯爵邸にお成り

五日　日曜日　午前、雍仁親王・宣仁親王と共に御出門、東宮御所に参殿され、それより皇太子に伴われて中山侯爵邸を御訪問になる。侯爵中山孝麿以下家族・親戚一同に謁を賜い、皇太子と御一緒に御昼餐を御会食になる。午後は中山侯爵による大弓、地天斎貞一の手品等の余興を御覧になる。○迪宮御日誌、皇孫御殿日誌、桑野鋭日記、東宮職日誌、大正天皇実録

七日　火曜日　雍仁親王・春仁王及び御学友と共に学習院より御帰還になり、御一緒に人取りなどにてお遊びになる。○迪宮御日誌、皇孫御殿日誌、桑野鋭日記

九日　木曜日　昨八日、神宮祭主大勲位邦憲王薨去につき、電報をもって弔詞を伝えられる。○官報、桑野鋭日記

十一日　土曜日　午後、皇太子が参殿され、雍仁親王及び御学友等とのお遊びや御夕餐の様子を御覧になる。翌日も同様に皇太子が参殿される。○迪宮御日誌、皇孫御殿日誌、桑野鋭日記、東宮職日誌

十二日　日曜日　皇太子妃への御手紙をお認めになる。○迪宮御日誌

御食事内容の変更

十三日　月曜日　本日より親王の御朝食は和食に変更され、また昼の御弁当はサンドイッチ、スープ、ほか洋食一品とされる。○迪宮御日誌、桑野鋭日記、雍仁親王実紀

十四日　火曜日　午後、雍仁親王・宣仁親王と共に東宮御所に御参殿になり、皇太子に御拝顔になる。○迪宮御日誌、東宮職日誌、皇孫御殿日誌、桑野鋭日記

乃木院長の講話

十五日　水曜日　学習院において、院長乃木希典より旅順表忠塔に関する講話をお聞きになる。○御学業御報告書、学習院初等学科教場日誌

十六日　木曜日　宮内大臣岩倉具定が学習院へ参校し、親王の御学事を拝観する。また天皇の御覧に供するため、御成績品を持ち帰る。○桑野鋭日記、御学業御報告書、学習院初等学科教場日誌

午後、皇太子御参殿につき御拝顔になり、将棋などをされる。○迪宮御日誌、皇孫御殿日誌、桑野鋭日記

十七日　金曜日　逓信大臣後藤新平参殿につき謁を賜い、『日本海運図史』の献上を受けられる。○迪宮御日誌、桑野鋭日記

十八日　土曜日　学習院初等学科第二学期終了につき、教室において大掃除が行われ、御持参の雑巾にて御机・教師机をお拭きになる。○迪宮御日誌、桑野鋭日記、御学業御報告書、学習院初等学科教場日誌、初等科時代の今上陛下

第二学期終業

午後、雍仁親王と共に麻布御殿にお成りになり、力士絵葉書等にてお遊びになる。○迪宮御日誌、皇孫御殿日誌、桑野鋭日記

十九日　日曜日　雍仁親王と共に東宮御所に御参殿になり、皇太子と御夕餐を御会食になる。○迪宮御日誌、皇孫御殿日誌、桑野鋭日記、東宮職日誌

二十日　月曜日　午前、公爵九条道実・伯爵土方久元参殿につき、それぞれ謁を賜う。○迪宮御日誌、桑野鋭日記

午後、皇太子御参殿につき、学校御成績品等を御覧に入れられる。○迪宮御日誌、桑野鋭日記

二十一日　火曜日　午後、皇太子は代々木方面へ御乗馬の帰途お立ち寄りになり、親王のお遊びの様子を御覧になる。○迪宮御日誌、皇孫御殿日誌、東宮職日誌

二十二日　水曜日　雍仁親王及び御学友等と共に、皇孫仮御殿内に竣工の運動場雨天運動場にお成りになり、人取りなどの遊びをされる。○迪宮御日誌

新任の作間御用掛に賜謁

二十三日　木曜日　この日皇孫御用掛拝命の東京高等師範学校助教諭作間富生参殿につき、謁を賜う。○迪宮御日誌、桑野鋭日記、進退録、官報

運動場開き

午後、皇孫仮御殿内にて新築の運動場開きが行われ、雍仁親王と共に御臨席になる。皇孫御養育掛長以下、東宮主事・皇孫御用掛・侍女・事務員・御学友等をお召しになり、餅・蜜柑等をお撒きになる。○迪宮御日誌、皇孫御殿日誌、桑野鋭日記、雍仁親王実紀

二十四日　金曜日　午後、雍仁親王と共に東宮御所に御参殿になり、葉山より御帰還の皇太子妃を御車寄において御奉迎になる。それより皇太子・同妃と種々御談話になる。○迪宮御日誌、皇孫御殿日誌、桑野鋭日記、東宮職日誌、貞明皇后実録

修善寺に御避寒

二十五日　土曜日　御避寒として本日より雍仁親王と共に修善寺へ御転地になる。宣仁親王は病気のため後日の出発となる。午前八時二十五分御出門、新橋停車場を御発車になり、午後一時四十分大仁停車場に御着、それより人力車にて修善寺の菊屋旅館別邸に御到着になる。○迪宮御日誌、皇孫御殿日誌、桑野鋭日記、東宮職日誌、侍従職日記、皇后宮職日記、官報、雍仁親王実紀

二十六日　日曜日　午前、雍仁親王と共に菊屋旅館別邸を御出門、白糸の滝を御覧の後、桂川沿いを進まれ、修善寺尋常高等小学校前までお成りになる。帰途、源範頼墓・修禅寺等へお立ち寄りに

なる。〇迪宮御日誌、皇孫御殿日誌、桑野鋭日記

修善寺御滞在中は、朝の温泉入浴をもって冷水摩擦に代えることとされる。〇侍医寮日誌、桑野鋭日記、雍仁親王実紀

二十九日　水曜日　去る二十七日以来御咳嗽が続き、御仮床になる。本日夕方の御体温は、三十八度一分となる。〇迪宮御日誌、侍医寮日誌、拝診録、桑野鋭日記、迪宮殿下御衛生報告録

三十一日　金曜日　午後、宣仁親王が修善寺菊屋旅館別邸に到着につき、雍仁親王と共にお迎えになる。〇迪宮御日誌、皇孫御殿日誌、桑野鋭日記、官報、雍仁親王実紀

東宮主事桑野鋭を歳末祝詞言上の御使として東宮御所に遣わされる。〇東宮職日誌、桑野鋭日記

昭和天皇実録　巻三

明治四十三年（西暦一九一〇年）　九歳

一月

修善寺御滞在

一日　土曜日　修善寺の菊屋旅館別邸において、雍仁親王・宣仁親王と共に新年を迎えられる。午前八時三十分、皇孫御養育掛長丸尾錦作以下諸員の拝賀を受けられる。新年につき、東宮主事桑野鋭を三親王の御使として東宮御所へ差し遣わされる。本年は修善寺御滞在中につき、通常三日間行われる御祝御膳を略し、本日のみとされる。〇迪宮御日誌、皇孫御殿日誌、桑野鋭日記、貞明皇后実録

午後、雍仁親王・宣仁親王と共に見晴山へ御運動になり、ついで修禅寺にお立ち寄りになる。〇迪宮御日誌、皇孫御殿日誌

新年御試筆

二日　日曜日　新年につき、皇孫御養育掛長丸尾錦作より出された御試筆の願いをお聞きになり、美濃紙に鉛筆にて、

迪宮裕仁

明治四十三年一月二日

と自書される。また、皇太子・同妃へ修善寺の絵葉書にて御年始状を認められる。○迪宮御日誌、迪宮御言行録、原敬関係文書

三日　月曜日　午前、宣仁親王誕辰につき、三親王お揃いにて、皇太子同妃御使として参邸の東宮主事馬場三郎に謁を賜い、ついで供奉高等官等の祝賀をお受けになる。○迪宮御日誌、皇孫御殿日誌、典式録、桑野鋭日記

宣仁親王誕辰

皇太子同妃御使として東宮主事馬場三郎参邸につき、謁を賜う。○迪宮御日誌、東宮職日誌、侍医寮日誌、桑野鋭日記

午後、雍仁親王・宣仁親王と共に修禅寺にお成りになる。門前において修善寺村消防組の出初式を御覧になる。また、御夕餐後には学校生徒や村民による宣仁親王誕辰奉祝の提灯行列を御覧になり、「君が代」などの唱歌をお聴きになる。○迪宮御日誌、皇孫御殿日誌、桑野鋭日記、雍仁親王実紀

四日　火曜日　雍仁親王と共に塔の峰、見晴山方面にお成りになる。○迪宮御日誌、皇孫御殿日誌、桑野鋭日記

六日　木曜日　午前、雍仁親王と共に修禅寺奥之院道を御散策になる。午後は田方郡下狩野村へお成りになる。途中、宣仁親王と出会われ、それより三親王お揃いにて御帰還になる。○迪宮御日誌、皇孫御殿日誌、桑野

記　鋭日

七日　金曜日　午前九時四十五分、雍仁親王と共に御出門になり、いろは歌等を口唱されつつ奥之院道を進まれ、修禅寺奥之院へお成りになる。弘法大師の木像を御覧の後、御休所にて弁当を召され、種々お遊びになる。○迪宮御日誌、皇孫御殿日誌、迪宮御言行録、桑野鋭日記、雍仁親王実紀

二年級第三学期始業式

八日　土曜日　午前九時、菊屋別邸楼上において初等学科二年級第三学期始業式を行われる。雍仁親王・宣仁親王と共に伊勢大廟並びに天皇皇后御真影及び皇太子同妃御真影の御前にお出ましになり、侍臣一同参列のもと皇孫御養育掛長丸尾錦作より教育勅語の大要に関する以下の訓辞をお聞きになる。

丸尾掛長の訓辞

本日は学習院始業式日なれば、迪宮、淳宮両殿下には御在京の節は本院へ御臨席あるべきなれども、当地御旅行中に就き其儀あらせられず。依りて本日此席に於て聊不肖錦作所見を陳述して始業式に代ふ。

抑も教育勅語は天皇より我臣民に下したまひし勅語なれば、直ちに皇孫三殿下に賜りたるものにあらざれども、亦陛下が爾臣民と倶に拳々服膺して咸其徳を一にせんことを庶幾ふと仰せられし勅語なれば、三殿下も遵守あらせたまふべきは勿論なり。今其大意を陳ずれば、陛下の皇

祖皇宗此日本国を建設し、代々の臣民忠孝の大義を重んじ今日の隆盛をなすに至る。故に今日の臣民もよく忠孝の道を守り、業務を拡張し、益々我国の富強安寧を計れとの勅語なり。今や迪宮殿下は十歳、淳宮殿下は九歳、光宮殿下は六歳に達せられたり。宜しく年齢の多少に従ひ心身に適応する体育、心育の発達を遂げさせられ、遂には天皇陛下、皇太子殿下の御世を継承したまひ、或は御世を補翼し給ひ、益々我国の国威国光を発揮したまはんことを冀ふ。此席に陪する不肖錦作を始め男女の侍臣は皆三殿下の御体育御心育に必要なる機関なれば、各自各機関の運転をあやまらず誠心誠意其職務の功顕を著大にすべし。三殿下には其侍臣の運用を錯誤せず、其職責のある処を尽さしめ給はらば、三殿下の御体力御智徳の御発揚は光大無量にして世界に光被するに至らん。不肖錦作一言を陳べ本日の始業の式に代ふ。

次に皇孫御用掛松平乗統のバイオリンに合わせて「君が代」を合唱され、御真影に御拝礼になる。○迪宮御日誌、桑野鋭日記、迪宮御言行録、雍仁親王実紀

午前十時三十分、雍仁親王・宣仁親王と共に御出門、御散策になり、源範頼墓・拈笑園・修禅寺裏山の一丈六尺観音銅像を御覧になる。午後は雍仁親王と共に御出門になり、塔の峰より御登山、富士見台を経て山頂に御着になる。下山の折、山麓で椎茸狩りをされ、ついで指月殿へお成りになり、

源頼家の墓に御会釈になる。○迪宮御日誌、皇孫御殿日誌、桑野鋭日記

九日 日曜日 午前、雍仁親王と共に大仁街道を御運動になり、横瀬八幡神社にお成りになる。午後は松竹弁天道より御登山になり、山頂の梅林にお成りになる。○迪宮御日誌、皇孫御殿日誌、桑野鋭日記

成久王妃房子内親王着帯式につき、三親王より三種交魚を進められる。○皇孫御殿日記、桑野鋭日記

十日 月曜日 本日予定されていた第三学期の授業開始は一週間延期となり、その間、皇孫御用掛土屋正直の奉仕により学習される。○迪宮御日誌、桑野鋭日記、迪宮御言行録、学習院初等学科教場日誌

午前、雍仁親王と共に塔の峰の富士見台にお成りになる。○迪宮御日誌、皇孫御殿日誌、桑野鋭日記

世界一周双六

この頃連日の如く世界一周双六をお楽しみになり、この日の御昼餐後には、雍仁親王及び侍臣等をお相手に数回行われる。皇孫御養育掛長丸尾錦作・皇孫御用掛松平乗統もお相手をなす。ついで御座所前の庭において、世界漫遊遊びをされる。岩を汽船に見立てて横浜を御出航、ハワイを経由し桑港に御着、それより空中飛行機にてニューヨークへ飛ばれ、再び汽船にてロンドンへお成りになり、日英博覧会御覧にて終了となる。その後、再び御座所において双六などにて過ごされる。○迪宮御日誌

十二日 水曜日 昨夜来の降雪のところ、午前中は藁で編んだ雪靴をお履きの上、宣仁親王御座所を始め邸内各所にお成りになる。午後、雍仁親王と共に御出門、大仁街道を三十分余りお歩きにな

る。〇迪宮御日誌、皇孫御殿日誌、桑野鋭日記

十三日　木曜日　午前、内匠寮技師足立鳩吉御機嫌伺いのため参邸につき、謁を賜う。〇迪宮御日誌、桑野鋭日記

十五日　土曜日　本日、修善寺尋常高等小学校へお成りの御予定のところ、雨天にてお見合せとなる。よって皇孫御用掛土屋正直を同校へ遣わされ、職員児童一同へ菓子料を賜う。〇迪宮御日誌、桑野鋭日記

静岡県知事李家隆介・同事務官龍岡篤敬参邸につき、謁を賜う。〇桑野鋭日記

沼津へ御移転

十六日　日曜日　沼津御用邸西附属邸へ御移転になる。午前九時、雍仁親王・宣仁親王と共に菊屋旅館別邸を御出門になり、大仁停車場より直通列車にて沼津停車場へ向かわれる。十一時五分沼津御用邸西附属邸に御着になる。〇迪宮御日誌、皇孫御殿日誌、迪宮御言行録、桑野鋭日記、官報、沼津御用邸西附属邸日誌、雍仁親王実紀、重要雑録

午後、雍仁親王・宣仁親王と共に御用邸正門前に御整列、皇后の沼津行啓を御奉迎になる。この日より皇后は御用邸本邸に御滞在になる。〇迪宮御日誌、皇孫御殿日誌、迪宮御言行録、侍従職日録、桑野鋭日記、東宮職日誌、昭憲皇太后実録、官報

皇太子同妃御使として東宮主事錦小路在明参邸につき、謁を賜う。錦小路から皇太子・同妃よりの御品並びに子爵末松謙澄伝献の力士写真帖の披露を受けられる。〇迪宮御日誌、桑野鋭日記

学習院教授石井国次参邸につき、謁を賜う。〇迪宮御日誌

御学友松平直国・大迫寅彦、雍仁親王御学友三条実憲・松浦治、宣仁親王御相手黒田治雄・相良頼

知が出仕する。○迪宮御日誌、桑野鋭日記、雍仁親王実紀

二年級第三学期授業開始

十七日 月曜日 沼津御用邸東附属邸に設置の学習院仮教場において第三学期の授業が開始される。午前七時四十分、雍仁親王と共に徒歩にて仮教場に向かわれ、八時より十一時四十五分まで就学され、正午に御帰還になる。なお時間割は次のとおり。

	第一時	第二時	第三時	第四時
月	訓話	算術	国語	唱歌
火	国語	算術	書方	綴方
水	訓話 国語	算術	唱歌	国語
木	国語	算術	書方	手工
金	訓話 国語	算術	国語	図画
土	国語	算術	書方	唱歌

沼津での御日常

御学友は二名ずつ交代にて授業に出席し、当分の間、松平直国・大迫寅彦が奉仕する。以後、沼津御滞在中、平日の午前は東附属邸において学習院の授業、午後は御用邸内においてジャーマン・ビリヤード、人取り、玉鬼、相撲、クロックノールなど種々のお遊び、あるいは御用邸前の海岸や桃

郷・徳倉山など近傍への御外出を日課としてお過ごしになる。○迪宮御日誌、皇孫御殿日誌、桑野鋭日記、御学業御報告書、沼津御用邸附属邸日誌、学習院初等学科教場日誌

午後、雍仁親王・宣仁親王と共に本邸に御参邸になり、皇后と種々御談話になる。皇后より葛籠入りの牧場模型玩具を賜わり、お遊びになる。○迪宮御日誌、皇孫御殿日誌、桑野鋭日記、沼津御用邸日誌

十八日　火曜日　午後、典侍柳原愛子参邸につき、謁を賜う。○迪宮御日誌、桑野鋭日記

十九日　水曜日　午後、雍仁親王・宣仁親王と共に毘沙門山にお成りになり、凱旋紀念碑を御覧になる。それより擬戦をされつつ御帰還になる。御機嫌伺いのため皇后宮大夫香川敬三参邸につき、御車寄において謁を賜う。○迪宮御日誌、皇孫御殿日誌、桑野鋭日記、迪宮御言行録

貝の分類御整理

午後の御運動の前後及び御夕食後に、収集された貝を分類される。御手ずから貝箱を区画され、貝を分類し、整理される。それより侍臣にその名称を札紙に記入せしめ、それぞれ箱にお入れになる。○迪宮御日誌、迪宮御言行録

二十日　木曜日　午後、雍仁親王・宣仁親王と共に海岸にお出ましになり、貝拾いなどをされつつ、三島館へお立ち寄りになる。御帰途には擬戦をされる。○迪宮御日誌、皇孫御殿日誌、桑野鋭日記

二十二日　土曜日　午後、雍仁親王・宣仁親王と共に本邸にお成りになり、皇后に御拝顔、種々お

話しになる。翌二十三日にも両親王と共に皇后に御拝顔、午餐を御会食になる。○迪宮御日誌、皇孫御殿日誌、桑野鋭日記、沼津御用邸日誌、昭憲皇太后実録

横須賀水雷団の対抗演習御覧

二十四日　月曜日　午前十一時過ぎ、雍仁親王・宣仁親王と共に本邸前海岸にお出ましになり、皇后に陪し横須賀水雷団第一・第二・第三艇隊聯合による対抗演習を御覧になる。○迪宮御日誌、皇孫御殿日誌、桑野鋭日記、御学業御報告書、昭憲皇太后実録、雍仁親王実紀、学習院初等学科教場日誌

午後、雍仁親王・宣仁親王と共に馬車にて田方郡江間村付近までお成りになる。帰途には岩崎男爵別邸へお立ち寄りになる。○迪宮御日誌、皇孫御殿日誌、桑野鋭日記

二十六日　水曜日　学習院仮教場より御帰邸後、直ちに子爵松平乗承皇孫御用掛松平乗統の父に謁を賜う。松平子爵より自動車型インキスタンドの献上を受けられる。○迪宮御日誌、皇孫御殿日誌、桑野鋭日記

二十七日　木曜日　午後、皇孫御用掛土屋正直及び御学友と共に、御用邸続きの松原において擬戦をされる。その後、雍仁親王も合流され、曼陀ヶ原において再度擬戦に興じられる。○迪宮御日誌、皇孫御殿日誌、桑野鋭日記、静岡民友新聞

二十九日　土曜日　午後、雍仁親王・宣仁親王と共に御出門、塩満寺方面へお成りになり、徳倉山中腹の十三本松原まで登られる。○迪宮御日誌、皇孫御殿日誌、桑野鋭日記

三十一日　月曜日　皇后のお召しにより、午後二時三十分より宣仁親王と共に本邸にお成りになる。皇后と種々お言葉を交わされ、御拝領の吃驚箱などにてお遊びになる。○迪宮御日誌、皇孫御殿日誌、桑野鋭日記

二月

一日　火曜日　午後、帝室林野管理局主事伊藤重介静岡支庁長参邸につき、謁を賜う。○迪宮御日誌、桑野鋭日記

二日　水曜日　午後、皇太子同妃御使として東宮侍従原恒太郎参邸につき、謁を賜う。葉山御滞在中の皇太子・同妃より、肴・文房具・玩具などを賜わる。○迪宮御日誌、桑野鋭日記

三日　木曜日　侍医頭岡玄卿参邸につき、謁を賜う。○迪宮御日誌、桑野鋭日記

四日　金曜日　午後、雍仁親王・宣仁親王と共に徒歩にて本邸へ御参邸になる。御座所において皇后に御拝顔、種々お言葉を交わされ、皇后より紙製動物を賜わり、お遊びになる。○迪宮御日誌、皇孫御殿日誌、桑野鋭日記、沼津御用邸日誌

雍仁親王並びに御学友等と共に徳倉山方面へ御運動になる。○迪宮御日誌、皇孫御殿日誌、桑野鋭日記

御両親への御手紙

皇太子・同妃へ沼津御滞在中の御日常について記した親書を認められる。

まだやっぱりおさむうございますが、おもうさま、おたたさまごきげんよう居らっしゃいますか、

迪宮も、あつ宮も、てる宮も、みんなじょうぶでございますからごあんしんあそばせ
私は毎日学校がございますから七じ四十五分ごろからあるいてかよひます
四じかんのおけいこをしまつてみうちにかへります、そしておひるをしまつてたいてい山や、
村や、松林などにでておもしろく遊びます
またときどきせこに行ってにはとりなどを見て、これにゑをやることも有ります
またはまにでてかひをさがすことも有ります、しかし、かひはこちらにはあんまり有りません、
葉山にはたくさんございますか
きのふはおつかひでお手がみのおどうぐやおまなをいただきましてありがたうございます。
おもうさま
おたたさま
ごきげんよう
二月四日
迪宮裕仁
おもうさま
明治四十三年二月

おたたさま

〇迪宮御言行録、原敬関係文書

五日　土曜日　午後、爵位頭久我通久並びに掌典久我通保、侯爵中山孝麿、ついで学習院教授石井国次参邸につき、それぞれに謁を賜う。〇迪宮御日誌、桑野鋭日記

六日　日曜日　午前、相良頼知の父頼綱参邸につき、謁を賜う。この日、宣仁親王御相手の頼知及び黒田治雄は帰京し、代わって吉川重武・五島盛輝の両御相手が参邸する。〇迪宮御日誌、桑野鋭日記、雍仁親王実紀

大中寺にお成り

午後、雍仁親王・宣仁親王と共に馬車にて金岡村の沢田山大中寺にお成りになる。住職真覚玄璋の奉迎を受けられ、本堂において仏壇・木魚等を御覧になり、種々お遊びになる。〇迪宮御日誌、皇孫御殿日誌、桑野鋭日記、迪宮御言行録

七日　月曜日　午後、雍仁親王及び御学友等と共に徳倉山にお成りになる。御夕食後、東宮主事桑野鋭をお相手に相撲をお取りになる。〇迪宮御日誌、皇孫御殿日誌、桑野鋭日記

八日　火曜日　午後、雍仁親王・宣仁親王及び御学友等と共に海岸において貝拾いなどをされる。それより岩崎男爵別邸にお成りになり、人取り、相撲などにてお遊びになる。〇迪宮御日誌、皇孫御殿日誌、桑野鋭日記

九日　水曜日　午後、海岸にて貝拾い等をされ、ついで東附属邸にお成りになり、雍仁親王と共に

御学友を交えて相撲などに興じられる。○迪宮御日誌、皇孫御殿日誌、桑野鋭日記

十一日　金曜日　紀元節につき、午前九時過ぎ、拝謁の間において供奉員等の拝賀を受けられ、ついで御拝の間において紀元節御式に臨まれる。御真影に御拝礼後、皇孫御養育掛長丸尾錦作の祝辞をお聞きになり、「君が代」「紀元節」を参列供奉員と合唱される。それより御式は余興に移り、唱歌「大国主命」「凧」の合唱、皇孫御用掛松平乗統のバイオリン独奏等が行われる。十一時三十五分、雍仁親王・宣仁親王と共に御出門、本邸へお成りになり、皇后に祝詞を言上される。御昼餐を御会食になり、お慰みとして「紀元節」の唱歌を披露される。○迪宮御日誌、皇孫御殿日誌、桑野鋭日記、沼津御用邸西附属邸日誌、御学業御報告書、迪宮御言行録、雍仁親王実紀

十二日　土曜日　午後、雍仁親王・宣仁親王及び御学友等と共に馬車にて千本浜公園にお成りになる。擬戦、鯨取り遊びなどをされ、帰途も黒瀬橋付近にて一時御下車になり、擬戦をされつつ進まれ、楊原神社にて再び馬車に召され御帰還になる。○迪宮御日誌、皇孫御殿日誌、桑野鋭日記

十三日　日曜日　午前、御機嫌伺いとして静岡県知事李家隆介・駿東郡長辻芳太郎等参邸につき、御座所において謁を賜う。○桑野鋭日記

午後、賀陽宮家令磯谷熊之助、故邦憲王の喪中御尋等への御礼言上のため参邸につき、謁を賜う。○迪

宮御日誌、桑野鋭日記

十四日　月曜日　午後、雍仁親王・宣仁親王及び御学友等と共に大平越に御登山になる。○迪宮御日誌、皇孫御殿日誌、桑野鋭日記

十五日　火曜日　午後、雍仁親王・宣仁親王及び御学友等と共に烏帽子山に御登山になる。○迪宮御日誌、皇孫御殿日誌、桑野鋭日記

十六日　水曜日　子爵花房義質参邸につき、謁を賜う。○桑野鋭日記

十七日　木曜日　学習院長乃木希典参邸につき、謁を賜う。これより先、乃木院長は東附属邸の学習院仮教場において御学事を拝見する。○迪宮御日誌、桑野鋭日記、御学業御報告書、学習院初等学科教場日誌

十八日　金曜日　午前十時三十分、皇后東附属邸に御来邸につき、雍仁親王と共に便殿において御拝顔になる。それより教場に移られ、国語の授業では「マツノハナシ」の読方と書法を御覧に入れ、算術では約十分間に暗算二十問、式算五問を違算なく御解答になる様子を御覧に入れられる。終わって一、二年級合同にて唱歌「凧」「日の丸の旗」「金剛石」の合唱を披露される。終了後、皇后より御褒美として蒔絵文箱、帳面等文具類を賜わる。○迪宮御日誌、皇孫御殿日誌、桑野鋭日記、東宮職日誌、沼津御用邸附属邸日誌、御学業御報告書、迪宮御言行録、雍仁親王実紀、学習院初等学科教場日誌、昭憲皇太后実録、原敬関係文書

皇后御学事台覧

午後、雍仁親王・宣仁親王と共に徒歩にて徳倉山麓までお成りになる。○迪宮御日誌、皇孫御殿日誌、桑野鋭日記

十九日　土曜日　午後、雍仁親王・宣仁親王及び御学友と共に徳倉山麓へ御運動、塩満寺方面を経て御帰邸になる。○迪宮御日誌、皇孫御殿日誌、桑野鋭日記

永久王誕生

この夜、成久王妃房子内親王が分娩し、王男子誕生の旨の電報あり。よって同じく電報をもって祝詞を伝えられる。誕生の王は二十五日に永久《ながひさ》と命名される。○桑野鋭日記、東宮職日誌、官報

二十日　日曜日　本日退出帰京の松平直国・大迫寅彦・三条実憲・松浦治へ、御手ずから玩具を賜う。交代の親王御学友の渡辺昭・久松定孝、雍仁親王御学友の小笠原長英・西郷隆輝の四名が沼津に来着する。○迪宮御日誌、桑野鋭日記、雍仁親王実紀、沼津御用邸附属邸日誌、御学業御報告書

小松宮別邸にお成り

雍仁親王・宣仁親王と共に馬車にて三島町の小松宮別邸にお成りになり、絵合せ・舟遊び・相撲などにてお遊びになる。○迪宮御日誌、皇孫御殿日誌、桑野鋭日記

韮山方面御運動

二十一日　月曜日　午後一時三十分、馬車にて御出門、雍仁親王・宣仁親王及び御学友等と共に田方郡韮山村原木方面へお成りになる。○迪宮御日誌、皇孫御殿日誌、桑野鋭日記

二十二日　火曜日　午後、雍仁親王・宣仁親王と共に本邸に御参邸になり、皇后に御拝顔になる。訓話にて学ばれた仁徳天皇の御美徳につきお話をされ、水中自動車の玩具等を拝領する。○迪宮御日誌、皇孫御

殿日誌、桑野鋭日記

二十三日　水曜日　午後、雍仁親王・宣仁親王及び御学友等と共に馬車にて金岡村へお成りになる。大中寺門前にて下車され、子之神神社付近にて人取り、擬戦などの遊びをされる。それより大中寺内に移られ、折から同寺に参着の富美宮泰宮御用掛西三条実義に謁を賜い、御小憩後、雍仁親王と相撲などをされる。○迪宮御日誌、皇孫御殿日誌、桑野鋭日記

二十四日　木曜日　午後、雍仁親王及び御学友等と共に徳倉山麓まで御運動になる。○皇孫御殿日誌、桑野鋭日記

二十五日　金曜日　午後、内苑頭福羽逸人・式部官亀井茲常参邸につき、謁を賜う。○迪宮御日誌、桑野鋭日記

雍仁親王及び御学友等と共に御出門、七面山麓まで御運動になる。途中、松原より曼陀ヶ原を経て楊原神社方面にかけて擬戦をされ、豊牧舎にお立ち寄りになる。○迪宮御日誌、皇孫御殿日誌、桑野鋭日記

二十六日　土曜日　午後、皇太子同妃御使として東宮侍従長一条実輝参邸につき、謁を賜う。○迪宮御日誌、桑野鋭日記

皇后の御召

皇后のお召しにより雍仁親王・宣仁親王と共に本邸に参邸され、皇后に御拝顔になる。ついで、皇后の御機嫌伺いとして参邸の昌子内親王に御対顔になる。○迪宮御日誌、皇孫御殿日誌、桑野鋭日記、沼津御用邸日誌、昭憲皇太后実録

二十七日　日曜日　午後、恒久王・成久王参邸につき、雍仁親王・宣仁親王と共に邸内を御案内、

御学友等との相撲の様子などをお見せになる。また御一緒に玉鬼、人取りなどのお遊びをされる。〇迪宮御日誌、皇孫御殿日誌、桑野鋭日記、沼津御用邸西附属邸日誌、雍仁親王実紀

前宮内大臣田中光顕参邸につき、謁を賜う。〇桑野鋭日記

二十八日　月曜日　午後、雍仁親王・宣仁親王及び御学友等と共に、馬車にて千本浜公園へお成りになる。公園や松原にて擬戦等をされ、海岸近傍の一茶亭にて飼育の七面鳥を御覧になる。〇迪宮御日誌、皇孫御殿日誌、桑野鋭日記

三月

一日　火曜日　朝、咳嗽及び発熱の御症状により、軽度の喉頭カタル症との診断を受けられる。このため授業を第二時限にて早退される。翌二日も御早退になる。三日以降の症状は全般的に軽く、御用心のため御仮床にて御静養になる。〇迪宮御日誌、侍医寮日誌、拝診録、皇孫御殿日誌、桑野鋭日記、迪宮御言行録、御学業御報告書、学習院初等学科教場日誌

六日　日曜日　御全快につき、朝より御撤床になり、参邸の学習院教授石井国次に謁を賜う。〇迪宮御日誌、桑野鋭日記、侍医寮日誌

この日、皇太子沼津行啓の御予定につき、雍仁親王と共に机の上に富士山の景を作られ、また飾り

を施されるなどしてお迎えの御準備のところ、行啓中止の報に接せられる。正午前、皇后のお召しにより雍仁親王・宣仁親王と共に本邸にお成りになり、皇后と御昼餐を御会食になる。御帰邸後は、皇后より拝領のゼンマイ仕掛けの力士玩具などにてお遊びになる。なお、この頃親王は御学友・側近等と相撲を取られるほか、御自ら四十八手を御考案になるなど、相撲に格別の御興味を示される。〇迪宮御日誌、侍医寮日誌、拝診録、皇孫御殿日誌、桑野鋭日記、迪宮御言行録、昭憲皇太后実録、学習院初等学科教場日誌

相撲への御興味

皇太子同妃御使として東宮侍従有馬純文参邸につき、謁を賜う。〇桑野鋭日記、迪宮御言行録、行啓録

この日、宣仁親王の御相手吉川重武・五島盛輝が帰京し、代わって相良頼知・黒田治雄が参着する。〇桑野鋭日記、雍仁親王実紀

七日　月曜日　本日より例刻の御登校に戻される。東宮侍従有馬純文が東附属邸に参邸し、御学事拝見のうえ帰京する。〇迪宮御日誌、皇孫御殿日誌、桑野鋭日記、迪宮御言行録、御学業御報告書、沼津御用邸附属邸日誌、学習院初等学科教場日誌

八日　火曜日　午後、故能久親王妃富子参邸につき、雍仁親王・宣仁親王と共に御対顔になる。富子よりゼンマイ仕掛けの器械体操人形の贈進を受けられる。〇迪宮御日誌、皇孫御殿日誌、桑野鋭日記、沼津御用邸西附属邸日誌、迪宮御言行録

九日　水曜日　午後、侍医岩佐純参邸につき、謁を賜う。〇迪宮御日誌、桑野鋭日記

雍仁親王・宣仁親王及び御学友等と共に海岸より世古方面へ散歩され、三島館において飼禽等を御

覧になり、遊動円木、鬼事などにてお遊びになる。○迪宮御日誌、皇孫御殿日誌、桑野鋭日記

十日　木曜日　午後、帝室博物館総長股野琢・内匠頭片山東熊・主殿頭小笠原武英・図書頭山口鋭之助参邸につき、謁を賜う。○迪宮御日誌、桑野鋭日記

十一日　金曜日　午後、参謀次長福島安正御機嫌伺いのため参邸につき、謁を賜う。○迪宮御日誌、桑野鋭日記

十二日　土曜日　午前、御学事視察のため学習院主事松井安三郎参邸につき、謁を賜う。○迪宮御日誌、沼津御用邸附属邸日誌、桑野鋭日記、学習院初等学科教場日誌、御学業御報告書

皇后御来邸

午前十一時四十五分、皇后御来邸につき、雍仁親王・宣仁親王と共に御奉迎になる。皇后と午餐を御会食になり、午後は、御学友一同と共に御伽遊戯を披露され、御自らは桃太郎の役を務められる。○迪宮御日誌、皇孫御殿日誌、桑野鋭日記、御学業御報告書、迪宮御言行録、雍仁親王実紀、沼津御用邸西附属邸日誌、学習院初等学科教場日誌、昭憲皇太后実録

十三日　日曜日　午後、皇后のお召しにより雍仁親王・宣仁親王と共に本邸に御参邸になる。允子内親王・聰子内親王が皇后の御機嫌伺いとして参邸中につき、皇后に御拝顔後、両内親王と御対顔になる。○迪宮御日誌、皇孫御殿日誌、桑野鋭日記、昭憲皇太后実録、官報

東京の皇太子及び葉山御滞在中の皇太子妃へ、それぞれ沼津の絵葉書を用いて御近状を認められる。○迪宮御日誌、桑野鋭日記、迪宮御言行録

御守衛隊の演習御覧

十四日　月曜日　午後、雍仁親王・宣仁親王と共に海岸にお出ましになり、皇后に陪し本邸御守衛隊による剣術、銃剣の演習を御覧になる。皇后に御暇乞の後、御料牛舎にお出ましになり、搾乳の様子を御覧になる。○迪宮御日誌、皇孫御殿日誌、桑野鋭日記、学習院初等学科教場日誌、昭憲皇太后実録、雍仁親王実紀

十五日　火曜日　午後、侍従武官山根一貫・同奥村拓治、御機嫌伺いのため参邸につき、謁を賜う。○迪宮御日誌、桑野鋭日記

十七日　木曜日　午後、雍仁親王・宣仁親王及び御学友等と共に牛臥山に登られる。御下山後は、松原において鯨捕り遊び・人取り・擬戦など種々お遊びになる。○迪宮御日誌、皇孫御殿日誌、桑野鋭日記

十八日　金曜日　午後、雍仁親王・宣仁親王及び御学友等と共に御出門、志下より大平越、鷲頭山方面を山歩きされる。途中、中将姫墓と称する祠付近において、皇太子お手植えの松を御覧になる。志下に下山され、岩崎男爵別邸にお立ち寄りになり、相撲などをされる。○迪宮御日誌、皇孫御殿日誌、桑野鋭日記

十九日　土曜日　午後、伯爵土方久元御機嫌伺いのため参邸につき、謁を賜う。○迪宮御日誌、桑野鋭日記、土方久元日記

二十日　日曜日　午前九時、農商務省生糸検査所調査部長足立元太郎侍女足立タカ父参邸につき、謁を賜う。引き続き伯爵久松定謨・同夫人貞子及び子息の定武・定謙参邸につき、謁を賜う。○桑野鋭日記

大山公爵別邸にお成り

午前十時三十分より、雍仁親王・宣仁親王及び御学友等と共に大山公爵別邸にお成りになる。邸内

及び海岸においてお遊びになり、午後は牛臥山に登られる。帰途、海岸に打ち上げられた海藻を多数御採集になり、御帰邸の後、御手ずから洗浄され、侍女に腊葉の作製をお命じになる。○迪宮御日誌、皇孫御殿日誌、桑野鋭日記、迪宮御言行録

小松宮別邸にお成り

二十一日　月曜日　午前十時御出門、雍仁親王・宣仁親王及び御学友等と共に馬車にて小松宮別邸にお成りになる。庭園内においてセリ・ツクシなどをお摘みになり、鶯探しなどにてお遊びになる。午後は、軍隊合せ、相撲などにてお遊びになる。午後三時五十分御出門、門前において小学校教員・女学校生徒等の奉迎を受けられ、御帰邸になる。○迪宮御日誌、皇孫御殿日誌、桑野鋭日記

二十二日　火曜日　午後、雍仁親王・宣仁親王と共に本邸に御参邸になり、皇后に御拝顔、昨日摘まれたツクシ等を御献上になる。○迪宮御日誌、皇孫御殿日誌、桑野鋭日記

御違例

二十三日　水曜日　午前、唱歌の授業中に御違例となり、早退される。午後、学習院教授石井国次御機嫌伺いのため参邸につき、謁を賜う。○迪宮御日誌、侍医寮日誌、皇孫御殿日誌、桑野鋭日記、迪宮御言行録、御学業御報告書、拝診録、学習院初等学科教場日誌

二年級第三学期終業

二十四日　木曜日　第三学期が終業となる。この日、朝よりの御咳嗽のため、昨日に続き大事を取られ御早退になる。午後、御体温上昇につき御仮床に就かれ、折から参邸の侍医頭岡玄卿の拝診をお受けになる。御病状は軽微にて二十六日には撤床される。○迪宮御日誌、迪宮御言行録、侍医寮日誌、皇孫御殿日誌、桑野鋭日記、拝診録、御学業御報告書

二十五日　金曜日　午前、皇太子同妃御使として東宮侍従田内三吉参邸につき、謁を賜う。午後、権命婦平田三枝参邸につき謁を賜い、典侍柳原愛子以下からの献上の品をお受けになる。○迪宮御日誌、桑野鋭日記、進退録

二十六日　土曜日　午後、今般渡欧の伏見宮別当兼東宮主事馬場三郎参邸につき謁を賜い、暇乞を受けられる。ついで式部官稲葉正縄に謁を賜う。○迪宮御日誌、桑野鋭日記
雍仁親王・宣仁親王と共に本邸に御参邸、皇后に御拝顔になる。○迪宮御日誌、皇孫御殿日誌、桑野鋭日記、迪宮御言行録

二十七日　日曜日　午前、男爵吉川重吉宣仁親王御相手吉川重武の父御機嫌伺いとして参邸につき、謁を賜う。○迪宮御日誌、桑野鋭日記
午後、公爵九条道実参邸につき謁を賜い、学校御成績等をお見せになる。○迪宮御日誌、桑野鋭日記
久松定孝・小笠原長英・渡辺昭・西郷隆輝・相良頼知・黒田治雄が暇乞のため参邸につき、謁を賜う。○桑野鋭日記

二十八日　月曜日　午後、主猟頭米田虎雄御機嫌伺いとして参邸につき、謁を賜う。○桑野鋭日記

二十九日　火曜日　午前十一時五十分、雍仁親王・宣仁親王と共に馬車にて本邸に御参邸になり、皇后への御拝顔に続き、この日御参邸の皇太子・同妃に御拝顔になる。御昼餐御会食後、皇后に「神

武天皇」と題された綴方の御成績品などを御献上になり、また明日の東京御帰還につき御暇乞を言上される。それより皇太子・同妃と馬車に御同乗にて西附属邸に御帰邸になり、邸内を案内され、富士山に牧場の景の御台飾を披露される。皇太子・同妃は午後二時四十分御出門、葉山へ還啓される。○迪宮御日誌、皇孫御殿日誌、桑野鋭日記、迪宮御言行録、沼津御用邸西附属邸日誌、大正天皇実録、昭憲皇太后実録、貞明皇后実録、雍仁親王実紀

御両親の御来邸

三十日　水曜日　雍仁親王・宣仁親王と共に午前八時五十分沼津御用邸を御出門になり、沼津停車場より臨時列車にて新橋停車場に御着、午後一時三十分、皇孫仮御殿に御帰殿になる。○迪宮御日誌、皇孫御殿日誌、桑野鋭日記、東宮職日誌、沼津御用邸西附属邸日誌、迪宮御言行録、侍従職日録、皇后宮職日記、官報、雍仁親王実紀

沼津より御帰京

学習院長乃木希典参殿につき、謁を賜う。この日、二年級の御成績表の奉呈あり。○迪宮御日誌、桑野鋭日記、御学業御報告書

三十一日　木曜日　午前、学習院教授石井国次・木村保寿参殿につき、謁を賜う。午後、伯爵川村鉄太郎の母春子参殿につき、謁を賜う。○迪宮御日誌、桑野鋭日記

この日、理学博士巨智部忠承より献上された韓国産大小鳥類等の剝製を御覧になる。また、四月十九日には同博士よりヤマネコの剝製の献上がある。○迪宮御日誌、桑野鋭日記、迪宮御言行録

四月

一日　金曜日　午後、春仁王御機嫌伺いとして参殿につき、雍仁親王・宣仁親王と共に御対顔になる。○迪宮御日誌、皇孫御殿日誌、桑野鋭日記

雍仁親王・宣仁親王と共に、東宮御所御車寄において葉山より還啓の皇太子を御奉迎になる。○迪宮御日誌、皇孫御殿日誌、桑野鋭日記、東宮職日誌

昨夜宮内大臣公爵岩倉具定が死去し、本日午前十一時に喪が発せられる。この日、後任として宮内次官渡辺千秋が宮内大臣に任じられる。○進退録、桑野鋭日記、官報、徳大寺実則日記

学習院卒業式御臨席

二日　土曜日　午前八時十分、学習院卒業証書授与式に御参列のため、雍仁親王と共に御出門、学習院本院にお成りになる。御休所において在学中の皇族と御対顔の後、玄関内において皇太子の御到着を奉迎され、続いて御拝顔の後、正堂における卒業証書授与式に御参列になる。式終了後、皇太子の還啓を御奉送になり、御帰還になる。なお、皇太子行啓に際し、綴方・書方・図画・手工等の御成績品が台覧に供される。○迪宮御日誌、迪宮御言行録、皇孫御殿日誌、皇孫御殿日記、桑野鋭日記、東宮職日誌、官報、御学業御報告書、雍仁親王実紀

初等学科三年級に御進級

この日学習院初等学科二年級を御修了、三年級に御進級につき、午後一時、御座所において皇孫御

養育掛長丸尾錦作を始め侍臣一同より拝賀をお受けになる。御進級奏上のため、丸尾を宮城へ遣わされ、沼津御滞在中の皇后、葉山御滞在中の皇太子妃へは電報をもって言上される。〇迪宮御日誌、桑野鋭日記

雍仁親王・宣仁親王と共に東宮御所にお成りになり、皇太子と御夕餐を御会食になる。この日、初めて正式のテーブルマナーにより洋食を召し上がる。〇迪宮御日誌、皇孫御殿日誌、桑野鋭日記、迪宮御言行録、東宮職日誌

三日　日曜日　午前、子爵五島盛光宣仁親王御相手五島盛輝の父・東宮御用掛名和長憲に謁を賜う。〇迪宮御日誌、桑野鋭日記

午後、雍仁親王・宣仁親王と共に馬車にて上野動物園にお成りになる。帝室博物館主事事務兼勤野村重治・技手黒川義太郎等の奉迎を受けられ、インコ、ペリカン、テナガザル、ラクダ、シロクマなどを御巡覧、ついで水族館に移られ水禽類を御覧になる。〇迪宮御日誌、皇孫御殿日誌、皇孫御殿日記、桑野鋭日記、雍仁親王実紀

四日　月曜日　午後二時より雍仁親王・宣仁親王及び御学友等と共に外庭を御散策になる。丸山御畑において栽培中の野菜を御覧の後、主馬寮に移られ、会寧・恵山鎮を御覧になり、蹄鉄の打ち換え作業を見学され、ついで馬具・馬車等を巡覧される。その後、広芝において相撲遊びなどをされる。〇迪宮御日誌、皇孫御殿日記

明日帰任の関東都督大島義昌参殿につき、謁を賜う。〇皇孫御殿日記、桑野鋭日記

五日　火曜日　午後、皇太子御参殿につき、雍仁親王・宣仁親王と共に御奉迎になり、お揃いにて

新御殿の御座所など、今般増改築あるいは模様替えされた御殿内を御案内になる。それより御運動場において、御学友等も交え人取り遊びなどをされる。○迪宮御日誌、皇孫御殿日誌、桑野鋭日記、東宮職日誌

新御殿開き

六日　水曜日　本日より、増改築を終えた新御殿を御使用になる。よって御殿開きにつき、御夕餐には御祝御膳が供される。また御殿詰諸員に酒肴料を賜う。○迪宮御日誌、皇孫御殿日誌、桑野鋭日記、迪宮御言行録、土地建物録、建物台帳異動録、原敬関係文書、雍仁親王実紀

歴史への御関心

この頃、親王は歴史に興味を示され、この日、歴史上の人物を種々御批評になる。特に天智天皇や豊臣秀吉に関心を寄せられる。○迪宮御言行録

七日　木曜日　午後、雍仁親王・宣仁親王と共に徒歩にて東宮御所へ御参殿になり、皇太子に御拝顔になる。折から参殿の恒久王にも御対顔になる。御所内では御学友・供奉員等をお相手に軍艦遊びなどをされる。○迪宮御日誌、皇孫御殿日誌、桑野鋭日記、東宮職日誌

八日　金曜日　午前、雍仁親王・宣仁親王と共に徒歩にて外庭を御運動になり、ついで主馬寮分厩馬場において恵山鎮・会寧に御乗馬になる。それより覆馬場において皇太子の御乗馬を御覧になる。○迪宮御日誌、皇孫御殿日誌、桑野鋭日記

午後、雍仁親王・宣仁親王と共に徒歩にて新宿御苑にお成りになる。御学友等を交え、ツクシ摘み

競争や相撲などを行われる。○迪宮御日誌、皇孫御殿日誌、皇孫御殿日記、桑野鋭日記

九日　土曜日　午前、東宮大夫村木雅美新御殿拝観のため参殿につき、殿内を御案内になる。また宮中顧問官中山孝麿御機嫌伺いとして参殿につき、謁を賜う。○迪宮御日誌、桑野鋭日記

午後、雍仁親王・宣仁親王と共に東宮御所にお成りになり、皇太子の葉山行啓を御奉送になる。○迪宮御日誌、皇孫御殿日誌、皇孫御殿日記、桑野鋭日記、東宮職日誌

三年級第一学期始業式

十一日　月曜日　午前七時御出門、雍仁親王と共に学習院本院にお成りになり、始業式に御参列になる。帰途は、馬車にて江戸川筋、靖国神社等の桜を御覧になりつつ御帰還になる。○迪宮御日誌、迪宮御言行録、皇孫御殿日誌、皇孫御殿日記、桑野鋭日記、御学業御報告書、雍仁親王実紀

午前十時三十分御出門、雍仁親王・宣仁親王及び御学友等と共に上野の東京帝室博物館へお成りになる。表慶館において美術工芸品を御巡覧、午後からは帝室博物館総長股野琢・東京帝室博物館部長今泉雄作・同野村重治に謁を賜う。その後、隣接する博物館にお成りになり、動物の剝製、鉱物資料等を順次御覧になる。ついで徒歩にて動物園に移動され、ゾウ・サルを始め、今暁出産のラクダの子などを御覧になる。○迪宮御日誌、皇孫御殿日誌、皇孫御殿日記、桑野鋭日記、雍仁親王実紀

第一学期授業開始

十二日　火曜日　午前七時三十分御出門、雍仁親王と共に馬車にて学習院に御通学になる。本日よ

り初等学科三年級の授業をお受けになる。授業は八時始業にて全九科目あり、第一学期の時間割は左のとおり。

	第一時	第二時	第三時	第四時	第五時
月	訓話	算術	国語	書方	体操
火	国語	算術	図画	国語	体操 唱歌
水	訓話 国語	算術	唱歌 体操	国語	書方
木	国語	算術	書方	国語	綴方
金	訓話 国語	算術	国語	体操 唱歌	図画
土	算術	手工	唱歌 体操		

午後一時四十分御帰殿になる。この頃、御帰殿後には御外出のほか、御殿内において御復習などの御学事、相撲や動物玩具遊び、力士・動物などの絵葉書の分類などにてお過ごしになる。○迪宮御日誌、皇孫御殿日誌、皇孫御殿日記、桑野鋭日記、御学業御報告書

東京市内御巡覧

十三日　水曜日　午後、雍仁親王・宣仁親王と共に馬車にて東京市内を巡られる。御出門後、赤坂見附より平河町方面を経て陸軍省・参謀本部前を通過し、日比谷公園へお成りになる。それより再

び馬車にて芝公園に向かわれ、ついで麻布飯倉方面より溜池、一ツ木方面を経て御帰還になる。○迪宮御日誌、皇孫御殿日誌、皇孫御殿日記、桑野鋭日記、雍仁親王実紀

十四日　木曜日　午後、雍仁親王と共に東宮御所の桜を御観賞になる。○迪宮御日誌、皇孫御殿日誌、皇孫御殿日記

静岡県知事李家隆介参殿につき、謁を賜う。○桑野鋭日記

十五日　金曜日　午後、東宮御所御車寄において葉山御用邸より還啓の皇太子妃を御奉迎になる。ついで御殿内において御拝顔になり、御土産として鉛筆・絵葉書等を賜わる。○迪宮御日誌、皇孫御殿日誌、皇孫御殿日記、桑野鋭日記、東宮職日誌、貞明皇后実録

この日、皇孫仮御殿に電話が架設される。○雍仁親王実紀

十六日　土曜日　午後、雍仁親王・宣仁親王と共に徒歩にて東宮御所にお成りになり、皇太子妃に御拝顔になる。御帰殿の際、皇太子妃は皇孫仮御殿の御門までお送りになる。○迪宮御日誌、皇孫御殿日誌、皇孫御殿日記、桑野鋭日記

御夕餐後、御車寄にお出ましになり、御門内より花電車の通過を御覧になる。この日、東京鉄道は市民の花見に趣を添えるため、花電車を市内各所で運転する。○迪宮御日誌、皇孫御殿日記、桑野鋭日記、読売新聞

十七日　日曜日　正午御出門、雍仁親王・宣仁親王と共に荏原郡目黒村の陸軍騎兵実施学校にお成り

陸軍騎兵実施学校にお成り

りになり、校長秋山房次郎以下の奉迎を受けられる。恒久王・成久王と御同席にて、種々騎馬競技を御覧になり、また占領競争において使用の伝書鳩二羽をお持ち帰りになる。○迪宮御日誌、皇孫御殿日誌、皇孫御殿日記、桑野鋭日記、雍仁親王実紀、今上陛下御乗馬誌

十八日　月曜日　午後、皇太子妃御参殿につき、雍仁親王・宣仁親王と共に新御殿内を御案内になり、ついで学校御成績等を御覧に入れられる。○迪宮御日誌、皇孫御殿日誌、皇孫御殿日記、桑野鋭日記、迪宮御言行録、貞明皇后実録

二十二日　金曜日　午後、雍仁親王・宣仁親王と共に馬車にて東宮御所にお成りになり、皇太子妃に御拝顔になる。○迪宮御日誌、皇孫御殿日誌、皇孫御殿日記、桑野鋭日記、東宮職日誌

二十三日　土曜日　理学博士巨智部忠承参殿につき謁を賜い、先般同博士より献上の動物剝製につき説明をお聞きになる。○迪宮御日誌、皇孫御殿日記、桑野鋭日記

午後零時三十分御出門、雍仁親王・宣仁親王と共に馬車にて新宿御苑にお成りになる。博忠王・邦久王及び御学友等をお招きになり、汽車遊び、玉取り、相撲などの遊びをされる。また、動物飼育場においてカンガルー等の動物を御覧になる。○迪宮御日誌、皇孫御殿日誌、皇孫御殿日記、桑野鋭日記、迪宮御言行録

二十四日　日曜日　御観桜のため、午前八時二十五分御出門、雍仁親王・宣仁親王と共に馬車にて荒川堤へ向かわれる。九時五十五分、南足立郡江北村大字沼田に御着になり、在郷軍人団体並びに

江北村荒川堤にて御観桜

西新井大師

郡長・村長等の奉迎をお受けになる。徒歩にて江北尋常高等小学校にお成りになり、便殿において千住警察署長新納謙助・南足立郡長内野吉次郎に謁を賜う。それより新納署長の先導にて桜咲く堤を御散歩になる。江北尋常高等小学校において弁当を召され、御出門の際、学校長・江北村長等に御会釈を賜う。次に西新井大師（五智山遍照院総持寺）にお成りになり、堂内御巡覧の後、住職浜野堅海に謁を賜う。午後三時三十五分、御帰還になる。○迪宮御日誌、皇孫御殿日誌、皇孫御殿日記、桑野鋭日記、迪宮御言行録、東宮職日誌、雍仁親王実紀

御夕餐後、東宮御所にお成りになり、皇太子妃に御拝顔、ついで御車寄において名古屋より還啓の皇太子を御奉迎になり、本日荒川堤よりお持ち帰りの桜花の枝を皇太子・同妃に御献上になる。○迪宮御日誌、皇孫御殿日誌、桑野鋭日記、東宮職日誌、大正天皇実録

二十五日　月曜日　午後、雍仁親王・宣仁親王と共に徒歩にて東宮御所にお成りになり、皇太子・同妃に御拝顔、折から参殿の昌子内親王・恒徳王に御対面になる。○迪宮御日誌、皇孫御殿日誌、皇孫御殿日記、桑野鋭日記、東宮職日誌

二十六日　火曜日　午後、皇太子御参殿につき、雍仁親王・宣仁親王と共に御奉迎になる。皇太子と御一緒に相撲に興じられ、また皇太子に御学習中の御本を読み聞かせられる。○迪宮御日誌、皇孫御殿日誌、桑野鋭日記

二十七日　水曜日　雍仁親王・宣仁親王と共に東宮御所にお成りになり、皇太子・同妃と御夕餐を御会食になる。終わって皇太子妃のピアノ伴奏により、皇太子と「世界一週唱歌」を合唱される。○迪

宮御日誌、皇孫御殿日誌、皇孫御殿日記、桑野鋭日記、迪宮御言行録、東宮職日誌、貞明皇后実録

二十八日　木曜日　去る二月十九日誕生の永久王賢所初参拝及び初参内につき、成久王・同妃房子内親王より三種交魚代料が、永久王より万那料がそれぞれ贈進される。三親王よりは三種交魚を御贈進になる。○迪宮御日誌、皇孫御殿日記、桑野鋭日記

御誕辰

二十九日　金曜日　満九歳の御誕辰につき、学習院へ御通学の前、御附高等官一同の拝賀をお受けになる。その後、学習院の授業を第二時限で終えられ、雍仁親王と共に馬車にて東宮御所にお成りになり、皇太子・同妃に御拝顔になる。ついで天皇の御沙汰によりお一方にて参内され、天皇・皇后に御拝顔になる。午後二時より御誕辰の余興として、皇孫仮御殿において能・狂言が催され、皇太子・同妃及び雍仁親王・宣仁親王と御一緒に御覧になる。博忠王・邦久王・春仁王及び御学友等が陪覧する。○迪宮御日誌、皇孫御殿日誌、皇孫御殿日記、桑野鋭日記、東宮職日誌、皇后宮職日記、迪宮御言行録、典式録、御学業御報告書、閑院宮日記抜抄、貞明皇后実録、原敬関係文書

御参内

農商務省商品陳列館御見学

三十日　土曜日　午後一時三十分御出門、雍仁親王と共に京橋区木挽町の農商務省商品陳列館にお成りになる。館長鶴見左吉雄・農務局長下岡忠治・山林局長上山満之進に謁を賜い、続いて館内の陳列品を御巡覧になり、築地、銀座、日比谷等を経由し御帰殿になる。○迪宮御日誌、皇孫御殿日誌、皇孫御殿日記、桑野鋭日記、雍仁親王実紀

五月

一日　日曜日　雍仁親王と共に代々木御料地にお成りになる。軍艦遊び、猟犬御覧、鉄棒遊びなどにてお過ごしになる。〇迪宮御日誌、皇孫御殿日誌、皇孫御殿日記、桑野鋭日記

三日　火曜日　午後、皇太子御参殿につき御拝顔になり、将棋などをされる。〇迪宮御日誌、迪宮御言行録、桑野鋭日記

四日　水曜日　午後、皇孫御養育掛長丸尾錦作夫人鍵子参殿につき、謁を賜う。〇迪宮御日誌、皇孫御殿日記、桑野鋭日記

御座所において動物玩具による動物園遊びの後、運動場において雍仁親王及び御学友等をお相手に、人取り遊びなどをされる。途中皇太子が御参殿になり、お遊びの様子を御覧になる。〇迪宮御日誌、皇孫御殿日誌、桑野鋭日記

端午の節句

五日　木曜日　午後、学習院より御帰還後、御学友等とお遊びになる。この日、端午の節句につき、西郷隆輝を除く御学友・御相手十一名が総出仕する。〇迪宮御日誌、皇孫御殿日記、桑野鋭日記

雍仁親王と共に徒歩にて東宮御所にお成りになり、皇太子妃に拝顔され、ついで御外乗より還啓の皇太子に御拝顔になる。また、例年の端午の節句の如く皇太子・同妃より鯉・白粽などを賜わる。〇迪

宮御日誌、皇孫御殿日誌、皇孫御殿日記、桑野鋭日記、東宮職日誌

允子内親王の結婚

六日　金曜日　この日、允子内親王と鳩彦王の結婚につき、三種交魚を御贈進になる。○迪宮御日誌、皇孫御殿日記、桑野鋭日記、東宮職日誌、貞明皇后実録、官報

御参内

七日　土曜日　第二時限まで授業を受けられた後、午前十時、雍仁親王・宣仁親王と共に学習院を御出門になり、宮城に御参内になる。皇太子並びに鳩彦王・同妃允子内親王に御対顔、それより天皇・皇后に順次御拝顔になる。皇太子と御同乗にて退出され、東宮御所にお立ち寄りの後、御帰還になる。○迪宮御日誌、東宮職日誌、皇孫御殿日誌、桑野鋭日記、迪宮御言行録、御学業御報告書、皇后宮職日記、侍従職日録

午後、鳩彦王・同妃允子内親王参殿につき、雍仁親王・宣仁親王と共に御対顔になる。○迪宮御日誌、桑野鋭日記、迪宮御言行録

八日　日曜日　午後、雍仁親王・宣仁親王と共に徒歩にて東宮御所にお成りになる。皇太子より絵葉書を賜わる。○迪宮御日誌、皇孫御殿日誌、皇孫御殿日記、桑野鋭日記、迪宮御言行録、東宮職日誌

東京蚕業講習所及び農事試験場へ遠足

九日　月曜日　学習院初等学科二年級・三年級の遠足につき、午前七時、雍仁親王と共に馬車にて御出門になり、北豊島郡滝野川村西ヶ原の農商務省東京蚕業講習所にお成りになる。所長本多岩次郎・農務局長下岡忠治に賜謁の後、本多所長の先導により養蚕に関する模型・実物等を御覧になる。

御昼餐後、蚕の各組織を顕微鏡で御覧になり、また養蚕図解や河村式消毒用散霧器の実験を御観察になる。それより徒歩にて農事試験場に進まれ、場長古在由直農学博士の先導により場内を御巡覧になり、分析室において土壌農作物の分析などを御見学になる。さらに気象測候所・製茶所などを御覧になる。なお御帰殿後、この日の遠足に関し、今まで行ったうちで一番おもしろいと仰せられ、農事試験場を再び訪問することを希望される。これまで親王は、最も好まれる場所として第一に動物園を挙げられていたが、二十一日には、臣下の問に対し、農事試験場、蚕業講習所及び動物園と農商務省とお答えになる。○迪宮御日誌、迪宮御言行録、皇孫御殿日誌、皇孫御殿日記、桑野鋭日記、御学業御報告書、雍仁親王実紀、輔仁会雑誌

十日 火曜日 午前、子爵松平乗承御機嫌伺いとして参殿につき、謁を賜う。○迪宮御日誌、皇孫御殿日記、桑野鋭日記

午後、皇太子妃御参殿につき、飾り人形等を御覧に入れられる。○迪宮御日誌、皇孫御殿日誌、桑野鋭日記

十二日 木曜日 午後、学習院教授石井国次・同木村保寿、及び学習院初等学科三年級総代小山達彦・二年級総代千頭暎臣参殿につき、謁を賜う。○迪宮御日誌、皇孫御殿日記

博忠王へ病気御尋として、菓子一折を贈進される。○桑野鋭日記

十三日 金曜日 逓信大臣後藤新平より日英博覧会記念絵葉書二十組の献上を受けられる。このうち一組のみを御手許に取り置かれ、残りを御学友及び侍臣一同に賜う。○迪宮御日誌、迪宮御言行録

十四日　土曜日　夕刻、雍仁親王・宣仁親王と共に東宮御所にお成りになり、皇太子・同妃と御夕餐を御会食になる。○迪宮御日誌、皇孫御殿日誌、皇孫御殿日記、桑野鋭日記、東宮職日誌、貞明皇后実録

十五日　日曜日　午前十時御出門、雍仁親王・宣仁親王と共に馬車にて浜離宮へお成りになる。御茶屋にて多数の椅子を集められ、軍艦遊びなどをされる。○迪宮御日誌、皇孫御殿日誌、桑野鋭日記、雍仁親王実紀

十六日　月曜日　元東宮武官黒水公三郎参殿につき、謁を賜う。○皇孫御殿日記、桑野鋭日記

ハレー彗星への御関心

十九日　木曜日　この日、ハレー彗星が午前十一時より正午の間に太陽面を通過し、地球が彗星の尾に入ることから、第一時限の授業において同彗星につき説明をお聞きになる。当時、ハレー彗星の尾の有毒ガスにより、地球上の生物は死滅するなどの風説が巷間に拡がりを見せていた。親王もこの頃ハレー彗星に格別の興味を示され、再三話題にされたほか、二十一日には地球・太陽間を通過するハレー彗星の尾に地球が包まれる想像図をお描きになる。○迪宮御日誌、迪宮御言行録、御学業御報告書

午後、雍仁親王・宣仁親王と共に東宮御所に御参殿になり、皇太子妃に御拝顔になる。○迪宮御日誌、皇孫御殿日誌、皇孫御殿日記、桑野鋭日記、東宮職日誌

エドワード七世に関する講話

二十日　金曜日　第一時限の授業において英国皇帝エドワード七世に関する講話をお聞きになる。エドワード七世は去る六日崩御、この日葬儀が行われる。○桑野鋭日記、御学業御報告書

二十一日　土曜日　京都市より、京都市立紀念動物園内の皇太子お手植え松の写真及びライオン母子の写真が献上される。○桑野鋭日記

二十二日　日曜日　午前、雍仁親王・宣仁親王と共に主馬寮分厩にお成りになり、恵山鎮・会寧に御乗馬になる。○迪宮御日誌、皇孫御殿日誌、皇孫御殿日記、桑野鋭日記、原敬関係文書

竹田宮邸御訪問

午後、雍仁親王・宣仁親王と共に東宮御所にお成りになり、皇太子に御拝顔、ついで皇太子と馬車に御同乗にて竹田宮邸へお成りになる。恒久王・同妃昌子内親王、成久王・同妃房子内親王、鳩彦王・同妃允子内親王に御対顔の後、新築の西洋館を御覧になる。○迪宮御日誌、皇孫御殿日誌、皇孫御殿日記、桑野鋭日記、東宮職日誌

二十三日　月曜日　午後、皇太子妃御参殿につき、御拝顔になる。雍仁親王・宣仁親王も御一緒にお八つを召され、玩具「亀と兎」にてお遊びになる。同玩具は、児童用品研究会員坪井正五郎理学博士が考案した品にて、過日三越呉服店において開催された児童博覧会への玩具御貸下げの御礼言上に参殿した坪井より献上された。○迪宮御日誌、皇孫御殿日誌、皇孫御殿日記、桑野鋭日記、東宮職日誌、うしのよだれ

昨日発行の『万朝報』号外に掲載された力士新番付を御覧になり、新旧番付の順位の比較などをされる。○迪宮御日誌、迪宮御言行録、原敬関係文書

二十六日　木曜日　午後、雍仁親王・宣仁親王と共に東宮御所にお成りになり、皇太子・同妃に御

拝顔、ついで鳩彦王・同妃允子内親王と御対面になる。○迪宮御日誌、皇孫御殿日誌、皇孫御殿日記、桑野鋭日記、東宮職日誌

二十七日　金曜日　海軍記念日につき、学習院において教授石井国次より日本海海戦に関する講話をお聞きになる。○迪宮御日誌、皇孫御殿日誌、御学業御報告書

二十八日　土曜日　皇后御誕辰につき、御附高等官一同の拝賀をお受けになる。○迪宮御日誌、皇孫御殿日誌、皇孫御殿日記、桑野鋭日記、皇后宮職日記

二十九日　日曜日　午前、伯爵松平直亮御相手松平直国の父参殿につき謁を賜う。同人より貝類標本の献上を受けられる。○迪宮御日誌、皇孫御殿日記、桑野鋭日記

午後、雍仁親王・宣仁親王と共に朝香宮邸へお成りになり、鳩彦王・同妃允子内親王に御対顔になる。○迪宮御日誌、皇孫御殿日誌、皇孫御殿日記、桑野鋭日記

ハレー彗星御覧

数日来、降雨・曇天が続くところ、この夜は好天で月もなく、天体観測には好条件となる。御就床前、雍仁親王と共に初めてハレー彗星を御覧になる。○迪宮御日誌、迪宮御言行録、桑野鋭日記、雍仁親王実紀

三十日　月曜日　午後、雍仁親王・宣仁親王と共に東宮御所に御参殿になり、皇太子・同妃と御夕餐を御会食になる。御帰殿に際し、東宮御所御車寄において皇太子・同妃と共に、ハレー彗星を御覧になる。○迪宮御日誌、皇孫御殿日誌、皇孫御殿日記、桑野鋭日記、東宮職日誌、貞明皇后実録

東宮御所における活動写真御催し

三日　金曜日　東宮御所において活動写真御催しにつき、午後七時過ぎ雍仁親王・宣仁親王と共に御参殿になる。皇太子・同妃及び韓国皇太子英親王李垠、恒久王・成久王・鳩彦王・稔彦王とお揃いにて「アメリカ騎兵隊の演習」「ハドソン川急流」「犬の曲芸」「韓太子北海道御巡覧」「小鳥曲芸」「白耳義自転車隊ノ演習」の各活動写真を御覧になる。○迪宮御日誌、皇孫御殿日誌、皇孫御殿日記、桑野鋭日記、東宮職日誌、貞明皇后実録、雍仁親王実紀

四日　土曜日　午後、雍仁親王・宣仁親王と共に馬車にて宮城内の済寧館にお成りになる。武彦王・芳麿王と御対面の後、神道無念流立居合・宝蔵院流槍術形・直心影流法定形並びに剣術試合等を御覧になる。○迪宮御日誌、桑野鋭日記、皇孫御殿日記、雍仁親王実紀

父兄懇話会

五日　日曜日　午前八時過ぎ御出門、雍仁親王・宣仁親王と共に学習院にお成りになる。この日、初等学科父兄懇話会につき、正堂において開催の各年級学生による唱歌・朗読・遊戯・書方等を御覧になる。○迪宮御日誌、皇孫御殿日誌、皇孫御殿日記、桑野鋭日記、迪宮御言行録、御学業御報告書、雍仁親王実紀、原敬関係文書

午後、皇太子妃御参殿につき御拝顔になる。力士絵葉書を御覧に入れ、御説明になる。○迪宮御日誌、皇孫御殿日誌、皇孫御殿日記、桑野鋭日記

大相撲御観戦

六日　月曜日　午後一時三十分御出門、雍仁親王・宣仁親王と共に馬車にて両国の国技館にお成りになる。東京大角力協会員等の奉迎を受けられ、便殿にて御小憩の後、貴賓席において力士の土俵入り及び取組を御覧になる。六時過ぎ御帰殿になる。この日のお成りについて、側近の一人は以下の如く記録する。

側近の記録

兼ねてより御楽しみに遊ばして成らせられ、一方ならず御満足様に相撲勝負を御覧あらせられたり。

日頃学校にては団体遊戯として「人取り」或は「尾取」（ハンカチ抜き）を、又個人遊戯《運動》としては相撲を好みて遊ばさる。而して以上の二種は共に臨機応変、極めて敏活なる行動と沈着なる精神とを併有し、勇気と相俟て始めて陣頭に立つものなれば、殿下には深く茲に留意したまひて常に学生等を御相手に御運動遊ばさる。然れば御行動の公平無偏なる、苟も卑怯の御事など有らせたまふ事なし。斯る立脚地に起て勝負を好ませたまふ故、従て他を観察したまふ事に御興味深く、屢「角力行って見たいの」と仰せられて、漸く六月六日大相撲開催第三日目に国技館に成らせられたり。

やがて御案内の下に貴賓席に御着床、御机の上には当日の取組表を据え置かせたまひ、勝負毎に之れに評点を御記入遊ばされ、時に「立ち上がり」の悪しきものあれば殿下には直に「あんまり長すぎて後の良いのは勝負がなか〳〵」など仰せられつゝ、「立ち上がり」の際等斯く仰せらるゝにも拘らず御勢込んで御覧あらせられ、時々「最近角力便覧表」を御取り出し給ひ東西力士の年齢、入幕期、身長、体重、殊に力士等が独得の手を有するを御覧ありて、幕内力士の取くみの際には順次之れ等を御予知遊ばされて、格別御興深く御熟視遊ばさる。（中略）

御観察力と御判断力

殿下の角力に対する御精鋭なる御観察をせさせられ、其の御判断を誤らせたまはざることは、実に同年輩の幼者に於ては到底見ること能はざるなり。而して其御観察の方法、其御判断等全く其趣を異にし、力士の精神及び相撲術に於ては既に一定の概念を構成したまひ、すべて之等の立脚地より今日の角力を御観察あらせられしなり。

昨年との比較

今之れを昨年はじめて御覧あらせられし当時に比し奉るに、其御趣味の上に於てすでに大差あり。而して近来は日常御運動として相撲せさせたまふより、一層御趣味もふかくあらせらる。昨年に於かせられては御観察より生ずる御趣味等は更になく、唯一つの御好奇心より只相撲は面白きものとの御判断なりしも、今は漸く複雑にならせられ、上述のごとく最新東京角力便覧表に、或は常に御玩びあらせらるゝ力士絵葉書により、その他種々の御観察によりて、既に得させたまへる御観念は此時に於て遺憾なく予期観察となりてあらはれ、従つて茲に深く趣味を湛えたまひしなり。

因に此日御覧の時間は午後二時三十分より五時三十五分、殆ど三時間にして、一時間四十五分に於て稍御疲れの気味あらせたまひしも、溢れ出づる御趣味に抑圧せられて其後猶二時間余静粛を守らせられ、殿下としての御態度を終始保たせたまひし御事は、到底昨年に比しては非常なる御進歩にあらせらる。

○迪宮御日誌、皇孫御殿日誌、皇孫御殿日記、桑野鋭日記、迪宮御言行録、雍仁親王実紀、原敬関係文書、読売新聞

七日　火曜日　夕刻、雍仁親王・宣仁親王と共に東宮御所にお成りになり、皇太子・同妃と御夕餐を御会食になる。○迪宮御日誌、皇孫御殿日誌、皇孫御殿日記、桑野鋭日記、東宮職日誌、貞明皇后実録

八日　水曜日　午後、雍仁親王・宣仁親王と共に主馬寮分厩にお出ましになり、会寧・恵山鎮に御乗馬になる。○迪宮御日誌、皇孫御殿日誌、桑野鋭日記

十一日　土曜日　午後、雍仁親王・宣仁親王と共に東宮御所にお成りになる。皇太子・同妃に御拝顔になり、昆虫標本箱等を賜わる。○迪宮御日誌、皇孫御殿日誌、皇孫御殿日記、桑野鋭日記

十二日　日曜日　午後、雍仁親王・宣仁親王と共に華族会館にお成りになり、皇太子及び恒久王と

広瀬中佐銅像模型の献上

御同級生の出仕

共に打毬を御覧になる。〇迪宮御日誌、皇孫御殿日記、桑野鋭日記、大正天皇実録、雍仁親王実紀

十三日　月曜日　午後二時、参殿の海軍造兵総監沢鑑之丞に謁を賜う。沢総監は神田区の翼賛会委員長西村小市より献上の広瀬中佐銅像模型を伝献する。広瀬中佐銅像は神田区須田町万世橋橋畔に建立され、去月二十九日に除幕式が行われた。式典において西村は祝辞を朗読、また須田町西村邸には皇族席が設けられ、武彦王・芳麿王・博義王が臨席した。〇皇孫御殿日記、桑野鋭日記、読売新聞

十四日　火曜日　皇后より蛍一籠を賜わる。〇迪宮御日誌、皇孫御殿日記、桑野鋭日記

十五日　水曜日　学習院よりの御帰途、主馬寮分厩にお立ち寄りになり、会寧並びに恵山鎮に御乗馬になる。終わって雍仁親王及び御学友等と相撲を取られ、御帰還になる。〇迪宮御日誌、皇孫御殿日誌、桑野鋭日記

十六日　木曜日　午後、雍仁親王・宣仁親王と共に馬車にて東宮御所に御参殿、皇太子妃に御拝顔博忠王鎌倉へ転地療養につき、東宮主事桑野鋭を御使として新橋停車場へ遣わされる。〇皇孫御殿日誌、桑野鋭日記になる。〇迪宮御日誌、皇孫御殿日誌、皇孫御殿日記、桑野鋭日記、東宮職日誌

十七日　金曜日　この日より御学友の出仕に際しては、親王・雍仁親王の御学友以外の同級生を一名ずつ交代にて召されることとなる。よって本日は裕仁親王御同級として黒田忠雄を、また雍仁親王同級として近衛忠麿を召される。〇迪宮御日誌、皇孫御殿日記、桑野鋭日記、皇孫御殿日誌、雍仁親王実紀

十八日　土曜日　午後、雍仁親王・宣仁親王と共に馬車にて代々木御料地にお成りになる。菖蒲の花が満開に咲く菖蒲池を訪ねられ、犬舎を廻られる。○迪宮御日誌、皇孫御殿日誌、皇孫御殿日記、桑野鋭日記

雍仁親王・宣仁親王と共に東宮御所へ御参殿になり、皇太子・同妃と御夕餐を御会食になる。○迪宮御日誌、皇孫御殿日誌、皇孫御殿日記、桑野鋭日記、東宮職日誌、貞明皇后実録

十九日　日曜日　午前十時御出門になり、雍仁親王・宣仁親王と共に馬車にて上野公園にお成りになり、動物園においてガラガラヘビ・ハリネズミ・コウモリ・ホッキョクグマなどを御覧になる。午後、東京帝室博物館において動物剝製などを御覧の後、竹の台陳列館において開催中の大日本選書奨励会展覧会にお立ち寄りになり、同会幹事山腰弘道の案内にて、伊藤明瑞の書明治二十八年、広島大本営における御前揮毫などを御覧になる。○迪宮御日誌、皇孫御殿日誌、皇孫御殿日記、桑野鋭日記、雍仁親王実紀、明治天皇紀

二十日　月曜日　午後、皇太子が御参殿につき、親王と雍仁親王及び御学友等との相撲や尾取り等の様子を御覧に入れられる。○迪宮御日誌、皇孫御殿日誌、桑野鋭日記

二十一日　火曜日　午後、皇太子・同妃のお召しにより、雍仁親王・宣仁親王と共に芝離宮にお成りになる。ドイツより来航のブラウンシュワイク国摂政メクレンブルク大公ヨハン・アルブレヒト並びに同妃と御対顔になり、ついで打毬の催し等を御覧になる。この御対顔は、大公の強い御希望

ブラウンシュワイク国摂政と御対顔

によるもので、後日三親王の御写真を大公・同妃へ御贈進になる。○迪宮御日誌、皇孫御殿日記、桑野鋭日記、東宮職日誌、迪宮御言行録、雍仁親王実紀、貞明皇后実録

二十四日　金曜日　午後、雍仁親王・宣仁親王と共に東宮御所にお成りになる。皇太子妃に御拝顔の後、暫時にして参謀本部より還啓の皇太子を御奉迎になる。また昨日英国より帰朝の貞愛親王折しも参殿につき、御対顔になる。○迪宮御日誌、皇孫御殿日誌、桑野鋭日記、東宮職日誌

皇太子妃御誕辰雍仁親王誕辰

二十五日　土曜日　皇太子妃並びに雍仁親王御誕辰につき、午前七時より御附高等官の拝賀を受けられる。九時三十分、雍仁親王と共に学習院を御出門、東宮御所にお成りになる。後刻参殿の宣仁親王とお揃いにて皇太子・同妃に御拝顔になり、祝詞を述べられ、御帰殿になる。午後、旧奉仕者の侯爵木戸孝正・川村春子等参殿につき謁を賜う。○迪宮御日誌、皇孫御殿日誌、皇孫御殿日記、桑野鋭日記、迪宮御言行録、東宮職日誌、御学業御報告書、典式録、貞明皇后実録、木戸孝正日記

二十六日　日曜日　午後、皇太子御参殿につき、お遊びの様子などを御覧に入れられる。○迪宮御日誌、皇孫御殿日誌、桑野鋭日記

二十七日　月曜日　参謀総長奥保鞏より『特別大演習写真帖』が献上される。○迪宮御日誌、桑野鋭日記

二十八日　火曜日　午後、皇太子妃御参殿につき、紙動物の相撲遊び、算術・朗読の御復習などの

様子を御覧に入れられる。また皇太子妃よりイソップ物語などについてお聞きになる。○迪宮御日誌、皇孫御殿日誌、桑野鋭日記、雍仁親王実紀

二十九日　水曜日　午後、川村春子・同安子伯爵川村鉄太郎夫人参殿につき、謁を賜う。○迪宮御日誌、桑野鋭日記

三十日　木曜日　午後、雍仁親王・宣仁親王と共に東宮御所に参殿され、皇太子妃に御拝顔になる。御内儀において種々お遊びの後、表御座所において皇太子に御拝顔になり、御帰還になる。○迪宮御日誌、皇孫御殿日誌、桑野鋭日記、東宮職日誌

七月

一日　金曜日　学習院より雍仁親王・邦久王・春仁王及び御学友等を伴われ御帰殿になり、相撲・尾取り等を行われる。○迪宮御日誌、皇孫御殿日誌、皇孫御殿日記、桑野鋭日記

二日　土曜日　午後、允子内親王参殿につき、雍仁親王・宣仁親王と共に御対面になる。○迪宮御日誌、皇孫御殿日誌、桑野鋭日記

三日　日曜日　この頃、動物園遊びを頻繁にされる。この日は宣仁親王と共に御座所全体に動物の玩具を並べられ、御自ら侍臣に御説明になる。また別室を参考室として、動物に関する絵本等をお

並べになり、動物の種類及び産地等を紙に記されてお示しになる。○迪宮御日誌、迪宮御言行録

四日　月曜日　午後、雍仁親王・宣仁親王と共に東宮御所にお成りになる。皇太子妃よりイソップ物語をお聞きになり、ついで皇太子より動物玩具を賜わる。○迪宮御日誌、皇孫御殿日誌、桑野鋭日記、東宮職日誌

三年級第一学期終業

五日　火曜日　本日をもって学習院第一学期を終了される。本学期は一日の御欠席もなく過ごされる。○迪宮御日誌、皇孫御殿日誌、桑野鋭日記、御学業御報告書、迪宮御言行録、雍仁親王実紀

御学友渡辺昭に病気御尋として菓子一折を賜う。○桑野鋭日記

六日　水曜日　午前、東宮侍講本居豊穎参殿につき、謁を賜う。○迪宮御日誌、桑野鋭日記

明後日、小田原御用邸へ御発につき、雍仁親王・宣仁親王と共に御暇乞のため東宮御所にお成りになる。皇太子・同妃に御拝顔の後、御夕餐を御会食になる。○迪宮御日誌、皇孫御殿日誌、皇孫御殿日記、桑野鋭日記、迪宮御言行録、東宮職日誌、貞明皇后実録

歴史に対する御関心

この頃、親王は学習院及び御殿において歴史に関する話題を好んでお聞きになり、歴史についての御知識も増進され、側近等にしばしば御質問になる。この日は関ヶ原の戦いに関する戦史の地図を御覧になり、裏切りをする二心を持った者を嫌う旨を仰せになる。また、征夷大将軍に就けなかった豊臣秀吉が天下人になったこと、あるいは明智光秀の三日天下などにつき、種々の御疑問を述べ

られる。○迪宮御言行録

七日　木曜日　午前、学習院教授石井国次・同木村保寿、御成績報告等を奉呈のため参殿する。よって両名に謁を賜い、新御殿の拝観を仰せ付けられる。○迪宮御日誌、桑野鋭日記、御学業御報告書

明日小田原へ御発につき、天皇皇后御使として権命婦生源寺伊佐雄が典侍柳原愛子と共に参殿する。よって両名に謁を賜い、新御殿内を御案内になり、御学業御成績品等をお見せになる。○迪宮御日誌、桑野鋭日記、皇后宮職日記

午後、雍仁親王・宣仁親王と共に馬場にお成りになり、皇太子と御一緒に主馬寮員による打毬を御覧になる。○迪宮御日誌、皇孫御殿日誌、皇孫御殿日記、桑野鋭日記

小田原に御避暑

八日　金曜日　本日より、御避暑のため雍仁親王・宣仁親王と共に小田原御用邸に御滞在になる。

午前八時二十五分御出門、新橋停車場より汽車に御乗車、国府津において小田原電気鉄道の電車に乗り換えられ、十一時二十五分小田原御用邸に御着になる。御着後、足柄下郡長石川疏・神奈川県警視碇山晋・同事務官補内藤義一等に謁を賜う。○迪宮御日誌、皇孫御殿日誌、皇孫御殿日記、迪宮御言行録、桑野鋭日記、東宮職日誌、官報、雍仁親王実紀、木戸孝正日記

午後一時三十分より御用邸内に存する小田原城跡を御覧になる。小田原御用邸御滞在中の三親王の御日課は、概ね午前六時御起床、同三十分御朝餐、七時三十分より九時まで御運動、九時三十分よ

り十時三十分まで御復習、正午御昼餐、午後四時より五時三十分まで御運動、その後御入浴を済まされて六時御夕餐、八時御就寝とされる。○迪宮御日誌、桑野鋭日記、迪宮御言行録

九日　土曜日　午前、閑院宮別邸滞在中の春仁王参邸につき御対顔になり、天守台下の松林においてお遊びになる。○迪宮御日誌、皇孫御殿日誌、桑野鋭日記

閑院宮別邸御訪問

午後、雍仁親王・宣仁親王と共に報徳二宮神社及び大久保神社にお成りになる。○迪宮御日誌、皇孫御殿日誌

午後七時より雍仁親王・宣仁親王と共に人力車にて閑院宮別邸にお成りになり、載仁親王・同妃智恵子・春仁王ほかに御対顔になる。御挨拶を済まされ、やまと新聞社巡回活動写真隊による活動写真を御覧になる。○迪宮御日誌、皇孫御殿日誌、桑野鋭日記、迪宮御言行録、閑院宮日記抜抄

十日　日曜日　午前、御庭・花畑・本丸などにおいて蝶をお捕りになり、御座所において整理をされる。この日以降、御用邸内においてしばしば捕虫をされる。○迪宮御日誌、迪宮御言行録

午後一時三十分、雍仁親王・宣仁親王と共に徒歩にて正門より御外出になり、小田原市街を御散策の後、早川橋までお成りになる。海岸において漁夫の魚釣りを御覧になり、箱根口より御帰還になる。○迪宮御日誌、皇孫御殿日誌、桑野鋭日記

十一日　月曜日　午前、雍仁親王・宣仁親王と共に御出門、本誓寺等を経て足柄村久野方面へ御運

動になる。○迪宮御日誌、皇孫御殿日誌、桑野鋭日記

十二日　火曜日　午前、雍仁親王・宣仁親王と共に八幡山方面へ御運動になる。○迪宮御日誌、皇孫御殿日誌、桑野鋭日記

十三日　水曜日　午前、雍仁親王・宣仁親王と共に国府津街道を酒匂川まで御運動になる。○迪宮御日誌、皇孫御殿日誌、桑野鋭日記

夕刻、御用邸内天守跡に隣接して立つ楠に落雷あり。親王は少しも御恐怖の様子を表されず、御夕食後には落雷の跡を捜される。翌十四日、東宮主事桑野鋭は宮城及び東宮御所に参上し、落雷の状況並びに三親王の御様子につき言上する。また同日には子爵松平乗承が東京より参邸し、落雷につき御機嫌伺いをなす。これ以降、多くの御機嫌伺いをお受けになる。○迪宮御日誌、皇孫御殿日記、桑野鋭日記、東宮職日誌、重要雑録

十四日　木曜日　午前、雍仁親王と共に捕虫網を御持参にて御出門になり、入谷津方面ほかを御運動になる。○迪宮御日誌、皇孫御殿日誌、桑野鋭日記

イソップ風物語御創作

この頃、親王はイソップ物語を好まれ、しばしば側近よりお聞き取りになる。この日は「きつねとうま」と題する、ウマに馬鹿にされたキツネが豆に化けたところ、ウマに食べられてしまう、というイソップ風の物語を御自ら御創作になる。○迪宮御日誌、迪宮御言行録

十五日　金曜日　午後、雍仁親王・宣仁親王と共に報徳二宮神社、ついで大久保神社へお成りにな

る。○迪宮御日誌、皇孫御殿日誌、桑野鋭日記

神奈川県知事周布公平参邸につき、謁を賜う。○桑野鋭日記

十六日　土曜日　雍仁親王と共に人力車にて南足柄村の大雄山最乗寺にお成りになる。住職織田雪巌等の奉迎をお受けになり、本堂や奥ノ院など山内の諸所を御覧になる。○迪宮御日誌、皇孫御殿日誌、桑野鋭日記、迪宮御言行録

十七日　日曜日　午前、載仁親王参邸につき、御用邸内を御案内になる。○迪宮御日誌、皇孫御殿日誌、桑野鋭日記

午後、雍仁親王・宣仁親王と共に、報徳二宮神社より大久保神社方面を御運動になる。○迪宮御日誌、皇孫御殿日誌、桑野鋭日記

動物の番付

この日、お好きな動物を鉛筆にて順番にお記しになる。第一はトラにて、第二ヒョウ、第三ワニ、第四ウサギ、第五イヌと続き、第十位まで記される。翌日も、第十一サイより第二十コバンザメまで記され、さらに四種の動物を相撲番付の如く「はりだし」として追加され、また、ライオンは威張っているとの理由にてコバンザメよりも後と仰せになる。○迪宮御言行録

十八日　月曜日　午前、雍仁親王・宣仁親王と共に、報徳二宮神社より大久保神社方面を御運動になる。途中、春仁王と出会われ、お揃いにて補虫などを行われる。明後二十日も大久保神社方面において捕虫をされる。○迪宮御日誌、皇孫御殿日誌、桑野鋭日記

酒匂川鮎漁

十九日　火曜日　雍仁親王・宣仁親王と共に足柄下郡足柄村字蓮正寺の酒匂川河畔にお成りになり、小田原町・足柄村・豊川村各町村有志による鮎漁に参加される。御手ずから玉網を用いられ、数十尾を捕獲される。御帰還後、本日の鮎漁の御印象につき、一昨年の鴨猟よりは興じたものの、さりとて相撲観戦の方が宜しき旨を仰せになる。○迪宮御日誌、皇孫御殿日誌、桑野鋭日記、東宮職日誌、迪宮御言行録、雍仁親王実紀

県立第二中学校御見学

二十日　水曜日　午前八時三十分御出門、雍仁親王・宣仁親王と共に、徒歩にて神奈川県立第二中学校にお成りになる。校長阿部伝以下教諭数名に賜謁の後、物理実験及び博物標本を御覧になり、ついで運動場において生徒の体操・撃剣野試合・綱引き等を御覧になる。御帰邸の後、同校より献上された昆虫標本を雑誌『昆虫世界』と照合される。○迪宮御日誌、皇孫御殿日誌、桑野鋭日記、雍仁親王実紀

午後、神奈川県内務部長堀信次御機嫌伺いとして参邸につき、謁を賜う。○迪宮御日誌、桑野鋭日記

箱根湯本御遊覧

二十一日　木曜日　午前八時十五分、雍仁親王・宣仁親王と共に御出門になり、小田原電気鉄道の電車にて湯本停留所へお成りになる。それより徒歩にて玉簾の滝を御覧になり、続いて金湯山早雲寺にお成りになり、住職の案内にて寺宝、庭園及び北条氏五代の墓石等を御覧になる。塔ノ沢環翠楼（鈴木善左衛門邸）にて御休憩になり、御昼餐の後、塔ノ沢水力発電所を御覧になる。再び環翠楼にて御小憩の後、御帰邸になる。この日は手帳を御携帯になり、玉簾の滝並びに傍らの金糸梅、環翠楼の鯉、

帰路の車中より御覧の二子山、早川沖の帆船などにつき写生を試みられる。○迪宮御日誌、皇孫御殿日誌、桑野鋭日記、迪宮御言行録、原敬関係文書

二十二日　金曜日　午前、元帥公爵山県有朋参邸につき謁を賜う。○迪宮御日誌、桑野鋭日記、雍仁親王実紀

皇太子同妃御使として東宮侍従本多正復参邸につき、謁を賜う。○迪宮御日誌、桑野鋭日記、東宮職日誌

午後、博忠王参邸につき、御対顔の後、御一緒にお遊びになる。王の参邸には、去る五月十二日の病気御尋に対する御礼の意あり。○迪宮御日誌、皇孫御殿日誌、桑野鋭日記

二十四日　日曜日　午前、宣仁親王と共に報徳二宮神社より小峰公園方面を御運動になる。途中、捕虫を試みられる。また、春仁王に出会われ、お揃いにて大久保神社より閑院宮別邸にお成りになる。二宮神社・大久保神社方面への捕虫の御運動は、二十五日・二十六日・二十八日・二十九日にも同様に行われる。○迪宮御日誌、皇孫御殿日誌、桑野鋭日記

二十六日　火曜日　春仁王をお招きになり、雍仁親王・宣仁親王と共に御昼餐を召される。○迪宮御日誌、皇孫御殿日誌、桑野鋭日記、迪宮御言行録

二十八日　木曜日　午後、侍医吉松駒造、子供三名・親戚一名と共に参邸につき、謁を賜う。折しもこの日御不例気味につき、賜謁後吉松侍医の拝診を受けられる。○迪宮御日誌、侍医寮日誌、桑野鋭日記

二十九日　金曜日　小田原町に初めての御滞在につき、同町の公共事業費の一部として金百五十円を下賜される。○桑野鋭日記

小田原町に賜金

三十日　土曜日　葉山御用邸へ御移転のため、午前八時五十分、雍仁親王・宣仁親王と共に徒歩にて小田原御用邸を御出門になる。春仁王の奉送を受けられ、大手口より電車にて国府津へ向かわれる。九時四十分国府津停車場発の列車に乗り換えられ、十時五十五分逗子停車場に御着、それより人力車にて葉山御用邸に御到着になる。○迪宮御日誌、皇孫御殿日誌、皇后宮職日記、行啓録、官報、迪宮御言行録、雍仁親王実紀、皇孫御殿日記、桑野鋭日記、東宮職

葉山へ御移転

三十一日　日曜日　午前、南御用邸において捕蝶を試みられ、またソテツ等を御覧になる。御夕餐後には海岸より長者ヶ崎に向かわれ、同所より暫時夕景を御覧になる。○迪宮御日誌、皇孫御殿日誌、桑野鋭日記

神奈川県知事周布公平御機嫌伺いのため参邸につき、謁を賜う。○桑野鋭日記

八月

一日　月曜日　午前、雍仁親王・宣仁親王と共に御用邸前海岸の小磯ノ鼻へ出られ、干潮の潮溜まりにおいて魚捕りをされる。この日、御学友の大迫寅彦・松平直国、雍仁親王御学友の三条実憲・西郷隆輝の四名が東京より参邸し、出仕する。○迪宮御日誌、皇孫御殿日誌、桑野鋭日記

午後、皇太子同妃御使として東宮侍従原恒太郎参邸につき、謁を賜う。○迪宮御日誌、桑野鋭日記、東宮職日誌

葉山における御日常

御夕餐後、一色海岸より森戸方面へ向かわれ、真名瀬まで御散歩になる。御滞在中は、午前及び午後、あるいは御夕食後に、海岸等への御外出を御日課とされる。海岸ではしばしば魚介類や藻類を御採集になり、また御用邸近傍の地においては捕虫網にて蝶などの虫捕りを行われることが多く、捕獲された昆虫類は標本箱にて御整理になる。邸内では雍仁親王・宣仁親王と共に御学友・侍臣等を交え、各種のお遊びをされ、また『イソップ物語』『日本少年』『昆虫世界』、シューベルトの動物絵本などの書籍・雑誌を座右に置かれ、時には侍臣による朗読・説明などをお聞きになり、自らも熟読される。○迪宮御日誌、皇孫御殿日誌、桑野鋭日記、迪宮御言行録

二日　火曜日　午前、学習院長乃木希典参邸につき、謁を賜う。○桑野鋭日記

日本有用魚介藻類図説の献上

三日　水曜日　午前、子爵松平乗承参邸につき謁を賜い、妹尾秀実ほか著『日本有用魚介藻類図説』の献上をお受けになる。ついで雍仁親王・宣仁親王と共に森戸の細川侯爵別邸へお成りになる。同所において、持参された『日本有用魚介藻類図説』を御覧になる。なお、同書はその後も御手許に留め置かれ、御愛読になる。○迪宮御日誌、皇孫御殿日誌、桑野鋭日記

五日　金曜日　午前、南御用邸に隣接する附属邸、すなわち「軍艦御用邸」にお成りになり、雍仁

親王と共に、御学友・側近等を交え軍艦の航海遊びをされる。この日は侍女渥美千代が艦長役を務める。○迪宮御日誌、皇孫御殿日誌、迪宮御言行録、原敬関係文書

午後、小磯ノ鼻へお成りになり、小魚・貝類を御採集になる。○迪宮御日誌、皇孫御殿日誌、桑野鋭日記

六日　土曜日　午前、雍仁親王と共に森山神社の先まで外出され、捕蝶等を行われる。○迪宮御日誌、皇孫御殿日誌

七日　日曜日　午前、学習院教授木村保寿御機嫌伺いのため参邸につき、謁を賜う。○迪宮御日誌

雍仁親王及び御学友等と共に長者ヶ崎方面へお成りになり、帰路には附属邸にお立ち寄りになる。長者ヶ崎へは御夕餐後、再びお成りになる。○迪宮御日誌、皇孫御殿日誌、桑野鋭日記

午後、手網御携帯にて小磯ノ鼻へお成りになり、小魚等をお捕りになる。○迪宮御日誌、桑野鋭日記

八日　月曜日　午前、学習院教授石井国次参邸につき、謁を賜う。午後、神奈川県事務官富永鴻に謁を賜う。○迪宮御日誌、桑野鋭日記

百日咳

九日　火曜日　先月末より軽度の御咳嗽が続いていたところ、去る七日、侍医より三親王ともに百日咳の兆候が認められるとの申し出があり、この日、宮内省御用掛弘田長並びに侍医加藤照麿・同吉松駒造・侍医補原田貞夫・同長田重雄の拝診をお受けになる。その結果、親王及び宣仁親王は百日咳との診断を受けられる。このため、同日御学友等の出仕を一時停止し、翌十日をもって帰京さ

せる。なお、雍仁親王は罹患するも既に全治との診断を受ける。以後、百日咳の症状は次第に軽微に赴き、二十八日には御服薬も停止され、九月十日に至り弘田御用掛より御快癒の状態との拝診を受けられる。○迪宮御日誌、侍医寮日誌、拝診録、迪宮殿下御衛生報告録、皇孫御殿日記、桑野鋭日記、迪宮御言行録、雍仁親王実紀

関東地方の大水害

十一日　木曜日　去る九日以来、台風の影響にて大雨が続き、東海道を中心に各所で被害が発生のところ、昨夜未明より雷を伴う暴風雨があり、東京・逗子間の列車は不通となる十五日に至り全通。よってこの日電報をもって、宮城の天皇・皇后並びに日光御滞在中の皇太子・同妃の御機嫌を伺われる。なお、昨夜来の豪雨は関東地方に未曽有の水害をもたらし、東京においても荒川・江戸川が各所で氾濫し、下町の大半が浸水する。十三日には箱根宮ノ下御用邸滞在中の聰子内親王より水害に関し御機嫌伺いの電報到達につき、三親王よりもお伺いの電報を御発送になり、十四日には日光滞在中の昌子内親王、修善寺滞在中の房子内親王、伊香保滞在中の允子内親王へ水害見舞の電報を御発送になる。○皇后宮職日記、桑野鋭日記、読売新聞

十三日　土曜日　午後、雍仁親王・宣仁親王と共に、雨を衝いて附属邸にお成りになる。御持参の切抜絵動物を同邸内の所々に御配置になり、動物兄弟学校遊びを行われる。○迪宮御日誌、皇孫御殿日誌、桑野鋭日記

十四日　日曜日　午前、元御相手千田貞清、その弟貞栄、及び宣仁親王の御相手黒田治雄の三名が

御機嫌伺いとして参邸する。よって謁を賜う。○迪宮御日誌、桑野鋭日記

十五日　月曜日　御夕餐後、皇太子同妃の御使として東宮侍従田内三吉参邸につき、謁を賜う。○迪宮御日誌、桑野鋭日記、貞明皇后実録

十六日　火曜日　午後、侍医頭岡玄卿の拝診を受けられる。○迪宮御日誌、桑野鋭日記　天皇・皇后より御見舞として鶏卵・菓子等を賜わる。また典侍柳原愛子より牧場模型等の献上を受けられる。○迪宮御日誌、桑野鋭日記、皇后宮職日記

十七日　水曜日　午後、雍仁親王・宣仁親王と共に驟雨を衝いて附属邸にお成りになり、椅子等を連ねて商船航海遊びをされる。○迪宮御日誌、皇孫御殿日誌、桑野鋭日記

十八日　木曜日　午前九時雍仁親王と共に御出門になり、徒歩にて昆虫採集を試みられつつ、立石御休所にお成りになる。御茶屋において御昼餐。帰路も昆虫採集等をされ、午後五時十分御帰邸になる。○迪宮御日誌、皇孫御殿日誌、桑野鋭日記

十九日　金曜日　午前、伯爵土方久元御機嫌伺いのため参邸につき、謁を賜う。○迪宮御日誌、桑野鋭日記、土方久元日記　午後、御学友久松定孝及び同人の兄定謙・定武が御機嫌伺いのため参邸につき、御座所において謁を賜う。○迪宮御日誌、桑野鋭日記

二十一日　日曜日　午前八時三十分、雍仁親王と共に御出門になる。葉山村役場前より横須賀街道を進まれ、間道に入り実教寺付近より逗子葉山街道にお出になる。この間盛んに捕虫を試みられ、キマダラチョウ、トンボなどを御採集になる。森戸の細川侯爵別邸へ御着後は、椅子を集め鯨捕り遊びなどをされる。午後も細川別邸においてお過ごしになり、皇孫御養育掛長丸尾錦作より前九年・後三年の役の小話をお聞きになる。また、掛長・侍女等をお相手に将棋をされる。それより海岸にお出ましになり、皇孫御用掛松平乗統所有の端艇にお乗りになる。午後四時十五分細川別邸を御出門、御帰還になる。○迪宮御日誌、皇孫御殿日誌、桑野鋭日記、迪宮御言行録

二十三日　火曜日　午後七時、汐見御茶屋にお出ましになり、葉山村一色有志者による避暑客を慰める打上花火を御覧になる。○迪宮御日誌、皇孫御殿日誌、桑野鋭日記

二十六日　金曜日　午前九時過ぎ雍仁親王と共に御出門、山道の諸所において昆虫採集を試みつつ秋名山へ向かわれる。同山頂を経て、長者園納涼台より附属邸へお立ち寄りになり、捕獲した昆虫を整理される。宣仁親王もお成りになり、午後には熊遊び・猿遊びなどで過ごされる。○迪宮御日誌、皇孫御殿日誌、桑野鋭日記

二十七日　土曜日　午後、今夏最初の海水浴を行われ、以後御日課とされる。○迪宮御日誌、侍医寮日誌、拝診録、皇孫御殿日誌、桑野鋭日記

二十八日　日曜日　午前、昆虫標本箱を整理され、学校へお持ちになるものと、御手許に残されるものとを分類される。また、西洋罫紙に「てふとがとせゝり」蝶と蛾とセセリチョウを題に、鉛筆にて「本州に居るもの」とお書きになり、名和昆虫研究所工芸部製作「蝶蛾鱗粉転写標本」より五十種ほどの名称を抜粋し、分類してお書き取りになる。○迪宮御日誌、迪宮御言行録

昆虫標本箱の御整理

威仁親王妃慰子より御見舞として空中飛行機玩具・阿弗利加旅行巻絵玩具が贈進される。○迪宮御日誌、桑野鋭日記、迪宮御言行録

二十九日　月曜日　元御相手千田貞清及び弟貞栄参邸につき、謁を賜う。○桑野鋭日記

三十一日　水曜日　皇太子御誕辰につき、皇孫御養育掛長丸尾錦作を御使として日光へ遣わされる。親王は、御附高等官より随時祝詞をお受けになり、御祝のため侍臣をお相手に「君が代」を合唱され、侍臣一同へ饌を賜う。○迪宮御日誌、桑野鋭日記、行啓録

皇太子御誕辰

九月

一日　木曜日　午前、学習院教授石井国次御機嫌伺いのため参邸につき、謁を賜う。午後、石井は

海水浴の御相手を務める。○迪宮御日誌、桑野鋭日記

御夕餐後、御用邸正門内より、葉山村一色・堀内の有志による日韓併合祝賀提灯行列を御覧になる。○迪宮御日誌、皇孫御殿日誌、桑野鋭日記、迪宮御言行録、雍仁親王実紀

神武寺にお成り

三日 土曜日 午前九時、雍仁親王と共に人力車にて御出門、神武寺へお成りになる。山門より昆虫採集をされつつ山道を進まれ、十時四十五分神武寺に御着になる。御休所にて御昼食の後、奥之院など山内をお巡りになり、午後三時御出門、御帰邸になる。○迪宮御日誌、皇孫御殿日誌、桑野鋭日記、雍仁親王実紀

四日 日曜日 恒久王参邸につき、御座所において種々御談話になり、御採集の昆虫標本及び魚介類をお見せになる。○迪宮御日誌、皇孫御殿日誌、桑野鋭日記

五日 月曜日 午後、威仁親王妃慰子参邸につき、御対顔になる。昆虫標本、魚類アルコール漬け標本、軍艦玩具等をお見せになる。○迪宮御日誌、皇孫御殿日誌、桑野鋭日記、迪宮御言行録

織田利三郎 浜松在住の商人 より東宮主事桑野鋭を通じて動物絵合・動物画帖・軍隊画帖・写真帖・絵葉書等が三親王に献上される。○迪宮御日誌、桑野鋭日記

三崎臨海実験所御見学

六日 火曜日 午前七時十五分御出門、雍仁親王と共に人力車にて三崎町油壺の東京帝国大学理科大学附属臨海実験所にお成りになる。所長代理東京帝国大学農科大学教授岸上鎌吉の案内により、

標本陳列室・魚介藻類飼養場・研究室・図書閲覧室等を御巡覧になる。午後には飼養場において魚の遊泳、藻類の生活状態等を御覧、また標本陳列室において珊瑚類・軟体類・甲殻類等の各種標本を御覧になり、御小憩中にはこの日お聞きになった魚の名前を手帳にお書き留めになる。諸施設等を御覧の後、敷地内に残る旧三崎城跡を岸上教授の説明にて御覧になり、午後三時御帰途に就かれ、五時十分御帰邸になる。御帰邸後、本日の臨海実験所はこれまで訪問した場所のうち、最も好みとなった旨を仰せになる。翌七日には皇孫御養育掛長丸尾錦作の進言を受けられ、「あぶらつぼに遊ぶ」と題する作文を綴られる。また『日本有用魚介藻類図説』を御覧になり、同実験所において御覧になられた魚類の図を侍女にお示しになる。○迪宮御日誌、皇孫御殿日誌、桑野鋭日記、迪宮御言行録、雍仁親王実紀、原敬関係文書

八日　木曜日　午前十時五十分、故能久親王妃富子参邸につき、御対顔になる。御採集の昆虫等をお見せになり、種々御談話になる。富子より自転車・水遊玩具等の贈進を受けられる。○迪宮御日誌、皇孫御殿日誌、桑野鋭日記

九日　金曜日　午前九時三十分、雍仁親王と共に徒歩にて御出門、途中大崩からは宣仁親王とも御一緒になり、立石御休所にお成りになる。同所において小石拾い、釣りなどにて過ごされ、御帰途には昆虫採集などをなされ、午後四時三十五分御帰邸になる。○迪宮御日誌、皇孫御殿日誌、桑野鋭日記、迪宮御言行録

十一日　日曜日　午前八時二十分、雍仁親王と共に御出門、仙元山にお登りになる。途中諸所にて昆虫を御採集になり、山頂の招魂碑下にて御小憩の後、御帰邸になる。午後は御内庭において里芋・牛蒡・西瓜等をお採りになる。○迪宮御日誌、皇孫御殿日誌、桑野鋭日記

葉山御滞在の延長

十二日　月曜日　東京において学習院の始業式が挙行される。親王は、百日咳御全快後いまだ日浅きため、雍仁親王と共に葉山での御滞在を二週間程延長され、この日御学事を御用邸内において始められる。○迪宮御日誌、御学業御報告書、皇孫御殿日記、雍仁親王実紀

午後、南御用邸池畔において昆虫採集をされ、それより附属邸にお成りになり、雍仁親王及び側近等をお相手に軍艦遊びをされる。○迪宮御日誌、皇孫御殿日誌、桑野鋭日記

十四日　水曜日　午前、附属邸にお成りになり、雍仁親王・宣仁親王と御相談の上、階上において軍艦遊びをされる。例の如く椅子を多数お並べになり、これを船体とされ、御教室用の図掛台をマストに見立てられるなど調度品を用いて艤装を施され、艦名を「香取」と御命名になり、側近の御用掛・侍女をお相手に航海遊びをされる。乗員として作間富生を艦長に、松平乗統を副艦長に、土屋正直並びに清水シゲ・曽根ナツを乗客とされ、御自らは一等水兵となられ、二等水兵の雍仁親王、三等水兵の宣仁親王と共に乗客への世話を務められる。航海は、午前のお遊びでは横須賀を御出航

の後、途中暴風雨に遭遇されるも南洋諸島に御着になるまでとされる。午後は渥美千代・坂野鈴、ついで足立タカ・宇川千代及び御養育掛長の丸尾錦作を乗客に加えられ、横須賀から南洋諸島を経て、オーストラリア、インドに寄港され、横須賀にお戻りになるまでとされ、航海中には幻灯などの余興、ワニ猟を催される。附属邸における軍艦遊びは、十七日にも行われる。○迪宮御日誌、皇孫御殿日誌、桑野鋭日記、迪宮御言行録

皇太子同妃御使として東宮侍従有馬純文参邸につき、謁を賜う。○迪宮御日誌、桑野鋭日記、行啓録

十五日　木曜日　午後、雍仁親王・宣仁親王と共に森戸方面へお成りになる。一色海岸にて御運動、ついで森戸海岸において松平源次郎皇孫御用掛松平乗統子息に謁を賜う。○迪宮御日誌、皇孫御殿日誌、桑野鋭日記

御両親への絵葉書

御夕餐後、皇太子・同妃に宛て、葉山御滞在中の御日常を小田原の絵葉書三枚を用いて認められる。

秋になつてだん〳〵すずしくなりました
おもう様
おたたさま
ごきげんよくあらしやいますか
迪宮もじようぶで 毎朝すこしおさらひをして それから山や野原などへあみを持って 蟲とりにでゝうんどうをします

たびたびおもちやや魚やおくわしやくだものなどいただいて　ありがたうございます　ごきげんよう

九月十五日　　　　　　　　　　　　裕仁

おもう様

おたた様

○迪宮御日誌、迪宮御言行録

十八日　日曜日　午前、雍仁親王・宣仁親王と共に秋名山にお登りになり、蝶・トンボ等の昆虫を御採集になる。○迪宮御日誌、皇孫御殿日誌、桑野鋭日記

午後、雍仁親王・宣仁親王と共に舟に乗られ、長者ヶ崎へお成りになる。岬付近の生簀を御覧の後、付近の小島に御上陸になり、ヤドカリのほか魚介藻類を採集される。それより再び舟に乗られ、一色海岸方面より御帰邸になる。○迪宮御日誌、皇孫御殿日誌、桑野鋭日記、雍仁親王実紀

十九日　月曜日　午後、侍医頭岡玄卿の拝診を受けられる。岡侍医頭は皇太子・同妃の御沙汰を奉じて参邸し、翌二十日も拝診する。○迪宮御日誌、拝診録、桑野鋭日記

二十日　火曜日　午後、雍仁親王・宣仁親王と共に長者ヶ崎へお成りになり、岬上の納涼台にて御

小憩、御帰路には南御用邸においてお遊びになる。○迪宮御日誌、皇孫御殿日誌、桑野鋭日記

二十一日　水曜日　雍仁親王と共に秋名山にお登りになり、昆虫を採集される。この日、弁当䈑包の梅干し入り握飯を御自身にて御携帯になる。○迪宮御日誌、皇孫御殿日誌、桑野鋭日記、迪宮御言行録、雍仁親王実紀

二十四日　土曜日　雍仁親王・宣仁親王と共に舟にて立石御休所へお成りになる。途中鵜之島付近において一時間余り垂釣を試みられ、アジ・サバ等六尾ほどを釣り上げられる。御休所に御到着後、釣り上げた魚の名前を手帳に認められ、それより御休所前の磯にて魚介藻類を御採集になる。○迪宮御日誌、皇孫御殿日誌、桑野鋭日記、迪宮御言行録

二十五日　日曜日　雍仁親王と共に舟に乗られ、森戸の細川侯爵別邸へお成りになる。宣仁親王も徒歩にて同別邸に来着につき、午後、三親王お揃いにてお遊びになる。○迪宮御日誌、皇孫御殿日誌、桑野鋭日記、迪宮御言行録

二十八日　水曜日　午後、附属邸においてお遊びになる。明日御帰京につき、御退出時には、各室にお別れのお言葉をお告げになる。○迪宮御日誌、皇孫御殿日誌、桑野鋭日記、迪宮御言行録

御夕餐後、一色海岸へお成りになり、地曳網を御覧になる。○迪宮御日誌、皇孫御殿日誌

葉山より御帰京

二十九日　木曜日　午前八時十五分、雍仁親王・宣仁親王と共に人力車にて葉山御用邸を御出門、九時逗子停車場を御発車、十時二十八分新橋停車場に御着になり、皇孫仮御殿へ御帰還になる。午後、

東宮御所にお成りになり、皇太子妃に御拝顔になる。また、折から参殿の允子内親王にも御対面になる。○迪宮御日誌、皇孫御殿日誌、桑野鋭日記、東宮職日誌、御学業御報告書、迪宮御言行録、侍従職日録、皇后宮職日記、官報、雍仁親王実紀

三十日　金曜日　午後、動物園遊びをされる。親王は園長、雍仁親王は世話人となり、宣仁親王と侍女は見物人となる。御座所にライオン・トラ・ウシ等の玩具を並べられ、御運動場には水族館を設けられ、見物人を御案内になる。終了後、御一方にて玩具をお片付けになる。○迪宮御日誌

十月

一日　土曜日　本日より学習院への御通学を始められる。小田原・葉山において御採集の昆虫魚介標本を御持参になる。○迪宮御日誌、皇孫御殿日記、皇孫御殿日誌、桑野鋭日記、拝診録、御学業御報告書、雍仁親王実紀

御通学再開

午後、雍仁親王・宣仁親王と共に馬車にて東宮御所にお成りになる。皇太子妃に御拝顔になり、二宮尊徳の置物、陶器の犬などを賜わる。○迪宮御日誌、皇孫御殿日誌、皇孫御殿日記、桑野鋭日記、東宮職日誌

二日　日曜日　午前七時五十分、雍仁親王と共に馬車にて御出門、学習院初等学科父兄懇話会にお成りになり、夏期休暇学生蒐集品展覧会陳列場において陳列品を御覧になる。親王は昆虫及び魚類等の標本を数多く御出品になる。○迪宮御日誌、皇孫御殿日誌、皇孫御殿日記、桑野鋭日記、御学業御報告書、迪宮御言行録、雍仁親王実紀

父兄懇話会

春仁王・博忠王・邦久王並びに御学友等をお招きになり、御殿内及び外庭においてお遊びになる。○迪宮御日誌、皇孫御殿日誌、皇孫御殿日記、桑野鋭日記

三日　月曜日　午前、侯爵中山孝麿参殿につき、謁を賜う。○迪宮御日誌、桑野鋭日記

午後、雍仁親王・宣仁親王と共に新宿御苑にお成りになる。御着後直ちに植物温室を御通覧、ついで西洋館において過般お預けになられた龍眼の発育状況並びにゴムの木などを御覧になる。また軍艦遊びを行われた後、御帰還になる。○迪宮御日誌、皇孫御殿日誌、皇孫御殿日記、桑野鋭日記

四日　火曜日　午後、聰子内親王参殿につき御対顔になり、新御殿を御案内になる。○迪宮御日誌、皇孫御殿日誌、皇孫御殿日記、桑野鋭日記

病気御全快の御祝

本年七月以来の百日咳御全快につき、御夕餐時に御祝御膳を供せられ、侍臣には酒肴を下される。また、この日侍臣一同へ籤をもって玩具を賜う。○侍医寮日誌、皇孫御殿日記、桑野鋭日記

侍医岩佐純参殿につき、謁を賜う。○侍医寮日誌、桑野鋭日記

五日　水曜日　午後、皇太子妃御参殿につき、御拝顔になる。『軍艦ノ一日』などの絵本を賜わり、皇太子妃による御朗読をお聞きになる。○迪宮御日誌、皇孫御殿日誌、桑野鋭日記

七日　金曜日　午後、農商務省水産局技師岸上鎌吉東京帝国大学農科大学教授参殿につき、謁を賜う。岸上よりコ

バンザメ・ウミユリ等のアルコール漬標本の献上を受けられる。○迪宮御日誌、桑野鋭日記、迪宮御言行録、原敬関係文書

雍仁親王・宣仁親王と共に東宮御所にお成りになり、皇太子妃と御夕餐を御会食になる。典侍柳原愛子が陪席する。○迪宮御日誌、皇孫御殿日誌、皇孫御殿日記、桑野鋭日記、東宮職日誌、貞明皇后実録

八日　土曜日　午後、雍仁親王・宣仁親王と共に馬車にて代々木御料地にお成りになり、栗拾いをされる。○迪宮御日誌、皇孫御殿日誌、桑野鋭日記

十二日　水曜日　皇太子関西より還啓につき、雍仁親王・宣仁親王と共に東宮御所にお成りになり、皇太子・同妃と暫時御談話になる。ついで参殿の伯爵土方久元に御会釈を賜う。○迪宮御日誌、皇孫御殿日記、桑野鋭日記、東宮職日誌、土方久元日記

十三日　木曜日　午後、皇孫御養育掛長丸尾錦作夫人鍵子参殿につき、謁を賜う。○迪宮御日誌、皇孫御殿日記、桑野鋭日記

雍仁親王と共に『蝶類標本図説』と名和昆虫研究所工芸部製作「蝶蛾鱗粉転写標本」とを御比較になり、異同をお調べになる。○迪宮御日誌、迪宮御言行録

十五日　土曜日　午後、雍仁親王・宣仁親王と共に東宮御所に御参殿、皇太子妃、皇太子に順次御拝顔になる。また、折から参殿の成久王に御対顔になる。○迪宮御日誌、皇孫御殿日誌、皇孫御殿日記、桑野鋭日記

十六日　日曜日　午前、男爵吉川重吉参殿につき、謁を賜う。○迪宮御日誌、皇孫御殿日記、桑野鋭日記

午後、雍仁親王・宣仁親王と共に馬車にて上野公園にお成りになり、帝室博物館技手黒川義太郎の案内にて動物園を御巡覧になる。ラット、ホルンビル、ヤシノキガニ等、この度初めて御覧の動物もあり、御帰殿後、絵本にて御確認になる。○迪宮御日誌、皇孫御殿日誌、皇孫御殿日記、桑野鋭日記、雍仁親王実紀

軍艦遊びを御考案

十七日　月曜日　昨夜より雍仁親王と新たな軍艦遊びを御考案になり、雍仁親王にその規則を口授され、筆記せしめられる。御自身は駆逐艦、雍仁親王は魚形水雷、作間御用掛は戦闘艦とされ、また土屋御用掛と侍女二名は敵艦とされてお遊びになる。○迪宮御日誌

午後、雍仁親王・宣仁親王と共に馬車にて麻布御殿にお成りになり、聰子内親王に御対顔になる。○迪宮御日誌、皇孫御殿日誌、皇孫御殿日記、桑野鋭日記、迪宮御言行録

学習院開院紀念日

十八日　火曜日　午前七時十分御出門、雍仁親王と共に学習院本院にお成りになり、開院紀念日の式典に御臨席になる。式後、博物標本室において魚類標本等を御覧になり、御帰殿後には御覧になられた魚類の標本をシューベルトの動物絵本、『日本有用魚介藻類図説』等にてお調べになる。○迪宮御日誌、皇孫御殿日誌、皇孫御殿日記、桑野鋭日記、御学業御報告書、雍仁親王実紀、輔仁会雑誌

午後、雍仁親王・宣仁親王と共に馬車にて新宿御苑へお成りになり、昆虫採集や芋掘り等を行われる。○迪宮御日誌、皇孫御殿日誌、皇孫御殿日記、桑野鋭日記

この日、皇太子・同妃より紫檀机を賜わる。○桑野鋭日記、東宮職日誌

水産講習所御見学

十九日　水曜日　午前十時、雍仁親王・宣仁親王と共に御出門、馬車にて農商務省水産講習所深川区越中島町にお成りになる。所長松原新之助以下奏任相当職員へ謁を賜い、所長の案内にて海産動植物標本室・工芸品陳列室等を御覧になり、また貝彫刻品の献上をお受けになる。午後は化学実験室において鰹節等に生じる菌類を顕微鏡にて御観察になる。また生理解剖室において海老類の解剖を、浮遊動物研究室において淡水産プランクトンを御見学のほか、学生による沃度製造・鮪網作製・釣針製造の実習等を御覧になる。なお、御覧に際し手帳に魚名等を筆記される。午後三時四十分、御帰還になる。○迪宮御日誌、皇孫御殿日誌、皇孫御殿日記、桑野鋭日記、迪宮御言行録

夕刻、雍仁親王・宣仁親王と共に東宮御所に御参殿になり、皇太子・同妃と御夕餐を御会食になる。○迪宮御日誌、皇孫御殿日誌、皇孫御殿日記、桑野鋭日記、貞明皇后実録

二十日　木曜日　午前、水族館遊びをされる。水族館にお入れになる材料を、雍仁親王と共に貝類及び玩具・切抜絵等の中よりお選びになる。その際、土屋堯皇孫御用掛土屋正直子息及び松平源次郎皇孫御用掛松平乗統子息参殿につき、御一緒にお遊びになる。○迪宮御日誌、桑野鋭日記

午後、雍仁親王・宣仁親王と共に主馬寮分厩にお成りになり、覆馬場において会寧に御乗馬になる。

折から皇太子もお出ましになり、親王の御乗馬の様子を御覧になる。○迪宮御日誌、皇孫御殿日誌、皇孫御殿日記、桑野鋭日記、東宮職日誌、雍仁親王実紀、今上陛下御乗馬誌

初めて御弓を御稽古

御夕餐後、運動場において皇孫御養育掛長丸尾錦作をお相手に、初めて御弓楊弓を御稽古になる。○迪宮御日誌、桑野鋭日記、雍仁親王実紀

御参内

二十二日　土曜日　午前十時、雍仁親王・宣仁親王と共に馬車にて学習院を御出門、御参内になる。皇太子と御一緒に、天皇、ついで皇后にそれぞれ御拝顔になる。○迪宮御日誌、皇孫御殿日誌、皇孫御殿日記、桑野鋭日記、東宮職日誌、御学業御報告書、侍従職日録、皇后宮職日記、雍仁親王実紀

二十三日　日曜日　雍仁親王・宣仁親王と共に浜離宮にお成りになり、学習院本院運動会の御練習、軍艦遊び、魚釣りなどをされる。○迪宮御日誌、皇孫御殿日誌、皇孫御殿日記、桑野鋭日記、雍仁親王実紀

皇太子御参殿につき、御一緒に世界一周双六をされる。○迪宮御日誌、桑野鋭日記

学習院輔仁会運動会

二十四日　月曜日　午前八時十分、雍仁親王・宣仁親王と共に馬車にて御出門、学習院本院における秋季陸上運動会に臨場される。各種競技を御覧になり、百五十メートル競走、フットボール送りに御参加になる。午後、皇太子行啓につき会場前にて御奉迎になり、御一緒に御覧になる。午後三時三十五分、御帰還になる。○迪宮御日誌、皇孫御殿日誌、皇孫御殿日記、桑野鋭日記、宮内省省報、御学業御報告書、雍仁親王実紀、輔仁会雑誌

二十五日　火曜日　午後、軍艦遊びをされる。艦名を「橋立」とされ、御自らは一等水兵、雍仁親王を二等水兵とされ、松平御用掛を艦長とされる。また御学友・御相手を三等から六等の水兵に、土屋御用掛及び侍女等を便乗者とされる。お遊びは、橋立艦による東京湾出航から、マニラ、シンガポールに寄港して横須賀に帰港するまでの航海とされ、途中釣魚・捕鯨等のお慰みがあり、また暴風に遭遇するなどの工夫を施される。この日、航路の進行に、初めて地球儀を御使用になり、以後しばしば地球儀を御覧になる。○迪宮御日誌

二十六日　水曜日　午後、雍仁親王・宣仁親王と共に東宮御所にお成りになり、皇太子妃に御拝顔になる。しばらく皇太子妃の御座所においてお遊びの後、皇太子及び鳩彦王に御拝顔になる。○迪宮御日誌、皇孫御殿日誌、皇孫御殿日記、桑野鋭日記、東宮職日誌

吉田松陰の墓に御会釈

二十七日　木曜日　午後、雍仁親王・宣仁親王と共に馬車にて荏原郡世田ヶ谷村へお成りになる。三軒茶屋にて御下車、徒歩にて大山街道を若林方面へ進まれ、松陰神社へお立ち寄りになる。吉田松陰の墓に御会釈になり、暫時境内を御覧の後、大山街道に戻られ、馬車にて御帰還になる。途中、近衛歩兵聯隊の行軍演習に遭遇され、聯隊に挨拶をされる。○迪宮御日誌、皇孫御殿日誌、皇孫御殿日記、桑野鋭日記、雍仁親王実紀

二十九日　土曜日　夕刻、雍仁親王・宣仁親王と共に東宮御所にお成りになり、皇太子・同妃と御

夕餐を御会食になる。○迪宮御日誌、皇孫御殿日誌、皇孫御殿日記、桑野鋭日記、東宮職日誌、貞明皇后実録

東京高師運動会

三十日　日曜日　午後、雍仁親王・宣仁親王と共に、東京高等師範学校運動会にお成りになる。武彦王・朝融王・邦久王に御対顔、文部大臣小松原英太郎に謁を賜い、それより学校長嘉納治五郎の案内にて、新築中学校校舎階上のバルコニーより各種競技を御覧になる。御休憩時には昆虫標本始め種々の博物標本を御覧になる。また同校より蝶類標本等の献上を受けられる。○迪宮御日誌、皇孫御殿日誌、皇孫御殿日記、桑野鋭日記、雍仁親王実紀

三十一日　月曜日　皇太子が東京美術展覧会より還啓の途次、皇孫仮御殿へお立ち寄りになり、御夕食の様子などを御覧になる。○迪宮御日誌、皇孫御殿日誌、桑野鋭日記

十一月

天長節

三日　木曜日　天長節につき、午前七時十五分御出門、学習院初等学科の天長節祝賀式に御臨席になる。御帰殿後、雍仁親王・宣仁親王と共に皇孫御養育掛長丸尾錦作以下御附高等官等の拝賀をお受けになる。○迪宮御日誌、皇孫御殿日誌、皇孫御殿日記、桑野鋭日記、御学業御報告書

午後、雍仁親王・宣仁親王と共に東宮御所にお成りになり、皇太子・同妃にそれぞれ天長節の祝詞

を言上になる。また東宮職御用掛杉孫七郎・東宮御用掛名和長憲に謁を賜う。○迪宮御日誌、皇孫御殿日誌、皇孫御殿日記、桑野鋭日記、迪宮御言行録、東宮職日誌、皇后宮職日記

五日 土曜日 本年六月侍女に作成せしめたチューリップ・サクラソウなどの押し葉標本を腊葉帖に整理される。○迪宮御日誌

六日 日曜日 午前六時過ぎ、宣仁親王と共に東宮御所にお成りになり、皇太子の愛知・三重両県下行啓を御奉送の後、御帰還になる。○迪宮御日誌、皇孫御殿日誌、皇孫御殿日記、桑野鋭日記、東宮職日誌

皇太子妃御参殿につき、今夏御採集の魚・昆虫等を御覧に入れられる。○迪宮御日誌、皇孫御殿日誌、桑野鋭日記

東京帝大農科大学運動会

午後、宣仁親王と共に東京帝国大学農科大学秋季運動会にお成りになる。学長松井直吉の案内にて、各種競技や仮装行列を御覧になる。違例のため同行できなかった雍仁親王に同情され、御帰殿後直ちに雍仁親王の寝所において、本日の出来事などを種々お話しになる。○迪宮御日誌、皇孫御殿日記、桑野鋭日記、迪宮御言行録

八日 火曜日 午後、遠洋航海より帰朝の元東宮武官秋沢芳馬参殿につき、謁を賜う。○迪宮御日誌、桑野鋭日記

九日 水曜日 午後、雍仁親王・宣仁親王と共に東宮御所にお成りになり、皇太子妃に御拝顔、御談話になる。また同所において侍医頭岡玄卿に謁を賜う。○迪宮御日誌、皇孫御殿日誌、皇孫御殿日記、桑野鋭日記、東宮職日誌

御夕餐後、漁船遊びをされる。親王は漁師丑太郎を名乗られ、また雍仁親王を漁師寅太郎、宣仁親

王及び御用掛・侍女を乗客とされ、小笠原諸島その他に見立てられた場所をお巡りになる。○迪宮御日誌、迪宮御言行録

十一日　金曜日　午前八時四十分、雍仁親王・宣仁親王と共に御出門、浜離宮にお成りになり、魚釣りなどをされる。この日午前、学習院初等学科学生一同は農商務省商品陳列館見学のところ、親王は本年四月三十日に御見学済みにつき参加されず。正午前、農商務省商品陳列館見学を終えた学習院初等学科学生が浜離宮に参着につき、お揃いにてお遊びになる。○迪宮御日誌、皇孫御殿日誌、皇孫御殿日記、桑野鋭日記、御学業御報告書、迪宮御言行録、雍仁親王実紀

十二日　土曜日　本日より学習院の始業時間は一時間遅くなり、午前九時となる。○迪宮御日誌、皇孫御殿日誌、皇孫御殿日記、御学業御報告書

十三日　日曜日　雍仁親王・宣仁親王と共に馬車にて宮城へお成りになり、皇后及び皇太子妃・昌子内親王・允子内親王・聰子内親王と種々御談話になる。また、習字・図画などの御成績品をお見せになる。御昼餐御会食後、皇后の御前において読本「日本ノ国」を朗読され、それより皇太子妃並びに三内親王と共に御苑を御散策になる。その後再び皇后の御前にお出ましになり、御持参の魚類標本・昆虫標本等をお見せになる。○迪宮御日誌、皇孫御殿日誌、皇孫御殿日記、桑野鋭日記、昭憲皇太后実録、貞明皇后実録、迪宮御言行録、雍仁親王実紀

御　参　内

十六日　水曜日　午後、雍仁親王・宣仁親王と共に東宮御所にお成りになり、皇太子妃と御談話になる。○迪宮御日誌、皇孫御殿日誌、皇孫御殿日記、桑野鋭日記、東宮職日誌

十七日　木曜日　学習院御通学時、学校見学の宣仁親王を御同伴になる。この日、学習院初等学科学生の赤坂御苑内菊花拝観につき、授業は午前限りとなる。御帰殿後、雍仁親王と共に外庭へお成りになり、菊花を巡覧される。途中、僊錦閣付近の菊園において、参苑中の学習院初等学科学生と御一緒に菊花を御覧になる。○迪宮御日誌、皇孫御殿日誌、皇孫御殿日記、桑野鋭日記、御学業御報告書

十八日　金曜日　午後、皇孫御養育掛長丸尾錦作の母・夫人・子息参殿につき、謁を賜う。○迪宮御日誌、皇孫御殿日記、桑野鋭日記

矢場の新設

十九日　土曜日　今夏の葉山御用邸御滞在以来、弓矢に御興味をお持ちになり、皇孫仮御殿御庭の西方に矢場が新設される。この日、雍仁親王・宣仁親王と共に御臨場になり、弓始を行われる。○迪宮御日誌、皇孫御殿日記、桑野鋭日記、迪宮御言行録、雍仁親王実紀

雍仁親王・宣仁親王と共に徒歩にて東宮御所にお成りになり、皇太子妃と御夕餐を御会食になる。公爵九条道実夫人等に謁を賜う。○迪宮御日誌、皇孫御殿日誌、皇孫御殿日記、桑野鋭日記、東宮職日誌、貞明皇后実録

二十日　日曜日　雍仁親王・宣仁親王と共に広芝にお成りになり、お招きの御学友等を交えて小運

動会を催される。競技は、計算競走・旗取り・玉鬼・三色旗・千鳥競走・源平毬送り・源平綱引き等にて、優等者に賞品を賜う。〇迪宮御日誌、皇孫御殿日記、桑野鋭日記、雍仁親王実紀

二十一日　月曜日　午後、雍仁親王・宣仁親王と共に東宮御所にお成りになる。皇太子妃に御拝顔の後、御車寄において愛知・三重両県下行啓より御帰還の皇太子を御奉迎、御拝顔になる。〇迪宮御日誌、皇孫御殿日誌、皇孫御殿日記、桑野鋭日記、東宮職日誌、貞明皇后実録

北白川宮邸御訪問

二十三日　水曜日　新嘗祭にて学習院は休業につき、午前、雍仁親王・宣仁親王と共に東宮御所にお成りになり、皇太子・同妃と御昼餐を御会食になる。それより馬車にて御出門、北白川宮邸にお成りになり、成久王・同妃房子内親王・永久王に御対顔、折しも参邸の恒久王・同妃昌子内親王・恒徳王にも御対顔になる。永久王・恒徳王へ御土産として玩具を賜い、御庭においてお遊びになる。〇迪宮御日誌、皇孫御殿日誌、皇孫御殿日記、桑野鋭日記、東宮職日誌

新標本室

二十四日　木曜日　午後、皇太子御参殿につき、新標本室へ御案内になり、御自ら作製の標本類を御覧に入れられる。新標本室は故中山忠能明治天皇御生母中山慶子の父邸内にあった旧明宮御殿にて、明治十二年、御父明宮嘉仁親王が御誕生後中山邸へ御移転の際に設けられ、十八年三月嘉仁親王の皇子御殿御移転を機に忠能に下賜された。去る四十一年七月、中山邸内の旧明宮御殿敷地が市区改正により道路

予定地となったため、忠能を嗣いだ侯爵中山孝麿より返上願いが出され、宮内省において同御殿を青山離宮内の皇孫仮御殿へ移築することを決定した。昨年三月、移転工事は完了し、その後は内匠寮の管理下に置かれていたが、この度皇孫の博物標本室となり、四十四年九月二十八日には、正式に皇孫仮御殿附属建物とされる。○迪宮御日誌、皇孫御殿日誌、桑野鋭日記、土地建物録、明治天皇紀、赤坂離宮沿革誌

東京教育博物館御見学

二十六日　土曜日　午後、雍仁親王・宣仁親王と共に馬車にて東京高等師範学校附属東京教育博物館へお成りになる。校長嘉納治五郎の案内にて湯島聖堂大成殿を御覧になり、孔子像に御会釈をされる。ついで教育品陳列場に移られ御通覧、特に博物標本類を熱心に御観察になる。雷鳥剝製及び貝藻類標本の献上を受けられる。○迪宮御日誌、皇孫御殿日誌、皇孫御殿日記、桑野鋭日記、雍仁親王実紀

二十七日　日曜日　雍仁親王・宣仁親王と共に東京帝室博物館並びに上野動物園にお成りになる。○迪宮御日誌、皇孫御殿日誌、皇孫御殿日記、桑野鋭日記、雍仁親王実紀

二十八日　月曜日　午後、雍仁親王・宣仁親王と共に東宮御所にお成りになり、皇太子・同妃に御拝顔になる。○迪宮御日誌、皇孫御殿日誌、皇孫御殿日記、桑野鋭日記、東宮職日誌

二十九日　火曜日　成久王妃房子内親王内着帯につき、鰑料を御贈進になる。また成久王・同妃よりは万那料が贈進される。○皇孫御殿日記、桑野鋭日記

近来、学校の訓話時にお聞きの歴史に格別御興味を示され、しばしば侍女等にお話しになる。この日は御自らを教師に見立てられ、菅千代を生徒として歴史の講義を行われる。○迪宮御日誌、迪宮御言行録

歴史に対する御興味

十二月

二日　金曜日　午後、宮中顧問官木戸孝正参殿につき、謁を賜う。ついで標本室において動植物の標本をお見せになり、種々御説明を行われる。○迪宮御日誌、桑野鋭日記、木戸孝正日記

四日　日曜日　午前、雍仁親王・宣仁親王と共に東宮御所にお成りになり、皇太子・同妃にそれぞれ御拝顔になる。○迪宮御日誌、皇孫御殿日誌、皇孫御殿日記、桑野鋭日記、東宮職日誌

午後、雍仁親王・宣仁親王と共に馬車にて新宿御苑にお成りになる。○迪宮御日誌、皇孫御殿日誌、皇孫御殿日記、桑野鋭日記

八日　木曜日　午後、恒久王妃昌子内親王及び恒徳王参殿につき、雍仁親王・宣仁親王と共に御対顔になり、標本室に御案内の上、詳しく御説明になる。ついで御運動場に御案内になり、毬など種々の玩具にて恒徳王とお遊びになる。○迪宮御日誌、皇孫御殿日誌、桑野鋭日記、迪宮御言行録

十日　土曜日　午後、雍仁親王・宣仁親王と共に東宮御所にお成りになり、皇太子・同妃に御拝顔になる。○迪宮御日誌、皇孫御殿日誌、皇孫御殿日記、桑野鋭日記、東宮職日誌

十一日　日曜日　午前、皇太子御参殿につき、御殿内の矢場において御弓の練習を御覧に入れられる。○迪宮御日誌、皇孫御殿日誌、皇孫御殿日記、桑野鋭日記

新任の東宮侍従甘露寺受長に謁を賜う。○迪宮御日誌、宮内省省報、官報

十五日　木曜日　午後、雍仁親王・宣仁親王と共に東宮御所にお成りになり、皇太子・同妃に御拝顔になる。○迪宮御日誌、皇孫御殿日誌、皇孫御殿日記、桑野鋭日記、東宮職日誌

東京帝国大学総長浜尾新より『歴史科教授用参考掛図』の献上を受けられる。○迪宮御日誌、皇孫御殿日記

十六日　金曜日　午後、御殿内の矢場において一時間余にわたり御弓を射られる。翌十七日にも御弓の練習をされる。○迪宮御日誌

十八日　日曜日　午前六時二十分雍仁親王・宣仁親王と共に御出門、途中、東宮御所にお立ち寄りになり、皇太子と御一緒に浅草停車場を汽車にて御発、越ヶ谷停車場にて下車され、埼玉鴨場へお成りになる。主猟頭米田虎雄ほか主猟官の奉迎を受けられ、便殿において埼玉県知事島田剛太郎以下関係者数名に謁を賜う。それより主猟官大迫貞武の介添えにより午前二回、午後二回の猟を行われ、計十五羽の鴨を捕獲される。午後二時三十五分、皇太子と共に埼玉鴨場を御出門、東宮御所にお立ち寄りの後、御帰還になる。○迪宮御日誌、皇孫御殿日誌、皇孫御殿日記、桑野鋭日記、迪宮御言行録、行啓録、宮内省省報、大正天皇実録、雍仁親王実紀、原敬関係文書、埼玉県史

十九日　月曜日　元皇孫御殿詰の侍医補秋月昱蔵に謁を賜う。また、宣仁親王御相手相良頼知の両親相良頼綱夫妻、及び川村春子参殿につき、それぞれに謁を賜う。なお、相良頼知は明二十日をもって御相手を免じられる。○迪宮御日誌、皇孫御殿日記、桑野鋭日記

御避寒のため近く熱海へ御転地につき、雍仁親王・宣仁親王と共に東宮御所にお成りになり、皇太子・同妃と御夕餐を御会食になる。○迪宮御日誌、東宮職日誌、皇孫御殿日誌、皇孫御殿日記、桑野鋭日記、迪宮御言行録、貞明皇后実録

三年級第二学期終業

二十日　火曜日　この日、第二学期の授業が終了する。○迪宮御日誌、皇孫御殿日誌、皇孫御殿日記、桑野鋭日記、御学業御報告書

午後、公爵九条道実参殿につき、謁を賜う。翌二十一日にも九条公爵に謁を賜う。○迪宮御日誌、桑野鋭日記

二十一日　水曜日　午前、雍仁親王・宣仁親王と共に東宮御所に御参殿、皇太子・同妃に御拝顔になる。明日より熱海御用邸御滞在につき、御暇乞の御挨拶をされる。○迪宮御日誌、皇孫御殿日記、桑野鋭日記、東宮職日誌

この日本年の出仕終了につき、御学友に対し、御手許の玩具より二、三種ずつを下賜される。○迪宮御日誌

天皇皇后御使として権命婦平田三枝参殿につき、謁を賜う。○桑野鋭日記

主猟頭米田虎雄並びに学習院教授石井国次・同木村保寿参殿につき、謁を賜う。○桑野鋭日記

皇孫御養育掛長丸尾錦作の紹介にて、昆虫標本献上の打ち合せのため参殿の名和昆虫研究所長名和靖雑誌『昆虫世界』主宰者に御会釈を賜う。○名和靖日記

御日記御認め

学習院よりの申し出をお受けになり、冬期御休業中の御日記御認めを本日御夕餐後より始められる。なお、熱海御用邸御滞在の二十三日以降は、外出より御帰邸後もしくは御夕餐後に御日記を認められる。○迪宮御日誌、迪宮御言行録

二十二日　木曜日　御朝餐後、皇太子同妃御使として東宮女官吉見光子参殿につき、謁を賜う。○迪宮御日誌

熱海に御避寒

本日より御避寒のため、雍仁親王・宣仁親王と共に熱海御用邸にお成りになる。皇孫御養育掛長丸尾錦作以下が供奉する。午前八時三十分新橋停車場を御発車、国府津を経て、十時五十分小田原御用邸に御到着になる。御昼餐後、人力車にて御用邸を御出門、早川・石橋山・真鶴・伊豆山を経て、午後四時十分、熱海御用邸に到着される。途中、吉浜村の向笠彦右衛門邸において御休憩になる。御到着後、直ちに拝謁の間において静岡県知事石原健三・田方郡長尾崎敏樹等に謁を賜い、御用邸内の模様を御覧になる。○迪宮御日誌、皇孫御殿日誌、皇孫御殿日記、桑野鋭日記、迪宮御言行録、東宮職日誌、宮内省省報、官報、雍仁親王実紀

熱海における御日常

二十三日　金曜日　午前、雍仁親王・宣仁親王と共に熱海町内を御散策になり、午後は梅園へお成りになる。熱海御滞在中は、連日の如く近傍の所々を御運動になり、御用邸内においては侍女等をお相手に軍艦将棋・南極探検飛行機双六などのお遊びや、源頼朝など歴史上の人物に関する読書に

てお過ごしになる。○迪宮御日誌、皇孫御殿日誌、桑野鋭日記、迪宮御言行録

二十四日　土曜日　午前、雍仁親王・宣仁親王と共に徒歩にて御出門、曽我山にお登りになり、観魚洞を経て御帰邸になる。午後は伊豆山方面へお出かけになる。○迪宮御日誌、皇孫御殿日誌、桑野鋭日記

二十五日　日曜日　午前、雍仁親王・宣仁親王と共に来宮神社より水源地を経て梅園まで御運動になる。午後は雍仁親王と共に海岸において御運動になる。○迪宮御日誌、皇孫御殿日誌、桑野鋭日記

二十六日　月曜日　午前、雍仁親王・宣仁親王と共に海岸を御運動になる。午後は湯前神社より大乗寺方面を御運動になる。○迪宮御日誌、皇孫御殿日誌、桑野鋭日記

二十七日　火曜日　雍仁親王・宣仁親王と共に梅園にお成りになる。○迪宮御日誌、皇孫御殿日誌、桑野鋭日記、迪宮御言行録

二十八日　水曜日　午後、雍仁親王・宣仁親王と共に、徒歩にて観魚洞を経て錦ヶ浦へお成りになり、海を写生される。○迪宮御日誌、皇孫御殿日誌、桑野鋭日記

二十九日　木曜日　午前、雍仁親王・宣仁親王と共に徒歩にて来宮神社・大乗寺・湯前神社方面へお出かけになり、午後は今宮神社方面へお成りになる。この日、諸所において写生を行われる。○迪宮御日誌、皇孫御殿日誌、桑野鋭日記

三十日　金曜日　午後、雍仁親王・宣仁親王と共に、徒歩にて海蔵寺及び梅園付近までお成りにな

る。〇迪宮御日誌、皇孫御殿日誌、桑野鋭日記

三十一日　土曜日　歳末につき、御附高等官一同よりの祝詞をお受けになる。〇桑野鋭日記

明治四十四年（西暦一九一一年）　十歳

一月

新年拝賀

一日　日曜日　雍仁親王・宣仁親王と共に熱海御用邸において新年をお迎えになる。午前八時三十分、謁見所において供奉高等官の拝賀、判任官の参賀を受けられ、元旦を祝して一同と御一緒に唱歌「君が代」「一月一日」を合唱される。○迪宮御日誌、皇孫御殿日誌、桑野鋭日記、東宮記

子爵曽我祐準・学習院長乃木希典・学習院教授白鳥庫吉参賀につき、それぞれ謁を賜う。○迪宮御日誌、桑野鋭日記

新年につき、東宮主事桑野鋭を天皇・皇后、皇太子・同妃の許へ遣わされる。また新年につき恒例の御祝を交わされる。○皇孫御殿日記、桑野鋭日記、東宮職日誌、貞明皇后実録

御書初

二日　月曜日　御書初を行われる。御題は「天長地久」にて、楷書をもって四枚お書きになる。○迪宮御日誌

宮中顧問官尾崎三良・静岡県知事石原健三・田方郡長尾崎敏樹・神奈川県足柄下郡長石川疏等参賀

のため参邸につき、謁を賜う。○迪宮御日誌、皇孫御殿日誌、桑野鋭日記

宣仁親王誕辰

三日　火曜日　宣仁親王誕辰につき、午前八時三十分、雍仁親王・宣仁親王と共に御附高等官以下の拝賀をお受けになる。また、皇太子同妃御使として参邸の東宮侍従田内三吉に謁を賜う。○迪宮御日誌、皇孫御殿日誌、桑野鋭日記、東宮職日誌、皇后宮職日記、東宮記、宮内省省報

午後、雍仁親王・宣仁親王と共に多賀峠、頼朝の一杯水方面へ御運動になる。○迪宮御日誌、皇孫御殿日誌、桑野鋭日記

この夜、熱海町民及び同町小学校生徒による宣仁親王誕辰奉祝の提灯行列を、門内より御覧になる。○迪宮御日誌、皇孫御殿日誌、桑野鋭日記

四日　水曜日　午前、雍仁親王・宣仁親王とお揃いにて和田浜より海岸を御運動になり、地曳網の様子を御覧になる。午後は梅園内を御運動になる。○迪宮御日誌、皇孫御殿日誌、桑野鋭日記

六日　金曜日　午後、雍仁親王・宣仁親王とお揃いにて御出門になる。藤森稲荷神社、野中山より山伝いに来宮側に出で、梅園より周辺山野を御運動になる。○迪宮御日誌、皇孫御殿日誌、桑野鋭日記

雍仁親王御学友松浦治御機嫌奉伺のため参邸につき、謁を賜う。翌七日、松浦は暇乞のため再び参邸する。○迪宮御日誌、桑野鋭日記

後藤新平より蓄音器等の献上

七日　土曜日　午前、逓信大臣後藤新平参邸につき、謁を賜う。また、後藤より『鉄道統計要覧』

『逓信事業図解』のほか、湯地敬吾発明の蓄音器等の献上をお受けになる。〇迪宮御日誌、桑野鋭日記

午前、雍仁親王・宣仁親王と共に御出門、保田養鶏場にお成りになり、帰途今宮神社にお立ち寄りになる。御帰還後、熱海町消防組員の出初式を御覧になる。午後再びお揃いにて御出門、横磯、山葵谷を経て、建築中の陸軍転地療養所を御覧になる。〇迪宮御日誌、皇孫御殿日誌、桑野鋭日記

八日　日曜日　午前、雍仁親王・宣仁親王と共に海岸において熱海町民による地曳網の様子を御覧になり、町民献上の漁獲より標本とすべき材料を御選定になる。〇迪宮御日誌、皇孫御殿日誌、桑野鋭日記

午後、雍仁親王と共に御出門、興善寺を経て子爵曽我祐準別邸にお成りになり、先着の宣仁親王と共に庭内でお遊びになる。〇迪宮御日誌、皇孫御殿日誌、桑野鋭日記

御学問始

九日　月曜日　午前九時より御学問始の式に臨まれる。まず御拝礼を行われ、ついで皇孫御養育掛長丸尾錦作による『大学』の一節「以修身為本」の講話をお聞きになる。日課としての御学問は翌十日より始められ、午前一時間、午後一時間行われる。〇迪宮御日誌、桑野鋭日記、雍仁親王実紀

午前、雍仁親王・宣仁親王と共に和田八幡神社前まで御運動になり、海岸伝いに御帰還になる。午後は伊豆山神社にお成りになり、御携帯の画帳に同神社を写生される。〇迪宮御日誌、皇孫御殿日誌、桑野鋭日記

熱海尋常小学校運動会

十日　火曜日　午前、熱海尋常小学校運動会にお成りになり、運搬競争・木剣体操などの競技を御

覧になる。○迪宮御日誌、皇孫御殿日誌、桑野鋭日記

十一日　水曜日　午後、雍仁親王・宣仁親王と共に医王寺、来宮方面に御運動になる。途中、宮中顧問官木戸孝正に御出会になる。木戸は御機嫌奉伺のため熱海に来着につき、それより供奉して参邸する。○迪宮御日誌、皇孫御殿日誌、桑野鋭日記

熱海町へ賜金

熱海町に初めての御滞在につき、同町の公共事業費に対し賜金あり。○桑野鋭日記

十二日　木曜日　午前、皇孫御用掛作間富生によるネズミザメの解剖を御覧になる。○迪宮御日誌

午後、枢密顧問官三浦梧楼御機嫌奉伺として参邸につき、謁を賜う。○桑野鋭日記

去る二日より皇太子妃御風気のため御仮床につき、電報をもって御機嫌を伺われる。○重要雑録、貞明皇后実録

十三日　金曜日　午前、曽我祐邦子爵曽我祐準嗣子参邸につき、謁を賜う。○迪宮御日誌、桑野鋭日記

午後、宮中顧問官木戸孝正参邸につき、謁を賜う。その際、末松謙澄著『孝子伊藤公』の献上を受けられる。それより和田浜方面へ御運動になる。○迪宮御日誌、皇孫御殿日誌、桑野鋭日記、木戸孝正日記

十四日　土曜日　午前、子爵曽我祐準参邸につき、御庭において謁を賜う。○迪宮御日誌、桑野鋭日記

午後、雍仁親王・宣仁親王と共に梅園方面へ御運動になり、来宮神社において写生等をお試みになる。○迪宮御日誌、皇孫御殿日誌、桑野鋭日記

沼津に御移転

十五日　日曜日　沼津に御移転のため、午前七時、雍仁親王・宣仁親王と共に熱海御用邸を人力車にて御出門になる。この日、未明よりの降雪のなか、吉浜・根府川を経て小田原御用邸に向かわれる。途中、吉浜の向笠彦右衛門宅にて御休憩、彦右衛門に御会釈を賜う。十一時三十分小田原御用邸に御着。午後零時十分小田原御用邸を御出門、大手前停留所発の電車にて国府津へ向かわれ、午後一時国府津停車場を御発車、三時五分沼津停車場に御着車、それより人力車にて沼津御用邸西附属邸にお入りになる。この日より、御学友の大迫寅彦・渡辺昭・久松定孝及び雍仁親王御学友・宣仁親王御相手が供奉する。○迪宮御日誌、皇孫御殿日誌、桑野鋭日記、沼津御用邸日誌、重要雑録、宮内省省報、官報、静岡民友新聞

三年級第三学期始業

十六日　月曜日　学習院初等学科三年級第三学期始業につき、沼津御用邸東附属邸を学習院仮教場として通学を開始される。授業は午前八時から十一時四十五分までの四時限とし、始業前には三年級・二年級合同にて呼吸体操を行われる。また、昨年の第三学期は御学友は二名ずつ途中交代にて出仕したが、本年は全員参加とされる。沼津御滞在中の時間割は、以下のとおり。

	第一時	第二時	第三時	第四時
月	訓話	算術	国語	図画
火	国語	算術	書方	綴方

水	訓話 国語	算術	唱歌	国語
木	国語	算術	書方	手工
金	国語	算術	図画	唱歌
土	訓話 国語	算術	国語	書方

この日は少しく御所労のため、第三時限までの授業となる。○迪宮御日誌、皇孫御殿日誌、桑野鋭日記、御学業御報告書

午後、雍仁親王・宣仁親王及び御学友等と共に、毘沙門山方面へ御運動になる。以後、連日の如く午後には御用邸付近を御運動になる。帰途、本邸門前にお成りになり、皇后の御到着を御奉迎になる。この日、皇后は東京より沼津に行啓され、本邸に御滞在になる。○迪宮御日誌、皇孫御殿日誌、桑野鋭日記、御学業御報告書、東宮職日誌、皇后宮職日記、宮内省省報、官報、昭憲皇太后実録

十七日　火曜日　午後、雍仁親王・宣仁親王及び御学友等と共に牛臥山方面へ御運動になる。○迪宮御日誌、皇孫御殿日誌、桑野鋭日記

雍仁親王・宣仁親王と共に本邸にお成りになり、皇后に御拝顔になる。○迪宮御日誌、皇孫御殿日誌、沼津御用邸日誌、桑野鋭日記

日本重要水産動植物図

十八日　水曜日　午前、大日本水産会より同会総裁威仁親王を介して献上の『日本重要水産動植物図』が披露され、暫時御覧の上、御学友等にもお見せになる。○迪宮御日誌

男爵吉川重吉 宣仁親王御相手吉川重武の父 参邸につき、謁を賜う。○迪宮御日誌

午後、雍仁親王・宣仁親王及び御学友等と共に楊原神社方面へ御運動になり、擬戦を行われる。途中鈴木牧牛場 豊牧舎 において子牛を御覧になる。○迪宮御日誌、皇孫御殿日誌

二十日 金曜日 熱海で採取された魚類標本を『日本重要水産動植物図』と御比較になる。○迪宮御日誌

二十一日 土曜日 午後、雍仁親王及び御学友等と共に曼陀ヶ原方面へ御運動になり、擬戦を行われる。この日の擬戦は戦闘隊形を取られ、肩銃・赤旗等を御使用になる。○迪宮御日誌、皇孫御殿日誌、桑野鋭日記

二十二日 日曜日 午後、雍仁親王及び御学友等と共に、香貫山より大平越まで御運動になり、岩崎男爵別邸にお立ち寄りになる。途中宣仁親王と合流され、御昼餐後は御一緒に同邸においてお遊びになる。○迪宮御日誌、皇孫御殿日誌、桑野鋭日記、静岡民友新聞

二十三日 月曜日 午後、雍仁親王・宣仁親王と共に本邸にお成りになり、皇后に拝顔され、種々御対話になる。○迪宮御日誌、皇孫御殿日誌、桑野鋭日記、沼津御用邸日誌

二十四日 火曜日 午後、雍仁親王及び御学友等と共に、我入道方面へ御運動になる。○迪宮御日誌、皇孫御殿日誌、桑野鋭日記

二十五日 水曜日 午後、雍仁親王・宣仁親王及び御学友等と共に馬車にて千本松原にお成りになる。

途中、片浜村よりは徒歩にて進まれる。○迪宮御日誌、皇孫御殿日誌、桑野鋭日記、静岡民友新聞

二十六日　木曜日　午後、雍仁親王及び御学友等と共に香貫山に御登山になる。頂上より峰伝いに大平越を経て御帰邸になる。○迪宮御日誌、皇孫御殿日誌、桑野鋭日記

大谷籌子死去

二十七日　金曜日　この日伯爵大谷光瑞夫人籌子九条道孝三女、皇太子妃の姉が死去する。親王の母の兄弟姉妹に相当するも、皇室服喪令第十条により服喪の規定は適用されないため、この日から十日間御心喪としてお慎みになり、御用邸外における擬戦、馬車にての御外出などを差し控えられる。○迪宮御日誌、桑野鋭日記、東宮職日誌

二十九日　日曜日　午前、伯爵久松定謨及び夫人の貞子、子息の定武・定謙参邸につき、謁を賜う。○迪宮御日誌、桑野鋭日記

午後、雍仁親王・宣仁親王と共に本邸において皇后に御拝顔になり、種々談話され、また御前にてお遊びになる。○迪宮御日誌、皇孫御殿日誌、沼津御用邸日誌、桑野鋭日記

孝明天皇祭

三十日　月曜日　孝明天皇祭につき、皇孫御養育掛長丸尾錦作より、孝明天皇御事蹟の講話をお聴きになる。○迪宮御日誌、桑野鋭日記

午後、伯爵田中光顕参邸につき、謁を賜う。○桑野鋭日記

二月

一日　水曜日　午後、御庭及び御運動場において軍艦遊びを行われる。この日は艦名を「香取」とされ、御自ら司令長官として万端御指図になる。雍仁親王を艦長、御学友等を水兵とされ、侍女等を便乗させロンドンへ向け出航する。途中より宣仁親王もお遊びに加わる。○迪宮御日誌

二日　木曜日　午前、軍艦香取・音羽の両艦が対抗発火演習を皇后の御覧に供するため、御用邸前に来航する。よって御学課を中断して雍仁親王と共に海岸にお出ましになり、演習を御覧になる。○迪宮御日誌、皇孫御殿日誌、桑野鋭日記、御学業御報告書、昭憲皇太后実録

対抗発火演習御覧

正午、侯爵中山孝麿御機嫌奉伺のため参邸につき、謁を賜う。○桑野鋭日記

午後、昨日に続き軍艦遊びをされる。この日は軍医として軍艦「朝日」に御乗艦になる。○迪宮御日誌

三日　金曜日　昨日、御夕餐前より発熱及び鼻塞等の症状を発せられ、御仮床になる。よって本日及び明日の授業を休止される。○迪宮御日誌、皇孫御殿日誌、桑野鋭日記、迪宮殿下御衛生報告録、御学業御報告書

五日　日曜日　午前、御床払になる。○迪宮御日誌

皇太子御使として東宮主事馬場三郎参邸につき、謁を賜う。○迪宮御日誌、東宮記、桑野鋭日記

子爵松平乗承御機嫌奉伺のため参邸につき、謁を賜う。〇桑野鋭日記

六日　月曜日　午後、雍仁親王・宣仁親王と共に本邸にお成りになり、皇后に御拝顔、御対話になる。〇迪宮御日誌、皇孫御殿日誌、桑野鋭日記、沼津御用邸日誌

七日　火曜日　午後、雍仁親王・宣仁親王及び御学友等と共に海岸伝いに大木伯爵別邸付近までお成りになる。それより香貫山麓を経て御帰還になる。〇迪宮御日誌、皇孫御殿日誌、桑野鋭日記

九日　木曜日　午後、近衛師団長上田有沢御機嫌奉伺のため参邸につき、謁を賜う。〇桑野鋭日記
矢場において大弓の射型を御練習になる。侯爵中山孝麿より指導を受けられる。〇迪宮御日誌、桑野鋭日記

十日　金曜日　午後、雍仁親王及び御学友等と共に舟遊びをされる。御用邸前の浜より御乗船になり、口野津に御上陸になる。途中、船中にて唱歌等を合唱される。それより徒歩にて海岸伝いに江ノ浦にお成りになり、同所にて再び御乗船、御帰還になる。宣仁親王は御用邸前より同乗し、獅子浜にて下船する。〇迪宮御日誌、皇孫御殿日誌、桑野鋭日記

紀元節

十一日　土曜日　紀元節につき、午前九時謁見所において供奉高等官等の拝賀をお受けになる。ついで御学問所において紀元節の御式を行われる。初めに雍仁親王・宣仁親王と共に式場において御拝礼になる。その際参列諸員もあわせて最敬礼する。次に唱歌「紀元節」を合唱され、皇孫御養育

掛長丸尾錦作の祝辞を受けられた後、「君が代」を合唱される。○迪宮御日誌、皇孫御殿日誌、桑野鋭日記、御学業御報告書

楊原尋常高等小学校主催運動会

午前、雍仁親王・宣仁親王と共に御出門、牛臥山東麓にて挙行の楊原尋常高等小学校主催運動会にお成りになり、競技を御覧になる。○迪宮御日誌、皇孫御殿日誌、桑野鋭日記

雍仁親王・宣仁親王と共に本邸にお成りになり、皇后に御拝顔、紀元節の祝詞を言上された後、御昼餐を御会食になる。○迪宮御日誌、皇孫御殿日誌、桑野鋭日記、沼津御用邸日誌、昭憲皇太后実録

十二日　日曜日　午後、雍仁親王・宣仁親王及び御学友と共に馬車にて御出門になる。沼津停車場の先にて下車され、それより徒歩にて沢田山大中寺にお成りになり、境内の恩香殿・梅林等においてお遊びになる。○迪宮御日誌、皇孫御殿日誌、桑野鋭日記、大中寺と沼津御用邸

十三日　月曜日　午後、雍仁親王及び御学友等と共に御出門になり、大平越より大平村に出て大平山桃源院を御覧になる。それより杉沢を経て横山峠において御休憩の後、桃郷街道より御帰還になる。○迪宮御日誌、皇孫御殿日誌、桑野鋭日記

去る九日、皇孫御殿詰侍医補原田貞夫は最新の耳鼻咽喉科視察及び研究のため二年間ドイツ国へ留学を命じられる。このため本日、侍医補岩波節治が新たに皇孫御殿詰を命じられる。○侍医寮日誌、東宮職日誌、進退録、宮内省報、貞明皇后実録

十四日　火曜日　元宮内次官花房義質に謁を賜う。〇迪宮御日誌、桑野鋭日記

十六日　木曜日　午後、雍仁親王・宣仁親王及び御学友等と共に馬車にて御出門、沼津町より三島街道を進まれ、黄瀬川にて降車され、それより徒歩にて頼朝義経対面石にお成りになる。〇迪宮御日誌、皇孫御殿日誌、桑野鋭日記

頼朝義経対面石

十八日　土曜日　昨日より御体温が上昇し、水痘を御発症になる。このため、二十一日まで授業を休止される。宣仁親王もまた水痘の症状あり。〇迪宮御日誌、桑野鋭日記、侍医寮日誌、迪宮殿下御衛生報告録、御学業御報告書

この日、皇太子は皇后の御機嫌奉伺のため本邸に行啓され、即日還啓になる。親王は本邸において皇后・皇太子と御会食の御予定のところ、御違例のためお見合せとなり、宣仁親王と共に西附属邸前にて皇太子の行啓を御奉迎、本邸門前において御出門を御奉送になる。〇迪宮御日誌、皇孫御殿日誌、桑野鋭日記、東宮職日誌、侍医寮日誌、東宮記、御学業御報告書、昭憲皇太后実録、大正天皇実録、宮内省省報、官報

十九日　日曜日　侍医西郷吉義に謁を賜う。〇桑野鋭日記、侍医寮日誌

二十一日　火曜日　午後、雍仁親王・宣仁親王及び御学友等と共に香貫山麓を塩満寺付近まで御運動になる。〇迪宮御日誌、皇孫御殿日誌、桑野鋭日記

二十二日　水曜日　午前十一時五十分、雍仁親王・宣仁親王と共に御学問所前海岸より乗船され、

岩崎男爵別邸にお成りになる。同邸において御昼食の後、御学友等を交え鯨捕り遊び、相撲等をされ、再び船にて、午後四時十分御帰邸になる。なお、宣仁親王は徒歩にて帰邸する。○迪宮御日誌、皇孫御殿日誌、桑野鋭日記

二十三日 木曜日 午後、御学友等を東西二組に分かち、相撲の対抗試合を催され、御自身も参加される。それより御出門になり、牛臥山下水門口において魚取りをされる。○迪宮御日誌、皇孫御殿日誌、桑野鋭日記

二十四日 金曜日 皇太子同妃御使として東宮侍従田内三吉参邸につき、謁を賜う。○迪宮御日誌、東宮職日誌、東宮記、宮内省省報

静岡県知事石原健三・内務部長小島源三郎・警察部長龍岡篤敬・安倍郡長田沢義鋪・静岡市長長島弘裕参邸につき、謁を賜う。○桑野鋭日記

淡島へ御舟行

二十六日 日曜日 午前十時十五分、雍仁親王・宣仁親王及び御学友等と共に御庭口より御出門、船にて淡島にお渡りになり、淡島神社の社前等でお遊びになる。午後、磯においてイソギンチャクなどを御採集の後、船にて岩崎男爵別邸にお成りになり、鯨捕り遊びなどをされる。また、折しも参邸の学習院教授石井国次・同木村保寿に謁を賜う。四時同邸を御出門、徒歩にて御帰邸になる。○迪宮御日誌、皇孫御殿日誌、桑野鋭日記

学習院教授木村保寿が持参した同級生よりの手紙・成績物及び台湾総督府民政長官内田嘉吉献上の

台湾絵葉書を御覧になる。〇迪宮御日誌

二十七日　月曜日　午後、雍仁親王及び御学友等と共に曼陀ヶ原方面へ御運動になる。〇迪宮御日誌、皇孫御殿日誌、桑野鋭日記

三月

一日　水曜日　午後、雍仁親王及び御学友等と共に牛臥山より曼陀ヶ原方面まで御運動になる。〇迪宮御日誌、皇孫御殿日誌、桑野鋭日記

二日　木曜日　東附属邸において陸軍歩兵少佐古賀義勇に謁を賜う。古賀は第十八師団長大迫尚道御学友大迫寅彦父の副官にて、大迫よりバナナ・蜜柑献上の使として参上する。〇桑野鋭日記

午後、鎌倉滞在中の聰子内親王の御使として泰宮御用掛西三条実義参邸につき、謁を賜う。内親王より法螺貝・魔術写真・鎌倉名所絵等を進ぜられる。〇迪宮御日誌、桑野鋭日記

侍医頭岡玄卿に謁を賜う。〇迪宮御日誌、桑野鋭日記

三日　金曜日　午後、伯爵土方久元参邸につき、謁を賜う。土方より鉱物標本が献上される。〇迪宮御日誌、桑野鋭日記、土方久元日記

五日　日曜日　午前、御学友等を交え曼陀ヶ原、我入道方面にて擬戦を行われる。午後は宣仁親王も衛生兵として参加し、再び同方面にて擬戦を行われる。○迪宮御日誌、皇孫御殿日誌、桑野鋭日記

午後、恒久王妃昌子内親王の御使として竹田宮家令深山広参邸につき、謁を賜う。○迪宮御日誌、桑野鋭日記

主馬頭藤波言忠参邸につき、宣仁親王と共に謁を賜う。○迪宮御日誌、桑野鋭日記

七日　火曜日　午後、皇太子御使として東宮侍従原恒太郎参邸につき、謁を賜う。○迪宮御日誌、桑野鋭日記、東宮職日誌

八日　水曜日　午後、宣仁親王と共に本邸にお成りになり、皇后に御拝顔になる。○迪宮御日誌、皇孫御殿日誌、桑野鋭日記、沼津御用邸日誌

九日　木曜日　この日宣仁親王が学習院仮教場への御通学に随行し、授業を見学につき、課業後、仮教場において雍仁親王・宣仁親王とお揃いにて弁当を召され、御学友・御相手全員に御陪食を仰せ付けられる。それより、仮教場東側の庭にて相撲その他の運動をされる。○迪宮御日誌、皇孫御殿日誌、沼津御用邸附属邸日誌、桑野鋭日記

十日　金曜日　今般医学研究のためドイツへ留学の侍医補原田貞夫参邸につき、謁を賜う。○桑野鋭日記、宮内省省報

三島にお成り

十二日　日曜日　雍仁親王・宣仁親王と共に馬車にて三島に向かわれる。官幣大社三島神社に御参拝、

境内を御逍遥の後、小松宮別邸にお成りになり、御昼餐後には擬戦・相撲などをされる。○迪宮御日誌、皇孫御殿日誌、桑野鋭日記、静岡民友新聞

十五日　水曜日　午後、東宮御用掛名和長憲・泰宮御用掛西三条実義に謁を賜う。○迪宮御日誌、桑野鋭日記

皇后のお召しにより宣仁親王と共に本邸にお成りになり、御拝顔になる。また、この日参邸の聰子内親王とも御対面になる。○迪宮御日誌、皇孫御殿日誌、桑野鋭日記、沼津御用邸日誌、昭憲皇太后実録、宮内省省報、官報

丸尾掛長よりの御注意

十七日　金曜日　御夕餐後、皇孫御養育掛長丸尾錦作より、御成長に伴い御行儀にも注意されるべきこと、御出入・御食事の際の御行儀のことなど、種々訓誡をお聞きになる。○迪宮御日誌

成久王妃房子内親王着帯につき、御祝の御贈進を行われる。○桑野鋭日記

十八日　土曜日　午後、雍仁親王・宣仁親王及び御学友等と御出門になり、擬戦をされつつ狩野川河口へ向かわれ、それより渡船にて渡河され、千本浜公園にお成りになる。○迪宮御日誌、皇孫御殿日誌、桑野鋭日記、静岡民友新聞

二十日　月曜日　陸軍中将大迫尚道参邸につき、謁を賜う。○迪宮御日誌、桑野鋭日記

宮内大臣渡辺千秋参邸につき、謁を賜う。○桑野鋭日記

皇后学習院仮教場に行啓

二十一日　火曜日　午前十時四十五分、皇后御学業御覧のため学習院仮教場に行啓につき、雍仁親王と共に東附属邸御車寄において御奉迎になる。ついで便殿まで誘導され、同所にて御拝顔になり、

その後直ちに教場にお戻りになる。皇后は三年級の教場に出御され、約三十分間板上改作・読方等を御覧になり、ついで二年級の教場を御覧になる。暫時御小憩の後、三年級教場において、二・三年級合同の唱歌合唱の様子を御覧になる。終わって便殿において、裕仁親王・雍仁親王に手文庫・筆筒・墨台・雑記帳・枝折の御賞品を賜い、午後零時二十五分、本邸に還啓される。○迪宮御日誌、皇孫御殿日誌、桑野鋭日記、沼津御用邸附属邸日誌、御学業御報告書、昭憲皇太后実録

三年級第三学期終業

皇后西附属邸に行啓

二十四日　金曜日　三年級の授業が終了する。○迪宮御日誌、桑野鋭日記、沼津御用邸附属邸日誌

午前十一時三十五分、皇后西附属邸に行啓につき、雍仁親王・宣仁親王と共に御車寄において奉迎される。それより便殿宣仁親王御座所へ案内され、同所において御拝顔になる。皇后より御土産として双眼鏡等を賜わる。皇后の宣仁親王幼稚園課業御覧の後、御昼餐を御会食になる。午後、御自身にて御装飾の御机を皇后にお見せになり、それより三親王お揃いにて御庭にお出ましになり、皇后の御前にて、御学友・御相手等をお相手に、旗体操・徒歩競走・弓技・フットボール・擬戦・相撲などの運動をされる。終わって便殿において学校成績品を御覧に入れられる。午後四時三十分、皇后還啓につき、御車寄において御奉送になる。○迪宮御日誌、皇孫御殿日誌、桑野鋭日記、沼津御用邸西附属邸日誌、御学業御報告書、昭憲皇太后実録、静岡民友新聞

二十五日　土曜日　午前、雍仁親王・宣仁親王及び御学友等と馬車にて御出門、三島の小松宮別邸

にお成りになり、御運動等をされる。○迪宮御日誌、皇孫御殿日誌、桑野鋭日記、静岡民友新聞

平瀬貝類展覧会写真帖

二十六日　日曜日　午前、平瀬与一郎在野の貝類研究者・貝類収集家より献上された『平瀬貝類展覧会写真帖』を御覧になる。○迪宮御日誌、桑野鋭日記

乃木院長参邸

午後、学習院長乃木希典参邸につき、謁を賜う。乃木は英国皇帝ジョージ五世戴冠式に参列の依仁親王・同妃に随行して英国へ出張につき、親王より白羽二重一疋を賜う。ついで、成久王・恒久王参邸につき御対顔、御談話になる。○迪宮御日誌、皇孫御殿日誌、桑野鋭日記、沼津御用邸西附属邸日誌、依仁親王同妃両殿下英皇戴冠式御参列日記

二十七日　月曜日　この日、御学友・御相手が帰京する。○迪宮御日誌、皇孫御殿日記、桑野鋭日記、沼津御用邸西附属邸日誌

雍仁親王・宣仁親王と共に鷲頭山に御登山になる。頂上において御持参の弁当を召され、箱根方面を眺望され、中腹においては淡島の景色を御覧になり、それぞれ写生される。○迪宮御日誌、皇孫御殿日誌、桑野鋭日記

二十八日　火曜日　雍仁親王・宣仁親王と共に本邸にお成りになり、皇后に御拝顔の上、明後三十日御帰京の御暇乞を言上され、ついで御昼餐を御会食になる。種々御拝領品あり、その内より飛行機玩具を取り出され、皇后の御前においてお遊びになる。○迪宮御日誌、皇孫御殿日誌、桑野鋭日記、沼津御用邸日誌、昭憲皇太后実録、静岡民友新聞

二十九日　水曜日　午前、雍仁親王・宣仁親王と共に牛臥方面へ御運動になり、三島館にお成りになる。同所にて両親王とお別れになり、お一方にて写生等をされ、御幸橋を経て御帰還になる。○迪宮御

日誌、皇孫御殿日誌、桑野鋭日記

依仁親王同妃参邸

午後、英国皇帝戴冠式へ参列の依仁親王・同妃周子参邸につき、御対顔になり、暇乞の挨拶を受けられる。○迪宮御日誌、皇孫御殿日誌、桑野鋭日記、沼津御用邸西附属邸日誌

明日御帰京につき、暇乞のため参邸の典侍柳原愛子に謁を賜う。○迪宮御日誌、桑野鋭日記

沼津より御帰京

三十日　木曜日　午前九時雍仁親王・宣仁親王と共に馬車にて沼津御用邸を御出門、同三十分沼津停車場御発車、途中国府津停車場において廢兵に御会釈を賜い、午後一時二十分新橋停車場御着、同五十分皇孫仮御殿に御帰着になる。○迪宮御日誌、皇孫御殿日誌、皇孫御殿日記、桑野鋭日記、東宮職日誌、東宮記、皇后宮職日記、宮内省省報、官報、木戸孝正日記、静岡民友新聞

皇太子妃御違例につき、お伺いのため東宮主事桑野鋭を葉山へ遣わされる。○桑野鋭日記

三十一日　金曜日　侯爵中山孝麿参殿につき、謁を賜う。○桑野鋭日記

第三学年御成績表が奉呈される。○御学業御報告書

四月

一日　土曜日　午前、公爵三条公美雍仁親王御学友三条実憲父御機嫌伺いのため参殿につき、謁を賜う。○迪宮御日誌、皇孫御殿日記、桑野鋭日記

宣仁親王の幼稚園修了

御昼餐後、宣仁親王の幼稚園修了と雍仁親王進級の御祝として御饗を催され、両親王及び臣下一同へ玩具を賜う。○迪宮御日誌、皇孫御殿日記、桑野鋭日記

午後、春仁王参殿につき、御座所において御対顔になる。その折春仁王より、載仁親王・同妃の琉球土産として、貝類数十種及び絵葉書六組を贈られる。御夕餐後、贈られた貝類の名称をお調べになる。○迪宮御日誌、皇孫御殿日誌、皇孫御殿日記、迪宮御言行録、桑野鋭日記

皇太子妃腸チフスと診断される

皇太子妃は去る三月二十七日より高熱にて御仮床になり、昨日腸チフスと診断される。よってこの日皇孫御養育掛長丸尾錦作を葉山御用邸へ遣わされ、三種果物一籠を御贈進になる。○桑野鋭日記、貞明皇后実録、東宮記

学習院卒業式御参列

二日　日曜日　午前七時十分、雍仁親王と共に御出門、学習院本院にお成りになり、卒業証書授与式に御参列になる。一般学生の成績品を御通覧の後、十時二十分御出門、御帰還になる。○迪宮御日誌、皇孫御殿日誌、皇孫御殿日記、桑野鋭日記、御学業御報告書

御進級

この日学習院において、院長乃木希典より四年級へ御進級の旨の言上をお受けになり、御帰殿後、侍臣一同より進級の祝詞を受けられる。また、東宮主事桑野鋭は参内し、天皇に御進級の旨を奏上する。天皇より満足に思召す旨の御沙汰があり、ボンベッキを親王に賜う。また沼津御滞在中の皇后、

佐世保行啓中の皇太子、葉山御滞在中の皇太子妃へは、それぞれ電報をもって御進級の旨が伝えられる。○迪宮御日誌、皇孫御殿日記、桑野鋭日記

御昼餐後、御座所において、これまで収集された貝類を紙製小箱に整理され、標本とされる。○迪宮御日誌

四日　火曜日　午後、雍仁親王・宣仁親王と共に馬車にて御出門、新宿御苑にお成りになり、土筆摘みなどをされる。○迪宮御日誌、皇孫御殿日誌、桑野鋭日記

五日　水曜日　皇太子妃の御見舞のため、皇孫御用掛松平乗統を御使として葉山へ遣わされる。○桑野鋭日記

六日　木曜日　雍仁親王・宣仁親王と共に馬車にて代々木御料地にお成りになり、御学友等を交え御運動になる。○迪宮御日誌、皇孫御殿日誌、桑野鋭日記

御夕餐後、参殿伺候の丸尾正彦皇孫御養育掛長丸尾錦作子息に種々の玩具を賜い、その遊ぶ様子を御覧になる。○迪宮御日誌

七日　金曜日　午前十時五分より約十分間、主馬寮分厩にお成りになり、会寧に御乗馬になる。調馬師三人が前後に付き添う。○迪宮御日誌、皇孫御殿日誌、桑野鋭日記、裕仁親王殿下御乗馬録、今上陛下御乗馬誌

午後、学習院長乃木希典・同院教授宮本主税宣仁親王担任参殿につき、謁を賜う。○皇孫御殿日記、桑野鋭日記、高松宮宣仁親王

午後六時十五分、雍仁親王・宣仁親王と共に御出門、東宮御所御車寄において、呉・佐世保行啓より還啓の皇太子を奉迎され、ついで御拝顔になる。○迪宮御日誌、皇孫御殿日誌、桑野鋭日記、東宮職日誌、東宮記、宮内省省報、官報

侍医加藤照磨を御使として、葉山御用邸御滞在中の皇太子妃の許へ遣わされる。○桑野鋭日記

八日　土曜日　午後零時三十分、雍仁親王・宣仁親王と共に馬車にて御出門、上野動物園にお成りになり、ハブ・シロクマ等を御覧になる。ついで、日本美術協会の絵画展覧会にお成りになり、動物画・歴史画を中心に御巡覧になる。帰途、本月三日に開橋式の行われた日本橋を御通過になる。○迪宮御日誌、皇孫御殿日誌、皇孫御殿日記、桑野鋭日記、迪宮御言行録

日本美術協会美術展覧会

午後、去る二月十六日付で学習院御用掛拝命の海軍大佐子爵小笠原長生に謁を賜う。長生は子息長隆を同伴につき、長隆にも謁を賜う。○進退録、桑野鋭日記、宮内省省報、小笠原長生日記

学習院御用掛小笠原長生に賜謁

九日　日曜日　午前十時より宣仁親王の幼稚園卒業式挙行につき、御列席になる。○迪宮御日誌、皇孫御殿日誌、桑野鋭日記、高松宮宣仁親王

十日　月曜日　午前、陸軍砲兵大佐倉橋豊家・陸軍歩兵少佐松浦靖雍仁親王御学友松浦治父参殿につき、謁を賜う。○迪宮御日誌、桑野鋭日記

午後、雍仁親王・宣仁親王と共に東宮御所にお成りになり、皇太子に御拝顔になる。呉海軍工廠よ

り三親王に献上の潜水艇模型を御覧の後、参殿の王世子李垠と御対顔になる。ついで主馬寮分厩にお成りになり、皇太子及び王世子の御乗馬を御覧になり、御自らも会寧に召される。○迪宮御日誌、皇孫御殿日誌、桑野鋭日記、東宮職日誌、東宮記、裕仁親王殿下御乗馬録

皇孫御用掛土屋正直を御使として葉山へ遣わされ、皇太子妃の御容体をお伺いになる。○桑野鋭日記

学習院始業式

十一日　火曜日　午前七時四十分、学習院始業式に御参列のため、雍仁親王・宣仁親王と共に馬車にて御出門、学習院本院にお成りになる。帰途、東宮御所にお立ち寄りになり、宣仁親王の学習院初等学科入学の祝詞を皇太子に言上される。また御帰殿後には、侍臣より祝詞をお受けになる。○迪宮御日誌、皇孫御殿日誌、皇孫御殿日記、桑野鋭日記、東宮職日誌、御学業御報告書、御教育録、東宮記

御養育関係者による議決

午後、皇孫御養育掛長丸尾錦作を始め御養育関係者による会議が行われ、以下の要項が議決される。

一、侍医は一週三回学習院へ参観の事

一、御復習は学習院より御帰殿後十五分間を置き四十五分間差上る事

一、御学友は月水金の午後出仕の事

一、御用掛は月水金三曜日を除きては御復習差上たる後随意退出差支なき事

一、御就寝前必ず柔軟体操被遊事

一、御乗馬は先づ迪宮のみ土曜日に被遊事　後、木曜に変更

一、二週に一回御同級の皇族を被召事　但予め金曜日と定め前以て先方へ申入る事

○桑野鋭日記、雍仁親王実紀

四年級第一学期授業開始

十二日　水曜日　本日より授業開始につき、午前七時三十分、雍仁親王・宣仁親王と共に馬車にて御出門、学習院初等学科へ御登院になり、午後一時五十五分御帰還になる。四年級第一学期の時間割は左のとおり。

	第一時	第二時	第三時	第四時	第五時
月	訓話	算術	唱歌 体操	国語	書方
火	国語	算術	地理	体操 唱歌	図画
水	訓話 国語	算術	唱歌 体操	国語	書方
木	国語	算術	体操	綴方	手工
金	訓話 国語	算術	体操 唱歌	国語	書方
土	国語	算術	図画		

○迪宮御日誌、皇孫御殿日誌、皇孫御殿日記、桑野鋭日記、御学業御報告書、学習院初等学科教場日誌

皇后への御手紙

沼津御滞在中の皇后へ宛てて御手紙を認められ、明十三日御発送になる。

だん〴〵お暖になりまして、東京は桜もちつて今は若葉の美しいころとなりました。御ばゞ様おかはりはあらせられませんか、おうかがひ申上げます。沼津ではたび〳〵うかがひまして、種々な物をいただきましてありがたうございます。又、度々おなりをねがひましておそれ入りました。東京では淳宮も光宮もわたくしもぢやうぶで居りますから御安心あそばせ。休みの間はしんじゆくや、どう物園などへまゐりました。学校は今日からはじまりまして、光宮も学習院にまゐりました。御ばゞ様おからだをおだいじにあそばせ。光宮からもよろしく申上げます。

四月十二日

裕仁

御ばゞ様

○迪宮御日誌、迪宮御言行録、桑野鋭日記

依仁親王・同妃英国へ出立につき、御使として皇孫御養育掛長丸尾錦作を新橋停車場まで遣わされ

る。○桑野鋭日記

十四日　金曜日　雍仁親王・宣仁親王及び御同級の博忠王・邦久王、雍仁親王御同級の春仁王、宣仁親王御同級の藤麿王と共に、各御学友一同を伴われ学習院より御帰還になり、お揃いにてお遊びになる。○迪宮御日誌、皇孫御殿日誌、皇孫御殿日記、桑野鋭日記、雍仁親王実紀、高松宮宣仁親王

十五日　土曜日　雍仁親王・宣仁親王と共に東宮御所にお成りになり、皇太子と御夕餐を御会食になる。○迪宮御日誌、皇孫御殿日誌、皇孫御殿日記、桑野鋭日記、東宮職日誌、東宮記

十六日　日曜日　午後、雍仁親王・宣仁親王と共に馬車にて新宿御苑にお成りになり、虫捕りなどをされる。○迪宮御日誌、皇孫御殿日誌、皇孫御殿日記、桑野鋭日記

皇后沼津より還啓につき、奉迎のため皇孫御養育掛長丸尾錦作を新橋停車場に遣わされる。この日皇后より、先般の御手紙の褒美として硯屏及び机掛を賜わる。○迪宮御日誌、皇孫御殿日記、桑野鋭日記、昭憲皇太后実録、宮内省省報、官報

十七日　月曜日　第一時限の授業において、学習院御用掛小笠原長生より佐久間艇長海軍大尉佐久間勉。その指揮する第六潜水艇は、明治四十三年四月十五日山口県新湊沖にて遭難。引き揚げられた艇内から発見された佐久間の遺書は大きな反響を呼んだについての講演を御聴講になる。○御学業御報告書、学習院初等学科教場日誌、小笠原長生日記

佐久間艇長に関する講話

十八日　火曜日　皇太子参謀演習旅行御覧のため宮城県下行啓につき、皇孫御養育掛長丸尾錦作を

御使として上野停車場へ遣わされる。〇桑野鋭日記、東宮職日誌

十九日　水曜日　葉山御滞在中の皇太子妃へ、御機嫌伺いとして皇孫御用掛作間富生を遣わされる。〇桑野鋭日記

二十二日　土曜日　鳩彦王妃允子内親王内着帯につき、鰑料を贈進され、内親王よりは万那料が贈られる。〇迪宮御日誌、桑野鋭日記

二十三日　日曜日　雍仁親王・宣仁親王と共に浜離宮にお成りになり、釣魚、散歩等をされる。午後、昌子内親王・恒徳王が参苑につき御対顔になり、御一緒に御散歩になる。〇迪宮御日誌、皇孫御殿日誌、皇孫御殿日記、桑野鋭日記、迪宮御言行録

休日御日記

この日、御日記の草稿を記され、ついで御清書になる。以後、学習院休業の日は、御日記をつけられる。〇迪宮御日誌

雍仁親王の負傷

二十五日　火曜日　昨夜、雍仁親王は御用掛・侍女等をお相手に馬跳びの遊戯中転倒負傷し、左肘関節を脱臼する。よって当分の間、雍仁親王は学習院を休学し静養につき、宣仁親王とお二方にて御通学になる。〇迪宮御日誌、皇孫御殿日誌、皇孫御殿日記、桑野鋭日記、雍仁親王実紀

二十六日　水曜日　午後、天皇皇后御使として典侍柳原愛子参殿につき、雍仁親王の御座所におい

て謁を賜う。○迪宮御日誌、皇孫御殿日記

正式に御乗馬練習を始められる

二十七日　木曜日　御乗馬の御稽古を正式に開始される。午後二時、学習院よりの帰途、主馬寮分厩にお立ち寄りになる。主馬頭藤波言忠の奉迎を受けられ、調馬師・技手の付添いにて会寧に御乗馬、埒内を十周、並足にて約二十分程駆け廻られる。以後毎週木曜日学習院よりの帰途、主馬寮分厩での御稽古を通例とされる。○迪宮御日誌、皇孫御殿日誌、皇孫御殿日記、桑野鋭日記、裕仁親王殿下御乗馬録、今上陛下御乗馬誌

午後五時、宣仁親王と共に東宮御所の御車寄にお成りになり、宮城県下演習地より還啓の皇太子を奉迎され、ついで御拝顔になる。○迪宮御日誌、桑野鋭日記、迪宮御言行録

御誕辰

二十九日　土曜日　午前七時、皇孫御養育掛長丸尾錦作以下より満十歳の御誕辰の祝詞をお受けになり、それより学習院へ御登校になる。九時三十分宣仁親王と共に学習院を御出門、東宮御所にお成りになり、皇太子に御拝顔になる。ついで十時、皇太子と御同乗にて東宮御所を御出門、御参内になり、天皇に御拝顔、ついで皇后に御拝顔になり、御対話になる。十一時五十分御退出、東宮御所を経て御帰還になる。御帰還後、雍仁親王へ皇后よりの御詞をお伝えになる。なお、皇太子妃御大患中につき、例年の御誕辰御祝宴はお取り止めとなる。○迪宮御日誌、皇孫御殿日誌、皇孫御殿日記、桑野鋭日記、迪宮御言行録、御学業御報告書、東宮職日誌、東宮記、皇后宮職日記、宮内省省報、学習院初等学科教場日誌

御養育関係者への賞賜

本月宣仁親王が学習院初等学科に入学し、三親王いずれも無事就学年齢に達したことにより、御養育担当者の皇孫御養育掛長丸尾錦作・東宮主事桑野鋭・皇孫御用掛土屋正直・同松平乗統・同作間富生・侍女取締渥美千代・侍女坂野鈴・同清水シゲ・同足立タカ・侍医加藤照麿・同吉松駒造・侍医補原田貞夫・同長田重雄に対し、永年の勤労の廉をもって天皇・皇后より賜品並びに賜金あり。○皇孫御殿日記、桑野鋭日記、重要雑録、昭憲皇太后実録

三十日　日曜日　葉山御滞在中の皇太子妃へ、御機嫌伺いとして皇孫御養育掛長丸尾錦作を遣わされる。○桑野鋭日記

五月

旅順口閉塞隊に関する講話

二日　火曜日　第一時限の授業において、学習院御用掛小笠原長生より旅順口閉塞隊についての講演を御聴講になる。十七日には、この日の続きをお聴きになる。○御学業御報告書、小笠原長生日記、学習院初等学科教場日誌

車馬監根村当守は、迪宮乗馬主任を命じられる。○桑野鋭日記

三日　水曜日　午後、宮中顧問官木戸孝正参殿につき謁を賜い、暫時御談話になる。また木戸に対し、標本室における動物剝製、御採集の蝶などの参観を許される。○迪宮御日誌、桑野鋭日記、木戸孝正日記

四日　木曜日　この日、学習院初等学科遠足の実施日なるも、皇太子妃御大患中のため御参加をお見合わせになる。○迪宮御日誌、皇孫御殿日誌、桑野鋭日記、迪宮御言行録、御学業御報告書

関東都督大島義昌より『満蒙写真帖』が献上される。○皇孫御殿日記、桑野鋭日記

東宮主事桑野鋭を御使として葉山へ遣わされる。○桑野鋭日記

五日　金曜日　午後、宣仁親王と共に東宮御所に御参殿、直ちに広芝にお成りになり、皇太子の御乗馬を御覧になる。暫時にして御帰還になる。○迪宮御日誌、皇孫御殿日誌、皇孫御殿日記、桑野鋭日記、東宮職日誌、東宮記

七日　日曜日　昨六日午後十一時五十分、成久王妃房子内親王分娩、王女子が誕生する。よってこの日、皇孫御養育掛長丸尾錦作を御使として北白川宮邸に遣わされる。新誕の女王は十二日美年子《みねこ》と命名につき、同じく丸尾掛長を御使として同宮邸に遣わされ、三種交魚一折を進められる。○皇孫御殿日記、宮内省省報、官報、桑野鋭日記

美年子女王誕生

八日　月曜日　この日、先月二十五日以来休学中であった雍仁親王の通学再開につき、三親王お揃いにて御通学になる。○皇孫御殿日誌、皇孫御殿日記、桑野鋭日記

十二日　金曜日　午後、川村春子参殿につき、謁を賜う。標本室にて種々御採集品をお示しになる。○迪宮御日誌、桑野鋭日記

十三日　土曜日　午前十時、雍仁親王・宣仁親王と共に学習院を御出門、御参内になり、皇太子と御一緒に天皇に御拝顔になる。ついで皇后に御拝顔になる。〇迪宮御日誌、皇孫御殿日誌、皇孫御殿日記、桑野鋭日記、御学業御報告書、東宮職日誌、東宮記、皇后宮職日記、学習院初等学科教場日誌

午後、皇孫御養育掛長丸尾錦作の娘トモ子並びに息子正彦参殿につき謁を賜い、玩具等を賜う。〇迪宮御日誌

雍仁親王・宣仁親王と共に東宮御所にお成りになり、皇太子と御夕餐を御会食になる。〇迪宮御日誌、皇孫御殿日誌、皇孫御殿日記、桑野鋭日記、東宮職日誌、東宮記

十四日　日曜日　学習院輔仁会春季大会が催されるも、皇太子妃なお御大患中につき御参加のことなし。〇迪宮御日誌、迪宮御言行録、御学業御報告書

雍仁親王・宣仁親王と共に馬車にて御出門、新宿御苑にお成りになる。〇迪宮御日誌、皇孫御殿日誌、皇孫御殿日記、桑野鋭日記

葉山御用邸御滞在中の皇太子妃へ、御使として皇孫御用掛土屋正直を遣わされる。〇桑野鋭日記

十五日　月曜日　午後、雍仁親王・宣仁親王及び御学友等と共に外庭を御運動になる。内苑寮出張所において草花を御覧になり、ついで養蚕所・製茶場においてそれぞれ説明をお聞きになる。〇迪宮御日誌、皇孫御殿日誌、皇孫御殿日記、桑野鋭日記

十七日　水曜日　参謀総長奥保鞏より、『明治四十三年特別大演習写真帖』が献上される。○迪宮御日誌

十八日　木曜日　午後、雍仁親王・宣仁親王と共に東宮御所にお成りになり、皇太子に御拝顔になる。○迪宮御日誌、皇孫御殿日誌、皇孫御殿日記、桑野鋭日記、東宮職日誌、東宮記

御夕餐後、皇孫御用掛土屋正直をお相手に貝類標本を整理され、名称不詳の貝類につきお調べになる。○迪宮御日誌

皇后伊勢行啓につき、皇孫御養育掛長丸尾錦作を新橋停車場へ遣わされる。○桑野鋭日記

十九日　金曜日　皇太子千葉県下へ行啓につき、皇孫御用掛松平乗統を両国橋停車場へ遣わされる。○桑野鋭日記

二十日　土曜日　御夕食後、皇孫御用掛土屋正直をお相手に貝類の名称をお調べになり、「リウテン」と称する珍しき貝を見つけられ、御興奮の御様子あり。○迪宮御日誌、迪宮御言行録

二十一日　日曜日　午前十時、雍仁親王・宣仁親王と共に御出門、東京帝室博物館にお成りになる。館内において動物剥製を御覧になり、手帳に動物名を書き留められる。表慶館において御昼餐の後、池ノ端の東京勧業展覧会会場にお成りになり、会長平山成信の案内にて陳列品を巡覧され、特に楽焼製作及び硝子取扱方法を熱心に御覧になる。○迪宮御日誌、皇孫御殿日誌、皇孫御殿日記、桑野鋭日記

東京勧業展覧会

陸軍中央幼年学校にお成り

二十二日　月曜日　午後零時三十五分、雍仁親王・宣仁親王と共に馬車にて御出門、陸軍中央幼年学校牛込区市谷本村町にお成りになる。便殿において校長松浦寛威に賜謁の後、予科・本科生等の学課・唱歌の様子を御覧になる。引き続き撃剣・柔道・銃剣術等の諸技、生徒の絵画等を御覧になり、二時三十分御帰還になる。○迪宮御日誌、皇孫御殿日誌、皇孫御殿日記、桑野鋭日記

二十三日　火曜日　皇后伊勢より還啓につき、皇孫御養育掛長丸尾錦作を御使として新橋停車場に遣わされる。○迪宮御日誌、桑野鋭日記

二十四日　水曜日　午後、雍仁親王・宣仁親王と共に東宮御所にお成りになり、御車寄において千葉県下より還啓の皇太子を御奉迎になり、引き続き御拝顔になる。○迪宮御日誌、皇孫御殿日記、桑野鋭日記

二十五日　木曜日　皇孫御養育掛長丸尾錦作を皇太子妃への御使として葉山へ遣わされる。○桑野鋭日記

二十六日　金曜日　雍仁親王・宣仁親王及び邦久王・博忠王・春仁王・藤麿王と共に、渡辺昭・大迫寅彦・久松定孝以下の御学友・御同級を伴われ学習院より御帰殿になり、御一緒に外庭において擬戦を行われる。親王は隊長、敵軍隊長は博忠王、宣仁親王・藤麿王及びその同級生は衛生兵を務める。赤旗・黄旗を御使用になり、第一回は御造営建築中の東宮御所下攻撃戦、第二回は広芝方面遭遇戦、第三回は洗心亭防衛戦、第四回は退却戦として行われる。○迪宮御日誌、皇孫御殿日誌、皇孫御殿日記、桑野鋭日記

日本海海戦の講話

二十七日　土曜日　海軍記念日につき、例刻学習院に御通学になるも授業はなく、学習院御用掛小笠原長生より日本海海戦の講話をお聴きになる。本月三十一日及び六月五日にも続きをお聴きになる。○迪宮御日誌、皇孫御殿日誌、御学業御報告書、学習院初等学科教場日誌、小笠原長生日記

海軍大佐千坂智次郎に謁を賜う。千坂は去る二十三日東宮武官より軍艦津軽艦長に転補し、この日暇乞のため参殿する。○迪宮御日誌、桑野鋭日記

水交社にて相撲御覧

午後零時五十五分、雍仁親王・宣仁親王と共に御出門、水交社にお成りになる。同所に行啓の皇太子に陪され、海軍記念日祝賀会の余興である相撲を御覧になる。取組番付表に勝敗を御記入になり、三役、横綱の取組まで御覧になる。三時四十五分皇太子に続き御出門、御帰殿になる。○迪宮御日誌、皇孫御殿日誌、皇孫御殿日記、桑野鋭日記、東宮職日誌、東宮記、小笠原長生日記、水交社記事

二十八日　日曜日　午前、皇后御誕辰につき侍臣一同の拝賀・参賀をお受けになる。○迪宮御日誌、皇孫御殿日誌、桑野鋭日記

御昼餐後、新任東宮武官海軍中佐山岡豊一参殿につき、謁を賜う。○迪宮御日誌、桑野鋭日記

御写真撮影

三十一日　水曜日　午後、丸木利陽の奉仕にて御写真を撮影される。雍仁親王・宣仁親王とお揃いの御写真及び各親王御一方ずつの御写真をお撮りになり、ついで本日参殿の御学友・同級生、御附

高等官なども御一緒に御撮影になる。〇迪宮御日誌、皇孫御殿日誌、皇孫御殿日記、桑野鋭日記

六月

二日　金曜日　この日、東宮武官長兼東宮大夫村木雅美は兼官を免じられ、男爵波多野敬直が東宮大夫に任じられる。午後、村木・波多野両名参殿につき、謁を賜う。〇迪宮御日誌、進退録、桑野鋭日記、斎藤桃太郎日記、宮内省省報、官報

麻布御殿御訪問

三日　土曜日　午後、雍仁親王・宣仁親王と共に麻布御殿にお成りになり、聰子内親王に御対顔になる。〇迪宮御日誌、皇孫御殿日誌、皇孫御殿日記、桑野鋭日記

雍仁親王・宣仁親王と共に東宮御所にお成りになり、皇太子と御夕餐を御会食になる。〇迪宮御日誌、皇孫御殿日誌、皇孫御殿日記、桑野鋭日記、東宮職日誌、東宮記

四日　日曜日　午後、雍仁親王・宣仁親王と共に華族会館にお成りになり、皇太子及び王世子李垠と御一緒に打毬を御覧になる。〇迪宮御日誌、皇孫御殿日誌、皇孫御殿日記、桑野鋭日記、東宮職日誌

三輪車を御愛好

近来、特に三輪車に親しまれ、連日の如くお乗りになる。この日も朝より御運動場において中央畳敷の周囲を約一時間にわたりお巡りになり、華族会館より御帰還後及び御夕食後にもお乗りになる。〇迪宮御日誌、迪宮御言行録

海軍参考館にお成り

六日　火曜日　午前九時五分、雍仁親王・宣仁親王と共に御出門、学習院初等学科校外教授として海軍参考館にお成りになる。海軍大学校長吉松茂太郎等の案内にて三笠艦東郷大将旗、ロジェストウェンスキー降伏の旗、佐久間艇長遺書、坂元赤城艦長戦死の軍服等、館内の諸参考品を御覧になり、ついで屋外の参考品を御巡覧になる。帰途芝離宮にお立ち寄りになり、便殿において海軍参考館において御覧の参考品を手帳にお書き留めになる。御昼餐後は釣魚などをされ、三時十五分同所御出門、御帰殿になる。○迪宮御日誌、皇孫御殿日誌、皇孫御殿日記、桑野鋭日記、迪宮御言行録、御学業御報告書、学習院初等学科教場日誌、小笠原長生日記

九日　金曜日　雍仁親王・宣仁親王と共に東宮御所にお成りになり、皇太子と御夕餐を御会食になる。○迪宮御日誌、皇孫御殿日誌、皇孫御殿日記、桑野鋭日記、迪宮御言行録、東宮職日誌、東宮記

皇太子妃への御手紙

十日　土曜日　午後、雍仁親王・宣仁親王と共に東宮御所にお成りになり、御車寄において皇太子の静岡県行啓を御奉送になる。○迪宮御日誌、皇孫御殿日誌、皇孫御殿日記、桑野鋭日記、東宮職日誌

葉山において御静養中の皇太子妃に宛て御手紙を認められる。

　おたたさま日一日とおよろしくおなりあそばしてうれしうございます。もうおにはさきのごうんどうもあそばしますか、おしよくじもようめしあがりますか。
私共はまいにちげんきよく学校にかよつてをりますからごあんしんくださいませ。

私はまいもくよう日に馬のけいこにまゐつてをります。もう早足になりました。このごろは「かいねい《会寧(馬号)》」にのつてをります。三輪車もこのごろからはじめました。

もう自由にのりまはすことができます。

五月二十七日には水交社ですまふを見、六月六日には校外教授で水交社の参考館に行つて日露日清の戦争の記念物を多く見ました。

おたたさますます〳〵お暑くなりますからなほ〳〵おだいじにあそばして一日も早くごぜんかいをいのります。

六月十日　　　　裕仁

御母上様

○迪宮御日誌、桑野鋭日記、迪宮御言行録

十二日　月曜日　皇孫御養育掛長丸尾錦作夫人鍵子病気につき、御尋として菓子一折代料を下賜される。○桑野鋭日記

皇太子妃の御回復

十七日　土曜日　午後、皇太子妃御使として東宮女官吉見光子参殿につき謁を賜い、皇太子妃より

の賜品の披露を受けられる。皇太子妃は腸チフスの御大患より漸く御恢復、一昨十五日にはお清めを行われ、この日御忌明につき、三親王に三種交魚等を贈られる。親王は吉見に三輪車の御運動の様子などをお見せになり、ついで標本室へ伴われ、皇太子妃へのお慰み品として朝鮮鶩の剝製を選び、託される。○迪宮御日誌、皇孫御殿日記、桑野鋭日記、迪宮御言行録、東宮職日誌、貞明皇后実録

午後、雍仁親王・宣仁親王と共に東宮御所にお成りになり、御車寄において静岡県行啓より還啓の皇太子を御奉迎になる。○迪宮御日誌、皇孫御殿日記、桑野鋭日記、東宮職日誌、皇孫御殿日記、東宮記

十八日　日曜日　午前、雍仁親王・宣仁親王と共に上野動物園にお成りになり、サル・カバ・シロクマ等を御覧になる。○迪宮御日誌、皇孫御殿日誌、皇孫御殿日記、桑野鋭日記

陸貝の御採集

午後、外庭において昆虫を御採集のところ、貝類には陸産のものも種々あることをお聞きになる。よってトンボ捕りのかたわら頻りに樹木の間を御探索になり、諏訪の茶屋付近においてキセル貝と思しき貝を御採集になる。御帰還後、『貝の手引』にてお調べになり、「ナミコギセル」と確認される。○迪宮御日誌、皇孫御殿日誌、迪宮御言行録

十九日　月曜日　皇太子は学習院に行啓され、裕仁親王・雍仁親王・宣仁親王の御学事を御覧になる。○桑野鋭日記、御学業御報告書、東宮職日誌、小笠原長生日記、学習院初等学科教場日誌

二十三日　金曜日　雍仁親王・宣仁親王・邦久王・博忠王・春仁王・藤麿王及び御学友等と共に学習院より御帰還になり、外庭その他で擬戦を行われる。○迪宮御日誌、皇孫御殿日記、桑野鋭日記、迪宮御言行録

名和昆虫研究所長名和靖が参殿する。名和より献上の昆虫文鎮、蝶の鱗粉転写標本等の披露を受けられる。○迪宮御日誌、桑野鋭日記、名和靖日記、昆虫世界

二十四日　土曜日　雍仁親王・宣仁親王と共に東宮御所にお成りになり、皇太子と御夕餐を御会食になる。皇太子より沼津中学校生徒採集の蝶の標本を賜わる。○迪宮御日誌、皇孫御殿日誌、皇孫御殿日記、桑野鋭日記、迪宮御言行録、東宮職日誌、東宮記

美年子女王賢所初参拝につき、万那料を御贈進になる。○迪宮御日誌、桑野鋭日記、宮内省省報

二十五日　日曜日　皇太子妃並びに雍仁親王の御誕辰につき、午前九時、雍仁親王・宣仁親王と共に東宮大夫波多野敬直・宮内省御用掛弘田長及び御附高等官の拝賀を受けられる。ついで川村春子参殿につき、謁を賜う。九時三十分御出門、東宮御所にお成りになり、皇太子に祝詞を言上される。

皇太子妃御誕辰雍仁親王誕辰

この日、葉山御滞在中の皇太子妃へ、電報をもって御誕辰をお祝いになる。○迪宮御日誌、皇孫御殿日誌、皇孫御殿日記、桑野鋭日記、迪宮御言行録、東宮職日誌、皇后宮職日記、東宮記

鷺畔翁の狂言

午後、皇孫仮御殿において、雍仁親王誕辰の余興として鷺畔翁の狂言が演じられる。御参殿の皇太

子を始め雍仁親王・宣仁親王及び春仁王・博忠王・藤麿王・邦久王と共に御覧になる。また、三親王の各御学友も陪観する。○迪宮御日誌、皇孫御殿日誌、皇孫御殿日記、桑野鋭日記、迪宮御言行録

二十六日　月曜日　午後、伯爵土方久元参殿につき、謁を賜う。○迪宮御日誌、土方久元日記

南山の戦の講話

二十八日　水曜日　学習院において、陸軍省副官和田亀治より日露戦役における南山攻撃についての講演をお聴きになる。終わって機関銃の空砲発射を御覧になり、ついで食堂に陳列された平瀬与一郎収集の貝類を約一時間半にわたり御覧になる。御帰還後、講演並びに展示について、侍女をお相手に熱心にお話しになる。○迪宮御日誌、御学業御報告書、学習院初等学科教場日誌、小笠原長生日記

二十九日　木曜日　午後、貝の標本、及び皇孫御用掛土屋正直より献上の淡水産貝類をお調べになる。○迪宮御日誌

七月

皇太子妃御床払

一日　土曜日　皇太子妃は三月末より御大患のところ、漸く恢復され、この日正式に御床払につき、御祝として東宮主事桑野鋭を葉山へ遣わされ、万那料を進上される。皇太子妃よりは時計付飛行機模型を贈られ、御夕餐には御祝御膳を賜わる。○迪宮御日誌、皇孫御殿日記、桑野鋭日記、迪宮御言行録、東宮職日誌、東宮記、貞明皇后実録

葉山の皇太子妃を御訪問

二日　日曜日　午前九時三十分、雍仁親王・宣仁親王と共に御出門、十時新橋停車場を御発車になり、正午葉山御用邸に御到着になる。直ちに皇太子妃に拝顔され、御昼餐を御会食になる。それより御談話、あるいは唱歌合唱などをされ、学校成績品を御覧に入れられる。また庭内を御散歩になり、村民による奉祝花火の打上げを御覧になる。午後三時四十分御出門、皇孫仮御殿に御帰還になる。○迪宮御日誌、皇孫御殿日誌、皇孫御殿日記、桑野鋭日記、迪宮御言行録、貞明皇后実録

四年級第一学期終業

五日　水曜日　本日をもって第一学期は終了し、明日より夏期休業となる。○迪宮御日誌、皇孫御殿日記、桑野鋭日記、御学業御報告書、学習院初等学科教場日誌

七日　金曜日　午前、雍仁親王・宣仁親王と共に捕虫網・携帯箱等を携えられ、外庭において昆虫採集をされる。午後はお揃いにて新宿御苑にお成りになり、花園一円において昆虫採集を試みられる。○迪宮御日誌、皇孫御殿日誌、皇孫御殿日記、桑野鋭日記

八日　土曜日　午前、宮中顧問官木戸孝正参殿につき、謁を賜う。○桑野鋭日記、木戸孝正日記

振天府御見学

午後、雍仁親王・宣仁親王と共に振天府にお成りになり、侍従武官長中村覚の説明により戦利品及び四兵の花瓶《はないけ》明治天皇が自ら考案され、広島大本営内に飾られた釣花瓶。鐙を台にして、これに砲弾の信管を花瓶として載せ、小銃の槊杖と野戦電信に用いる銅線をもって吊す。それぞれ騎兵・砲兵・歩兵・工兵を意味する等の日清戦役記念品を御覧になり、ついで戦死者・戦病死者の写真・遺品等を拝観される。○迪宮御日誌、皇孫御殿日誌、

皇孫御殿日記、桑野鋭日記、迪宮御言行録、明治天皇紀、明治天皇、振天府拝観記

九日　日曜日　午前、皇太子御参殿につき、御拝顔になる。また、昌子内親王・房子内親王がそれぞれ参殿につき、御対顔になる。○迪宮御日誌、皇孫御殿日誌、皇孫御殿日記、桑野鋭日記、迪宮御言行録、東宮記

雍仁親王・宣仁親王と共に東宮御所にお成りになり、皇太子と御昼餐を御会食になる。○迪宮御日誌、皇孫御殿日誌、皇孫御殿日記、桑野鋭日記、迪宮御言行録、東宮職日誌、東宮記

学習院教授石井国次・同木村保寿・同宮本主税が三親王の御成績表を携え参殿につき、謁を賜う。○迪宮御日誌、桑野鋭日記、御学業御報告書、学習院初等学科教場日誌

十日　月曜日　午前、天皇・皇后の御使として典侍柳原愛子参殿につき、謁を賜う。○迪宮御日誌、皇孫御殿日記、桑野鋭日記、皇后宮職日記

明日伊香保へ御旅行の御予定のところ、皇太子の御沙汰により十四日に御延引になる。○皇孫御殿日記、重要雑録、桑野鋭日記、官報

十一日　火曜日　皇孫御養育掛長丸尾錦作は東宮御所へ参殿し、皇太子に三親王の御学業成績を言上する。○桑野鋭日記

十二日　水曜日　雍仁親王・宣仁親王と共に浜離宮にお成りになり、釣魚等にて過ごされる。○迪宮御

日誌、皇孫御殿日記、桑野鋭日記

皇太子妃より御拝領の貝を御確認

十三日　木曜日　午前十一時三十五分、雍仁親王・宣仁親王と共に東宮御所にお成りになり、葉山より還啓の皇太子妃を御奉迎になる。御帰殿後、この日皇太子妃より賜わった大型の貝が『貝の手引』にて「トウカムリ」であると確認される。これにつき御感激の旨を侍臣・出仕等にお話しになる。○迪宮御日誌、皇孫御殿日誌、皇孫御殿日記、桑野鋭日記、迪宮御言行録、東宮職日誌、東宮記、貞明皇后実録

明日より伊香保へ御避暑につき、雍仁親王・宣仁親王と共に再び東宮御所にお成りになり、皇太子・同妃に御暇乞をされ、御夕餐を御会食になる。○迪宮御日誌、皇孫御殿日誌、皇孫御殿日記、桑野鋭日記、迪宮御言行録、貞明皇后実録

伊香保に御避暑

十四日　金曜日　午前八時三十分、雍仁親王と共に御出門、伊香保へ向かわれる。九時二十分上野停車場御発車、正午高崎停車場に御着車、それより電車に乗り換えられ、伊香保停留場より徒歩にて伊香保御料地に御到着になる。御着後、群馬県知事神山閏次以下事務官・警察部長・群馬郡長等及び勲四等木暮武太夫に謁を賜う。なお、宣仁親王は違例のため同行せず。○迪宮御日誌、皇孫御殿日誌、皇孫御殿日記、東宮職日誌、皇后宮職日記、桑野鋭日記、迪宮御言行録、重要雑録、宮内省省報、官報

昆虫採集

十五日　土曜日　雍仁親王と共に午前は物聞山及び見晴山方面に、午後は水源地方面に御運動になり、昆虫採集等をされる。御帰還後は採集された昆虫の名称調べなどをされる。伊香保御滞在中は、

御料地内及び周辺において、連日の如く昆虫採集を行われ、採集された昆虫の調査、標本作りなどにてお過ごしになる。○迪宮御日誌、皇孫御殿日誌、桑野鋭日記

十六日　日曜日　午前、七重滝、御膳水方面に御運動になる。○迪宮御日誌、皇孫御殿日誌、桑野鋭日記

十七日　月曜日　午後、水沢街道地蔵河原方面に御運動になる。○迪宮御日誌、皇孫御殿日誌、桑野鋭日記

十八日　火曜日　午前、物聞山、見晴山方面に御運動になる。○迪宮御日誌、皇孫御殿日誌、桑野鋭日記

午後三時、宣仁親王が伊香保御料地に到着につき、御車寄においてお迎えになる。○迪宮御日誌、皇孫御殿日誌、桑野鋭日記、桑野鋭日記、伊香保御成日誌、重要雑録、宮内省省報、官報

十九日　水曜日　午前、三親王お揃いにて、物聞山、見晴山方面に御運動になる。○迪宮御日誌、皇孫御殿日誌、桑野鋭日記

二十日　木曜日　午前は雍仁親王と共に二ツ岳道東屋方面に、午後は物聞山山麓に御運動になる。○迪宮御日誌、皇孫御殿日誌、桑野鋭日記

二十一日　金曜日　雍仁親王と共に榛名道を御遠足になり、最高所に位置する茶屋までお成りになる。○迪宮御日誌、皇孫御殿日誌、桑野鋭日記

二十三日　日曜日　前橋地方裁判所長石井喜兵衛・同裁判所検事正村上正世・前橋税務署長渡辺正

三・前橋市長江原桂三郎・高崎市長内田信保御機嫌奉伺のため参邸につき、謁を賜う。○迪宮御日誌、桑野鋭日記

二十四日　月曜日　午後、雍仁親王と共に、物聞山、見晴山方面に御運動になる。翌日、翌々日も同方面にお成りになる。○迪宮御日誌、皇孫御殿日誌、桑野鋭日記

二十七日　木曜日　雍仁親王・宣仁親王と共に御出門、大滝、弁天滝、七重滝を御巡覧、それより向山の男爵岩崎小弥太別邸にお成りになる。○迪宮御日誌、皇孫御殿日誌、桑野鋭日記

二十八日　金曜日　午前、守正王妃伊都子参邸につき、御対顔になる。○迪宮御日誌、桑野鋭日記、梨本伊都子日記 群馬県知事神山閏次参邸につき、謁を賜う。蝶標本額が献上される。○迪宮御日誌、桑野鋭日記 午後、雍仁親王と共に物聞山、見晴山方面に御運動になる。○迪宮御日誌、皇孫御殿日誌、桑野鋭日記

二十九日　土曜日　午後、高崎税務署長伏見東二郎、専売局高崎支所長鶴崎重久御機嫌奉伺のため参邸につき、謁を賜う。○迪宮御日誌、桑野鋭日記

八月

夏期休業中の御学事

一日　火曜日　この日より夏期休業中の御学事を始められ、平日午前八時及び九時から、それぞれ四十五分間ずつ行うこととされる。また御運動は、午前の御学事終了後の二時間、午後二時より二

時間、御夕餐後の六時より一時間と定められる。このほか三親王の御学友・御同級各二名ずつが出仕することとなる。この日は、午前の御学事終了後、三親王お揃いにて見晴山方面に御運動、昆虫採集をされ、午後は東京より御学友久松定孝・松平直国及び雍仁親王御学友三条実憲・松浦治が参邸出仕し（宣仁親王御同級仙石久武・水野忠泰は明二日より出仕）、相撲、鬼事などにて過ごされる。また、御庭において花崗岩・火山礫等の鉱物採集をされる。○迪宮御日誌、皇孫御殿日誌、桑野鋭日記、迪宮御言行録、雍仁親王実紀

二日　水曜日　午後、雍仁親王及び御学友等と共に見晴山方面に御運動になる。○迪宮御日誌、皇孫御殿日誌、桑野鋭日記

三日　木曜日　午後、第十四師団長鮫島重雄参邸につき、謁を賜う。○迪宮御日誌、桑野鋭日記

雍仁親王及び御学友等と共に見晴山方面に御運動になる。○迪宮御日誌、皇孫御殿日誌

群馬県下尋常高等小学校等の生徒による図画・手工・書方などの成績品が献上され、御覧になる。以後しばしばこれらの作品を御自身の作品御制作の際に御覧になり、参考とされる。○迪宮御日誌、桑野鋭日記

五日　土曜日　雍仁親王及び御学友等と共に見晴山方面に御運動になる。○迪宮御日誌、皇孫御殿日誌

日光御滞在中の皇太子妃へ御手紙を認められる。○迪宮御日誌、桑野鋭日記

相馬山御登山

六日　日曜日　午前八時三十分、雍仁親王・宣仁親王及び御学友等と共に御出門、各自水筒・弁当・捕虫網等を持参され、相馬山方面へ御遠足になる。見晴山付近において昆虫採集の後、二ツ岳方面

にお成りになり、蒸湯観巒亭において宣仁親王とお別れになる。これより先は雍仁親王と共に濃霧の中を進まれ、二ツ岳西麓を過ぎ相馬山麓に到達され、それより草を刈り、岩石に拠りつつ急峻なる坂路を登られる。正午山腹に草を敷き、弁当を召される。再び御登攀になり、午後一時頃「北辰妙見」と刻された石を据える峰に御到達になる。それより直ちに下山され、蒸湯観巒亭より伊香保街道に出られ、御帰還になる。○迪宮御日誌、皇孫御殿日誌、桑野鋭日記、迪宮御言行録、雍仁親王実紀

七日 月曜日 午前、雍仁親王・宣仁親王と共に、伊香保町役場前より電車停留場付近まで御運動になる。途中守正王滞在中の木暮別荘にお立ち寄りになるも不在につき、方子女王・規子女王への御土産をお残しになり、御帰邸になる。○迪宮御日誌、皇孫御殿日誌、桑野鋭日記

群馬県知事神山閏次、学習院教授宮本主税にそれぞれ謁を賜う。○迪宮御日誌、桑野鋭日記

榛名山へ御遠足

八日 火曜日 午前七時、雍仁親王・宣仁親王及び御学友等と共に御出門、榛名山へ御遠足になる。途中、御経験の意味と時間短縮のため駕籠に召されヤセホネ峠に至る坂路を登られるも、むしろ御苦痛の御様子あり。ヤセホネ峠よりは徒歩にて進まれ、天神峠を経て榛名神社に御到着になる。同神社に御会釈の後、鞍掛岩を御覧になり、神社下にて駕籠に召され、天神峠より湖畔亭にお成りになる。同所にて高崎警察署長吉田恒喜に謁を賜い、有志者による煙火、榛名湖上の風光等を御覧に

なる。御昼餐後、色鉛筆にて榛名富士、湖畔の風景などを写生される。帰途には昆虫、植物を採集されつつ、旧街道を経て、午後四時御帰邸になる。○迪宮御日誌、皇孫御殿日誌、桑野鋭日記、迪宮御言行録

鳩彦王妃允子内親王着帯につき、三種交魚を御贈進になる。○桑野鋭日記

十日　木曜日　午前、群馬県知事神山閏次より献上の県産昆虫標本・県産植物腊葉標本・榛名山模型地図の披露を受けられる。献上品持参の群馬県内務部長佐藤孝三郎に謁を賜う。○迪宮御日誌、桑野鋭日記

オオムラサキを御捕獲

午後、見晴山方面にて昆虫採集を試みられ、オオムラサキを捕獲される。○迪宮御日誌、皇孫御殿日誌、桑野鋭日記、迪宮御言行録

夜、伊香保町民及び浴客による皇孫お慰みの提灯行列を御覧になる。○迪宮御日誌、桑野鋭日記、梨本伊都子日記、伊香保小学校沿革日誌

十一日　金曜日　明日帰京の守正王参邸につき、御対顔になる。○皇孫御殿日誌、桑野鋭日記、梨本伊都子日記

十二日　土曜日　午後、雍仁親王及び御学友等と共に見晴山方面に御運動になる。○迪宮御日誌、皇孫御殿日誌

十三日　日曜日　午前、雍仁親王及び御学友等と共に見晴山方面に御運動になり、ついで向山の岩崎別邸にお成りになる。同所において湯元方面より到着の宣仁親王と御一緒に御昼餐を召される。○迪宮御日誌、皇孫御殿日誌、桑野鋭日記

日本蝶類図説

十四日　月曜日　子爵松平乗承皇孫御用掛松平乗統父参邸につき、謁を賜う。同人より『日本蝶類図説』宮島幹之助著・『動物写真帖』等が献上される。○迪宮御日誌、桑野鋭日記

十五日　火曜日　午前、御一方にて向山の岩崎別邸、湯沢方面に御運動になる。○迪宮御日誌、皇孫御殿日誌、桑野鋭日記
この日、これまで伺候の御学友・御同級は帰京する。元御相手加藤鋭五参邸につき、謁を賜う。○桑野鋭日記
皇太子へ御手紙を御発送になる。○桑野鋭日記
十六日　水曜日　本日より御学友大迫寅彦・渡辺昭、及び雍仁親王御学友小笠原長英・御同級近衛忠麿、宣仁親王御同級岩倉具実・大浦兼次が伺候する。○迪宮御日誌、皇孫御殿日誌、桑野鋭日記
十七日　木曜日　午前、雍仁親王・宣仁親王及び御学友等と共に御出門、伊香保神社方面より見晴山へ御運動になる。○迪宮御日誌、皇孫御殿日誌、桑野鋭日記
午後、侍医加藤照麿夫人常子が子供五名を同伴し参邸につき、謁を賜う。○迪宮御日誌、桑野鋭日記
十八日　金曜日　午後、雍仁親王・宣仁親王及び御学友等と共に御出門になり、離山までお成りになる。途中地蔵河原付近において宣仁親王とお別れになり、蝶などを御採集になる。○迪宮御日誌、皇孫御殿日誌、桑野鋭日記
十九日　土曜日　午後、学習院御用掛小笠原長生及び梨本宮家令坪井祥参邸につき、謁を賜う。○迪宮御日誌、皇孫御殿日誌、桑野鋭日記、小笠原長生日記
二十日　日曜日　近衛貞子雍仁親王御同級近衛忠麿母参邸につき、謁を賜う。○迪宮御日誌、桑野鋭日記

学習院教授石井国次御機嫌奉伺として参邸につき、謁を賜う。石井は翌日も参邸拝謁する。○皇孫御殿日誌、桑野鋭日記

二十一日　月曜日　日光御滞在中の皇太子妃及び昌子内親王・房子内親王への御使として、皇孫御養育掛長丸尾錦作を遣わされる。○桑野鋭日記

二十二日　火曜日　午後、雍仁親王と共に御学友等を交え、見晴山、渋垂沢方面に御運動になる。○迪宮御日誌、皇孫御殿日誌、桑野鋭日記

水沢村へ御遠足

二十六日　土曜日　水沢方面へ御遠足につき、午前九時三十分雍仁親王・宣仁親王及び両親王の御同級等と共に御出門になり、地蔵河原を経て水沢村に御到着になる。暫時昆虫採集の後、水沢観音にお成りになり御会釈をされ、境内を御覧になる。それより饂飩屋清水屋において弁当をお召しになる。帰途にも昆虫採集をされつつ、午後二時五十分御帰邸になる。○迪宮御日誌、皇孫御殿日誌、桑野鋭日記

天皇・皇后より、活動写真及び回転射的の玩具等を賜わる。○迪宮御日誌、桑野鋭日記

歩兵第二十八旅団長蠣崎富三郎参邸につき、謁を賜う。○桑野鋭日記

明日帰京の元御相手加藤鋭五参邸につき、謁を賜う。○迪宮御日誌、桑野鋭日記

二十七日　日曜日　午前七時、雍仁親王・宣仁親王及び御学友等と共に御出門、ヤセホネ峠方面に

榛名山沼ノ原における陸軍歩兵の対抗演習を御覧

向かわれる。昆虫採集の後、沼ノ原において陸軍歩兵中佐古木秀太郎の説明により、歩兵第十五聯隊の対抗演習を御覧になる。演習休止後、歩兵第二十八旅団長蠣崎富三郎・歩兵第十五聯隊長渡辺湊に謁を賜い、聯隊将校・兵卒の敬礼を受けられる。次に密集教練を御覧になり、終わって「君が代」吹奏裡に同地を後にされ、午後二時御帰邸になる。親王が軍隊の演習を御覧になるのは今回をもって初めとし、御日記に以下のように認められる。

御日記

ぬまの原に第十五れんたいのえんしふを見に行つた。私は前から一ぺんみたいと思つてゐた所へ今日はじめて見られたからうれしかつた。朝七時にみうちを出てやせほねで九時半をまつてゐた。

やがてえんしふがはじまつた。東軍はぬまの原に陣をかまへた。西軍は、はる名町から大軍をもつてこ水《スヰ》の南を通つて攻めてきた。

東軍の陣にたいして西軍も山から山へと陣をはつた。さかんにてつぽうをうちながらだん〳〵ちかづいてくる。いよ〳〵ちかくくると西軍のれんたい長は「つゝこめ」とごうれいをくだした。西軍は勇しく時のこゑを上げて敵じんにせめいつた。そこできうせんらつぱがなりました。それからみつしふ教れんを見てやせほねのちややでごぜんをたべてかへりました。

○迪宮御日誌、皇孫御殿日誌、桑野鋭日記、迪宮御言行録、雍仁親王実紀

伊香保尋常高等小学校運動会

二十八日　月曜日　伊香保尋常高等小学校による皇孫お慰みの運動会に御臨席のため、午前九時五分雍仁親王・宣仁親王及び御学友等と共に御出門、会場の八千代公園に向かわれる。先着の守正王妃伊都子・方子女王・規子女王に御会釈の後、御席にて渦行進・毬送り・ダンス・袋くぐり等の種目を御覧になる。十時三十分終了、直ちに御帰邸になる。○迪宮御日誌、伊香保小学校沿革日誌、皇孫御殿日誌、桑野鋭日記、梨本伊都子日記

御昼餐後、学習院教授木村保寿参邸につき、謁を賜う。○迪宮御日誌、桑野鋭日記

二十九日　火曜日　明日帰京の守正王妃伊都子参邸につき、御対顔になる。○迪宮御日誌、皇孫御殿日誌、桑野鋭日記、梨本伊都子日記

伊香保町へ賜金

伊香保町の公共事業費の一部として金百五十円を賜う。○桑野鋭日記

三十日　水曜日　午前、本日帰京の大迫寅彦・渡辺昭・小笠原長英・岩倉具実は暇乞のため参邸する。なお、近衛忠麿・大浦兼次は家族と共に伊香保に留まる。○迪宮御日誌、桑野鋭日記

午後、雍仁親王・宣仁親王及び近衛・大浦等と共に、見晴山より湯ノ平方面に御運動になる。湯ノ平において、皇孫御用掛土屋正直所持の写真機にて、二ツ岳方面などを御撮影になる。○迪宮御日誌、皇孫御殿日誌、桑野鋭日記

三十一日　木曜日　群馬県農事試験場長青山三治郎より、益虫・害虫に区分された昆虫標本が献上

される。〇迪宮御日誌、桑野鋭日記

この日、雑誌『昆虫世界』を御覧の際、これまで御採集・整理された昆虫のうち、「夕まだらせゝり」としたものは誤謬であることを、御自身にて見出される。〇迪宮御日誌、迪宮御言行録

九月

一日　金曜日　午前八時四十五分雍仁親王・宣仁親王と共に御出門、水沢方面に御運動になる。途中昆虫採集をされつつ、水沢村より柏木街道をお進みになり、滝見ノ松において船尾瀑布を御覧になる。〇迪宮御日誌、皇孫御殿日誌、桑野鋭日記

船尾滝を御覧

二日　土曜日　午前、雍仁親王と共に水沢街道を御運動になる。地蔵河原を経て、街道沿いの御料林に拡がる草原において昆虫を御採集になる。帰路、大野御料林入口付近の雑木林において、スズラン、ツリフネソウなどの植物を御採集になる。〇迪宮御日誌、皇孫御殿日誌、桑野鋭日記

午後、群馬郡長樫田三郎御機嫌奉伺のため参邸につき、謁を賜う。〇迪宮御日誌、桑野鋭日記

三日　日曜日　午前、侍医補岩波節治参邸につき、謁を賜う。岩波は英国皇帝戴冠式参列の依仁親王・同妃に随行渡英し今般帰朝につき、同人より御土産として献上の懐中時計・戴冠式画報・手帳・

動物絵葉書・切抜玩具に関し、約一時間にわたり説明をお聞きになる。○迪宮御日誌、桑野鋭日記

四日　月曜日　群馬県知事神山閏次、同警察部長岸本蔦次にそれぞれ謁を賜う。○迪宮御日誌、桑野鋭日記

伊香保より御帰京

五日　火曜日　雍仁親王・宣仁親王と共に御帰京になる。午前八時、伊香保御料地を御出門、伊香保停留場にて臨時電車に乗車され、高崎において汽車に乗り換えられ、午後一時五十分上野停車場に御着になる。高崎・熊谷・上野の各停車場における関係地方官・軍人・鉄道院技師等への賜謁は例の如し。二時二十五分皇孫仮御殿に御帰殿になる。○迪宮御日誌、皇孫御殿日誌、桑野鋭日記、迪宮御言行録、宮内省省報、官報、斎藤桃太郎日記、小笠原長生日記

御帰殿後、学習院長乃木希典等に謁を賜う。○迪宮御日誌、皇孫御殿日記、桑野鋭日記

六日　水曜日　東宮侍講本居豊穎参殿につき、謁を賜う。○迪宮御日誌、桑野鋭日記

侍医補岩波節治より、英国動物園の話をお聞きになる。○迪宮御日誌

七日　木曜日　午後、博忠王参殿につき、雍仁親王・宣仁親王と共に御対顔になる。伊香保にて御採集の昆虫を示され御説明になる。ついで三輪車にてお遊びになる。○迪宮御日誌、皇孫御殿日誌、桑野鋭日記

御同級佐藤健参殿につき、謁を賜う。○桑野鋭日記

九日　土曜日　午前、雍仁親王・宣仁親王と共に上野動物園にお成りになり、ゾウ・サル・ライオン・カバ・シロクマ等を御巡覧になる。○迪宮御日誌、皇孫御殿日誌、桑野鋭日記、黒川義太郎日誌

この日、関東都督大島義昌・帝室博物館総長股野琢・侍医補秋月昱蔵参殿につき、それぞれ謁を賜う。○迪宮御日誌、桑野鋭日記

十日 日曜日 午前、丸尾錦作夫人鍵子に謁を賜う。鍵子は病中御尋の御礼旁々、御機嫌奉伺のため参殿する。○迪宮御日誌、桑野鋭日記

午後、春仁王参殿につき、御対顔になる。伊香保御滞在中のこと、特に御採集の蝶類につき、実物をお示しになりお話しになる。○迪宮御日誌、皇孫御殿日誌、桑野鋭日記、閑院宮日記抜抄

四年級第二学期始業式

十一日 月曜日 午前七時、雍仁親王・宣仁親王と共に御出門、学習院本院にお成りになり、第二学期始業式に御参列になる。○迪宮御日誌、皇孫御殿日誌、皇孫御殿日記、桑野鋭日記、迪宮御言行録、御学業御報告書、小笠原長生日記

十二日 火曜日 第二学期の授業開始につき、午前七時三十分、雍仁親王・宣仁親王と共に御出門、学習院に御通学になる。○迪宮御日誌、皇孫御殿日誌、皇孫御殿日記、桑野鋭日記、御学業御報告書、学習院初等学科教場日誌

午後、雍仁親王・宣仁親王と共に御出門、東宮御所に御参殿になり、御車寄において日光より還啓の皇太子妃を奉迎され、ついで御拝顔になり、暫時御会話になる。○迪宮御日誌、皇孫御殿日誌、皇孫御殿日記、桑野鋭日記、東宮職日誌、貞明皇后実録

紀久子女王誕生

この日、午前八時三十分鳩彦王妃允子内親王分娩、王女子誕生につき、東宮主事桑野鋭を御使とし

て祝詞をお伝えになる。十八日紀久子《きくこ》と命名につき、桑野を御使として遣わされ、御祝を贈られる。○迪宮御日誌、桑野鋭日記、宮内省省報、官報

十三日　水曜日　午後、雍仁親王・宣仁親王と共に東宮御所に御参殿になり、皇太子妃に御拝顔になる。○迪宮御日誌、皇孫御殿日誌、皇孫御殿日記、桑野鋭日記、東宮職日誌

十四日　木曜日　乗馬御稽古を再開される。○迪宮御日誌、皇孫御殿日記、桑野鋭日記、裕仁親王殿下御乗馬録

午後、雍仁親王・宣仁親王と共に東宮御所に御参殿になる。皇太子妃に御拝顔の後、御車寄において北海道より還啓の皇太子を御奉迎になる。○迪宮御日誌、皇孫御殿日誌、皇孫御殿日記、桑野鋭日記、東宮職日誌、宮内省省報、官報

十五日　金曜日　午後、東宮大夫波多野敬直に謁を賜う。○皇孫御殿日誌、皇孫御殿日記、桑野鋭日記

十六日　土曜日　定刻学習院に御登院後、午前九時四十分、雍仁親王・宣仁親王と共に学習院を御出門、東宮御所にお立ち寄りになり、それより皇太子と御同乗にて御参内になる。御座所において天皇に御拝顔になり、ついで皇后に御拝顔になる。午後零時四十五分皇太子と共に御出門、東宮御所へお立ち寄りの上、皇孫仮御殿に御帰還になる。○迪宮御日誌、皇孫御殿日誌、皇孫御殿日記、桑野鋭日記、迪宮御言行録、御学業御報告書、東宮職日誌、東宮記、皇后宮職日記、明治天皇紀、大正天皇実録、学習院初等学科教場日誌

御参内

午後、先般英国より帰朝の依仁親王・同妃周子参殿につき、御対顔になる。ついで子爵曽我祐準に

英国より帰朝の依仁親王同妃に御対顔

謁を賜う。○迪宮御日誌、皇孫御殿日誌、皇孫御殿日記、桑野鋭日記

雍仁親王・宣仁親王と共に東宮御所に御参殿になり、皇太子・同妃に拝顔され、依仁親王・同妃と御対顔になる。依仁親王より贈進の英国陸軍軍人模型玩具にてお遊びになり、皇太子が行啓地よりお持ち帰りの北海道産物を御覧になる。○迪宮御日誌、皇孫御殿日誌、皇孫御殿日記、桑野鋭日記

十七日　日曜日　午前、昌子内親王、恒徳王を伴い参殿につき、御対面になる。内親王より剝製鳥類の贈進を受けられる。○迪宮御日誌、皇孫御殿日誌、皇孫御殿日記、桑野鋭日記

御収集の昆虫を分類整理される

学習院初等学科父兄懇話会に際し開催の展覧会に御出品のため、この日午後、夏期休業中御収集の昆虫類を再び分類整理される。その数二百三十余点に及び、これらを一つのガラス箱に納められる。○迪宮御日誌、迪宮御言行録

十八日　月曜日　皇太子塩原御用邸へ行啓につき、御奉送のため皇孫御養育掛長丸尾錦作を東宮御所へ遣わされる。○桑野鋭日記、東宮職日誌、宮内省省報、官報

黄海海戦の講話

第一時限の授業において、学習院御用掛小笠原長生より日清戦役における黄海海戦についての講話を御聴講になる。十月二日にも続きをお聞きになる。○小笠原長生日記、御学業御報告書、学習院初等学科教場日誌

この日より御学友大迫寅彦・渡辺昭及び雍仁親王・宣仁親王の御学友・同候補者が皇孫仮御殿に出

仕する。以後、御学友・同候補者は月・水・金の各曜日、学習院下校時に出仕する。○皇孫御殿日記、桑野鋭日記

二十一日　木曜日　午後、学習院長乃木希典は、親王の乗馬御練習を拝見する。○迪宮御日誌、桑野鋭日記

雍仁親王・宣仁親王と共に東宮御所に御参殿になり、皇太子妃に御拝顔になる。皇太子妃よりヨットの玩具、軍人人形その他を賜わる。○迪宮御日誌、皇孫御殿日記、桑野鋭日記、東宮職日誌、東宮記

乃木院長の英国旅行談

二十二日　金曜日　学習院第五時限の授業において、学習院長乃木希典より英国戴冠式参列旅行の講話をお聴きになる。旅行談の続きとして、十月五日には英国の田舎の話、同十三日には英国少年隊の話、学校の話、ルーマニア王国の話などを御聴講になる。○御学業御報告書、学習院初等学科教場日誌、小笠原長生日記、乃木院長記念録

二十三日　土曜日　午前、伯爵川村鉄太郎参殿につき、謁を賜う。○皇孫御殿日記、桑野鋭日記

夏期休業中の収集品として昆虫標本等御出品

この日、学習院初等学科父兄懇話会につき、授業は休課となり、夏期休業中の学生蒐集品展覧会が行われる。親王は昆虫標本一箱、腊葉標本数十枚、植物の野生状態を示す大腊葉標本三枚のほか、絵葉書五十枚程を御出品になる。午後一時、雍仁親王・宣仁親王と共に展覧会場にお成りになり、約三十分間、各級学生より出品された標本類・図画・習字・手工品、絵葉書・各地物産等を御覧になる。○迪宮御日誌、皇孫御殿日記、皇孫御殿日記、桑野鋭日記、御学業御報告書、学習院初等学科教場日誌、輔仁会雑誌、小笠原長生日記

雍仁親王・宣仁親王と共に東宮御所に御参殿になり、皇太子妃と御夕餐を御会食になる。○迪宮御日誌、皇孫御

殿日誌、皇孫御殿日記、桑野鋭日記、東宮職日誌、貞明皇后実録

二十四日　日曜日　午前、皇太子妃御参殿につき、雍仁親王・宣仁親王と共に御座所、標本室等を御案内になり、貝類標本等を御覧に入れられる。○迪宮御日誌、皇孫御殿日誌、皇孫御殿日記、桑野鋭日記

午後一時、雍仁親王・宣仁親王と共に新宿御苑にお成りになり、稲こき、甘藷掘り、零余子採りなどをされる。○迪宮御日誌、皇孫御殿日誌、皇孫御殿日記、桑野鋭日記

二十五日　月曜日　午後、雍仁親王・宣仁親王と共に東宮御所に御参殿になる。皇太子妃に御拝顔の後、御車寄において塩原より還啓の皇太子を御奉迎になり、ついで表御座所へ移られ、皇太子・同妃と御談話になる。○迪宮御日誌、皇孫御殿日誌、皇孫御殿日記、桑野鋭日記、東宮職日誌、宮内省省報、官報

植物への御関心

二十七日　水曜日　近来、植物への御関心を大いに高められる。この日は、先に皇太子より御拝領の北海道産パンプキンの各種種子を別々の袋に分けられ、各袋の表面に種子の形状を描かれ、色鉛筆にて彩色し、整理される。○迪宮御日誌、迪宮御言行録

箱庭作り

二十八日　木曜日　この日より、御殿内砂場にて箱庭作りに熱中される。○迪宮御日誌

二十九日　金曜日　午後、博忠王・邦久王・春仁王・藤麿王及び御学友等参殿につき、総勢十八名にて海戦遊びなどをされる。○迪宮御日誌、皇孫御殿日誌、皇孫御殿日記、桑野鋭日記

三十日　土曜日　午後、雍仁親王・宣仁親王と共に代々木御料地にお成りになり、栗拾いなどをされる。○迪宮御日誌、皇孫御殿日誌、皇孫御殿日記、桑野鋭日記

十月

一日　日曜日　雍仁親王・宣仁親王と共に東宮御所に御参殿になり、皇太子に御拝顔の後、先月二十七日より御風気にて御仮床中の皇太子妃を御見舞になる。○迪宮御日誌、皇孫御殿日誌、皇孫御殿日記、桑野鋭日記、東宮職日誌、東宮記

二日　月曜日　かねてより御延引又はお取り止めとされていた本年の皇太子、皇太子妃及び裕仁親王の御誕辰の祝賀が併せて行われる。午後二時、雍仁親王・宣仁親王と共に御附高等官等の拝賀をお受けになる。それより三親王お揃いにて御出門、東宮御所に御参殿になり、表御座所において皇太子に御拝顔、祝詞を言上される。ついで御奥にて御仮床の皇太子妃に御拝顔、同じく祝詞を言上され、暫時皇太子妃の御側にて御談話、お遊びの後、御帰殿になる。六時御祝御膳あり。御夕餐後、侍臣等は巴御前・牛若丸・弁慶・児島高徳・山法師・常盤御前・菅公・豊太閤・大石内蔵助・加藤清正等にそれぞれ仮装し、活人画の余興を御覧に入れ、最後に御運動場に整列して万歳を三唱する。○迪宮御日誌、皇孫御殿日誌、皇孫御殿日記、桑野鋭日記、迪宮御言行録、御学業御報告書、東宮職日誌、東宮記、大正天皇実録、貞明皇后実録、斎藤桃太郎日記

皇太子同妃及び裕仁親王の御誕辰祝賀

侍臣による活人画の余興

前日の活人画に対する御批評

三日　火曜日　昨日の活人画の仮装につき、種々批評を試みられる。すなわち、菅公の恩賜の御衣の場面においては、月が丸く出ているべきこと、加藤清正の場面では熊の毛皮を用いていたが、東宮御所から虎の毛皮を拝借すべきであったこと、秀吉が手紙を破る場面では、むしろ揉みくちゃにして投げ捨てるべきであることなど、種々御意見を述べられる。○迪宮御言行録

伊土戦争に関する講話

四日　水曜日　昨日付官報号外をもって、伊土戦争に対し局外中立を宣言する詔書が発布される。この日、学習院における昼休みの時間、初等学科主任石井国次による同詔書の捧読、並びに伊土戦争の経過に関する講話をお聞きになる。○御学業御報告書、官報、学習院初等学科教場日誌、桑野鋭日記

五日　木曜日　皇太子妃御床払につき、午後二時四十分、雍仁親王・宣仁親王と共に御出門、東宮御所において皇太子妃に御挨拶を申し上げ、引き続き御談話になる。四時頃、皇太子御乗馬より還啓につき御拝顔になり、暫時にして御帰殿になる。○迪宮御日誌、皇孫御殿日誌、皇孫御殿日記、桑野鋭日記、東宮職日誌、東宮記、貞明皇后実録

竹田宮邸御訪問

七日　土曜日　午後、雍仁親王・宣仁親王と共に竹田宮邸にお成りになる。昌子内親王・恒徳王と御対顔、同邸に参邸の房子内親王・永久王・美年子女王とも御対顔になる。西洋館・花園など、邸内を御巡覧になり、永久王とお遊びになる。○迪宮御日誌、皇孫御殿日誌、皇孫御殿日記、桑野鋭日記

多摩川にて鮎漁御覧

八日　日曜日　午前八時、雍仁親王・宣仁親王と共に馬車にて御出門、鮎漁御覧のため多摩川にお

成りになる。渋谷より三軒茶屋・駒沢を経て九時過ぎ玉川村二子渡に御着になる。同所において舟に召され、投網による鮎漁を御覧になる。終わって茶亭亀屋に移られ、御昼餐を召される。この間、河原より打ち上げられる玉川電気鉄道主催の奉祝煙火を御覧になる。午後再び御乗船になり、鵜飼漁の様子を御自ら写真撮影される。また、川岸では麻布小学校生徒の運動会が催され、舟上より撃剣の野試合を御覧になる。午後二時五十五分御着岸、直ちに馬車に乗車され、御帰還になる。この日漁獲の鮎十三籠を皇太子・同妃へ御献上になる。○迪宮御日誌、皇孫御殿日誌、皇孫御殿日記、桑野鋭日記、迪宮御言行録、雍仁親王実紀

皇太子妃御平癒祝賀の内宴

十日　火曜日　東宮御所において皇太子妃御平癒祝賀の内宴御催しにつき、雍仁親王・宣仁親王と共に御参殿になり、午後五時三十分より皇太子・同妃並びに聰子内親王と御会食になる。この日、

初めての正式晩餐

初めて正式の晩餐に臨まれる。当日の御献立は以下のとおり。

鶏肉羹　蒸焼鯛　牛酪煎若鶏　煮込牛肉

皿焼花菜蒸焙鴨

菓子　湯蒸粕庭羅　苺汁入氷菓子

御食事後の御団欒中、唱歌を三親王お揃いにて、あるいは御一方ずつ御披露になる。この日記念品として亀置物形銀製ボンボニエール並びに台盛菓子を皇太子・同妃より御拝領になり、三親王より

皇太子へ銀製茄子形香炉を、皇太子妃へ銀製蕪形香炉をそれぞれ御献上になる。○迪宮御日誌、皇孫御殿日誌、皇孫御殿日記、桑野鋭日記、迪宮御言行録、東宮職日誌、東宮記、貞明皇后実録

乃木院長献上の仏国革命時代歴史画

十三日　金曜日　学習院長乃木希典より仏国革命時代歴史画が献上される。よってこの日夕刻、雍仁親王・宣仁親王及び御学友等と共に、皇孫御用掛松平乗統の説明により御覧になる。○迪宮御日誌、皇孫御殿日記、桑野鋭日記

十五日　日曜日　午前八時、雍仁親王・宣仁親王と共に東宮御所にお成りになり、皇太子の特別騎兵演習岐阜・愛知両県及び海軍聯合小演習地広島湾及び佐伯湾への行啓を御奉送になる。○迪宮御日誌、皇孫御殿日誌、皇孫御殿日記、桑野鋭日記、東宮職日誌、宮内省省報、官報

午後、皇太子妃お成りにつき、標本室など御殿内を御案内になり、また御前にて読本の楠木正行の条を朗読される。○迪宮御日誌、皇孫御殿日誌、皇孫御殿日記、桑野鋭日記、迪宮御言行録、東宮職日誌

学習院開院紀念式

十八日　水曜日　午前八時より学習院本院において開院紀念式挙行につき、雍仁親王・宣仁親王と共に御臨席になる。式後直ちに御出門、新宿御苑にお成りになり、昆虫・水中動物等を御採集になる。また、午後には栗拾い、芋掘りなどにて過ごされ、午後三時御帰殿になる。○迪宮御日誌、皇孫御殿日誌、皇孫御殿日記、桑野鋭日記、御学業御報告書、学習院初等学科教場日誌

トラファルガー海戦の講話

二十日　金曜日　明二十一日は英国海軍提督ネルソン戦死の記念日につき、第一時限の授業において、学習院御用掛小笠原長生よりトラファルガー海戦の講話をお聴きになる。十一月十日にも、続きをお聴きになる。○御学業御報告書、学習院初等学科教場日誌、小笠原長生日記

午後、房子内親王、永久王同伴にて参殿につき御対面になる。ついで永久王を交え、雍仁親王・宣仁親王と共にお遊びになる。○迪宮御日誌、皇孫御殿日誌、桑野鋭日記

学習院輔仁会秋季陸上運動会

二十二日　日曜日　午前九時四十分御出門、雍仁親王・宣仁親王と共に学習院本院における輔仁会第十五回陸上大運動会に臨まれ、百五十メートル競走、センターボールに御参加になる。午後三時御出門、御帰還になる。○迪宮御日誌、皇孫御殿日誌、皇孫御殿日記、桑野鋭日記、宮内省省報、御学業御報告書、学習院初等学科教場日誌、小笠原長生日記

二十三日　月曜日　午前、雍仁親王・宣仁親王と共に東宮御所に御参殿になり、皇太子妃に御拝顔になる。○迪宮御日誌、皇孫御殿日誌、皇孫御殿日記、桑野鋭日記、東宮職日誌、東宮記

午後、雍仁親王・宣仁親王及び御学友等と共に外庭において擬戦をされる。御自ら指揮官として号令を下され、第一回は丸山前にて、第二回は丸山御茶屋にて、第三回、第四回は御池辺にて、第五回は帰路にて行われる。この日擬戦のお遊びについて、兵隊よりも大将を好まれる旨を述べられる。また雍仁親王は、兵隊は働けるから面白い旨を述べられる。○迪宮御日誌、皇孫御殿日誌、迪宮御言行録

二十五日　水曜日　午後、雍仁親王・宣仁親王と共に広芝にお出ましになり、博忠王・春仁王・藤麿王及び御学友等と御一緒に紐取り、徒競走、ドッジボール、障害物競走などの競技を行われる。○迪宮御日誌、皇孫御殿日誌、皇孫御殿日記、桑野鋭日記

二十七日　金曜日　学習院よりの帰途、切通し前にて皇太子妃と御出会になり、お揃いにて御帰殿になる。皇太子妃は、親王と御学友等との紐取り・手巾抜等の様子を御覧の後、御帰還になる。○迪宮御日誌、皇孫御殿日記、東宮職日誌、東宮記、桑野鋭日記

二十八日　土曜日　雍仁親王・宣仁親王と共に東宮御所に御参殿になり、演習地より還啓の皇太子を御奉迎になる。○迪宮御日誌、皇孫御殿日誌、皇孫御殿日記、桑野鋭日記、東宮職日誌、宮内省省報、官報

初めての正式午餐

雍仁親王・宣仁親王と共に、初めて正式の形式による午餐を試みられ、皇孫御養育掛長丸尾錦作に陪食を仰せ付けられる。○迪宮御日誌、皇孫御殿日記、桑野鋭日記、迪宮御言行録

学習院初等学科運動会

二十九日　日曜日　午前、雍仁親王・宣仁親王と共に御出門、学習院初等学科運動会にお成りになり、四年級のプログラムである千鳥競争・凱旋門・非常競争・徒歩競争・雀の土産にはすべて御参加になる。午後一時、皇太子・同妃も御到着になり、競技を御覧になる。全競技終了後に賞品授与が行われ、御自身も非常競争における第三等の賞牌を受けられる。唱歌行進の後、学習院長乃木希典の

発声による天皇皇后、皇太子同妃万歳に合わせ、一同と共に御発声になる。終わって皇太子・同妃に続き御出門、御帰還になる。この日の運動会について、以下のように御作文を記される。

御作文

今日はまちにまつて居た運動会の日でございます。

朝早く起きて見たら雨が降つて居ましたから運動会がないかと思つてしんぱいいたしました。やがて八時ごろからだん〳〵と晴れて来て十一時頃から空が澄み渡つて一点の雲もなく、風暖にふいてまことによい天気になりました。十時半に学校に来て見ると入り口には六年級の作つたアーチがあり、来賓席は五年級がきれいにかざりまして、我が四年級は貴賓席をかざりました。その前にはがくに菊のごもんしようを作つてあつて、中には菊の花でくすだまをかざつたのや、その入り口には杉の葉の間に小さい旗がさしてありました。運動場には大きい旗や小さい旗がきれいにかざつてあつたので一そう景色を引きたてた。

おもう様とおたた様とが午後一時にいらつしやつて下さいまして私は大そううれしく思ひました。

午前十一時からはじまつて終は三時半でした。我四年級は千鳥きよう争、がいせん門、非常きよう争、徒歩きよう争、雀の土産の五つでした。非常きよう争で三等賞のめたるを取つた時は大そううれしうございました。たくさんの運動の中でも一番面白かつたのは雀のみやげと三年級の城攻とであつた。

終はうんどうくわいの唱歌をうたつて乃木院長のはつ声で一同万歳をとなへました。そして四時にかへりました。

今日は清らかな天気であつたからなほ運動会が面白かつた。

〇迪宮御日誌、皇孫御殿日誌、皇孫御殿日記、桑野鋭日記、東宮職日誌、迪宮御言行録、御学業御報告書、学習院初等学科教場日誌、小笠原長生日記、貞明皇后実録

三十一日　火曜日　紀久子女王賢所初参拝並びに初参内につき、皇孫御養育掛長丸尾錦作を御使として朝香宮邸へ遣わされ、三種交魚一折を贈られる。〇桑野鋭日記

御夕餐後、皇孫御用掛作間富生より伊土戦争、清国革命軍の話をお聞きになる。〇迪宮御日誌

十一月

一日　水曜日　この日より学習院の授業は午前九時に始業し、午後二時の終業となる。〇皇孫御殿日誌、桑野鋭日記、御学業御報告書、学習院初等学科教場日誌

天長節

三日　金曜日　天長節につき、午前七時五十分雍仁親王・宣仁親王と共に御出門、学習院初等学科

正堂における奉祝式に御参列になる。式後直ちに御帰殿になり、天長節観兵式行幸の鹵簿を御殿正門において御奉送になる。御附高等官以下の拝賀等恒例の如し。○迪宮御日誌、皇孫御殿日記、桑野鋭日記、迪宮御言行録、御学業御報告書

午後、雍仁親王・宣仁親王と共に東宮御所にお成りになり、皇太子・同妃に御拝顔になる。○迪宮御日誌、皇孫御殿日誌、皇孫御殿日記、桑野鋭日記、迪宮御言行録、東宮職日誌、東宮記

五日　日曜日　午前、丸尾正彦参殿につき謁を賜い、御一緒にお遊びになる。○迪宮御日誌

農科大学運動会

午後、雍仁親王・宣仁親王と共に御出門、東京帝国大学農科大学運動会にお成りになり、母衣曳競技等の運動競技や仮装行列を御覧になる。なお、この日より皇孫御利用の馬車は、これまで儀式等に利用されてきた蠟色塗ゴム輪仕様の馬車に変更される。○迪宮御日誌、皇孫御殿日誌、皇孫御殿日記、桑野鋭日記、迪宮御言行録

御利用の馬車の変更

六日　月曜日　午前十時、雍仁親王・宣仁親王と共に御出門、上野動物園にお成りになり、ラクダ・ギボン《テナガザル》・カメ等を御覧になる。午後は東京帝室博物館の貝蔵庫において種々の貝を御覧になる。

文展御覧

それより文部省美術展覧会にお成りになり、風景画・歴史画・動物画等を巡覧され、文部次官福原鐐二郎等に謁を賜う。午後二時四十分御発、御帰還になる。○迪宮御日誌、皇孫御殿日誌、皇孫御殿日記、桑野鋭日記、迪宮御言行録

午後五時、雍仁親王・宣仁親王と共に東宮御所に御参殿になり、皇太子・同妃と晩餐《洋食》を御会食に

なる。○迪宮御日誌、皇孫御殿日誌、皇孫御殿日記、桑野鋭日記、東宮職日誌、貞明皇后実録

七日 火曜日 この日天皇は陸軍特別大演習統監のため福岡県下へ行幸につき、御奉送のため皇孫御養育掛長丸尾錦作を新橋停車場へ遣わされる。なお、学習院初等学科学生は二重橋付近において奉送するため、午前中の授業は休止となる。○迪宮御日誌、皇孫御殿日誌、皇孫御殿日記、桑野鋭日記、御学業御報告書、学習院初等学科教場日誌、宮内省省報、官報

八日 水曜日 午後、旧明宮御殿跡の広場において、陸軍録事林田良平献上のプレミング式模型飛行機の飛行を、同人の実演により御覧になる。○迪宮御日誌、皇孫御殿日誌、皇孫御殿日記、桑野鋭日記、迪宮御言行録、東宮職日誌

高尾山遠足

十一日 土曜日 学習院初等学科遠足として高尾山にお成りになる。午前六時、雍仁親王・宣仁親王と共に御出門、四谷停車場において一般学生と合流され、八時二十五分浅川停車場に御着になる。それより徒歩にて高尾山に向かわれる。紅葉のなか薬王院・飯縄権現・奥社・見晴山等を巡られ、途中、見晴において四方を眺望される。薬王院本院において御昼食後、寺宝類を御覧になり、住職に謁を賜う。午後二時十分浅川停車場を御発車、四時四十分御帰殿になる。○迪宮御日誌、皇孫御殿日誌、皇孫御殿日記、桑野鋭日記、迪宮御言行録、御学業御報告書、学習院初等学科教場日誌

この夜より、色鉛筆にて画用紙に御想像の貝類を描かれ、独創的な名称などを付された説明図の作成を始められる。十四日に至り、九頁に及ぶ画帖を完成される。○迪宮御日誌、迪宮御言行録

御参内

十二日　日曜日　午前十時五十五分、雍仁親王・宣仁親王と共に御出門、東宮御所にお立ち寄りになり、それより皇太子・同妃と御同列にて御参内になる。この日の御参内は、皇后のお招きによるものにて、皇后に御拝顔後、一同にて午餐を御会食になる。御会食後種々御歓談になり、御退出前、唱歌「運動会」を合唱される。午後三時、皇太子・同妃と御同列にて宮城を御出門になり、東宮御所を経て御帰殿になる。○迪宮御日誌、皇孫御殿日誌、皇孫御殿日記、桑野鋭日記、東宮職日誌、皇后宮職日記、東宮記、迪宮御言行録、大正天皇実録、貞明皇后実録、昭憲皇太后実録、宮内省省報

十五日　水曜日　午後、皇后、赤坂離宮において御催しの観菊会へ行啓につき、学習院学生一同と共に初等学科正門前において御奉迎になる。○皇孫御殿日誌、桑野鋭日記、御学業御報告書、学習院初等学科教場日誌、官報

午後、雍仁親王・宣仁親王と共に東宮御所に御参殿になり、皇太子・同妃に御拝顔の上、明早朝に臨時師団対抗演習御視察のため関西地方へ行啓の皇太子に挨拶される。○迪宮御日誌、皇孫御殿日記、桑野鋭日記、東宮職日誌、東宮記、宮内省省報、官報

十六日　木曜日　午後、皇太子妃お成りにつき御拝顔になる。御成績品を御覧に入れられ、種々御談話になる。○迪宮御日誌、皇孫御殿日誌、桑野鋭日記

赤坂離宮の菊花御覧

十七日　金曜日　学習院初等学科学生は赤坂離宮の菊花拝観につき、授業は午前にて休止となる。午後一時四十分御出門、雍仁親王・宣仁親王と共に丸山の御茶屋にお出ましになり、参苑の学生と

合流、萩の御茶屋前の菊花を御巡覧になる。ついで僊錦閣付近を暫時御逍遙の後、学生一同とお別れになり、御帰還になる。○迪宮御日誌、皇孫御殿日誌、皇孫御殿日記、桑野鋭日記、御学業御報告書、学習院初等学科教場日誌

十八日 土曜日 学習院よりの御帰途、雍仁親王・宣仁親王と共に僊錦閣にお立ち寄りになり、皇太子妃と御昼餐を御会食になる。典侍柳原愛子が陪席する。それより御一緒に御苑内を御散策になり、菊花を観賞された後、皇太子妃を皇孫仮御殿へ御誘引になり、御成績品・昆虫標本・貝類・腊葉を御覧に入れられる。○迪宮御日誌、皇孫御殿日誌、皇孫御殿日記、桑野鋭日記、迪宮御言行録、東宮職日誌、東宮記、貞明皇后実録

十九日 日曜日 午前、渡辺千春宮内大臣伯爵渡辺千秋長男、御学友渡辺昭の父参殿につき謁を賜い、軍艦玩具・曲馬玩具・工業玩具の献上を受けられる。○迪宮御日誌、皇孫御殿日誌、皇孫御殿日記、桑野鋭日記

田村家伝来の貝類御拝領

二十一日 火曜日 午後、皇太子妃御参殿につき、雍仁親王・宣仁親王と共に御拝顔になる。東宮武官田村不顕より献上の貝類を御土産として賜わる。貝類は田村武官祖先一関藩主田村家の蒐集にかかる種々珍奇なるものにて、三親王は御相談のうえ分配される。○迪宮御日誌、皇孫御殿日誌、皇孫御殿日記、桑野鋭日記、迪宮御言行録、東宮職日誌、東宮記

二十二日 水曜日 御夕餐後、雍仁親王・宣仁親王と共に東宮御所に御参殿になり、御車寄において関西地方より還啓の皇太子を御奉迎になる。○迪宮御日誌、皇孫御殿日誌、桑野鋭日記、東宮職日誌、東宮記

二十三日 木曜日 午後、雍仁親王・宣仁親王と共に東宮御所に御参殿になり、御座所において皇

太子・同妃に拝顔され、折から参殿の載仁親王にも御対顔になる。○迪宮御日誌、皇孫御殿日記、桑野鋭日記、東宮職日誌、東宮記

軍艦薩摩御見学

二十六日　日曜日　軍艦薩摩第一艦隊旗艦を御見学のため、午前八時十分、雍仁親王・宣仁親王と共に馬車にて御出門になる。新橋停車場からは芳麿王・博忠王・朝融王・邦久王のほか御学友十名も合流し、学習院長乃木希典及び同御用掛小笠原長生が随伴する。横浜停車場より人力車にて税関波止場に向かわれ、艦載水雷艇にて薩摩に御乗艦になる。長官室において第一艦隊司令長官上村彦之丞及び艦長山口九十郎以下上長官に謁を賜う。ついで艦首に移られ、上錨・羅針・信号・海図・司令塔・砲塔及び諸室、救護演習・水雷塡込等を御巡覧、さらに薩摩・朝日と弥生以下駆逐艦・水雷艇との砲撃演習を御覧になる。御昼食は弁当を召され、午後は、御昼食中より吹奏を続ける軍楽隊のもとにお出ましになり、軍歌・唱歌等の演奏をお聴きになる。それより上甲板に移られ、馬蹄形に整列した総員による軍歌「決死隊」「軍人勅諭」の合唱をお聴きになる。ついで消火練習を御覧の後、午後二時十分御退艦、同四十分横浜停車場を御発車になり、御帰還になる。なお、薩摩艦御見学の実現には、学習院御用掛小笠原長生海軍軍令部出仕兼参謀が種々奔走し、この日は皇太子の御内命により専ら御案内の任に当たる。○迪宮御日誌、迪宮御言行録、皇孫御殿日誌、皇孫御殿日記、東宮職日誌、東宮記、桑野鋭日記、小笠原長生日記

二十七日　月曜日　去る二十四日、東宮主事子爵錦小路在明が死去する。この日葬儀執行につき、

三親王より供物料を下賜される。○進退録、桑野鋭日記

二十八日　火曜日　巖谷小波より同人著『小波お伽百話』が献上される。○桑野鋭日記

二十九日　水曜日　午後、皇太子お成りにつき、御庭において御拝顔になり、玩具の飛行機を飛揚せしめ、御覧に入れられる。ついで御座所に移られ、雍仁親王・宣仁親王と交代にて読本の朗読を御披露になる。○迪宮御日誌、皇孫御殿日誌、東宮職日誌、東宮記

三十日　木曜日　午後、雍仁親王・宣仁親王と共に東宮御所に御参殿になり、皇太子・同妃に御拝顔になる。○迪宮御日誌、皇孫御殿日誌、皇孫御殿日記、桑野鋭日記、東宮職日誌

十二月

貝類への御興味に関する側近の記録

一日　金曜日　頃日、貝類の御研究に深く御興味を示され、その熱心なる御様子につき、この日側近は以下のように記す。

貝類ニツキテノ御趣味ハ昆虫ニ次デ非常ニ御盛ニアラセラレ、御静ニ御机辺ニアラセラルヽ時ハ常ニ貝ヲ御玩ビアラセラレ、又貝類ノ標本整理ヲアソバサル、而シテ貝ニツキテノ御観念ハ朝ニモ夕ニモ将タ御寝時ニモ御食時ニモ露御念頭ヲ去ラシメラレザルゴトクニアラセラレ、従

テ其ニ関スル御知識モ亦非凡ニアラセラレ、書物ハ御読ミ得サセタマハザルモ、屢「貝の手引」ヲ侍臣ニ読マシメラレテ大方誦ジサセタマヒ、主ナル科ノ特徴ハ却テ大人ヨリモヨク御承知ニアラセラル、サレド余リ一事物ニ御熱中遊バサル、御事ハ害モ亦伴フヲ以テ、ツトメテ御適宜ニセサセタマフ様ニ計リ奉レリ、○迪宮御言行録

御作歌に対する側近の方針

二日　土曜日　来る新年の歌御会始の御題「松上鶴」の御歌をお考えになるも、この日はお出来にならず。以後本月中は、御題を始め種々の題にて御作歌を試みられる。なお、御歌の正式な御稽古はいまだ始められず、この時期の側近の方針として、御幼少時に作歌について種々批評・添削することは、いたずらに御思考を混乱させ、将来の御上達をかえって阻害する恐れがあるとの考えのもと、自由な御発想により、真の御興味から湧き出るものを詠み出されることに重点を置き、語調・字句等の誤りなどについては、出来る限り指摘しない方針が採られる。○迪宮御日誌、迪宮御言行録

三日　日曜日　午前、雍仁親王・宣仁親王と共に東宮御所に御参殿になり、皇太子妃に御拝顔、ついで皇太子に御拝顔になる。○迪宮御日誌、皇孫御殿日誌、皇孫御殿日記、桑野鋭日記、東宮記

御教育に関する側近の申し合せ

六日　水曜日　この日側近が協議を行い、親王の御訓育に関し注意すべき諸項を申し合わせる。そ

のうち、御教育に関しては次のとおり。

一、御知識ノ学校以外ニ余リ御広クナリ過ギタマフニ依リ御注意中上グル事

一、御習字ノ御奨励、訂正其他ニ一層御注意中上グル事

○迪宮御言行録

御違例

十日 日曜日 午前、雍仁親王・宣仁親王と共に東宮御所に御参殿になり、皇太子・同妃に御拝顔になる。○迪宮御日誌、皇孫御殿日誌、皇孫御殿日記、桑野鋭日記、東宮職日誌、東宮記

十三日 水曜日 藤麿王違例につき、三親王より御尋として菓子二重折を贈られる。○桑野鋭日記

十四日 木曜日 午後より発熱・下痢など腸胃カタルの症状にて御仮床になり、翌日より学習院を御休学になる。○迪宮御日誌、迪宮殿下御衛生報告録、迪宮御言行録、皇孫御殿日誌、皇孫御殿日記、桑野鋭日記、御学業御報告書、学習院初等学科教場日誌

十七日 日曜日 皇太子妃が御見舞としてお成りにつき、御拝顔になる。翌十八日には皇太子がお成りになる。○迪宮御日誌、皇孫御殿日誌、桑野鋭日記

四年級第二学期終業

十九日 火曜日 学習院第二学期授業は本日限りにて、明日より冬期休業となる。親王は御違例のため御仮床中にて、この日もお休みになる。○迪宮御日誌、皇孫御殿日誌、皇孫御殿日記、桑野鋭日記、御学業御報告書、学習院初等学科教場日誌

二十一日 木曜日 午後、博忠王・邦久王が御見舞として参殿する。○桑野鋭日記

二十三日　土曜日　午前、御撤床になる。○迪宮御日誌、皇孫御殿日誌、迪宮御言行録

学習院教授石井国次より第二学期通信簿が奉呈される。○桑野鋭日記、御学業御報告書、学習院初等学科教場日誌

二十四日　日曜日　午後、雍仁親王・宣仁親王と共に東宮御所に御参殿になる。皇太子・同妃に御拝顔になり、第二学期成績品、通信簿等を披露される。○迪宮御日誌、皇孫御殿日誌、皇孫御殿日記、桑野鋭日記、迪宮御言行録、東宮職日誌、東宮記

二十五日　月曜日　午前、学習院長乃木希典及び宮内省御用掛弘田長参殿につき、それぞれ謁を賜う。○迪宮御日誌、皇孫御殿日記、桑野鋭日記

二十六日　火曜日　午後、雍仁親王・宣仁親王と共に東宮御所に御参殿になり、皇太子・同妃に拝顔され、明日よりの沼津御転地につき、御暇乞になる。折から参殿の允子内親王に御対顔になる。○迪宮御日誌、皇孫御殿日誌、皇孫御殿日記、桑野鋭日記、東宮職日誌、東宮記

沼津に御避寒

二十七日　水曜日　御朝餐後、丸尾鍵子・正彦参殿につき、謁を賜う。○迪宮御日誌

午前十時、雍仁親王・宣仁親王と共に御出門、新橋停車場を御発車になり、沼津へ向かわれる。皇孫御養育掛長丸尾錦作以下が供奉する。午後二時三十分沼津停車場に御着、それより人力車にて、沼津御用邸西附属邸に御到着になる。○迪宮御日誌、皇孫御殿日誌、皇孫御殿日記、桑野鋭日記、迪宮御言行録、宮内省省報、官報、沼津御用邸西附属邸日誌、東宮職日誌、静岡民友新聞

二十八日　木曜日　午後、雍仁親王・宣仁親王と共に海岸を御運動、貝拾いなどをされる。○迪宮御日誌、皇孫御

殿日誌、桑野鋭日記

二十九日　金曜日　午後、雍仁親王・宣仁親王と共に三島館方面へ御運動になる。途中、風景の写生などをされる。○迪宮御日誌、皇孫御殿日誌、桑野鋭日記

三十日　土曜日　午前、海岸にて貝拾いをされ、地曳網の様子を御覧になる。○迪宮御日誌、皇孫御殿日誌

今般免官の御礼として前駿東郡長辻芳太郎参邸につき、謁を賜う。○迪宮御日誌、桑野鋭日記

三十一日　日曜日　雍仁親王・宣仁親王と共に、海岸において写生、紙鳶揚げなどをされる。○迪宮御日誌、皇孫御殿日誌

明治四十五年・大正元年（西暦一九一二年）　十一歳

一月

新年拝賀

一日　月曜日　沼津御用邸西附属邸において、雍仁親王・宣仁親王と共に新年をお迎えになる。午前八時三十分、謁見所において皇孫御養育掛長丸尾錦作以下御附高等官等の拝賀をお受けになる。ついで唱歌「君が代」「正月」を一同と共に合唱され、「軍艦マーチ」の演奏をお聞きになる。○迪宮御日誌、皇孫御殿日誌、桑野鋭日記、静岡民友新聞

新年につき、東宮主事桑野鋭を東宮御所並びに宮城へ遣わされる。○東宮職日誌、桑野鋭日記

この日、静岡県知事松井茂以下地方官・軍人等参賀者多数参邸につき、午前及び午後の二回、それぞれ謁を賜う。○迪宮御日誌、皇孫御殿日誌、桑野鋭日記

御書初

二日　火曜日　午前、御書初を行われる。御題は「鶴宿千年松」。翌日にも行われ、天皇・皇后、皇

太子・同妃へ御献上の書を御選定になる。○迪宮御日誌、桑野鋭日記、東宮殿下御言行録

海岸において桃郷消防組の出初式を御覧になる。○迪宮御日誌、皇孫御殿日誌、桑野鋭日記

午後、雍仁親王・宣仁親王と共に海岸を御運動になる。途中、御学友久松定孝及びその兄定謙・定武に謁を賜う。東附属邸方面へ貝などをお拾いになりつつ進まれ、静浦より引き返され、御用邸前を過ぎて牛臥までお成りになる。風波の後にて御収穫は多く、西附属邸に御帰還後、貝類等の整理をされる。○迪宮御日誌、皇孫御殿日誌、桑野鋭日記

宣仁親王誕辰

三日　水曜日　宣仁親王の誕辰につき、午前八時三十分、雍仁親王・宣仁親王と共に御附高等官等の拝賀をお受けになる。皇太子同妃御使として東宮侍従田内三吉参邸につき、謁を賜う。午後は余興として籤引きが行われる。○迪宮御日誌、皇孫御殿日誌、桑野鋭日記、東宮職日誌、東宮殿下御言行録、静岡民友新聞

四日　木曜日　午後、雍仁親王・宣仁親王と共に海岸にて凧をお揚げになる。○迪宮御日誌、皇孫御殿日誌、桑野鋭日記、東宮殿下御言行録

五日　金曜日　午後、雍仁親王と共に牛臥の水門まで海岸を御運動になり、それより松原において、富士山・香貫山等を写生される。○迪宮御日誌、皇孫御殿日誌、桑野鋭日記

七日　日曜日　御学友大迫寅彦・渡辺昭、雍仁親王御学友三条実憲・松浦治、宣仁親王御学友西郷

従純・岩倉具実が沼津に参着し、この日より東附属邸に止宿する。○皇孫御殿日誌、桑野鋭日記、沼津御用邸附属邸日誌、沼津御用邸西附属邸日誌

四年級第三学期始業式

八日 月曜日 午前九時より東附属邸仮教場における学習院始業式に御参列になる。式後、雍仁親王・宣仁親王及び御学友等と共に岩崎別邸にお成りになり、海戦遊び、鯨取り遊びなどをされ、御昼餐後御帰還になる。本学期は午前九時授業開始、放課は月・水・金曜日は午後二時三十分、火・木曜日は午後一時三十分、土曜日は午前十一時四十五分とされる。なお、土曜日以外は東附属邸仮教場において御昼餐を召される。沼津御滞在中の時間割は左のとおり。

	第一時	第二時	第三時	第四時	第五時
月	訓話	算術	唱歌 体操	書方	国語
火	国語	算術	図画	体操 唱歌	
水	訓話 国語	算術	唱歌 体操	書方	綴方
木	国語	算術	手工	地理	
金	訓話 国語	算術	体操 唱歌	国語	書方
土	国語	算術	図画		

○迪宮御日誌、皇孫御殿日誌、桑野鋭日記、沼津御用邸西附属邸日誌、御学業御報告書、学習院初等学科教場日誌、静岡民友新聞

十三日　土曜日　午前、学習院主事松井安三郎が参邸し、授業を拝見する。○迪宮御日誌、桑野鋭日記、御学業御報告書、学習院初等学科教場日誌

三輪車にて御外乗

午後、三輪車にて初めて御外乗になる。皇孫御用掛土屋正直が二輪車にて先導し、その後を雍仁親王・宣仁親王と共に、松原より曼陀ヶ原を経て吉田までお成りになる。○迪宮御日誌、皇孫御殿日誌、桑野鋭日記

十四日　日曜日　午前、雍仁親王・宣仁親王及び御学友等と共に松原において三輪車にてお遊びになり、午後は海岸において凧揚げをされる。○迪宮御日誌、皇孫御殿日誌、桑野鋭日記、静岡民友新聞

十五日　月曜日　午前、学習院御用掛小笠原長生参邸につき、謁を賜う。長生は親王に供奉して仮教場に至り、授業を拝見する。○迪宮御日誌、皇孫御殿日誌、桑野鋭日記、御学業御報告書、東宮殿下御言行録、学習院初等学科教場日誌、小笠原長生日記

皇后沼津に御来着

十七日　水曜日　午後二時五十五分、皇后当地御滞在のため沼津御用邸に御到着につき、雍仁親王・宣仁親王と共に、本邸門前において御奉迎になる。○迪宮御日誌、皇孫御殿日誌、桑野鋭日記、沼津御用邸附属邸日誌、沼津御用邸西附属邸日誌、御学業御報告書、昭憲皇太后実録、宮内省省報、官報、静岡民友新聞

十八日　木曜日　午後、雍仁親王・宣仁親王と共に本邸にお成りになり、皇后に御拝顔の上、御談話になる。○迪宮御日誌、皇孫御殿日誌、桑野鋭日記、沼津御用邸日誌

十九日　金曜日　学習院長乃木希典、仮教場に伺候し授業を拝見後、西附属邸に参邸につき、謁を賜う。○迪宮御日誌、桑野鋭日記、御学業御報告書、学習院初等学科教場日誌

二十一日　日曜日　午前、侯爵西郷従徳、子息従吾同伴にて参邸につき、謁を賜う。○迪宮御日誌、皇孫御殿日誌、桑野鋭日記

二十三日　火曜日　午後、雍仁親王・宣仁親王と共に本邸にお成りになり、皇后に御拝顔になる。観覧車組立玩具等を賜わる。○迪宮御日誌、皇孫御殿日誌、桑野鋭日記、東宮殿下御言行録

清見寺にお成り

二十八日　日曜日　興津の清見寺巨鼇山清見興国禅寺にお成りになる。午前九時、雍仁親王・宣仁親王及び御学友等と共に御出門、沼津停車場より御乗車になる。興津停車場より徒歩にて、奉迎の学生に御会釈をされつつ清見寺に御到着になる。農商務省農事試験場技師恩田鉄弥、清見寺住持坂上宗詮及び庵原郡長小川省治郎等に賜謁の後、清見潟などの写生を行われ、あるいは寺内を御巡覧になる。潮音閣において御昼餐後、清見寺を御出発になり、旅館水口屋裏の海岸において町民による地曳網を御覧になる。それより農商務省農事試験場園芸試験地にお成りになり、恩田技師の案内にて場内を御巡覧になる。午後三時興津停車場を御発車になり、御帰還になる。○迪宮御日誌、皇孫御殿日誌、桑野鋭日記、沼津御用邸西附属邸日誌、御学業御報告書、東宮殿下御言行録、清見寺座右日記、静岡民友新聞

二十九日　月曜日　午後、雍仁親王・宣仁親王と共に本邸にお成りになり、皇后に御拝顔になる。清見寺の絵葉書を御献上になり、昨日の同寺御訪問のことなど種々お話しになる。○迪宮御日誌、皇孫御殿日誌、桑野鋭日記、沼津御用邸日誌

三十一日　水曜日　雍仁親王違例のため、宣仁親王の御寝所にお移りになる。○迪宮御日誌

二月

御違例

三日　土曜日　昨日御夕餐後発熱され、この日より御仮床に就かれ、学習院を御休課になる。十日御離床になる。○迪宮御日誌、皇孫御殿日誌、桑野鋭日記、侍医寮日誌、御学業御報告書、学習院初等学科教場日誌

七日　水曜日　午後、皇太子・同妃の御使として東宮侍従田内三吉参邸につき、謁を賜う。○皇孫御殿日誌、桑野鋭日記

八日　木曜日　午後、侍医頭岡玄卿参邸につき、拝診を受けられる。○迪宮御日誌、桑野鋭日記

九日　金曜日　午後、学習院教授石井国次・駿東郡長稲見明精に謁を賜う。○迪宮御日誌、桑野鋭日記、学習院初等学科教場日誌

紀元節

十一日　日曜日　紀元節につき、午前九時より雍仁親王・宣仁親王と共に皇孫御養育掛長丸尾錦作、学習院教授石井国次、御学友等の拝賀をお受けになる。ついで御拝の間において御太廟・御真影に

御拝礼になり、御学友・侍臣等と共に「君が代」「紀元節」の唱歌を合唱される。○迪宮御日誌、皇孫御殿日誌、桑野鋭日記、東宮殿下御言行録

雍仁親王・宣仁親王と共に本邸に御参邸になり、皇后と御昼餐を御会食になる。○迪宮御日誌、皇孫御殿日誌、桑野鋭日記、東宮殿下御言行録、沼津御用邸日誌、昭憲皇太后実録

十二日　月曜日　午後、三輪車にて松原より曼陀ヶ原を経て御幸橋まで御外出になり、帰路、松原において御守衛兵士の仮設演習を御覧になる。○迪宮御日誌、皇孫御殿日誌、桑野鋭日記

御守衛兵士の演習御覧

十三日　火曜日　東附属邸仮教場よりの帰途、本邸正門前において御守衛兵士の演習を、ついで西松原において各個教練及び分隊教練を、西附属邸御門前において銃剣術をそれぞれ御覧になる。○迪宮御日誌、皇孫御殿日誌、桑野鋭日記、沼津御用邸日誌、沼津御用邸西附属邸日誌

十五日　木曜日　午後、雍仁親王・宣仁親王と共に本邸に御参邸になり、皇后に御拝顔になる。紙製力士人形玩具等を賜わる。○迪宮御日誌、皇孫御殿日誌、桑野鋭日記、沼津御用邸日誌、雍仁親王実紀

十六日　金曜日　午後、載仁親王参邸につき御対顔になり、ついで随行の陸軍少将内藤新一郎・載仁親王附武官鍋島直明等に謁を賜う。○迪宮御日誌、皇孫御殿日誌、桑野鋭日記、沼津御用邸西附属邸日誌

十八日　日曜日　午前十時、雍仁親王・宣仁親王と共に三輪車にて御出門、御学友等を伴い岩崎別

邸にお成りになり、演習遊戯などにて過ごされる。午後三時過ぎ御帰邸になり、御学友等と共に相撲、凧揚げなどをされる。○迪宮御日誌、皇孫御殿日誌、桑野鋭日記、沼津御用邸西附属邸日誌

この日、御学友松平直国及び雍仁親王御学友小笠原長英・高辻正長、宣仁親王御学友水野忠泰の四名が沼津に参着する。これまで伺候の御学友は昨日帰京の予定のところ、皇后の西附属邸行啓後まで沼津に滞在することとなる。また、二十二日からは御学友久松定孝も出仕する。○皇孫御殿日誌、皇子仮御殿日記、桑野鋭日記、御学業御報告書、学習院初等学科教場日誌

二十日　火曜日　御夕餐後、皇太子・同妃へ宛て御手紙を認められる。○迪宮御日誌、桑野鋭日記、東宮殿下御言行録

皇后西附属邸に行啓

二十四日　土曜日　午前十一時四十分、皇后西附属邸行啓につき、雍仁親王・宣仁親王と共に御車寄にて御奉迎になる。それより御座所に御誘引になり、御挨拶をされ、御談話になる。御昼餐を御会食の後、成績品等を御覧に入れ、ついで新御殿を御案内になり、御台飾を御覧に入れられる。それより御運動場において御学友と共に、呼吸体操・センターボール・弓・福笑・演習遊戯・三輪車運動及び「今日の喜び」と題する御運動を御覧に入れられる。午後三時五十分、御車寄において皇后の還啓を御奉送になる。○迪宮御日誌、皇孫御殿日誌、桑野鋭日記、東宮殿下御言行録、沼津御用邸西附属邸日誌、昭憲皇太后実録、学習院初等学科教場日誌

二十五日　日曜日　午前、御学友等と共に海岸において海鹿《アメフラシ》・海藻などを御採集になる。○迪宮御日誌

午後、雍仁親王・宣仁親王と共に三輪車にて御出門になり、御学友等と共に大山公爵別邸にお成りになる。公爵大山巖・同夫人捨松に賜謁の後、銃剣による戦争遊戯を行われる。○迪宮御日誌、皇孫御殿日誌、桑野鋭日記、東宮殿下御言行録

先月より伺候の御学友六名は、この日午前帰京する。また宣仁親王御学友大浦兼次は父兼一に伴われ参邸し、父と共に拝謁する。○迪宮御日誌、桑野鋭日記、沼津御用邸附属邸日誌

二十七日　火曜日　午後、雍仁親王・宣仁親王と共に本邸に御参邸になり、皇后に御拝顔になる。種々御談話の後、闘球盤等にてお遊びになり、皇后もお遊びに参加される。銃猟玩具等を御拝領の上、御帰邸になる。○迪宮御日誌、皇孫御殿日誌、桑野鋭日記、沼津御用邸日誌

二十九日　木曜日　午後、雍仁親王・宣仁親王及び御学友等と共に擬戦を行われる。松原の稲荷祠において戦勝を御祈願の上、攻撃軍の指揮をお執りになり、戦闘を開始される。第一戦は海岸より牛臥下へ、ついで曼陀ヶ原へと敵軍を追撃し、第二戦は松原において追撃を続けられ、第三戦は追撃戦をされつつ御庭口より御帰還になる。○迪宮御日誌、皇孫御殿日誌、桑野鋭日記

三月

皇太子同妃の行啓

二日　土曜日　皇太子・同妃葉山御用邸より沼津へ行啓につき、第三時限以降の授業を休止し、午前十一時、雍仁親王・宣仁親王と共に本邸門前において御奉迎になる。一旦西附属邸に御帰邸の後、さらに本邸にお成りになり、皇后及び皇太子・同妃に御拝顔の上、御昼餐を御会食になる。西附属邸に御帰邸後、皇太子・同妃の御来邸を御車寄において奉迎され、改めて御拝顔になり、御成績品・三輪車等を御覧に入れられる。午後二時三十分、皇太子・同妃と馬車に御同乗にて御出門、沼津停車場にお成りになり、皇太子・同妃の還啓を御奉送になる。○迪宮御日誌、皇孫御殿日誌、皇子仮御殿日記、桑野鋭日記、沼津御用邸日誌、沼津御用邸西附属邸日誌、供御日録、大正天皇実録、貞明皇后実録、昭憲皇太后実録、東宮記、宮内省省報、官報、静岡民友新聞

三日　日曜日　午前、学習院教授木村保寿参邸につき、謁を賜う。○迪宮御日誌、皇孫御殿日誌、桑野鋭日記

雍仁親王・宣仁親王及び御学友等と共に徒歩にて御出門、松原において擬戦を始められ、曼陀ヶ原、牛臥山へと敵軍を追撃しつつ大山公爵別邸にお成りになる。同邸において相撲などをされた後、御昼餐を召され御帰邸になる。○迪宮御日誌、皇孫御殿日誌、桑野鋭日記、静岡民友新聞

聰子内親王の御使として参邸の泰宮御用掛西三条実義、皇太子・同妃の御使として参邸の東宮侍従

土方久元博多人形を献上

長一条実輝にそれぞれ謁を賜う。〇迪宮御日誌、皇孫御殿日誌、桑野鋭日記

四日　月曜日　午後、伯爵土方久元に謁を賜う。土方より博多人形三体献上につき、初めに御自ら加藤清正の人形をお選びになり、ついで雍仁親王には豊臣秀吉の人形を、宣仁親王には楠木正成の人形をお分けになる。〇迪宮御日誌、皇孫御殿日誌、桑野鋭日記、土方久元日記、思い出の記

五日　火曜日　午後、威仁親王の御使として同親王附武官花房太郎参邸につき、謁を賜う。〇迪宮御日誌、皇孫御殿日誌、桑野鋭日記

六日　水曜日　午後、雍仁親王・宣仁親王と共に本邸に御参邸になり、皇后に拝顔され、ついで本日沼津へお成りの昌子内親王・房子内親王に御対顔になる。〇迪宮御日誌、皇孫御殿日誌、桑野鋭日記、沼津御用邸日誌、昭憲皇太后実録

七日　木曜日　午後、三輪車にて御外出になり、桃郷を経て静浦・志下の境までお成りになる。〇迪宮御日誌、皇孫御殿日誌、桑野鋭日記

侍医頭岡玄卿参邸につき、謁を賜う。〇迪宮御日誌、桑野鋭日記

八日　金曜日　午後、子爵松平乗承皇孫御用掛松平乗統父に謁を賜う。〇迪宮御日誌、皇孫御殿日誌、桑野鋭日記

九日　土曜日　午後、雍仁親王・宣仁親王及び御学友等と共に千本浜にお成りになり、擬戦を行われる。〇迪宮御日誌、皇孫御殿日誌、桑野鋭日記、雍仁親王実紀

先般の皇后行啓の折、本邸に留守居となった女官掌侍藪嘉根子・権命婦藤島竹子を、この日御夕餐後にお召しになり、御学友等との談話会の様子をお見せになる。○迪宮御日誌、皇孫御殿日誌、桑野鋭日記

在郷軍人の曳網及び和船競漕を御覧

十日　日曜日　正午過ぎ雍仁親王・宣仁親王と共に本邸前の海岸にお出ましになり、皇后に拝顔され、鎌倉よりお成りの聰子内親王と御対顔になる。それより、陸軍記念日に因み帝国在郷軍人会楊原村分会が主催する曳網・和船競漕をお揃いにて御覧になり、御昼餐を御会食になる。○迪宮御日誌、皇孫御殿日誌、桑野鋭日記、沼津御用邸日誌、沼津御用邸西附属邸日誌、昭憲皇太后実録

十二日　火曜日　午後、雍仁親王・宣仁親王と共に三輪車にて御出門、御学友等を交え岩崎別邸にお成りになる。同邸において指揮官として擬戦を数回行われ、兵卒としても参加される。○迪宮御日誌、皇孫御殿日誌、桑野鋭日記

十四日　木曜日　午後、雍仁親王・宣仁親王及び御学友等と共に御出門、桃郷より塩満寺を経て香貫山にお登りになる。いわゆる十三本松原においてお遊びの後、下山される。○迪宮御日誌、皇孫御殿日誌、沼津御用邸西附属邸日誌、桑野鋭日記

十六日　土曜日　午後、雍仁親王・宣仁親王と共に本邸に参邸され、皇后に御拝顔になる。雍仁親王と作製された双六を御持参になり、皇后と御一緒にお遊びになる。○迪宮御日誌、皇孫御殿日誌、桑野鋭日記、東宮殿下御言行録

裕仁新イソップ

この頃、物語創作を御発案になり、この日「裕仁新イソップ」と命名される。その第一作は「海魚の不平」と題され、海魚一同が会した際、ホウボウ、タイなどがそれぞれ他の魚の才能を妬み、自身の不遇を託つのをメクラウナギがたしなめる内容にて、「自分よりも不幸な者の在る間は身の上の不平を言ふな」との訓言が付される。続いて「二匹のはや」と題する物語を書き始められるも、中途にてお止めになる。このほか「鮠《はや》と蛙」「魚の釣」と題する御作もあり、前者は鮠が旱天で水がなく非常に苦しんでいるのを、蛙が見つけて気の毒に思い、水のあるところまで連れて行って助けた、との筋書きである。○迪宮御日誌、東宮殿下御言行録、皇太子殿下良子女王御略歴

十七日 日曜日　午後、恒久王・鳩彦王・成久王参邸につき御対顔、御近状などをお話しになる。それより御庭にお出ましになり、御自らは三輪車に召され、鳩彦王・成久王は二輪車にて御運動になる。○迪宮御日誌、皇孫御殿日誌、桑野鋭日記、沼津御用邸西附属邸日誌、静岡民友新聞

皇后東附属邸に行啓

十九日 火曜日　皇后が三親王の御学業御覧のため東附属邸に行啓につき、午前十時三十三分雍仁親王・宣仁親王と共に御車寄において御奉迎になり、便殿へ御案内になる。皇后は、初めに四年級の国語・地理を、次に三年級の算術・図画、一年級の国語・書方をそれぞれの教場において御覧になる。さらに御成績品を御覧の後、一同による唱歌をお聴きになる。正午、便殿において皇后より

御賞詞及び賞品を賜わり、皇后の還啓を御奉送になる。○迪宮御日誌、皇孫御殿日誌、桑野鋭日記、御学業御報告書、学習院初等学科教場日誌、沼津御用邸附属邸日誌、昭憲皇太后実録、静岡民友新聞

午後、皇太子同妃御使として参邸の東宮侍従長一条実輝に謁を賜う。○迪宮御日誌、皇孫御殿日誌、桑野鋭日記

午後、西松原方面にて擬戦を行われる。第一回は御庭御門より御出動、皇孫御用掛作間富生指揮の敵軍を攻撃、第二回は稲荷社方面への退却行動、第三回は御庭に陣取る雍仁親王を攻撃される。○迪宮御日誌、皇孫御殿日誌

二十日　水曜日　東附属邸仮教場よりの帰途、御車寄において皇孫御用掛松平乗統夫人総子に謁を賜う。○迪宮御日誌、桑野鋭日記

三島にお成り

二十一日　木曜日　午前九時三十分雍仁親王・宣仁親王及び御学友等と共に御出門、三島の小松宮別邸にお成りになる。御庭において演習遊戯などをされ、午後三時帰途に就かれる。途中、官幣大社三島神社に御参詣になる。○迪宮御日誌、皇孫御殿日誌、桑野鋭日記、沼津御用邸西附属邸日誌

四年級第三学期終業

二十三日　土曜日　本日をもって学年終業となる。○迪宮御日誌、桑野鋭日記、御学業御報告書、沼津御用邸西附属邸日誌、学習院初等学科教場日誌

午後、雍仁親王・宣仁親王及び御学友等と共に牛臥方面において擬戦を行われる。○迪宮御日誌、皇孫御殿日誌、桑野鋭日記

二十四日　日曜日　午前、皇孫御用掛松平乗統の子息源次郎・義夫参邸につき、謁を賜う。〇迪宮御日誌、桑野鋭日記

午後、雍仁親王・宣仁親王と共に瓦山神社まで御散歩になる。帰途本邸にお立ち寄りになり、皇后に御拝顔になる。〇迪宮御日誌、皇孫御殿日誌、桑野鋭日記、沼津御用邸日誌、沼津御用邸西附属邸日誌

楊原村及び静浦村へ賜金

楊原・静浦両村の公共事業費として、それぞれ金百円を下賜される。〇桑野鋭日記

学習院教授石井国次、暇乞として参邸につき、謁を賜う。〇桑野鋭日記

静岡市にお成り

二十五日　月曜日　午前八時四十分、雍仁親王・宣仁親王と共に馬車にて御出門、九時十分沼津停車場を御発車になり、静岡市に向かわれる。十時二十五分静岡停車場に御着車、静岡県知事松井茂以下の奉迎を受けられる。人力車にて静岡御用邸にお入りになり、松井知事・元東宮武官黒水公三郎・静岡県警察部長岩井敬太郎・警視古沢俊治に謁を賜う。それより徒歩にて物産陳列場にお成りになり、静岡市長長島弘裕の案内にて陳列の物産を巡覧され、漆器文庫及び鳳尾竹軸筆をお買い上げのほか、市長より名所絵葉書及び家型竹細工虫籠の献上を受けられる。御用邸において御昼餐後、人力車にて静岡浅間神社にお成りになる。まず国幣小社大歳御祖神社に御拝礼になり玉串を供えられ、同浅間神社・同神部神社にも同じく御参拝になる。ついで社殿の彫刻のほか、山田長政奉納軍

物産陳列場

静岡浅間神社

艦図額、関ヶ原陣にて徳川家康使用の軍配、正親町天皇及び後水尾天皇の宸筆など宝物十数点の陳列を御覧の後、賤機山にお登りになる。御下山後、大歳御祖神社前の境内において、鳩・鯉及び熊の芸などを御覧になる。次に臨済寺にお成りになり、住職菊池清隠並びに海軍機関少将永嶺謙光に謁を賜い、住職の案内にて家康手習の書斎を始め寺宝等を御覧になる。終わって同寺をお発ちになり、静岡停車場において奉送の歩兵第二十九旅団長代理歩兵第三十四聯隊長柴豊彦・静岡地方裁判所長千谷泰次郎・検事正末永晃庫・安倍郡長田沢義鋪等に賜謁の後、午後三時御発車、四時十五分沼津停車場に御着車、それより馬車にて同四十分御帰邸になる。

臨済寺

この日、静岡への御出発を前に、皇孫御養育掛長丸尾錦作より、本日のお成りに関する御態度・御言語について御注意願いたきこと、及び近時の御行状について注意されるべきことにつき、言上を受けられる。○迪宮御日誌、皇孫御殿日誌、桑野鋭日記、東宮殿下御言行録、静岡民友新聞

丸尾掛長よりの御注意

御夕餐後、海岸において花火を御覧になる。○迪宮御日誌、桑野鋭日記

二十六日　火曜日　午前十時、雍仁親王・宣仁親王及び御学友等と共に御出門、御用邸前より舟にて淡島にお成りになり、海岸において貝類等を御採集になる。午後二時十五分獅子浜に御上陸になり、海岸伝いに岩崎別邸にお成りの後、御帰邸になる。なお、この日の舟行に際しては、供舟よりしば

淡島へ御舟行

しば花火を打ち上げ、御覧に供する。○迪宮御日誌、皇孫御殿日誌、桑野鋭日記

二十七日　水曜日　午前九時十分、雍仁親王・宣仁親王とお揃いにて握飯御携帯にて御出門、御学友等と共に烏帽子山方面にて擬戦を行われる。烏帽子山下にて全軍を指揮して戦闘行動を開始され、山腹に向かって進撃し、敵軍を武装解除される。それより烏帽子山に御登攀になる。御昼食後、下山途中においても追撃戦・退却戦・捜索運動などの擬戦をされつつ御帰邸になる。○迪宮御日誌、皇孫御殿日誌、桑野鋭日記

二十八日　木曜日　午前、御学友久松定孝・松平直国等本日帰京につき、暇乞を受けられる。○迪宮御日誌、皇孫御殿日誌、桑野鋭日記、沼津御用邸西附属邸日誌

午後、宮内大臣渡辺千秋に謁を賜う。○迪宮御日誌、桑野鋭日記

雍仁親王・宣仁親王と共に御暇乞として本邸にお成りになり、皇后に御拝顔になる。御滞在中の御礼を言上された後、皇后及び皇后宮大夫、女官等と共に五目並べなどをされる。○迪宮御日誌、皇孫御殿日誌、桑野鋭日記

二十九日　金曜日　午後、典侍柳原愛子参邸につき謁を賜い、唱歌をお聴かせになる。○迪宮御日誌、桑野鋭日記

沼津より御帰京

三十日　土曜日　雍仁親王・宣仁親王と共に御帰京になる。午前八時五十分、馬車にて沼津御用邸西附属邸を御出門、九時二十分沼津停車場御発車、午後一時十分新橋停車場に御着車、同四十分、皇孫仮御殿に御帰還になる。○迪宮御日誌、皇孫御殿日誌、皇子仮御殿日記、桑野鋭日記、東宮職日誌、皇后宮職日記、宮内省省報、官報

四月

一日　月曜日　午前、学習院長乃木希典参殿につき、謁を賜う。〇迪宮御日誌、皇子仮御殿日記、桑野鋭日記

午後、雍仁親王・宣仁親王と共に東宮御所に御参殿になり、皇太子妃の葉山よりの還啓を御奉迎になる。〇迪宮御日誌、皇孫御殿日誌、皇子仮御殿日記、桑野鋭日記、東宮職日誌、貞明皇后実録、宮内省省報、官報

学習院卒業式御臨席
五年級に御進級

二日　火曜日　午前七時三十分、雍仁親王・宣仁親王と共に御出門、学習院本院にお成りになり、卒業証書授与式に臨席される。式中、院長乃木希典より御進級の旨の言上あり。御帰還後、御附高等官等より御進級の祝詞を受けられる。なお、皇孫御養育掛長丸尾錦作は、天皇へ御進級の旨を奏上のため参内する。沼津御滞在中の皇后並びに山梨県下行啓中の皇太子へは、それぞれ電報をもって言上される。〇迪宮御日誌、皇孫御殿日誌、皇子仮御殿日記、桑野鋭日記、御学業御報告書、官報、小笠原長生日記

午後、雍仁親王・宣仁親王と共に東宮御所に御参殿になり、皇太子妃と御夕餐を御会食になる。〇迪宮御日誌、皇孫御殿日誌、桑野鋭日記、東宮職日誌、貞明皇后実録、皇子仮御殿日記

三日　水曜日　午後、皇太子妃お成りにつき御拝顔になり、御成績品及び御学友との御談話・御遊戯の様子を御覧に入れられる。〇迪宮御日誌、皇孫御殿日誌、皇子仮御殿日記、桑野鋭日記、東宮職日誌

博忠王参殿につき、御対顔になる。○皇孫御殿日誌、桑野鋭日記

四日　木曜日　皇后への御手紙をお認めになる。○迪宮御日誌、桑野鋭日記

午後、雍仁親王・宣仁親王と共に東宮御所に御参殿になり、皇太子妃に拝顔される。ついで山梨県より還啓の皇太子を御奉迎になる。○迪宮御日誌、皇孫御殿日誌、皇子仮御殿日記、桑野鋭日記、東宮職日誌、宮内省省報、官報

五日　金曜日　恒憲王参殿につき、御対顔になる。○迪宮御日誌、皇孫御殿日誌、皇子仮御殿日記、桑野鋭日記

午前九時三十分御出門、雍仁親王・宣仁親王と共に新宿御苑にお成りになり、参集の御学友等を交え擬戦を行われる。午後三時三十五分、御帰殿になる。○迪宮御日誌、皇孫御殿日誌、皇子仮御殿日記、桑野鋭日記

六日　土曜日　欧洲より帰国の元東宮武官山田陸槌参殿につき、謁を賜う。同人よりドイツ製水彩絵具並びにペインティングブックの献上あり。○迪宮御日誌、皇孫御殿日誌、皇子仮御殿日記、桑野鋭日記

七日　日曜日　午後一時、雍仁親王と共に御出門、東宮御所において皇太子・同妃に御拝顔後、皇太子と御同列にて高輪御殿内の朝香宮邸にお成りになる。鳩彦王・同妃允子内親王と御対顔、御談話になり、お揃いにて庭内を御散策になる。途中、大石良雄以下赤穂浪士自刃の旧跡等を御覧になり、四時三十五分御出門、御帰還になる。○迪宮御日誌、皇孫御殿日誌、皇子仮御殿日記、桑野鋭日記、東宮職日誌

朝香宮邸御訪問

八日　月曜日　午前九時十分、雍仁親王・宣仁親王と共に御出門、学習院本院における始業式に御

五年級第一学期始業式

臨席になる。○迪宮御日誌、皇孫御殿日誌、皇子仮御殿日記、桑野鋭日記、御学業御報告書、学習院初等学科教場日誌、小笠原長生日記

五年級第一学期授業開始

九日　火曜日　学習院初等学科五年級第一学期の授業開始につき、午前七時二十分雍仁親王・宣仁親王と共に御出門、学習院に御通学になり、午後二時御帰還になる。本学期の授業時間割は左のとおり。

	第一時	第二時	第三時	第四時	第五時
月	修身 国語	地理	国語	図画	体操 唱歌
火	国語	算術	体操	理科	書方
水	国語	算術	綴方	手工	歴史
木	修身 国語	算術	体操	国語	書方
金	国語	算術	唱歌 体操	図画	地歴
土	国語	算術	理科		

○迪宮御日誌、皇孫御殿日誌、皇子仮御殿日記、桑野鋭日記、御学業御報告書、小笠原長生日記

午後、昌子内親王参殿につき御対顔になり、活動写真、御成績品などをお見せになる。○迪宮御日誌、皇孫御殿日誌、皇子仮御殿日記、桑野鋭日記

十日　水曜日　午後、学習院より雍仁親王・宣仁親王とお揃いにて御帰還の際、御学友渡辺昭・大迫寅彦・松平直国・久松定孝及び雍仁親王・宣仁親王の御学友計十二名が随行する。御復習の後、御庭において擬戦をされる。本学期も月曜・水曜・金曜は、従前の如く学習院より御帰還の際に御学友が参殿伺候する。○迪宮御日誌、皇孫御殿日誌、皇子仮御殿日記、桑野鋭日記

十一日　木曜日　春仁王は転地療養のため明日小田原へ出発につき、御見舞として菓子を贈られる。○皇子仮御殿日記、桑野鋭日記

十二日　金曜日　午後、雍仁親王・宣仁親王と共に東宮御所に御参殿になり、皇太子妃に拝顔され、それより皇太子の沼津よりの還啓を御奉迎になる。○迪宮御日誌、皇孫御殿日誌、桑野鋭日記、東宮職日誌、宮内省省報、官報

下総御料牧場御見学

十四日　日曜日　雍仁親王・宣仁親王と共に下総御料牧場にお成りになる。午前八時十分、馬車にて御出門、御学友渡辺昭・大迫寅彦・松平直国・久松定孝及び雍仁親王御学友四名を伴われる。九時両国橋停車場を御発車、途中成田停車場において軽便鉄道に乗り換えられ、車中にて主馬頭藤波言忠より下総御料牧場の概略につき説明をお聞きになる。十一時三十分三里塚停車場御着車。それより馬車にて場長官舎にお入りになり、藤波主馬頭・下総御料牧場長新山荘輔・技師辻正章・同宇津志新介・同三浦正次郎に謁を賜う。御昼餐後、馬車にて場内をお巡りになり、種牛・馬・羊・豚

の飼育状況、場内作業状況のほか、競馬、豚捕競争などの催しを御覧になる。午後三時四十五分御出門、七時十分御帰還になる。本日のお成りには、千葉県知事代理千葉県内務部長夏秋十郎・同県警察部長長谷川久一・東部鉄道管理局技師杉浦宗三郎が両国橋停車場において拝謁の後終始供奉し、千葉停車場より鉄道聯隊長渡辺兼二が供奉する。また千葉停車場・成田停車場において交通兵旅団長井上仁郎始め県高等官・裁判官・千葉医学専門学校教授等が奉迎・奉送する。○迪宮御日誌、皇孫御殿日誌、皇子仮御殿日記、桑野鋭日記、東宮殿下御言行録

十五日　月曜日　午後、伯爵土方久元に謁を賜う。○迪宮御日誌、土方久元日記、桑野鋭日記

十七日　水曜日　午後、雍仁親王・宣仁親王と共に学習院よりの帰途、東宮御所にお立ち寄りになり、皇太子・同妃に御拝顔、房子内親王に御対顔になる。○迪宮御日誌、皇孫御殿日誌、桑野鋭日記、侍医寮日誌、御学業御報告書、学習院初等学科教場日誌

定例御乗馬練習

十八日　木曜日　午後、学習院よりの帰途、雍仁親王と共に主馬寮分厩にお立ち寄りになり、毎木曜日の御乗馬練習を再開される。御短袴にお召し替えになり、初めて宝来本邦種に御乗馬になり、約二十分間にわたり覆馬場を回られる。車馬監根村当守等が奉仕し、途中より主馬頭藤波言忠が拝観する。なお、雍仁親王はこの日初めて乗馬練習に臨まれる。○迪宮御日誌、皇孫御殿日誌、皇子仮御殿日記、桑野鋭日記、今上陛下御乗馬誌、裕仁親王殿下御乗馬録

二十日　土曜日　午前十時五十五分、雍仁親王・宣仁親王と共に学習院を御出門、新宿御苑にお成

りになる。午後、博忠王・邦久王・藤麿王及び三親王御同級の学生三十七名が学習院教授石井国次以下の教員に引率され来苑する。よってお揃いにて猫鼠、海戦、紐取、球落し、旗送り等の御遊戯・御運動を行われ、また、余興として教官・御用掛等によるフットボール送りを御覧になる。○迪宮御日誌、皇孫御殿日誌、皇子仮御殿日記、桑野鋭日記、御学業御報告書、学習院初等学科教場日誌

二十一日 日曜日 午後、雍仁親王・宣仁親王と共に上野動物園にお成りになり、園内を御巡覧、駱駝・手長猿・カバ・北極熊・アリゲータ・エミュー・火喰鳥等を御覧になる。○迪宮御日誌、皇孫御殿日誌、皇子仮御殿日記、桑野鋭日記

雍仁親王・宣仁親王と共に東宮御所に御参殿になり、皇太子・同妃と御夕餐を御会食になる。中山栄子 中山忠能六女。元静寛院宮上﨟藤ノ井、元明宮出仕 が陪食する。○迪宮御日誌、皇孫御殿日誌、皇子仮御殿日記、桑野鋭日記、東宮職日誌、貞明皇后実録

二十二日 月曜日 午前六時五分、雍仁親王・宣仁親王と共に東宮御所に御参殿になり、御車寄において、滋賀・三重両県下行啓へ御出発の皇太子を御奉送になる。○迪宮御日誌、皇孫御殿日誌、皇子仮御殿日記、桑野鋭日記、東宮職日誌、宮内省省報、官報

新農園にて野菜類の御栽培

二十三日 火曜日 午後、雍仁親王・宣仁親王と共に明宮御殿跡の新農園にお出ましになり、パンプキン九種その他を御播種になる。以後、新農園にしばしばお出ましになり、野菜類の栽培を行わ

れる。○迪宮御日誌、皇孫御殿日誌、桑野鋭日記、雍仁親王実紀

二十四日 水曜日 皇后沼津より還啓につき、皇孫御養育掛長丸尾錦作を新橋停車場へ遣わされる。○皇子仮御殿日記、桑野鋭日記、宮内省省報、官報

二十五日 木曜日 午後、雍仁親王・宣仁親王と共に東宮御所に御参殿になり、皇太子妃に御拝顔になる。ついで、折から参殿中の公爵九条道実夫人恵子に謁を賜う。○迪宮御日誌、皇孫御殿日誌、皇子仮御殿日記、桑野鋭日記、東宮職日誌

御夕餐後、丸尾正彦皇孫御養育掛長丸尾錦作の子息参殿につき謁を賜い、種々の玩具を下賜される。○迪宮御日誌

二十六日 金曜日 午後、元東宮武官田村不顕暇乞のため参殿につき、謁を賜う。田村は去る二十日付にて軍艦明石副長に補せられる。○迪宮御日誌、皇孫御殿日誌、皇子仮御殿日記、桑野鋭日記、官報

二十七日 土曜日 午前、陸軍砲兵大佐倉橋豊家侍女小山登美の父御機嫌伺いのため参殿につき、謁を賜う。○皇子仮御殿日記、桑野鋭日記

カエルの解剖

この日、学習院の授業においてカエルを解剖される。御帰殿後、皇孫御用掛作間富生の奉仕にてトノサマガエルを再度解剖され、諸器官を一々御観察になる。終わってカエルを箱に収め、雍仁親王・宣仁親王と御一緒に南庭にお埋めになり、「正一位蛙大明神」の称号を賜う。○迪宮御日誌、東宮殿下御言行録

午後五時、皇太子妃が御参殿になり、三親王の御夕餐、御入浴、御入床の様子を御覧になる。○迪宮御日誌、皇

孫御殿日誌、皇子仮御殿日記、桑野鋭日記、東宮殿下御言行録、東宮職日誌

二十八日　日曜日　午後、雍仁親王・宣仁親王と共に馬車にて御出門、代々木御料地にお成りになり、養犬舎等を御覧後、菖蒲池にて蝶・カエル・イモリ等をお捕りになる。帰途、練兵場にお立ち寄りになる。〇迪宮御日誌、皇孫御殿日誌、皇子仮御殿日記、桑野鋭日記、東宮殿下御言行録

雍仁親王・宣仁親王と共に東宮御所に御参殿になり、皇太子妃と御夕餐を御会食になる。〇迪宮御日誌、皇孫御殿日誌、桑野鋭日記、貞明皇后実録

允子内親王内着帯につき、鰑料を進められる。〇皇子仮御殿日記、桑野鋭日記

御誕辰

御参内

講談及び奇術の余興

二十九日　月曜日　満十一歳の御誕辰をお迎えになる。午前七時、御附高等官等の拝賀を受けられる。定刻学習院へ御登院後、午前九時四十五分、雍仁親王・宣仁親王と共に学習院を御出門、東宮御所に御参殿になり、皇太子妃に御誕辰の挨拶をされる。ついで御一方にて東宮御所を御出門、御参内になり、天皇、ついで皇后にそれぞれ御拝顔の上、御誕辰の挨拶をされる。午後、皇孫仮御殿において講談・奇術の余興が催され、皇太子妃及び雍仁親王・宣仁親王と御一緒に御覧になる。講談は早川貞水による「富士の牧狩」「小野川・雷電の相撲」「木下・上島長短槍試合」、奇術は養老一座の皿回し、火喰い、国旗・兎の出現、寿千枚通し等にて、講談・奇術が交互に演じられる。

なお、恒例の東宮御所における祝賀は、皇太子行啓中のため延引される。○迪宮御日誌、皇子仮御殿日記、桑野鋭日記、東宮殿下御言行録、東宮職日誌、貞明皇后実録、宮内省省報

五月

一日　水曜日　午後、学習院御用掛小笠原長生参殿につき、謁を賜う。小笠原は昨四月三十日付にて常磐艦長に補せられ、近く赴任につき、暇乞の挨拶を言上する。なお、小笠原の学習院御用掛の任は継続する。○迪宮御日誌、皇孫御殿日誌、皇子仮御殿日記、桑野鋭日記、官報、小笠原長生日記

御料馬会寧

二日　木曜日　定例の御乗馬練習において、初め宝来にお乗りになるも御姿勢は不正、ついで会寧に乗られては正につき、本日より会寧に御乗馬の際は曳綱を廃し、御単独にて御される。この日学習院長乃木希典が参観する。○迪宮御日誌、皇孫御殿日誌、皇子仮御殿日記、桑野鋭日記、裕仁親王殿下御乗馬録

四日　土曜日　貴族院議員伊沢修二は、第一時限の国語の授業の参観を許され、親王の御発声を拝聴する。○御学業御報告書、東宮殿下御言行録、桑野鋭日記、学習院初等学科教場日誌

皇太子妃より五月人形御拝領

午後、雍仁親王・宣仁親王と共に東宮御所にお成りになり、皇太子妃に拝顔され、五月人形飾・玩具・標本等を拝領される。皇太子妃の御前において、仏国出版の動物の本を熱心に御覧になる。○迪宮御

日誌、皇孫御殿日誌、皇子仮御殿日記、桑野鋭日記、東宮殿下御言行録、東宮職日誌

五日　日曜日　午前、皇太子妃お成りにつき、雍仁親王・宣仁親王と共に、御人形御飾の間に御案内になる。ついで御前にて雍仁親王と相撲を取られ、皇太子妃と指相撲などをされる。その後、農園を御案内になり、パンプキンの発芽状況などを御覧に入れられる。○迪宮御日誌、皇孫御殿日誌、皇子仮御殿日記、桑野鋭日記、東宮殿下御言行録、東宮職日誌

午後、出仕の御学友等とお遊びの折、皇孫御用掛松平乗統夫人総子が子息源次郎を伴い参殿につき謁を賜い、引き続き源次郎も交えお遊びになる。その後、農園にお出ましになり、芋類・玉蜀黍・莢豆等を御播種になる。○迪宮御日誌、皇孫御殿日誌、皇子仮御殿日記、桑野鋭日記、東宮殿下御言行録

御夕餐後、雍仁親王・宣仁親王と共に東宮御所に御参殿になり、滋賀・三重両県下行啓より御帰還の皇太子を御車寄において御奉迎になる。○迪宮御日誌、皇孫御殿日誌、皇子仮御殿日記、桑野鋭日記、東宮職日誌、官報

六日　月曜日　午前、東宮主事桑野鋭の孫明参殿につき、御人形御飾の間において玩具を賜う。○迪宮御日誌、桑野鋭日記

午前十時、雍仁親王・宣仁親王と共に御出門、浜離宮にお成りになり、木登りや魚釣りなどをされる。○迪宮御日誌、皇孫御殿日誌、皇子仮御殿日記、桑野鋭日記、東宮殿下御言行録

七日　火曜日　御夕餐後、皇孫御養育掛長丸尾錦作の子正彦・みち子・とも子参殿につき、謁を賜う。御人形の拝観を許され、正彦には玩具を賜う。○迪宮御日誌

御殿内の博物室を新標本室旧明宮御殿の元明宮御座所へ移す。○桑野鋭日記、雍仁親王実紀

八日　水曜日　侯爵中山孝麿参殿につき、謁を賜う。○桑野鋭日記

十日　金曜日　午後、雍仁親王・宣仁親王と共に東宮御所に御参殿になり、皇太子妃に拝顔され、ついで参謀本部より還啓の皇太子を御奉迎になる。皇太子より滋賀・三重両県下行啓の御土産品を拝領される。○迪宮御日誌、皇孫御殿日誌、桑野鋭日記、東宮職日誌

国府台遠足

十一日　土曜日　学習院の遠足にて千葉県の国府台にお成りになる。午前七時四十分、雍仁親王と共に御出門、両国橋停車場において学習院初等学科四、五年級生及び教官と合流され、列車に御乗車になり、市川停車場にて下車される。それより徒歩にて、野砲兵第二旅団長石井隼太の案内のもと、真間の手古奈の旧跡、弘法寺を経て、国府台の野砲兵第十五聯隊練兵場に御到着になる。同所において野砲兵第十七聯隊の馬術、同第十六聯隊の装塡、同第十五聯隊の中隊教練・発火演習等を御覧の後、第十五聯隊の施設を御覧になり、将校集会所にお入りになる。御昼餐後、石井旅団長より鴻之台古戦場に関する講演をお聞きになる。それより御出発になり、総寧寺を経て渡し舟にて江

野砲兵第十五聯隊

柴又帝釈天

戸川を渡られ、柴又帝釈天において御休憩になる。金町停車場より御乗車、上野停車場からは馬車にて、午後四時四十五分御帰還になる。○迪宮御日誌、皇孫御殿日誌、皇子仮御殿日記、桑野鋭日記、御学業御報告書、東宮殿下御言行録

陸軍大学校にお成り

奈良原式飛行機鳳号

十二日　日曜日　午前七時十五分、雍仁親王・宣仁親王と共に御出門、東宮御所にお立ち寄りになり、それより皇太子と御同列、徒歩にて陸軍大学校にお成りになる。構内に設けられた御座所において学校長井口省吾の説明により、青山練兵場における奈良原式飛行機鳳号の飛行を御覧になる。八時の第一回飛行では、青山練兵場上空を三周し約四分にて着陸。それより技師の説明などをお聞きになり、九時五分よりの第二回飛行を御覧になる。終わって東宮御所にお戻りになり、皇太子・同妃と種々御談話の後、御帰還になる。○迪宮御日誌、皇孫御殿日誌、皇子仮御殿日記、桑野鋭日記、東宮殿下御言行録、東宮職日誌

撃剣用具

十四日　火曜日　予て御注文の撃剣用具が出来上がり、雍仁親王・宣仁親王及び皇孫御用掛松平乗統をお相手に撃剣を試みられる。○迪宮御日誌、桑野鋭日記

十五日　水曜日　午後、聰子内親王参殿につき、雍仁親王・宣仁親王と共に御対顔になる。○迪宮御日誌、皇孫御殿日誌、皇子仮御殿日記、桑野鋭日記

十六日　木曜日　午後、皇太子御参殿につき、雍仁親王・宣仁親王と共に御奉迎になる。沼津にて御採集の標本類、教科書・御成績品等を御覧に入れられ、ついで農園、新標本室を御案内になる。

皇太子は三親王の御夕餐の様子を御覧の上、御帰還になる。○迪宮御日誌、皇孫御殿日誌、皇子仮御殿日記、桑野鋭日記、東宮殿下御言行録

三輪車にて新宿御苑にお成り

十八日　土曜日　午後零時三十五分、雍仁親王と共に三輪車にて御出門、御学友等と御一緒に西門を経て新宿御苑にお成りになる。宣仁親王は表門より馬車にてお成りになる。野菜・草花等を御採集になり、三親王お揃いにて馬車にて御帰還になる。○迪宮御日誌、皇孫御殿日誌、皇子仮御殿日記、桑野鋭日記、東宮殿下御言行録

国技館にて大相撲御観戦

十九日　日曜日　正午、雍仁親王・宣仁親王と共に御出門、国技館にお成りになり、大相撲を御覧になる。東京大角力協会理事根岸治右衛門始め年寄等の奉迎を受けられ、貴賓席に着かれる。幕下の取組より始まり、太刀山と千年川、鳳と小錦、相生と桂山、小常陸と玉手山等の取組計二十九番を五時間余りかけて観戦される。その際、力士表と登場力士を引き合わせられ、勝負を一々御記入になる。午後五時四十五分国技館御発、東宮御所にお立ち寄りになり、皇太子・同妃と御夕餐を御会食になる。○迪宮御日誌、皇孫御殿日誌、皇子仮御殿日記、桑野鋭日記、東宮殿下御言行録、東宮職日誌、貞明皇后実録

二十日　月曜日　この日より宣仁親王御学友四名西郷従純・岩倉具実・水野忠泰・大浦兼次は、月曜より金曜まで毎日二名ずつ交替にて参殿することとなる。裕仁親王・雍仁親王御学友が月曜・水曜・金曜に伺候することは従前のとおりにて、三親王はそれぞれ伺候の御学友と共に御復習を済まされ、その後は御一緒にお遊びになる。○皇孫御殿日誌、桑野鋭日記

二十一日　火曜日　御学友大迫寅彦は去る十二日より所労にて学習院を欠席し、十六日には入院する。よって、この日御尋として菓子を賜う。大迫は二十四日第四時限より復帰する。○皇子仮御殿日記、桑野鋭日記、学習院初等学科教場日誌

学習院初等学科学芸会

二十五日　土曜日　午後、雍仁親王・宣仁親王と共に東宮御所に御参殿になり、皇太子・同妃に御拝顔になる。○迪宮御日誌、皇孫御殿日誌、皇子仮御殿日記、桑野鋭日記、東宮職日誌

二十六日　日曜日　午前、雍仁親王・宣仁親王と共に学習院初等学科学芸会に御臨席になる。正堂において、各年級より選出の生徒による唱歌・遊戯・図画・手工・書方・朗読・算術演算・理科実験等を御覧になる。終了後、手工品の焼物を御覧の上、御帰殿になる。○迪宮御日誌、皇孫御殿日誌、皇子仮御殿日記、桑野鋭日記、御学業御報告書、学習院初等学科教場日誌

午後、丸尾鍵子・同正彦参殿につき謁を賜い、正彦と共にお遊びになる。○迪宮御日誌、皇孫御殿日誌、桑野鋭日記

海軍記念日祝賀会余興の相撲を御覧

二十七日　月曜日　午後、雍仁親王・宣仁親王及び三親王の御学友十二名と共に水交社にお成りになり、皇太子と御一緒に海軍記念日祝賀会余興の相撲を御覧になる。横綱太刀山の稽古相撲、東西力士の土俵入り、太刀山と西ノ海の取組等三十余番を三時間近くにわたり御観戦になる。○迪宮御日誌、皇孫御殿日誌、皇子仮御殿日記、桑野鋭日記、東宮殿下御言行録、東宮職日誌

皇后御誕辰

二十八日　火曜日　皇后御誕辰につき、午前九時、雍仁親王・宣仁親王と共に、御附高等官一同の拝賀をお受けになる。皇孫御養育掛長丸尾錦作を皇后宮職へ遣わされる。○迪宮御日誌、皇孫御殿日誌、皇子仮御殿日記、桑野鋭日記、昭憲皇太后実録

午後、雍仁親王・宣仁親王と共に東宮御所にお成りになり、皇太子・同妃に御拝顔、皇太子と将棋などをされる。また、参殿の海軍大将山本権兵衛に謁を賜う。○迪宮御日誌、皇孫御殿日誌、皇子仮御殿日記、桑野鋭日記、東宮職日誌

御誕辰祝賀

二十九日　水曜日　この日、延引されていた東宮御所における裕仁親王の御誕辰祝が催される。午前十一時三十分、皇太子・同妃は御親昵並びに東宮職高等官その他の拝賀を受けられ、ついで正午には表謁見所にお出ましになり、拝賀者一同に立食を賜う。午後、御学習を終えられた親王・雍仁親王・宣仁親王が学習院より直接東宮御所に参殿され、皇太子妃に御拝顔になり、東宮職御用掛幸田延のピアノ演奏をお聴きになる。その後お出ましの皇太子に御拝顔になる。○迪宮御日誌、皇孫御殿日誌、皇子仮御殿日記、桑野鋭日記、東宮殿下御言行録、東宮職日誌、貞明皇后実録、宮内省省報、斎藤桃太郎日記

六月

弥富破摩雄皇孫御用掛拝命

一日　土曜日　午前、昨日皇孫御用掛拝命の弥富破摩雄元東京府立第一中学校教諭に謁を賜う。○迪宮御日誌、皇子仮御殿日記、進退録、桑

野鋭日記、東宮職日誌、宮内省省報、官報

午後、雍仁親王と共に外庭にて御運動になり、昆虫採集を行われる。それより広芝に移られ、皇太子の御乗馬、東宮武官・騎兵等の乗馬を御覧になり、ついで製茶所・養蚕所にお立ち寄りになる。養蚕所において、日本・清国・伊国の各種蚕を御覧の上、顕微鏡にて柞蚕の脚・触毛を御観察になる。○迪宮御日誌、皇孫御殿日誌、皇子仮御殿日記、桑野鋭日記、東宮殿下御言行録、東宮職日誌

二日　日曜日　午前、雍仁親王・宣仁親王と共に外庭において昆虫採集をされる。その折、浄水場・発電所・石炭庫等を御覧になり、発電所においては諸設備につき種々説明をお求めになる。○迪宮御日誌、皇孫御殿日誌、桑野鋭日記、東宮殿下御言行録

竹田宮邸御訪問

午後、雍仁親王・宣仁親王と共に御出門、東宮御所に参殿され、それより皇太子と御同列にて高輪の竹田宮邸にお成りになる。昌子内親王と御対顔の後、恒徳王とお遊びになり、日本館では鸚鵡を、また西洋館では飾付品等を御覧になる。楽焼の催しがあり、花瓶等に絵付けを試みられ、焼き上がりの御品をお持ち帰りになる。○迪宮御日誌、皇孫御殿日誌、皇子仮御殿日記、桑野鋭日記、東宮職日誌、宮内省省報

五日　水曜日　この頃、御学友等をお相手に盛んに相撲競技を行われ、この日は雍仁親王・宣仁親王及び御学友と共に、東西両軍に分かれて、優勝旗を争われる。○迪宮御日誌

六日　木曜日　御乗馬練習においてハクツ号にお召しになる。従前の宝来は廃される。○迪宮御日誌、裕仁親王殿下御乗馬録

七日　金曜日　午後、雍仁親王・宣仁親王と共に東宮御所に御参殿になり、皇太子・同妃に御拝顔の上、種々御談話になる。東宮職御用掛幸田延のバイオリンなどをお聴きになる。○迪宮御日誌、皇孫御殿日誌、皇子仮御殿日記、桑野鋭日記、東宮職日誌

皇太子の学習院行啓

八日　土曜日　午前、皇太子学習院初等学科行啓につき、雍仁親王・宣仁親王と共に御奉迎になる。皇太子は各教室・標本室・図書館等を御巡覧になり、親王の教室においては第一時限の国語の授業を約十分間御覧になる。○迪宮御日誌、皇孫御殿日誌、皇子仮御殿日記、桑野鋭日記、東宮殿下御言行録、東宮職日誌、御学業御報告書、学習院初等学科教場日誌、大正天皇実録、宮内省省報

麻布御殿御訪問

午後、雍仁親王・宣仁親王と共に御出門、東宮御所にお立ち寄りになり、それより皇太子と御同乗にて麻布御殿にお成りになり、聰子内親王と御対顔になる。○迪宮御日誌、皇孫御殿日誌、皇子仮御殿日記、桑野鋭日記、東宮職日誌、宮内省省報

九日　日曜日　午前、皇孫御用掛作間富生をお相手に、昨日皇太子妃より御拝領の模型飛行機を組み立てられる。○迪宮御日誌、東宮殿下御言行録

全国小学校児童成績品展覧会

午後零時三十五分御出門、雍仁親王・宣仁親王と共に東京帝室博物館にお成りになり、剝製動物部・鉱石化石標本部及び鯨骨格・服飾・武具等を御覧になる。ついで竹の台において実業之日本社主催

にて開催中の全国小学校児童成績品展覧会にお成りになり、会長増田義一実業之日本社社長、衆議院議員・審査長佐々木吉三郎東京高等師範学校附属小学校主事・協議員棚橋源太郎東京高等師範学校附属東京教育博物館主事の説明を受けられつつ、日本及び英国の児童による成績品を御巡覧になる。終わって、三時五十五分御帰殿になる。○迪宮御日誌、皇孫御殿日誌、皇子仮御殿日記、桑野鋭日記、東宮殿下御言行録、日本少年、実業之日本

寺内朝鮮総督より朝鮮馬献上

十一日 火曜日　午後、雍仁親王・宣仁親王と共に東宮大夫波多野敬直に謁を賜い、朝鮮総督寺内正毅より朝鮮馬四頭が献上された旨の言上を受けられる。○迪宮御日誌、桑野鋭日記、雍仁親王実紀

十三日 木曜日　午後、御乗馬練習の折、御乗馬姿の御写真を撮影される。御召の御料馬は会寧にて、丸木利陽が奉仕する。御練習後、朝鮮総督寺内正毅より献上の朝鮮馬北青・錦川・纛島・楊州を御覧になる。○迪宮御日誌、皇孫御殿日誌、皇子仮御殿日記、桑野鋭日記、東宮職日誌、裕仁親王殿下御乗馬録

典侍柳原愛子参殿につき謁を賜い、標本室・農園等を御案内になる。○迪宮御日誌、皇孫御殿日誌、皇子仮御殿日記、桑野鋭日記、東宮殿下御言行録

十五日 土曜日　午後、雍仁親王・宣仁親王と共に東宮御所に御参殿になり、皇太子・同妃に御拝顔の後、御庭等にて過ごされる。○迪宮御日誌、皇孫御殿日誌、皇子仮御殿日記、桑野鋭日記、東宮職日誌

十六日 日曜日　午後、雍仁親王と共に代々木御料地にお成りになる。栗林において栗の雌花・雄

花を御観察になり、人工授粉を試みられる。また、理科の参考品として害虫等を御観察、御採集になる。ついで養犬舎を御覧になり、池にて小舟に乗られ蓴菜を御採集になる。○迪宮御日誌、皇孫御殿日誌、皇子仮御殿日記、桑野鋭日記、東宮殿下御言行録

授業変更の御希望と側近の諫言

十八日　火曜日　来る二十五日は皇太子妃並びに雍仁親王の御誕辰につき、東宮御所御参殿のため第三時限以降の授業を欠席されることとなる。このため親王は、第二時限の算術は重要ではないとの理由で、第四時限の理科と算術の時間の入れ替えの御希望を洩らされる。側近より注意申し上げるも、繰り返し述べられたため、算術も重要であること、学校の規則は生徒の申し出により左右されるべきでないことを強く申し上げたところ、親王はこれをお聞き入れになる。○東宮殿下御言行録、御学業御報告書

海軍水路部海軍造兵廠にお成り

二十二日　土曜日　午後、雍仁親王・宣仁親王及び御学友等と共に築地の海軍水路部にお成りになる。水路部長川島令次郎の説明により各種測量器、図面等のほか、製図・印刷関係の諸工程を御覧になる。それより海軍造兵廠に移られ、海軍造兵廠長沢鑑之丞の案内にて製鋼所等を御巡覧になる。ついで水交社の池において短艇に乗られ、暫時船遊びの後、艦型試験所にお成りになる。同所において率舟機に試乗され、艦船模型製作、艦型及び推進器の試験を御覧になり、ついで火薬電気試験場等を御巡覧になる。この間、御自身のみならず、御学友等にも見学あるいは体験が出来るよう、種々お

心配りをされる。御小憩の後、錬鉄所・仕上工場・木工所・革工場等を御巡覧になり、また望楼より望遠鏡にて御眺望の後、御帰還になる。○迪宮御日誌、皇孫御殿日誌、皇子仮御殿日記、桑野鋭日記、東宮殿下御言行録

二十三日　日曜日　午前、外庭における昆虫採集の途次、養蚕所にお立ち寄りになり、顕微鏡にて蚕蛾の鱗毛・触髭等を観察される。○迪宮御日誌、皇孫御殿日誌、桑野鋭日記

皇太子妃御誕辰雍仁親王誕辰

二十五日　火曜日　午前七時、皇太子妃並びに雍仁親王の御誕辰につき御附高等官の拝賀を受けられる。学習院にて二学科履修の後、雍仁親王・宣仁親王と共に、直ちに皇太子妃に参賀のため東宮御所に御参殿になり、皇太子・同妃に御拝顔になる。

御参内

それより皇太子及び雍仁親王・宣仁親王とお揃いにて御参内になり、天皇・皇后に御拝顔になる。当初、雍仁親王誕辰につき、同親王一方にて参内の予定のところ、本年沼津より御帰京後、三親王お揃いにて御参内のこと無きにより、この日、お揃いにて御参内になる。○迪宮御日誌、皇孫御殿日誌、皇子仮御殿日記、桑野鋭日記、東宮職日誌、貞明皇后実録、宮内省省報

白瀬南極探検隊活動写真

この夜東宮御所において、今般帰国の白瀬南極探検隊の活動写真御催しにつき、雍仁親王・宣仁親王及び御学友十名と共に御参殿になる。伯爵大隈重信南極探検後援会会長・陸軍輜重兵中尉白瀬矗に賜謁の後、皇太子・同妃並びに博忠王・春仁王・藤麿王と共に、白瀬中尉の説明にて、約一時間活動写真を御覧になる。また、白瀬中尉よりペンギンの剝製等が献上される。○迪宮御日誌、皇孫御殿日誌、皇子仮御殿日記、桑野鋭日記、東宮殿下御言行録、東

明皇后実録

二十六日　水曜日　午後、清国駐屯軍への御差遣より帰京の侍従武官長中村覚に謁を賜う。○皇孫御殿日誌、皇子仮御殿日記、桑野鋭日記、東宮殿下御言行録、明治天皇紀

川村春子参殿につき、謁を賜う。○迪宮御日誌、皇孫御殿日誌、皇子仮御殿日記、桑野鋭日記

二十八日　金曜日　御同級の堤経長へ病気御尋として菓子を賜う。○皇子仮御殿日記、桑野鋭日記

三十日　日曜日　午前、雍仁親王・宣仁親王と共に新宿御苑にお成りになり、昆虫採集、枇杷摘みなどをされる。○迪宮御日誌、皇孫御殿日誌、皇子仮御殿日記、桑野鋭日記、東宮殿下御言行録

七月

一日　月曜日　暑気漸く甚だしく、本日以降学習院よりの御帰殿は晴雨にかかわらず馬車の御利用となる。○迪宮御日誌、皇孫御殿日誌

三日　水曜日　午後、枢密顧問官周布公平に謁を賜う。○迪宮御日誌

五日　金曜日　御学友父母懇話会のため参殿の伯爵松平直亮・同夫人充子、渡辺千春、伯爵久松定謨夫人貞子、大迫尚道夫人タカ等に謁を賜う。○迪宮御日誌、皇孫御殿日誌、皇子仮御殿日記、桑野鋭日記

皇太子の御不例

六日　土曜日　過日来皇太子御不例につき、東宮主事桑野鋭を遣わされ、御見舞として菓子を御献上になる。○皇子仮御殿日記、桑野鋭日記、東宮職日誌

多摩川にて鮎漁

七日　日曜日　午前八時、雍仁親王・宣仁親王と共に馬車にて御出門、玉川村二子渡にお成りになる。川舟にお乗りになり、漁船の網漁、鵜飼を御覧になり、種々川遊びをされる。旅宿亀屋にて御昼餐後、同じく鮎漁、川遊びにて過ごされた後、御帰殿になる。なお、天皇・皇后、皇太子・同妃へ漁獲の鮎を御献上になる。○迪宮御日誌、皇孫御殿日誌、皇子仮御殿日記、桑野鋭日記、東宮殿下御言行録、東宮職日誌

八日　月曜日　本日より学習院の授業は午前のみとなる。○迪宮御日誌、皇孫御殿日誌、皇子仮御殿日記、桑野鋭日記、御学業御報告書

五年級第一学期終業

十三日　土曜日　本日をもって第一学期が終了する。○迪宮御日誌、皇孫御殿日誌、皇子仮御殿日記、桑野鋭日記、御学業御報告書、学習院初等学科教場日誌

侍女清水シゲの退任

侍女清水シゲは病気により賜暇願出のところ、この日雇を解かれ、従七位に叙される。親王は御夕食後、御手ずから戸棚より画帖・蒔絵御蓋付小形御硯・小形木彫奈良人形を取り出され、清水に下賜される。○迪宮御日誌、皇子仮御殿日記、桑野鋭日記、東宮殿下御言行録、官報

狂言の番組を御考案

十四日　日曜日　御夕餐後、雍仁親王と共に狂言の番組を御考案になり、御自ら演じられる。宣仁親王及び侍臣一同が拝観する。番組は以下のとおり。

一、汐干狩

一、田舎者絵ノ展覧会ヲ見ル
一、二人袴
一、附子
番外
一、南瓜盗人

○迪宮御日誌、東宮殿下御言行録

十五日　月曜日　学習院教授石井国次・同木村保寿が参殿し、第一学期御成績表等を奉呈する。○皇子仮御殿日記、御学業御報告書、桑野鋭日記、学習院初等学科教場日誌

東宮侍講本居豊穎参殿につき、謁を賜う。○皇子仮御殿日記、桑野鋭日記

十六日　火曜日　午前、学習院長乃木希典参殿につき、謁を賜う。○迪宮御日誌、皇孫御殿日誌、皇子仮御殿日記、桑野鋭日記

十八日　木曜日　午前、天皇皇后御使として権命婦樹下定江参殿につき、謁を賜う。○迪宮御日誌、皇孫御殿日誌、皇子仮御殿日記、桑野鋭日記

十九日　金曜日　午前九時、雍仁親王・宣仁親王と共に御出門、同三十分新橋停車場を御発車になり、

葉山へ御避暑

午後、皇太子妃お成りにつき、御拝顔になる。○迪宮御日誌、皇孫御殿日誌、皇子仮御殿日記、桑野鋭日記、東宮職日誌

葉山へ向かわれる。十一時三十分、葉山御用邸に御到着になる。新橋停車場における奉送、御用邸における知事代理等への賜謁は例の如し。御着の際、葉山村民による奉迎の煙火あり。○迪宮御日誌、皇孫御殿日誌、皇子仮御殿日記、桑野鋭日記、東宮職日誌、宮内省省報、官報

午後、御用邸前海岸において魚介類・藻類を御採集になる。○迪宮御日誌、東宮殿下御言行録

天皇御違例の報知

二十日　土曜日　午前六時三十分、宮内書記官松根豊次郎より葉山に供奉中の東宮主事桑野鋭に対し、本月十四日以来の天皇御違例に関し電話連絡あり。よって三親王の御名代として皇孫御養育掛長丸尾錦作が帰京参内し、天機を奉伺する。夕刻、丸尾は葉山に帰着し、天皇の御容態につき親王に言上する。この日、天皇の御違例のことは、官報をもって公表される。○迪宮御日誌、皇子仮御殿日記、桑野鋭日記、東宮殿下御言行録、宮内省省報、官報、明治天皇紀

二十一日　日曜日　明日葉山より御帰京の旨が仰せ出される。○皇子仮御殿日記、桑野鋭日記

御帰京

二十二日　月曜日　午前七時五分雍仁親王・宣仁親王と共に人力車にて葉山御用邸を御出門、同五十二分逗子停車場発の普通列車にて御帰京になる。九時三十分新橋停車場御着、直ちに馬車にて宮城に向かわれる。御内儀において皇后に御拝顔の上、天皇御違例の御機嫌をお伺いになり、十時二十分御退出、御帰殿になる。○迪宮御日誌、皇孫御殿日誌、皇子仮御殿日記、桑野鋭日記、東宮殿下御言行録、東宮職日誌、官報、明治天皇紀

御参内

二十三日　火曜日　天皇御違例につき、三種交魚一折を三親王より天皇・皇后へ御献上になる。○皇子仮御殿日記、桑野鋭日記

御学友大迫寅彦及び雍仁親王御学友松浦治が出仕する。以後、御学友が交互に出仕する。○迪宮御日誌、皇孫御殿日誌、桑野鋭日記

二十四日　水曜日　天皇並びに皇后の御機嫌伺いのため、東宮主事桑野鋭を宮城へ遣わされる。○皇子仮御殿日記、桑野鋭日記

午後、雍仁親王・宣仁親王と共に東宮御所に御参殿になり、昨日御床払の皇太子及び皇太子妃に御拝顔の後、皇太子妃の御参内を御奉送になる。○迪宮御日誌、皇孫御殿日誌、皇子仮御殿日記、桑野鋭日記、東宮職日誌

二十五日　木曜日　午前九時三十分、雍仁親王・宣仁親王と共に徒歩にて御出門、東宮御所に御参殿になり、皇太子・同妃に御拝顔の後、皇太子と御同乗にて御参内になる。御内儀において皇后に拝顔された後、天皇の御機嫌を御奉伺になる。ついで参内の各皇族に御対顔になり、御帰還になる。○迪宮御日誌、皇孫御殿日誌、皇子仮御殿日記、桑野鋭日記、東宮職日誌、大正天皇実録、明治天皇紀

午後、雍仁親王・宣仁親王と共に東宮御所に御参殿になり、皇太子・同妃に御拝顔、皇太子妃より天皇の御容態につき種々お聞きになる。折から参殿の村雲日榮伏見宮邦家親王第十女子に謁を賜う。○迪宮御日誌、皇孫御殿日誌、

御参内

皇子仮御殿日記、桑野鋭日記、東宮職日誌

二十六日　金曜日　午前、枢密顧問官花房義質参殿につき、謁を賜う。○迪宮御日誌、桑野鋭日記

午後、天皇御違例のお尋ねとして朝融王・邦久王参殿につき、御対顔になる。両王は直ちに退出する。○迪宮御日誌、皇孫御殿日誌、皇子仮御殿日記、桑野鋭日記

三親王交替にて参内することとなる

本日より三親王交替にて御一方ずつ参内、天皇御病床に親しく御見舞をされることとなる。よって午後二時十分、裕仁親王御一方にて御出門、東宮御所より皇太子妃と御同列にて御参内になる。三時三十分皇太子妃と御一緒に天皇の御床近くに参進され、親しく御機嫌を御奉伺になる。それより御一方にて御帰還になる。○迪宮御日誌、皇孫御殿日誌、皇子仮御殿日記、桑野鋭日記、東宮職日誌、明治天皇紀、昭憲皇太后実録、貞明皇后実録

二十七日　土曜日　午後、雍仁親王・宣仁親王と共に東宮御所に御参殿になる。皇太子・同妃に御拝顔、昌子内親王・房子内親王に御対顔になる。○迪宮御日誌、皇孫御殿日誌、皇子仮御殿日記、桑野鋭日記、東宮職日誌

この日、皇孫御用掛土屋正直は、天皇御平癒祈願のため内々に神宮へ向け出発する。○皇子仮御殿日記、桑野鋭日記

天皇御重篤につき御参内

二十八日　日曜日　天皇御容態重篤の趣につき、午後六時四十分、雍仁親王・宣仁親王と共に御出門、御参内になる。皇太子と共に天皇の御床前にお進みになり、御拝跪、御拝顔になる。少時にして退出され、参内の各皇族に御挨拶の後、御帰殿になる。○迪宮御日誌、皇子仮御殿日記、桑野鋭日記、東宮殿下御言行録、東宮職日誌、貞明皇后実録、官報

天皇御容態危険の報により御参内

二十九日　月曜日　天皇御容態危険の虞ありとの報により、午前七時二十分御出門、雍仁親王・宣仁親王と共に御参内になる。昨夜より御滞留の皇太子・同妃に御拝顔、昌子内親王始め各内親王に御対顔になり、今朝参内の各皇族にも御対顔の後、皇太子と共に天皇の御前にお進みになり、御拝顔になる。その後、暫時御休所にお控えになり、十一時五十分御退出、御帰殿になる。○迪宮御日誌、皇孫御殿日誌、皇子仮御殿日記、桑野鋭日記、東宮殿下御言行録

天皇崩御

御尊骸に御拝礼

午後十時四十三分、天皇崩御す。急報により、午後十一時十二分雍仁親王・宣仁親王と共に御出門、御参内になり、御尊骸に御拝礼になる。皇后より御尊顔を御記憶になるべき旨のお言葉あり。ついで皇太子・同妃に御拝顔、各皇族に御対顔の上御退出、翌三十日午前零時二十八分御帰殿になり、侍臣からの弔詞をお受けになる。天皇の崩御は、喪を秘すこと二時間、三十日午前零時四十三分として公表される。○迪宮御日誌、皇孫御殿日誌、皇子仮御殿日記、桑野鋭日記、東宮殿下御言行録、東宮職日誌、昭憲皇太后実録、官報

皇太子となる

三十日　火曜日　天皇崩御につき、御父嘉仁親王が践祚、「大正」と改元される。裕仁親王は皇太子となる。なお、天皇は当分の間、青山離宮 従前の東宮御所 から宮城に出御されることとなる。○東宮御日誌、桑野鋭日記、御学業御報告書、東宮殿下御言行録、宮内省省報、官報

大喪につき、明三十一日より五日間の廃朝が仰せ出される。皇太子は本日より喪章として制服左腕

に黒紗御布を巻かれる。また当分の間、お慎みになることとなる。○東宮御日誌、東宮殿下御言行録、桑野鋭日記、官報

御機嫌伺いとして各皇族、御学友、旧奉仕者その他が参殿する。○東宮御日誌、皇孫御殿日誌、皇子仮御殿日記、桑野鋭日記

午後一時三十分、雍仁親王・宣仁親王と共に御出門、青山離宮に御参殿になり、天皇・皇后に御拝顔になる。二時三十分御帰殿になる。○東宮御日誌、皇孫御殿日誌、皇子仮御殿日記、桑野鋭日記、貞明皇后実録、大正天皇実録

側近の辞令

皇孫御養育掛長丸尾錦作に対し皇子御養育掛長として東宮職御用掛を仰せ付けられたる義と心得べき旨、また皇孫御用掛土屋正直・同松平乗統・同作間富生・同弥富破摩雄へは東宮職御用掛を仰せ付けられたる義と心得べき旨、それぞれ宮内大臣口達あり。○皇子仮御殿日記、東宮職日誌、進退録、桑野鋭日記、宮内省省報、官報

三十一日　水曜日　学習院職員総代石井国次及び同生徒総代中村基一、弔辞言上のため参殿につき、謁を賜う。侯爵中山孝麿御機嫌奉伺として参殿につき、謁を賜う。○東宮御日誌、皇孫御殿日誌、桑野鋭日記、学習院初等学科教場日誌

大行天皇に御拝訣

午後四時三十分、雍仁親王・宣仁親王と共に御出門、宮城に御参内になる。御内儀において天皇・皇后・皇太后に御拝顔の後、五時五分大行天皇に御拝訣になる。八時より御舟入の儀あり。同二十五分霊柩に御拝礼になり、同四十分御出門、御帰殿になる。○東宮御日誌、皇孫御殿日誌、皇子仮御殿日記、桑野鋭日記、大正天皇実録、貞明皇后実録、昭憲皇太后実録

八月

一日　木曜日　午前、王世子李垠御使御附武官金応善、子爵曽我祐準にそれぞれ謁を賜う。○東宮御日誌、皇孫御殿日誌、桑野鋭日記

御敬称の口達

東宮主事桑野鋭は、本日より親王を「皇太子殿下」と申し上げるべき旨を御附職員に口達する。○皇孫御殿日誌、皇子仮御殿日記、東宮殿下御言行録

二日　金曜日　午前十時三十分、雍仁親王・宣仁親王を伴い御出門、御参内になり、大行天皇霊柩に御拝礼、ついで皇太后の御機嫌をお伺いになり、御退出になる。以後大喪儀までの間、隔日にて両親王を伴い宮城へ御参内、霊柩御拝礼並びに皇太后御機嫌奉伺をされ、天皇・皇后出御の折には御拝顔になる。○東宮御日誌、皇孫御殿日誌、皇子仮御殿日記、桑野鋭日記

大喪儀までの間は隔日御参内

午後、雍仁親王・宣仁親王を伴い青山離宮に御参殿になり、天皇・皇后に御拝顔になる。以後大喪儀までの間、概ね隔日にて両親王を伴い青山離宮に御参殿になる。○東宮御日誌、皇孫御殿日誌、皇子仮御殿日記、桑野鋭日記、大正天皇実録

侍女足立タカ実父足立元太郎死去につき、喪中御尋として菓子料を下賜される。○皇子仮御殿日記、桑野鋭日記

六日　火曜日　午前、大行天皇霊柩に御拝礼の折、今朝畑において御自身にてお摘み取りの蔬菜を

御霊櫬にお供えになる。〇東宮御日誌、皇孫御殿日誌、皇子仮御殿日記、桑野鋭日記

皇孫仮御殿を皇子仮御殿と改称

この日、皇孫仮御殿は皇子仮御殿と改称される。〇桑野鋭日記

東宮武官の侍従武官兼補

七日　水曜日　去る五日、東宮武官村木雅美・同大内義一・同西義一・同関野謙吉・同宇佐川知義は、侍従武官兼補となる。この日午前、村木・西・関野・宇佐川の四武官参殿につき、表謁見所において謁を賜う。〇東宮御日誌、皇孫御殿日誌、皇子仮御殿日記、東宮職日誌、官報

午後、青山離宮に御参殿の折、今朝畑においてお摘み取りの茄子・玉蜀黍等を天皇・皇后に御献上になる。〇東宮御日誌、皇孫御殿日誌、皇子仮御殿日記、桑野鋭日記

大行天皇十日祭

八日　木曜日　午前、雍仁親王・宣仁親王を伴い御参内になる。大行天皇十日祭につき、天皇・皇后・皇太后に続き霊柩に御拝礼になる。〇東宮御日誌、皇孫御殿日誌、皇子仮御殿日記、桑野鋭日記、貞明皇后実録、昭憲皇太后実録

元侍女清水シゲ参殿につき、謁を賜う。清水より顕微鏡が献上され、早速、サボテンの刺、アリ、羽毛などを顕微鏡にて観察される。〇東宮御日誌、皇孫御殿日誌、桑野鋭日記

御学友の出仕再開

九日　金曜日　大行天皇崩御後中断されていた三親王御学友の出仕が再開される。この日、久松定孝・大迫寅彦・三条実憲・小笠原長英・大浦兼次・岩倉具実の六名が参殿する。〇東宮御日誌、皇孫御殿日誌、桑野鋭日記、東宮殿下御言行録

未成年皇族は大喪儀に参列せず

十二日　月曜日　未成年皇族は大喪儀に関する総ての儀式に参列なきことが治定される。○皇族雑録

波多野敬直の東宮大夫専任

十三日　火曜日　去る七月三十日、大行天皇崩御、今上天皇践祚の際の措置として、皇室令をもって当分の内侍従長を二人置くこととされ、東宮大夫波多野敬直が侍従長を兼ねていたところ、この日、波多野は兼官を免じられ、東宮大夫として皇太子に専ら奉仕することとなる。午後、波多野が専任の御礼のため参殿につき、謁を賜う。なおこの日、侍従長兼内大臣徳大寺実則は本官並びに兼官を免じられ、陸軍大将桂太郎が内大臣兼侍従長に任じられる。○東宮御日誌、皇孫御殿日誌、皇子仮御殿日記、桑野鋭日記、進退録、宮内省省報、官報

午後六時三十分、殯宮移御につき、御座所において宮城を御遥拝になる。○東宮御日誌、東宮殿下御言行録、桑野鋭日記

殯宮移御

十四日　水曜日　殯宮移御翌日祭につき、宮城を御遥拝になる。○東宮御日誌、桑野鋭日記、宮内省省報、官報

殯宮移御翌日祭

午後、雍仁親王・宣仁親王を伴い御参内、大行天皇霊柩に御拝礼になる。廊下において内大臣兼侍従長桂太郎に謁を賜う。御内儀において、皇太后に御拝顔になり、先帝御考案の銀製双六盤菓子器を拝領される。○東宮御日誌、皇孫御殿日誌、皇子仮御殿日記、桑野鋭日記、東宮殿下御言行録

十五日　木曜日　午前、丸尾鍵子御機嫌伺いとして参殿につき、謁を賜う。○東宮御日誌、皇子仮御殿日記、桑野鋭日記

雍仁親王・宣仁親王を伴い、主馬寮分厩にお出ましになり、主馬頭藤波言忠の案内にて霊轜挽牛七頭を御覧になる。それより覆馬場に移られ、責馬の様子を御覧になる。○東宮御日誌、皇孫御殿日誌、皇子仮御殿日記、桑野鋭日記、東宮殿下

御言行録

東宮大夫波多野敬直に謁を賜う。○東宮御日誌、桑野鋭日記

殯宮二十日祭

十八日　日曜日　午前八時、大行天皇殯宮二十日祭が行われる。九時三十分、雍仁親王・宣仁親王を伴い御出門、宮城に御参内になり、霊柩に御拝礼になる。ついで御内儀において、皇太后に御拝顔、昌子内親王・房子内親王・聰子内親王に御対顔になる。○東宮御日誌、皇孫御殿日誌、皇子仮御殿日記、桑野鋭日記、昭憲皇太后実録、宮内省省報、官報

十九日　月曜日　夕刻、参謀総長長谷川好道献上の参謀本部編『明治卅七八年日露戦史』の披露を受けられ、暫時御覧になる。○東宮御日誌、皇子仮御殿日記

二十日　火曜日　午後、雍仁親王・宣仁親王を伴い御出門、青山離宮に御参殿になり、天皇・皇后に御拝顔になる。御携帯の野菜を御献上になり、折から参殿の元東宮武官田村丕顕に謁を賜う。○東宮御日誌、皇孫御殿日誌、皇子仮御殿日記、桑野鋭日記

御学業の復習

二十一日　水曜日　本日より御学業の復習を再開される。○東宮御日誌

元東宮武官田村丕顕が参殿し、終日皇太子に伺候する。○東宮御日誌、皇孫御殿日誌、皇子仮御殿日記、桑野鋭日記

二十三日　金曜日　午前、表謁見所において侍従長桂太郎に謁を賜う。○東宮御日誌、皇孫御殿日誌、皇子仮御殿日記、桑野鋭日記

二十四日　土曜日　午前、宮城において大行天皇霊柩に御拝礼の後、皇后とお揃いにて皇太后の御

機嫌をお伺いになる。その折、御乗馬姿の御写真を献上される。○東宮御日誌、皇孫御殿日誌、皇子仮御殿日記、桑野鋭日記

追号奉告の儀

二十七日　火曜日　午前九時、追号奉告の儀が殯宮において行われ、大行天皇に明治天皇の追号が奉られる。十時、雍仁親王・宣仁親王を伴い御出門、御参内になり、霊柩に御拝礼になる。御内儀において皇后・皇太后に御拝顔の上、御帰還になる。○東宮御日誌、皇孫御殿日誌、皇子仮御殿日記、桑野鋭日記、宮内省省報、官報

殯宮三十日祭

二十八日　水曜日　午前八時、殯宮三十日祭が行われる。同四十分、雍仁親王・宣仁親王を伴い御出門、御参内になり、霊柩に御拝礼になる。ついで御内儀において天皇・皇后・皇太后に御拝顔、昌子内親王・房子内親王・聰子内親王に御対顔になり、御帰還になる。○東宮御日誌、皇孫御殿日誌、皇子仮御殿日記、桑野鋭日記、宮内省省報、官報

御料馬車の変更

三十日　金曜日　午前十時御出門、雍仁親王・宣仁親王を伴い御参内になる。本日より御料馬車を二輛とし、皇太子は御一方にて第一御料馬車にお乗りになり、東宮大夫波多野敬直が陪乗、第二御料馬車には雍仁親王・宣仁親王が乗り、皇子御養育掛長丸尾錦作が陪乗する。北御車寄より直ちに正殿に進まれ、霊柩に御拝礼になる。ついで御内儀において皇太后に御拝顔になり、御栽培の蔬菜一籠西京茄子、長茄子、藤豆、茎芋を御献上になる。○東宮御日誌、皇孫御殿日誌、皇子仮御殿日記、東宮殿下御言行録

本日より東宮大夫波多野敬直は皇子仮御殿において執務する。○皇子仮御殿日記、桑野鋭日記

天長節

三十一日　土曜日　この日、天長節なるも大喪期間中につき、祭典のみ行われる。○皇孫御殿日誌、桑野鋭日記、宮内省省報、官報

九月

四日　水曜日　伯爵柳原義光夫人花子御機嫌伺いとして参殿につき、表謁見所において謁を賜う。○東宮御日誌、皇孫御殿日誌、皇子仮御殿日記、桑野鋭日記

第二学期始業式延期

六日　金曜日　学習院始業式の予定のところ、大喪につき十八日に延期される。この日午前、学習院教授石井国次・同木村保寿・同宮本主税参殿につき、謁を賜う。○東宮御日誌、皇孫御殿日誌、皇子仮御殿日記、桑野鋭日記、御学業御報告書、学習院初等学科教場日誌

殯宮四十日祭

七日　土曜日　午前八時、殯宮四十日祭が行われる。十時、雍仁親王・宣仁親王を伴い御出門、御参内になり、霊柩に御拝礼、ついで御内儀において天皇・皇后・皇太后に御拝顔、昌子内親王・房子内親王・聰子内親王に御対顔になる。○東宮御日誌、皇孫御殿日誌、皇子仮御殿日記、桑野鋭日記、典式録、宮内省省報、官報

陸海軍武官に御任官

九日　月曜日　皇族身位令の規定により、この日陸海軍武官に御任官になり、叙勲を受けられる。午前九時、勅使侍従長桂太郎が参殿する。表謁見所において、勅使より官記の奉呈を受けられ、陸

軍歩兵少尉・海軍少尉に御任官、近衛歩兵第一聯隊附・第一艦隊附に補される。十時、陸軍正装にて御出門、東宮大夫・東宮武官長等の供奉にて御参内になり、鳳凰ノ間において天皇より大勲位に叙され、菊花大綬章を親授される。併せて勲一等旭日桐花大綬章・勲一等瑞宝章を授けられる。天皇に御黙礼になり、御退下の後、御内儀において皇后・皇太后に御礼を言上される。ついで殯宮において御拝礼を済まされ、宮城を御出門になる。御帰還に際し、大勲位菊花大綬章本章・副章ともに御佩用になる。御帰殿後、表謁見所において御附高等官等の祝賀をお受けになる。○東宮御日誌、東宮職日誌、皇孫御殿日誌、皇子仮御殿日記、桑野鋭日記、東宮殿下御言行録、御学業御報告書、典式録、貞明皇后実録、昭憲皇太后実録、宮内省省報、官報、近衛師団沿革概要

叙勲

この日、勅使参入前、東宮侍従本多正復・同甘露寺受長・侍医伊勢錠五郎に謁を賜う。本多・甘露寺両名は昨八日付にて東宮侍従に任じられ、伊勢は本日付にて東宮仮御所詰を命じられる。またこの日、侍医加藤照麿・同吉松駒造は皇子附兼東宮仮御所詰を命じられ、十一日には皇太子附兼勤を仰せ付けられる。○東宮御日誌、皇子仮御殿日記、桑野鋭日記、東宮殿下御言行録、進退録、宮内省省報、官報

新任の東宮侍従に賜謁

この日、当分の間皇子仮御殿をもって東宮仮御所に充てられる旨が治定され、翌十日、皇子仮御殿を東宮仮御所と改称する旨が公示される。また、当分の間、雍仁親王・宣仁親王は東宮仮御所に居住すべき旨が治定される。○東宮御日誌、皇子仮御殿日記、桑野鋭日記、東宮職日誌、宮内省省報、官報

皇子仮御殿を東宮仮御所に改称

十日　火曜日　午前九時、昨日の御任官並びに叙勲につき、御学友一同の祝詞をお受けになる。十時、東宮武官宇佐川知義・同関野謙吉・同大内義一に謁を賜う。○東宮御日誌、皇孫御殿日誌、桑野鋭日記、東宮職日誌

乃木院長中朝事実を献上

午前十時四十分、学習院長乃木希典参殿、拝謁申し出につき謁を賜う。乃木は『中朝事実』を献上して退出する。○東宮御日誌、皇孫御殿日誌、桑野鋭日記、雍仁親王実紀、乃木院長記念録

十一日　水曜日　本日霊柩御拝礼のため御参内の際、陸軍少尉正装を御着用、大勲位菊花大綬章副章を御佩用になる。御参内には、東宮侍従・東宮武官が供奉する。○東宮御日誌、東宮職日誌、皇孫御殿日誌、皇子仮御殿日記、桑野鋭日記、行啓録、侍医寮日誌、東宮殿下御言行録、宮内省省報

明治天皇大喪儀

斂葬当日殯宮祭

十三日　金曜日　この夜、明治天皇大喪儀が青山練兵場内葬場殿において行われる。これに先立ち午前九時霊代奉安の儀が権殿桐ノ間において行われ、十時斂葬当日殯宮祭の儀が殯宮において行われる。皇太子は九時十分、雍仁親王・宣仁親王を伴い御出門、御参内になり、一旦御内儀にてお控えの後、十時権殿に御拝になる。再び御内儀にお控えになり、十一時十分天皇・皇后に御拝顔、ついで同四十五分殯宮に御拝になり、御帰還になる。午後五時三十分、陸軍正装御着用、大勲位本綬及び副章、勲一等桐花副章・勲一等瑞宝副章御佩用にて、雍仁親王・宣仁親王を伴い御出門、宮城に

霊轜御奉送

御参内になる。皇太后に御拝顔、ついで天皇・皇后に御拝顔になり、七時二十分、北御車寄より馬

車にて二重橋鉄橋外西南の天幕にお出ましになり、霊轜の通御をお待ちになる。同四十分、鹵簿の先頭が出発につき、その松明、旛、弓、盾等を御覧になる。同五十五分、天皇・皇后・皇太后は隣接する天幕に臨御される。八時、号砲一発、轜車は五頭の牛に牽かれ御車寄を出発する。その通御の際には恭しくお見送りになる。同二十分、漸く葬列が終わり、天皇・皇后・皇太后と共に鉄橋より、正門を通御した霊轜を御遙拝になる。御葬列は広場を通過し、馬場先門跡を右折し青山練兵場内葬場殿に向け緩緩と進む。同三十分、馬車にて宮城を御出門、御帰還になる。ついで九時四十五分より十時三十分まで、御殿正門内にお出ましになり、門前を通過する霊轜に対し、最後のお見送りをされる。十時五十六分、霊轜は青山練兵場に到着し、十一時十五分、葬場殿の儀が開始される。

御霊柩の御発車を御遙拝

翌十四日午前零時、天皇が御誄を奏される時刻に、御庭において御遙拝を行われ、御入床になる。ついで同二時、御霊柩が桃山の陵所へ向け青山仮停車場を御発車の時刻につき、側近の申入れにて御起床になり、お床の上に正座され御遙拝になる。○東宮御日誌、東宮職日誌、皇孫御殿日誌、皇子仮御殿日記、桑野鋭日記、行啓録、侍医寮日誌、東宮殿下御言行録、貞明皇后実録、明治天皇紀、宮内省省報、官報

乃木院長の自刃

十四日　土曜日　昨夜霊轜宮城を発する頃、軍事参議官兼学習院長陸軍大将伯爵乃木希典は、自邸において夫人静子と共に自刃する。この日午前、皇子御養育掛長丸尾錦作より乃木自刃の旨並びに

辞世などをお聞きになり、御落涙になる。○東宮御日誌、東宮殿下御言行録、皇子仮御殿日記、桑野鋭日記、進退録、宮内省省報

陵所御遙拝

十五日　日曜日　桃山の陵所においては、昨日より陵所の儀が行われ、この日午前七時御埋柩済了、九時陵前祭開始につき、それぞれ通知に合わせ、庭前において御遙拝になる。なお、この日明治天皇の御陵名を伏見桃山陵《ふしみのももやまのみささぎ》と定める旨が告示される。○東宮御日誌、東宮職日誌、侍医寮日誌、皇孫御殿日誌、皇子仮御殿日記、桑野鋭日記、宮内省省報、官報

午後、雍仁親王・宣仁親王御同伴にて青山離宮に御参殿になり、天皇・皇后に御拝顔になる。○東宮御日誌、東宮職日誌、皇孫御殿日誌、皇子仮御殿日記、桑野鋭日記

乃木院長の遺書

学習院御用掛小笠原長生参殿し、学習院長乃木希典の死去を学習院として正式に届け出る。なお、乃木の遺書中に小笠原宛の一通があり、同遺書は、皇室の御為め、学習院今後の成立上の尽力を懇願する旨で結ばれていた。小笠原は学習院御用掛として、乃木より皇太子の御教育に関してしばしば相談に与っていた。○小笠原長生日記、桑野鋭日記、乃木院長記念録

斂葬翌日権殿祭

十六日　月曜日　午前十時、宮城桐ノ間の権殿において斂葬翌日権殿祭が行われる。皇太子は同時、雍仁親王・宣仁親王御同伴にて御出門、御参内になり、天皇・皇后に御拝顔、昌子内親王・房子内親王・聰子内親王に御対顔の後、十時四十五分権殿にお出ましになり、御霊代に御拝礼になる。ついで皇太后に御機嫌奉伺の後、還啓される。なお、以後大喪期間中、御参内の折は、権殿における

御拝を常とされる。○東宮御日誌、東宮職日誌、皇孫御殿日誌、皇子仮御殿日記、桑野鋭日記、行啓録、宮内省省報、官報

学習院教授白鳥庫吉は、学習院長事務取扱に任ぜられる。○進退録、宮内省省報、官報、御学業御報告書、学習院初等学科教場日誌、小笠原長生日記

権殿五十日祭

十七日　火曜日　午前十時、権殿五十日祭が行われる。同時雍仁親王・宣仁親王御同伴にて御出門、御参内になり、天皇・皇后に御拝顔、昌子内親王・房子内親王・聰子内親王に御対顔の後、権殿においで御霊代に御拝礼になる。それより皇太后の御機嫌をお伺いになり、御帰還になる。○東宮御日誌、東宮職日誌、皇孫御殿日誌、皇子仮御殿日記、桑野鋭日記、行啓録、宮内省省報、官報

午後、川村春子・柳原花子御機嫌奉伺として参殿につき、謁を賜う。○東宮御日誌、東宮職日誌、皇子仮御殿日記、桑野鋭日記

雍仁親王・宣仁親王御同伴にて青山離宮に御参殿になり、天皇・皇后に御拝顔になる。○東宮御日誌、皇孫御殿日誌、皇子仮御殿日記、桑野鋭日記

乃木院長の葬儀

十八日　水曜日　軍事参議官兼学習院長陸軍大将伯爵乃木希典の葬儀執行につき、御使として東宮侍従甘露寺受長を棺前並びに斎場へ差し遣わされ、それぞれ玉串を供えられる。また、乃木死去につき祭資を下賜される。この日予定の学習院始業式は、明十九日に延期となる。○東宮御日誌、東宮職日誌、皇子仮御殿日記、桑野鋭日記、東宮殿下御言行録、御学業御報告書、宮内省省報、学習院初等学科教場日誌

学習院始業式

十九日　木曜日　午前八時十分雍仁親王・宣仁親王御同伴にて御出門、学習院本院に行啓され、始

業式に御参列になる。○東宮御日誌、東宮職日誌、皇孫御殿日誌、皇子仮御殿日記、桑野鋭日記、御学業御報告書、東宮殿下御言行録、学習院初等学科教場日誌、行啓録、宮内省報

午後、恒久王・同妃昌子内親王、成久王・同妃房子内親王参殿につき御対顔、暫時御談話になる。○東宮御日誌、東宮職日誌、皇孫御殿日誌、皇子仮御殿日記、桑野鋭日記

ガーター勲章御覧

雍仁親王・宣仁親王御同伴にて青山離宮に御参殿になり、皇后に御拝顔になる。今般天皇が英国皇帝より御受領のガーター勲章を御覧になる。○東宮御日誌、東宮職日誌、皇孫御殿日誌、皇子仮御殿日記、桑野鋭日記、東宮殿下御言行録、宮内省報、官報

五年級第二学期授業開始

二十日　金曜日　この日より第二学期の授業開始につき、午前七時二十分、雍仁親王・宣仁親王御同伴にて御出門、学習院初等学科へ徒歩にて御通学になる。皇太子の御学事御用は、これまで作間富生が奉仕のところ、本日より土屋正直が奉仕する。これにより、雍仁親王には作間富生が、宣仁親王には弥富破摩雄がそれぞれ奉仕することとなる。また、この日の御通学には土屋御用掛のほか東宮侍従本多正復・東宮武官大内義一・侍医伊勢錠五郎が供奉し、雍仁親王・宣仁親王には作間・弥富両御用掛が随行する。以後、晴天の日には午前七時二十分に徒歩にて、雨天ならば午前七時三十分に馬車にてそれぞれ御通学になる。なお木曜日の御乗馬練習及び月曜日・水曜日・金曜日の御学友出仕は第一学期と同じ。○東宮御日誌、東宮職日誌、皇孫御殿日誌、皇子仮御殿日記、桑野鋭日記、東宮殿下御言行録、御学業御報告書、行啓録、学習院初等学科教場日誌

二十一日　土曜日　午後、雍仁親王・宣仁親王御同伴にて御参内になり、権殿に御拝の後、皇太后

の御機嫌をお伺いになる。○東宮御日誌、東宮職日誌、皇孫御殿日誌、皇子仮御殿日記、桑野鋭日記、典式録、宮内省省報

波多野東宮大夫の東宮侍従長兼任

東宮大夫波多野敬直は東宮侍従長兼任となり、東宮主事馬場三郎は皇后宮主事事務取扱を、式部官原恒太郎は東宮主事事務取扱をそれぞれ免じられる。○進退録、桑野鋭日記、宮内省省報、官報

二十二日　日曜日　午後、雍仁親王・宣仁親王御同伴にて青山離宮に御参殿になり、天皇・皇后に御拝顔になる。翌二十三日も青山離宮に御参殿になる。○東宮御日誌、東宮職日誌、皇孫御殿日誌、皇子仮御殿日記、桑野鋭日記

二十三日　月曜日　秋季皇霊祭につき、学習院は休業となる。この日より休日の御日記御認めを再開される。○東宮御日誌

天皇御受領の外国勲章御覧

二十四日　火曜日　午後、雍仁親王・宣仁親王を伴い青山離宮に御参殿になり、天皇・皇后に御拝顔になる。天皇のガーター勲章御佩用のお姿を拝見され、併せてスペイン国皇帝・ドイツ国皇帝より天皇へ御贈進の勲章を御覧になる。○東宮御日誌、東宮職日誌、皇孫御殿日誌、皇子仮御殿日記、桑野鋭日記、東宮殿下御言行録

二十六日　木曜日　御夕餐後、丸尾正彦参殿につき、共にお遊びになる。○東宮御日誌

当分の間青山離宮を天皇御在所と定められる

天皇は本日より当分の間、青山離宮を御在所として日常の政務をお執りになり、宮城へは公式の謁見その他の場合に臨時出御されることとなる。○桑野鋭日記、大正天皇実録、宮内省省報、官報

二十七日　金曜日　伯爵副島道正参殿につき、謁を賜う。金属製組立玩具が献上される。○東宮御日誌、東宮職日誌、桑

野鋭日記

二十八日　土曜日　午後、雍仁親王・宣仁親王御同伴にて御参内、権殿に御拝になり、皇太后の御機嫌をお伺いになる。皇太后より貝類標本を賜わる。○東宮御日誌、東宮職日誌、皇孫御殿日誌、皇子仮御殿日記、桑野鋭日記、典式録、宮内省省報

雍仁親王・宣仁親王御同伴にて青山離宮に御参殿になり、天皇・皇后と御夕餐を御会食になる。○東宮御日誌、東宮職日誌、皇孫御殿日誌、皇子仮御殿日記、桑野鋭日記、貞明皇后実録

本月九日勲一等李熹公（李太王の兄）薨去につき、この日京城において葬儀が執行される。皇太子より鏡餅一台をお供えになる。○東宮職日誌、桑野鋭日記、宮内省省報、官報

二十九日　日曜日　雍仁親王・宣仁親王御同伴にて新宿御苑に行啓され、栗拾い、甘藷掘りなどをされる。○東宮御日誌、東宮職日誌、皇孫御殿日誌、皇子仮御殿日記、桑野鋭日記、東宮殿下御言行録、行啓録

側近奉仕者の辞令

三十日　月曜日　宮中顧問官丸尾錦作は皇子御養育掛長兼東宮職御用掛を、東宮職御用掛松平乗統・同作間富生・同弥富破摩雄はいずれも皇子御用掛兼東宮職御用掛を仰せ付けられ、式部官土屋正直は東宮侍従兼式部官に任じられる。また、東宮主事桑野鋭は皇子御用掛を仰せ付けられる。○桑野鋭日記、進退録、宮内省省報、官報

十月

軍装の御写真を撮影

一日　火曜日　午後、雍仁親王・宣仁親王御同伴にて青山離宮に御参殿になり、皇太子は御写真場において陸軍正装・海軍正服・陸軍通常礼装の御写真をそれぞれ撮影される。丸木利陽が奉仕する。終わって皇后に御拝顔の後、御帰還になる。○東宮御日誌、東宮職日誌、皇孫御殿日誌、皇子仮御殿日記、桑野鋭日記

去る九月二十六日、東宮職御用掛松平乗統母昭子死去につき、喪中御尋として菓子を賜う。○東宮職日誌、皇子仮御殿日記、桑野鋭日記

御乗馬練習再開

三日　木曜日　学習院よりの帰途、雍仁親王を伴い主馬寮分厩にお立ち寄りになり、今夏以来初めての御乗馬練習を行われる。途中、天皇がお出ましになり、御乗馬の様子を御覧になる。○東宮御日誌、東宮職日誌、皇孫御殿日誌、皇子仮御殿日記、桑野鋭日記、今上陛下御乗馬誌、裕仁親王殿下御乗馬録

東宮武官人事

東宮武官兼侍従武官村木雅美陸軍中将・同大内義一陸軍歩兵中佐・同西義一陸軍砲兵少佐・同関野謙吉海軍大佐・同宇佐川知義海軍少佐はいずれも兼官を免じられ、専ら皇太子に奉仕することとなる。また、陸軍騎兵少佐壬生基義は騎兵第六聯隊長を免じられ、東宮武官に補される。○桑野鋭日記、宮内省省報、官報

五日　土曜日　故従一位中山慶子五年祭なるも、諒闇中につき、内々に祭典が執り行われる。皇太

子は棹物十五棹一台を霊前にお供えになる。○東宮職日誌、皇子仮御殿日記、桑野鋭日記
午後、雍仁親王・宣仁親王を伴い御参内になり、権殿に御拝の後、皇太后に御拝顔になる。ついで天皇・皇后に御拝顔、昌子内親王・房子内親王と御対顔の上、御帰還になる。○東宮御日誌、東宮職日誌、皇孫御殿日誌、皇子仮御殿日記、桑野鋭日記、典式録、昭憲皇太后実録

博英王誕生

博恭王妃經子昨四日分娩、王男子誕生につき、御悦として東宮主事桑野鋭を遣わされる。諒闇中につき御贈品等は行われず。十日、新誕の王は博英《ひろひで》と命名される。○東宮職日誌、皇子仮御殿日記、桑野鋭日記、宮内省省報、官報

六日 日曜日 午後、雍仁親王・宣仁親王御同伴にて青山離宮に御参殿になり、天皇・皇后に御拝顔、折しも参殿中の昌子内親王・房子内親王に御対顔になる。○東宮御日誌、東宮職日誌、皇孫御殿日誌、皇子仮御殿日記、桑野鋭日記

孚彦王誕生

八日 火曜日 鳩彦王妃允子内親王分娩、王男子誕生につき、東宮大夫波多野敬直を御使として遣わされる。十四日、新誕の王は孚彦《たかひこ》と命名される。○東宮御日誌、東宮職日誌、皇子仮御殿日記、桑野鋭日記、宮内省省報、官報
代々木練兵場において近衛師団名誉射撃名誉旗授与式挙行につき、御使として東宮武官大内義一を遣わされ、優勝杯として銀盃を下賜される。○東宮職日誌、桑野鋭日記、宮内省報

陸軍正式礼の御稽古

十日 木曜日 この日初めて軍刀を携えられ、東宮武官西義一の奉仕にて、陸軍正式礼刀礼の稽古を行われる。翌日も陸軍正式礼の稽古を行われる。○東宮御日誌、東宮殿下御言行録

近衛歩兵第一聯隊に御所属につき、同聯隊将校集会所御休憩所の修補費を下賜される。○東宮職日誌、桑野鋭日記、典録式

近衛師団司令部及び近衛歩兵第一聯隊に行啓

十二日　土曜日　近衛師団司令部及び近衛歩兵第一聯隊へ行啓される。午前九時、陸軍通常礼装にて御出門、東宮武官長村木雅美が陪乗し、東宮大夫波多野敬直・東宮武官大内義一・同西義一・東宮侍従土屋正直等が供奉する。途中、大手門前より一橋門内竹橋を経て司令部門前に到るまでの間、近衛歩兵第一聯隊を除く近衛師団所属諸隊が堵列奉迎につき、これに応え御会釈を賜う。同二十五分近衛師団司令部に御到着、師団各部長・参謀長に謁を賜い、ついで師団長載仁親王より師団の現況につき言上をお聞きになり、師団司令部前庭に小松をお手植えになる。それより陸軍正装にお召替えの上、近衛歩兵第一聯隊に行啓され、命課布達式に臨まれる。近衛歩兵第一聯隊長高島友武より皇太子の同聯隊附の旨を部下に布告、ついで刀礼が行われる。それより将校集会所において、陸軍通常礼装にお召替えの上、成久王・恒久王に御対顔、各団隊長に謁を賜い、高島聯隊長より聯隊歴史の大要及び聯隊の現況につき御聴取になる。終わって営庭にお出ましになり、銃剣術の試合を御覧の後、十一時還啓される。またこの日、近衛師団将校同相当官一同へは芝離宮において酒饌を下賜され、准士官下士卒以下一同へは酒肴料を賜う。○東宮御日誌、東宮職日誌、皇孫御殿日誌、皇子仮御殿日記、桑野鋭日記、東宮殿下御言行録、典式録、宮内省

命課布達式

酒饌酒肴料下賜

午後、近衛師団長載仁親王御礼のため参殿につき、御対顔になる。○東宮御日誌、東宮職日誌、皇孫御殿日誌、皇子仮御殿日記、桑野鋭日記省報、官報、近衛師団沿革概要、近衛歩兵第一聯隊歴史

雍仁親王・宣仁親王御同伴にて御参内になり、権殿に御拝、皇太后の御機嫌をお伺いになる。○東宮御日誌、東宮職日誌、皇孫御殿日誌、桑野鋭日記、典式録、貞明皇后実録、昭憲皇太后実録、宮内省省報

乃木院長追悼式

故学習院長乃木希典の三十日祭につき、学習院本院において追悼式が挙行される。よって御使として東宮職御用掛松平乗統を遣わされる。○東宮御日誌、東宮職日誌、皇孫御殿日誌、皇子仮御殿日記、桑野鋭日記、御学業御報告書、学習院初等学科教場日誌

この日より東宮侍従が宿直する。○東宮御日誌

十三日　日曜日　皇太后伏見桃山陵へ行啓につき、東宮大夫波多野敬直を御使として新橋停車場へ遣わされる。○皇子仮御殿日記、桑野鋭日記、昭憲皇太后実録、宮内省省報、官報

午後、雍仁親王・宣仁親王御同伴にて青山離宮に御参殿になり、天皇・皇后に御拝顔になる。○東宮御日誌、東宮職日誌、皇孫御殿日誌、皇子仮御殿日記、桑野鋭日記

農園にて野菜御収穫

十七日　木曜日　神嘗祭にて学習院休業につき、午前より雍仁親王・宣仁親王と共に農園にお出ましになり、里芋をお掘りになる。ついで外庭御運動の際、円山御畑にて人参・鉈豆をお採りになる。

午後、雍仁親王・宣仁親王御同伴にて青山離宮に御参殿になり、天皇・皇后に御拝顔、この日御収

穫の野菜を御献上になる。○東宮御日誌、東宮職日誌、皇孫御殿日誌、皇子仮御殿日記、桑野鋭日記

皇太后伏見桃山陵御参拝より還啓につき、東宮大夫波多野敬直を御使として新橋停車場へ遣わされる。○東宮職日誌、皇孫御殿日誌、皇子仮御殿日記、桑野鋭日記、昭憲皇太后実録、宮内省省報、官報

十八日　金曜日　学習院輔仁会紀念日にて学習院休業につき、雍仁親王・宣仁親王及び参殿の御学友等と共に歩騎砲遊び、騎馬戦、動物園遊びなどをされる。○東宮御日誌、桑野鋭日記

午後、雍仁親王・宣仁親王御同伴にて御参内になり、権殿に御拝の後、皇太后に御拝顔になる。○東宮御日誌、東宮職日誌、皇孫御殿日誌、皇子仮御殿日記、桑野鋭日記、行啓録、宮内省省報

御沙汰により御写真に御署名

本月一日御撮影の陸軍正装御写真大型御全身分・海軍正服御写真同・陸軍通常礼装御写真小型御全身分各一葉を天皇・皇后・皇太后へそれぞれ御献上になる。○東宮職日誌、桑野鋭日記

十九日　土曜日　午後、雍仁親王・宣仁親王御同伴にて青山離宮に御参殿になる。天皇の御沙汰により先般御撮影の御写真にそれぞれ御署名の上、奉呈される。なおこの御写真は、天皇より侍従長桂太郎に下賜される。○東宮御日誌、東宮職日誌、皇孫御殿日誌、皇子仮御殿日記、桑野鋭日記、東宮殿下御言行録

水戸遠足

二十日　日曜日　学習院初等学科学生一同は茨城県水戸地方へ遠足につき、雍仁親王・宣仁親王と共に同院学生の御資格にて御参加になる。午前六時十五分馬車にて東宮仮御所御出門、東宮大夫波

多野敬直・東宮武官長村木雅美・東宮侍従土屋正直・同本多正復・東宮武官西義一・侍医伊勢錠五郎・東宮主事桑野鋭等が供奉する。上野停車場において参加教職員・学生と合流され、七時発の臨時列車に御乗車になる。九時五十二分、水戸常磐公園下仮停車場にて下車され、直ちに常磐公園（偕楽園）内の好文亭にお成りになり、茨城県知事坂仲輔以下に謁を賜い、終わって亭内に陳列された水戸義公（徳川光圀）・烈公（徳川斉昭）の遺書・遺物等を御巡覧になる。御昼餐後、庭前の天皇お手植えの松（明治三十五年皇太子行啓の折）付近に新たに小松をお手植えになる。それより学習院教授石井国次の先導にて吐玉泉・常磐神社等、公園内を御巡覧になる。ついで徒歩にて水戸市街を御通過になり、水戸第二公園にお成りになる。園内の孔子廟・八卦堂・弘道館碑等を御巡覧の後、武徳殿において中等学校生徒等による剣術・銃剣術・槍術・柔術の演武を御覧になる。午後三時水戸停車場を御発車、六時上野停車場に御着、茨城県知事等に御会釈を賜い、馬車にて六時四十分還啓される。なお、茨城県知事より絵葉書一包、水戸市より『弘道館記』『偕楽園記』等が献上される。○東宮御日誌、東宮職日誌、皇孫御殿日誌、皇子仮御殿日記、桑野鋭日記、行啓録、宮内省省報、御学業御報告書、輔仁会雑誌、学習院初等学科教場日誌、いはらき

常磐公園内好文亭

義公及び烈公の遺物

水戸第二公園

陸海軍大臣等に賜謁

二十五日　金曜日　午後三時、陸軍通常礼装に大勲位副章を御佩用になり、陸軍大臣上原勇作・教育総監浅田信興に謁を賜う。ついで海軍服にお召替えの上、同じく同副章を御佩用になり、海軍大

臣斎藤実に謁を賜う。この日は参謀総長・海軍軍令部長へも賜謁を仰せ出されたが、両名とも諸般の事情により参殿し得ず、参謀総長長谷川好道には二十八日参殿につき謁を賜う。また、海軍軍令部長伊集院五郎には、十一月十日の御乗艦式の際に、初めて謁を賜う。○東宮御日誌、東宮職日誌、皇孫御殿日誌、皇子仮御殿日記、桑野鋭日記、東宮殿下御言行録

二十六日　土曜日　東宮武官壬生基義、本日着任につき謁を賜う。○東宮御日誌、東宮職日誌、皇孫御殿日誌、皇子仮御殿日記、桑野鋭日記

午後、雍仁親王・宣仁親王御同伴にて御参内になり、権殿に御拝の後、皇太后に御拝顔になる。○東宮御日誌、東宮職日誌、皇孫御殿日誌、皇子仮御殿日記、桑野鋭日記、典式録、宮内省省報

二十七日　日曜日　午後、雍仁親王・宣仁親王御同伴にて青山離宮に御参殿になる。○東宮御日誌、東宮職日誌、皇孫御殿日誌、皇子仮御殿日記、桑野鋭日記

拓殖博覧会に行啓

三十日　水曜日　午前六時五十分、雍仁親王・宣仁親王御同伴にて御出門、学習院学生の御資格にて、同院校外教授として上野において開催中の拓殖博覧会に行啓される。学習院教授石井国次の先導にて、会場内各館を御巡覧になり、北海道・台湾・樺太・朝鮮・満洲・関東州等各地よりの陳列品及び活動写真を御覧になる。正午前御帰還になる。○東宮御日誌、東宮職日誌、皇孫御殿日誌、皇子仮御殿日記、桑野鋭日記、東宮殿下御言行録、御学業御報告書、行啓録、宮内省省報、輔仁会雑誌

午後、雍仁親王・宣仁親王御同伴にて青山離宮に御参殿になり、天皇・皇后に御拝顔になる。○東宮御日誌、東宮職日誌、皇孫御殿日誌、皇子仮御殿日記、桑野鋭日記

この日東宮仮御所詰拝命の侍医高田寿参殿につき、謁を賜う。○東宮御日誌、進退録、桑野鋭日記、宮内省報、官報

十一月

一日　金曜日　本日より学習院の始業時間は午前九時となる。○東宮御日誌、東宮職日誌、皇孫御殿日誌、皇子仮御殿日記、桑野鋭日記、行啓録

聰子内親王伏見桃山陵参拝のため出発につき、東宮主事桑野鋭を新橋停車場に遣わされる。○東宮職日誌、皇子仮御殿日記、桑野鋭日記、宮内省報、官報

二日　土曜日　午後、雍仁親王・宣仁親王御同伴にて御参内になり、権殿に御拝、皇太后に御拝顔になる。○東宮御日誌、東宮職日誌、皇孫御殿日誌、皇子仮御殿日記、桑野鋭日記、典式録、宮内省省報

三日　日曜日　聰子内親王伏見桃山陵参拝より帰京につき、御使として東宮主事馬場三郎を新橋停車場に遣わされる。○東宮御日誌、東宮職日誌、皇子仮御殿日記、桑野鋭日記、宮内省省報、官報

竹田宮邸・北白川宮邸に行啓

午後、雍仁親王・宣仁親王御同伴にて竹田宮邸及び北白川宮邸に行啓される。○東宮御日誌、東宮職日誌、皇孫御殿日誌、皇子仮御殿日記、桑野鋭日記、行啓録、宮内省報

四日　月曜日　午後、雍仁親王・宣仁親王御同伴にて青山離宮に御参殿になり、天皇・皇后に御拝顔になる。○東宮御日誌、東宮職日誌、皇孫御殿日誌、皇子仮御殿日記、桑野鋭日記

五日　火曜日　午前六時二十分御出門、雍仁親王・宣仁親王御同伴にて青山離宮に御参殿になり、天皇・皇后の伏見桃山陵行幸啓を御奉送になる。また、天皇・皇后及び皇太后御名代の昌子内親王を御奉送のため、東宮大夫波多野敬直を御使として新橋停車場へ遣わされる。○東宮御日誌、東宮職日誌、皇孫御殿日誌、皇子仮御殿日記、桑野鋭日記、学習院初等学科教場日誌、貞明皇后実録、宮内省省報、官報

明治天皇百日祭

六日　水曜日　明治天皇百日祭につき、午前十時三十分陸軍正装にて御出門、御参内になり、権殿に御拝になる。ついで皇太后に御拝顔になる。○東宮御日誌、東宮職日誌、皇孫御殿日誌、皇子仮御殿日記、桑野鋭日記、典式録、宮内省省報、官報

侍臣に揮毫を命じられる

午後、お慰みとして筆をお執りになる。また、東宮大夫波多野敬直・東宮武官長村木雅美・東宮武官壬生基義を御座所に召され、蓮草紙をお渡しになり、思いに任せて書又は画を書くよう御沙汰になる。よって波多野大夫は「輔導非吾器忠君不譲人」、村木武官長は「忠君」、壬生武官は「忠孝」とそれぞれ書す。七日、八日も侍臣をお召しになり、同様に御沙汰になる。○東宮御日誌、東宮殿下御言行録

七日　木曜日　皇太后御名代として伏見桃山陵に参拝の昌子内親王、午前九時新橋停車場に御帰着につき、東宮主事桑野鋭を御使として遣わされる。また午後五時十分、天皇・皇后新橋停車場に御

帰着につき、東宮大夫波多野敬直を遣わされる。皇太子は雍仁親王・宣仁親王御同伴にて青山離宮御車寄において還幸啓を御奉迎になり、表謁見所において天皇・皇后に御拝顔の後、御帰還になる。○東宮御日誌、東宮職日誌、皇孫御殿日誌、皇子仮御殿日記、桑野鋭日記、貞明皇后実録、宮内省省報、官報

九日　土曜日　雍仁親王・宣仁親王御同伴にて青山離宮に御参殿になり、天皇・皇后と御夕餐を御会食になる。○東宮御日誌、東宮職日誌、皇孫御殿日誌、皇子仮御殿日記、桑野鋭日記

第一艦隊に行啓

十日　日曜日　第一艦隊へ行啓され、皇太子の御資格による初めての御乗艦式、並びに第一艦隊附御赴任布達式に臨まれる。午前七時三十五分、海軍少尉通常礼服に大勲位副章を御佩用になり御出門、東宮武官長村木雅美御陪乗、東宮大夫波多野敬直・東宮侍従土屋正直・同甘露寺受長・東宮武官関野謙吉・同宇佐川知義・侍医伊勢錠五郎・東宮主事馬場三郎等が供奉する。八時新橋停車場を御発車、同四十五分横浜停車場に御着になる。直ちに馬車にて西波止場にお成りになり、艦載水雷

御召艦平戸

艇にて御召艦平戸に向かわれる。御乗艦後、海軍大臣斎藤実・海軍軍令部長伊集院五郎・海軍省軍務局長江頭安太郎等に謁を賜う。九時二十分、平戸は抜錨し、防波堤外予定位置に移動、投錨する。後部艦橋上にお出ましになり、第一戦隊以下各戦隊が順次式場に進入し、一斉投錨する光景を御覧

御乗艦式

になる。十時二十五分、平戸に皇太子旗が掲揚され、所在各艦は平戸に倣い一斉に満艦飾をなし、

皇礼砲を行う。ついで御休憩所において第一艦隊司令長官出羽重遠等に謁を賜う。十一時、第一艦隊附海軍少尉の御資格にて第一艦隊旗艦河内に御移乗になり、後甲板にお出ましになる。このとき平戸の皇太子旗は降下される。

御赴任布達式

河内後甲板において、河内総員及び第一艦隊所属司令官・艦長等麾下代表者が整列する中、出羽司令長官より皇太子第一艦隊御赴任の旨が告達される。皇太子は、出羽司令長官に御答礼になる。終わって司令長官室において、第一艦隊司令官以下艦隊幕僚・艦長・司令等に謁を賜う。正午、再び平戸に御移乗になる。これと共に同艦に皇太子旗が再び掲揚される。海軍大演習に青軍艦隊司令官として参加の海軍少将依仁親王来艦につき、御対顔になる。また第二艦隊司令長官吉松茂太郎・同参謀長安保清種に謁を賜う。各艦より発する皇礼砲の轟く中、平戸は港内へ向け航行する。午後一時五十分平戸御退艦、二時二十分横浜停車場を御発車、還啓になる。

酒肴料下賜

なお、第一艦隊准士官以下下士卒一同へ酒肴料を、御召艦平戸艦長以下一同へ金一封を賜う。また、学習院学生（本院学生及び初等学科六年級、五年級東組）の式典陪覧を許される。○東宮御日誌、東宮職日誌、皇孫御殿日誌、皇子仮御殿日記、桑野鋭日記、東宮殿下御言行録、典式録、御学業御報告書、学習院初等学科教場日誌、宮内省省報、官報、小笠原長生日記、輔仁会雑誌、読売新聞

海軍大演習観艦式

十二日　火曜日　海軍大演習観艦式御覧のため、皇太子の御資格にて横浜港へ行啓される。午前六時五十分、雍仁親王・宣仁親王御同伴にて御出門、七時十五分新橋停車場御発車、八時横浜停車場

に御着になり、西波止場より艦載水雷艇にて軍艦平戸に向かわれる。御乗艦後、海軍省軍務局長江頭安太郎・平戸艦長山中柴吉に賜謁の後、天皇御召艦筑摩を御奉迎になる。筑摩の御通過時には、後艦橋において敬礼される。それより平戸は御召艦筑摩に随航し御親閲の隊列に加わる。御親閲終了後、艦上より潜航艇の航行、飛行機の飛来等を御覧になる。御昼餐後、後部上甲板において六インチ砲等を御覧になり、午後零時五十分退艦される。その際、艦載水雷艇は潜航艇の側を回航し、また上空には飛行船が航行する。一時三十分横浜停車場を御発車になり、御帰還になる。○東宮御日誌、東宮職日誌、皇孫御殿日誌、皇子仮御殿日記、桑野鋭日記、東宮殿下御言行録、御学業御報告書、学習院初等学科教場日誌、行啓録、宮内省省報、官報、横浜貿易新報

十三日　水曜日　午後、雍仁親王・宣仁親王御同伴にて青山離宮に御参殿になり、天皇・皇后に御拝顔、昌子内親王・房子内親王に御対顔になる。○東宮御日誌、東宮職日誌、皇孫御殿日誌、皇子仮御殿日記、桑野鋭日記

十四日　木曜日　午後、雍仁親王・宣仁親王御同伴にて青山離宮に御参殿になり、陸軍特別大演習御統裁のため埼玉県へ行幸の天皇を御奉送になる。また、御使として東宮大夫波多野敬直を新宿停車場へ遣わされる。○東宮御日誌、東宮職日誌、皇孫御殿日誌、皇子仮御殿日記、桑野鋭日記、宮内省省報、官報

酒饌下賜

本日並びに明十五日、芝離宮において第一艦隊附将校・同相当官等一同に酒饌を下賜される。○東宮職日誌、皇子仮御殿日記、桑野鋭日記、宮内省省報、官報

十六日　土曜日　午後、雍仁親王・宣仁親王御同伴にて御参内になり、権殿に御拝になる。○東宮御日誌、東宮職日誌、皇孫御殿日誌、皇子仮御殿日記、桑野鋭日記、典式録、宮内省省報

十七日　日曜日　雍仁親王・宣仁親王御同伴にて青山離宮に御参殿になり、皇后と御昼餐を御会食になる。○東宮御日誌、東宮職日誌、皇孫御殿日誌、皇子仮御殿日記、桑野鋭日記、供御日録、貞明皇后実録

二十日　水曜日　天皇、陸軍特別大演習より還幸につき、青山離宮において御奉迎になる。なお、新宿停車場へは東宮大夫波多野敬直を御使として遣わされる。○東宮御日誌、東宮職日誌、皇孫御殿日誌、皇子仮御殿日記、桑野鋭日記、御学業御報告書、学習院初等学科教場日誌、宮内省省報、官報

二十二日　金曜日　朝鮮総督寺内正毅より博物標本として鳥獣剥製六箱・鉱石一箱が献上される。○東宮御日誌、東宮職日誌

この日、鳥山南寿次郎は侍医に任じられ、東宮仮御所詰を命じられる。○進退録、桑野鋭日記、宮内省省報、官報

二十三日　土曜日　午後、雍仁親王・宣仁親王御同伴にて御参内になり、権殿に御拝、御内儀において皇太后に御拝顔になる。○東宮御日誌、東宮職日誌、皇孫御殿日誌、皇子仮御殿日記、桑野鋭日記、典式録、宮内省省報

二十四日　日曜日　午前、関東都督府民政長官白仁武参殿につき、謁を賜う。○東宮御日誌、東宮職日誌、皇子仮御殿日記、桑野鋭日記

雍仁親王・宣仁親王御同伴にて青山離宮に御参殿になり、天皇・皇后に御拝顔の後、御昼餐を御会食になる。○東宮御日誌、東宮職日誌、皇孫御殿日誌、皇子仮御殿日記、桑野鋭日記、供御日録、貞明皇后実録

新任の学習院長大迫尚敏に賜謁

二十五日　月曜日　この日、陸軍大将子爵大迫尚敏は学習院長に任じられる。午後、大迫院長参殿につき、謁を賜う。○東宮御日誌、皇孫御殿日誌、皇子仮御殿日記、桑野鋭日記、御学業御報告書、学習院初等学科教場日誌、進退録、宮内省省報、官報、小笠原長生日記

朝鮮総督寺内正毅に謁を賜う。○東宮御日誌、皇孫御殿日誌、皇子仮御殿日記、桑野鋭日記

東宮武官の転出

二十七日　水曜日　東宮武官大内義一は歩兵第五十二聯隊附に、同西義一は侍従武官に補せられる。翌二十八日には西が、二十九日には大内が、それぞれ暇乞のため参殿につき、謁を賜う。○東宮御日誌、東宮職日誌、皇子仮御殿日記、桑野鋭日記、宮内省省報、官報

三十日　土曜日　載仁親王は、去る二十七日陸軍大将に任じられ軍事参議官に補せられる。この日、親王御礼のため参殿につき、御対顔になる。○東宮御日誌、東宮職日誌、皇孫御殿日誌、皇子仮御殿日記、桑野鋭日記、官報

午後、雍仁親王・宣仁親王御同伴にて御参内になり、権殿に御拝の後、皇太后に御拝顔になる。○東宮御日誌、東宮職日誌、皇孫御殿日誌、皇子仮御殿日記、桑野鋭日記、典式録、宮内省省報

十二月

一日　日曜日　允子内親王、孚彦王同伴にて参殿につき、御対顔になる。○東宮御日誌、東宮職日誌、皇孫御殿日誌、皇子仮御殿日記、桑野鋭日記

午後、雍仁親王・宣仁親王御同伴にて青山離宮に御参殿になり、天皇・皇后に御拝顔になる。○東宮御日誌、東宮職日誌、皇孫御殿日誌、皇子仮御殿日記、桑野鋭日記

東宮武官人事

東宮武官関野謙吉は侍従武官に補せられ、横須賀予備艦隊参謀海軍大尉山内豊中が東宮武官に補せられる。翌二日、暇乞のため参殿の関野に謁を賜う。○東宮御日誌、東宮職日誌、桑野鋭日記、東宮殿下御言行録、宮内省省報、官報

新任近衛師団長に賜謁

七日　土曜日　午後、新任の近衛師団長山根武亮に謁を賜う。○東宮御日誌、桑野鋭日記、官報

雍仁親王・宣仁親王御同伴にて御参内になり、権殿に御拝になる。ついで御学問所二階において、先帝御在世中の御学問所一階の調度等、飾り付けがそのまま二階に移された様子を御覧になる。それより御内儀にお成りになり、皇太后に御拝顔になる。○東宮御日誌、東宮職日誌、皇孫御殿日誌、皇子仮御殿日記、桑野鋭日記、典式録、宮内省省報

八日　日曜日　午前、雍仁親王・宣仁親王と共に農園並びに標本室にお出ましになり、拓殖博覧会より献上の各種標本を御覧になる。○東宮御日誌、皇孫御殿日誌、皇子仮御殿日記

午後、雍仁親王・宣仁親王御同伴にて青山離宮に御参殿になり、天皇・皇后に御拝顔になる。○東宮御日誌、東宮職日誌、皇孫御殿日誌、皇子仮御殿日記、桑野鋭日記

九日 月曜日 新任の東宮武官山内豊中着任につき、表謁見所において謁を賜う。○東宮御日誌、皇子仮御殿日記、桑野鋭日記

御同級全員を御学友とする

十三日 金曜日 従来、皇太子が所属する学習院初等学科五年級東組は、博忠王・邦久王は御賓友又は御朋友と呼ばれ、御学友は御同級中の渡辺昭・久松定孝・松平直国・大迫寅彦の四名のみであったが、学習院長の推薦により五年級東組の御同級全員が御学友を命じられることとなる。よってこの日、南部信鎮・堤経長・副島種忠・佐藤健・黒田忠雄の五名が新たに皇太子御学友を命じられる。○東宮職日誌、桑野鋭日記、御学業御報告書、学習院初等学科教場日誌、小笠原長生日記

十四日 土曜日 午後、元看護婦田中のぶ参殿につき、御座所において謁を賜う。○東宮御日誌、皇子仮御殿日記、桑野鋭日記、東宮殿下御言行録

雍仁親王・宣仁親王御同伴にて御参内になり、権殿に御拝の後、皇太后に御拝顔になる。○東宮御日誌、東宮職日誌、皇孫御殿日誌、皇子仮御殿日記、桑野鋭日記、典式録、宮内省省報

東宮武官長の異動

十七日 火曜日 東宮武官長陸軍中将村木雅美は予備役を仰せ付けられ、侍従武官陸軍歩兵大佐山

根一貫が東宮武官長に補せられる。翌十八日、新任の山根東宮武官長に謁を賜う。○東宮御日誌、東宮職日誌、皇孫御殿日誌、皇子仮御殿日記、桑野鋭日記、宮内省省報、官報

御風気

二十一日　土曜日　御風気により御仮床のため、この日より学習院を御欠席になる。二十七日に撤床される。○東宮御日誌、東宮職日誌、皇孫御殿日誌、皇子仮御殿日記、桑野鋭日記、御学業御報告書、侍医寮日誌、拝診録、迪宮殿下御衛生報告録

近く弟宮と別居される旨を丸尾より言上

二十四日　火曜日　午前、皇子御養育掛長丸尾錦作に謁を賜う。丸尾掛長より、皇太子となられたことにより、近く雍仁親王・宣仁親王とは御殿を別とされ、御避寒も両親王とは別地にてお過ごしになる旨、内々の言上を受けられる。○東宮御日誌、東宮殿下御言行録

二十五日　水曜日　この日、学習院初等学科は冬期休業に入る。○皇孫御殿日誌、皇子仮御殿日記、御学業御報告書

二十六日　木曜日　午前、丸尾鍵子及び子息正彦参殿につき、謁を賜い、正彦とお遊びになる。○東宮御日誌、皇子仮御殿日記、桑野鋭日記

明治天皇御遺物御拝領

この日、皇太后より明治天皇御遺物として反物・象牙置物等を賜わる。二十九日には同じく御遺物として指環・時計・置物等十二点を、翌年一月九日には桑四段御棚を拝領される。○東宮御日誌、東宮職日誌、皇子仮御殿日記、桑野鋭日記、贈賜録、明治天皇御遺物贈賜原簿

第二学期御成績表が奉呈される。○御学業御報告書

侍臣一同に鐵を賜う

二十八日　土曜日　雍仁親王・宣仁親王と共に東宮大夫波多野敬直以下侍臣一同をお召しになり、鐵を賜う。また、特段の思召しにて皇太子より皇子御養育掛長丸尾錦作、皇子御用掛の桑野鋭・松平乗統・作間富生・弥富破摩雄、侍女の渥美千代・足立タカ・曽根ナツ・小山登美・菅千代等へ、それぞれ置物等を賜う。○東宮御日誌、桑野鋭日記、東宮殿下御言行録

午後、雍仁親王御同伴にて青山離宮に御参殿になり、皇后に御拝顔、ついで天皇に御拝顔になる。○東宮御日誌、東宮職日誌、皇孫御殿日誌、皇子仮御殿日記、桑野鋭日記

東宮主事の異動

伏見宮別当兼東宮主事馬場三郎は兼官を免じられ、東宮侍従土屋正直は東宮主事事務取扱を命じられる。○東宮職日誌、桑野鋭日記、進退録、宮内省省報、官報

二十九日　日曜日　昨夜よりの雪は終日降り止まず、大雪となる。よって明日の熱海行啓は延期される。○東宮御日誌、東宮職日誌、皇孫御殿日誌、皇子仮御殿日記、桑野鋭日記、読売新聞

三十日　月曜日　午後一時三十分、雍仁親王・宣仁親王御同伴にて御出門、御参内になり、権殿に御拝の後、皇太后に御拝顔になる。それより青山離宮に御参殿になり、天皇・皇后に御拝顔になる。○東宮御日誌、東宮職日誌、皇孫御殿日誌、皇子仮御殿日記、桑野鋭日記、典式録

熱海御用邸に行啓

三十一日　火曜日　御避寒のため熱海御用邸に行啓される。なお同日、雍仁親王・宣仁親王は沼津

御用邸に御避寒になり、本日をもって両親王と御別居になる。御出門前、天皇・皇后の御使正親町鍾子に謁を賜う。ついで皇子附の侍臣にお別れの意味をもって謁を賜う。午前八時二十分御出門、東宮大夫波多野敬直・東宮武官長山根一貫以下が供奉し、併せて御学友として大迫寅彦・渡辺昭・久松定孝が同道する。同四十五分新橋停車場御発車、国府津停車場より電車にて小田原御用邸にお立ち寄りになる。同所にて御昼餐の後、人力車にて御出門になり、途中吉浜の向笠彦右衛門方において御小憩、午後五時十五分熱海御用邸に御着になる。御着後、侯爵蜂須賀茂韶及び静岡県知事松井茂以下に謁を賜う。御用邸御滞在中の供奉員として波多野大夫・山根武官長のほか、東宮侍従本多正復・同土屋正直・同甘露寺受長・東宮武官壬生基義・同宇佐川知義・同山内豊中・侍医伊勢錠五郎・同吉松駒造・同高田寿・同鳥山南寿次郎等が出仕する。○東宮御日誌、東宮職日誌、皇孫御殿日誌、皇子仮御殿日記、桑野鋭日記、東宮殿下御言行録、行啓録、宮内省省報、官報

昭和天皇実録　巻四

大正二年（西暦一九一三年）　十二歳

一月

一日　水曜日　熱海御用邸において、御学友大迫寅彦・渡辺昭・久松定孝と共に新年をお迎えになる。諒闇中につき、新年の恒例祝賀行事は行われず。○東宮御日誌、学習院史資料室所蔵資料

午前、魚見峠及び魚見崎まで御運動になる。途中、写生をされる。午後には来宮神社及び水源地・桜ヶ岡方面へ御運動になる。来宮神社では境内の大楠や忠魂碑を描かれる。なお、御避寒中における御用邸近辺の御運動には、供奉員のほか御学友も供奉する。○東宮御日誌、各地行啓日誌、東宮殿下御言行録、行啓録

行幸啓供奉規則の制定

行幸啓供奉規則が定められ、皇太子行啓時の供奉長官・供奉人員、行啓先における文武官拝謁時の

侍立者等が規定される。○宮内省省報、皇宮警察史

御書初

二日　木曜日　午前、御書初として「立身須謹重」の五文字を墨書される。途中、逓信大臣後藤新平御機嫌奉伺として参邸につき、謁を賜う。○東宮御日誌、各地行啓日誌、東宮殿下御言行録

午後、温泉寺を経て梅園まで御運動になり、写生をされる。○東宮御日誌、各地行啓日誌、東宮殿下御言行録

三日　金曜日　午前、炭焼場、和田峠を経て多賀峠の頼朝一杯水までお登りになる。山上から御展望になり、写生をされる。帰路は不動の滝、雀石前の海岸を経てお戻りになる。○東宮御日誌、各地行啓日誌、東宮殿下御言行録、行啓録

午後、前司法大臣松田正久及び学習院教授石井国次御機嫌奉伺として参邸につき、それぞれに謁を賜う。○東宮御日誌、各地行啓日誌

四日　土曜日　午前、天皇・皇后への御手紙を奉書にお認めになる。○東宮御日誌、東宮殿下御言行録

午後、横磯釣堀まで御運動になる。途中、海岸において写生や写真撮影をされる。○東宮御日誌、各地行啓日誌、東宮殿下御言行録、行啓録

弟宮との御手紙の交換

五日　日曜日　午前、沼津滞在中の雍仁親王・宣仁親王に宛て、時候御見舞の御手紙をお認めになる。この後も、折に触れ両親王と御手紙を交わされる。○東宮御日誌、東宮殿下御言行録、桑野鋭日記

午後、博忠王及び御学友等と共に興禅寺まで御運動になる。○東宮御日誌、各地行啓日誌、東宮殿下御言行録

六日　月曜日　午前、博忠王及び御学友等と共に医王寺・野中稲荷・桜ヶ岡・湯前神社・来宮等へ御運動になる。午後は大湯において間歇泉を御覧になり、同地にて写生などをされる。○東宮御日誌、各地行啓日誌、東宮殿下御言行録、行啓録

御学友の出仕

この日、御学友の松平直国・南部信鎮・副島種忠・黒田忠雄・堤経長・佐藤健が到着し、熱海滞在の御学友は合計九名となる。以降、御学友は毎日三名ずつ交代で、夕食後の午後六時より出仕し、一時間ほど皇太子の御相手を奉仕する。○東宮御日誌、東宮職日誌、各地行啓日誌、東宮殿下御言行録、行啓録、輔仁会雑誌

寒の入りにつき、寒中御機嫌伺いの御使として東宮大夫波多野敬直を東京へ遣わされ、天皇・皇后及び皇太后へそれぞれ御贈進あり。併せて先日の御書初を御献上になり、天皇・皇后へは御手紙も送られる。八日、帰参した波多野より、天皇・皇后・皇太后よりの賜品の披露を受けられる。○東宮御日誌、東宮職日誌、各地行啓日誌、侍従日記、皇太后宮職日記、行啓録、贈賜録

七日　火曜日　午前、観魚洞・魚見峠方面へ御運動になる。○東宮御日誌、各地行啓日誌

午後、熱海参着の邦久王参邸につき、御対顔になる。○東宮御日誌、各地行啓日誌、東宮殿下御言行録、久邇宮家日誌

第三学期始業式

八日　水曜日　午前九時、御用邸内に新設の仮設運動場において、第三学期始業式が行われ、御臨

席になる。五年東組全十二名出席のもと、学習院教授石井国次の教育勅語奉読並びに訓辞をお聞きになる。なお授業は、本年度の御避寒が皇太子単独のため、東組全体を熱海に移し、明九日より行われる。なお授業時間割は次のとおり。

	第一時	第二時	第三時	第四時	第五時
月	修身 国語	算術	国語	地理	体操
火	国語	算術	書方	理科	
水	国語	算術	手工	歴史	図画
木	修身 国語	算術	綴方	書方	
金	国語	算術	図画	地歴	体操
土	国語	唱歌	理科		

また教場は、二月十二日より沼津に移される。○東宮御日誌、各地行啓日誌、行啓録、東宮殿下御言行録、久邇宮家日誌、学習院初等学科教場日誌、御学業御報告書、学習院院史資料室所蔵資料

午後、雍仁親王・宣仁親王の御使として参邸の皇子御養育掛長丸尾錦作に謁を賜い、両親王の手紙を受け取られる。翌九日には、両親王への御返書及び熱海細工の手文庫等を丸尾に託される。○東宮御日誌、

東宮職日誌、各地行啓日誌、東宮殿下御言行録、行啓録、雍仁親王実紀

伊豆山神社に御参詣

十二日　日曜日　博忠王・邦久王及び御学友と共に伊豆山神社にお成りになり、御参詣になる。それより境内において伊豆大島・利島方面の景色を眺望され、御写生になる。さらに裏山沿いにお登りになり、草木の採集などをされつつ進まれ、七尾山に御着になる。三浦半島・房総半島などを御遠望になり、木陰に残る雪にてお遊びになる。山上にて御昼食を取られ、下山される。御帰邸後、お持ち帰りのカマキリの巣及び残雪を顕微鏡にて御観察になる。○東宮御日誌、各地行啓日誌、東宮殿下御言行録、久邇宮家日誌、佐藤忠雄休日日誌

十六日　木曜日　元侍女清水シゲが御機嫌奉伺として参邸し、二十一日まで伺候する。○東宮御日誌、各地行啓日誌、東宮殿下御言行録、行啓録

十七日　金曜日　恒久王妃昌子内親王本日内着帯につき、万那料をお取り交わしになる。○東宮職日誌、行啓録、贈賜録

談話会御催し

十八日　土曜日　御夕餐後、博忠王・邦久王及び御学友をお招きになり、談話会を催される。皇太子は「白熊と獅子」の題にてお話しになる。頃日、しばしば物語を創作され、将来「新イソップ」様のお伽噺を作成されたき旨を側近に語られる。○東宮御日誌、東宮殿下御言行録

十九日　日曜日　午前、皇太后及び雍仁親王・宣仁親王に御手紙を認められ、御近況をお伝えになる。

御手紙は二十一日に両親王に届けられ、後日、両親王より歌を添えた返書が到達する。○東宮御日誌、東宮殿下御言行録、雍仁親王実紀、高松宮宣仁親王

午後、博忠王・邦久王及び御学友と共に来宮神社・水源地より梅園まで御運動になる。帰途、丸山公園にお立ち寄りになる。○東宮御日誌、各地行啓日誌、久邇宮家日誌、佐藤忠雄休日日誌

二十日　月曜日　去る十三日より御学友渡辺昭病気休養につき、御尋として菓子を賜う。○東宮御日誌、各地行啓日誌、行啓録、学習院初等学科教場日誌

近衛歩兵第一聯隊へ賜金

二十一日　火曜日　近衛歩兵第一聯隊御所属の廉をもって、金一封を同聯隊将校集会所維持費の一部として下賜される。本年以降、毎年一月にこのことあり。○東宮職日誌、贈賜録

二十二日　水曜日　午後、天皇皇后御使として侍従日野西資博参邸につき、謁を賜う。日野西侍従は翌二十三日に皇太子の御修学状況を拝見して帰京する。○東宮御日誌、各地行啓日誌、東宮殿下御言行録、侍従日記、侍従職日誌、青山離宮日誌、行啓録、宮内省報

近衛歩兵第一聯隊軍旗拝受紀念式

二十三日　木曜日　第四十回近衛歩兵第一聯隊軍旗拝受紀念式へ東宮武官壬生基義を差し遣わされ、金一封を下賜される。○東宮職日誌、贈賜録、近衛歩兵第一聯隊歴史

初島行啓

二十四日　金曜日　校外教授として水雷艇にて初島へお出かけになる。博忠王・邦久王及び御学友

八名、学習院教授石井国次・東宮大夫波多野敬直以下を伴われ、午前九時御出門、横磯海岸より第一水雷艇隊の水雷艇にて御出航。航行中は水雷発射管等を御見学になり、あるいは海面より飛び出るイルカの群れ、空に飛び集うカモメを御覧になり、一時間程にて初島西海岸波止場に御着になる。ボートにて御上陸後、初島区長の先導にて東海岸村落・初木神社・熱海尋常高等小学校分教場・耕作地等を巡覧され、海岸より伊豆諸島を御遠望になる。ついで海岸において海藻や貝類を採集され、松林においては植物を採集される。海岸において御昼食を済まされた後、写生あるいは島万年青などの植物採集をされる。午後二時、再び水雷艇に乗られ、帰路には二小隊に分かれた水雷艇による発火演習を司令塔より御覧になり、またイルカの群泳を再び御覧になる。午後三時御帰邸。御夕餐後には御用邸二階より水雷艇の探照灯を御覧になる。○東宮御日誌、各地行啓日誌、東宮殿下御言行録、久邇宮家日誌、学習院院史資料室所蔵資料、学習院初等学科教場日誌、御学業御報告書、輔仁会雑誌

二十六日　日曜日　午後、博忠王・邦久王及び御学友等と共に海蔵寺・丸山公園下より梅園まで御運動になり、同地付近にて植物採集をされる。○東宮御日誌、各地行啓日誌、久邇宮家日誌、佐藤忠雄休日日誌

宇佐川武官の北清事変談

二十七日　月曜日　御夕餐後、東宮武官宇佐川知義より、同人が北清事変の際当時笠置乗組海軍少尉、英国東洋艦隊司令長官シーモア中将の指揮する陸戦隊に参加して北京救援に向かい、途中苦戦した回顧談を

お聞きになる。○東宮御日誌、戦袍余薫懐旧録第四輯

二十八日　火曜日　沼津御滞在中の皇太后及び雍仁親王・宣仁親王の許へ東宮侍従本多正復を遣わされる。○東宮御日誌、各地行啓日誌、行啓録、布設録、供御日録、桑野鋭日記

二十九日　水曜日　静岡県知事松井茂御機嫌奉伺として参邸につき、謁を賜う。○各地行啓日誌

三十日　木曜日　午前、学習院長大迫尚敏・同主事松井安三郎に謁を賜う。両人はその後、授業を参観する。○東宮御日誌、各地行啓日誌、行啓録、学習院初等学科教場日誌、御学業御報告書、学習院院史資料室所蔵資料

三十一日　金曜日　午後、子爵花房義質、侯爵松方正義御機嫌奉伺として参邸につき、それぞれ謁を賜う。花房子爵は第三時限の授業を参観する。○東宮御日誌、各地行啓日誌、行啓録、学習院初等学科教場日誌

この月　東京帝室博物館に写真帖・刀身・八珊七野砲・火箸・軍艦模型・扇子・塵払・朝鮮鎮海湾付近産野猫剝製等を御下付になる。○宮内省省報

二月

熱海尋常高等小学校に行啓

一日　土曜日　午後、熱海尋常高等小学校に行啓になる。博忠王・邦久王及び御学友八名を御同伴、東宮大夫波多野敬直以下が供奉する。門前において同校教員・生徒の奉迎を受けられ、二階貴賓室

において御少憩の後、六年の算術、一年の読方、五年の歴史、六年の理科の各授業の様子を御巡覧になり、ついで二階より校庭におけるカドリール フランス発祥のダンス・綱引き・器械体操・擬戦等の運動遊戯を御覧になる。同校玄関前広場に小松をお手植えの後、御帰邸になる。本行啓は、前月に同校校舎が改築され、町長より願い出があったことから実施される。○東宮御日誌、各地行啓日誌、行啓録、久邇宮家日誌、御学業御報告書、学習院初等学科教場日誌

日金山・十国峠に御登山

二日 日曜日　午前十時十分御出門、博忠王・邦久王及び御学友等と共に日金山・十国峠に御登山になる。日金山山腹において写生などをされ、御昼食の後、十国峠頂上に登られる。同所より富士山や駿河湾、伊豆大島、真鶴ヶ崎、湯河原方面を御展望になる。○東宮御日誌、各地行啓日誌、東宮殿下御言行録、久邇宮家日誌、桑野鋭日記、佐藤忠雄休日日誌

夕刻、侍医頭事務取扱西郷吉義御機嫌奉伺として参邸につき、謁を賜う。○東宮御日誌、各地行啓日誌、行啓録

五日 水曜日　昼休みの間、学習院教授石井国次及び御学友等と共に、大湯の湧出状況を御観察になる。○東宮御日誌、各地行啓日誌、御学業御報告書、学習院初等学科教場日誌

八日 土曜日　第十五師団長井口省吾及び同師団参謀服部真彦参邸につき、謁を賜う。○東宮御日誌

沼津に御移転

九日 日曜日　小田原経由にて沼津へ御移転につき、博忠王・邦久王及び御学友八名と共に午前八時三十分、熱海御用邸を御出門になる。東宮大夫波多野敬直・東宮武官長山根一貫以下東宮侍従・

小田原御用邸お立寄り

東宮武官等がこれに従う。横磯海岸より艀にて駆逐艦初霜に御乗艦になる。第二駆逐隊司令上村行輝以下に謁を賜い、同五十五分出航される。途中、真鶴沖にて駆逐隊の発火演習を御覧になり、約一時間後、小田原御幸浜に御着になる。艀にて御上陸の後、徒歩にて小田原城址内の小田原御用邸にお入りになり、神奈川県知事大島久満次及び上村司令、駆逐隊各艦長等に謁を賜う。御昼餐の後、小田原城天守閣址を御見学になる。午後一時十分、小田原御用邸を御出門、電車にて国府津に移動され、国府津停車場にて一時帰京する御学友とお別れの後、臨時列車に御乗車になる。三時五十七分、沼津停車場に御着、雍仁親王・宣仁親王の奉迎を受けられ、両親王と共に馬車にて沼津御用邸西附属邸にお入りになる。御着後、直ちに熱海より扈従の静岡県知事松井茂及び駿東郡長稲見明精等に謁を賜う。また、波多野東宮大夫を御用邸本邸御滞在の皇太后の許へ遣わされる。この後、十一日まで雍仁親王・宣仁親王と共に西附属邸にて過ごされ、皇太子はさらに三月二十五日まで御滞在になる。○東宮御日誌、各地行啓日誌、東宮職日誌、行啓録、東宮殿下御言行録、沼津御用邸西附属邸日誌、沼津御用邸日誌、沼津御用邸附属邸日誌、皇太后宮職日記、供御日録、久邇宮家日誌、皇子御殿日記、宮内省省報、官報、桑野鋭日記、学習院初等学科教場日誌、御学業御報告書、佐藤忠雄休日日誌、雍仁親王実紀、高松宮宣仁親王

十日　月曜日　午前、典侍柳原愛子御機嫌奉伺として参邸につき、謁を賜う。また、同じく参邸の博忠王・邦久王と御対面になる。博忠王・邦久王は翌日も参邸する。○東宮御日誌、各地行啓日誌、皇子御殿日記、行啓録、久邇宮家日誌、桑野

鋭日記

午後、房子内親王参邸につき、御対面になり、御成績品等をお見せになる。ついで雍仁親王・宣仁親王と共に本邸に御参邸になり、皇太后に御拝顔になる。○東宮御日誌、沼津御用邸西附属邸日誌、沼津御用邸日誌、行啓録、布設録、桑野鋭日記

皇太后に御拝顔

十一日　火曜日　紀元節なるも、諒闇中につき、祝賀行事は行われず。○東宮御日誌、御学業御報告書、学習院初等学科教場日誌

御朝食後、皇太后附権典侍園祥子・権命婦樹下定江参邸につき、謁を賜う。○東宮御日誌、各地行啓日誌

雍仁親王・宣仁親王熱海御用邸へ移転につき、午前、沼津停車場まで両親王をお見送りになる。○東宮御日誌、各地行啓日誌、行啓録、東宮殿下御言行録、皇子御殿日記、沼津御用邸西附属邸日誌、宮内省省報、桑野鋭日記、学習院初等学科教場日誌

御学友の参邸

午後、御学友九名が東京より参邸する。これより皇太子沼津御滞在の間、御学友は御用邸東附属邸に寄宿する。○東宮御日誌、各地行啓日誌、沼津御用邸附属邸日誌、桑野鋭日記、佐藤忠雄休日日誌

十二日　水曜日　本日より沼津における授業が開始される。教場は例年のとおり東附属邸に開設される。○東宮御日誌、各地行啓日誌、沼津御用邸西附属邸日誌、学習院初等学科教場日誌、学習院院史資料室所蔵資料

写真機を賜わる

この日、東宮大夫波多野敬直を御使として天皇・皇后の許に遣わされる。十七日、帰参した波多野より、天皇・皇后より御贈進の写真機等の披露を受けられる。また、同じく天皇より御贈進の飛行機模型については、写真をもって披露を受けられる。○東宮御日誌、各地行啓日誌、東宮職日誌、侍従日記、行啓録、贈賜録

東宮武官の軍事講話

十四日　金曜日　教場より御帰還後、東宮武官壬生基義より「隊ノ編成」及び「行軍」に関する講話をお聞きになる。○東宮御日誌

演習遊戯

十五日　土曜日　午後、海浜にお出ましになり、博忠王及び御学友九名に供奉員・仕人・本邸守衛の近衛兵等を交えて演習遊戯を行われる。統監を東宮武官長山根一貫が、中隊対抗演習の攻撃軍司令を御守衛将校野崎大尉が務める。皇太子は攻撃軍第一小隊長として博忠王・御学友等を率い、前衛司令官の任務を帯びられる。仮設敵の司令は東宮武官壬生基義が務める。演習遊戯は、志下の海岸より北上し、斥候より東附属邸付近における偵察報告を受け、本邸東松林に陣する敵を撃退、さらに進み牛臥占領により終わる。それより、参加者と共に統監の講評を受けられる。なお、皇太后は本邸東門外より、その様子を御覧になる。○東宮御日誌、各地行啓日誌、沼津御用邸西附属邸日誌、沼津御用邸日誌、行啓録、布設録、久邇宮家日誌、学習院院史資料室所蔵資料、静岡民友新聞

十六日　日曜日　博忠王及び御学友等と共に大平越に御登山になる。山頂において御昼食の後、写生を行われ、それより峰伝いに徳倉山を経て御帰邸になる。○東宮御日誌、各地行啓日誌、東宮殿下御言行録、沼津御用邸西附属邸日誌、久邇宮家日誌、佐藤忠雄休日日誌

十七日　月曜日　午後、允子内親王参邸につき、御対面になる。○東宮御日誌、各地行啓日誌、行啓録、沼津御用邸西附属邸日誌

写生帖を皇太后に御供覧

三島の李王世子別邸に行啓

十八日　火曜日　午後、本邸において皇太后に御拝顔になり、熱海御滞在中に描かれた写生帖一巻を御覧に入れられる。皇太后より筆・塗絵・粘土細工等を賜わる。明治天皇御真影に御拝礼の後、御帰邸になる。○東宮御日誌、各地行啓日誌、沼津御用邸日誌、行啓録、布設録

夕刻、侍医加藤照麿参邸につき、謁を賜う。○東宮御日誌

二十日　木曜日　午後、天皇皇后御使として侍従日野西資博参邸につき、謁を賜う。○東宮御日誌、各地行啓日誌、侍従日記、侍従職日誌、青山離宮日誌、行啓録、宮内省省報

守正王参邸につき、御対面になる。○東宮御日誌、各地行啓日誌、沼津御用邸西附属邸日誌

二十二日　土曜日　御昼餐後、天皇・皇后より御拝領の写真機にて、庭の景色等を撮影される。○東宮御日誌、東宮殿下御言行録

午後、博忠王・邦久王及び御学友九名に供奉員・仕人・本邸守衛近衛兵等を交え、演習遊戯を行われる。この日は牛臥山北方を陣地とし、東附属邸前の仮設敵の陣地を攻撃、占領する。○東宮御日誌、各地行啓日誌、沼津御用邸西附属邸日誌、久邇宮家日誌

二十三日　日曜日　午前九時御出門、博忠王・邦久王と馬車に御同乗にて、田方郡三島町の李王世子別邸旧小松宮別邸に行啓になる。御学友九名は沼津より三島まで電車を利用し、同別邸に赴く。十時、

三島町民・学校生徒の奉迎に御会釈を賜いつつ御到着になり、便殿において王世子附御用掛古谷久綱に謁を賜う。邸内を巡覧され、例の如く野見宿禰の襖絵を御覧の後、写真撮影やボート遊び、水棲小動物の採集などをされる。午後三時三十分別邸を御出門、四時三十分御帰邸になる。○東宮御日誌、各地行啓日誌、行啓録、東宮殿下御言行録、沼津御用邸西附属邸日誌、久邇宮家日誌、佐藤忠雄休日日誌

二十四日　月曜日　午後、明日帰京の房子内親王、暇乞のため永久王同伴にて参邸につき、御対顔になる。○東宮御日誌、各地行啓日誌、沼津御用邸西附属邸日誌

二十六日　水曜日　浜松市在住織田利三郎に対し、これまで度々献上の廉をもって金一封を賜う。○行啓録

二十七日　木曜日　午後、本邸に御参邸になり、皇太后に御拝顔になる。皇太后より自動車双六・玉落し玩具等を賜わる。○東宮御日誌、各地行啓日誌、行啓録、東宮殿下御言行録、沼津御用邸西附属邸日誌、沼津御用邸日誌、供御日録、布設録、桑野鋭日記

天皇より魚形水雷模型・魚形水雷発射管模型・探照灯模型を賜わる。○東宮御日誌、行啓録

三月

一日　土曜日　雍仁親王・宣仁親王への御手紙として、近時御撮影の写真に近況をお認めになる。○東宮殿下御言行録

久能山東照宮に行啓

二日　日曜日　安倍郡久能村の別格官幣社東照宮に行啓される。博忠王・邦久王及び御学友九名が随伴し、学習院教授石井国次並びに東宮大夫波多野敬直以下が供奉する。午前八時四十五分、沼津停車場を臨時列車にて御発車、静岡停車場より人力車に召され、奉迎の市民に御会釈を賜いつつ、十一時十分久能山麓に御着になる。それより徒歩にて石段を登られる。途中、勘助井戸などを御覧になり、社務所に到着される。宮司宇都野正武の説明により、同所に陳列された宝物類を御覧になる。御昼食後、徳川家康廟所に向かわれ、その後再び社務所に戻られて宝物の鎧等を御覧、終わって唐門下に松をお手植えになる。なお諒闇中のため御参拝のことなし。帰路も人力車を用いられ、午後三時二十分、静岡停車場発臨時列車にて御帰還になる。○東宮御日誌、各地行啓日誌、沼津御用邸西附属邸日誌、行啓録、東宮職日誌、久邇宮家日誌、桑野鋭日記、学習院初等学科教場日誌、佐藤忠雄休日日誌、御学業御報告書、静岡民友新聞、静岡新報

威仁親王の病気

三日　月曜日　この日、兵庫県舞子別邸にて静養中の威仁親王容態悪化の報をお聞きになり、御尋の電報を御発送になる。ついで五日、病気御見舞として東宮侍従本多正復を舞子へ遣わされ、菓子をお贈りになる。さらに三十一日には、東宮大夫波多野敬直を舞子へ差し遣わされる。○東宮御日誌、各地行啓日誌、東宮殿下御言行録、東宮職日誌、贈賜録、典式録、有栖川宮日記、桑野鋭日記、威仁親王行実

授業終了後、熱海より参邸の皇子御養育掛長丸尾錦作に謁を賜い、雍仁親王・宣仁親王からの手紙

及び贈り物をお受けになる。翌朝、再び丸尾に謁を賜い、両親王への返礼として久能山の絵葉書、自ら撮影された御写真等を託される。○東宮御日誌、各地行啓日誌、東宮殿下御言行録、行啓録、桑野鋭日記

沼津町大火

四日　火曜日　昨日午後、沼津町において発生した火災により、約千五百戸が延焼する。よってこの日、見舞金を同町に下賜される。また翌五日、天皇・皇后より近火御見舞の御使として侍従日野西資博が参邸につき、謁を賜う。○東宮御日誌、各地行啓日誌、侍従日記、侍従職日誌、東宮殿下御言行録、青山離宮日誌、沼津御用邸西附属邸日誌、行啓録、貞明皇后実録、宮内省省報、桑野鋭日記、静岡民友新聞

六日　木曜日　午後、本邸において皇太后に御拝顔になる。皇太后より九谷焼恵比寿大黒人形、一輪挿し、懐中硯箱、牙彫鷹匠人形等を賜わる。○東宮御日誌、各地行啓日誌、東宮殿下御言行録、沼津御用邸西附属邸日誌、沼津御用邸日誌、行啓録、布設録、供御日録

七日　金曜日　午後、横須賀水雷団長上泉徳弥、明後日の海上御遊覧の打ち合わせのため参邸につき、謁を賜う。○東宮御日誌、各地行啓日誌、東宮殿下御言行録

八日　土曜日　午後、陸軍大将川村景明、図書頭山口鋭之助参邸につき、それぞれに謁を賜う。○東宮御日誌

博忠王・邦久王及び御学友等と共に西附属邸裏の松原における供奉近衛将校以下の野戦工事を御覧になり、一同に慰労として酒肴料を下賜される。○東宮御日誌、各地行啓日誌、沼津御用邸西附属邸日誌、行啓録

御夕餐後、博忠王・邦久王を始め御学友を招いて談話会を御催しになる。皇太子は「鷹匠」の題にてお話しになる。○東宮御日誌、久邇宮家日誌、沼津御用邸西附属邸日誌

戸田及び重寺に行啓

九日 日曜日 午前八時三十分御出門、西伊豆の戸田港及び内浦村の重寺に行啓される。博忠王・邦久王及び御学友九名が随伴し、学習院教授石井国次並びに東宮大夫波多野敬直以下が供奉する。御用邸前海岸より横須賀鎮守府第二駆逐艇隊司令艇の水雷艇鴻にお乗りになり、同艇司令以下に謁を賜い、艇上の兵器を御覧になる。それより出航され、航行中は第二駆逐艇隊の陣形運動及び砲戦教練を御見学になる。九時四十五分、戸田港に御着。御自身にて魚形水雷発射の操作手順を試みられた後、御上陸になる。

植物御観察

松林において植物を御観察になり、ついで海岸において貝拾いをされる。殊に先般初島にて御覧の島万年青は、島人が同島に限り自生すると唱えしにもかかわらず、この地にも自生する浜万年青《ハマユウ》であることを興味深く観察される。それより再び御乗艇になり、陣形運動・旗旒信号教練を御覧になりつつ、重寺に向かわれる。午後零時十分、重寺の海岸に御上陸になり、重寺観音の森にて御昼食を召される。その後、漁民捕獲のナマコを御覧になり、ついで百瀬四

真珠貝養殖所

郎経営の真珠貝養殖所を御見学の後、再び乗艇され、帰路に就かれる。途中、艇員による発火信号・端艇競漕等を御覧になり、午後二時三十分御帰邸になる。○東宮御日誌、各地行啓日誌、東宮殿下御言行録、沼津御用邸西附属邸日誌、行啓録、久

邇宮家日誌、桑野鋭日記、佐藤忠雄休日日誌、御学業御報告書、学習院初等学科教場日誌

午後四時過ぎ、鳩彦王・恒久王参邸につき、御対顔になる。○東宮御日誌、各地行啓日誌、沼津御用邸西附属邸日誌、行啓録

十日　月曜日　学習院御用掛小笠原長生参邸につき、謁を賜う。小笠原は地理の授業を拝見の後、皇太后に拝謁し、皇太后より皇太子並びに雍仁親王・宣仁親王の御修学状況に関し種々御下問を受ける。○各地行啓日誌、行啓録、御学業御報告書、学習院初等学科教場日誌、小笠原長生日記

東宮武官宇佐川知義を熱海へ差し遣わされ、雍仁親王・宣仁親王の初島お成りに供奉せしめられる。

十二日、供奉を終えて帰邸の宇佐川武官に謁を賜い、両親王からの手紙を受け取られる。○東宮御日誌、各地行啓日誌、東宮殿下御言行録、桑野鋭日記

十一日　火曜日　午後、伯爵土方久元御機嫌奉伺として参邸につき、謁を賜う。土方より、蒸気船玩具の献上を受けられる。また、内匠頭片山東熊参邸につき、謁を賜う。○東宮御日誌、各地行啓日誌、行啓録、桑野鋭日記、土方久元日記

十三日　木曜日　午後、本邸に御参邸になり、皇太后の御機嫌を奉伺される。この折、皇太后より蒸気機関・飛行機等の玩具を賜わる。また房子内親王も本邸へ参邸につき、御三方にて御談話になる。○東宮御日誌、各地行啓日誌、沼津御用邸西附属邸日誌、沼津御用邸日誌、行啓録、布設録、供御日録

皇太后と御会食

十五日　土曜日　放課後、本邸において皇太后と御昼餐を御会食になる。それより本邸御庭の温室

を御覧になり、ベゴニアやフリージア等の草花を賜わり、イチゴを御手ずからお摘みになる。続いて岩崎男爵別邸にお成りになり、同邸に滞在中の房子内親王及び永久王・美年子女王に御対顔になる。○東宮御日誌、各地行啓日誌、沼津御用邸西附属邸日誌、沼津御用邸日誌、行啓録、布設録、供御日録、昭憲皇太后実録

鷲頭山御登山

十六日　日曜日　博忠王・邦久王及び御学友九名と共に鷲頭山に御登山になる。東宮武官長山根一貫以下が供奉する。頂上において弁当を召され、また山根東宮武官長より普仏戦争におけるセダン会戦の話をお聞きになる。○東宮御日誌、各地行啓日誌、沼津御用邸西附属邸日誌、久邇宮家日誌、佐藤忠雄休日日誌

午後、主馬頭藤波言忠御機嫌奉伺として参邸につき、謁を賜う。○東宮御日誌、各地行啓日誌

御夕餐後、天皇皇后御使として女官吉見光子参邸につき、謁を賜う。天皇・皇后への贈り物として、御自身にて撮影された写真をお託しになる。なお、吉見は翌日午前も伺候する。○東宮御日誌、各地行啓日誌、東宮殿下御言行録、行啓録

高輪御殿を東宮仮御所となす

二十日　木曜日　明二十一日をもって高輪御殿を東宮仮御所に充てられ、二十五日御移転 雍仁親王・宣仁親王は従前どおり皇子仮御殿に居住 につき、本日天皇・皇后にこの旨を言上のため東宮大夫波多野敬直を青山離宮に差し遣わされる。○東宮御日誌、各地行啓日誌、東宮職日誌、侍従日記、行啓録

第三学期終業

二十二日　土曜日　本日をもって五年級第三学期が終了する。○東宮御日誌、各地行啓日誌、沼津御用邸西附属邸日誌、学習院初等

学科教場日誌、御学業御報告書

二十三日　日曜日　午前九時三十分、御学友九名御同伴にて御出門、牛臥山裏より海岸を経て渡し舟にて狩野川をお渡りになり、千本松原において貝や石を採集される。千本浜公園にて御昼食の後、同公園内の戦役記念砲台を御覧になる。再び狩野川を渡られ、それより演習遊戯を行われる。皇太子は御学友を率いて御用邸防御軍を編成し、東宮侍従甘露寺受長らの敵軍と戦われる。演習終了後、東宮武官長山根一貫より講評を受けられる。○東宮御日誌、各地行啓日誌、沼津御用邸西附属邸日誌

演習遊戯

東宮武官長の講評

二十四日　月曜日　午前、典侍柳原愛子御機嫌奉伺として参邸につき、謁を賜う。○東宮御日誌、各地行啓日誌、行啓録

午後、朝鮮総督寺内正毅参邸につき、謁を賜う。○東宮御日誌、各地行啓日誌

百瀬四郎 内浦村重寺の真珠貝養殖業者 より献上の真珠貝発生順標本を御覧になる。○東宮御日誌

明日還啓につき、御暇乞のため本邸に御参邸になり、皇太后に御拝顔になる。御自身にて撮影された写真や成績物等を御覧に入れられる。皇太后より堀井謄写版第二号、懐中銀時計、四書等を賜わる。○東宮御日誌、各地行啓日誌、沼津御用邸西附属邸日誌、沼津御用邸日誌、行啓録、布設録、供御日録

沼津より御帰京

二十五日　火曜日　東京還啓を期して、高輪の東宮仮御所に御移転になる。午前九時、皇太后宮大夫香川敬三等の奉送をお受けになり、沼津御用邸西附属邸を御出門、御学友等と共に同三十分沼津

停車場発の臨時列車に御乗車になる。午後一時三十分新橋停車場に御着、それより直ちに青山離宮にお成りになり、天皇・皇后に御拝顔になる。ついで皇子仮御殿にお立ち寄りになり、本日熱海より帰京の雍仁親王・宣仁親王に御対顔の後、五時、東宮仮御所にお入りになる。

東宮仮御所に御移転

御移転のお祝いとして天皇・皇后より五種交魚・蒔絵硯文台・置時計を、皇太后より万那料及び銀製鶏置物を賜わる。皇太子からは天皇・皇后に五種交魚を、皇太后に三種交魚を御献上になる。またその他の皇族ともお祝いを取り交わされる。○東宮御日誌、各地行啓日誌、東宮殿下御言行録、東宮職日誌、沼津御用邸西附属邸日誌、沼津御用邸附属邸日誌、沼津御用邸日誌、侍従日記、青山離宮日誌、皇太后宮職日記、行啓録、贈賜録、布設録、供御日録、宮内省省報、官報、昭憲皇太后実録、貞明皇后実録、桑野鋭日記、小笠原長生日記、徳大寺実則日記

二十六日　水曜日　午前九時御出門、御参内になり、雍仁親王・宣仁親王と共に権殿に御拝になる。○東宮御日誌、東宮職日誌、皇太后宮職日記、皇子御殿日誌、行啓録、桑野鋭日記、雍仁親王実紀

午後、侍従長鷹司熙通・公爵九条道実・宮内次官河村金五郎・皇子御用掛松平乗統参殿につき、それぞれ謁を賜う。○東宮御日誌、東宮職日誌

天皇皇后と御会食

青山離宮に御参殿になり、天皇・皇后及び雍仁親王・宣仁親王と御夕餐を御会食になる。○東宮御日誌、青山離宮日誌、侍従日記、皇子御殿日誌、供御日録、行啓録、貞明皇后実録、桑野鋭日記

第五学年御成績表が奉呈される。○御学業御報告書

二十七日　木曜日　雍仁親王参殿につき、御殿内を案内され、御昼餐を御会食になる。午後は庭園内を御案内になる。○東宮御日誌、東宮職日誌、東宮殿下御言行録、皇子御殿日誌、皇子御殿日記、贈賜録、桑野鋭日記

皇后宮主事馬場三郎・朝香宮家令市野喜作・元東宮武官長村木雅美参殿につき、それぞれ謁を賜う。○東宮御日誌、東宮職日誌

京都行啓

二十八日　金曜日　伏見桃山陵御参拝のため雍仁親王・宣仁親王御同伴にて京都行啓の途に就かれる。東宮大夫波多野敬直・東宮武官長山根一貫・東宮侍従土屋正直・同甘露寺受長・東宮武官壬生基義・同宇佐川知義・同山内豊中・侍医伊勢錠五郎等が供奉する。新橋停車場にて雍仁親王・宣仁親王と合流され、午前七時発臨時列車に御乗車になる。途中、静岡・浜松・豊橋の各停車場においで知事始め地方高等官・軍人等に謁を賜う。午後三時五十五分、名古屋停車場に御着。守正王歩兵第六聯隊長の出迎えを受けられ、それより人力車にて御泊所名古屋離宮に御到着になる。愛知県知事松井茂以下地方高等官に賜謁の後、離宮御殿内を御巡覧になり、松井知事の説明にて、表書院御納戸に展示された繊維製品や陶磁器等の県下物産、愛知県第一師範学校・愛知県女子師範学校等の成績品を御覧になる。○東宮御日誌、各地行啓日誌、東宮職日誌、皇子御殿日誌、皇子御殿日記、行啓録、宮内省省報、官報、桑野鋭日記、小笠原長生日記、雍仁親王実紀、高松宮宣仁親王、愛知県史

名古屋離宮御着

この日、韓国併合記念章が宮内大臣渡辺千秋より奉呈される。○東宮職日誌、官報

二十九日　土曜日　御朝食後、名古屋城天守閣にお登りになり、約一時間にわたり御展望になる。○東宮御日誌、各地行啓日誌、皇子御殿日記、名古屋新聞、愛知県史

名古屋離宮御発

守正王に御対顔の後、名古屋離宮を御出門になり、午前十一時名古屋停車場発の臨時列車にて京都に向かわれる。途中、大垣・米原・馬場大津の各停車場において県知事等に謁を賜う。午後二時五十八分、京都停車場に御着になり、邦彦王歩兵第三十八聯隊長等の奉迎をお受けになる。それより馬車にて三時二十五分御泊所二条離宮にお着きになる。

御泊所二条離宮

離宮において、京都旅行中の朝融王・邦久王に御対顔になり、京都府知事大森鍾一等に謁を賜う。○東宮御日誌、各地行啓日誌、東宮職日誌、皇子御殿日記、行啓録、宮内省省報、官報、京都府庁文書、雍仁親王実紀、京都日出新聞

陸軍飛行機墜落事故死者へ玉串料下賜

昨二十八日、所沢飛行場付近において飛行機搭乗操縦中の陸軍砲兵中尉木村鈴四郎・同歩兵中尉徳田金一の両名は墜落事故により死亡する。よってこの日、皇太子より玉串料を下賜される。両名は日本最初の飛行機墜落事故による犠牲者となる。○行啓録、宮内省省報、官報、読売新聞

明治天皇陵御参拝

三十日　日曜日　伏見桃山陵に御参拝のため、午前八時四十分人力車にて二条離宮を御出門、九時二条停車場発の列車に御乗車、車中にて陸軍正装にお召替えになる。桃山停車場より馬車にて伏見桃山陵に御着、祭官副長中院通規の先導により御陵前広場南門外の仮祭場殿遥拝場に御参進になる。祭官副長の祝詞の後、玉串を奉り御拝礼になる。雍仁親王・宣仁親王もこれに倣い、玉串を奉り拝

礼する。ついで御須屋までお登りになり拝礼され、内匠寮技師山本直三郎より御陵工事等に関する説明をお聞きになる。十時四十分御出発、再び桃山停車場より二条停車場まで列車に御乗車になり、二条離宮に御帰還になる。

京都御所御見学

御昼餐後、京都御所に行啓され、清涼殿・紫宸殿・小御所等を御覧になる。ついで大宮御所・仙洞御所を御覧になり、祐の井にお立ち寄りの上、午後四時、二条離宮にお戻りになる。○東宮御日誌、各地行啓日誌、東宮職日誌、皇子御殿日記、行啓録、重要雑録、宮内省省報、官報、京都府庁文書、桑野鋭日記、雍仁親王実紀、京都日出新聞

この日、海軍中将三須宗太郎及び大聖寺尼僧等に謁を賜う。○東宮御日誌

銀閣寺

三十一日　月曜日　京都市内を御視察になる。午前九時御出門、まず東山慈照寺にお成りになる。同寺住持関大鳳及び京都府知事大森鍾一の案内にて銀閣（観音殿）の潮音閣に臨まれ、ついで庭園を御巡覧になる。

修学院離宮

それより修学院離宮に赴かれ、下御茶屋・中御茶屋を経て、上御茶屋にて御昼餐の後、庭園を一巡される。

京都図書館

午後零時三十分御出発、京都府立京都図書館にお成りになり、陳列の書籍、戦死者写真帖等を御覧になる。

商品陳列所

次に京都市商品陳列所に向かわれ、所長丹羽圭介の説明により電気器械や京都工芸品等を御覧になり、京都市助役加藤小太郎（市長代理）・染織家西村総左衛門・帝室技芸員並河靖之等に謁を賜う。

動物園

ついで京都市立紀念動物園に赴かれ、園長六浦徹矢の案内により、マングース、

人工哺育のライオンの子、水牛など種々の動物を御覧になり、鶴放養地前の丘に五葉松をお手植えになる。三時御出発、動物園南の平瀬貝類博物館にお立ち寄りになる。同館は本月開館した日本初の貝類展示館にて、館主平瀬与一郎の説明にて各種貝類の展示を御覧になる。貝標本三箱及び特にお目を留められたツノガイが献上される。四時十分、二条離宮に御帰還になる。○東宮御日誌、各地行啓日誌、皇子御殿日記、行啓録、京都府庁文書、桑野鋭日記、京都市動物園沿革史、雍仁親王実紀、平瀬貝類博物館写真帖、相模湾産貝類、京都日出新聞

平瀬貝類博物館

四月

京都帝室博物館

一日　火曜日　京都市内及び紀伊郡内を御視察になる。午前九時御出門、京都帝室博物館にお成りになる。博物館への途次、馬車中より豊国神社門前の耳塚を御覧になる。博物館にてはまず楼上より市内を御展望になり、それより館内にて北野天神縁起・風神雷神図等の陳列品を御覧になる。ついで三十三間堂（蓮華王院本堂、妙法院境外仏堂）にお成りになり、妙法院門跡代理執事奥田公照の案内により一千一体の十一面千手千眼観世音菩薩像並びに長廊を御覧になる。十時十分御出発、馬車にて東福寺や伏見稲荷を御覧になり、紀伊郡深草村の第十六師団にお成りになる。司令部師団長室において師団長代理歩兵第十九旅団長西川虎次郎に謁を賜い、管下状況の言上をお聞きになる。続いて京都偕行社に

三十三間堂

第十六師団

お成りになり、歩兵第三十八聯隊長邦彦王に御対顔の後、師団幕僚・各団隊長に謁を賜い、さらに京都衛戍地在職将校・同相当官に団体拝謁を賜う。玄関右側の小丘に雄松《クロマツ》をお手植えになる。御昼餐の後、伏見の陶工大島敬吉嘉楽による粘土細工製作実演を御覧になり、ついで京都練兵場にて騎兵・砲兵の中隊教練、輜重兵の乗馬演習、騎兵の高等馬術、歩兵・砲兵・工兵の連合対抗演習、将校の撃剣等を御覧になる。その後、人力車にて清水寺へお成りになり、本堂舞台、千手堂、音羽の滝、月照・信海・西郷隆盛の詩碑にお立ち寄りになる。次に知恩院において、鶯張の廊下や千畳敷・小方丈・阿弥陀堂等を御巡覧になり、さらに御影堂軒裏の忘れ傘、大鐘楼の鐘撞きを御覧になる。それより人力車にて円山公園を経て祇園石段下にお着きになり、同所より千本二条停留所まで市営電車貴賓車に乗車され、二条離宮に御帰還になる。○東宮御日誌、各地行啓日誌、皇子御殿日記、行啓録、京都府庁文書、桑野鋭日記、知恩院史、雍仁親王実紀、京都日出新聞

京都練兵場

清水寺

知恩院

市営電車に御乗車

二日　水曜日　京都市内及び葛野郡内を御視察になる。午前九時馬車にて御出門、京都市立染織学校にお成りになる。校長金子篤寿・教諭堀田豊治等に謁を賜い、力織機・手織機・藍染・浸染・機械捺染・型紙捺染・描友禅等、在学生及び新卒業生の実習作業及び製作品を御覧になる。それより葛野郡衣笠村の北山鹿苑寺に赴かれ金閣舎利殿に御登閣、京都府知事大森鍾一等より説明を受けられ、

京都市立染織学校

金閣寺

仁和寺
二階より池の鯉に御投餌になる。ついで人力車にて花園村へ向かわれ、十一時二十五分御室の仁和寺にお着きになり、金堂・観音堂等を御覧の上、新築の宸殿上段御休憩所にて御昼餐をお召しになる。

大覚寺
午後はまず嵯峨村の大覚寺にお成りになる。御冠の間において皇子御養育掛長丸尾錦作より南北朝和睦の話をお聞きになり、紅葉の間、御影堂、安井堂、宸殿等を御巡覧の上、庭園宸殿前に稚松をお手植えになる。

嵐山
次に嵐山に向かわれ、亀山公園にて角倉了以の銅像を御覧の後、茶席舟にて大堰川（保津川）を御遊覧になり、再び公園にて角倉了以銅像裏に雄松をお手植えになる。その後、人力車にて嵯峨停車場に向かわれ、二条停車場まで列車に御乗車の上、二条離宮にお戻りになる。○東宮御日誌、各地行啓日誌、皇子御殿日記、行啓録、京都府庁文書、桑野鋭日記、雍仁親王実紀、京都日出新聞

夕刻、参殿の旧女官に謁を賜う。○東宮御日誌

三日　木曜日　雨天につき乙訓郡方面御視察の御予定はお取り止めとされ、東宮侍従甘露寺受長を長岡京址並びに乙訓村字芝の竹林へ御差遣になる。午後は一時間ほど二条離宮二の丸を御覧になる。また邦彦王参殿につき、御対顔になる。○東宮御日誌、各地行啓日誌、皇子御殿日記、行啓録、京都府庁文書、桑野鋭日記、雍仁親王実紀、京都日出新聞

京都御発
四日　金曜日　雍仁親王・宣仁親王と共に午前七時二条離宮を御出門、還啓の途にお就きになる。京都停車場にて邦彦王・多嘉王（京都在住）に御対顔の後、同二十五分発の臨時列車に御乗車になり、沼津

に向かわれる。途中名古屋停車場では守正王の奉送をお受けになる。午後四時二十五分沼津停車場に御着、馬車にて沼津御用邸西附属邸にお入りになり、御一泊になる。○東宮御日誌、各地行啓日誌、東宮職日誌、沼津御用邸西附属邸日誌、沼津御用邸附属邸日誌、皇子御殿日記、沼津御用邸日誌、行啓録、布設録、宮内省省報、官報、京都府庁文書、桑野鋭日記、京都日出新聞、静岡民友新聞

沼津御用邸西附属邸御着

この日、学習院において卒業証書授与式挙行につき、皇太子より中等学科優等卒業生一名に銀時計を、初等学科優等卒業生二名に製図器械をそれぞれ賜う。○東宮職日誌、贈賜録、官報

五日　土曜日　午前、海岸御散歩の後、雍仁親王・宣仁親王を伴われ御用邸本邸に御参邸になり、御滞在中の皇太后と御昼餐を御会食になる。御暇乞の後、直ちに沼津停車場に向かわれ、午後一時四十分同停車場発の臨時列車に御乗車、五時四十分新橋停車場に御着になる。同停車場にて雍仁親王・宣仁親王とお別れになり、六時十分東宮仮御所に還啓される。なお、新橋停車場より東宮大夫波多野敬直を御使として青山離宮に差し遣わされる。○東宮御日誌、各地行啓日誌、東宮職日誌、沼津御用邸西附属邸日誌、沼津御用邸附属邸日誌、沼津御用邸日誌、侍従日記、皇子御殿日記、行啓録、布設録、供御日録、昭憲皇太后実録、桑野鋭日記、宮内省省報、官報、静岡民友新聞、静岡新報

皇太后と御会食

還啓

六日　日曜日　午前、青山離宮に御参殿になり、雍仁親王・宣仁親王と共に天皇・皇后に御拝顔になる。○東宮御日誌、東宮職日誌、青山離宮日誌、侍従日記、皇子御殿日誌、行啓録、宮内省省報、桑野鋭日記

天皇皇后に御拝顔

午後、沼津よりお持ち帰りのベゴニア、ヘリオトロープ、フリージア等の花卉を花壇に植えられ

る。○東宮御日誌

七日　月曜日　午前、御参内になり、雍仁親王・宣仁親王と共に権殿に御拝になる。○東宮御日誌、東宮職日誌、皇子御殿日誌、行啓録、宮内省省報、桑野鋭日記

午後、雍仁親王・宣仁親王参殿につき、御庭や御殿内を御案内になる。御機嫌奉伺として参殿の元侍女清水シゲ及び御沙汰により参殿の両親王御附侍女足立タカ・菅千代・曽根ナツが伺候する。また、折しも允子内親王参殿につき、お揃いにて賑やかにお過ごしになる。○東宮御日誌、東宮殿下御言行録、東宮職日誌、皇子御殿日誌、桑野鋭日記

始業式

八日　火曜日　学習院本院に行啓され、始業式に御列席になる。○東宮御日誌、東宮職日誌、行啓録、久邇宮家日誌、宮内省省報、桑野鋭日記、小笠原長生日記、御学業御報告書、学習院初等学科教場日誌

近衛歩兵第一聯隊に行啓

学習院始業式終了後、直ちに近衛歩兵第一聯隊に行啓される。将校集会所において軍服にお召替えの後、近衛師団長山根武亮・近衛歩兵第一聯隊長金久保万吉以下上長官以上に謁を賜う。それより兵舎にお出ましになり、第九中隊兵舎・第十中隊兵舎及び炊事場を御巡覧になる。○東宮御日誌、東宮職日誌、行啓録、宮内省報、近衛師団沿革概要、近衛歩兵第一聯隊歴史

午後、第十六師団長長岡外史参殿につき、謁を賜う。○東宮御日誌、東宮職日誌

六年級第一学期

九日　水曜日　本日より学習院初等学科六年級第一学期の授業が開始される。五年級に同じく、午

前八時より授業が行われる。時間割は以下のとおり。

	第一時	第二時	第三時	第四時	第五時
月	修身 国語	地理	唱歌 体操	国語	図画
火	国語	算術	体操	歴史	書方
水	国語	算術	綴方	手工	理科
木	修身 国語	算術	体操 唱歌	書方	国語
金	国語	算術	体操	地歴	図画
土	国語	算術	理科		

馬車通学

なお、高輪の東宮仮御所へ御移転につき、今学期より学習院へは馬車通学とされる。このため御出門時刻は午前七時と御変更になる。○東宮御日誌、東宮職日誌、行啓録、宮内省省報、御学業御報告書、学習院初等学科教場日誌、学習院院史資料室所蔵資料

十日　木曜日　午後、侍従武官西義一御機嫌奉伺として参殿につき、謁を賜う。○東宮御日誌、東宮職日誌

東京衛戍大射撃会に賜金

十一日　金曜日　大久保射撃場にて開催の東京衛戍大射撃会に東宮武官壬生基義を遣わされ、金一封を下賜される。翌十二日、御礼並びに御機嫌伺いとして同会総裁載仁親王参殿につき、御対顔になる。○東宮御日誌、東宮職日誌、贈賜録、宮内省省報、閑院宮日記抜抄

十二日　土曜日　博忠王・邦久王参殿につき、御昼餐を御会食になる。その後、御学友一同も交えてお遊びになる。○東宮御日誌、東宮職日誌、久邇宮家日誌、学習院初等学科教場日誌、学習院院史資料室所蔵資料

映写会

十三日　日曜日　午前、露国駐剳特命全権大使本野一郎参殿につき、謁を賜う。本野より仏国パテー社製活動写真映写機並びにフィルム献上につき、この夜、映写会を催され、活動写真「海中の花」「鯨捕」「マングースと蛇」「鰐」「蜻蛉生育」「麒麟狩」を側近奉仕者と共に御覧になる。この後、しばしば側近や御学友等をお召しになり、映写会を催される。○東宮御日誌、東宮殿下御言行録、東宮職日誌、進献録、天皇さま

皇子仮御殿に行啓

午前十時御出門、皇子仮御殿にお成りになる。雍仁親王・宣仁親王と御歓談になり、博物標本室、農園等を御巡覧になる。また、両親王より鉱物標本の贈進をお受けになる。御昼餐を御会食の後、両親王と共に徒歩にて青山離宮に参殿され、天皇・皇后に御拝顔になる。それより皇后と離宮御内庭等にて過ごされ、一旦皇子仮御殿にお戻りの後、午後四時三十分御帰殿になる。○東宮御日誌、東宮職日誌、東宮殿下御言行録、青山離宮日誌、侍従日記、皇子御殿日誌、皇子御殿日記、行啓録、贈賜録、宮内省省報、桑野鋭日記

皇子附職員官制施行に伴う側近の異動

十五日　火曜日　皇子附職員官制本年四月九日公布が施行される。これに伴い、皇子御養育掛長兼東宮職御用掛丸尾錦作が皇子傅育官長に、東宮主事桑野鋭並びに東宮職御用掛兼務の松平乗統・作間富生・弥富破摩雄が皇子傅育官に転任し、帝室会計審査官補中川吉郎が東宮主事に任じられる。またこれま

で雇であった侍女の坂野鈴・内海しげ・宇川千代の三名は東宮職出仕となり、渥美千代・足立タカ・曽根ナツ・小山登美・菅千代等の五名は皇子御殿出仕となる。この日、丸尾皇子傅育官長、桑野・作間・弥富各傅育官、中川東宮主事等新任御礼のため参殿につき、謁を賜う。また、転任の諸員には多年奉仕の廉をもって賜金・賜品あり。○東宮御日誌、東宮職日誌、皇子御殿日誌、内賜録、贈賜録、進退録、宮内省省報、官報、大正天皇実録、桑野鋭日記

御学友の宿直

十六日　水曜日　この日以降、月・水・金曜日には御学友三名が交代で宿直することとなる。○東宮御日誌、東宮職日誌、学習院初等学科教場日誌、学習院院史資料室所蔵資料、輔仁会雑誌

初めて自動車に御乗車

十七日　木曜日　学習院よりの帰途、主馬寮赤坂分厩にお立ち寄りになり、毎週木曜日の定例御乗馬練習を再開される。この日は天皇が自動車にて分厩へお出ましになり、皇太子及び雍仁親王の御乗馬を御覧になる。御乗馬練習終了後には、初めて自動車に乗車され、雍仁親王と共に天皇に陪乗して主馬寮広場をお巡りになる。○東宮御日誌、東宮職日誌、東宮殿下御言行録、侍従日記、例規録、裕仁親王殿下御乗馬録、大正天皇実録、今上陛下御乗馬誌、学習院院史資料室所蔵資料、雍仁親王実紀

皇子附出仕渥美千代・同小山登美参殿につき、御殿内を御案内になる。○東宮御日誌、東宮殿下御言行録

十九日　土曜日　午後、雍仁親王・宣仁親王参殿につき御歓談になり、シーソー等にてお遊びになる。その後、御一緒に活動写真を御覧になり、御夕餐を御会食になる。○東宮御日誌、東宮殿下御言行録、東宮職日誌、皇子御殿日誌、桑野鋭日記

二十日　日曜日　午前、御参内になり、雍仁親王・宣仁親王と共に権殿に御拝になる。それより御同列にて青山離宮に御参殿になり、天皇・皇后と御昼餐を御会食になる。皇后の御前にてお遊びの後、御帰還になる。○東宮御日誌、東宮殿下御言行録、東宮職日誌、青山離宮日誌、侍従日記、皇子御殿日誌、供御日録、行啓録、贈賜録、貞明皇后実録、宮内省省報、桑野鋭日記

二十三日　水曜日　午後、練習艦隊司令官栃内曽次郎参殿につき、謁を賜う。○東宮御日誌、東宮職日誌

二十六日　土曜日　放課後、皇子仮御殿にお立ち寄りになり、雍仁親王・宣仁親王と御昼餐を御会食になる。午後二時、皇后が皇子仮御殿へ行啓につき、御一緒にお過ごしになる。○東宮御日誌、東宮職日誌、皇子御殿日誌、皇子御殿日記、行啓録、宮内省省報、桑野鋭日記

二十七日　日曜日　青山離宮において天皇・皇后及び雍仁親王・宣仁親王と御昼餐を御会食になる。午後は雍仁親王・宣仁親王と共に天皇の自動車に陪乗され、外庭を巡られる。○東宮御日誌、東宮殿下御言行録、東宮職日誌、青山離宮日誌、侍従日記、皇子御殿日誌、供御日録、行啓録、貞明皇后実録、宮内省省報、桑野鋭日記

天皇より犬を御拝領

この日、天皇よりキクと名づけられた犬グレーハウンド種を賜わる。御帰殿後、キクをお相手に過ごされる。○東宮御日誌、東宮殿下御言行録、青山離宮日誌

御誕辰

二十九日　火曜日　諒闇中につき、御誕辰満十二歳の祝宴等の行事は行われず、平常どおり御通学になる。御帰殿後、東宮大夫以下より内々の祝詞をお受けになる。○東宮御日誌、東宮殿下御言行録、東宮職日誌、御学業御報告書

夕刻、内閣総理大臣山本権兵衛御機嫌奉伺として参殿につき、謁を賜う。○東宮御日誌、東宮職日誌

三十日　水曜日　午前、御参内になり、雍仁親王・宣仁親王と共に権殿に御拝になる。○東宮御日誌、東宮職日誌、行啓録、宮内省省報

午後、御学友等と共に外庭にて筍掘りをされる。ついで西洋館において活動写真を御覧になる。○東宮御日誌、佐藤忠雄休日日誌

この日、別格官幣社靖国神社例大祭なるも、諒闇中につき皇太子御使の御差遣及び玉串料のお供え等はお控えになる。○東宮職日誌、学習院初等学科教場日誌

五月

一日　木曜日　午後、主馬寮分厩において定例の御乗馬練習を行われる。その折、天皇が分厩にお出ましになり、皇太子の御乗馬の様子を御覧になる。○東宮御日誌、侍従日記、裕仁親王殿下御乗馬録、今上陛下御乗馬誌

電話設置

雍仁親王・宣仁親王との御通話のため、東宮仮御所と皇子仮御殿とを結ぶ卓上電話が設置される。この日、初めて両親王と電話にてお話しになる。これより毎夕十分程度、電話にて話されることとなる。○東宮御日誌、東宮殿下御言行録、東宮職日誌、桑野鋭日記、雍仁親王実紀、高松宮宣仁親王

三日　土曜日　午後、雍仁親王・宣仁親王参殿につき、過日天皇より賜わった犬キクを披露され、シーソーなどにて御一緒にお遊びになる。活動写真を御覧の後、御夕餐を御会食になる。○東宮御日誌、東宮殿下御言行録、東宮職日誌、皇子御殿日誌、皇子御殿日記、桑野鋭日記

四日　日曜日　午前、青山離宮へ御参殿になり、天皇・皇后及び雍仁親王・宣仁親王と御昼餐を御会食の後、両親王と共に天皇の自動車に陪乗され、外庭を巡られる。○東宮御日誌、東宮殿下御言行録、東宮職日誌、青山離宮日誌、侍従日記、皇子御殿日誌、皇子御殿日記、行啓録、貞明皇后実録、宮内省省報、桑野鋭日記

博物学への御関心

この頃、動物・植物・鉱物への御関心を殊に深められ、しばしば御採集及び採集物の標本作成などを行われる。この日は青山離宮御苑内で石灰岩を採集され、御帰殿後、これに侍医寮よりお取り寄せの塩酸をかけて炭酸ガスを発生させる実験を行われる。○東宮御日誌、東宮殿下御言行録

五日　月曜日　天皇より金襴鳥の剥製を賜わる。○贈賜録

学習院初等学科遠足

七日　水曜日　学習院初等学科三年級・五年級・六年級合同の立川・日向和田方面遠足に御参加になる。午前七時御出門、新宿停車場において五年級・六年級の学生と合流され、雍仁親王及び博忠王・邦久王と共に普通列車に御乗車になる。立川停車場において下車され、普済寺にお成りになる。

普済寺

境内の崖上より多摩川一帯を御眺望になり、また国宝の六面石幢を御見学になる。それより再び立

羽村堰

日向和田石灰山

金剛寺

川停車場より列車に乗車され、十時三十分羽村停車場に御着車になる。羽村堰において筏流しを御覧の後、玉網にて川魚捕りを試みられる。羽村停車場において宣仁親王及び三年級の学生と合流され、再び列車にて日向和田停車場に御着車、同所より徒歩にて数町進まれ、石灰山麓の丘上に新設された仮便殿において雍仁親王・宣仁親王と御一緒に弁当を召される。御食事後はダイナマイトによる石灰岩破砕など、石灰石採掘の状況を御覧になり、また御手ずから小槌にて石灰岩を砕かれ、標本を採取される。それより下山され、鍾乳石や石筍の陳列を御覧になり、金剛寺にお立ち寄りの上、宝物の絵画類を御見学になる。その後、渓流沿いの後藤伯爵別邸にて少憩され、同邸に陳列された川エビ等を御覧になり、周辺にてお遊びになる。午後三時二十分御出発、青梅の町並に入られ、井伊子爵別邸の庭にて御少憩の後、青梅停車場より列車にて御帰還になる。なお、学生の御資格による遠足等では、可能な限り他の学生と同じお取り扱いをするとの方針に基づき、徒歩にて御移動の際には、皇太子は博忠王と共に六年級の最前列に並ばれ、その両側に学習院教授石井国次と同御用掛小笠原長生のみが供奉した。○東宮御日誌、東宮殿下御言行録、東宮職日誌、皇子御殿日誌、行啓録、宮内省省報、桑野鋭日記、山階藤麿日記、小笠原長生日記、御学業御報告書、学習院初等学科教場日誌、天皇さま、ひなたわだ、青梅案内、輔仁会雑誌、学習院院史資料室所蔵資料

八日　木曜日　午前、ドイツ留学より帰朝の侍医補原田貞夫参殿につき、謁を賜う。○東宮御日誌

天皇と赤坂離宮内部を御覧

十日　土曜日　放課後、皇子仮御殿にお立ち寄りになり、同所より雍仁親王・宣仁親王を伴われ、青山離宮に御参殿になる。天皇・皇后と御昼餐を御会食の後、天皇及び雍仁親王・宣仁親王と自動車にて赤坂離宮明治四十二年に東宮御所として完成にお成りになり、お揃いにて離宮内部を御巡覧になる。○東宮御日誌、東宮職日誌、東宮殿下御言行録、青山離宮日誌、侍従日記、皇子御殿日誌、皇子御殿日記、供御日録、行啓録、贈賜録、貞明皇后実録、宮内省省報、桑野鋭日記

この日、去る七日の学習院遠足の際にお持ち帰りのカジカを天皇・皇后に御献上になり、天皇・皇后よりは『増訂草木図説』並びに「日本名所絵葉書」を賜わる。御帰還後、「日本名所絵葉書」三百一枚を地域別に分類される。○東宮御日誌、東宮殿下御言行録、貞明皇后実録

十一日　日曜日　午前、御参内になり、雍仁親王・宣仁親王と共に権殿に御拝になる。それより両親王と共に新宿御苑にお成りになり、御昼餐を御会食の後、日本館・温室・動物園・農園等を御巡覧になる。なお、思召しにより東宮職出仕の坂野鈴・内海しげ並びに皇子附出仕の渥美千代・足立タカ・小山登美が新宿御苑に伺候する。○東宮御日誌、東宮職日誌、皇子御殿日誌、皇子御殿日記、行啓録、宮内省省報、桑野鋭日記

柳原愛子に賜謁

十四日　水曜日　午後、典侍柳原愛子、皇后宮職御用掛拝命の御礼言上のため参殿につき、謁を賜う。○東宮御日誌、東宮職日誌、贈賜録、進献録

少年雑誌への御興味

十六日　金曜日　この日、月刊雑誌『少年』をお読みになる。頃日、『少年』『小学生』等の少年雑

誌をしばしばお読みになり、特に理科・歴史に関する学術記事に特段の興味を示されるも、小説類には関心を示されず。○東宮御日誌、東宮殿下御言行録

遊就館に行啓

十七日　土曜日　放課後、皇子仮御殿にて雍仁親王・宣仁親王と御昼餐を御会食の後、御一緒に靖国神社附属遊就館にお成りになる。館長瀬名義利及び東宮武官長山根一貫の説明により館内を御巡覧になり、武具、戦争画、模型、戦利品、明治天皇御遺物、乃木希典自刃当時着用の軍服等を御覧になる。途中、貴賓室において瀬名館長及び靖国神社宮司賀茂百樹・陸軍省副官奈良武次・同高須俊次に謁を賜う。○東宮御日誌、東宮職日誌、皇子御殿日誌、皇子御殿日記、行啓録、宮内省省報、桑野鋭日記、靖国神社社務日誌、遊就館日誌、靖国神社百年史

十八日　日曜日　午後、麻布御殿にお成りになり、聰子内親王に御対顔になる。○東宮御日誌、東宮職日誌、御直宮御養育掛日記、行啓録、宮内省省報

天皇御違例

この日、青山離宮にて天皇・皇后と御昼餐御会食の御予定のところ、天皇の御違例によりお見合せとなる。○東宮御日誌、東宮殿下御言行録、桑野鋭日記

十九日　月曜日　昨年十二月まで皇太子の拝診を奉仕した侍医吉松駒造が御機嫌奉伺として参殿伺候し、御夕餐の模様を拝見して退出する。○東宮御日誌、東宮殿下御言行録

二十二日　木曜日　来る二十四日、皇太后の御機嫌伺いのため沼津へ一泊の行啓を御予定のところ、

天皇の御病気を御痛心
皇后も御仮床

一昨日来の天皇御病気のため、お取り止めになる。また、病気御尋として三種交魚・果物を天皇へ献上される。翌二十三日には、東宮大夫波多野敬直より天皇御不例が発表されたことをお聞きになり、御心痛の言葉を洩らされ、病名を御下問になり、肺炎であることをお聞きになる。皇后もまた、御風気にて御仮床に就かれる。二十四日放課後には、雍仁親王・宣仁親王と共に青山離宮に御参殿になり、侍従東園基愛を経て御機嫌伺いをされる。二十六日にも再び放課後青山離宮に御参殿になり、同様に御機嫌伺いをされる。○東宮御日誌、東宮職日誌、東宮殿下御言行録、侍従日記、皇子御殿日誌、皇子御殿日記、贈賜録、青山離宮日誌、大正天皇実録、貞明皇后実録、宮内省省報、桑野鋭日記、学習院初等学科教場日誌

校外教授に御参加

二十三日　金曜日　学習院初等学科校外教授に御参加のため、午前七時十分御出門、八時、浅草区御蔵前片町の東京高等工業学校に御到着になる。校長手島精一の案内により工業図案・電気等の各科及び製版工場、金工場、附属職工徒弟学校等を御巡覧になる。御少憩中、マジョリカ焼紫陽花模様花瓶、桜模様皿彩画作業を御覧になり、後日その完成品の献上をお受けになる。○東宮御日誌、東宮職日誌、行啓録、進献録、東宮殿下御言行録、宮内省省報、桑野鋭日記、小笠原長生日記、学習院初等学科教場日誌、御学業御報告書、雍仁親王実紀

メカノにて起重機御製作

今月九日より毎週金曜日の御夕餐後、御学友と共にメカノ金属製組立玩具にて起重機製作に取り組まれ、本日御完成になる。この後も折に触れ、メカノにてお遊びになる。○東宮御日誌

二十四日　土曜日　放課後、雍仁親王・宣仁親王と共に青山離宮にお立ち寄りになり、天皇・皇后御不例の御機嫌伺いの後、両親王御同伴にて東宮仮御所に御帰殿になり、御昼餐を御会食になる。○東宮御日誌、東宮殿下御言行録、東宮職日誌、皇子御殿日誌、皇子御殿日記、桑野鋭日記

日本海海戦の講話

二十七日　火曜日　海軍記念日につき、学習院において学習院御用掛小笠原長生より日本海海戦に関する講話をお聞きになる。○学習院初等学科教場日誌、小笠原長生日記

二十八日　水曜日　午後、権典侍千種任子・掌侍小池道子等参殿につき、謁を賜う。○東宮御日誌、東宮職日誌

二十九日　木曜日　恒久王妃昌子内親王本日着帯につき、万那料をお取り交わしになる。○東宮職日誌、贈賜録

三十日　金曜日　放課後、御参内になり、雍仁親王・宣仁親王と共に権殿に御拝になる。○東宮御日誌、東宮職日誌、皇子御殿日誌、皇子御殿日記、行啓録、宮内省省報

三十一日　土曜日　放課後、皇子仮御殿にお立ち寄りになり、雍仁親王・宣仁親王と御昼餐を御会食になる。午後は外庭にて御一緒にお遊びになる。○東宮御日誌、東宮殿下御言行録、東宮職日誌、皇子御殿日誌、皇子御殿日記、行啓録、宮内省省報、桑野鋭日記

六月

三日　火曜日　天皇御使用の金蒔絵硯箱を皇后より賜わる。○東宮御日誌、東宮殿下御言行録

七日　土曜日　放課後、雍仁親王・宣仁親王と共に御帰殿になり、御昼餐を御会食になる。また、渥美千代以下皇子附出仕四名及び元侍女清水シゲをお召しになり、花畑等を御案内の後、御一緒に活動写真を御覧になる。○東宮御日誌、東宮殿下御言行録、東宮職日誌、皇子御殿日誌、皇子御殿日記、桑野鋭日記

動物園にて写真御撮影

八日　日曜日　午後、上野動物園に行啓される。帝室博物館主事野村重治の説明により御巡覧になり、動物・鳥類の写真を撮影される。○東宮御日誌、東宮殿下御言行録、東宮職日誌、行啓録、宮内省省報

皇后御床払

去る六日皇后御床払につき、この日東宮大夫波多野敬直を青山離宮に差し遣わされ、三種交魚を御献上になる。翌九日、皇后御使として皇后宮職御用掛千種任子参殿につき、謁を賜う。○東宮御日誌、東宮職日誌、贈賜録

十日　火曜日　午後、海軍少将昇任の御礼として第一艦隊参謀長竹下勇参殿につき、謁を賜う。○東宮御日誌、東宮職日誌、官報、竹下勇日記

十二日　木曜日　昨日、侍医伊勢錠五郎は医学研究のため一年六箇月のドイツ留学を命じられ、その不在中、侍医補原田貞夫が東宮仮御所詰を命じられる。この日、原田侍医補参殿につき、謁を賜う。○東宮御日誌、東宮殿下御言行録、東宮職日誌、進退録、宮内省省報、官報

十四日　土曜日　放課後、皇子仮御殿にお成りになり、雍仁親王・宣仁親王と御昼餐を御会食後、御殿の御畑、標本室などを御覧になる。○東宮御日誌、東宮殿下御言行録、東宮職日誌、皇子御殿日誌、皇子御殿日記、行啓録、宮内省省報、桑野鋭日記

天皇御床払

沼津御滞在の皇太后へ東宮大夫を遣わされる

十五日　日曜日　天皇御床払につき、午後、青山離宮に御参殿になり、雍仁親王・宣仁親王とお揃いにて天皇・皇后に御拝顔、御機嫌を奉伺される。また、東宮大夫波多野敬直を御使として遣わされ、五種交魚を献上される。○東宮御日誌、東宮職日誌、東宮殿下御言行録、侍従日記、行啓録、贈賜録、大正天皇実録、宮内省省報、桑野鋭日記

十七日　火曜日　放課後、雍仁親王・宣仁親王と共に青山離宮に御参殿になり、天皇・皇后にそれぞれ御拝顔になる。天皇・皇后は翌十八日に宮城に還御（ただし同日より葉山へ御転地）につき、天皇に置時計及び鮮鯛を、皇后に牙彫棚飾及び鮮鯛を御献上になる。○東宮御日誌、東宮殿下御言行録、東宮職日誌、皇子御殿日誌、侍従日記、供御日録、行啓録、贈賜録、宮内省省報、官報

十八日　水曜日　午前八時十分御出門、青山離宮に御参殿になり、天皇・皇后の葉山行幸啓を御奉送になる。続いて雍仁親王・宣仁親王と共に一旦皇子仮御殿にお立ち寄りになり、ついで学習院に御登校になる。○東宮御日誌、東宮職日誌、東宮殿下御言行録、皇子御殿日誌、皇子御殿日記、行啓録、贈賜録、幸啓録、大正天皇実録、貞明皇后実録、宮内省省報、官報、桑野鋭日記、御学業御報告書、学習院初等学科教場日誌

二十一日　土曜日　皇太后の御機嫌伺いのため、本日より一泊にて沼津へ行啓の御予定のところ、十九日よりの雍仁親王の不例と天候不順とが重なり、皇太后の御沙汰によりお見合せとなる。五月下旬にも天皇御違例のため沼津行啓が見合わせられたことから、この日沼津御滞在中の皇太后の許へ御機嫌伺いのため東宮大夫波多野敬直を差し遣わされる。なお、雍仁親王へは二十二日及び二十六日に御尋として東宮侍従を差し遣わされる。○東宮御日誌、東宮職日誌、東宮殿下御言行録、皇太后宮職日記、皇子御殿日記、沼津御用邸西附属邸日誌、沼津御用邸日誌、

供御日録、行啓録、贈賜録、布設録、宮内省省報、桑野鋭日記、雍仁親王実紀

二十二日　日曜日　宣仁親王参殿につき、御昼餐御会食の後、御同伴にて上野の東京帝室博物館及び動物園に行啓される。博物館では帝室博物館総長股野琢の案内にて動物標本室・鉱物標本室・貝類昆虫類標本室を御覧になり、動物園ではテナガザル等を御覧になる。○東宮御日誌、東宮殿下御言行録、東宮職日誌、皇子御殿日誌、皇子御殿日記、行啓録、宮内省省報、桑野鋭日記

成久王妃房子内親王内着帯につき、万那料を取り交わされる。○東宮職日誌、贈賜録

二十五日　水曜日　皇后御誕辰なるも、諒闇中につき祝賀等のことは行われず。○東宮御日誌、東宮殿下御言行録、東宮職日誌、行啓録、学習院初等学科教場日誌、御学業御報告書

この日、学習院休業につき、参殿の宣仁親王及び御学友と御一緒に、午前より夕刻までお遊びになる。○東宮御日誌、東宮殿下御言行録、東宮職日誌、皇子御殿日誌、皇子御殿日記、佐藤忠雄休日日誌

二十八日　土曜日　宣仁親王御同伴にて学習院より御帰還になり、御昼餐を御会食の後、御一緒に御庭にてお遊びになる。明日葉山へ行啓につき、宣仁親王より葉山御滞在中の天皇・皇后への伝言を託される。○東宮御日誌、東宮職日誌、皇子御殿日誌、皇子御殿日記、桑野鋭日記

葉山行啓

二十九日　日曜日　天皇・皇后の御機嫌伺いのため葉山に行啓される。午前九時新橋停車場発の臨

天皇皇后に御拝顔

時列車にて逗子停車場まで御乗車になり、それより馬車にて十一時葉山御用邸に御到着になる。天皇に御拝顔、続いて皇后に御拝顔の後、御昼餐を御会食になる。午後は天皇に随伴して御用邸裏の海岸を附属邸（旧三宮男爵別邸）まで御散歩になり、それより南御用邸にお成りになる。その後、本邸にお戻りになり、皇后と御談話になる。午後四時御出門、同三十五分逗子停車場発の臨時列車にて御帰還になる。○東宮御日誌、東宮職日誌、行啓録、贈賜録、行幸録、幸啓録、供御日録、大正天皇実録、貞明皇后実録、宮内省省報、官報、桑野鋭日記

三十日　月曜日　放課後、宣仁親王と御同列にて御参内になり、権殿に御拝になる。○東宮御日誌、東宮職日誌、侍従日記、皇子御殿日誌、行啓録、宮内省省報

七月

一日　火曜日　本日より学習院の授業は午前のみとなる。また、毎週木曜の御乗馬練習は九月中旬まで休止される。○東宮御日誌、東宮殿下御言行録、東宮職日誌、行啓録、裕仁親王殿下御乗馬録、御学業御報告書

外国地理に御興味

二日　水曜日　頃日、外国の地理につき御興味をお持ちになる。この日は御夕餐後、東宮武官宇佐川知義より大正元年度遠洋航海記念の写真帖につき、説明をお聞きになる。○東宮御日誌、東宮殿下御言行録

五日　土曜日　宣仁親王御同伴にて学習院より御帰殿になり、御昼餐を御会食になる。午後、御庭

にてヤマカガシをお捕まえになり、折から参殿の博忠王も加わり、御三方で御観察になる。ヤマカガシは宣仁親王に託し、病気静養中の雍仁親王に贈られる。○東宮御日誌、東宮殿下御言行録、東宮職日誌、皇子御殿日誌、皇子御殿日記

禮子女王誕生

恒久王妃昌子内親王は昨夜王女子を出産する。よってこの日午前、東宮侍従甘露寺受長を竹田宮邸に差し遣わされる。十日禮子《あやこ》と命名につき、東宮侍従本多正復を遣わされ、三種交魚を御贈進になる。竹田宮からは万那料の贈進を受けられる。○東宮御日誌、東宮職日誌、贈賜録、宮内省省報、官報

威仁親王危篤

六日　日曜日　午前、東宮大夫波多野敬直より、舞子にて療養中の威仁親王が危篤昨五日夜薨去するも、喪を秘すとの報をお聞きになり、有栖川宮の後継なきことに関し御下問になる。これにつき、波多野大夫の求めにより別室に移られ、改めて言上を受けられる。また、威仁親王へ御見舞の電報を御発送になる。○東宮御日誌、東宮職日誌、東宮殿下御言行録、典式録、有栖川宮日記、威仁親王行実

蟻地獄を御採集になり、これ以降約二十日間、御自身にて餌をお集めになり、御飼養になる。○東宮御日誌、東宮殿下御言行録

明治記念博覧会に行啓

午後、上野公園にて開催の明治記念博覧会やまと新聞社主催に行啓になる。御着後、明治記念博覧会総裁土方久元・同会顧問渋沢栄一・同末松謙澄・同会会長武井守正・やまと新聞社社長松下軍治等に謁を賜い、ついで土方総裁の説明により東館・乃木館・恩賜館・御物館等を御巡覧になる。○東宮御日誌、東宮殿下御言行録、東宮職日誌、

行啓録、宮内省省報、土方久元日記

夕刻、宣仁親王が高松宮の称号を賜わったこと、有栖川宮より返電が届いたことをお聞きになる。○東宮御日誌

宣仁親王高松宮の称号を賜わる

七日　月曜日　午前、宣仁親王御使として参殿の皇子傅育官桑野鋭に謁を賜い、宣仁親王が昨六日天皇の御沙汰により高松宮の称号を賜わり、有栖川宮の祭祀を継承することとなった旨、正式に言上を受けられる。よって直ちに東宮侍従甘露寺受長を皇子仮御殿に差し遣わされ、宣仁親王へ三種交魚を御贈進になる。○東宮御日誌、東宮職日誌、東宮殿下御言行録、皇子御殿日記、贈賜録、大正天皇実録、宮内省省報、官報、桑野鋭日記、高松宮宣仁親王

陸軍中央幼年学校へ武官御差遣

十日　木曜日　御昼餐前、陸軍中央幼年学校予科生徒卒業式へ御差遣の東宮武官壬生基義より復命を受けられ、種々御下問になる。この日、陸軍中央幼年学校予科並びに仙台・名古屋・大阪・広島・熊本の各地方幼年学校において卒業式挙行につき、各校の優等卒業生二名ずつに銀時計を下賜される。○東宮御日誌、東宮職日誌、贈賜録、宮内省省報、官報

威仁親王薨去の発表

この日威仁親王は危篤の態にて舞子を出発し、午後七時四十分新橋停車場着にて帰京する。よって東宮大夫波多野敬直を同停車場及び有栖川宮邸へ差し遣わされる。ついで、宮内省告示をもって、午後八時二十分威仁親王が薨去した旨が正式に発表される。よって翌十一日、弔問使として東宮侍

従甘露寺受長を同宮邸に遣わされる。十三日、斂棺の儀につき、再び甘露寺侍従を有栖川宮邸へ差し遣わされ、ついで十四日、故熾仁親王妃董子には御尋として、故威仁親王妃慰子・貞愛親王妃利子女王（威仁親王叔母）には喪中御尋としてそれぞれ菓子を御贈進になる。十五日、喪主を務める宣仁親王に甘露寺侍従を差し遣わされ、菓子を御贈進になる。十六日、棺前祭につき、御代拝として東宮大夫波多野敬直を宮邸に差し遣わされ、柩前に供物料・真榊等をお供えになる。十七日、葬儀執行につき、御代拝として波多野大夫を豊島岡墓地に遣わされる。○東宮御日誌、東宮職日誌、皇太后宮職日記、典式録、行啓録、宮内省省報、官報、有栖川宮日記、桑野鋭日記、威仁親王行実

第一学期授業終了

威仁親王薨去につき、この日より五日間宮中喪が仰せ出され、学習院は翌十一日から三日間休学となる。よって今学期の授業はこの日限りとなる。○東宮御日誌、東宮職日誌、東宮殿下御言行録、典式録、宮内省省報、官報、桑野鋭日記、学習院初等学科教場日誌、御学業御報告書

十二日　土曜日　午前、ドイツ留学の暇乞のため侍医伊勢錠五郎参殿につき、謁を賜う。思召しにより金一封を賜う。○東宮御日誌、東宮職日誌、贈賜録

先月より不例の雍仁親王本日床払いにつき、東宮侍従土屋正直を皇子仮御殿に遣わされる。また、雍仁親王御使として皇子傅育官弥富破摩雄参殿につき、謁を賜う。御夕餐後、電話にて久々に雍仁

親王とお話しになる。○東宮御日誌、東宮職日誌、東宮殿下御言行録、皇子御殿日誌、贈賜録、桑野鋭日記

午後、元侍女清水シゲ御機嫌奉伺として参殿につき、謁を賜う。清水は御夕餐後に至るまで伺候し、お相手をする。○東宮御日誌、東宮職日誌、内賜録、東宮殿下御言行録

十三日　日曜日　博忠王・邦久王参殿につき、御学友九名も交えて終日御殿内にてお遊びになる。

扇風機の御使用

十四日　月曜日　初めて御殿内において扇風機を御使用になる。○東宮御日誌、東宮殿下御言行録

午後には活動写真を御一緒に御覧になる。○東宮御日誌、東宮殿下御言行録、東宮職日誌、久邇宮家日誌、佐藤忠雄休日日誌

理科実験

十五日　火曜日　雍仁親王参殿につき、御一緒に水圧実験や電流実験などをされ、また雍仁親王より贈進の無線電信の玩具にて遊ばれる。○東宮御日誌、東宮職日誌、東宮殿下御言行録、皇子御殿日誌、贈賜録、桑野鋭日記

十六日　水曜日　第一学期御成績表が奉呈される。○御学業御報告書

桂太郎の病気を御存問

十七日　木曜日　公爵桂太郎鎌倉にて病気療養中につき、御尋として菓子を賜う。○東宮職日誌、贈賜録

十八日　金曜日　午前、学習院御用掛小笠原長生より、福井丸（第二回旅順口閉塞作戦にて戦死した広瀬武夫中佐が指揮官として乗艦。旅順口付近に自沈し後に引き揚げられる）の船材にて製作されたインクスタンドの献上を受けられる。○東宮御日誌、進献録、小笠原長生日記

午後、侍医吉松駒造参殿につき、謁を賜う。○東宮御日誌

十九日　土曜日　皇子仮御殿にお成りになり、雍仁親王・宣仁親王と御昼餐を御会食の後、運動場

等にて過ごされる。また、両親王に電気仕掛け軍艦模型をお贈りになる。○東宮御日誌、東宮職日誌、行啓録、内賜録、東宮殿下御言行録、皇子御殿日誌、皇子御殿日記、宮内省省報、桑野鋭日記

暑中御機嫌伺い

二十日　日曜日　この日土用の入りにつき、暑中御機嫌伺いとして東宮大夫波多野敬直を葉山御滞在中の天皇・皇后の許へ遣わされ、五種交魚等を御献上になる。天皇・皇后よりは三種交魚を賜わる。また、皇太后とは五種交魚を、竹田宮・北白川宮・朝香宮とは万那料を取り交わされる。○東宮御日誌、東宮職日誌、供御日録、東宮殿下御言行録、御直宮御養育掛日記、皇太后宮職日記、贈賜録、行幸録、幸啓録、宮内省省報、桑野鋭日記

午後、皇子附出仕渥美千代が御機嫌奉伺として参殿し、御夕餐後まで伺候する。○東宮御日誌、東宮殿下御言行録

二十一日　月曜日　午前、博忠王並びに邦久王沼津旅行の暇乞として参殿につき御対面になり、御一緒にお遊びになる。○東宮御日誌、東宮殿下御言行録、宮内省省報

午後、侍従武官関野謙吉参殿につき、謁を賜う。○東宮御日誌

皇太后青山御所に御移転

皇太后沼津より還啓につき、奉迎のため東宮大夫波多野敬直を新橋停車場に遣わされ、引き続き波多野大夫を御使として青山御所に遣わされ、三種交魚を御献上になる。この日、青山離宮を青山御所と改称し、皇太后の御所と定められる。○東宮御日誌、東宮職日誌、東宮殿下御言行録、皇太后宮職日記、供御日録、贈賜録、昭憲皇太后実録、宮内省省報、官報

二十二日　火曜日　午前、暑中御機嫌伺いとして成久王・鳩彦王参殿につき、御対面になる。また、

公爵九条道実に謁を賜う。○東宮御日誌、東宮職日誌

青山御所に御参殿

午後、青山御所に御参殿になり、皇太后に御拝顔の上、御移転並びに還御の御悦を言上され、種々御談話になる。また、御移転の御悦として銀製棚飾等を御献上になり、皇太后より牙彫人形・七宝花瓶等を賜わる。○東宮御日誌、東宮職日誌、東宮殿下御言行録、皇太后宮職日記、行啓録、贈賜録、宮内省省報

本日雍仁親王・宣仁親王鎌倉に旅行につき、東宮侍従本多正復を新橋停車場へ差し遣わされる。○東宮御日誌、東宮職日誌、東宮殿下御言行録、贈賜録、宮内省省報、官報、桑野鋭日記

二十三日　水曜日　午前、稔彦王参殿につき、御対面になる。○東宮御日誌、東宮職日誌

近時、支那内乱の状態に御関心をお持ちになる。この日は御夕食後、侍医高田寿より上海の状況についてお聞きになる。○東宮御日誌、東宮殿下御言行録

二十五日　金曜日　午前、御参内になり、葉山より還幸啓の天皇・皇后を御奉迎になる。○東宮御日誌、東宮職日誌、侍従日記、侍従職日誌、行啓録、贈賜録、幸啓録、供御日録、貞明皇后実録、宮内省省報、官報

二十六日　土曜日　午前、朝鮮総督寺内正毅参殿につき、謁を賜う。○東宮御日誌

午後、聰子内親王参殿につき、御対面になる。○東宮御日誌、東宮職日誌、東宮殿下御言行録、贈賜録、御直宮御養育掛日記

鎌倉御用邸に行啓

二十七日　日曜日　鎌倉御用邸に滞在中の雍仁親王・宣仁親王を御訪問になる。午前七時十分新橋

停車場発の臨時列車に御乗車になり、鎌倉停車場より人力車にて、八時三十八分鎌倉御用邸に到着される。雍仁親王・宣仁親王と御昼餐を御会食になり、邸内・御庭等にてお遊びになる。午後四時四十分鎌倉停車場発の臨時列車にて還啓される。○東宮御日誌、東宮職日誌、東宮殿下御言行録、皇子御殿日記、行啓録、贈賜録、宮内省省報、官報、桑野鋭日記

二十八日　月曜日　午前、暑中御機嫌奉伺として参殿の侍従高辻宜麿に謁を賜う。ついで守正王参殿につき、御対面になる。午後、明治天皇一周年祭に参列のため上京の李堈公参殿につき、御対面になる。○東宮御日誌、東宮職日誌

鳩彦王妃允子内親王内着帯につき、御悦として鳩彦王・同妃と万那料をお取り交わしになる。○贈賜録

明治天皇一周年祭

三十日　水曜日　明治天皇一周年祭につき、午前九時二十分御出門、御参内になる。未成年のため権殿の儀には御参列にならず、祭典終了後、神位を撤する前に御拝になる。ついで御内儀において天皇・皇后と御昼餐を御会食の後、御帰殿になる。○東宮御日誌、東宮職日誌、東宮殿下御言行録、侍従日記、皇太后宮職日記、典式録、貞明皇后実録、宮内省省報、官報、桑野鋭日記、佐藤忠雄休日日誌

午後、元侍女清水シゲ、明治天皇一周年祭の御機嫌奉伺として参殿につき謁を賜い、標本室等を御案内になる。○東宮御日誌、東宮殿下御言行録

三十一日　木曜日　午後、皇太后宮大夫香川敬三・侯爵松方正義・宮内大臣渡辺千秋参殿につき、

それぞれ謁を賜う。○東宮御日誌、東宮職日誌

来る八月四日より塩原へ御避暑の御予定につき、午後御暇乞のため青山御所に御参殿になり、皇太后に御拝顔になる。○東宮御日誌、東宮職日誌、皇太后宮職日記、行啓録、贈賜録、宮内省省報

八月

一日　金曜日　午後、御避暑の御暇乞のため御参内になり、天皇・皇后に御拝顔になる。○東宮御日誌、東宮職日誌、東宮殿下御言行録、行啓録、贈賜録

塩原行啓延期

二日　土曜日　来る四日より塩原行啓の御予定のところ、同地において麻疹発生につき、御延引となる。○東宮御日誌、各地行啓日誌、東宮職日誌、行啓録、東宮殿下御言行録、官報、原敬日記

諒闇明け

三日　日曜日　諒闇明けにつき、天皇・皇后及び皇太后の許へ東宮侍従本多正復を御使として差し遣わされる。雍仁親王・宣仁親王及び各内親王とは交魚等をお取り交わしになる。午前、両親王御使として皇子傅育官桑野鋭参殿につき、謁を賜う。○東宮御日誌、東宮職日誌、皇太后宮職日記、贈賜録、御直宮御養育掛日記、桑野鋭日記

この日聰子内親王神奈川県箱根宮ノ下へ旅行につき、東宮主事中川吉郎を新橋停車場に差し遣わされる。○東宮職日誌、贈賜録、御直宮御養育掛日記、宮内省省報、官報

五日　火曜日　午後、侍医補長田重雄御機嫌奉伺として参殿につき、謁を賜う。久々の参殿とて長田（元皇孫仮御殿詰として奉仕）をお引き留めになり、御夕餐後、標本室を御案内になる。○東宮御日誌、東宮殿下御言行録

多摩川行啓

七日　木曜日　南多摩郡多摩村連光寺付近の多摩川に行啓され、鮎漁を行われる。御学友七名を伴われ、午前七時十五分新宿停車場発の臨時列車に御乗車、立川停車場より人力車にて九時二十五分多摩川に御着になる。船上より、漁夫による鮎漁（網漁、鵜漁）を御覧の後、流れを堰き止め、御学友と御一緒に掬網にて鮎漁を試みられる。河原を御散歩の後、船上にて御昼食、それより少年軍と大人軍とに分かれ、水合戦にてお遊びになる。復路も往路に同じく、午後四時二十分立川停車場を御発車、五時四十五分東宮仮御所に還啓になる。東宮侍従甘露寺受長を御使として、この日漁獲の鮎を天皇・皇后、皇太后に御献上になる。○東宮御日誌、東宮殿下御言行録、東宮職日誌、皇太后宮職日記、行啓録、宮内省省報、伊野弘世家文書、佐藤忠雄休日日誌

御参内

八日　金曜日　午後一時四十五分御出門、御参内になり、天皇・皇后に御拝顔になる。ついで皇太后も同席され御歓談になる。○東宮御日誌、東宮職日誌、侍従職日誌、東宮殿下御言行録、侍従日記、行啓録、贈賜録、昭憲皇太后実録、貞明皇后実録、宮内省省報

葉山行啓

十日　日曜日　塩原行啓御延引のため、本日より一週間、葉山に御滞在になる。午前七時十分新橋停車場を御発、逗子停車場にて馬車に乗り換えられ、九時十五分葉山御用邸に御到着になる。東宮大夫波多野敬直・東宮武官長山根一貫以下の側近及び病気の松平直国を除く御学友八名が供奉する。

途中、鎌倉停車場において、同地滞在中の雍仁親王・宣仁親王の奉迎送を受けられる。葉山御滞在中、戸外においては海水浴、貝類・海藻類等の御採集、御用邸近辺の御散歩などをされ、邸内にあっては授業の復習や読書等にてお過ごしになる。読書としては特に『世界名君伝』を熱心にお読みになる。○東宮御日誌、各地行啓日誌、東宮殿下御言行録、東宮職日誌、皇子御殿日記、侍従日記、行啓録、宮内省省報、官報、桑野鋭日記、佐藤忠雄休日日誌

世界名君伝

十二日　火曜日　午前八時、鎌倉より雍仁親王・宣仁親王参邸につき、自動車双六、紙飛行機遊びなどを行われる。御昼餐御会食の後は、お揃いにて海水浴、ボート遊びなどをお楽しみになる。両親王は午後四時三十分退出する。○東宮御日誌、各地行啓日誌、東宮殿下御言行録、皇子御殿日記、行啓録、桑野鋭日記、雍仁親王実紀

十三日　水曜日　午前、神奈川県知事大島久満次御機嫌奉伺として参邸につき、謁を賜う。○東宮御日誌、各地行啓日誌

三崎臨海実験所御見学

午後、御学友同伴にて御用邸裏の海岸より初加勢天皇御召艇に乗艇され、油壺の東京帝国大学理科大学附属臨海実験所三浦郡三崎町に行啓され、御見学になる。○東宮御日誌、各地行啓日誌、東宮殿下御言行録、行啓録、佐藤忠雄休日日誌

御夕餐後、水雷艇の探照灯照射を御覧になる。○東宮御日誌、佐藤忠雄休日日誌

初加勢にて鎌倉に行啓

十四日　木曜日　午前八時、御学友同伴にて御出門、御用邸裏の海岸より初加勢に御乗艇、鎌倉へ向かわれる。途中逗子沖にて、追浜海軍飛行場より飛来のファルマン式及びカーチス式水上飛行機

を御覧の予定のところ、濃霧のため両機引き返しの報に接せられる。その後、九時四十五分材木座海岸御着時には霧が晴れ、そこに飛来した両水上飛行機を御覧になる。それより人力車にて鎌倉御用邸に御到着、雍仁親王・宣仁親王と御昼餐を御会食になる。午後、両親王御同伴にて材木座海岸にお成りになり、海軍大尉金子養三の説明により、水上飛行機の飛行・海上滑走・着水等を御覧になる。再び初加勢に御乗艇になり、午後三時十分江ノ島西海岸に御上陸になる。同所にて宣仁親王とお別れになり、雍仁親王と共に海士による潜水アワビ漁を御覧になる。終わって初加勢にて御帰還の途に就かれる。途中、材木座海岸にて退艇の雍仁親王にお別れを告げられ、六時葉山沖に御到着、御用邸に御帰還になる。○東宮御日誌、各地行啓日誌、行啓録、内賜録、東宮殿下御言行録、皇子御殿日記、桑野鋭日記、佐藤忠雄休日日誌、雍仁親王実紀

海軍水上飛行機御覧

十五日　金曜日　午前、横須賀鎮守府司令長官山田彦八参邸につき、謁を賜う。○東宮御日誌、各地行啓日誌、行啓録

葉山村一色組合に対し、思召しをもって金一封を下賜される。同組合は有志者の団体にて、海水浴客の安全のための救助船の巡回や余興としての花火の打ち上げなど、葉山来遊者に向けての諸活動を行う。○内賜録

葉山村一色組合に賜金

十六日　土曜日　午後三時逗子停車場を御発になり、四時三十五分新橋停車場に御着、東宮仮御所に御帰還になる。途中、鎌倉停車場に停車の際、雍仁親王・宣仁親王の奉迎送をお受けになる。還

葉山より御帰京

啓に伴い、東宮大夫波多野敬直を宮城に、東宮侍従甘露寺受長を青山御所にそれぞれ差し遣わされる。○東宮御日誌、各地行啓日誌、東宮職日誌、皇太后宮職日記、皇子御殿日記、行啓録、贈賜録、宮内省省報、官報、桑野鋭日記、佐藤忠雄休日日誌

十七日　日曜日　午後、御参内になり、天皇・皇后に御拝顔になる。○東宮御日誌、東宮職日誌、東宮殿下御言行録、侍従日記、行啓録、贈賜録、宮内省省報

十八日　月曜日　午前八時五十分御出門、御参内になり、天皇・皇后の日光行幸啓を御奉送になる。その後、御機嫌伺い並びに塩原行啓の御暇乞として青山御所に御参殿になり、皇太后に御拝顔になる。○東宮御日誌、東宮職日誌、皇太后宮職日記、侍従日記、供御日録、行啓録、贈賜録、幸啓録、宮内省省報、官報、貞明皇后実録

塩原行啓

十九日　火曜日　塩原行啓につき、午前八時二十分御出門、九時十分上野停車場を御発車、午後零時五十分西那須野停車場に御着車になる。それより塩原軌道株式会社軽便鉄道にお乗り換えになり、関谷停留所まで御乗車になる。関谷からは人力車にお乗りになり、途中、御散歩も交えつつ、三時三十分塩原御用邸に御到着になる。今回の行啓には東宮大夫波多野敬直・東宮武官長山根一貫以下が供奉し、御学友一同も出仕する。御着後、栃木県知事岡田文次以下に謁を賜う。また、塩原村民の打ち上げる奉迎の花火を御覧になる。御夕食後も再び村民による花火を御覧になる。

塩原御滞在中は、毎日午前中に一時間半程度授業の復習をされ、また御学友と共に邸内の御庭や近

御採集

傍を御運動になり、植物・昆虫・鉱物・化石などを御採集になる。この時採集された植物・昆虫は東京還啓後に御自身にて整理し、標本を御作成になる。○東宮御日誌、各地行啓日誌、東宮殿下御言行録、東宮職日誌、行啓録、宮内省省報、官報、佐藤忠雄休日日誌、天皇さま、浜名湖花博「昭和天皇自然館」図録、天皇陛下の生物学ご研究

三島通庸紀恩碑

二十日　水曜日　午前、天狗岩付近及び箒川対岸の御料地を御運動になる。天狗岩では傍らに建立された三島通庸元栃木県令、塩原御用邸は元三島別荘の紀恩碑を御覧になる。○東宮御日誌、各地行啓日誌、行啓録、佐藤忠雄休日日誌

午後、塩釜、門前、古町を経て源三窟まで御運動になる。○東宮御日誌、各地行啓日誌、行啓録、佐藤忠雄休日日誌

木の葉石

二十三日　土曜日　午後、鶴沢にお成りになり、木の葉石当地にて産する化石を御採掘になる。帰途、日本醋酸製造株式会社にお立ち寄りになり、専務取締役加藤昇一郎の案内により、工場内を御巡覧になる。

三十一日午後にも鶴沢において木の葉石を御採掘になる。○東宮御日誌、各地行啓日誌、東宮殿下御言行録、行啓録、佐藤忠雄休日日誌

二十四日　日曜日　午前、三島和歌子故子爵三島通庸夫人参邸につき、謁を賜う。○東宮御日誌

昼過ぎ、侍従日野西資博・同原恒太郎及び車馬監根村当守、来る三十日天皇行幸の下検分のため参邸につき、それぞれに謁を賜う。○東宮御日誌、各地行啓日誌、行啓録、幸啓録、供御日録

貝石芋石

午後、不動沢付近にお成りになり、貝石及び芋石を御採掘になる。○東宮御日誌、各地行啓日誌、行啓録、佐藤忠雄休日日誌

二十五日　月曜日　午後、古町より赤沢にお成りになり、鮫石を御採掘になる。また植物採集も行

われる。○東宮御日誌、各地行啓日誌、東宮殿下御言行録、行啓録、佐藤忠雄休日日誌

二十七日　水曜日　御昼餐後、天皇・皇后及び雍仁親王・宣仁親王に御手紙を認められる。○東宮御日誌、桑野鋭日記

二十八日　木曜日　午後、玉簾ノ瀬、小太郎ヶ淵、塩ノ湯、梅ヶ岡公園方面を御運動になる。途中、昆虫採集をされる。○東宮御日誌、各地行啓日誌、行啓録、佐藤忠雄休日日誌

威仁親王五十日祭

故威仁親王五十日祭につき、東宮侍従本多正復を霊前並びに墓所へ差し遣わされる。○東宮御日誌、各地行啓日誌、東宮職日誌、東宮殿下御言行録、皇太后宮職日記、行啓録、典式録、宮内省省報、官報、有栖川宮日記

二十九日　金曜日　午後、竜化ノ滝にお成りになる。○東宮御日誌、各地行啓日誌、佐藤忠雄休日日誌

夕刻、明日の行幸の先着として侍従原恒太郎参邸につき、謁を賜う。続いて学習院教授石井国次御機嫌奉伺のため参邸につき、謁を賜う。石井は一泊の上、御学課を拝見して帰京する。○東宮御日誌、各地行啓日誌、行啓録、行幸録、佐藤忠雄休日日誌

天皇日光より行幸

三十日　土曜日　午前十時三分、日光より塩原御用邸に行幸の天皇を御車寄階下において御奉迎になり、御座所において御拝顔になる。それより御一緒にて内庭を御散策の後、御昼餐を御会食になる。宮内大臣渡辺千秋・東宮大夫波多野敬直・侍従武官長内山小二郎・東宮武官長山根一貫が陪席

する。午後一時四十分、天皇還幸のため御出門につき、御車寄まで御奉送になる。○東宮御日誌、各地行啓日誌、東宮殿下御言行録、東宮職日誌、行啓録、行幸録、幸啓録、供御日録、大正天皇実録、宮内省省報、官報、佐藤忠雄休日日誌、大正天皇御製詩集

天長節

十月三十一日を天長節祝日と定む

三十一日 日曜日 午後、行幸御礼並びに天長節御祝のため、東宮大夫波多野敬直を御使として日光に遣わされる。なお天長節は大暑の季節に当たるため、去る七月十八日勅令並びに宮内省告示をもって、十月三十一日を天長節祝日と定め、八月三十一日には天長節祭のみを行い、十月三十一日の天長節祝日に宮中における拝賀・宴会を行う旨が仰せ出される。○各地行啓日誌、東宮職日誌、行啓録、贈賜録、行幸録、幸啓録、供御日録、告示録、官報

九月

一日 月曜日 午前、式部官稲葉正縄御機嫌奉伺として参邸につき、謁を賜う。○東宮御日誌、各地行啓日誌

皇后日光より行啓

二日 火曜日 午前十時五分、日光より行啓の皇后を御車寄階下において御奉迎になり、御座所において御拝顔になる。それより御一緒に内庭を御散策になり、木の葉石を割って御覧に入れられる。御昼餐を御会食の後、午後一時四十分、皇后の還啓を御奉送になる。○東宮御日誌、東宮殿下御言行録、各地行啓日誌、行啓録、行幸録、幸啓録、供御日録、貞明皇后実録、宮内省省報、官報、佐藤忠雄休日日誌

塩原御出発

日光田母沢御用邸にお立ち寄り

還啓

四日　木曜日　東京還啓のため、午前七時人力車にて塩原御用邸を御出門、関谷停留所より軽便鉄道に乗り換えられ、さらに西那須野停車場八時五十五分発の臨時列車に御乗車になる。途中、日光にお立ち寄りのため、宇都宮停車場を経て十一時二十分日光停車場に御着、日光田母沢御用邸において天皇・皇后に御拝顔の上、天皇・皇后及び貞愛親王と御昼餐を御会食になる。侍従武官長内山小二郎、東宮大夫波多野敬直・侍従職幹事米田虎雄・宮内次官河村金五郎・皇后宮大夫事務取扱馬場三郎・東宮武官長山根一貫・皇后宮職御用掛園祥子が陪席する。午後二時御出門、同二十分日光停車場発の臨時列車に御乗車になり、六時五分上野停車場に御着、同五十五分東宮仮御所へ還啓になる。なお、上野停車場より東宮侍従本多正復を青山御所・皇后宮職・皇子仮御殿に遣わされる。○東宮御日誌、各地行啓日誌、東宮職日誌、東宮殿下御言行録、皇太后宮職日記、皇子御殿日誌、侍従職日誌、行啓録、贈賜録、行幸録、幸啓録、供御日録、大正天皇実録、貞明皇后実録、宮内省省報、官報、桑野鋭日記、佐藤忠雄休日日誌

青山御所御参殿

五日　金曜日　午前、青山御所に御参殿になり、皇太后に塩原より帰京の御機嫌伺いをされる。種々お話をされ、塩原にて御採集の木の葉石を割ってお見せになる。ついで皇子仮御殿に立ち寄られ、雍仁親王・宣仁親王と御昼餐を御会食になり、午後は御一緒に運動場・畑・標本室・御庭においてお遊びの後、御帰還になる。その際、両親王へ木の葉石等を贈られる。○東宮御日誌、東宮殿下御言行録、東宮職日誌、皇太后宮職日記、皇子御殿日誌、皇子御殿日記、行啓録、宮内省省報、桑野鋭日記

聴子内親王箱根宮ノ下より帰京につき、東宮主事中川吉郎を新橋停車場へ差し遣わされる。○東宮職日誌、御直宮御養育掛日記、宮内省省報、官報

第二学期始業式

六日 土曜日 午前八時五十分御出門、学習院本院に行啓され、第二学期始業式に御臨席になる。授業は八日より開始され、二十日までは夏期短縮授業が実施される。○東宮御日誌、東宮職日誌、行啓録、宮内省省報、学習院初等学科教場日誌、御学業御報告書、小笠原長生日記、学習院院史資料室所蔵資料

七日 日曜日 雍仁親王・宣仁親王参殿につき、御昼餐を御会食の後、御一緒に活動写真を御覧になる。なお皇子附出仕の渥美千代・足立タカ・曽根ナツ・菅千代もお召しになる。○東宮御日誌、東宮職日誌、東宮殿下御言行録、皇子御殿日誌、皇子御殿日記、贈賜録、桑野鋭日記

先月三十一日依仁親王が海軍中将に、邦彦王・守正王が陸軍少将に、博恭王が海軍少将に、鳩彦王が陸軍歩兵大尉に、成久王が陸軍砲兵大尉に昇任につき、御悦として三種交魚をそれぞれにお贈りになる。○東宮職日誌、贈賜録、宮内省省報、官報

十日 水曜日 ドイツ留学を終え帰朝の侍医補原田貞夫より、御土産としてウィムシャルスト氏起電機ウィムズハースト式誘導起電機の献上を受けられる。御夕餐後、この起電機を用いられ、種々の電気実験を試みられる。○東宮御日誌、東宮殿下御言行録、進献録

第一艦隊へ武官御差遣

第一艦隊戦闘射撃及び戦闘運転実視として、同艦隊に東宮武官宇佐川知義を遣わされる。宇佐川はこの日出発し、二十二日に帰京する。○東宮御日誌、東宮職日誌、進退録、宮内省省報、官報

御乗馬練習再開

十一日　木曜日　放課後、皇子仮御殿にお立ち寄りになり、雍仁親王・宣仁親王と御昼餐を御会食になる。それより両親王と御一緒に主馬寮赤坂分厩にお成りになり、本日より毎週木曜日の定例御乗馬練習を再開される。翌週にも両親王と御昼餐を御会食後、御乗馬練習を行われる。○東宮御日誌、東宮殿下御言行録、東宮職日誌、皇子御殿日誌、皇子御殿日記、行啓録、裕仁親王殿下御乗馬録、宮内省省報、桑野鋭日記

乃木院長一周年祭

十三日　土曜日　学習院初等学科において故乃木学習院長一周年祭挙行につき、この日の授業は休止となる。皇太子は、一周年祭には臨席されず。○東宮御日誌、東宮職日誌、行啓録、学習院初等学科教場日誌、御学業御報告書

午後、去月東京衛戍総督に転出の前侍従武官長中村覚参殿につき謁を賜い、銀製御紋附巻煙草箱を賜う。また海軍兵学校長山下源太郎参殿につき、謁を賜う。山下より海軍兵学校写真帖の献上を受けられる。○東宮御日誌、東宮職日誌、東宮殿下御言行録、贈賜録、進献録、官報

夏期成績品展覧会

十四日　日曜日　午前七時二十分御出門、学習院夏期成績品展覧会に行啓される。展覧会には皇太子御自身も今夏葉山及び塩原において御採集の動植物標本類、絵葉書等を御出品になる。御巡覧後、八時四十五分学習院を御出門、皇子仮御殿にお成りになり、雍仁親王・宣仁親王と御昼餐を御会食

皇子仮御殿運動場開き

になる。午後、皇子仮御殿の運動場開きが催され、お出ましになる。皇太子・両親王のほか、博忠王・邦久王・藤麿王、皇太子並びに両親王の御学友、皇子御殿高等官一同、皇太子供奉の東宮侍従甘露寺受長・東宮武官壬生基義・侍医補原田貞夫が参加する。雍仁親王の挨拶についで、徒競走・鬼退治・旗取り競走・センターボール・抽籤物運び競走・棒落し・スプーン競走・相撲・楯持球戦等が行われる。最後に皇太子は皇子傅育官長丸尾錦作と共に運動器械の上より紅白餅をお撒きになる。○東宮御日誌、東宮殿下御言行録、東宮職日誌、皇子御殿日誌、皇子御殿日記、行啓録、宮内省省報、高松宮所蔵写真、学習院初等学科教場日誌、御学業御報告書、桑野鋭日記、佐藤忠雄休日日誌

この日、成久王妃房子内親王着帯につき、三種交魚を御贈進になる。北白川宮からは万那料及び白蒸の贈進がある。○東宮職日誌、贈賜録

十五日　月曜日　午後、御参内になり、雍仁親王・宣仁親王と共に天皇・皇后の日光よりの還幸啓を御奉迎になる。○東宮御日誌、東宮職日誌、侍従職日誌、東宮殿下御言行録、侍従日記、行啓録、贈賜録、行幸録、幸啓録、供御日録、大正天皇実録、貞明皇后実録、宮内省省報、官報

十六日　火曜日　午後、邦彦王・同妃俔子参殿につき、御対顔になる。○東宮御日誌、東宮殿下御言行録

黄海海戦記念日

十七日　水曜日　黄海海戦記念日につき、学習院の第一時限の授業において同御用掛小笠原長生の講演をお聞きになる。○学習院初等学科教場日誌、小笠原長生日記

午後、新任の侍従武官長内山小二郎及び学習院長大迫尚敏参殿につき、それぞれに謁を賜う。大迫

院長より、学習院輔仁会編『乃木院長記念写真帖』の献上を受けられる。〇東宮御日誌、東宮殿下御言行録、進献録、官報

水交社へ賜金

水交社において明治二十七八年戦役記念祝賀会開催につき、金一封を下賜される。日清戦役の黄海海戦大捷を記念する海軍祝賀会に対し、皇太子より金員を賜うことは明治時代よりの慣例にて、この後も続けられる。〇東宮職日誌、贈賜録

近衛歩兵第一聯隊名誉射撃会へ武官御差遣

十八日　木曜日　近衛歩兵第一聯隊名誉射撃会開催につき、東宮武官壬生基義を大久保射場へ遣わされる。従前、名誉射撃会は各師団内において聯隊間の競技として行われていたが、昨年度限りにて廃止となり、本年度以降は各聯隊内において中隊対抗の名誉射撃会を行い、最優秀中隊に名誉旗を授与することとなる。近衛歩兵第一聯隊においては第二中隊が優勝し、二十二日には営庭において名誉旗並びに賞状授与式が挙行される。よって再び壬生東宮武官を同聯隊へ遣わされ、第二中隊へ金一封を下賜される。〇東宮御日誌、東宮職日誌、東宮殿下御言行録、贈賜録、宮内省省報、近衛歩兵第一聯隊歴史、近衛歩兵第一聯隊史

青山御所に御参殿

十九日　金曜日　放課後、皇子仮御殿にお立ち寄りになり、雍仁親王・宣仁親王と御昼餐を御会食になる。午後二時、両親王と共に皇子仮御殿を御出門、青山御所に御参殿になり、皇太后に御拝顔になる。〇東宮御日誌、東宮職日誌、東宮殿下御言行録、皇太后宮職日記、皇子御殿日誌、皇子御殿日記、行啓録、贈賜録、宮内省省報、桑野鋭日記

御参内御会食

二十日　土曜日　天皇の御沙汰により、午後五時御出門、御参内になり、天皇・皇后及び雍仁親王・

宣仁親王と御夕餐を御会食になる。○東宮御日誌、東宮職日誌、侍従職日誌、供御日録、行啓録、東宮殿下御言行録、侍従日記、皇子御殿日誌、宮内省省報、桑野鋭日記

台湾総督佐久間左馬太よりキジ・五色鳥・ムササビ等の剝製五種の献上をお受けになる。○東宮御日誌、東宮職日誌、東宮殿下御言行録、進献録

二十一日　日曜日　雍仁親王・宣仁親王が参殿する。御一緒に栗拾い、電気実験などをされ、御昼餐後は紙飛行機競争、鯉捕りをされた後、活動写真を御覧になる。○東宮御日誌、東宮職日誌、皇子御殿日誌、東宮殿下御言行録、東宮職日誌、皇子御殿日記、桑野鋭日記

二十二日　月曜日　禮子女王賢所初参拝につき、恒久王・同妃昌子内親王及び禮子女王と万那料等を取り交わされる。○東宮職日誌、贈賜録、宮内省省報、官報

二十四日　水曜日　午前、故威仁親王の第一期喪明けの挨拶として同妃慰子参殿につき、御対顔になる。○東宮御日誌、東宮職日誌、東宮殿下御言行録、贈賜録、有栖川宮日記

午後、新宿御苑に行啓になる。雍仁親王・宣仁親王を御同伴になり、御学友も交え御散策になる。ついで動物園を御覧の後、芋掘りなどを行われる。○東宮御日誌、東宮職日誌、皇子御殿日誌、行啓録、宮内省省報、桑野鋭日記、新宿御苑日誌、佐藤忠雄休日日誌

二十五日　木曜日　午後、恒久王妃昌子内親王、恒徳王・禮子女王を伴い参殿につき、御対顔になる。○東宮御日誌、東宮殿下御言行録、東宮職日誌、贈賜録

皇后よりタイマイを賜わる

二十六日　金曜日　皇后より、東カロリン群島トラック島にて捕獲されたタイマイの子及び同島産の椰子の実を賜わる。○東宮御日誌、東宮職日誌、東宮殿下御言行録、贈賜録

青山御所に御参殿

二十七日　土曜日　放課後、皇子御殿 去る二十三日に皇子仮御殿を改称 にて雍仁親王・宣仁親王と御昼餐を御会食になる。午後二時三十分、両親王御同伴にて青山御所に御参殿になり、同じく御参殿の皇后と御一緒に皇太后に御拝顔になる。○東宮御日誌、東宮職日誌、皇太后宮職日記、皇子御殿日誌、皇子御殿日記、供御日録、行啓録、贈賜録、昭憲皇太后実録、貞明皇后実録、宮内省省報、官報、桑野鋭日記

二十八日　日曜日　皇太后京都行啓につき、東宮大夫波多野敬直を新橋停車場に遣わされる。○東宮職日誌、皇太后宮職日記、昭憲皇太后実録、宮内省省報、官報

天皇の御乗馬を御覧

午後、御参内になり、天皇・皇后に御拝顔になる。それより雍仁親王・宣仁親王と共に皇后に陪して吹上御苑馬場にお成りになり、天皇の御乗馬を御覧になる。その後、駐春閣・観瀑亭・紅葉山等を御遊覧になる。御参内の節、天皇・皇后より堆朱彫御文庫・牙彫三匹猿・木彫達磨等を賜わる。○東宮御日誌、東宮職日誌、侍従日記、侍従職日誌、行啓録、贈賜録、宮内省省報、桑野鋭日記

三十日　火曜日　午後、宮中顧問官木戸孝正参殿につき、謁を賜う。○東宮御日誌、東宮職日誌

十月

一日　水曜日　午後、調度頭長崎省吾、今般調度品調達のため欧洲へ出張の暇乞として参殿につき、謁を賜う。○東宮御日誌、東宮職日誌、贈賜録

恒憲王今般新築の御殿京都市下京区七条通へ移転につき、お悦びとして三種交魚料を御贈進になる。○東宮職日誌、贈賜録、宮内省省報

四日　土曜日　放課後、雍仁親王・宣仁親王と共に御帰殿になる。御昼餐御会食後、起電機にて電鈴・電球・電気車などの実験を行われ、ついで御一緒に栗拾い、鯉捕り等に興じられる。○東宮御日誌、東宮殿下御言行録、東宮職日誌、皇子御殿日誌、桑野鋭日記

天皇皇后東宮仮御所に行幸啓

五日　日曜日　東宮仮御所に御移転後、初めて天皇・皇后の行幸啓をお迎えになる。午前九時四十分御車寄階下において天皇・皇后を御奉迎になり、御座所において御拝顔になる。それより御一緒に内庭を御散策になり、標本室を御案内になる。正午より御昼餐を御会食になり、宮内大臣渡辺千秋・宮内次官河村金五郎・侍従長鷹司熙通・侍従武官長内山小二郎・皇后宮大夫事務取扱馬場三郎・皇后宮職御用掛柳原愛子・権典侍正親町鍾子・東宮大夫波多野敬直・東宮武官長山根一貫・学習院

活動写真

長大迫尚敏・学習院御用掛小笠原長生が陪食する。午後一時三十分、参殿の雍仁親王・宣仁親王と御一緒に「海軍大演習」「皇太子殿下第一艦隊御赴任式」「観艦式」「海軍兵学校生活」「獅子狩」「仮装会」等の活動写真を御覧になる。四時三十分、天皇・皇后の還幸啓を御奉送になり、続いて退出の雍仁親王・宣仁親王をお見送りになる。○東宮御日誌、東宮職日誌、侍従職日誌、東宮殿下御言行録、侍従日記、皇子御殿日誌、皇子御殿日記、典式録、贈賜録、幸啓録、大正天皇実録、貞明皇后実録、宮内省省報、官報、桑野鋭日記、小笠原長生日記

六日　月曜日　放課後、御機嫌伺い並びに昨日の行幸啓への御礼言上のため御参内になり、天皇・皇后に御拝顔になる。○東宮御日誌、東宮殿下御言行録、東宮職日誌、行啓録

皇太后京都より還啓につき、東宮大夫波多野敬直を新橋停車場並びに青山御所へ差し遣わされる。○東宮職日誌、皇太后宮職日記、贈賜録、宮内省省報

七日　火曜日　放課後、雍仁親王・宣仁親王御同列にて皇子御殿にお立ち寄りの後、御一方にて同御殿を御出門、青山御所に参殿され、昨日京都より還啓の皇太后に御拝顔になる。○東宮御日誌、東宮職日誌、東宮殿下御言行録、皇子御殿日誌、皇子御殿日記、行啓録、贈賜録、桑野鋭日記

行啓日程の変更を求められる

御帰殿後、東宮武官長山根一貫に謁を賜う。その折、来る十一日に、近衛歩兵第一聯隊へ行啓されたき旨の言上を受けられる。しかるに同日は雍仁親王・宣仁親王との御対面を恒例とする土曜日で

あることを涙ながらに訴えられ、土曜日以外への変更を求められる。山根は恐懼して退く。翌八日、山根より、十一日の同聯隊行啓は見合せとした旨をお聞きになる。〇東宮御日誌、東宮殿下御言行録

この日、東宮仮御所内主殿寮警察部分遣所の撃剣場開きにつき、金一封を下賜される。〇東宮職日誌、贈賜録

桂太郎死去

八日　水曜日　陸軍大将正二位大勲位功三級公爵桂太郎病気につき、この日御尋として菓子を賜う。十日、桂死去につき、生前の内大臣兼侍従長奉仕大正元年八月より十二月までの廉をもって、十三日に東宮侍従甘露寺受長を弔問使として同人宅へ遣わされ、祭粢料並びに造花一対を賜う。さらに、十八日には甘露寺を霊前に差し遣わし、円花を供えて焼香せしめられ、十九日の葬儀には東宮侍従本多正復を葬斎式場である増上寺に遣わされ、焼香せしめられる。〇東宮職日誌、東宮殿下御言行録、贈賜録、宮内省省報、官報、公爵桂太郎伝

御風気

九日　木曜日　御風気につき、定例の御乗馬練習を中止される。また、十一日までの間、授業の唱歌・体操をお見合わせになる。十四日に至り、御全快となる。〇東宮御日誌、東宮職日誌、拝診録、学習院初等学科教場日誌、御学業御報告書、東宮殿下御言行録

東宮大夫波多野敬直より、来年歌御会始の御題「社頭杉」が披露される。〇東宮殿下御言行録、官報

十一日　土曜日　放課後、皇子御殿にお立ち寄りになり、雍仁親王・宣仁親王と御昼餐を御会食になる。〇東宮御日誌、東宮職日誌、皇子御殿日誌、皇子御殿日記、行啓録、宮内省省報、桑野鋭日記

十二日　日曜日　雍仁親王・宣仁親王参殿につき、飛行機玩具等にて御一緒にお遊びの後、御昼餐

を御会食になる。○東宮御日誌、東宮職日誌、皇子御殿日誌、皇子御殿日記、桑野鋭日記

十四日　火曜日　天皇より鳥の剝製のほか、鯨の耳骨・歯などを賜わる。○東宮御日誌、東宮職日誌、東宮殿下御言行録、贈賜録

新宿御苑に行啓

十六日　木曜日　午前、新宿御苑に行啓され、来る十九日に挙行される学習院初等学科運動会の予行に御参加になる。終了後、皇子御殿にお立ち寄りになり、雍仁親王・宣仁親王と御昼餐を御会食になる。御食後、両親王と共に庭園内の池にて端艇《艇名かもめ》にお乗りになり、続いて主馬寮赤坂分厩において定例の御乗馬練習を行われる。○東宮御日誌、東宮殿下御言行録、東宮職日誌、皇子御殿日誌、皇子御殿日記、行啓録、宮内省省報、新宿御苑日誌、桑野鋭日記、学習院初等学科教場日誌、御学業御報告書、佐藤忠雄休日日誌

故威仁親王百日祭につき、東宮侍従本多正復を権舎並びに墓所へ御使として差し遣わされ、権舎霊前に台菓子・玉串を、墓所に真榊・玉串をお供えになる。○東宮職日誌、典式録、宮内省省報、官報、有栖川宮日記

御参内

十七日　金曜日　明日より天皇・皇后京都行幸啓につき、午後御参内になる。雍仁親王・宣仁親王と御対顔後、御一緒に御奥に入られ、天皇・皇后に御拝顔になる。また、同じく参内の昌子内親王・聰子内親王とも御対顔になる。なお、翌十八日には天皇・皇后を御奉送のため、東宮大夫波多野敬直を新橋停車場に遣わされる。○東宮御日誌、東宮職日誌、侍従日記、侍従職日誌、行啓録、贈賜録、御直宮御養育掛日記、大正天皇実録、宮内省省報、官報、桑野鋭日記

学習院開院紀念式典

十八日　土曜日　学習院開院紀念式典に御臨席のため、午前九時十五分御出門、学習院本院へ行啓

される。御着後、在学中の皇族と便殿において御対顔になり、学習院教授石井国次の先導にて式場に臨まれる。式典は御真影の披帷に始まり、君が代斉唱、最敬礼、院長による教育勅語及び学習院に賜わりたる勅語の朗読、学習院唱歌「修学習業の歌」斉唱と続き、御真影の閉帷をもって終わる。式終了後は中等学科以上の学生による絵画・写真の陳列を御巡覧になり、それより雍仁親王・宣仁親王と共に東宮仮御所に御帰殿になる。両親王と御昼餐を御会食の後、翌十九日に開催される学習院初等学科運動会の絵葉書用の御写真撮影（丸木利陽奉仕）に臨まれる。ついで両親王と共に宮城内の済寧館にお成りになり、主殿寮警察部開催の撃剣大会を御覧になる。なお、これに先立ち、竹刀料を主殿寮警察部に下賜される。○東宮御日誌、東宮殿下御言行録、東宮職日誌、皇子御殿日誌、皇子御殿日記、行啓録、宮内省省報、学習院初等学科教場日誌、御学業御報告書、桑野鋭日記、小笠原長生日記、佐藤忠雄休日日誌

主殿寮警察部撃剣大会

十九日　日曜日　東宮御所主催の学習院初等学科運動会に御参加のため、午前九時十分御出門、会場の新宿御苑にお成りになる。午前十時開会。君が代斉唱の後、午前の部十三種目、午後の部十八種目が行われる。皇太子は二百メートル競走、騎兵戦闘、擲弾、木剣体操等の種目に御参加になり、抽籤運搬競走では一等賞を御獲得になる。○東宮御日誌、東宮殿下御言行録、東宮職日誌、皇子御殿日誌、行啓録、久邇宮家日誌、宮内省省報、学習院初等学科教場日誌、御学業御報告書、山階藤麿日記、桑野鋭日記、小笠原長生日記、佐藤忠雄休日日誌

東宮御所主催運動会

二十日　月曜日　午後、上野動物園に行啓され、一時間ほど御遊覧になる。御帰殿後、去月二十六日皇后より拝領のタイマイを動物園にお預けになりたき旨を仰せになる。よって、二十二日タイマイを動物園にお引き渡しになる。○東宮御日誌、東宮殿下御言行録、東宮職日誌、行啓録、宮内省省報

この日午前、元侍女清水シゲ御機嫌奉伺として参殿につき、標本室・運動場など御殿内各所を御案内になる。上野動物園行啓のため御出門の際には、清水に帰殿するまで御殿に残るよう御沙汰になり、御帰還後も御庭・図書室等を御案内になる。○東宮御日誌、東宮殿下御言行録

青山御所に御参殿

二十一日　火曜日　放課後、皇子御殿にお立ち寄りの上、雍仁親王・宣仁親王御同伴にて青山御所に御参殿になる。皇太后に御拝顔になり、昨日東宮仮御所の畑において御手ずから御収穫の里芋、一昨日の運動会の御写真を御献上になる。なお里芋・御写真は雍仁親王・宣仁親王にも御贈進になる。○東宮御日誌、東宮職日誌、皇太后宮職日記、皇子御殿日誌、皇子御殿日記、行啓録、桑野鋭日記

佐和子女王誕生

この日成久王妃房子内親王分娩、王女子誕生につき、東宮侍従甘露寺受長を北白川宮邸に差し遣わされる。二十七日佐和子《さわこ》と命名につき、甘露寺侍従を遣わされ三種交魚をお贈りになる。成久王・同妃からは鮮鯛料の贈進を受けられる。○東宮職日誌、贈賜録、宮内省省報、官報

御参内

二十二日　水曜日　放課後、皇子御殿にお立ち寄りの上、雍仁親王・宣仁親王御同伴にて御参内に

なり、京都より還幸啓の天皇・皇后を御奉迎になる。○東宮御日誌、東宮殿下御言行録、東宮職日誌、侍従日記、皇子御殿日誌、皇子御殿日記、行啓録、贈賜録、貞明皇后実録、宮内省省報、官報、桑野鋭日記

浜離宮に行啓

二十三日　木曜日　午前十時御出門、浜離宮に行啓される。雍仁親王・宣仁親王及び大迫寅彦始め皇太子及び両親王の御学友と御一緒に、午前中は魚釣り、写真撮影などを行われる。午後はボラ・ウナギ漁を御覧になり、あるいは御散歩などにてお過ごしになる。この日漁獲のボラを天皇・皇后に御献上になる。○東宮御日誌、東宮殿下御言行録、東宮職日誌、皇子御殿日誌、皇子御殿日記、行啓録、宮内省省報、桑野鋭日記、佐藤忠雄休日日誌

靖国神社例大祭に武官御差遣

別格官幣社靖国神社例大祭につき、東宮武官宇佐川知義を差し遣わされ、玉串料をお供えになる。○東宮御日誌、贈賜録、靖国神社社務日誌、靖国神社百年史

東宮武官山内豊中を海軍小演習実視として演習地へ差し遣わされる。山内はこの日出発、翌十一月七日に帰京する。○行啓録、進退録、宮内省省報、官報

近衛歩兵第一聯隊に行啓

二十四日　金曜日　放課後、近衛歩兵第一聯隊に行啓される。御休所において陸軍服にお着替えの後、近衛師団長山根武亮・近衛歩兵第一旅団長邦彦王・近衛歩兵第一聯隊長金久保万吉等に謁を賜い、続いて聯隊長の先導にて展望丘に登られ、東京市街を御展望になる。それより兵器庫を御見学になり、電話架設・消防演習等各種教練を御覧になる。○東宮御日誌、東宮職日誌、行啓録、宮内省省報、近衛歩兵第一聯隊歴史、近衛歩兵第一聯隊史

この日、東宮仮御所内の御座所増築、改修工事等に尽力の廉をもって内匠頭片山東熊・内苑頭福羽逸人・調度頭長崎省吾等に酒饌料等を賜う。○東宮職日誌、贈賜録

二十五日　土曜日　午後、台湾総督佐久間左馬太献上の『台湾蕃界写真帖』、台湾御差遣より帰京した侍従武官西義一献上の台湾生蕃人帽子・台湾絵葉書の披露を受けられる。○東宮御日誌、東宮職日誌、東宮殿下御言行録、進献録、官報

二十六日　日曜日　雍仁親王・宣仁親王参殿につき、御一緒に鶩鳥双六などに興じられ、御昼餐を御会食になる。○東宮御日誌、東宮殿下御言行録、東宮職日誌、皇子御殿日誌、皇子御殿日記、桑野鋭日記

日本体育会体操学校運動会

正午御出門、雍仁親王・宣仁親王御同伴にて荏原郡大井町の日本体育会体操学校並びに同中学校の運動会に行啓される。会長比志島義輝以下職員に賜謁の後、運動場において種々の競技を御覧になる。○東宮御日誌、皇子御殿日誌、皇子御殿日記、行啓録、桑野鋭日記

この日、日本体育会より、ブラジル産小猿その他の献上を受けられる。小猿は十一月三日に至り皇子御殿に送られ、ついで同月十日には上野動物園にお預けとなる。なお、東宮仮御所にて御飼育中は、小猿の餌となる赤トンボ等を熱心に捕獲される。○東宮御日誌、東宮殿下御言行録、東宮職日誌、進献録

天皇より二枚折菊刺繡屏風・木彫布袋像石本暁海作・南米産ハチドリ剝製を賜わる。○贈賜録

天長節祝日

三十一日　金曜日　天長節祝日につき、午前、東宮仮御所の御座所において東宮職高等官一同の拝

賀をお受けになる。午後零時三十分御出門、御参内になり、雍仁親王・宣仁親王とお揃いにて天皇・皇后に祝詞を言上される。また鮮鯛を天皇に御献上になり、天皇からは五種交魚等を賜わる。○東宮御日誌、東宮職日誌、行啓録、典式録、東宮殿下御言行録、侍従日記、贈賜録、大正天皇実録、宮内省省報

十一月

一日　土曜日　本日より授業の開始時刻が一時間繰り下げられ、午前九時に変更となる。よって御出門時刻は八時に改められる。○東宮御日誌、行啓録、学習院初等学科教場日誌、御学業御報告書

文展御覧

放課後、雍仁親王・宣仁親王を伴い、学習院より上野に行啓される。東京帝室博物館表慶館において御昼餐を御会食の後、帝室博物館総長股野琢らに謁を賜い、それより博物館を御覧の後、竹の台陳列館にて開催中の第七回文部省美術展覧会、上野動物園を御巡覧になる。○東宮御日誌、東宮殿下御言行録、東宮職日誌、皇子御殿日誌、皇子御殿日記、行啓録、宮内省省報、桑野鋭日記

鳩彦王参殿につき、御対面になる。本日鳩彦王妃允子内親王着帯につき、三種交魚を御贈進になる。鳩彦王・同妃からは万那料・白蒸の贈進を受けられる。○東宮御日誌、東宮職日誌、贈賜録

昨日恒久王は大勲位に叙せられ菊花大綬章を授けられる。よって、この日御悦として三種交魚をお

贈りになる。○東宮職日誌、贈賜録、宮内省省報、官報

二日　日曜日　午後、青山御所に御参殿になり、皇太后に御拝顔になる。雍仁親王・宣仁親王も参殿につき、お揃いにてお遊びになる。○東宮御日誌、東宮職日誌、皇太后宮職日記、行啓録、贈賜録、宮内省省報

明治天皇御聖徳に関する土方久元の講演

三日　月曜日　明治天皇御誕辰につき、午前八時より学習院初等学科正堂において、伯爵土方久元より明治天皇の御聖徳についての講演をお聞きになる。終わって皇子御殿にお立ち寄りになり、雍仁親王・宣仁親王と御一緒に外庭の池においてボート遊びなどをされた後、御昼餐を御会食になる。午後零時十分、雍仁親王・宣仁親王御同伴にて皇子御殿を御出門になり、学習院本院において開催の学習院輔仁会秋季陸上運動会に御参加になる。皇太子は障害物通過競走に出場され、また騎兵戦闘競技では赤組の正将に任じられ、副将の雍仁親王と共に御参加になる。○東宮御日誌、東宮殿下御言行録、東宮職日誌、皇子御殿日誌、皇子御殿日記、行啓録、久邇宮家日誌、宮内省省報、桑野鋭日記、小笠原長生日記、土方久元日記、学習院初等学科教場日誌、御学業御報告書、学習院院史資料室所蔵資料、雍仁親王実紀、輔仁会雑誌

輔仁会運動会

四日　火曜日　午前、学習院長大迫尚敏参殿につき、謁を賜う。○東宮御日誌、学習院院史資料室所蔵資料

五日　水曜日　御手許用外国貨幣の鑑別に尽力した横浜正金銀行東京支店出納課長奥居重金に対し、慰労として酒肴料を賜う。○東宮職日誌、贈賜録

六日　木曜日　元侍女清水シゲより献上のプリズムにて、頃日、しばしば光の分散をお試みになる。

この日は御通学前、参殿の御学友と御一緒に、白紙に映した太陽のプリズム分光を御覧になり、七色の順序を繰り返し御確認になる。○東宮御日誌、東宮殿下御言行録

学習院初等学科遠足

香取神宮

佐原中学校

伊能忠敬遺品

八日 土曜日 学習院初等学科全学年による、千葉県香取方面への遠足に参加される。東宮大夫波多野敬直以下東宮侍従・東宮武官・侍医等が供奉する。午前五時四十五分御出門、上野停車場にて学習院学生と合流され、六時三十五分臨時列車にて御出発、九時二十二分佐原停車場に御着になる。それより六年級の先頭を進まれ、徒歩にて官幣大社香取神宮までお成りになる。各学年順次これに続く。同社境内の香雲閣において宮司香取総麿に謁を賜い、ついで宮司の先導にて本殿に御参進、御拝礼になり、玉串を捧げられる。それより宝庫において古文書、海獣葡萄鏡等の宝物を御覧になる。香雲閣において雍仁親王・宣仁親王と御昼餐を御会食の後、前庭において香取神刀流木剣の型及び獅子舞を御覧になる。正午、同所を御出発になり、津宮鳥居河岸より利根川畔に沿って佐原に戻られ、千葉県立佐原中学校に御到着になる。校長竹内喜之助の案内にて、伊能忠敬作成の地図及び測量用器械・自筆日記等、伊能忠敬遺品の展示を御覧になり、ついで便殿において竹内校長及び千葉県理事官守屋栄夫、伊能三郎右衛門伊能忠敬曾孫等に謁を賜う。また、室内に展示された鯉・鮒・鰻等の標本を御覧になり、鰻の剝製の献上を受けられる。午後二時二十五分佐原停車場を御発車になり、途中

佐倉停車場において陸軍歩兵中佐黒田善治（御学友黒田忠雄の父）より、印旛付近にて出土した石器数種の献上を受けられる。五時五分両国橋停車場に御着、それより馬車にて市中の夜景を御覧になりつつ御帰殿になる。○東宮御日誌、東宮職日誌、東宮殿下御言行録、皇子御殿日誌、皇子御殿日記、行啓録、進献録、宮内省省報、御学業御報告書、学習院初等学科教場日誌、山階藤麿日記、桑野鋭日記、伊藤泰歳日記、小笠原長生日記、佐藤忠雄休日日誌、千葉県立佐原高等学校創立六十周年本館改築落成記念誌、佐原町誌、輔仁会雑誌

近衛師団機動演習へ武官御差遣

東宮武官壬生基義を近衛師団機動演習実視として演習地へ差し遣わされる。壬生はこの日出発、十九日に帰京する。○行啓録、進退録、宮内省省報、官報

御参内御会食

九日　日曜日　午前十一時御出門、御参内になり、雍仁親王・宣仁親王と共に、来る十二日特別大演習御統裁のため愛知県へ行幸の天皇に御暇乞をされる。天皇・皇后及び両親王と御昼餐を御会食になる。○東宮御日誌、東宮職日誌、侍従日記、侍従職日誌、行啓録、贈賜録、貞明皇后実録、宮内省省報

戦技優勝艦に銀盃下賜

品川沖における第一艦隊の戦技優勝旗授与式に東宮武官宇佐川知義を遣わされ、戦技優勝の軍艦鞍馬へ御紋附銀盃を下賜される。皇太子よりの賞賜品は従来、砲弾形花盛器であったが、今回より直径五寸の御紋附銀盃となる。十二日午後、鞍馬艦長永田泰次郎賜物御礼として参殿につき、謁を賜う。○東宮御日誌、東宮職日誌、贈賜録

十一日　火曜日　午後、学生一同と共に学習院初等学科門前に整列され、観菊会に御臨場のため赤

坂離宮に行幸啓の天皇・皇后を御奉拝になる。○東宮御日誌、東宮殿下御言行録

柳原愛子正三位に叙される

典侍柳原愛子は今月七日に本官を免じられ正三位に叙せられ、高等女官の上席となり、以後「三位局」と称せられる。よって本日お悦びとして三種交魚及び御物料を賜う。○東宮御日誌、東宮職日誌、贈賜録、昭憲皇太后実録

菊花御観賞

十二日　水曜日　午前五時四十分御出門、御参内になり、特別大演習御統裁のため愛知県下へ行幸の天皇の御発輦を御奉送になる。終わって、雍仁親王・宣仁親王と共に皇后に御拝顔になる。それより両親王と御同列にて皇子御殿に向かわれ、赤坂離宮内にて菊花を御観賞になる。この日は学習院学生にも菊花の拝観が許される。両親王と御昼餐を御会食の後、御同列にて学習院に御登校になり、午後の授業をお受けになる。○東宮御日誌、東宮職日誌、侍従日記、皇子御殿日誌、皇子御殿日記、行啓録、贈賜録、宮内省省報、官報、学習院初等学科教場日誌、御学業御報告書、桑野鋭日記、学習院院史資料室所蔵資料

威仁親王遺品を贈られる

この日、故威仁親王遺物として、弘道館記述義、弘道館記述義を書した屏風、金製懐中時計を有栖川宮より贈られる。○贈賜録

十五日　土曜日　放課後、天皇行幸中の皇后の御機嫌伺いとして、雍仁親王・宣仁親王御同伴にて御参内になり、内庭御茶屋において御昼餐を御会食になる。午後は吹上御苑にて舟遊び等をされる。○東宮御日誌、東宮職日誌、東宮殿下御言行録、侍従日記、皇子御殿日誌、行啓録、贈賜録、貞明皇后実録、学習院初等学科教場日誌、桑野鋭日記

十六日　日曜日　午前、皇子附出仕足立タカ参殿伺候につき、電気実験の様子や標本室をお見せになる。○東宮御日誌、東宮殿下御言行録

農科大学運動会

午後零時十分御出門、荏原郡目黒村の東京帝国大学農科大学秋季運動会に行啓される。雍仁親王・宣仁親王もお成りになり、お揃いにて競技及び余興を御覧になる。○東宮御日誌、東宮職日誌、行啓録、久邇宮家日誌、宮内省省報、桑野鋭日記

この日より『少年世界読本』第一巻「英吉利」を読み始められる。○東宮御日誌

十七日　月曜日　午後、近日メキシコへ渡航の巡洋艦出雲艦長森山慶三郎、御機嫌奉伺として参殿につき、謁を賜う。○東宮御日誌、東宮職日誌

十八日　火曜日　放課後、皇子御殿にお立ち寄りになり、雍仁親王・宣仁親王と御夕餐を御会食になる。それより御同列にて御参内になり、天皇の還幸を御奉迎になる。天皇・皇后に御拝顔後、御帰殿になる。○東宮御日誌、東宮職日誌、侍従職日誌、東宮殿下御言行録、侍従日記、皇子御殿日誌、皇子御殿日記、行啓録、贈賜録、宮内省省報、官報、桑野鋭日記

二十二日　土曜日　放課後、雍仁親王・宣仁親王御同列にて御帰殿になり、御昼餐を御会食になる。それより起電機実験、亜硫酸ガス退色実験等を行われる。○東宮御日誌、東宮殿下御言行録、東宮職日誌、皇子御殿日誌、皇子御殿日記、桑野鋭日記

新嘗祭

二十三日　日曜日　新嘗祭につき、東宮主事中川吉郎を御使として宮城へ差し遣わされ、天皇・皇后に雑煮を御献上になる。天皇・皇后よりは御饌品並びに御重の内を賜わる。午後四時半過ぎより、

新嘗祭の籤引きを催される。御座所の一隅に並べられた御籤品の上に、御自ら抽籤を御配置になる。一番より順次披露され、それぞれ当選の侍臣へ御手ずから品物を賜う。○東宮御日誌、東宮職日誌、東宮殿下御言行録、贈賜録

二十四日　月曜日　放課後、雍仁親王・宣仁親王御同伴にて青山御所に御参殿になり、皇太后に御拝顔になる。○東宮御日誌、東宮職日誌、皇太后宮職日記、皇子御殿日誌、行啓録、贈賜録、宮内省省報、桑野鋭日記

徳川慶喜死去

二十五日　火曜日　去る二十二日、麝香間祇候従一位勲一等徳川慶喜が死去する。よってこの日、博恭王妃經子慶喜第九女へ喪中御尋として菓子を御贈進になる。○贈賜録、宮内省省報、官報

二十九日　土曜日　放課後、皇子御殿にお立ち寄りになり、雍仁親王・宣仁親王と御昼餐を御会食になる。ついで両親王御同伴にて御参内になり、天皇・皇后に御拝顔になる。○東宮御日誌、東宮職日誌、侍従日記、皇子御殿日誌、行啓録、贈賜録、宮内省省報、桑野鋭日記

軍艦金剛に行啓

三十日　日曜日　午前七時三十分、横須賀軍港停泊中の巡洋戦艦金剛に行啓のため、海軍軍服を召され御出門になる。新橋停車場において雍仁親王・宣仁親王及び学習院在学中の皇族七名、御学友一同と合流され、八時同停車場を御発車になり、九時四十五分横須賀停車場に御着車になる。逸見埠頭より水雷艇にて金剛に御乗艦、艦長中野直枝以下高等官に謁を賜い、それより中野艦長の案内にて舷輪羅針儀や戦時治療室・電話交換所・第二水雷室・発電機室のほか、六インチ装填砲・十四

インチ砲塔・エレベーターなど艦内を御巡覧になる。午後一時五十分御退艦になり、二時十分横須賀停車場発の列車にて御帰還になる。金剛は明治四十四年一月英国のヴィッカース社にて起工、翌年五月進水、本年八月竣工し、今月横須賀に到着した。○東宮御日誌、東宮殿下御言行録、東宮職日誌、侍従日記、皇子御殿日誌、皇子御殿日記、行啓録、宮内省省報、桑野鋭日記、山階藤麿日記、小笠原長生日記、佐藤忠雄休日日誌、横浜貿易新報

十二月

青山御所に御参殿

二日　火曜日　来る四日より皇太后沼津行啓につき、放課後、雍仁親王・宣仁親王を伴い青山御所に御参殿になり、皇太后の御機嫌をお伺いになる。御先着の皇后にも御拝顔になり、お揃いにて種々御歓談になる。皇太后行啓当日には、奉送のため東宮大夫波多野敬直を新橋停車場に差し遣わされる。○東宮御日誌、東宮職日誌、皇太后宮職日記、皇子御殿日誌、行啓録、贈賜録、幸啓録、昭憲皇太后実録、貞明皇后実録、宮内省省報、官報、桑野鋭日記

夕刻、今般呉鎮守府参謀長に転補の前金剛艦長中野直枝参殿につき、謁を賜う。中野前艦長より、シンガポール産ワニの剝製及び南アフリカ原住民の武器一箱の献上を受けられる。○東宮御日誌、東宮職日誌、進献録、官報

朝鮮総督寺内正毅より朝鮮産鳥類等剝製、鉱物・植物標本の献上をお受けになる。○東宮御日誌、東宮職日誌、東宮殿下御言行録、進献録

天皇より岸浪柳渓筆「松蔭高士図」等を賜わる。○東宮職日誌、贈賜録

三日　水曜日　午後、新任の侍従武官海軍大佐松村純一に謁を賜う。○東宮御日誌、官報

御卒業記念の御手植

四日　木曜日　来春学習院初等学科を御卒業の予定のところ、第三学期は熱海に御転地につき、この日午後、学習院初等学科御卒業記念として、第二運動場築山の頂に松をお手植えになる。○東宮御日誌、東宮職日誌、学習院初等学科教場日誌、御学業御報告書、小笠原長生日記、学習院院史資料室所蔵資料

六日　土曜日　放課後、皇子御殿にお立ち寄りになり、雍仁親王・宣仁親王と御昼餐を御会食になる。それより両親王と御同列にて御参内になり、天皇・皇后に御拝顔になる。天皇・皇后より望月金鳳筆「樅ニ狸ノ図」、足尾銅山鉱石標本等を賜わる。○東宮御日誌、東宮職日誌、東宮殿下御言行録、侍従日記、皇子御殿日誌、皇子御殿日記、行啓録、贈賜録、宮内省省報、桑野鋭日記

打毬御覧

七日　日曜日　午後、麴町区内山下町の華族会館に行啓され、打毬を御覧になる。○東宮御日誌、東宮殿下御言行録、東宮職日誌、行啓録、宮内省省報、桑野鋭日記

この日午前、元侍女清水シゲ御機嫌奉伺として参殿につき、謁を賜う。標本室などを御案内の後、華族会館行啓より戻るまで御殿に留まるよう御沙汰になる。御帰還後は、清水をお相手に電気実験、競馬双六などをされる。○東宮御日誌、東宮職日誌、内賜録、東宮殿下御言行録

八日　月曜日　午後、第一師団長一戸兵衛参殿につき、謁を賜う。○東宮御日誌

九日　火曜日　午後、海軍大将出羽重遠・海軍少将竹下勇参殿につき、謁を賜う。出羽大将は今月一日付をもって第一艦隊司令長官より軍事参議官へ、竹下少将は同日付をもって同艦隊参謀長より海軍軍令部参謀兼海軍大学校教官へ転補となる。○東宮御日誌、東宮職日誌、東宮殿下御言行録、贈賜録、官報、竹下勇日記

肺炎に罹患の依仁親王に対し、御尋として三種交魚を御贈進になる。○東宮職日誌、贈賜録、依仁親王

佐和子女王賢所初参拝並びに初参内につき、成久王・同妃房子内親王及び佐和子女王と万那料等を取り交わされる。○東宮職日誌、贈賜録、宮内省省報、官報

台湾総督佐久間左馬太より献上の台湾産鳥類標本が披露される。○東宮御日誌、進献録

珖子女王の命名

十一日　木曜日　今月五日誕生の多嘉王女子は本日珖子《くわうこ》と命名につき、三種交魚料をお贈りになる。多嘉王・同妃靜子からは鮮鯛の贈進がある。○東宮職日誌、贈賜録、宮内省省報、官報

十三日　土曜日　放課後、雍仁親王・宣仁親王御同伴にて御帰殿になり、御昼餐を御会食になる。この日、元奉仕者の丸尾鍵子及び皇子附出仕の渥美千代・足立タカ・小山登美・曽根ナツをお召しになり、電気実験の様子、標本室などをお見せになる。この間、房子内親王が永久王同伴にて参殿につき、御対顔になる。○東宮御日誌、東宮職日誌、東宮殿下御言行録、皇子御殿日誌、内賜録、贈賜録、桑野鋭日記

天皇より鳥獣類剝製及び植物標本等を賜わる。○東宮職日誌、贈賜録

十五日　月曜日　午前十一時五分頃強震あり。皇太子は放課時につき運動場において御運動中のところ、特段の御動揺も見せられず。この地震につき、御機嫌奉伺のため東宮侍従本多正復を天皇・皇后のもとに遣わされる。○東宮御日誌、東宮殿下御言行録、東宮職日誌、桑野鋭日記

雪の結晶を御観察

十六日　火曜日　終日の降雪にて、積雪一尺に及ぶ。学習院より御帰殿後、雪の結晶を顕微鏡にて御観察になり、雪を用いた生卵の凍結実験をされる。また内舎人・仕人等に命じ、高さ七尺ばかりの雪だるまを作らせ、御覧になる。○東宮御日誌、東宮殿下御言行録、学習院初等学科教場日誌

初めてのスキー

十七日　水曜日　午後、御殿御庭において、陸軍中将長岡外史より献上のスキー用具第十三師団にて使用のものを用い、初めてスキーを試みられる。東宮武官長山根一貫より説明をお聞きになる。十九日午後にもスキーを行われる。○東宮御日誌、東宮殿下御言行録

十九日　金曜日　午後、天皇皇后御使として参殿の権掌侍烏丸花子及び正三位柳原愛子に謁を賜い、天皇・皇后よりの賜品、辻永の油絵「満洲」の披露を受けられる。「満洲」は今年の文部省美術展覧会出品作品にて、皇太子の御希望により、先般皇后が同展覧会へ行啓の際、お買い上げになったものである。○東宮御日誌、東宮職日誌、東宮殿下御言行録、贈賜録

二十日　土曜日　放課後、皇子御殿にて雍仁親王・宣仁親王と御昼餐を御会食の後、両親王を伴い御参内になる。天皇・皇后に御拝顔になり、クリスマス装飾用の菓子入動物形玩具を賜わる。○東宮御日誌、東宮殿下御言行録、東宮職日誌、侍従日記、皇子御殿日誌、皇子御殿日記、行啓録、宮内省省報

埼玉鴨場行啓

二十一日　日曜日　雍仁親王・宣仁親王及び御学友一同を伴い、埼玉鴨場へ行啓される。午前九時二十五分、浅草停車場より列車にて越ヶ谷停車場に向かわれ、十時二十五分鴨場にお着きになる。午前一回、午後二回鴨猟を行われ、午後二時三十分越ヶ谷停車場発の列車にて御帰還になる。○東宮御日誌、東宮職日誌、東宮殿下御言行録、皇子御殿日誌、行啓録、贈賜録、宮内省省報、桑野鋭日記

第二学期終業

二十三日　火曜日　本日をもって第二学期を終了し、明日より冬期休暇となる。○東宮御日誌、東宮殿下御言行録、東宮職日誌、行啓録、御学業御報告書、学習院初等学科教場日誌、学習院院史資料室所蔵資料

二十四日　水曜日　午後、翌々日より熱海へ行啓につき、御暇乞のため参内され、天皇・皇后に御拝顔になる。天皇・皇后より牙彫棚飾、巖谷小波著の御伽話全集、クリスマス飾り等を賜わる。○東宮御日誌、東宮職日誌、東宮殿下御言行録、侍従日記、行啓録、贈賜録、宮内省省報

二十五日　木曜日　午前より雍仁親王・宣仁親王参殿につき、御昼餐を御会食になり、午後も標本室や御座所等にてお遊びになる。○東宮御日誌、東宮職日誌、皇子御殿日誌、桑野鋭日記

午前、海軍大臣斎藤実参殿につき、謁を賜う。○東宮御日誌、斎藤実日記

第二学期の御成績表が奉呈される。○御学業御報告書、学習院初等学科教場日誌

熱海へ御避寒

二十六日 金曜日 御避寒のため熱海に御転地になる。東宮大夫波多野敬直・東宮武官長山根一貫・東宮主事中川吉郎以下が供奉し、御学友九名もお供する。午前九時新橋停車場を御発車、十時四十五分横須賀停車場に御着車になる。逸見埠頭より水雷艇にて軍艦相模に御乗艦になり、艦長小黒秀夫・横須賀鎮守府司令長官山田彦八・同参謀長上村翁輔・同水雷隊司令官藤本秀四郎等に謁を賜う。十一時十五分横須賀軍港を御出航、熱海に向かわれる。途中、相模艦上での防火教練、供奉艦初霜・如月の発火演習を御覧になり、兵員の軍歌をお聴きになる。午後四時十分熱海沖に投錨、四時三十五分熱海御用邸に御到着になる。熱海御用邸には明年三月十五日まで御滞在になる。御滞在中、冬期休暇の間は御学友と共に御用邸周辺の御散歩、理科実験、凧揚げ、ボール投げ、双六などにて過ごされる。

御読書

またこの頃『世界名君伝』『世界名臣伝』『天界之観察』『発明ト偉人』『世界動植物奇談』『西洋十大戦争』『日本十大戦争』等の書籍をお読みになる。○東宮御日誌、各地行啓日誌、東宮殿下御言行録、東宮職日誌、行啓録、宮内省報、官報、学習院初等学科教場日誌、学習院院史資料室所蔵資料

二十七日 土曜日 午前、来宮神社、水源地を経て熱海梅園まで御運動になる。帰途は温泉寺にお

立ち寄りになる。○東宮御日誌、各地行啓日誌、行啓録

午後、魚見峠・錦ヶ浦方面へ御運動になる。○東宮御日誌、各地行啓日誌、行啓録

二十八日　日曜日　午前、林ヶ窪の山林まで御運動になる。午後は丸山公園まで御運動になる。○東宮御日誌、各地行啓日誌、行啓録

雍仁親王・宣仁親王が避寒のため小田原御用邸にお成りにつき、奉送のため東宮侍従土屋正直を新橋停車場に遣わされる。○贈賜録、宮内省省報、官報、桑野鋭日記

二十九日　月曜日　午前、横磯釣堀まで御運動になる。帰途、大湯の間歇泉にお立ち寄りになる。午後は今宮神社を経て頼朝一杯水へお立ち寄りになり、魚見方面を経てお戻りになる。○東宮御日誌、各地行啓日誌、行啓録

将来の御希望

三十日　火曜日　午後、上多賀方面に御運動になる。○東宮御日誌、各地行啓日誌

この日、「博物博士」になりたいとの御希望を側近に洩らされる。○東宮殿下御言行録

三十一日　水曜日　午後、医王寺を経て下松田山にお登りになり、大島・三浦半島方面を御遠望になる。○東宮御日誌、各地行啓日誌、行啓録

昭和天皇実録　第一

平成二十七年三月三十日　第一刷発行

著作権者　宮内庁

発行者　川畑慈範

発行所　東京書籍株式会社
郵便番号　一一四―八五二四
東京都北区堀船二丁目一七番一号
電話　〇三―五三九〇―七五三一（営業）
〇三―五三九〇―七五〇七（編集）

http://www.tokyo-shoseki.co.jp
ISBN978-4-487-74401-5 C3321

印刷・製本　図書印刷株式会社
本文用紙　北越紀州製紙株式会社
表紙クロス　ダイニック株式会社
製　函　株式会社　パックウェル